JOÃO RODRIGO **STINGHEN**

SAMILA ARIANA **ALVES MACHADO**

ALINE RODRIGUES DE **ANDRADE**

COORDENADORES

2024

TENHA ACESSO A ATUALIZAÇÕES ON-LINE AOS COMENTÁRIOS

COMENTÁRIOS AO CÓDIGO NACIONAL DE NORMAS

FORO EXTRAJUDICIAL

— PARTE GERAL —

Aline Aparecida Miranda • **Aline** Rodrigues de Andrade • **Alise** Andreia Formenti • **Anderson** Herance • **Andrey** Guimarães Duarte • **Antonio** Herance Filho • **Arthur** Del Guércio Neto • **Camila** Polveiro Ferreira Appelt • **Carlos** Hulot • **Carolina** Mosmann • **Ciciane Maria** Figueredo Costa Zanoni • **Danielle** Souza Marques • **Douglas** Gavazzi • **Elizeu Miguel** Campos Melo • **Emanoella** Macias Castro • **Fernando Antonio** Tasso • **Frank Wendel** Chossani • **Gabriela** Almeida Marcon Nora • **Gabriela** Lucena Andreazza • **Hervison** Barbosa Soares • **Isabela** Bicalho Xavier • **João** Massoneto • **João Pedro** Lamana Paiva • **João Rodrigo** Stinghen • **João Victor** De Castro • **José Antônio** Ortega Ruiz • **José Luiz** de Medeiros • **Kleber** Cazzaro • **Lucas** Barelli Del Guércio • **Lucas** da Silva Peres • **Mara Angelita** Nestor Ferreira • **Marcio** Martins Bonilha Filho • **Marcos** Pascolat • **Maria Gabriela** Souto Caetano • **Natália** Sóller • **Orlando** de Deus • **Pedro** Rocha Passos Filho • **Phellipe** Spinardi Muller • **Rachel Leticia** Curcio Ximenes de Lima Almeida • **Rafael Augusto** Pereira Marques • **Rafael** Spínola Castro • **Renata** Tambasco • **Ricardo** Santiago Teixeira • **Rodrigo** Bley Santos • **Samila Ariana** Alves Machado • **Vanessa** Barbosa Figueiredo • **Vitor Frederico** Kümpel • **Vivianne** Romanholo Barbosa de Castro Rosado • **Wilson** Levy

Dados Internacionais de Catalogação na Publicação (CIP) de acordo com ISBD

C732
    Comentários ao Código Nacional de Normas: Vol. 01 – Foro extrajudicial / organizado por João Rodrigo Stinghen, Samila Ariana Alves Machado, Aline Rodrigues de Andrade. - Indaiatuba, SP : Editora Foco, 2024.

    456 p. ; 17cm x 24cm.

    Inclui índice e bibliografia.

    ISBN: 978-65-6120-154-4

    1. Direito. 2. Direito notarial e registral. I. Stinghen, João Rodrigo. II. Machado, Samila Ariana Alves. III. Andrade, Aline Rodrigues de. IV. Título.

2024-2573   CDD 341.411   CDU 347.961

Elaborado por Vagner Rodolfo da Silva - CRB-8/9410
Índices para Catálogo Sistemático:
1. Direito notarial e registral 341.411
2. Direito notarial e registral 347.961

JOÃO RODRIGO
STINGHEN

SAMILA ARIANA
ALVES MACHADO

ALINE RODRIGUES
DE **ANDRADE**

COORDENADORES

COMENTÁRIOS AO CÓDIGO NACIONAL DE NORMAS

FORO EXTRAJUDICIAL

PARTE GERAL

Aline Aparecida Miranda • **Aline** Rodrigues de Andrade • **Alise Andreia** Formenti • **Anderson** Herance • **Andrey** Guimarães Duarte • **Antonio** Herance Filho • **Arthur** Del Guércio Neto • **Camila** Polveiro Ferreira Appelt • **Carlos** Hulot • **Carolina** Mosmann • **Ciciane Maria** Figueredo Costa Zanoni • **Danielle** Souza Marques • **Douglas** Gavazzi • **Elizeu Miguel** Campos Melo • **Emanoella** Macias Castro • **Fernando Antonio** Tasso • **Frank Wendel** Chossani • **Gabriela** Almeida Marcon Nora • **Gabriela** Lucena Andreazza • **Hervison** Barbosa Soares • **Isabela** Bicalho Xavier • **João** Massoneto • **João Pedro** Lamana Paiva • **João Rodrigo** Stinghen • **João Victor** De Castro • **José Antônio** Ortega Ruiz • **José Luiz** de Medeiros • **Kleber** Cazzaro • **Lucas** Barelli Del Guércio • **Lucas** da Silva Peres • **Mara Angelita** Nestor Ferreira • **Marcio** Martins Bonilha Filho • **Marcos** Pascolat • **Maria Gabriela** Souto Caetano • **Natália** Sóller • **Orlando** de Deus • **Pedro** Rocha Passos Filho • **Phellipe** Spinardi Muller • **Rachel Leticia** Curcio Ximenes de Lima Almeida • **Rafael Augusto** Pereira Marques • **Rafael** Spínola Castro • **Renata** Tambasco • **Ricardo** Santiago Teixeira • **Rodrigo** Bley Santos • **Samila Ariana** Alves Machado • **Vanessa** Barbosa Figueiredo • **Vitor Frederico** Kümpel • **Vivianne** Romanholo Barbosa de Castro Rosado • **Wilson** Levy

2024 © Editora Foco

Coordenadores: João Rodrigo Stinghen, Samila Ariana Alves Machado e Aline Rodrigues de Andrade
Autores: Aline Aparecida Miranda, Aline Rodrigues de Andrade, Alise Andreia Formenti, Anderson Herance, Andrey Guimarães Duarte, Antonio Herance Filho, Arthur Del Guércio Neto, Camila Polveiro Ferreira Appelt, Carlos Hulot, Carolina Mosmann, Ciciane Maria Figueredo Costa Zanoni, Danielle Souza Marques, Douglas Gavazzi, Elizeu Miguel Campos Melo, Emanoella Macias Castro, Fernando Antonio Tasso, Frank Wendel Chossani, Gabriela Almeida Marcon Nora, Gabriela Lucena Andreazza, Hervison Barbosa Soares, Isabela Bicalho Xavier, João Massoneto, João Pedro Lamana Paiva, João Rodrigo Stinghen, João Victor De Castro, José Antônio Ortega Ruiz, José Luiz de Medeiros, Kleber Cazzaro, Lucas Barelli Del Guércio, Lucas da Silva Peres, Mara Angelita Nestor Ferreira, Marcio Martins Bonilha Filho, Marcos Pascolat, Maria Gabriela Souto Caetano, Natália Sóller, Orlando de Deus, Pedro Rocha Passos Filho, Phellipe Spinardi Muller, Rachel Leticia Curcio Ximenes de Lima Almeida, Rafael Augusto Pereira Marques, Rafael Spínola Castro, Renata Tambasco, Ricardo Santiago Teixeira, Rodrigo Bley Santos, Samila Ariana Alves Machado, Vanessa Barbosa Figueiredo, Vitor Frederico Kümpel, Vivianne Romanholo Barbosa de Castro Rosado e Wilson Levy

Diretor Acadêmico: Leonardo Pereira
Editor: Roberta Densa
Coordenadora Editorial: Paula Morishita
Revisora Sênior: Georgia Renata Dias
Capa Criação: Leonardo Hermano
Diagramação: Ladislau Lima e Aparecida Lima
Impressão miolo e capa: FORMA CERTA

DIREITOS AUTORAIS: É proibida a reprodução parcial ou total desta publicação, por qualquer forma ou meio, sem a prévia autorização da Editora FOCO, com exceção do teor das questões de concursos públicos que, por serem atos oficiais, não são protegidas como Direitos Autorais, na forma do Artigo 8º, IV, da Lei 9.610/1998. Referida vedação se estende às características gráficas da obra e sua editoração. A punição para a violação dos Direitos Autorais é crime previsto no Artigo 184 do Código Penal e as sanções civis às violações dos Direitos Autorais estão previstas nos Artigos 101 a 110 da Lei 9.610/1998. Os comentários das questões são de responsabilidade dos autores.

NOTAS DA EDITORA:
Atualizações e erratas: A presente obra é vendida como está, atualizada até a data do seu fechamento, informação que consta na página II do livro. Havendo a publicação de legislação de suma relevância, a editora, de forma discricionária, se empenhará em disponibilizar atualização futura.
Erratas: A Editora se compromete a disponibilizar no site www.editorafoco.com.br, na seção Atualizações, eventuais erratas por razões de erros técnicos ou de conteúdo. Solicitamos, outrossim, que o leitor faça a gentileza de colaborar com a perfeição da obra, comunicando eventual erro encontrado por meio de mensagem para contato@editorafoco.com.br. O acesso será disponibilizado durante a vigência da edição da obra.

Impresso no Brasil (9.2024) – Data de Fechamento (8.2024)

2024
Todos os direitos reservados à
Editora Foco Jurídico Ltda.
Rua Antonio Brunetti, 593 – Jd. Morada do Sol
CEP 13348-533 – Indaiatuba – SP
E-mail: contato@editorafoco.com.br
www.editorafoco.com.br

PREFÁCIO

É com grande satisfação que apresento a obra coletiva "Comentários ao Código Nacional de Normas – Foro Extrajudicial, v. 1 – Parte Geral", coordenado pelo Instituto de Compliance Notarial e Registral e publicado pela Editora Foco.

A Corregedoria Nacional de Justiça desempenha um papel fundamental na fiscalização e orientação dos serviços extrajudiciais brasileiros. Sua missão institucional de uniformizar a aplicação das normas regentes desses serviços é de suma importância para a segurança jurídica e a eficiência do sistema. Para tanto, a Corregedoria tem reunido magistrados, tabeliães, registradores e acadêmicos especialistas em cada uma das áreas de conhecimento em grupos de trabalho temáticos para a produção normativa. Essa colaboração multidisciplinar e multissetorial tem sido essencial para a produção de uma normatização adequada e condizente com a prática.

A produção de uma obra como esta, na forma de "Código comentado", que analisa artigo por artigo do Código de Normas, é de grande utilidade e relevância. Este tipo de trabalho é um instrumento valioso para a compreensão e aplicação das normas, pois permite uma análise aprofundada e detalhada de cada artigo, considerando suas implicações práticas e teóricas. Trata-se de um recurso indispensável não apenas para os delegatários das serventias, que estão na linha de frente da aplicação das normas, mas também para os magistrados que exercem a fiscalização dos cartórios e tabelionatos no âmbito das respectivas Corregedorias de Justiça de cada um dos estados da federação.

Esta obra reúne acadêmicos de diversos estados, que desenvolveram sua pesquisa em áreas relacionadas ao direito registral e contam com a experiência decorrente da atuação nos tabelionatos e cartórios de registros. A reunião desses profissionais é prenúncio de uma análise escorreita e lúcida das normas que emanam da Corregedoria Nacional de Justiça.

O ICNR – Instituto de Compliance Notarial e Registral é uma instituição que desempenha um papel crucial na promoção do cumprimento harmonioso das normas aplicáveis à atividade notarial e registral. A iniciativa do ICNR de promover a reunião dos autores em torno de uma obra tão relevante como esta é digna de elogio, pois não só contribui para a disseminação do conhecimento e a promoção da conformidade, mas também fortalece a integridade e a eficiência dos serviços notariais e registrais.

Esta obra coletiva de "Comentários ao Código Nacional de Normas – Foro Extrajudicial, v. 1 – Parte Geral" é mais do que uma simples compilação de artigos acadêmicos. É uma ferramenta de trabalho, um guia de consulta e um instrumento de formação e atualização para todos aqueles que atuam na área dos serviços extrajudiciais. É um testemunho do compromisso da Corregedoria Nacional de Justiça e do ICNR com a melhoria contínua dos serviços extrajudiciais e com a promoção da justiça e da cidadania.

Espero que esta obra seja uma ferramenta útil para todos aqueles que se dedicam ao estudo e à prática do direito notarial e registral. Que ela possa contribuir para a compreensão e aplicação do Código de Normas, e que possa inspirar novas reflexões e debates sobre o papel e a evolução dos serviços extrajudiciais no Brasil.

Fernando Antonio Tasso

Doutor em Direito Empresarial. Coordenador de Direito Digital da Escola Paulista da Magistratura. Membro da Comissão de Proteção de Dados da Corregedoria Nacional de Justiça. Juiz de Direito do Tribunal de Justiça de São Paulo.

APRESENTAÇÃO

Em 30 de agosto de 2023 a Corregedoria Nacional de Justiça, órgão do Conselho Nacional de Justiça (CNJ), publicou o provimento n.º 149 como resposta a um anseio quase uníssono: a concepção de código que compilasse as normas que regulamentam e disciplinam os serviços notariais e de registros públicos. E assim nasceu o Código Nacional de Normas – Foro Extrajudicial.

A inovação foi comemorada com euforia, porque propiciou um incremento de organização da normatização das serventias extrajudiciais. A partir de sua disponibilização, os atos do CNJ que versam sobre as atividades extrajudiciais passaram a poder ser encontrados e consultados de forma prática e rápida em um único lugar. Da abalizada fala do ministro Luís Felipe Salomão, extrai-se que os propósitos da iniciativa passam sobretudo por eliminar a atual dispersão das normas vigentes, que trazia dificuldades para uma consulta ágil pelos usuários. Tal circunstância representava inclusive ameaça à segurança jurídica, considerando a complexidade em identificar prontamente possíveis revogações de uma norma por outra.

O universo extrajudicial colabora de forma incontroversa e meritória para o aperfeiçoamento do acesso à Justiça no Brasil. Estabelecendo-se como alternativa constitucionalmente definida ao Estado-juiz, proporciona celeridade e colabora com a efetividade de direitos de enorme grandeza no ordenamento jurídico pátrio. Seus titulares e recursos humanos se desenvolveram no decorrer do tempo para uma adequada e justa compatibilização com as novas nuances sociais, para uma proteção de toda a população, sem distinção. Todo esse trabalho de atualização e renovação dos serviços prestados acabar por acarretar normas jurídicas robustas e volumosas, surgindo, com isso, a necessidade de um Código Nacional.

A obra aqui apresentada vem ao encontro desta praticidade almejada, visando e permitindo um acesso facilitado e descomplicado do quanto tratado pelo CNJ, com comentários de profissionais do mais alto gabarito, demonstrando os contornos e as nuances do quanto tratado pelas diretrizes do Código Nacional de Normas da Corregedoria Nacional de Justiça do Conselho Nacional de Justiça.

Tem como escopo principal possibilitar uma análise mais minuciosa e comentada das normas promovidas pela Corregedoria Nacional, promovendo esclarecimentos dos aspectos práticos e interpretativos das diretrizes ponderadas, conferindo aos leitores novas perspectivas a respeito dos textos, aprofundando o entendimento em seu contexto e implicações reais.

Os estudos aqui colecionados e desenvolvidos pelos ilustres profissionais, sob competente e denodada coordenação, são contribuições indispensáveis ao setor extrajudicial, sendo oportuna a publicação da obra que auxiliará a todos a expandir nossos horizontes e entender, mais a fundo, o quanto versado no novo Código Nacional de Normas da Corregedoria Nacional de Justiça. Temos certeza que este é apenas o primeiro de uma série de volumes que certamente marcarão a área extrajudicial por sua relevância e importância ao futuro das atividades, tornando-se indispensável para as jornadas profissionais.

Uma ótima leitura!

Rachel Ximenes

Doutora e Mestre em Direito Constitucional pela PUC-SP. Pós-graduada em Direito Notarial e Registral pela Escola Paulista da Magistratura (EPM-SP). Especialista em Proteção de Dados pelo INSPER, PUC/SP e pelo Mackenzie. Bacharel em Direito pela PUC-SP. Pós-graduanda em Direito Legislativo pelo IDP. Professora de Proteção de Dados e de Direito Notarial e Registral. Presidente da Comissão de Direito Notarial e de Registros Públicos da OAB-SP Gestão 2019-2021 e Gestão 2022 – 2024. Membra da Comissão do 13º concurso de outorga das delegações extrajudiciais de notas e registros de São Paulo. Sócia do CM Advogados. Advogada. E-mail: rachelximenes@yahoo.com.br.

Wilson Levy

Pós-doutorado em Urbanismo pela Mackenzie. Doutor em Direito Urbanístico pela PUC-SP. Diretor e Professor permanente do programa de pós-graduação em Cidades Inteligentes e Sustentáveis da UNINOVE. Membro da comissão do 12º e do 13º concursos de outorga das delegações extrajudiciais de notas e registros de São Paulo. Membro efetivo das comissões de direito notarial e registros públicos, e de direito administrativo, da OAB-SP. Advogado, E-mail: wilsonlevy@gmail.com.

SOBRE OS AUTORES E COORDENADORES

ALINE APARECIDA MIRANDA

Especialista em Direito Notarial e Registral pela Escola Paulista da Magistratura. Doutoranda em Direito do Estado pela Faculdade de Direito da USP. Juíza de Direito do Tribunal de Justiça de São Paulo. Professora assistente do curso de pós-graduação de Direito Notarial e Registral da Escola Paulista da Magistratura.

ALINE RODRIGUES DE ANDRADE

Mestre em Direito pela Universidade Estadual de Ponta Grossa/PR. Especialista em Direito Administrativo e Direito Processual Civil pelo Instituto de Direito Romeu Felipe Bacellar. Bacharel em Direito pela Universidade Federal do Paraná. Registradora Substituta do 3º Serviço de Registro de Imóveis de Curitiba/PR. E-mail: aline.andrade1672@gmail.com.

ALISE ANDREIA FORMENTI

Especialista em Direito Notarial e Registral. Professora do Projeto Estudos Notariais. Tabeliã e Registradora Civil no Estado de São Paulo.

ANDERSON HERANCE

Coordenador trabalhista da INR Contábil e da Consultoria IN. Coeditor das Publicações INR. Advogado, sócio-diretor do INR e da Herance Sociedade de Advogados (HSA).

ANDREY GUIMARÃES DUARTE

Bacharel em Direito pela Faculdade de Direito de Santos. Tabelião de notas desde 2004. 4º Tabelião de Notas de São Bernardo do Campo. Presidente da Associação de Titulares de Cartórios de São Paulo. Ex-presidente e atual vice-presidente do Colégio Notarial do Brasil – Seção São Paulo (CNB/SP). Diretor de relações institucionais do Colégio Notarial do Brasil – Conselho Federal (CNB/CF). Conselheiro consultivo do Instituto Brasileiro de Direito Imobiliário (IBRADIM). Ex-delegado de polícia em São Paulo. Ex advogado.

ANTONIO HERANCE FILHO

Coordenador tributário da INR Contábil e da Consultoria INR. Coeditor das Publicações INR Advogado, sócio-diretor e fundador do INR. e sócio-diretor da Herance Sociedade de Advogados (HSA).

ARTHUR DEL GUÉRCIO NETO

Especialista em Direito Notarial e Registral. Especialista em Formação de Professores para a Educação Superior Jurídica. Escritor e Autor de Livros. Palestrante e Professor em diversas instituições, tratando de temas voltados ao Direito Notarial e Registral. Membro da Comissão de Direito Notarial e Registral da OAB do Estado de São Paulo. Membro da Comissão de Direito Notarial do IBDFAM Nacional. Tabelião de Notas e Protestos em Itaquaquecetuba. Coordenador do Blog do DG (www.blogdodg.com.br).

CAMILA POLVEIRO FERREIRA APPELT

Especialista em Direito Imobiliário pela Faculdade Lions (Fundação Educacional de Goiás). Bacharel em Direito pela Universidade de Uberaba/MG. Auxiliar de Cartório V do 3º Serviço de Registro de Imóveis de Curitiba/Pr. E-mail: camilapolveiro@hotmail.com.

CARLOS HULOT

Graduado (B.Sc.) em Física pela Universidade de São Paulo e possui título de Ph.D. em Ciência da Computação e Eletrônica pela Universidade de Southampton no Reino Unido. Ele atua na indústria de tecnologia há quase 30 anos, tendo passagens por empresas como Royal Philips Electronics, PriceWaterhouseCoopers, Itaú e Microsoft, além de ter participado de várias startups, e na Siplan como Diretor. A sua experiência profissional é bem diversificada, incluindo atuações em desenvolvimento de sistemas de software, desenvolvimento em nuvem, gestão de projetos, gestão de produtos e marketing.

CAROLINA MOSMANN

Graduada em Direito pela Universidade do Vale do Rio dos Sinos – Unisinos. Pós-graduada em Direito de Família e Sucessões pelo Instituto Damásio de Direito. Pós-graduada em Direito Notarial e Registral pela Universidade Federal do Maranhão – UFMA. Advogada, Professora e Pesquisadora. Ex-escrevente do 1º Tabelionato de Notas e Protesto de Novo Hamburgo/RS. Aderente Individual da União Internacional do Notariado – UNIL. Autora de diversos artigos acadêmicos publicados em revistas e livros especializados e de trabalhos apresentados em Congressos Internacionais da União Internacional do Notariado – UINL. Membro da Comissão de Direito Notarial e Registral da OAB/SP.

DANIELLE SOUZA MARQUES

Pós-Graduada em Direito Civil / Direito Notarial e de Registros. Graduada em Gestão de serviços jurídicos Extrajudiciais. Graduanda em Direito. Oficiala e Tabeliã Substituta.

DOUGLAS GAVAZZI

Especialista em direito notarial e registral. Bacharel em Direito. Bacharel em sistemas de informações. Substituto notarial em São Paulo, Capital. Técnico em eletrônica, técnico em transações imobiliárias. Advogado e corretor de imóveis licenciado, médico veterinário.

ELIZEU MIGUEL CAMPOS MELO

Data Protection Officer certificado pela EXIN, no treinamento avançado DPO+ e no Método LGPD. Coordenou por mais de 2 anos o Comitê de Conteúdo da Associação Nacional dos Profissionais de Privacidade de Dados e a revista LGPD Magazine. Coautor do livro Cartórios, Compliance e Transformação Digital. Certificado pela EXIN em (i) Information Security Foundation baseado em ISO/IEC 27.001, (ii) Privacy and Data Protection Foundation, (iii) Privacy and Data Protection Practitioner, (iv) Data Protection Officer, e (v) Privacy and Data Protection Essentials. Certificado pela CertiProf em (i) Fundamentos na Lei Geral de Proteção de Dados, e (ii) Lifelong Learning. Advogado corporativo no ecossistema de saúde Viveo.

EMANOELLA MACIAS CASTRO

Pós-Graduada em Direito Contemporâneo pela Faculdade Tecnológica do Vale do Ivaí (2017) e em Direito Notarial e Registral pelo Centro Universitário Leonardo da Vinci (2021). Graduada em Direito pelas Faculdades Integradas do Vale do Ivaí (2015), Oficial de Registro Civil das Pessoas Naturais e Tabeliã de Notas no Serviço Distrital de Ubaúna, Comarca de São João do Ivaí e Docente das matérias de Direito Processual Civil e Direito Empresarial nas Faculdades Integradas do Vale do Ivaí. E-mail: emanoellacastro@hotmail.com

FRANK WENDEL CHOSSANI

Doutorando em Direito pela Universidade de Marília/SP (Unimar). Mestre (2022) em Direito pela Universidade de Marília/SP (Unimar). Pós-graduado em Direito Notarial e Registral pela Universidade Anhanguera-Uniderp. Pós-graduado em Direito Público com Ênfase em Direito Processual Civil – pela Universidade Potiguar-UnP. Professor Universitário. Professor – Estratégia Carreira Jurídica (Cartórios). Autor e coautor de livros e artigos ligados ao tema notarial e registral. Oficial de Registro Civil das Pessoas Naturais e Tabelião de Notas no Estado de São Paulo.

GABRIELA ALMEIDA MARCON NORA

Doutora em Administração pela Universidade do Vale do Itajaí/SC. Mestre em Administração pela Universidade do Sul de Santa Catarina e Mestre em Engenharia e Gestão do Conhecimento pela Universidade Federal de Santa Catarina. Bacharel em Direito pela Universidade Federal de Santa Catarina. Oficial Registradora do 1º Registro de Imóveis de Cascavel/PR. E-mail: gabriela@almeidamarcon.com.

GABRIELA LUCENA ANDREAZZA

MPA em Administração Pública e Gerência de Cidades pela UNINTER – FATEC Internacional. Especialista em Direito Registral Imobiliário pela Verbo Jurídico; em Direito Notarial e Registral, e em Direito Constitucional, pela UNIDERP; em Direito Tributário pela UNISUL; em Direito Civil e Processo Civil pela UNIPLAC. Bacharel em Direito pela Universidade do Planalto Catarinense. Tabeliã do 3º Tabelionato de Protestos de Curitiba/PR. E-mail: gabriela@terceiroprotesto.com.br.

HERVISON BARBOSA SOARES

Pós-Graduado em Processo do Trabalho pela Universidade Cândido Mendes-RJ. Graduado em Direito pela UFAL – Universidade Federal de Alagoas. Oficial Registrador de Imóveis com ampla atuação nos temas de Regularização

Fundiária Rural e Urbana (REURB). Escolhido para ser o palestrante principal do Projeto Área Legal, de iniciativa da Corregedoria das Comarcas do Interior do Tribunal de Justiça da Bahia, promoveu palestras em dezesseis municípios baianos entre maio e novembro de 2019. Participante convidado para integrar e palestrar no IV Fórum de Regularização Fundiária do MATOPIBA, ocorrido em novembro de 2019 em Palmas/TO. Convidado para dar aula no Curso de Formação do Ministério Público da Bahia (MP/BA) sobre a REURB, que ocorreu de 31/10 a 1º/11 em Salvador/BA. Conselheiro Consultivo da ARIBA – Associação dos Registradores de Imóveis da Bahia. Palestrante e organizador do Seminário sobre Regularização Fundiária organizado pela ALBA – Assembleia Legislativa da Bahia. Exerceu a função de Tabelião de Notas do Município de Catanduva/PR assumida por concurso público, de fevereiro de 2017 a outubro de 2017, época em que solicitou renúncia para assumir a titularidade do Cartório de Registro de Imóveis e Hipotecas, Títulos e Documentos e Civil das Pessoas Jurídicas da Comarca de Barra/BA. Aprovado por duas vezes, por concurso público (17º e 69º lugares), para o cargo de Analista Judiciário – Área Judiciária – Execução de Mandados (Oficial de Justiça Avaliador Federal) do Quadro de Funcionários Permanentes do Tribunal Regional do Trabalho da 4ª Região (TRT/RS), tendo sido lotado em Pelotas/RS e Canoas/RS, com cinco menções honrosas e votos de louvor em seu prontuário funcional. Oficial Registrador de Imóveis. Tabelião Público. Registrador Civil. Professor. Palestrante. Consultor. Diretor da Associação de Registradores de Imóveis da Bahia – ARIBA, foi Vice-Presidente da Comissão Nacional de Regularização Fundiária (CRF).

ISABELA BICALHO XAVIER

Pós-graduada em Direito Público. Pós-graduada em Direito Imobiliário. Mestranda em Sistema Constitucional de Garantias. Professora do curso de pós-graduação em direito notarial e registral imobiliário do Centro Universitário Ítalo Brasileiro. Registradora Civil das Pessoas Naturais no Estado de São Paulo. Participou, como debatedora, de diversas sessões do programa Pinga-Fogo, veiculado pela Associação dos Notários e Registradores – Sessão Paraná (Anoreg-PR). Foi registradora civil e tabeliã de notas no Estado de Minas Gerais. Aprovada no concurso para delegação de serventias extrajudiciais do Estado da Bahia. Aprovada no concurso para delegação de serventias extrajudiciais do Estado do Paraná. Atuou, como interventora judicial, na presidência do Sindicato de Registradores Civis das Pessoas Naturais do Estado de Minas Gerais – RECIVIL.

JOÃO MASSONETO

Especialista em Direito Notarial e Registral pelo Centro Universitário Ítalo Brasileiro (2021). Especialista em Direito Notarial e Registral pela USP Ribeirão Preto (2020). Especialista em Direito Notarial e Registral, com formação para o magistério superior pela Universidade Anhanguera – Uniderp (2012). Especialista em Direito Ambiental pela Universidade Norte do Paraná – UNOPAR (2010). Bacharel em Direito pela Universidade Paulista de Ribeirão Preto-SP (2005). Membro da Comissão de Direito Notarial e Registral da OAB de São Paulo. Preposto Substituto do Tabelião de Notas e Protesto de Monte Azul Paulista-SP, onde iniciou suas atividades em 1999.

JOÃO PEDRO LAMANA PAIVA

Especialista em Direito Registral Imobiliário, pela PUC – Minas. Graduado em Direito Registral pela Faculdade de Direito da Universidade Ramón Llull ESADE – Barcelona, Espanha. Presidente do Conselho Deliberativo do Operador Nacional de Sistema de Registro Eletrônico de Imóveis do Brasil – ONR. Membro Honorário do Instituto Brasileiro de Direito Imobiliário – IBRADIM. Membro da Academia Brasileira de Direito Registral Imobiliário – ABDRI. Membro do Comitê Latinoamericano de Consulta Registral, desde 1986. Professor da FUNDAÇÃO ENORE e da Cadeira de Registros Públicos nas Escolas Superior da Magistratura – AJURIS e da Fundação Escola Superior do Ministério Público – FMP. Ex-Presidente da Anoreg-RS – Associação dos Notários e Registradores do Rio Grande do Sul. Ex-Presidente do Instituto de Registro Imobiliário do Brasil – IRIB. Ex-Presidente do Colégio Registral do Rio Grande do Sul. Ex-Presidente da Fundação Escola Notarial e Registral do RS – FUNDAÇÃO ENORE. Autor de diversos livros e artigos sobre temas com impacto nas atividades notariais e registrais, entre eles "A Sistemática do Registro de Imóveis", "O Procedimento de dúvida e a evolução dos sistemas registral e notarial no século XXI" e "Usucapião Extrajudicial". Registrador Titular do Registro de Imóveis da 1ª Zona de Porto Alegre/RS.

JOÃO RODRIGO STINGHEN

Especialista em Direito Digital e Proteção de Dados pela EBRADI. Professor convidado da Universidade Presbiteriana Mackenzie. Sócio fundador do Instituto de Compliance Notarial e Registral (ICNR), pelo qual é DPO de mais de 60 cartórios em todo o Brasil, Data Protection Officer (DPO), certificado pela EXIN (Holanda). Advogado com experiência em direito digital, notarial e registral, Autor e coordenador de diversas obras, tais como: "LGPD e Cartórios: implementação e questões práticas" (Saraiva); "Cartórios, Compliance e Transformação Digital" (Foco); "DPO – Encarregado de Dados" (Expressa); "Provimento 134 Comentado".

JOÃO VICTOR DE CASTRO

Pós-Graduado em Direito Empresarial pela FGV/RJ. Pós-Graduando em Direito Imobiliário e Prática Extrajudicial Imobiliária pela Faculdade Baiana de Direito/BA. Bacharel em Direito pelo Centro Universitário Curitiba – UniCuritiba. Coordenador do Grupo Jovem do Instituto Brasileiro de Direito Imobiliário – IBRADIM (2022/2024). Presidente Comissão de Direito Imobiliário da Subseção da OAB/PR de Santo Antônio da Platina/PR. Advogado. E-mail: joaovictor@dcrlaw.com.br.

JOSÉ ANTÔNIO ORTEGA RUIZ

Bacharel em Direito pela UNIPAR – Universidade Paranaense – Campus – Paranavaí-PR. Bacharel em Estudos Sociais pela Faculdade Filosofia, Ciências e Letras de Paranavaí-PR. Titular do Serviço Registral de Imóveis de Santa Isabel do Ivaí-PR, desde 25/01/2017, após aprovação em concurso público de provas e títulos pelo TJ-PR. Ex-Titular do Serviço Distrital de Amaporã, Comarca de Paranavaí-PR, de 1995 à 12/2016, após aprovação em concurso público de provas e títulos pelo TJ-PR. Pública Newsletter quinzenal no LinkedIn com mais de 21 textos, na área Registral e Notarial.

JOSÉ LUIZ DE MEDEIROS

MBA em Gerenciamento de Projetos. Pós-Graduado em Ciências Jurídicas. Bacharel em Direito e vários diplomas na área de Tecnologia da Informação. Profissional qualificado e experiente, com uma sólida carreira na área de segurança e inteligência, tanto no setor público quanto no privado. Atualmente, atua como Auditor Líder para as normas ISO 27001, ISO 27701, 20000-1 e ISO 9001 com os Serviços de Certificação QMS, e ISO 27001 com a Bureau Veritas do Brasil. Já atuou como Consultor em Segurança da Informação e Privacidade de Dados na Daryus Consultoria e Treinamentos. Paralelamente, atua como Professor em cursos especializados em Segurança da Informação e Privacidade de Dados, bem como em cursos de pós-graduação no Instituto de Ensino Superior Daryus de São Paulo – IDESP e no Centro Paula Souza – CPS Pós. Anteriormente, ocupou o cargo de Encarregado de Proteção de Dados na Secretaria Nacional de Segurança Pública do Ministério da Justiça de 2020 a 2021. Cuja experiência abrange proteção e privacidade de dados, segurança da informação, conformidade, gestão de riscos, continuidade dos negócios em segurança da informação, arquitetura e gerenciamento de projetos e gerenciamento de projetos de desenvolvimento de software, bem como o diagnóstico e implementação de controles de sistemas de gestão corporativa (ISMS e DPMS) e treinamento gerencial. Com uma extensa lista de certificações, incluindo Auditor Líder PECB ISO/IEC 27001, Auditor Interno ABNT NBR ISO/IEC 27701, Implementador Líder ABNT NBR ISO/IEC 27701, Encarregado de Proteção de Dados e Oficial de Segurança da Informação certificado pela EXIN®.

KLEBER CAZZARO

Doutor e Mestre em Ciência Jurídica pela Universidade do Vale do Itajaí/SC. Especialista e Bacharel em Direito pela Universidade Estadual de Ponta Grossa/PR. Professor do Programa de Mestrado em Direito da Universidade Estadual de Ponta Grossa – UEPG. Advogado. E-mail: klebercazzaro@hotmail.com.

LUCAS BARELLI DEL GUÉRCIO

Especialista em Direito Notarial e Registral. Especialista em Formação de Professores para a Educação Superior Jurídica. Professor e autor de livros e obras, tratando de temas voltados ao Direito Notarial e Registral. Substituto do Tabelião de Notas e Protestos de Itaquaquecetuba e Ex- Oficial de Registro Civil e Tabelião de Notas do Município de Santo Antônio do Pinhal, Estado de São Paulo.

LUCAS DA SILVA PERES

Doutor e Mestre em Sistema Constitucional de Garantia de Direitos pelo Centro Universitário de Bauru/SP mantido pelo Instituto Toledo de Ensino – ITE. 1º Oficial de Registro de Imóveis, Títulos e Documentos e Civil de Pessoas Jurídicas da Comarca de São Caetano do Sul/SP. Ex-Tabelião de Notas e de Protesto de Letras e Títulos e Ex-Oficial de Registro Civil das Pessoas Naturais e de Interdições e Tutelas no Estado de São Paulo.

MARA ANGELITA NESTOR FERREIRA

Doutora em Políticas Públicas pela Universidade Federal do Paraná. Mestre em Direito do Estado pela Universidade Federal do Paraná. Especialista em Direito Administrativo pelo Instituto Romeu Felipe Bacellar. Bacharel em Direito pela Faculdade de Direito de Curitiba. Professora no Centro Universitário Dom Bosco.

SOBRE OS AUTORES E COORDENADORES

MARCIO MARTINS BONILHA FILHO

Graduado em Direito pela Faculdade de Direito da USP. Ingressou na Magistratura estadual em 1988. Após passar pelas comarcas de Guarulhos, Apiaí e Caçapava, foi promovido para a Capital, onde atuou em Varas Cíveis e na Corregedoria Geral da Justiça, na condição de Juiz Auxiliar. Por 14 anos foi Juiz titular da Segunda Vara de Registros Públicos da Capital, exercendo a corregedoria de todos os Registros Civis das Pessoas da Capital e dos 30 Tabelionatos de Notas. Integrou a Banca da Comissão do 3° e do 7° Concurso das serventias extrajudiciais. Promovido em setembro de 2013 ao cargo de Desembargador do TJSP, integrou a 26ª Câmara de Direito Privado. Foi suplente da presidência do 10° e presidiu o 11° Concurso de provas e títulos para outorga das delegações de Notas e de Registro no Estado de São Paulo. Aposentado em março de 2020, passou a exercer a advocacia no escritório Barcellos Tucunduva, sócio da área de Registros Públicos. Membro do Conselho Consultivo do IBRADIM – Instituto Brasileiro de Direito Imobiliário (2021/2023).

MARCOS PASCOLAT

Pós-Graduado em Derecho Registral pela ESADE Facultad de Derecho de Barcelona (2003), em Direito Notarial e Registral pela Faculdade de Ciências Sociais de Florianópolis (2004), em Direito Registral Imobiliário com ênfase em Direito Notarial pela Uniasselvi (2013), e em Direito Civil pela Universidade Gama Filho (2013). Bacharel em Direito pela Universidade do Oeste Paulista, formado em 2000. Oficial do 4° Serviço de Registro de Imóveis de Maringá – PR.

MARIA GABRIELA SOUTO CAETANO

Bacharel em Direito pela Universidade de Araraquara. Especialização em Pós-Graduação *Lato Senso* em Direito Previdenciário pela Escola Paulista de Direito. Especialização em Pós-Graduação *Lato Senso* em Direito Notarial e Registral pela Registral pelo Centro Universitário Leonardo da Vinci – Grupo Uniasselvi. Professora em Direito Notarial e Registral – Kroton. Conciliadora e mediadora vinculada ao Tribunal de Justiça de São Paulo. Mestre pelo Instituto CEDES. Advogada.

NATÁLIA SÓLLER

Doutoranda e Mestre em Direito Civil-Romano pela USP. Pós-Graduada em Direito Notarial e Registral pela Faculdade Damásio. Coordenadora da VFK Educação e da YK Editora. Advogada.

ORLANDO DE DEUS

Consultor de TI com 52 anos de experiência em processamento de dados, dos quais 44 foram na IBM Brasil. Possui diversas certificações, incluindo Consultor pela IBM/USA, Auditor Líder BS7799 (ISO 27001), ITIL, COBIT e Segurança de Informações (BCI – Inglaterra e DRII – USA). Durante cerca de 18 anos, ocupou cargos de gerência em diversas áreas de TI na IBM, acumulando ampla experiência em processos, especialmente na área de LGPD (Lei Geral de Proteção de Dados), onde atua como consultor em todas as fases de projetos de adequação. É autor dos livros (e-books) "Implantando a Lei Geral de Proteção de Dados – LGPD" e "Implantando a Continuidade de Negócios na Empresa – SGCN".

PEDRO ROCHA PASSOS FILHO

Doutorando em direito pela Universidade de Marília – UNIMAR. Mestre (*stricto senso*) em Direito pela Faculdade Damásio, com título obtido em 2000. Especializações "Lato Sensu" em Direito Notarial e Registral e Direito de Família e Sucessões pela Faculdade Damásio. Formado em Direito em 1993, pela Universidade do Vale do Itajaí – UNIVALI, localizada em Itajaí-SC. Exercício da docência em cursos jurídicos desde 1996, lecionando diversas disciplinas, entre elas o Direito Civil, o Direito Processual Civil e o Direito Notarial e Registral, com experiência em pesquisa jurídica, em coordenação de cursos de direito, em coordenação de núcleos de prática jurídica. Coordeno, desde 2016, um grupo de estudos voltado para concurso de cartório denominado GADEC. Exercício profissional da advocacia de 1994 a 2010. Aprovado em concurso público em 2009, para o cargo de Oficial de Justiça junto ao Tribunal de Justiça do estado do Pará de 2010 a 2018. Com experiência em metodologias e técnicas de estudo voltados para concurso de cartório. Novamente aprovado em concurso público em 2018 para a atividade de titular de cartório (delegatário de serviços notariais e registrais). Coordenador do curso Desbloqueando o Registro Civil voltado para o Registro Civil de Pessoas Naturais.

PHELLIPE SPINARDI MULLER

Mestrando em Direito Processual Civil pela PUC-SP. Pós-Graduado em Direito Imobiliário pela PUC-SP. Bacharel em Direito pela Faculdade de Direito da Alta Paulista – FADAP. Professor Assistente em Direito Civil da PUC-SP. Professor Assistente na pós-graduação de Direito Imobiliário da PUC-SP. Advogado.

RAFAEL AUGUSTO PEREIRA MARQUES
Pós-Graduando em Direito Notarial e Registral. Bacharel em Direito – graduado em 2003. Oficial e Tabelião Delegatário.

RAFAEL SPÍNOLA CASTRO
Especialista em Direito Notarial e Registral. Bacharel em Direito pela UNIRP. Titular do Cartório de Ipiguá – SP. Interino do 3º Registro Civil de São José do Rio Preto – SP.

RENATA TAMBASCO
Graduada em Direito pela UBM, com experiência como substituta em serventia extrajudicial, possui uma sólida formação acadêmica e extensa lista de especializações: é Pós-Graduada em Direito Digital e Proteção de Dados pela EBRADI, Pós-Graduada em Responsabilidade Civil e Contratos também pela EBRADI, e possui outra Pós-Graduação em Direito do Consumidor pelo Damásio. Além disso, obteve um MBA em Sistema de Gestão e Tecnologia da Segurança da Informação pelo IDESP. Sua qualificação inclui um mestrado em Ciências Ambientais pela Universidade de Vassouras, formação em DPO pela FGV, sendo certificada como Data Protection Officer pela EXIN. Também é Lead Auditor ISO/IEC 27001:2022 e Lead Auditor ISO/IEC 27701:2021, além de Information Security Management Professional pela EXIN. No âmbito profissional, exerce cargos de destaque como Vice-Presidente da Comissão de Direito Digital OAB/VR, Membro do Comitê Especial de Proteção de Dados da ANADD (Associação Nacional dos Advogados de Direito Digital) e Membro do Comitê Jurídico e Científico da APDADOS (Associação Nacional dos Profissionais de Privacidade de Dados), atuando ainda como Coordenadora Regional/RJ da APDADOS.

RICARDO SANTIAGO TEIXEIRA
Mestre em Direito pelo CESUPA. Especialista em Direito Processual pela Unama, Agro Ambiental Minerário pela UFPA. MBA Tributário FGV/Rio. Tabelião e Oficial Registrador em Belém/PA.

RODRIGO BLEY SANTOS
Mestre em Direito Processual Civil pela UFPR. Especialista em Direito Processual Civil pelo Instituto Bacellar/UNIBRASIL, em Curitiba/PR. Bacharel em Direito pela UFPR. Advogado com experiência em Direito Notarial e Registral. Foi assessor jurídico junto ao Tribunal de Justiça do Estado do Paraná (TJPR). Autor do livro "Convenção Processual sobre Norma Aplicável ao Mérito" (Revista dos Tribunais, 2021), e de artigos nas áreas de processo civil, direito notarial e registral e proteção de dados.

SAMILA ARIANA ALVES MACHADO
Especialista em Direito Notarial e Registral pela LFG. Bacharel em Direito e Jornalismo. Foi Coordenadora do Comitê de Conteúdo da APDADOS (Associação Nacional dos Profissionais de Privacidade de Dados) e Editora da Revista LGPD Magazine. Sócia do Instituto de Compliance Notarial e Registral (ICNR). Escritora de diversas obras aplicadas à LGPD – Lei Geral de Proteção de Dados para cartórios. Coordenadora da obra: "Cartórios, Compliance e Transformação Digital" (Foco). Revisora da Obra Manual de Compliance – Notarial e Registral – 1ª Edição 2021. Apaixonada pela função social dos serviços notariais e registrais.

VANESSA BARBOSA FIGUEIREDO
Doutoranda em Ciências Jurídico-Processuais pela Faculdade de Direito da Universidade de Coimbra, Portugal, com enfoque de investigação em desjudicialização. Mestre em Direito Civil pela Faculdade de Direito da Universidade de Coimbra, Portugal, com enfoque de investigação em sociedade da informação e seus reflexos no extrajudicial. Pós-graduada em Direito do Registo Predial pelo Centro de Estudos Notariais e Registais da Faculdade de Direito da Universidade de Coimbra, Portugal. Pós-graduada em Direito Público e Direito Privado pela Escola da Magistratura do Estado do Rio de Janeiro. Professora de Direito Notarial e Registral do Colégio Notarial do Brasil (RJ) e Escola dos Notários e Registradores (RJ), além de cursos preparatórios para concurso público. Fundadora do Complexo Educacional Vanessa No Foco preparatório para concursos públicos de cartório e magistratura estadual em todo o Brasil. Palestrante e Debatedora com participação em eventos jurídicos internacionais. Juíza de Direito no Tribunal de Justiça do Estado do Pará (2010 a 2015). Tabeliã e Registradora no Estado do Rio de Janeiro (2015 a 2023). Advogada e fundadora da VF Advocacia Extrajudicial e Assessoria Jurídica para Cartórios, com atuação em todo o Brasil.

VITOR FREDERICO KÜMPEL

Doutor em Direito Civil e Graduado em Direito pela USP. 1º Livre-Docente em Direito Notarial e Registral do Brasil, pela Universidade de São Paulo. Coautor da Coleção Tratado Notarial e Registral, entre outras obras.

VIVIANNE ROMANHOLO BARBOSA DE CASTRO ROSADO

Cursa MBA em Formação de Gestores de Cartório Extrajudicial. Pós-graduada em Direito Processual Civil. Graduada em Direito pela PUC/GO, Tabeliã do Segundo Ofício de Notas de Montes Claros, Minas Gerais. Interina do Terceiro Ofício de Notas de Montes Claros, Minas Gerais. Atuou durante 7 anos como auxiliar de cartório e escrevente no 4º Tabelionato de Notas de Goiânia/GO e durante 3 anos como assessora no Tribunal de Justiça do Estado de Goiás. Agraciada com a Medalha de Mérito Desembargador Ruy Gouthier de Vilhena, Comenda bienalmente outorgada àqueles prestam relevantes serviços à Corregedoria-Geral de Justiça de Minas Gerais.

SUMÁRIO

PREFÁCIO

Fernando Antonio Tasso VI

APRESENTAÇÃO

Rachel Ximenes e Wilson Levy VIII

SOBRE OS AUTORES E COORDENADORES IX

PARTE GERAL
LIVRO I
DO REGIME JURÍDICO ADMINISTRATIVO
TÍTULO I
DAS ATRIBUIÇÕES
CAPÍTULO I
DO APOSTILAMENTO
Seção I
Das Disposições Gerais

Arts. 1.º a 17.

Comentários de Marcio Martins Bonilha Filho 6

CAPÍTULO II
DA CONCILIAÇÃO E MEDIAÇÃO
Seção I
Das Disposições Gerais

Arts. 18. a 25.

Seção II
Das Partes

Arts. 26. e 27.

Seção III
Do Objeto

Art. 28.

Seção III
Do Requerimento

Arts. 29. a 36.

Seção IV
Das Sessões

Arts. 37. a 41.

Seção V
Dos Livros

Arts. 42. a 51.

Seção VI
Dos Emolumentos

Arts. 52. a 55.

Seção VII
Das Disposições Finais

Arts. 56. e 57.

Comentários de Aline Rodrigues de Andrade e Kleber Cazzaro 19

TÍTULO II
DA ORGANIZAÇÃO NA PRESTAÇÃO DOS SERVIÇOS
CAPÍTULO I
DO TELETRABALHO
Seção I
Das Disposições Gerais

Arts. 58. a 64.

Comentários de Anderson Herance... 27

TÍTULO III
DOS INTERINOS E DOS PREPOSTOS
CAPÍTULO I
DAS RESTRIÇÕES
Seção I
Dos familiares de juízes corregedores

Art. 65.

Comentários de Carolina Mosmann e João Massoneto............................. 33

CAPÍTULO II
DA DESIGNAÇÃO DE INTERINOS
Seção I
Das Disposições Gerais

Arts. 66. a 71.

Comentários de Carolina Mosmann e João Massoneto............................. 36

TÍTULO IV
DO DELEGATÁRIO
CAPÍTULO I
DAS INCOMPATIBILIDADES E IMPEDIMENTOS
Seção I
De mandatos eletivos

Art. 72.

Comentários de João Victor de Castro e Emanoella Macias Castro 45

TÍTULO V
DA OUTORGA DE DELEGAÇÃO
CAPÍTULO I
DO CONCURSO PÚBLICO
Seção I
Das disposições gerais

Art. 73.

Seção II
Do Painel Nacional dos Concursos Públicos de Provas e Títulos para Outorga de Delegações de Serviços de Notas e de Registro

Arts. 74. a 77.

Comentários de Vitor Frederico Kümpel e Natália Sóller 51

CAPÍTULO II
DAS DELEGAÇÕES IRREGULARES
Seção I
Das disposições gerais

Art. 78.

Comentários de José Antônio Ortega Ruiz 54

TÍTULO VI
DA PROTEÇÃO DE DADOS PESSOAIS
CAPÍTULO I
Da Organização Das Serventias
Seção I
Das disposições gerais

Arts. 79. a 83.

Comentários de João Rodrigo Stinghen e Samila Ariana Alves Machado 56

Seção II
Da governança do tratamento de dados pessoais nas serventias

Art. 84.

Comentários de João Rodrigo Stinghen 57

Seção III
Do mapeamento das atividades de tratamento

Art. 85.

Comentários de João Rodrigo Stinghen 59

Seção IV
Da revisão dos contratos
Arts. 86. e 87.
Comentários de Elizeu Miguel Campos Melo e João Rodrigo Stinghen...... 62

Seção V
Do encarregado
Art. 88.
Comentários de João Rodrigo Stinghen 66

Seção VI
Do relatório de impacto
Art. 89.
Comentários de João Rodrigo Stinghen 68

Seção VII
Das medidas de segurança, técnicas e administrativas
Arts. 90. a 93.
Comentários de Orlando de Deus e João Rodrigo Stinghen..................... 71
Comentários de José Luiz de Medeiros 75

Seção VIII
Do treinamento
Art. 94.
Comentários de João Rodrigo Stinghen 77

Seção IX
Das medidas de transparência e atendimento a direitos de titulares
Arts. 95. a 98.
Comentários de Renata Tambasco e João Rodrigo Stinghen aos
Artigos 95 a 97 80
Comentários de Renata Tambasco ao Artigo 98.. 87

Seção X
Das certidões e compartilhamento de dados com centrais e órgãos públicos
Arts. 99. a 105.
Comentários de Douglas Gavazzi aos Artigos 99 e 100 89
Comentários de João Rodrigo Stinghen aos Artigos 101 a 104 91

Comentários de Vivianne Romanholo Barbosa de Castro Rosado de
Artigo 105 93

Seção XI
Do Tabelionato de Notas e a Proteção de Dados

Arts. 106. a 111.

Comentários de Vivianne Romanholo Barbosa de Castro Rosado ao
Artigo 106 a 111 94

Seção XII
Do Registro de Títulos e Documentos e
Civil de Pessoas Jurídicas e a Proteção de Dados

Art. 112.

Comentários de João Rodrigo Stinghen ao artigo 112 103

Seção XIII
Do Registro Civil de Pessoas Naturais e a Proteção de Dados

Arts. 113. a 122.

Comentários de João Rodrigo Stinghen e Rodrigo Bley Santos 105

Seção XIV
Do Registro de Imóveis e a Proteção de Dados

Arts. 123. a 128.

Comentários de João Rodrigo Stinghen 109

Seção XV
Do Protesto de Títulos e Outros Documentos de Dívida e a Proteção de Dados

Arts. 129. a 135.

Comentários de João Rodrigo Stinghen 111

TÍTULO VII
DO REGIME DISCIPLINAR
CAPÍTULO I
TERMO DE AJUSTAMENTO DE CONDUTA COM O CNJ

Art. 135-A.

Comentários de Aline Aparecida de Miranda 113

LIVRO II
DA INTERAÇÃO INTERINSTITUCIONAL
TÍTULO I
DO FORNECIMENTO DE INFORMAÇÕES
CAPÍTULO I
DA ALIMENTAÇÃO DOS DADOS NO SISTEMA "JUSTIÇA ABERTA"
Seção I
Das Disposições Gerais

Art. 136.

Comentários de Vanessa Barbosa Figueiredo... 123

TÍTULO II
DA PREVENÇÃO DE CRIMES
CAPÍTULO I
DA PREVENÇÃO À LAVAGEM DE DINHEIRO E AO FINANCIAMENTO DO TERRORISMO E DA PROLIFERAÇÃO DE ARMAS DE DESTRUIÇÃO EM MASSA
Seção I
Das Disposições Gerais

Arts. 137. a 142.

Seção II
Da Política de PLD/FTP

Arts. 143. e 144.

Seção III
Do Cadastro de Clientes e Demais Envolvidos

Arts. 145. e 146.

Seção IV
Do Cadastro Único de Beneficiários Finais

Arts. 147. e 148.

Seção V
Do Registro sobre Operações, Propostas de Operação e Situações para Fins de PLD/FTP

Arts. 149. a 150-A.

Seção VI
Das Comunicações à Unidade de Inteligência Financeira (UIF)
Arts. 151. e 156-A.

Seção VII
Das Normas Aplicáveis aos Tabeliães e Oficiais de Registro de Contratos Marítimos
Arts. 157. e 158.

Seção VIII
Das Normas Aplicáveis aos Tabeliães de Protesto
Arts. 159. e 160.

Seção IX
Das Normas Aplicáveis aos Registradores de Imóveis
Arts. 161. e 162.

Seção X
Das Normas Aplicáveis aos Oficiais de Registro de Títulos e Documentos e Civis das Pessoas Jurídicas
Arts. 163. e 164.

Seção XI
Das Normas Aplicáveis aos Notários
Subseção I
Das Disposições Gerais
Arts. 165. e 165-A.

Subseção II
Do Cadastro Único de Clientes do Notariado (CCN)
Art. 166.

Subseção III
Do Cadastro Único de Beneficiários Finais
Arts. 167. e 168.

Subseção IV
Do Registro de Operações e do Índice Único de Atos Notariais
Arts. 169. e 170.

Subseção V
Das Comunicações dos Tabeliães de Notas à UIF
Arts. 171. e 172.

Seção XII
Da Guarda e Conservação de Registros e Documentos
Art. 173.

Seção XIII
Das Disposições Finais
Arts. 174. a 181.

Comentários de Aline Rodrigues de Andrade e João Rodrigo Stinghen 148

TÍTULO III
DA INTERAÇÃO COM ÓRGÃOS E ENTES PÚBLICOS
CAPÍTULO I
DO ENVIO DE DADOS PELO REGISTRO CIVIL DAS PESSOAS NATURAIS
Seção I
Do envio de dados registrais de pessoas em estado de vulnerabilidade econômica
Arts. 182. e 183.

Comentários de Frank Wendel Chossani 157

Seção I
Do envio de dados ao Tribunal Superior Eleitoral
Art. 184.

Comentários de Marcio Martins Bonilha Filho 164

LIVRO III
DO ACERVO DAS SERVENTIAS
TÍTULO I
DOS LIVROS
CAPÍTULO I
DA ESCRITURAÇÃO CONTÁBIL E CORRECIONAL
Seção I
Das Disposições Gerais
Arts. 185. a 195.

Comentários de Antonio Herance Filho 169

TÍTULO II
DA CONSERVAÇÃO DE DOCUMENTOS
CAPÍTULO I
DO PRAZO
Seção I
Da Tabela de Temporalidade

Art. 196.

Comentários de Isabela Bicalho Xavier 177

TÍTULO III
DO EXTRAVIO OU DANIFICAÇÃO DO ACERVO
CAPÍTULO I
DO PROCEDIMENTO
Seção I
Das Disposições Gerais

Arts. 197. a 205.

Comentários de Isabela Bicalho Xavier 182

LIVRO IV
DA ORGANIZAÇÃO DIGITAL DOS SERVIÇOS
TÍTULO I
DAS NORMAS GERAIS
CAPÍTULO I
DOS PADRÕES DE TECNOLOGIA DA INFORMAÇÃO
Seção I
Das Disposições Gerais

Art. 206.

Comentários de Carlos Hulot 193

TÍTULO II
DOS SISTEMAS DIGITAIS DOS SERVIÇOS
CAPÍTULO I
DAS NORMAS COMUNS
Seção I
Das Comunicações entre as serventias e destas com o Poder Judiciário

Arts. 207. a 210.

Comentários de Rafael Augusto Pereira Marques e Danielle Souza Marques.. 207

CAPÍTULO II
DO SISTEMA ELETRÔNICO DOS REGISTROS PÚBLICOS (SERP)
Seção I
Das diretrizes para organização do Sistema Eletrônico de Registros Públicos (Serp)

Arts. 211. e 212.

Seção II
Dos Operadores Nacional de Registros Públicos

Arts. 213. a 216.

Seção III
Da Sustentação Financeira do ONSERP, ONR, ON-RCPN e ON-RTDPJ

Arts. 217. a 220.

Seção III
Das Disposições Gerais

Arts. 221. a 228.

Comentários de Aline Rodrigues de Andrade e Camila Polveiro Ferreira Appelt 220

CAPÍTULO III
DO REGISTRO CIVIL DAS PESSOAS NATURAIS
Seção I
Da Central de Informações de Registro Civil das Pessoas Naturais (CRC)

Arts. 229. a 245.

Comentários de Rafael Augusto Pereira Marques e Danielle Souza Marques.. 231

CAPÍTULO IV
DO REGISTRO CIVIL DE TÍTULOS E DOCUMENTOS E DO REGISTRO CIVIL DE PESSOAS JURÍDICAS
Seção I
Do Sistema de Registro Eletrônico de Títulos e Documentos e Civil de Pessoas Jurídicas

Arts. 246. a 256.

Comentários de João Pedro Lamana Paiva 252

CAPÍTULO V
DO TABELIONATO DE PROTESTO
Seção I
Dos Serviços Eletrônicos dos Tabeliães de Protesto de Títulos – CENPROT

Arts. 257. a 263.

Comentários de Gabriela Lucena Andreazza 261

CAPÍTULO VI
DO TABELIONATO DE NOTAS
Seção I
Da Central Notarial de Serviços Eletrônicos Compartilhados (CENSEC)
Subseção I
Das Disposições Gerais

Arts. 264. a 283.

Comentários de Andrey Guimarães Duarte 279

Seção II
Dos atos notariais eletrônicos por meio do e-Notariado
Subseção I
Das Disposições Gerais

Art. 284. a Art. 289.

Comentários de Arthur Del Guércio Neto e Lucas Barelli Del Guércio 289

Subseção II
Do Sistema de Atos Notariais Eletrônicos e-Notariado

Arts. 290. a 294.

Comentários de Rafael Spínola Castro 295

Subseção III
Da Matrícula Notarial Eletrônica – MNE

Art. 295.

Comentários de Lucas da Silva Peres... 299

Subseção IV
Do Acesso ao Sistema

Arts. 296. a 298.

Subseção V
Dos Atos Notariais Eletrônicos

Arts. 299. a 309.

Subseção VI
Dos Cadastros

Arts. 310. e 311.

Subseção VII
Das Disposições Finais

Arts. 312. a 319.

Comentários de Alise Andreia Formenti 307

CAPÍTULO VII
DO REGISTRO DE IMÓVEIS
Seção I
Da Central Nacional de Indisponibilidade de Bens

Art. 320.

Comentários de Phellipe Spinardi Muller... 315

Seção II
Da prestação dos serviços eletrônicos pelos Registros de Imóveis

Arts. 321. a 329.

Comentários de Mara Angelita Nestor Ferreira 320

Seção III
Do Código Nacional de Matrícula
Subseção I
Da Inserção Gráfica do Código Nacional de Matrícula

Art. 330.

Subseção II
Da Reutilização do Código Nacional de Matrícula

Art. 331.

Subseção III
Da Reutilização do Código Nacional de Matrícula

Art. 332.

Subseção IV
Do Programa Gerador e Validador

Art. 333.

Subseção V
Do Acesso ao Programa Gerador e Validador pelos Oficiais de Registro de Imóveis

Art. 334.

Subseção VI
Da Consulta do Programa Gerador e Validador pelos Usuários

Art. 335.

Subseção VII
Da Escrituração da Matrícula em Fichas Soltas

Art. 336.

Subseção VIII
Da Unicidade da Matrícula

Art. 337.

Subseção IX
Do Número de Ordem

Art. 338.

Subseção X
Da Rigorosa Sequência do Número de Ordem

Art. 339.

Subseção XI
Do Número de Ordem e Anexação de Acervo de Cartório Extinto

Art. 340.

Subseção XII
Das Disposições sobre a Abertura de Nova Matrícula

Art. 341.

Subseção XIII
Das Disposições Finais e Transitórias

Arts. 342. e 343.

Comentários de Marcos Pascolat.. 336

LIVRO V
DOS EMOLUMENTOS NOS SERVIÇOS NOTARIAIS E REGISTRAIS
TÍTULO I
DAS NORMAS GERAIS
CAPÍTULO I
DA COBRANÇA
Seção I
Das Disposições Gerais

Art. 344.

Comentários de Pedro Rocha Passos Filho e Ricardo Santiago Teixeira...... 345

Seção II
Das Diretrizes para contratos de exploração de energia eólica

Arts. 345. a 352.

Comentários de Hervison Barbosa Soares 370

TÍTULO II
DAS NORMAS ESPECÍFICAS
CAPÍTULO I
DO REGISTRO CIVIL DAS PESSOAS NATURAIS
Seção I
Da Renda Mínima

Art. 353.

Comentários de Frank Wendel Chossani 375

XXXI

PROVIMENTO Nº 85, DE 19 DE AGOSTO DE 2019

Comentários de Aline Rodrigues de Andrade e Gabriela Almeida
Marcon Nora 381

PROVIMENTO Nº 164, DE 27 DE MARÇO DE 2024

Comentários de Maria Gabriela Souto Caetano 397

POSFÁCIO

Ciciane Maria Figueiredo Costa Zanoni 417

PARTE GERAL
LIVRO I
DO REGIME JURÍDICO ADMINISTRATIVO
TÍTULO I
DAS ATRIBUIÇÕES
CAPÍTULO I
DO APOSTILAMENTO
Seção I
Das Disposições Gerais

Art. 1.º A legalização de documentos públicos produzidos em território nacional e destinados a produzir efeitos em países partes da Convenção sobre a Eliminação da Exigência de Legalização de Documentos Públicos Estrangeiros (Convenção da Apostila) é realizada exclusivamente por meio da aposição de apostila, emitida nos termos da Resolução CNJ nº 228, de 22 de junho de 2016, e deste Código Nacional de Normas.

§ 1.º Para os fins desta norma, entende-se como legalização, ou chancela consular, a formalidade pela qual se atesta a autenticidade da assinatura, da função ou do cargo exercido pelo signatário do documento e, quando cabível, a autenticidade do selo ou do carimbo nele aposto.

§ 2.º Equiparam-se a documento público produzido no território nacional os históricos escolares, as declarações de conclusão de série e os diplomas ou os certificados de conclusão de cursos registrados no Brasil.

§ 3.º O descumprimento das disposições contidas na mencionada resolução e no presente Código Nacional de Normas pelas autoridades apostilantes ensejará a instauração de procedimento administrativo disciplinar, sem prejuízo de responsabilização cível e criminal.

Art. 2.º A apostila emitida em meio físico será afixada no documento pela autoridade apostilante, não sendo permitida a entrega da apostila de forma avulsa ao solicitante do serviço.

Art. 3.º Serão obrigatórios o cadastramento e a prestação do serviço de apostilamento por todos os serviços de notas e de registro das capitais dos estados e do Distrito Federal.

§ 1.º Os serviços de notas e de registro da capital dos estados e do Distrito Federal que expuserem motivos justificados às corregedorias gerais de Justiça locais poderão ser dispensados da prestação dos serviços de apostilamento, devendo o ato de dispensa ser comunicado formalmente à Corregedoria Nacional de Justiça.

§ 2.º O cadastramento e a prestação do serviço de apostilamento pelos serviços de notas e de registro do interior de cada Estado serão facultativos, mas recomendáveis para conferir melhor capilaridade ao serviço.

§ 3.º O ato de credenciamento das autoridades apostilantes será realizado pelas corregedorias-gerais de Justiça dos estados e do Distrito Federal, às quais compete enviar à Corregedoria Nacional de Justiça listagem com a identificação das autoridades aptas à prestação do serviço de apostilamento, devidamente capacitadas nos termos do art. 4.º, § 1.º e § 2.º, deste Código Nacional de Normas, e com os dados necessários ao cadastro, conforme Anexo do Provimento nº 62, de 14 de novembro de 2017.

Art. 4.º O serviço notarial e de registro exercerá o apostilamento por delegação do Conselho Nacional de Justiça (CNJ).

§ 1.º O apostilamento poderá ser executado por qualquer notário ou registrador cadastrado, mediante capacitação oferecida por suas entidades de classe, sob supervisão da Corregedoria Nacional de Justiça, independentemente de especialização do serviço ou de circunscrição territorial.

§ 2.º O responsável pela serventia e os escreventes autorizados já cadastrados deverão participar e obter aprovação no curso de capacitação a que se refere o § 1.º deste artigo.

§ 3.º Ao apostilar documentos emitidos por serviço notarial ou registral, a autoridade apostilante deverá verificar a função e a autenticidade da assinatura do subscritor mediante consulta às centrais de sinais públicos das respectivas especialidades, cujo acesso deverá ser franqueado às autoridades apostilantes para este fim.

§ 4.º Será mantida, no sistema eletrônico de apostilamento, ferramenta relacionada a banco de dados de sinais públicos de autoridades brasileiras, para fins de coleta de seus padrões de sinais públicos, assim como identificação civil e documentação comprobatória do cargo ou função exercida, cumprindo-se as formalidades constantes do art. 3.º da Convenção sobre a Eliminação da Exigência de Legalização de Documentos Públicos Estrangeiros, firmada pela República Federativa do Brasil, em Haia, em 5 de outubro de 1961, para consulta e conferência pelas autoridades apostilantes.

§ 5.º No caso de vacância ou afastamento do titular do serviço notarial e de registro, o serviço será prestado pelo designado responsável do serviço extrajudicial.

Art. 5.º A aposição de apostila em documento público brasileiro somente será admitida por autoridade apostilante devidamente cadastrada no sistema eletrônico de apostilamento disponibilizado gratuitamente pelo Conselho Nacional de Justiça (CNJ), para a confecção, consulta e aposição de apostila.

§ 1.º As apostilas serão assinadas com certificado digital e registradas pelo emissor.

§ 2.º A gestão, administração e manutenção do sistema poderá ser delegada pela Corregedoria Nacional de Justiça à Associação de Notários e Registradores do Brasil (Anoreg/BR) ou outra entidade de representação nacional de todas as especialidades notariais e registrais que venha a substituí-la, mediante a celebração de Termo de Cooperação Técnica com os seus institutos membros, no qual serão definidos deveres, responsabilidades, critérios de rateio dos custos, prazo para transição, condições em caso da extinção da delegação prevista neste parágrafo, entre outras disposições pertinentes.

§ 3.º A delegação a que se refere o § 2.º deste artigo ocorrerá sem ônus para o CNJ e será fiscalizada por Comitê Técnico instituído pela Corregedoria Nacional de Justiça, cujas competências serão definidas no ato normativo que o instituir.

Art. 6.º As corregedorias-gerais de Justiça e os juízes diretores do foro das unidades judiciárias são autoridades competentes para o ato de aposição de apostila somente quanto aos documentos de interesse do Poder Judiciário.

Parágrafo único. Consideram-se documentos de interesse do Poder Judiciário aqueles oriundos de seus respectivos órgãos em países signatários da Convenção da Apostila, bem como aqueles necessários à adoção internacional.

Art. 7.º Para fins de apostilamento, a critério do solicitante do serviço, os documentos eletrônicos poderão ser impressos para aposição de apostila.

§ 1.º O papel de segurança padronizado, conforme requisitos de segurança submetidos pela Anoreg/BR e aprovados pela Corregedoria Nacional de Justiça, será numerado sequencialmente e vinculado ao Cadastro Nacional de Serventia de cada unidade (CNS).

§ 2.º O papel de segurança não pode ser alienado ou cedido entre as autoridades apostilantes, sob pena de responsabilidade civil, penal e administrativa.

Art. 8.º As autoridades apostilantes deverão, para fins de controle das corregedorias-gerais de Justiça dos estados e do Distrito Federal, afixar no documento, previamente ao ato de digitalização do documento apostilando, o selo físico, a etiqueta e/ou a estampa de selo eletrônico, conforme regras locais.

Art. 9.º A apostila será emitida mediante solicitação do portador do documento, sendo dispensado requerimento escrito. As autoridades apostilantes darão recibo de protocolo no momento do requerimento, estipulando prazo para entrega, que não poderá ultrapassar cinco dias.

§ 1.º As autoridades apostilantes deverão prestar ao solicitante do serviço todos os esclarecimentos necessários antes da prática do ato de apostilamento.

§ 2.º Para a emissão da apostila, a autoridade apostilante deverá realizar a análise formal do documento apresentado, aferindo a autenticidade de todas as assinaturas apostas, do cargo ou da função exercida pelo signatário e, quando cabível, a autenticidade do selo ou do carimbo aposto.

§ 3.º O apostilamento de reconhecimento de firma ou de cópia autenticada é ato excepcional, caso em que a assinatura, a função ou o cargo exercido a serem lançados na apostila serão do tabelião ou do seu preposto que apôs a fé pública no documento.

§ 4.º O apostilamento de certidão de registro de documento e de reconhecimento de firma somente será permitido em documentos de natureza privada.

Art. 10. Em caso de dúvida quanto à autenticidade do documento público produzido em território brasileiro, a autoridade apostilante deverá realizar procedimento específico prévio, conforme previsto no art. 3.º, § 2.º, da Resolução CNJ nº 228/2016.

§ 1.º Persistindo a existência de dúvida após a finalização do procedimento específico prévio, a autoridade apostilante poderá recusar a aposição de apostila mediante ato fundamentado, que deverá ser entregue ao solicitante do serviço.

§ 2.º O ato de instauração do procedimento prévio e o de recusa de aposição da apostila poderão ser impugnados pelo solicitante do serviço no prazo de cinco dias, perante a autoridade apostilante, que, não reconsiderando o ato, no mesmo prazo, remeterá o pedido à Corregedoria-Geral de Justiça (CGJ) do Estado ou do Distrito Federal para decisão sobre a questão duvidosa em 30 dias.

Art. 11. A apostila será emitida por documento, não importando a quantidade de páginas que possuir. Será de forma diversa se o solicitante do serviço assim o requerer.

Art. 12. Ao realizar o ato de apostilamento, a autoridade apostilante deverá proceder à inserção da imagem do documento no banco de dados unificado do registro eletrônico das apostilas.

§ 1.º No ato de digitalização do documento, a autoridade apostilante deverá utilizar-se de software que minimize o tamanho do arquivo.

§ 2.º A autoridade apostilante deverá conferir a correspondência entre a imagem eletrônica e o documento.

Art. 13. Encerrado o procedimento de aposição de apostila e constatado erro, a autoridade apostilante deverá refazer o procedimento para a aposição de outra apostila, inutilizando o primeiro ato.

§ 1.º Constatado que o erro ocorreu devido à falha do serviço da autoridade apostilante, o novo apostilamento deverá ser realizado sem custo para o solicitante do serviço.

§ 2.º Constatado que o erro ocorreu devido à falha de informações por parte do solicitante do serviço, o novo apostilamento será por ele custeado.

Art. 14. O documento eletrônico apresentado à autoridade apostilante ou por ela expedido poderá ser apostilado independentemente de impressão em papel, desde que esteja emitido em formato compatível para upload no sistema do CNJ e assinado eletronicamente.

§ 1.º A apostila eletrônica será salva em arquivo único, na sequência do documento, assinada pela autoridade apostilante, entregue em mídia ou enviada no endereço eletrônico fornecido pelo solicitante.

§ 2.º Para os fins estabelecidos no caput deste artigo, considera-se assinado eletronicamente:

I – o arquivo eletrônico assinado na forma do art. 10, § 1.º, da Medida Provisória nº 2.200-2, de 24 de agosto de 2001, ou legislação superveniente; ou

II – o documento que contém declaração de ter sido assinado na forma do art. 10, § 1.º, da Medida Provisória nº 2.200-2, de 24 de agosto de 2001; do art. 1.º,

§ 2.º, III, da Lei nº 11.419, de 19 de dezembro de 2006; ou do art. 4.º da Lei nº 14.063, de 23 de setembro de 2020, cujo conteúdo pode ser conferido na rede mundial de computadores, em site governamental.

§ 3.º Nas hipóteses do § 2.º, II, deste artigo, em caso de dúvida sobre a veracidade do documento ou do sítio eletrônico de verificação, a autoridade apostilante contatará o órgão responsável pela emissão do documento e, permanecendo a dúvida, o apostilamento será negado.

Art. 15. A aposição de apostila em tradução de documento público produzido no território nacional somente será admitida em tradução realizada por tradutor público ou nomeado ad hoc pela junta comercial.

§ 1.º O procedimento deverá ser realizado em duas apostilas distintas: apostila-se primeiro o documento público original e, posteriormente, o traduzido.

§ 2.º Para fins de aposição da apostila, o documento de procedência interna bilíngue, contendo versão em língua estrangeira, não dispensa a apresentação da tradução juramentada.

Art. 16. Em caso de extravio ou de inutilização do papel de segurança utilizado para o ato de aposição da apostila, as autoridades apostilantes deverão inserir a informação diretamente no sistema eletrônico de apostilamento.

Parágrafo único. Em caso de inutilização do papel de segurança, a autoridade apostilante deverá destruí-lo mediante incineração ou procedimento semelhante, registrando o incidente na forma do caput.

Art. 17. Os emolumentos serão cobrados por apostila, nos termos do art. 18 da Resolução CNJ nº 228/2016, enquanto não for editada legislação específica no âmbito dos estados e do Distrito Federal.

§ 1.º É dispensada a cobrança de emolumentos para emissão de apostila em documentos requeridos por órgãos da Administração Direta do Poder Executivo Federal, Estadual ou Municipal para utilização no exterior, no interesse do serviço público.

§ 2.º Os órgãos da Administração Direta do Poder Executivo Federal, Estadual ou Municipal solicitarão o apostilamento do documento público produzido no território nacional mediante ofício endereçado ao serviço de notas ou de registro.

§ 3.º O Poder Judiciário dos estados e do Distrito Federal, no âmbito de sua competência, estabelecerá forma de compensação para a emissão de apostila em documentos requeridos por órgãos da Administração Direta do Poder Executivo Federal, Estadual ou Municipal.

§ 4.º É vedada a prática de cobrança parcial ou de não cobrança de emolumentos, ressalvadas as hipóteses de isenção, não incidência ou diferimento previstas na legislação específica.

Comentários de Marcio Martins Bonilha Filho

A Apostila, consoante definição constante do próprio site[1] do CNJ, consubstancia um certificado de autenticidade emitido por países signatários da Convenção da Haia, o qual é aposto a um documento público para atestar sua origem (assinatura, cargo de agente público, selo ou carimbo da instituição). Esse documento público será apresentado em outro país, também signatário da Convenção da Haia, para gerar determinado efeito.

A palavra apostila tem origem francesa ("Apostille"), que provém do verbo "apostiller", que, por sua vez, deriva da palavra latina "postila", variação da palavra "postea", que significa "depois, mais tarde, ao lado" (Le Nouveau Petit Robert: Dictionnaire alphabétique et analogique de la langue française, Paris, 2004).

Nesse sentido, no final do século XVII, na França, as palavras "apostille" e "apostiller" foram incluídas na primeira edição do Dicionário da Academia Francesa, em 1694, que ostentava a seguinte definição:

• "Apostille, substantivo: uma adição na margem de um documento escrito ou na parte inferior de uma letra"

• "Apostiller, verbo: inserir comentários ao lado de um documento escrito".

Esses significados seguem atuais.

A República Federativa do Brasil aderiu à Convenção sobre a Eliminação da Exigência de Legalização de Documentos Públicos Estrangeiros (Convenção da Apostila), celebrada em Haia, Holanda.

O instrumento de adesão à Convenção da Apostila indicou o Poder Judiciário como órgão competente para a implementação de suas disposições no território nacional.

---

1. Apostila de Haia. Conselho Nacional de Justiça (CNJ). Disponível em: https://www.cnj.jus.br/poder-judiciario/relacoes-internacionais/apostila-da-haia/perguntas-frequentes-5/#:~:text=O%20apostilamento%20%C3%A9%20como%20um,carimbo%20do%20emissor%20do%20documento. Acesso em: 21 fev. 2024.

A Apostila certifica a origem do documento público, a autenticidade da assinatura da pessoa, da função ou do cargo exercido pelo signatário do documento.

Os históricos escolares, as declarações de conclusão de série e os diplomas ou os certificados de conclusão de cursos registrados no Brasil são equiparados a documento público produzido no território nacional, aptos, portanto, ao apostilamento.

A prestação do serviço de apostilamento, precedido do prévio cadastramento, é obrigatória em relação aos serviços de notas e de registro da capital dos Estados e do Distrito Federal. Por seu turno, o serviço de apostilamento pelos serviços de notas e de registro do interior de cada Estado será facultativo, mas recomendável para conferir melhor capilaridade a essa atividade, cuja prestação requer curso de capacitação oferecida por entidade de classes dos respectivos serviços, sob supervisão da Corregedoria Nacional de Justiça.

No sistema eletrônico de apostilamento será mantida ferramenta relacionada a banco de dados de sinais públicos de autoridades brasileiras, para fins de coleta de seus respectivos padrões, assim como identificação civil e documentação comprobatória do cargo ou função exercida, cumprindo-se as formalidades constantes da Convenção sobre a Eliminação da Exigência de legalização de Documentos Públicos Estrangeiros, firmada pelo Brasil, em Haia, para consulta e conferência pelas autoridades apostilantes.

O serviço de apostilamento será prestado pelo respectivo titular da delegação do serviço extrajudicial. No caso de vacância ou afastamento do titular do serviço notarial ou de registro, o designado responsável pelo serviço prestará tal atividade.

O Conselho Nacional de Justiça é a autoridade competente para emitir apostilas em documentos originados no Brasil. Nesse sentido, a Corregedoria Nacional de Justiça pode delegar o exercício do apostilamento à Associação de Notários e Registradores do Brasil (ANOREG/BR) ou outra entidade de representação nacional, mediante celebração de Termo de Cooperação Técnica com os seus institutos membros, no qual serão definidos deveres, responsabilidades, critérios de rateio de custos, dentre outras disposições pertinentes.

A delegação do exercício do apostilamento conta com fiscalização exercida pelo Comitê Técnico instituído pela Corregedoria Nacional de Justiça.

No tocante aos documentos de interesse do Poder Judiciário, assim compreendidos aqueles oriundos de seus respectivos órgãos em países signatários da Convenção da Apostila, bem como aqueles necessários à adoção internacional, as Corregedorias-Gerais de Justiça e os juízes diretores do foro das unidades judiciárias são autoridades competentes para o ato de aposição de apostila.

Os documentos eletrônicos, para fins de apostilamento, a critério do solicitante do serviço, poderão ser impressos para aposição de apostila, cujo papel de segurança padronizado de acordo com os requisitos estipulados pela Anoreg/BR e aprovados pela Corregedoria Nacional de Justiça, será numerado sequencialmente e vinculado ao Cadastro Nacional de Serventia de cada unidade (CNS).

Aliás, o papel de segurança não pode ser alienado ou cedido entre as autoridades apostilantes, sob pena de responsabilidade civil, penal e administrativa.

Dispensa-se requerimento escrito. A apostila será emitida mediante simples solicitação do portador do documento.

As autoridades apostilantes darão recibo de protocolo no momento do requerimento, com estipulação de prazo para entrega, que não pode ultrapassar cinco dias. Compete, ainda, às autoridades apostilantes prestar todos os esclarecimentos necessários, antes da prática do ato de apostilamento.

A emissão da apostila decorre de análise formal do documento apresentado, realizado pela referida autoridade, aferindo a autenticidade de todas as assinaturas apostas, do cargo ou da função exercida pelo signatário e, quando cabível, a autenticidade do selo ou do carimbo aposto. Em caso de dúvida quanto à autenticidade do documento público produzido em território brasileiro, a autoridade apostilante deverá realizar procedimento específico prévio, a que se refere o artigo 3.º, § 2.º, da Resolução CNJ nº 228/2016:

> Art. 3.º Não será exigida a aposição de apostila quando, no país onde o documento deva produzir efeitos, a legislação em vigor, tratado, convenção ou acordo de que a República Federativa do Brasil seja parte afaste ou dispense o ato de legalização diplomática ou consular.
>
> § 2.º Conforme a natureza do documento, poderão ser exigidos procedimentos específicos prévios à aposição da apostila.

Persistindo a existência de dúvida, a autoridade apostilante poderá recusar a aposição da apostila mediante ato fundamentado, que deverá ser entregue ao solicitante do serviço. Cabe impugnação pelo solicitante do serviço, dentro do prazo de cinco dias, perante a autoridade apostilante, que, não reconsiderando o ato, no mesmo prazo, remeterá o pedido à Corregedoria-Geral de Justiça (CGJ) do Estado ou do Distrito Federal, para decisão sobre a questão duvidosa em trinta dias.

Destaca-se que o apostilamento de reconhecimento de firma ou de cópia autenticada é ato excepcional, caso em que a assinatura, a função ou o cargo exercido a serem lançados na apostila serão do tabelião ou do seu preposto que após a fé pública no ato de apostilamento.

Por seu turno, o apostilamento de certidão de registro de documento e de reconhecimento de firma somente será permitido em documentos de natureza privada.

A apostila será emitida por documento, não importando a quantidade de páginas que possuir. Mas poderá ser de forma diversa se o solicitante do serviço assim o requerer.

Na eventualidade de se constatar erro no procedimento de apostilamento, a autoridade deverá refazê-lo para a aposição de outra apostila, seguindo-se a inutilização do primeiro ato.

Caso o erro tenha ocorrido devido à falha do serviço da autoridade apostilante, o novo apostilamento deverá ser realizado sem custo para o solicitante do serviço.

Constatado que o erro ocorreu devido à falha de informações por parte do solicitante do serviço, o novo apostilamento será por ele custeado.

Independentemente de impressão em papel, o documento eletrônico apresentado à autoridade apostilante ou por ela expedido, poderá ser apostilado, desde que emitido em formato compatível para 'upload' no sistema do CNJ e assinado eletronicamente, sendo desnecessária a materialização.

Nessa hipótese, a apostila eletrônica será salva em arquivo único, na sequência do documento, assinada pela autoridade apostilante, entregue em mídia ou enviada no endereço eletrônico fornecido pelo solicitante.

Para os fins estabelecidos no caput deste artigo, considera-se assinado eletronicamente:

O arquivo eletrônico assinado na forma do art. 10, § 1.º, da Medida Provisória nº 2.200-2, de 24 de agosto de 2001, ou legislação superveniente; ou o documento que contém declaração de ter sido assinado na forma do art. 10, § 1.º, da Medida Provisória nº 2.200-2, de 24 de agosto de 2001; do art. 1.º, § 2.º, III, da Lei nº 11.419, de 19 de dezembro de 2006; ou do art. 4.º da Lei nº 14.063, de 23 de setembro de 2020, cujo conteúdo pode ser conferido na rede mundial de computadores, em site governamental.

Em caso de dúvida sobre a veracidade do documento ou do sítio eletrônico de verificação, a autoridade apostilante contatará o órgão responsável pela emissão do documento e, permanecendo a dúvida, o apostilamento será negado.

Tratando-se de aposição de apostila em tradução de documento público produzido no território nacional somente será admitida em tradução realizada por tradutor público nomeado 'ad hoc' pela junta comercial, cujo procedimento deverá ser realizado em duas apostilas distintas: apostila-se primeiro o documento público original e, posteriormente, o traduzido.

O documento de procedência interna bilíngue, contendo versão em língua estrangeira, não dispensa a apresentação da tradução juramentada.

Na eventualidade de extravio ou de inutilização do papel de segurança usado para o ato de aposição da apostila, as autoridades apostilantes deverão inserir a informação diretamente no sistema eletrônico de apostilamento, impondo-se à autoridade apostilante, ainda, em caso de inutilização do papel de segurança, a obrigação de destruí-lo mediante incineração ou procedimento semelhante, procedendo-se com a inserção do fato da ocorrência no sistema eletrônico de apostilamento.

Enquanto não editada legislação específica no âmbito dos Estados e do Distrito Federal, os emolumentos serão cobrados por apostila, em observância ao disposto no artigo 18, da Resolução CNJ nº 228/2016.

Para emissão de apostila em documentos requeridos por órgãos da Administração Direta do Poder Executivo Federal, Estadual ou Municipal, para utilização no exterior, no interesse do serviço público, é dispensada a cobrança de emolumentos.

ART. 17. COMENTÁRIOS AO CÓDIGO NACIONAL DE NORMAS – FORO EXTRAJUDICIAL

Fica estabelecido que os órgãos da Administração Direta do Poder Executivo Federal, Estadual ou Municipal solicitarão o apostilamento do documento público produzido no território nacional mediante ofício endereçado ao serviço de notas ou de registro. Nessa eventualidade, o Poder Judiciário dos Estados e do Distrito Federal, no âmbito de sua competência, estabelecerá forma de compensação para a emissão de apostila em documentos requeridos por órgãos da Administração Direta do Poder Executivo Federal, Estadual ou Municipal.

E, por fim, fica expressamente vedada a prática de cobrança parcial ou de não cobrança de emolumentos, ressalvadas as hipóteses de isenção, não incidência ou diferimento previstas na legislação específica.

CAPÍTULO II
DA CONCILIAÇÃO E MEDIAÇÃO
Seção I
Das Disposições Gerais

Art. 18. Os procedimentos de conciliação e de mediação nos serviços notariais e de registro serão facultativos e deverão observar os requisitos previstos neste Código, sem prejuízo do disposto na Lei nº 13.140/2015.

Art. 19. As corregedorias-gerais de Justiça dos estados e do Distrito Federal e dos Territórios manterão em seu site listagem pública dos serviços notariais e de registro autorizados para os procedimentos de conciliação e de mediação, indicando os nomes dos conciliadores e dos mediadores, de livre escolha das partes.

Art. 20. O processo de autorização dos serviços notariais e de registro para a realização de conciliação e de mediação deverá ser regulamentado pelos Núcleos Permanentes de Métodos Consensuais de Solução de Conflitos (Nupemec) e pelas corregedorias-gerais de Justiça dos estados e do Distrito Federal e dos Territórios.

Parágrafo único. Os serviços notariais e de registro poderão solicitar autorização específica para que o serviço seja prestado, sob supervisão do delegatário, por no máximo cinco escreventes habilitados.

Art. 21. Os procedimentos de conciliação e de mediação serão fiscalizados pela Corregedoria-Geral de Justiça (CGJ) e pelo juiz coordenador do Centro Judiciário de Solução de Conflitos e Cidadania (Cejusc) da jurisdição a que estejam vinculados os serviços notariais e de registro.

§ 1.º O Nupemec manterá cadastro de conciliadores e mediadores habilitados, do qual deverão constar dados relevantes de atuação, tais como o número de causas de que participou, o sucesso ou insucesso da atividade, a matéria sobre a qual versou a controvérsia, além de outras informações que julgar relevantes.

§ 2.º Os dados colhidos na forma do parágrafo anterior serão classificados sistematicamente pelo Nupemec, que os publicará, ao menos anualmente, para conhecimento da população e para fins estatísticos e de avaliação da conciliação e da mediação pelos serviços notariais e de registro e de seus conciliadores e mediadores.

Art. 22. Somente poderão atuar como conciliadores ou mediadores aqueles que forem formados em curso para o desempenho das funções, observadas as diretrizes curriculares estabelecidas no Anexo I da Resolução CNJ nº 125/2010, com a redação dada pela Emenda nº 2, de 8 de março de 2016.

§ 1.º O curso de formação mencionado no *caput* deste artigo será custeado pelos serviços notariais e de registro e será ofertado pelas escolas judiciais ou por instituição formadora de mediadores judiciais, nos termos do art. 11

da Lei nº 13.140/2015, regulamentada pela Resolução Enfam nº 6 de 21 de novembro de 2016.

§ 2.º Os tribunais de Justiça dos estados e do Distrito Federal e dos Territórios poderão credenciar associações, escolas e institutos vinculados aos serviços notariais e de registro não integrantes do Poder Judiciário para que realizem, sob supervisão, o curso de formação mencionado no *caput* deste artigo, desde que respeitados os parâmetros estabelecidos pela Resolução Enfam nº 6/2016.

§ 3.º Os conciliadores e mediadores autorizados a prestar o serviço deverão, a cada dois anos, contados da autorização, comprovar à CGJ e ao Nupemec a que estão vinculados a realização de curso de aperfeiçoamento em conciliação e em mediação.

§ 4.º A admissão, como conciliadores ou mediadores, daqueles que comprovarem a realização do curso de formação mencionado no *caput* deste artigo promovido por entidade não integrante do Poder Judiciário e anterior à edição do Provimento nº 67, de 26 de março de 2018, será condicionada a prévio treinamento e aperfeiçoamento (art. 12, § 1.º, da Resolução CNJ nº 125/2010).

Art. 23. O conciliador e o mediador observarão os princípios e as regras previstas na Lei nº 13.140/2015, no art. 166 da Lei nº 13.105, de 16 de março de 2015 (Código de Processo Civil) e no Código de Ética de Conciliadores e Mediadores (Anexo III da Resolução CNJ nº 125/2010).

Art. 24. Toda e qualquer informação revelada na sessão de conciliação ou mediação será confidencial, salvo as hipóteses do art. 30 da Lei nº 13.140/2015.

§ 1.º O dever de confidencialidade aplica-se ao conciliador, ao mediador, às partes, aos seus prepostos, advogados, assessores técnicos e a outras pessoas que tenham, direta ou indiretamente, participado dos procedimentos.

§ 2.º Não será protegida pela regra de confidencialidade a informação relativa à ocorrência de crime de ação pública.

§ 3.º A confidencialidade não afastará o dever de prestar informações à administração tributária.

§ 4.º Serão vedados para fim diverso daquele expressamente deliberado pelas partes o registro, a divulgação e a utilização das informações apresentadas no curso do procedimento.

Art. 25. Aos que atuarem como conciliadores e mediadores aplicar-se-ão as regras de impedimento e suspeição, nos termos do disposto no art. 148, II, 167, § 5.º, art. 172 e art. 173 do CPC e art. 5.º ao art. 8.º da Lei nº 11.340/2016, devendo, quando constatadas essas circunstâncias, ser informadas aos envolvidos, interrompendo-se a sessão.

Parágrafo único. Notários e registradores poderão prestar serviços profissionais relacionados com suas atribuições às partes envolvidas em sessão de conciliação ou de mediação de sua responsabilidade.

Seção II
Das Partes

Art. 26. Podem participar da conciliação e da mediação como requerente ou requerido a pessoa natural absolutamente capaz, a pessoa jurídica e os entes despersonalizados a que a lei confere capacidade postulatória.

§ 1.º A pessoa natural poderá ser representada por procurador devidamente constituído, mediante instrumento público ou particular com poderes para transigir e com firma reconhecida.

§ 2.º A pessoa jurídica e o empresário individual poderão ser representados por preposto, munido de carta de preposição com poderes para transigir e com firma reconhecida, sem necessidade da existência de vínculo empregatício.

§ 3.º Deverá ser exigida da pessoa jurídica a prova de representação mediante a exibição dos seus atos constitutivos.

§ 4.º Os entes despersonalizados poderão ser representados conforme previsto em lei.

Art. 27. As partes poderão ser assistidas por advogados ou defensores públicos munidos de instrumento de mandato com poderes especiais para o ato.

Parágrafo único. Comparecendo uma das partes desacompanhada de advogado ou de defensor público, o conciliador ou mediador suspenderá o procedimento até que todas estejam devidamente assistidas.

Seção III
Do Objeto

Art. 28. Os direitos disponíveis e os indisponíveis que admitam transação poderão ser objeto de conciliação e de mediação, o qual poderá versar sobre todo o conflito ou parte dele.

§ 1.º A conciliação e a mediação que envolvam direitos indisponíveis, mas transigíveis, deverão ser homologadas em juízo, na forma do art. 725, VIII, do CPC e do art. 3.º, § 2.º, da Lei nº 13.140/2015.

§ 2.º Na hipótese do parágrafo anterior, o cartório encaminhará ao juízo competente o termo de conciliação ou de mediação e os documentos que instruíram o procedimento e, posteriormente, em caso de homologação, entregará o termo homologado diretamente às partes.

Seção III
Do Requerimento

Art. 29. O requerimento de conciliação ou de mediação poderá ser dirigido a qualquer serviço notarial ou de registro de acordo com as respectivas competências (art. 42 da Lei nº 13.140/2015).

Parágrafo único. Admitir-se-á a formulação de requerimento conjunto firmado pelos interessados.

Art. 30. São requisitos mínimos do requerimento de realização de conciliação ou de mediação:

I – qualificação do requerente, em especial, o nome ou denominação social, endereço, telefone e e-mail de contato, número da carteira de identidade e do Cadastro de Pessoa Física (CPF) ou do Cadastro Nacional de Pessoa Jurídica (CNPJ) na Secretaria da Receita Federal, conforme o caso;

II – dados suficientes da outra parte para que seja possível sua identificação e convite;

III – indicação de meio idôneo de notificação da outra parte;

IV – narrativa sucinta do conflito e, se houver, proposta de acordo; e

V – outras informações relevantes, a critério do requerente.

§ 1.º Para os fins do *caput* deste artigo, os serviços notariais e de registro poderão disponibilizar aos usuários, por intermédio da rede mundial de computadores ou presencialmente, um formulário-padrão.

§ 2.º Caberá ao requerente oferecer tantas cópias do requerimento quantas forem as partes interessadas, caso não opte pelo meio eletrônico como forma de notificação.

§ 3.º Serão de inteira responsabilidade do requerente a veracidade e correção dos dados fornecidos relacionados nos incisos I a V deste artigo.

Art. 31. Após o recebimento e protocolo do requerimento, se, em exame formal, for considerado não preenchido algum dos requisitos previstos no art. 30 deste Código de Normas, o requerente será notificado, preferencialmente por meio eletrônico, para sanar o vício no prazo de dez dias, marcando-se nova data para audiência, se necessário.

§ 1.º Persistindo o não cumprimento de qualquer dos requisitos, o conciliador ou o mediador rejeitará o pedido.

§ 2.º A inércia do requerente acarretará o arquivamento do pedido por ausência de interesse.

Art. 32. No ato do requerimento, o requerente pagará emolumentos referentes a uma sessão de mediação de até 60 minutos.

Art. 33. A distribuição do requerimento será anotada no livro de protocolo de conciliação e de mediação conforme a ordem cronológica de apresentação.

Art. 34. Ao receber o requerimento, o serviço notarial ou de registro designará, de imediato, data e hora para a realização da sessão de conciliação ou de mediação e dará ciência dessas informações ao apresentante do pedido, dispensando-se a notificação do requerente.

§ 1.º A ciência a que se refere o *caput* deste artigo recairá na pessoa do apresentante do requerimento, ainda que não seja ele o requerente.

§ 2.º Ao apresentante do requerimento será dado recibo do protocolo e de todos os valores recebidos a título de depósito prévio.

Art. 35. A notificação da parte requerida será realizada por qualquer meio idôneo de comunicação, devendo ocorrer preferencialmente por meio eletrônico, por carta com Aviso de Recebimento (AR) ou notificação por oficial de registro de títulos e documentos do domicílio de quem deva recebê-la.

§ 1.º O serviço notarial ou de registro informará ao requerente os meios idôneos de comunicação permitidos e respectivos custos.

§ 2.º O requerente arcará com o custo da notificação; no entanto, se for feita por meio eletrônico não será cobrada.

§ 3.º O custo do envio da carta com AR não poderá ser superior ao praticado pela Empresa Brasileira de Correios e Telégrafos e o custo da notificação por oficial de registro de títulos e documentos será o previsto na tabela de emolumentos.

Art. 36. O serviço notarial ou de registro remeterá, com notificação, cópia do requerimento à parte requerida, esclarecendo, desde logo, que sua participação na sessão de conciliação ou de mediação será facultativa e concederá prazo de dez dias para que, querendo, indique, por escrito, nova data e novo horário, caso não possa comparecer à sessão designada.

Parágrafo único. Para a conveniência dos trabalhos, o serviço notarial ou de registro poderá manter contato com as partes no intuito de designar data de comum acordo para a sessão de conciliação ou de mediação.

Seção IV
Das Sessões

Art. 37. Os serviços notariais e de registro manterão espaço reservado em suas dependências para a realização das sessões de conciliação e de mediação durante o horário de atendimento ao público.

§ 1.º Na data e hora designadas para a realização da sessão de conciliação ou de mediação, realizado o chamamento nominal das partes e constatado o não comparecimento de qualquer delas, o requerimento será arquivado.

§ 2.º Não se aplicará o disposto no parágrafo anterior se estiverem preenchidos, cumulativamente, os seguintes requisitos:

I – pluralidade de requerentes ou de requeridos;

II – comparecimento de ao menos duas partes contrárias com o intuito de transigir; e

III – identificação formal da viabilidade de eventual acordo.

§ 3.º A sessão de conciliação ou de mediação terá eficácia apenas entre as partes presentes.

Art. 38. Obtido o acordo, será lavrado termo de conciliação ou de mediação e as partes presentes assinarão a última folha do termo, rubricando as demais. Finalizado o procedimento, o termo será arquivado no livro de conciliação e de mediação.

Parágrafo único. Será fornecida via do termo de conciliação ou de mediação a cada uma das partes presentes à sessão, que será considerado documento público com força de título executivo extrajudicial, nos termos do art. 784, IV, do CPC.

Art. 39. A não obtenção de acordo não impedirá a realização de novas sessões de conciliação ou de mediação até que finalizadas as tratativas.

Art. 40. O pedido será arquivado, independentemente de anuência da parte contrária, se o requerente solicitar, a qualquer tempo e por escrito, a desistência do pedido.

§ 1.º Solicitada a desistência, o requerimento será arquivado em pasta própria, não subsistindo a obrigatoriedade de sua conservação quando for microfilmado ou gravado por processo eletrônico de imagens.

§ 2.º Presumir-se-á a desistência do requerimento se o requerente, após notificado, não se manifestar no prazo de 30 dias.

Art. 41. Em caso de não obtenção do acordo ou de desistência do requerimento antes da sessão de conciliação ou de mediação, o procedimento será arquivado pelo serviço notarial ou de registro, que anotará essa circunstância no livro de conciliação e de mediação.

Seção V
Dos Livros

Art. 42. Os serviços notariais e de registro optantes pela prestação do serviço criarão livro de protocolo específico para recebimento de requerimentos de conciliação e de mediação.

§ 1.º O livro de protocolo, com 300 folhas, será aberto, numerado, autenticado e encerrado pelo oficial do serviço notarial e de registro, podendo ser utilizado, para tal fim, processo mecânico de autenticação previamente aprovado pela autoridade judiciária competente.

§ 2.º Do livro de protocolo deverão constar os seguintes dados:

I – o número de ordem, que seguirá indefinidamente nos livros da mesma espécie;

II – a data da apresentação do requerimento;

III – o nome do requerente; e

IV – a natureza da mediação.

Art. 43. Os serviços notariais e de registro que optarem por prestar o serviço deverão instituir livro de conciliação e de mediação, cuja abertura atenderá às normas estabelecidas pelas corregedorias-gerais de Justiça dos estados e do Distrito Federal e dos Territórios.

§ 1.º Os termos de audiência de conciliação ou de mediação serão lavrados em livro exclusivo, vedada sua utilização para outros fins.

§ 2.º Os livros obedecerão aos modelos de uso corrente, aprovados pelo juízo da vara de registros públicos.

§ 3.º Os números de ordem dos termos de conciliação e de mediação não serão interrompidos ao final de cada livro, mas continuarão indefinidamente nos seguintes da mesma espécie.

§ 4.º Poderá ser adotado simultaneamente mais de um livro de conciliação e de mediação para lavratura de audiências por meio eletrônico.

§ 5.º Deverá ser adotado pelos serviços notariais e de registro livro de carga físico, no qual serão correlacionados os escreventes e os livros quando o serviço utilizar, concomitantemente, mais de um livro de conciliação e de mediação.

§ 6.º O livro sob a responsabilidade de um escrevente é de seu uso exclusivo, permitida a utilização por outro escrevente apenas com autorização prévia do notário e do registrador, lançada e datada no livro de carga.

Art. 44. O livro de conciliação e de mediação terá 300 folhas, permitido o acréscimo apenas para evitar a inconveniência de cisão do ato.

§ 1.º Além do timbre do serviço notarial e de registro, todas as folhas conterão o número do livro e do termo de conciliação ou de mediação correspondentes, numeradas em ordem crescente por sistema mecânico ou eletrônico.

§ 2.º Eventual erro material na numeração das folhas poderá ser corrigido pelo notário ou registrador, devendo constar do termo de encerramento.

§ 3.º O livro eletrônico somente poderá ser adotado por sistema que garanta a verificação da existência e do conteúdo do ato, subordinando-se às mesmas regras de lavratura atinentes ao livro físico.

Art. 45. Nos termos de audiências de conciliação e de mediação lavradas em livro de folhas soltas, as partes lançarão a assinatura no final da última, rubricando as demais.

Parágrafo único. Se os declarantes ou os participantes não puderem, por alguma circunstância, assinar, far-se-á declaração no termo, assinando a rogo outra pessoa e apondo-se à margem do ato a impressão datiloscópica da que não assinar.

Art. 46. As folhas soltas utilizadas serão acondicionadas em pasta própria, correspondente ao livro a que pertençam, até a encadernação, que ocorrerá no período de até 60 dias subsequentes à data do encerramento.

Parágrafo único. O encerramento será feito imediatamente após a lavratura do último termo de audiência, ainda que pendente o decurso do prazo previsto no *caput* deste artigo para ultimação do ato previamente praticado e não subscrito.

Art. 47. O livro de conciliação e de mediação conterá índice alfabético com a indicação dos nomes das partes interessadas presentes à sessão, devendo constar o número do CPF/CNPJ – ou, na sua falta, o número de documento de identidade – e a referência ao livro e à folha em que foi lavrado o termo de conciliação ou de mediação.

Parágrafo único. Os índices poderão ser elaborados pelo sistema de fichas, microfichas ou eletrônico, em que serão anotados os dados das partes envolvidas nos procedimentos de mediação ou de conciliação.

Art. 48. O livro e qualquer documento oriundo de conciliação ou de mediação extrajudicial deverão permanecer no ofício e quaisquer diligências judiciais ou extrajudiciais que exigirem sua apresentação serão realizadas, sempre que possível, no próprio ofício, salvo por determinação judicial, caso em que o documento ou o livro poderá deixar o serviço extrajudicial.

Art. 49. Os serviços notariais e de registro deverão manter em segurança permanente os livros e os documentos de conciliação e de mediação, respondendo pela ordem, guarda e conservação.

Parágrafo único. O livro de conciliação e de mediação poderá ser escriturado em meio eletrônico e o traslado do termo respectivo poderá ser disponibilizado na rede mundial de computadores para acesso restrito, mediante a utilização de código específico fornecido às partes.

Art. 50. Os documentos eventualmente apresentados pelas partes para a instrução da conciliação ou da mediação serão examinados e devolvidos a seus titulares durante a sessão, devendo os serviços notariais e de registro manter em arquivo próprio, além do requerimento firmado pelas partes, todos os documentos que julgar pertinentes.

Art. 51. Os serviços notariais e de registro observarão o prazo mínimo de cinco anos para arquivamento dos documentos relativos à conciliação e à mediação.

Parágrafo único. Não subsistirá a obrigatoriedade de conservação dos documentos microfilmados ou gravados por processo eletrônico de imagens.

Seção VI
Dos Emolumentos

Art. 52. Enquanto não editadas, no âmbito dos estados e do Distrito Federal, normas específicas relativas aos emolumentos, observadas as diretrizes previstas pela Lei nº 10.169, de 29 de dezembro de 2000, aplicar-se-á às conciliações e às mediações extrajudiciais a tabela referente ao menor valor cobrado na lavratura de escritura pública sem valor econômico.

§ 1.º Os emolumentos previstos no *caput* deste artigo referem-se a uma sessão de até 60 minutos e neles será incluído o valor de uma via do termo de conciliação e de mediação para cada uma das partes.

§ 2.º Se excedidos os 60 minutos mencionados no parágrafo anterior ou se forem necessárias sessões extraordinárias para a obtenção de acordo, serão cobrados emolumentos proporcionais ao tempo excedido, na primeira hipótese, e relativos a cada nova sessão de conciliação ou de mediação, na segunda hipótese, mas, em todo caso, poderá o custo ser repartido *pro rata* entre as partes, salvo se transigirem de forma diversa.

§ 3.º Será considerada sessão extraordinária aquela não prevista no agendamento.

Art. 53. É vedado aos serviços notariais e de registro receber das partes qualquer vantagem referente à sessão de conciliação ou de mediação, exceto os valores relativos aos emolumentos e às despesas de notificação.

Art. 54. Na hipótese de o arquivamento do requerimento ocorrer antes da sessão de conciliação ou de mediação, 75% do valor recebido a título emolumentos será restituído ao requerente.

Parágrafo único. As despesas de notificação não serão restituídas, salvo se ocorrer desistência do pedido antes da realização do ato.

Art. 55. Com base no art. 169, § 2.º, do CPC, os serviços notariais e de registro realizarão sessões não remuneradas de conciliação e de mediação para atender demandas de gratuidade, como contrapartida da autorização para prestar o serviço.

Parágrafo único. Os tribunais determinarão o percentual de audiências não remuneradas, que não poderá ser inferior a 10% da média semestral das sessões realizadas pelo serviço extrajudicial nem inferior ao percentual fixado para as câmaras privadas.

Seção VII
Das Disposições Finais

Art. 56. Será vedado aos serviços notariais e de registro estabelecer, em documentos por eles expedidos, cláusula compromissória de conciliação ou de mediação extrajudicial.

Art. 57. Aplica-se o disposto no art. 132, *caput* e § 1.º, do Código Civil brasileiro à contagem dos prazos.

Comentários de Aline Rodrigues de Andrade e Kleber Cazzaro

O Código de Processo Civil de 2015 (CPC) conferiu especial atenção à solução consensual de conflitos, dispondo que "a conciliação, a mediação e outros métodos de solução consensual de conflitos deverão ser estimulados por juízes, advogados, defensores públicos e membros do Ministério Público, inclusive no curso do processo judicial" (art. 3.º, § 3.º).

Como resposta à cultura da judicialização excessiva para solução de controvérsias, o CPC traz uma gama de previsões voltadas à "solução consensual de lides, buscando, sempre que possível, meios que sejam céleres, eficientes e econômicos" (Sardinha, 2019, p. 91), dentre os quais merecem relevante destaque as citadas mediações e conciliações.

Ou seja, é fundamental que "o Estado estimule a criação desses serviços, controlando-os convenientemente, pois o perfeito desempenho da Justiça dependerá, doravante, da correta estruturação desses meios alternativos e informais de solução de conflitos de interesses" (Watabane, 2011, p. 133).

Identifica-se como uma das primeiras iniciativas fomentadoras dos citados métodos a Resolução nº 125/2010, do Conselho Nacional de Justiça (CNJ), que "dispõe sobre a Política Judiciária Nacional de tratamento adequado dos conflitos de interesses no âmbito do Poder Judiciário".

Nesse cenário, alguns Tribunais de Justiça, respaldados na dita Resolução nº 125/CNJ, expediram Provimentos disciplinando sobre a mediação e a conciliação realizadas no âmbito das serventias notarias e de registro – citem-se: a Corregedoria Geral da Justiça do Estado de São Paulo expediu o Provimento nº 17/2013, a Corregedoria Geral da Justiça do Estado do Ceará publicou o Provimento nº 12/2013 e a Corregedoria Geral da Justiça do Estado do Maranhão tornou público o Provimento nº 04/2014.[1]

Apesar de tais permissibilidades, não se verificou sua implementação nos Estados supracitados. Foi somente no ano de 2015, por meio da Lei nº 13.140 (denominada "Lei da Mediação"), que o ordenamento jurídico pátrio passou a prever explicitamente sobre a permissibilidade ora analisada, consoante o art. 42 deste diploma normativo.[2]

Assim, diversas Corregedorias estaduais passaram a disciplinar a matéria seguindo os ditames da Lei da Mediação, tais como: Provimento Conjunto CGJ/CCI da Bahia nº 02/2016-TJBA; Provimento da CGJ do Alagoas nº 36/2016-TJAL; Provimento da CGJ do Acre nº 18/2016-TJAC; Provimento da CGJ de São Paulo nº 31/2016-TJSP; e Provimento da CGJ do Rio Grande do Norte nº 159/2016-TJRN. Ainda assim, não se verificou a implementação das medidas pelas Serventias autorizadas.

---

1. A respeito, cite-se: "a realização da mediação e da conciliação, no âmbito das serventias extrajudiciais, começou a ser regulamentada no ano de 2013, quando a Corregedoria Geral da Justiça de São Paulo, visando à desjudicialização da resolução dos conflitos, emitiu o Provimento 17/2013, tratando do tema. O referido ato normativo teve sua legalidade questionada pela Ordem dos Advogados do Brasil, por meio do Pedido de Providências 0003397-43.2013.2.00.0000 no Conselho Nacional de Justiça, no qual se concedeu liminar suspendendo a eficácia do aludido Provimento. O Pedido de Providências acabou por ser arquivado, em razão da superveniência da Lei 13.140/15, porém a Corregedoria paulista entendeu por bem não revigorar a vigência do Provimento, já que este se tornou obsoleto em virtude da alteração da legislação e por ter o Conselho Nacional de Justiça sinalizado que regularia a matéria em caráter nacional, (...). Em consequência, a Corregedoria Geral da Justiça de São Paulo emitiu o Provimento 31/2016, que revogou o Provimento 17/2013. Antes mesmo da Lei 13.140/15, a Corregedoria Geral da Justiça do Ceará também emitiu o Provimento 12/2013, regulamentando os procedimentos de mediação e de conciliação nas serventias extrajudiciais. Da mesma forma, a Corregedoria Geral da Justiça do Maranhão emitiu o Provimento 04/2014, regulamentando a prestação dos mesmos serviços pelas serventias extrajudiciais. Tanto no Provimento paulista revogado 17/2013 (arts. 1.º, 6.º, *caput*, e 18), como no Provimento 12/2013 do Ceará (arts. 1.º, 6.º, *caput*, e 18), a previsão era no sentido de que todas as serventias extrajudiciais, independentemente de suas especialidades, poderiam realizar mediações e conciliações, devendo, para tanto, adotar o Livro de Mediação e Conciliação. Já o Provimento 04/2014, do Maranhão, previa, de modo diverso, que apenas os notários (tabeliães de notas) poderiam realizar a mediação e a conciliação, embora também devessem adotar o Livro de Mediação e Conciliação, não lavrando, portanto, os atos no Livro de Notas, conforme os arts. 1.º, 6.º, *caput*, e 18" (KERN, 2019, p. 321).

2. *In verbis*: "Art. 42. Aplica-se esta Lei, no que couber, às outras formas consensuais de resolução de conflitos, tais como mediações comunitárias e escolares, e àquelas levadas a efeito nas serventias extrajudiciais, desde que no âmbito de suas competências" (BRASIL, 2015, *on-line*).

Neste contexto, visando dar efetividade às disposições normativas sobre a matéria, o CNJ publicou o Provimento nº 67/2018, disciplinando os procedimentos de conciliação e de mediação realizados pelos serviços notariais e de registro do Brasil. Em 24 de agosto de 2023, a regulamentação original foi revogada pelo Código Nacional de Normas – Foro Extrajudicial da Corregedoria do Conselho Nacional de Justiça (CNFE/CNJ – instituído pelo Provimento nº 149 do CNJ), passando a prever sobre tais formas de tratamento de conflito no Capítulo II do referido Código Nacional.

Assim, o CNJ deixou expresso que os procedimentos de conciliação e de mediação são facultativos aos agentes delegados investidos na função; para tanto, deverão observar o disposto no Provimento e da Lei da Mediação (art. 18).[3]

A Seção I do Capítulo II (arts. 18 ao 25) trata das regras gerais, dentre as quais prevê, a disponibilização em endereço eletrônico e criação de listagem pública pelas Corregedorias dos Tribunais acerca das Serventias habilitadas, com indicação dos nomes dos mediadores e conciliadores, de livre escolha pelas partes (art. 19).

O art. 20 prevê que o processo de autorização das serventias será regulamentado pelos Núcleos Permanentes de Métodos Consensuais de Solução de Conflitos (NUPEMEC) e pelas Corregedorias locais, podendo cada Serventia dispor de até 5 (cinco) escreventes habilitados (parágrafo único). Igualmente, caberá ao NUPEMEC manter cadastro dos mediadores e conciliadores habilitados, com indicação de dados relevantes da atuação – número de causas de que participou, o sucesso ou insucesso da atividade, entre outras, devendo publicar periodicamente tais informações para fins estatísticos e de avaliação (art. 21, § 1.º e § 2.º).

A competência fiscalizatória dos procedimentos foi atribuída às Corregedoras-gerais da Justiça e aos juízes coordenadores do Centro Judiciário de Solução de Conflitos e Cidadania (CEJUSC) da jurisdição a quem estejam vinculadas as Serventias (art. 21).

Ainda, a atuação está condicionada a devida capacitação, por meio de curso consoante as diretrizes curriculares estabelecidas na Resolução nº 125/CNJ (art. 22). Além disso, deverão observar os princípios e regras contidas na Lei da Mediação, no art. 166 do CPC[4] e no Código de Ética de Mediadores e Conciliadores (art. 23). O Provimento dá especial enfoque ao dever de confidencialidade, ressaltando que as informações reveladas nas sessões serão confidenciais, salvo as hipóteses do art. 30 da Lei da Mediação;[5]

---

3. Nesse sentido: "Art. 18.º Os procedimentos de conciliação e de mediação nos serviços notariais e de registro serão facultativos e deverão observar os requisitos previstos neste provimento, sem prejuízo do disposto na Lei nº 13.140/2015" (CNJ, 2023, *on-line*).

4. Cite-se: "CPC, art. 166. A conciliação e a mediação são informadas pelos princípios da independência, da imparcialidade, da autonomia da vontade, da confidencialidade, da oralidade, da informalidade e da decisão informada".

5. *In verbis*: "Lei nº 13.140/2015, Art. 30. Toda e qualquer informação relativa ao procedimento de mediação será confidencial em relação a terceiros, não podendo ser revelada sequer em processo arbitral ou judicial salvo se as partes expressamente decidirem de forma diversa ou quando sua divulgação for exigida por lei ou necessária para cumprimento de acordo obtido pela mediação. § 1.º O dever de confidencialidade aplica-se ao mediador,

quando tratar da ocorrência de crime de ação pública; e as informações de interesse da administração tributária.

Os escreventes habilitados deverão observar as regras de impedimento e suspeição, consoante arts. 148, II,[6] 167, § 5.º,[7] 172[8] e 173[9] do CPC e 5.º a 8.º da Lei da Mediação[10] (art. 25). Ressalvado, no entanto, a permissibilidade de que os notários e registradores possam prestar os serviços típicos às partes envolvidas (parágrafo único).

A Seção II (arts. 26 ao 27) trata das partes que podem participar de uma sessão de conciliação ou mediação, sendo elas: a pessoa natural absolutamente capaz, a pessoa jurídica e os entes despersonalizados a que a lei confere capacidade postulatória. A pessoa física poderá ser representada por procurador e a pessoa jurídica mediante prepostos, ambas com a devida apresentação do documento hábil (procuração e carta de preposição). O art. 27, parágrafo único, por sua vez, informa a obrigatoriedade de representação técnica, com a necessidade de assistência por advogados ou defensores públicos.

às partes, a seus prepostos, advogados, assessores técnicos e a outras pessoas de sua confiança que tenham, direta ou indiretamente, participado do procedimento de mediação, alcançando: I – declaração, opinião, sugestão, promessa ou proposta formulada por uma parte à outra na busca de entendimento para o conflito; II – reconhecimento de fato por qualquer das partes no curso do procedimento de mediação; III – manifestação de aceitação de proposta de acordo apresentada pelo mediador; IV – documento preparado unicamente para os fins do procedimento de mediação. § 2.º A prova apresentada em desacordo com o disposto neste artigo não será admitida em processo arbitral ou judicial. § 3.º Não está abrigada pela regra de confidencialidade a informação relativa à ocorrência de crime de ação pública. § 4.º A regra da confidencialidade não afasta o dever de as pessoas discriminadas no caput prestarem informações à administração tributária após o termo final da mediação, aplicando-se aos seus servidores a obrigação de manterem sigilo das informações compartilhadas nos termos do art. 198 da Lei nº 5.172, de 25 de outubro de 1966 – Código Tributário Nacional".

6. "CPC, art. 148. Aplicam-se os motivos de impedimento e de suspeição: (...) II – aos auxiliares da justiça".

7. "CPC, art. 167. (...) § 5.º Os conciliadores e mediadores judiciais cadastrados na forma do *caput*, se advogados, estarão impedidos de exercer a advocacia nos juízos em que desempenhem suas funções".

8. "CPC, art. 172. O conciliador e o mediador ficam impedidos, pelo prazo de 1 (um) ano, contado do término da última audiência em que atuaram, de assessorar, representar ou patrocinar qualquer das partes".

9. "CPC, Art. 173. Será excluído do cadastro de conciliadores e mediadores aquele que: I – agir com dolo ou culpa na condução da conciliação ou da mediação sob sua responsabilidade ou violar qualquer dos deveres decorrentes do art. 166, §§ 1.º e 2.º; II – atuar em procedimento de mediação ou conciliação, apesar de impedido ou suspeito. § 1.º Os casos previstos neste artigo serão apurados em processo administrativo. § 2.º O juiz do processo ou o juiz coordenador do centro de conciliação e mediação, se houver, verificando atuação inadequada do mediador ou conciliador, poderá afastá-lo de suas atividades por até 180 (cento e oitenta) dias, por decisão fundamentada, informando o fato imediatamente ao tribunal para instauração do respectivo processo administrativo.

10. "Lei nº 13.140/2015, Art. 5.º Aplicam-se ao mediador as mesmas hipóteses legais de impedimento e suspeição do juiz. Parágrafo único. A pessoa designada para atuar como mediador tem o dever de revelar às partes, antes da aceitação da função, qualquer fato ou circunstância que possa suscitar dúvida justificada em relação à sua imparcialidade para mediar o conflito, oportunidade em que poderá ser recusado por qualquer delas. Art. 6.º O mediador fica impedido, pelo prazo de um ano, contado do término da última audiência em que atuou, de assessorar, representar ou patrocinar qualquer das partes. Art. 7.º O mediador não poderá atuar como árbitro nem funcionar como testemunha em processos judiciais ou arbitrais pertinentes a conflito em que tenha atuado como mediador. Art. 8.º O mediador e todos aqueles que o assessoraram no procedimento de mediação, quando no exercício de suas funções ou em razão delas, são equiparados a servidor público, para os efeitos da legislação penal".

Na sequência, a Seção III (art. 28), dispõe sobre o objeto da mediação ou conciliação, sendo eles os direitos disponíveis e indisponíveis que admitam transação, podendo versar sobre todo o conflito ou parte dele. Quando a sessão envolver direitos indisponíveis, mas transigíveis, deverão ser homologados em juízo, com o envio do termo de conciliação ou de mediação e a documentação correlata, conforme art. 725, VII do CPC[11] e art. 3.º, § 2.º da Lei da Mediação.[12]

A Seção IV (arts. 29 ao 36), cuida do procedimento inicial da conciliação ou mediação. A parte interessada poderá apresentar requerimento dirigido a qualquer serventia, desde que vinculada à sua competência legal, podendo ser formulado em conjunto pelas partes (art. 29). Para tanto, deverão conter, ao menos, sob responsabilidade do próprio requerente, os seguintes requisitos (as Serventias poderão disponibilizar formulário-padrão): qualificação completa do solicitante; dados suficientes para identificação e convite da outra parte; indicação de meio idôneo para notificação da outra parte; narrativa resumida do conflito e eventual proposta de acordo; outras informações relevantes (art. 30).

Após recebimento e protocolo do requerimento, será realizada a análise formal do título. Conforme reza o art. 31, acaso seja verificado o não cumprimento de qualquer dos requisitos do art. 30, o solicitante será notificado para sanar a questão no prazo de 10 (dez) dias, podendo o pedido ser rejeitado (se o vício permanecer) ou arquivado (se o não houver retorno do interessado).

Acaso seja verificado o cumprimento formal do requerimento, será designada data e hora para a realização da sessão de mediação ou conciliação, dando ciência disso ao apresentante do pedido (art. 34).

A notificação do requerido ocorrerá por qualquer meio idôneo de comunicação, sendo preferível a utilização da via eletrônica, da carta com AR ou da notificação pelo Registro de Títulos e Documentos do domicílio de quem deva ser notificado (art. 35). Nesse momento, será esclarecido que a participação do requerido será facultativa e concederá prazo de 10 (dez) dias para que, querendo, indique, por escrito, nova data e horário, em caso da impossibilidade de comparecimento na sessão marcada (art. 20).

A Seção V (arts. 37 ao 41), trata das sessões de mediação ou conciliação, determinando que as Serventias manterão espaço reservado em suas dependências para a realização do ato (art. 37). No dia da sessão, uma vez realizado o chamamento nominal das partes e verificando a ausência de qualquer delas, o requerimento será arquivado (§ 1.º). Essa previsão não se aplica quando observada, concomitantemente: a pluralidade de partes, o comparecimento de ao menos duas partes contrárias, e constatação formal

---

11. "Art. 725. Processar-se-á na forma estabelecida nesta Seção o pedido de: (...) VII – expedição de alvará judicial".

12. "Art. 3.º Pode ser objeto de mediação o conflito que verse sobre direitos disponíveis ou sobre direitos indisponíveis que admitam transação. (...) § 2.º O consenso das partes envolvendo direitos indisponíveis, mas transigíveis, deve ser homologado em juízo, exigida a oitiva do Ministério Público".

da possibilidade de eventual acordo (§ 2.º). Além disso, a eficácia da sessão abrangerá apenas as partes presentes (§ 3.º).

Em seguida, sendo exitosa a mediação ou conciliação com a obtenção do acordo, será lavrado o termo e as partes presentes assinarão o documento (art. 38). O Parágrafo único do art. 38, prevê que o termo será considerado documento público com força de título executivo extrajudicial, conforme art. 784, IV, do CPC.[13]

Poderá ser designada novas sessões acaso não seja obtido acordo na primeira até que finalizadas as tratativas entre as partes (art. 39). Mais, poderá o requerente desistir do pedido, independentemente de anuência da parte contrária, ocasião em que o pedido será arquivado (art. 40).

A Seção VI (arts. 42 ao 51) trata dos Livros, que são o meio documental de arquivamento típico da função notarial e registral, prevendo a criação de livro de protocolo específico para recebimento de requerimentos (art. 42), de livro específico de conciliação e de mediação (art. 43). Ressalte-se que a publicidade dos atos notariais e registrais se dá de forma indireta, pela expedição de certidões.

Por sua vez, a Seção VII (arts. 52 ao 55), trata dos emolumentos, dispondo que, enquanto não editáveis pelos Tribunais locais, normas específicas relativas aos emolumentos, será aplicável a tabela referente ao menor valor cobrado na lavratura de escritura pública sem valor econômico (art. 52), para cada sessão de até 60 (sessenta) minutos, incluído o valor de uma via do termo para cada uma das partes (§ 1.º), o qual deverá ser pago já no ato do requerimento (art. 32). Se excedido o tempo previsto, serão solicitados emolumentos proporcionais ao tempo excedido; se forem necessárias sessões extraordinárias, serão cobrados emolumentos relativos a cada nova sessão, podendo o custo ser repartido *pro rata* entre as partes, salvo se transigirem de forma distinta (§ 2.º). Será restituído ao solicitante 75% do valor recebido a título de emolumentos na hipótese de o arquivamento ocorrer antes da sessão (art. 54). Ainda, como contrapartida da autorização para prestar o serviço, as Serventias realização sessões não remuneradas para atender demandas de gratuidade (art. 169, § 2.º, do CPC),[14] não podendo ser inferior a 10% da média semestral das sessões realizadas e nem inferior ao percentual fixado para as câmaras privadas (art. 39).

Por fim, a Seção VII (arts. 56 a 57), dispõe sobre as disposições finais, prevendo que será vedado às Serventias estabelecer, em documentos por eles lavrados, cláusulas

---

13. "CPC, art. 784. São títulos executivos extrajudiciais: (...) IV – o instrumento de transação referendado pelo Ministério Público, pela Defensoria Pública, pela Advocacia Pública, pelos advogados dos transatores ou por conciliador ou mediador credenciado por tribunal".

14. "CPC, Art. 169. Ressalvada a hipótese do art. 167, § 6.º, o conciliador e o mediador receberão pelo seu trabalho remuneração prevista em tabela fixada pelo tribunal, conforme parâmetros estabelecidos pelo Conselho Nacional de Justiça. (...) § 2.º Os tribunais determinarão o percentual de audiências não remuneradas que deverão ser suportadas pelas câmaras privadas de conciliação e mediação, com o fim de atender aos processos em que deferida gratuidade da justiça, como contrapartida de seu credenciamento".

compromissórias de conciliação ou mediação extrajudicial (art. 56). Ainda, será aplicado o art. 132, *caput* e § 1.º do Código Civil[15] à contagem dos prazos.

A respeito, entende-se que, para além da competência legal, os notários e registradores já atuam, diariamente, de forma conciliadora e mediadora, orientando as partes quanto às soluções jurídicas, de modo a desfazerem eventuais situações litigiosas e prevenirem futuros conflitos.

Além disso, pode-se citar como benefícios da adoção desse método, "a capacidade jurídica e a experiência dos delegatários; o procedimento mais célere e com melhor custo-benefício; a segurança jurídica; a economia do dinheiro público; a capilaridade dos cartórios" (Debs; Debs; Silveira, 2020, p. 163).

Em aspectos procedimentais, deverá o delegatário cumprir com alguns requisitos formais, que são primordiais para a eficácia e validade dos procedimento em questão, como a qualificação do requerentes, a coleta de dados suficientes para a correta identificação e intimação do requerido, a indicação de meio idôneo para realização das intimações, a exigência de apresentação de narrativa resumida do conflito (com a apresentação de proposta de acordo se já houver), o estabelecimento de contato com ambas as partes, a lavratura do termo de mediação e conciliação no respectivo Livro de Mediação e Conciliação (Sardinha, 2019, p. 99-100).

Na realidade, a permissibilidade da realização de mediação e conciliação pelos notários e registradores, é algo ainda novo no Brasil,[16] necessitando evoluir e aprimorar-se cada vez mais.

De toda forma, os diplomas legais supramencionados revelam a tendência nacional na efetiva promoção do acesso à Justiça através da utilização de outros métodos de solução de litígios, demonstrando a completa viabilidade do desenvolvimento dessa modalidade pelos notários e registradores.

---

15. "CC, Art. 132. Salvo disposição legal ou convencional em contrário, computam-se os prazos, excluído o dia do começo, e incluído o do vencimento. § 1.º Se o dia do vencimento cair em feriado, considerar-se-á prorrogado o prazo até o seguinte dia útil".

16. Importante ressaltar sobre a normatização da mediação e conciliação por delegatários em âmbito internacional: "Em Antenas, na Grécia, o delegatário já atua como mediador há anos. É o que se extrai das conclusões do 23.º Congresso Internacional Del Notariado Latino, em 2001: (...) Oportuno ainda trazer os ensinamentos de Ana Carolina Bergamaschi Arouca sobre a temática: 'em outros países da Europa, como a França os notários já atuam como mediadores e chegam à solução de 80% dos casos demandados nesta esfera' (...)" (DEBS; DEBS; SILVEIRA, 2020, p. 164).

TÍTULO II
DA ORGANIZAÇÃO NA PRESTAÇÃO DOS SERVIÇOS
CAPÍTULO I
DO TELETRABALHO
Seção I
Das Disposições Gerais

Art. 58. A adoção do teletrabalho é facultativa aos escreventes, prepostos e colaboradores do serviço notarial e de registro.

Parágrafo único. É vedada a realização de teletrabalho pelos titulares delegatários, bem como pelos interinos e interventores nomeados para responder pelo serviço notarial e de registro.

Art. 59. Os escreventes, prepostos e colaboradores do serviço notarial e de registro, quando autorizados pelos titulares delegatários, interinos e interventores, podem executar suas tarefas fora das dependências da serventia extrajudicial, de forma remota, com a utilização de recursos tecnológicos, sob a denominação de *teletrabalho*.

§ 1.º Não se enquadram no conceito de *teletrabalho* as atividades notariais e de registro executadas externamente em razão da natureza do ato a ser praticado.

§ 2.º O teletrabalho não implica a criação de sucursais e não autoriza ao notário e ao registrador a prática de atos de seu ofício fora do âmbito de sua delegação.

§ 3.º Os afastamentos justificados do titular delegatário do serviço notarial e de registro não são considerados teletrabalho e sempre devem ser comunicados à corregedoria local.

Art. 60. A prestação do serviço notarial e de registro em regime de teletrabalho é auxiliar da prestação do serviço presencial e será realizada sem prejuízo da eficiência e da qualidade do serviço, assim como da continuidade do atendimento presencial aos usuários do serviço.

Art. 61. A atividade notarial e de registro na modalidade teletrabalho está limitada a 30% da força de trabalho da serventia extrajudicial, desde que seja mantida a capacidade plena de funcionamento dos setores de atendimento ao público externo.

§ 1.º A capacidade de funcionamento dos setores de atendimento ao público externo deverá ser avaliada constantemente pelos juízes corregedores permanentes e/ou pelas corregedorias de Justiça dos estados e do Distrito Federal e, em caso de constatação de prejuízo para a prestação do serviço, o teletrabalho deve ser adequado ou suspenso.

§ 2.º Os titulares delegatários definirão, no âmbito do seu poder de gestão das serventias extrajudiciais, as atividades que poderão ser realizadas de forma remota.

§ 3.º É vedada a prestação de serviço notarial e de registro na modalidade teletrabalho em relação aos atos para os quais a lei exija a prática exclusiva pelo titular delegatário da serventia extrajudicial.

Art. 62. O titular do serviço notarial e de registro que decidir implementar ou alterar o regime de teletrabalho na serventia extrajudicial deverá comunicar ao órgão correcional local:

I – o nome, CPF, e-mail e telefone dos escreventes, prepostos e colaboradores do serviço notarial e de registro incluídos no sistema de teletrabalho; e

II – os meios de controle das atividades dos escreventes, prepostos e colaboradores do serviço notarial e de registro incluídos no sistema de teletrabalho.

Parágrafo único. A adoção e a alteração previstas no *caput* deste artigo deverão ser comunicadas à corregedoria local com antecedência mínima de 15 dias.

Art. 63. Os escreventes, prepostos e colaboradores do serviço notarial e de registro incluídos no sistema de teletrabalho deverão estar presentes às correições ordinárias realizadas pelas corregedorias locais e pela Corregedoria Nacional de Justiça.

Art. 64. Aplicam-se ao teletrabalho dos escreventes, prepostos e colaboradores do serviço notarial e de registro, no que couber, as disposições contidas na Resolução CNJ nº 227/2016.

Comentários de Anderson Herance

A natureza de consolidação das disciplinas esparsas levada a efeito pelo Provimento CNJ nº 149/2023, condição que se depreende da leitura de um dos *"considerandos"* desse importante ato administrativo, não impedirá a análise crítica do previsto pela Egrégia Corregedoria Nacional de Justiça em cotejo com o há muito estabelecido pelas normas que regem o Direito do Trabalho.[1]

Noutro giro, o instituto do Teletrabalho (aqui assumido como sinônimo de trabalho realizado fora das dependências do empregador, com a utilização de meios tecnológicos), não será examinado apenas a partir do controle feito pelo CNJ das atividades do extrajudicial (Provimento nº 149/2023 e pelos revogados Provimentos nº 55/2016 e nº 69/2018), mas, sim, e com efeito, tomando-se, também, o disciplinado pelo diploma que aprovou a Consolidação das Leis do Trabalho – CLT (Decreto-lei nº 5.452, de 1.º

---

1. (...) Considerando a importância de concentrar todos os provimentos, presentes e futuros, da Corregedoria Nacional de Justiça, em um único ato, para evitar os transtornos decorrentes da dispersão de atos normativos.

de maio de 1943), que, diga-se, muito antes já tratava do trabalho realizado fora do estabelecimento do empregador, remotamente.

Como seguramente a norma administrativa não exibe potência suficiente para derrogar a CLT, a Lei nº 8.935/1994, tampouco a Constituição Federal, não é recomendável que notários e registradores fiem-se, sem censura, nos comandos administrativos de essência trabalhista que estampam o Provimento CNJ nº 149/2023 (e os já revogados 55/2016 e 69/2018), e a Resolução de mesma origem nº 227/2016. Dito de outro modo: a aplicação irrestrita da norma administrativa, claro nos aspectos relacionados à relação de emprego, conduzirá o empregador, notário ou registrador, por arriscado caminho. A regulamentação administrativa não servirá de anteparo a eventuais pedidos oferecidos à análise da Justiça do Trabalho. Dirimir-se-á qualquer discussão trabalhista com suporte nas regras de semelhante natureza, ou seja, com estribo, sobretudo, na disciplina legal da Consolidação das Leis Trabalhistas.

Tecnicamente configurada a relação de trabalho de índole empregatícia, indiferente é à manutenção dessa conformação se o trabalhador presta serviços no estabelecimento do empregador ou longe desse ambiente. Não se define o trabalhador como empregado, portanto, a partir do local em que suas tarefas são desempenhadas.

O que demarca a relação empregatícia, sabe-se, são quatro elementos exaustivamente declamados pela doutrina especializada: pessoalidade, subordinação, onerosidade e não eventualidade. Vale a superficial conceituação:

Pessoalidade: a relação jurídica cumprida deve ser *intuitu personae* com respeito ao prestador de serviços, que não poderá, assim, fazer-se substituir intermitentemente por outro trabalhador ao longo da concretização dos serviços pactuados.

Subordinação: grosso modo, para os fins que ora interessam, consiste na situação jurídica derivada do contrato de emprego pela qual o empregado compromete-se a acolher, de forma direta ou indireta, o poder de direção do empregador no modo de realização da sua prestação de serviços. É a limitação contratual da autonomia da vontade do trabalhador, que entrega ao seu empregador o poder de direção sobre a atividade que desempenha.

Onerosidade: o contrato de emprego é bilateral e oneroso, por envolver conjunto diferenciado de prestações e contraprestações recíprocas entre as partes, economicamente mensuráveis.

Não eventualidade: para que haja relação empregatícia é necessário que o trabalho prestado seja permanente, habitual (ainda que por curto período), não esporádico.

Então, se o trabalho é desempenhado habitual e pessoalmente por determinado indivíduo, de modo subordinado ao seu tomador e mediante salário, configurada está a relação empregatícia, de forma a pouco importar, insiste-se, se as tarefas diárias em si são desenroladas neste ou naquele lugar.

Tudo confirmado pelo comando do artigo 6.º da CLT (com redação dada pela Lei nº 12.551, de 15 de dezembro de 2011);[2] mais recentemente, pelas regras que gravam os artigos 75-A a 75-F da CLT (com redação dada pela Lei nº 14.442, de 2 de setembro de 2022). São preceitos, a propósito, de compulsação obrigatória àqueles que querem bem manejar a figura trabalhista do teletrabalho.

Assim é que, em seguida, lançaremos nossos pontuais comentários.

O artigo 58 estabelece a facultatividade da adoção do teletrabalho, ou seja, ela não é obrigatória. A figura jurídica do teletrabalho é aqui assumida como sinônimo de trabalho realizado fora das dependências do empregador, com a utilização de meios tecnológicos. A legislação trabalhista admite a alteração entre regime presencial e de teletrabalho, sob a condição de que haja acordo expresso (aditivo contratual) entre empregador e empregado. Com efeito, a prestação de serviços na modalidade de teletrabalho deverá constar expressamente do instrumento de contrato individual de trabalho. A alteração do regime de teletrabalho para o presencial, também, é possível, a teor do que dispõe o § 2.º, do art. 75-C da CLT, desde que garantido prazo de transição mínimo de quinze dias.[3] Na prática, o empregador define quem entre os colaboradores, em razão do trabalho que realiza, poderá ser deslocado para o trabalho remoto. Não cabe, tão somente, ao empregado decidir se adota, ou não, do teletrabalho. É necessário que o empregador defina quais as tarefas a cargo do empregado são passíveis de realização à distância. No mais, tem-se que o comparecimento, ainda que de modo habitual, às dependências do empregador para a realização de atividades específicas que exijam a presença do empregado no estabelecimento não descaracteriza o regime de teletrabalho ou trabalho remoto.

No parágrafo único, compreende-se que a realização do trabalho remotamente (teletrabalho), é possível apenas aos prepostos do responsável pela Unidade notarial e ou registral. O titular, o interino e o interventor não podem cumprir com os desígnios da atividade que lhes foi delegada pelo Estado, ou designada pelo órgão correcional, adotando o teletrabalho, ou seja, o trabalho, por aqueles que respondem por uma Unidade extrajudicial (seja na condição de titular ou não), será realizado presencialmente. Nem seria razoável pensar em acordo entre o empregador (titular, ou não) e ele próprio.

---

2. CLT – Art. 6.º Não se distingue entre o trabalho realizado no estabelecimento do empregador, o executado no domicílio do empregado e o realizado a distância, *desde que estejam caracterizados os pressupostos da relação de emprego*. Parágrafo único. Os meios telemáticos e informatizados de comando, controle e supervisão se equiparam, para fins de subordinação jurídica, aos meios pessoais e diretos de comando, controle e supervisão do trabalho alheio" (original sem destaques).

3. CLT – Art. 75-C. A prestação de serviços na modalidade de teletrabalho deverá constar expressamente do instrumento de contrato individual de trabalho. § 1.º Poderá ser realizada a alteração entre regime presencial e de teletrabalho desde que haja mútuo acordo entre as partes, registrado em aditivo contratual. § 2.º Poderá ser realizada a alteração do regime de teletrabalho para o presencial por determinação do empregador, garantido prazo de transição mínimo de quinze dias, com correspondente registro em aditivo contratual. § 3.º O empregador não será responsável pelas despesas resultantes do retorno ao trabalho presencial, na hipótese de o empregado optar pela realização do teletrabalho ou trabalho remoto fora da localidade prevista no contrato, salvo disposição em contrário estipulada entre as partes.

Como a figura jurídica do teletrabalho pressupõe a existência de vínculo laboral entre as partes, não há falar-se em teletrabalho para quem empregado não é. Na verdade, o teletrabalho é modalidade de prestação de serviços do empregado ao empregador, de modo que é ineficaz tal previsão. Noutro dizer: o parágrafo único do presente artigo não estabelece regra aplicável à relação de trabalho, mas, aproveitando-se da oportunidade, a egrégia Corregedoria Nacional de Justiça reitera que o exercício da atividade (titular / interino / interventor) deva se dar na sede da Unidade pela qual responde, presencialmente. Vale ressaltar que o gozo de férias e outras ausências justificadas não caracterizam o teletrabalho.

A legislação trabalhista em vigor (vide art. 75-B da CLT), assim conceitua a figura jurídica em exame, *verbis*:

> Considera-se teletrabalho ou trabalho remoto a prestação de serviços fora das dependências do empregador, de maneira preponderante ou não, com a utilização de tecnologias de informação e de comunicação, que, por sua natureza, não configure trabalho externo.

O conceito trazido pelo artigo 59 revela que o CNJ, desde o Provimento CNJ nº 55/2016 (já revogado), praticamente, repete a redação do diploma celetista, em harmonia, nesse aspecto, com a CLT.

O § 1.º apresenta um alerta: não se pode confundir a prestação remota dos serviços (teletrabalho, conceituado, como visto, no artigo 75-B da CLT), com diligências para a prática de atos fora das instalações da Unidade notarial ou registral, isto é, com trabalho externo.

O § 2.º veda aos responsáveis por Unidade notarial ou registral a criação de sucursais (filiais), bem assim a prática de atos do extrajudicial fora do âmbito da delegação. A questão da territorialidade, no exercício das atividades de que trata o artigo 236 da Constituição da República, também é distinta do que ora se analisa. O teletrabalho nada tem a ver com a competência territorial atribuída aos serviços notariais e de registro.

Por previsão expressa (v. parágrafo único do artigo 58 do provimento ora em análise), os titulares, interinos e interventores não podem atuar remotamente, prevalecendo a regra no sentido de que os seus afastamentos justificados estão sujeitos à comunicação obrigatória ao corregedor local (§ 3.º).

Com relação ao artigo 60, é indubitável que a prestação do serviço extrajudicial tem de ser eficiente e realizada com qualidade, já que o Estado, por meio de seus delegatários titulares, ou de interinos designados ou, ainda, de interventores nomeados, deve atender às necessidades dos cidadãos, de tal modo que, se necessária a continuidade do atendimento presencial aos usuários, o teletrabalho terá de ser pontualmente interrompido ou suspenso. O trabalho remoto poderá ser adotado quando o preposto cumpre as suas tarefas sem atendimento ao público ou, tão somente, no tempo em que não terá contato presencial com os usuários. E isso não representa problema ao universo juslaboral. Afinal, *o comparecimento, ainda que de modo habitual, às dependências do empregador para a realização de atividades específicas que exijam a presença do empre-*

gado no estabelecimento não descaracteriza o regime de teletrabalho ou trabalho remoto (§ 1.º, do artigo 75-B da CLT).

Já em relação ao artigo 61, em que pese a CLT não tenha estabelecido ao empregador qualquer limite em relação ao total de integrantes da equipe de empregados, o presente artigo, especificamente para a atividade notarial e de registro, veda a aplicação das regras do teletrabalho a mais de 30% (trinta por cento) da força de trabalho da Unidade, ainda assim se a capacidade plena de atendimento ao público externo for mantida.

Além da observância ao limite fixado pelo *caput* deste artigo, estabelece o seu § 1.º que cumpre aos juízes corregedores permanentes e às corregedorias de Justiça dos estados e do Distrito Federal a avaliação da capacidade de funcionamento dos setores de atendimento ao público externo, pena de adequação ou suspensão do teletrabalho, conforme o caso. Vale notar que a adoção do teletrabalho, ainda que observado o limite trazido pelo *caput*, disparará a necessidade de controle e atenção constantes do corregedor permanente da Unidade.

Entende-se que, por força do § 2.º, aos titulares caberá a definição de quais as atividades (departamentos), da Unidade sob sua responsabilidade, poderão ter colaboradores no regime do teletrabalho, considerando o seu poder de gestão. Aqueles que não fazem atendimento ao público externo ou têm dias ou períodos em que esse atendimento não precise ser presencial, observado o limite de 30% do total da equipe, poderão atuar remotamente. Este parágrafo, ao não se referir a interinos e interventores, permite a compreensão de que a adoção do teletrabalho nas delegações vagas ou sob intervenção está condicionada à aprovação prévia do competente juiz corregedor permanente da Unidade.

A redação do § 3.º deixa-nos a impressão de redundância ou de previsão inútil. Ora, se os titulares delegatários, bem assim os interinos e interventores, *seja qual for a tarefa que, porventura, desenvolvam*, não podem atuar remotamente, ou seja, não podem adotar para si o teletrabalho (v. parágrafo único, do artigo 58, supra), de tal modo que é absolutamente *desnecessário vedar alguns atos específicos*.

O artigo 62 revela regra de natureza, meramente procedimental. Não há como entender de modo diverso daquele que resulta da literalidade de seus termos, de tal sorte que, com antecedência mínima de 15 (quinze) dias, a corregedoria local deverá ser comunicada da adoção ou alteração do teletrabalho (v. parágrafo único), momento em que será apresentado documento contendo a lista de dados de que trata o inciso I e os meios com os quais o trabalho remoto será controlado (v. inciso II). Prudente recomendar que os interinos e interventores, antes das providências trazidas pelo presente artigo, incluindo os seus incisos e parágrafo único, peçam a autorização para adotar o teletrabalho ou alterar o que já esteja, porventura, em vigor e, aí sim, apresentar os dados de que tratam os incisos I e II.

Da regra do artigo 63 extrai-se que o trabalho remoto não afasta a necessidade de que toda a equipe se faça presente nas correições ordinárias realizadas pelas corregedorias locais (da Comarca e do Estado ou DF), e pela Corregedoria Nacional de Justiça, incluindo os colaboradores que estejam no regime do teletrabalho e excluindo os que estejam em gozo de férias ou em período de licença ou afastamento, ou, ainda, os que faltarem ao expediente do dia, justificadamente.

Com relação ao artigo 64, tem-se que a Resolução CNJ nº 227/2016 regula o teletrabalho no âmbito do Poder Judiciário e dedica todo o seu Capítulo II ao estabelecimento de regras e condições para que os seus servidores atuem em regime de teletrabalho. Boa parte delas, especialmente os dispositivos que tratam da jornada de trabalho, é incompatível com o regime privado e celetista que orienta a relação fixada entre os profissionais a que se refere o artigo 236 da CF/88 e seus prepostos.

Determinações incluídas noutros capítulos da resolução também são inconciliáveis com o sistema celetário, mas uma das ideias postas pela mencionada Resolução é a de fixação de metas,[4] algo que pode, muito bem, ser aproveitado pelos serviços notariais e de registro.

---

4. Resolução CNJ nº 227/2016 (...) Art. 5.º, § 9.º O servidor beneficiado por horário especial previsto no art. 98 da Lei 8.112, de 11 de dezembro de 1990, ou em legislação específica poderá optar pelo teletrabalho, caso em que *ficará vinculado às metas* e às obrigações da citada norma (...) Art. 6.º *A estipulação de metas de desempenho* (diárias, semanais e/ou mensais) no âmbito da unidade, alinhadas ao Plano Estratégico da instituição, e a elaboração de plano de trabalho individualizado para cada servidor são requisitos para início do teletrabalho (...) § 3º O plano de trabalho a que se refere o *caput* deste artigo deverá contemplar: I – a descrição das atividades a serem desempenhadas pelo servidor; II – *as metas a serem alcançadas*; III – a periodicidade em que o servidor em regime de teletrabalho deverá comparecer ao local de trabalho para exercício regular de suas atividades; IV – o cronograma de reuniões com a chefia imediata para avaliação de desempenho, bem como eventual revisão e ajustes de metas; V – o prazo em que o servidor estará sujeito ao regime de teletrabalho, permitida a renovação (original sem destaques).

TÍTULO III
DOS INTERINOS E DOS PREPOSTOS
CAPÍTULO I
DAS RESTRIÇÕES
Seção I
Dos familiares de juízes corregedores

Art. 65. A contratação, por delegados extrajudiciais, de familiares de magistrado incumbido da corregedoria do respectivo serviço de notas ou de registro deverá observar a Resolução nº 20, de agosto de 2006, sem prejuízo de outras normas compatíveis.

Comentários de Carolina Mosmann e João Massoneto

Entendemos ser importantíssima essa restrição diante da realidade que ocorre na prática das serventias extrajudiciais de todo o país. Assim, o Conselho Nacional de Justiça visou coibir qualquer tipo de interferência na independência das funções, consagrada pela Lei nº 8.935, em seu artigo 28, preservando-se a autonomia nas contratações realizadas pelos titulares das serventias extrajudiciais, prezando para que elas sejam feitas sem qualquer tipo de influência, coação ou condição.

É oportuno salientar que o Supremo Tribunal Federal, no julgamento da Ação Declaratória de Constitucionalidade nº 12, atribuiu ao Conselho Nacional de Justiça poder normativo primário, alojando os regulamentos do Conselho no mesmo patamar hierárquico das leis, conforme depreende-se do voto do Ministro Relator Carlos Ayres Britto, do qual transcreve-se o trecho abaixo:

> A Resolução nº 07/05 se dota, ainda, de caráter normativo primário, dado que arranca diretamente do § 4.º do art. 103-B da Carta-cidadã e tem como finalidade debulhar os próprios conteúdos lógicos dos princípios constitucionais de centrada regência de toda a atividade administrativa do Estado, especialmente o da impessoalidade, o da eficiência, o da igualdade e o da moralidade.

Nesta mesma perspectiva foi o voto do Ministro Menezes Direito, que, acompanhando o Relator Ayres Britto, salientou a competência do Conselho Nacional de Justiça em editar a Resolução nº 7/2005, mesmo admitindo que o conteúdo da Resolução trate de matéria reservada a uma lei formal. Vale reproduzir parte do voto que traz este entendimento:

> (...) E, neste ponto, ao meu sentir, está embutida a questão relativa ao poder do Conselho se admitirmos que esta matéria é reservada a uma lei formalmente emanada, portanto, do Poder Legislativo. Mas eu tenho entendido, e creio que essa é a convergência do Supremo Tribunal Federal, que esses princípios que estão insculpidos no caput do artigo 37 da Constituição Federal têm uma eficácia própria, eles são dotados de uma força própria, que podem ser imediatamen-

te aplicados. E eu diria até mais: sem um retorno às origens técnicas da diferenciação entre o princípio e a norma, que hoje, na perspectiva da Suprema Corte, esses princípios revestem-se da mesma força, tanto isso que, em precedente recentíssimo que julgamos aqui neste Pleno, nós aplicamos um desses princípios com a força efetiva de uma norma constitucional, e, portanto, esse princípio pode, sim, ser aplicado diretamente, independentemente da existência de uma lei formal. Se essa concepção é verdadeira, e, ao meu sentir, é verdadeira, nós temos de admitir que dentro das atribuições do Conselho Nacional de Justiça está a de preservar os princípios que estão presentes no caput do artigo 37 da Constituição.[1]

O voto do Ministro Menezes Direito revela a possibilidade de o Conselho Nacional de Justiça expedir atos para disciplinar o conteúdo da Constituição Federal, sem a intermediação de qualquer lei *stricto sensu*. Esse fenômeno exemplifica a constitucionalidade dos regulamentos autônomos.[2]

Em relação à atividade notarial e registral, a competência regulamentar do Conselho Nacional de Justiça, além do artigo 103-B, .§ 4.º, inciso I, da Constituição Federal, está prevista no regimento interno do Conselho, que esmiúça as atribuições do Corregedor Nacional de Justiça, prevendo, entre outras, a expedição de atos voltados ao aperfeiçoamento das atividades dos órgãos do Judiciário, dos serviços auxiliares e das notas e registros, sempre dentro da competência da Corregedoria Nacional de Justiça.

Neste sentido também dispõe o regulamento geral do Conselho Nacional de Justiça, no artigo 14, quando prevê os atos de natureza normativa do corregedor, como o provimento, destinado a "esclarecer e orientar a execução dos serviços judiciais e extrajudiciais em geral".

Percebe-se, portanto, que, conforme leciona Luiz Guilherme Loureiro, por força da Constituição, a atividade notarial e de registro deve ser regulada por lei, "existe a necessidade de previsão de normas infralegais que estabeleçam padrões de eficiência, celeridade e adequação dos serviços delegados pelo Estado".[3] Estas normas devem ser editadas pelo Conselho Nacional de Justiça e pelas Corregedorias de Justiça estaduais.

É justamente esta a intenção da restrição prevista no artigo ora comentado: adequar os serviços notariais e registrais aos princípios da eficiência e moralidade.

---

1. STF – ADC 12 ADC 12 MC, Relator(a): CARLOS BRITTO, Tribunal Pleno, julgado em 16.02.2006, DJ 1º.09.2006 PP-00015.

2. PIZZOL, Ricardo Dal. Limites do poder regulamentar do Conselho Nacional de Justiça: estudo de um caso - Resolução CNJ nº 236/16. In: PRETTO, Renato Siqueira De; KIM, Richard Pae; TERAOKA, Thiago Massao Cortizo. *Federalismo e Poder Judiciário*. São Paulo: EPM – Escola Paulista da Magistratura, 2019. p. 311-330.

3. LOUREIRO, Luiz Guilherme. *Manual de Direito Notarial*: das atividades e dos documentos notariais. Salvador: JusPodivm, 2016. p. 174.

CAPÍTULO II
DA DESIGNAÇÃO DE INTERINOS
Seção I
Das Disposições Gerais

Art. 66. Declarada a vacância de serventia extrajudicial, as corregedorias de Justiça dos estados e do Distrito Federal designarão o substituto mais antigo para responder interinamente pelo expediente.

§ 1.º A designação deverá recair no substituto mais antigo que exerça a substituição no momento da declaração da vacância.

§ 2.º A designação de substituto para responder interinamente pelo expediente não poderá recair sobre cônjuge, companheiro ou parente em linha reta, colateral ou por afinidade, até o terceiro grau do antigo delegatário ou de magistrados do tribunal local.

Art. 67. A designação de substituto para responder interinamente pelo expediente não poderá recair sobre pessoa condenada em decisão com trânsito em julgado ou proferida por órgão jurisdicional colegiado, nas seguintes hipóteses:

I – atos de improbidade administrativa; e

II – crimes:

a) contra a administração pública;

b) contra a incolumidade pública;

c) contra a fé pública;

d) hediondos;

e) praticados por organização criminosa, quadrilha ou bando;

f) de redução de pessoa à condição análoga à de escravo;

g) eleitorais, para os quais a lei comine pena privativa de liberdade; e

h) de lavagem ou ocultação de bens, direitos e valores.

§ 1.º Na mesma proibição dos incisos I e II deste artigo, incide aquele que:

a) praticou ato que acarretou a perda do cargo ou emprego público;

b) foi excluído do exercício da profissão por decisão judicial ou administrativa do órgão profissional competente;

c) teve suas contas relativas ao exercício de cargos ou funções públicas rejeitadas por irregularidade insanável que configure ato doloso de improbidade administrativa, por decisão irrecorrível do órgão competente; e

d) perdeu a delegação por decisão judicial ou administrativa.

Art. 68. Não se aplicam as vedações do art. 66, II, ao crime culposo ou considerado de menor potencial ofensivo.

Art. 69. Não havendo substituto que atenda aos requisitos previstos neste Código de Normas, a Corregedoria de Justiça designará interinamente, como responsável pelo expediente, delegatário em exercício no mesmo município ou no município contíguo que detenha uma das atribuições do serviço vago.

§ 1.º Não havendo delegatário no mesmo município ou no município contíguo que detenha uma das atribuições do serviço vago, a Corregedoria de Justiça designará interinamente, como responsável pelo expediente, substituto de outra serventia bacharel em direito com no mínimo dez anos de exercício em serviço notarial ou registral.

§ 2.º A designação de substituto para responder interinamente pelo expediente será precedida de consulta ao juiz corregedor permanente competente pela fiscalização da serventia extrajudicial vaga.

Art. 70. A designação do substituto para responder interinamente pelo expediente deverá ser revogada se for constatado, em procedimento administrativo, o não repasse ao Tribunal de Justiça do excedente a 90,25% dos subsídios de ministro do Supremo Tribunal Federal (STF).

Art. 71. Os casos omissos serão decididos pela Corregedoria de Justiça local e deverão ser comunicados à Corregedoria Nacional de Justiça no prazo de 30 dias.

Comentários de Carolina Mosmann e João Massoneto

Art. 66. A regra do substituto mais antigo está na Lei 8935/97, porém, na prática, é algo totalmente inviável e precisa de uma alteração legislativa urgente. A realidade das serventias em todo país demonstra que nem sempre o mais antigo é o mais capacitado.

Quando o substituto mais antigo não é o mais capacitado para gerir a serventia e manter o bom atendimento aos usuários, o prejudicado é o próprio usuário dos serviços extrajudiciais, e a prestação adequada dos serviços na serventia vaga deve ser a maior preocupação do Estado. O Estado deve garantir a continuidade da prestação dos serviços extrajudiciais com qualidade, até que um novo titular concursado assuma aquela deleção.

Antonio Albergaria Pereira, em sua obra "Comentários à Lei nº 8.935, dos serviços notariais e registrais", Bauru, SP: Editora Edipro, 1995, p. 112, faz a seguinte crítica a respeito:

> O substituto mais antigo – pelo que está na lei – é quem deve responder pelo expediente, o que é lamentável, pois, nem sempre o mais antigo é o mais capaz e até mesmo o mais habilitado. Por que não designar aquele "substituto" que com o notário ou oficial de registro praticava todos os atos próprios da serventia? (art. 20, § 4.º).

Em sua obra "Lei dos notários e dos registradores comentada", 8. ed. rev. e atual. – São Paulo: Saraiva, 2010, p. 314, Walter Ceneviva também faz sua crítica sobre o dispositivo legal:

A solução da lei não é a melhor: a boa qualidade dos serviços estaria bem atendida se a mesma pessoa, à qual coube, antes da extinção, dirigir os serviços nas ausências e impedimentos do titular, continuasse interinamente nessa atividade.

Já a restrição imposta no parágrafo segundo não consta na Lei dos Notários e Registradores (Lei 8.935/97), e, a nosso ver, deveria ser repensada, uma vez que o substituto mais capacitado para gerir a serventia pode ser exatamente alguém com algum vínculo de parentesco com o antigo delegatário.

Isso, na prática, tem muita chance de acontecer, visto que os notários e registradores buscam empregar pessoas de confiança, o que acaba sendo comum optarem por pessoas conhecidas e com algum vínculo parentesco. Essas pessoas, para que cumpram a confiança depositada pelo titular, acabam se qualificando para o cargo, estudam muito, possuem a prática do dia a dia, e não poderiam ser excluídas da possibilidade de serem escolhidas pela Corregedoria, se caso fossem a melhor opção para os usuários dos serviços extrajudiciais.

Arthur Del Guercio Neto e Lucas Barelli Del Guercio, na obra "Teoria Geral do Direito Notarial e Registral", da Coleção Cartórios, coordenada por Christiano Cassettari, Idaiatuba: Editora Foco, 2023, p. 34, também fazem crítica a essa regra:

> Reforçamos que, em nosso entendimento, é passível de crítica a vedação do § 2.º, no que tange às pessoas que sejam vinculadas ao antigo titular. Isso porque, ao longo de sua gestão, este pode livremente contratar, incluindo pessoas que a ele sejam ligadas. Havendo tal liberdade, e sendo competente, qualificado, o substituto objeto do caso concreto, não se vislumbra razão para o vínculo limitar a nomeação como interino.

Sobre esse caso específico de parentesco, precisamos pensar em duas coisas importantíssimas: a primeira é que *não se trata de um cargo vitalício e sim provisório* e, ainda, trata-se de uma *escolha que será feita pela Corregedoria do Estado*, mediante o conhecimento e preparo previamente analisados e reconhecidos e o preenchimento dos requisitos necessários (artigo 67, do Código Nacional do CNJ). A escolha *não é feita pelo antigo delegatário*, portanto, *não há que se falar em nepotismo* para essa nomeação.

A segunda é que a continuidade dos serviços aos usuários, que garanta a publicidade, autenticidade, segurança e eficácia dos atos jurídicos, e mantenha a segurança jurídica e a prevenção de litígios, é o que deve estar em primeiro lugar nesse caso, pois o Estado deve suprir essa lacuna até que o novo titular seja aprovado em concurso público e escolha a serventia vaga, competindo ao Estado, neste período, proporcionar o profissional mais capacitado para essa interinidade.

Ao afastar de vez a hipótese de designação de algum substituto que possua qualquer vínculo parentesco com antigo titular, pode-se preterir um substituto que tenha mais preparo e conhecimento e, portanto, seja o mais indicado para essa interinidade, e por consequência prejudicando o usuário dos serviços extrajudiciais, que é quem deve ser protegido.

Nesta linha, recentemente, em dezembro de 2023, no procedimento de controle administrativo 0001389-44.2023.2.00.000, em trâmite perante o Conselho Nacional de Justiça, foi proferida decisão monocrática pelo Conselheiro Relator, Luiz Fernando Bandeira de Mello, determinando à Corregedoria-Geral da Justiça do Estado que promovesse a designação da filha do falecido titular para responder interinamente por um Tabelionato de Notas, de Protesto de Títulos e Registro de Imóveis, na qualidade de substituta mais antiga.[4]

No caso discutido nos autos, a filha do antigo titular atuava como substituta mais antiga da serventia, desde 1984, e foi preterida da interinidade em favor do substituto mais moderno, por suposto nepotismo póstumo. A requerente, filha do titular, recorreu, então, ao CNJ, impugnando a Portaria de nomeação do substituto mais moderno, requerendo a suspensão da portaria e a sua nomeação como interina até a realização de concurso público.

O CNJ julgou parcialmente procedentes os pedidos da requerente, determinando à Corregedoria-Geral da Justiça do Estado que promovesse a sua designação para responder interinamente pelo Tabelionato de Notas, de Protesto de Títulos e Registro de Imóveis, na qualidade de substituta mais antiga, com a observância do limite temporal de 6 (seis) meses estabelecido pelo Supremo Tribunal Federal no julgamento da Ação Direta de Inconstitucionalidade de autos nº 1.183.

Em síntese, a decisão se baseou nos seguintes fundamentos: a) a designação da requerente como substituta ocorreu em 1984, antes do marco regulatório que proíbe a indicação de parentes de delegatários para a função (Procedimento de Controle Administrativo de autos nº 0007256-33.2014.2.00.0000, ocorrido em 9 de dezembro de 2015, e os atos regulamentares da Corregedoria Nacional que obstaculizariam a nomeação); b) a requerente respondeu pelo serviço por mais de dez anos, demonstrando experiência e conhecimento das atividades notariais e registrais da serventia; c) a decisão do STF na ADI nº 1183 limitou o prazo de substituição de titulares de cartórios por prepostos não concursados a seis meses, mitigando o risco de perpetuação da interinidade; d) o princípio da continuidade do serviço público deve ser conciliado com a exigência de concurso público para o ingresso na função notarial e registral.

Apesar do caso em tela ter circunstância especial de nomeação da requerente como substituta em data anterior aos atos regulamentares do CNJ de proibição do nepotismo, é importante salientar que o fundamento-mestre da decisão é o princípio da continuidade do serviço público, consagrado tanto na jurisprudência quanto na doutrina administrativa, e no fato da substituta mais antiga, nomeada pelo antigo titular, apresentar-se como o agente mais adequado para assumir a função temporariamente e liderar o processo de migração do acervo da serventia para o novo titular, aprovado em concurso público, ou ainda para o delegatário titular que venha, porventura, a substituí-la na hipótese de não provimento da vaga em 6 (seis) meses. Segundo a decisão:

---

4. Conforme https://www.migalhas.com.br/arquivos/2023/12/0B4ADD747BAACF_cartoriointerinapb.pdf.

[...] a experiência adquirida no exercício das atividades notariais e registrais, bem como o conhecimento específico das práticas e procedimentos da serventia em questão, pelas quais respondeu a autora por mais de dez anos, são atributos indispensáveis para a manutenção da qualidade e eficiência dos serviços prestados.

Assim, ao encontro da decisão mencionada, entendemos que o parentesco com o antigo titular não deve obstar a interinidade, ainda mais levando em consideração que ela será por período muito breve, 6 meses, conforme decidiu o STF na ADI nº 1183. O que deve pautar a escolha é a avaliação da capacidade da pessoa em gerir uma serventia, levando em consideração não só o tempo em que ela está atuando na área, mas, também, avaliando seus conhecimentos, seu histórico profissional e acadêmico, incluindo detalhes de toda a busca por conhecimento por meio de cursos e especializações que tenha realizado durante os anos de atuação na área.

Como sugestão, pode-se até prever uma regra específica para o caso de interino que tenha algum parentesco com o titular, criando-se uma verificação mais detalhada para a comprovação de que realmente a indicação seria por sua vasta experiência e capacidade para exercer a interinidade, e não por ser parente do antigo titular.

Entendemos que há inúmeros meios de avaliação para se chegar ao resultado mais favorável para os usuários, onde se possa ter um interino que realmente é especialista na área, tem um ótimo currículo e não possui nenhum tipo de antecedente que o desabone, e que por ser o mais capacitado, certamente será o interino que poderá melhor cumprir com a missão de proporcionar o melhor serviço extrajudicial aos usuários.

Comentários de João Massoneto

Art. 67. As regras contidas neste artigo são de extrema importância, uma vez que para estar como responsável por uma serventia extrajudicial, mesmo que provisoriamente, é necessário que a pessoa tenha reputação ilibada, sem qualquer tipo de envolvimento com fatos ilícitos ou imorais.

Nesse sentido, o artigo em comento se orienta por princípios constitucionais basilares que fundamentam todas as diretrizes do serviço público e que influenciam todas as práticas concernentes ao âmbito das serventias extrajudiciais. Maior exigência se faz quando se trata da administração e da prestação do serviço público, dirigindo-se seus agentes pelos ditames e princípios constitucionais, bem como pelos demais princípios jurídicos e pelas normas que compõem o ordenamento pátrio. Aí mesmo consagram-se princípios como da legalidade e da moralidade, contemplados no artigo acima.

O bom desempenho dos serviços públicos exige um arcabouço legal que vincule aqueles responsáveis pela atividade e pela própria serventia, como é ocaso dos titulares e, na falta deles, os interinos. Tal vinculação às normas, sejam legais, principiológicas ou administrativas, tem por escopo a preservação da qualidade dos serviços prestados, o respeito "res publica" e prevenção de ilegalidades contra a Administração, como atos de improbidade.

Desse modo, a exigência de uma conduta proba justifica-se pela própria natureza da atividade em que se inscrevem notários e registradores, pois exercem atividades próprias do Poder Público, daí por que devem, obrigatoriamente, se conduzir pela legalidade, pela lisura ou, noutras palavras, uma integridade que demonstre sua aptidão para o exercício de sua função, sendo suas faltas passíveis de reprimendas administrativas, além de responsabilização civil e penal.

Acreditamos que tais regras deveriam ser ampliadas, abrangendo inclusive questões relacionadas a eventuais dívidas em nome dessa pessoa. Assim, quando o candidato a interino tiver dívidas ativas em seu nome, comprovadas por meio de certidões de feitos ajuizados ou de protesto, também não poderia assumir uma interinidade.

Afinal, se a pessoa não é capaz de organizar e administrar sua própria vida financeira, seria um risco autorizar que ela gerencie e administre uma serventia vaga.

Comentários de Carolina Mosmann e João Massoneto

Art. 68. A exceção à regra do artigo 66, inciso II, estabelecida em relação ao crime culposo, faz sentido em razão de não existir o dolo, a intenção de praticar o crime. Contudo, o crime de menor potencial ofensivo poderia ser excluído, garantindo um interino com total lisura. Uma outra ideia seria estabelecer que a exceção do crime de menor potencial ofensivo só poderia ser utilizada uma vez, ou seja, o candidato interino poderia ter apenas um caso de crime de menor potencial ofensivo em toda sua vida.

Comentários de João Massoneto

Art. 69. Na ausência de substituto que atenda aos requisitos do Código de Normas Nacional, será designado interinamente delegatário em exercício no mesmo município ou no município contíguo que detenha uma das atribuições do serviço vago.

Tal previsão vai ao encontro do julgamento do STF na ADI 1183, em que foi ressaltado que, quando "substituto" é outro notário ou registrador está se compatibilizando o princípio da continuidade do serviço notarial e registral com a regra constitucional que impõe o concurso público como requisito indispensável para o ingresso na função (CF, art. 236, § 3.º).

Essa é uma outra situação que merece melhor reflexão. Novamente reiteramos que o mais importante não pode ser isoladamente o tempo de serviço, ou da proximidade de um titular daquela serventia vaga, o que realmente deve importar é a capacidade da pessoa que exercerá a interinidade.

No caso de nomeação de um titular de outra serventia, ainda temos que pensar em outra situação, referente à disponibilidade de tempo que ele terá para exercer com excelência essa interinidade. Um titular de outra serventia, por ter que administrá-la e fiscalizá-la, muitas vezes não poderá se dedicar tanto quanto alguém que não tem outra serventia sob sua responsabilidade.

Não podemos esquecer da importância da presença diária do titular na serventia, atuando constantemente na fiscalização dos atos, no atendimento aos usuários, nas dúvidas dos seus colaboradores que surgem diante dos diferentes casos que chegam constantemente nas serventias, estudando, decidindo e orientando sua equipe em todos os casos mais complexos. Desse modo, ter um titular que atuar em duas serventias, certamente dificultará a excelência de sua atuação.

Mas uma outra visão ainda mais perigosa, que não é impossível de acontecer, pelo contrário, se houver uma fiscalização intensa na prática, certamente irão constatar que já houve muitos casos, é que quando um titular da mesma comarca ou comarca vizinha da serventia vaga é nomeado como interino, essa serventia vaga pode acabar perdendo seus melhores colaboradores, ou seus melhores clientes, justamente para a serventia daquele titular que está de modo interino. Isso não é incomum, e pode acontecer aos poucos, e quando a serventia está para ser escolhida, já não tem mais o mesmo faturamento, equipe e clientela que tinha.

Essa é uma situação que pode acabar beneficiando o interino que é titular de outra serventia muito próxima àquela vaga, e prejudicando esta consideravelmente, duas situações totalmente indesejáveis e injustas.

Então qual seria a solução? Ora, a mesma de sempre, excluir as restrições indevidas e desnecessárias, como a necessidade de primeiramente ser o substituto mais antigo, e a de não poder ser parente do antigo titular, e focar totalmente no conhecimento e currículo de pessoas, sejam de onde forem, que possam servir o Estado nesse período temporário, fazendo o melhor possível para a realização dos serviços extrajudiciais para os usuários.

Poderiam criar um site onde estivessem a lista das serventias vagas, possibilitando os candidatos ao cargo de interino enviarem seus currículos e demais documentos necessários para se colocarem na lista dos que serão avaliados para o cargo provisório. Uma vez tendo toda a documentação enviada, uma equipe do CNJ ou das Corregedorias Estaduais poderia selecionar os candidatos que estiverem mais aptos a assumir uma interinidade.

Assim, na medida em que as serventias fosse ficando vagas, a CGJ poderia incluir na lista e direcionar aos candidatos pré-aprovados, que ainda assim teriam que passar pelos trâmites de comprovações por meio de certidões atualizadas, entrevista e análise atual do currículo.

Outra ideia interessante seria ter uma regra que estabelecesse que, uma vez que qualquer interino cometesse uma infração ou atitude não aprovada pelo CNJ, ele nunca mais poderia ser interino dentro do país.

Comentários de João Massoneto

§ 1.º Entendemos inviável colocar essa situação de estar próximo da serventia vaga como sendo algo vantajoso na ordem de preferência, seria melhor não ter essa condição de vantagem por proximidade, e manter sempre a preferência voltada para a capacidade para exercer a interinidade.

Precisamos refletir sobre o mesmo risco do titular próximo, pois, mesmo como substituto da serventia vizinha, podem acontecer as mesmas coisas citadas nos comentários do caput do presente artigo 69, uma vez que provavelmente o substituto irá voltar para aquela serventia onde estava exercendo suas funções, estando intimamente ligado ao titular da serventia vizinha.

Comentários de João Massoneto

§ 2.º Essa consulta ao juiz corregedor permanente é de extrema importância, pois ninguém melhor que ele, que está perto da serventia vaga e a fiscaliza todo ano, para filtrar os candidatos, ou até mesmo para que ele possa comunicar à Corregedoria Geral que se busque candidatos para essa interinidade em outros lugares mais distantes daquela comarca, se entender que por ali não encontrarão a melhor opção, esclarecendo os motivos para a CGJ.

Comentários de Carolina Mosmann e João Massoneto

Art. 70. A interinidade trata-se de uma forma heterodoxa e precária de reversão do serviço ao Poder Público, excepcionando o caráter privado dos exercícios dos serviços notariais e de registro.[5] É o que diz a decisão do Supremo Tribunal Federal, no Mandado de Segurança nº 28959 – DF, do qual destaca-se o seguinte trecho:

> 11. Tenho que, neste juízo prefacial, a solução adotada pelo Conselho Nacional de Justiça é a mais adequada. Ainda que heterodoxa e precariamente, dá-se uma reversão do serviço ao Poder

---

5. KUMPEL, Vitor Frederico; FERRARI, Carla Modina; VIANA, Giselle de Menezes. *Direito Notarial e Registral em síntese*. São Paulo: YK Editora, 2023. p. 80.

Público. Reversão que, além de não poder se protrair no tempo (sob pena, inclusive, de responsabilização administrativa da autoridade), gera as consequências versadas no ato tido por coator, notadamente no que concerne à renda e à administração da serventia. (...)

O mandado de segurança em questão foi julgado em agosto de 2010 e foi impetrado por interina que questionava decisão do Conselho Nacional de Justiça que determinou, dentre outras coisas, o depósito da renda da Serventia em conta do Estado e proibiu: a) a contratação de novos prepostos; b) o aumento de salários; c) a contratação de novas locações de bens móveis ou imóveis, de equipamentos ou de serviços, "que possam onerar a renda da unidade vaga de modo continuado, sem a prévia autorização do respectivo tribunal a que estiver afeta a unidade do serviço".

O STF, conforme demonstra o trecho transcrito da decisão, deu razão ao CNJ, negando o mandado de segurança.

Mais tarde, seguindo nesta linha, o STF consolidou tal entendimento, posicionando-se no sentido de que o interino, por não atuar como delegado do serviço notarial e registral, não preenchendo os requisitos constitucionais para tanto, age como *preposto do Poder Público*. Consequentemente, deve se submeter aos limites remuneratórios constitucionais. Este entendimento foi consagrado no julgamento do RE 808202, em 24 de agosto de 2020, resultando na fixação da seguinte Tese de repercussão geral (Tema 779):

> [...] "*os substitutos ou interinos designados para o exercício de função delegada não se equiparam aos titulares de serventias extrajudiciais, visto não atenderem aos requisitos estabelecidos nos arts. 37, inciso II; e 236, § 3.º, da Constituição Federal para o provimento originário da função, inserindo-se na categoria dos agentes estatais, razão pela qual se aplica a eles o teto remuneratório do art. 37, inciso XI, da Carta da República*" (grifou-se).

Diferentemente dos titulares de ofícios de notas e registros, que se classificam como agentes delegados, os substitutos ou interinos de serventias extrajudiciais atuam como prepostos do Estado e se inserem na categoria genérica dos agentes estatais, razão pela qual se aplica a eles o teto remuneratório do art. 37, inciso XI, da Carta da República.

O Excelentíssimo Ministro Gilmar Mendes, em voto vogal no julgamento do RE 808202, deixa clara a distinção entre agentes delegados (titulares) e agentes estatais (interinos):

> Pela leitura conjunta dos dispositivos acima mencionados, tem-se que os serviços notariais e de registro são prestados pelo Estado, de forma direta (estatizados art. 32 do ADCT e art. 50 da Lei 8.935/94) ou indireta através de delegação a particular em colaboração com o Poder Público (caráter privado art. 236 da CF). *Sendo atividade do Estado, o regramento incidente sobre a situação jurídica do particular em colaboração com o poder público depende da forma de sua execução: se atuar direta (art. 32 do ADCT) ou indiretamente, na forma do art. 236 da CF.*
>
> Destaque-se que a delegação de titular da serventia extrajudicial é forma indireta de prestação do serviço estatal, na qual o delegatário recebe como contraprestação pecuniária emolumentos advindos diretamente dos próprios interessados pelo serviço.

Em contraposição, no caso de vacância da titularidade, os interinos que assumem essa condição, fazem-no de forma temporária e provisória, ou seja, durante e até que ocorra o provimento da titularidade através de concurso público de nomeação ou remoção. Assim, essa interinidade ocorre em nome do Estado, que continua sendo responsável pela manutenção do serviço até que a titularidade seja provida, mutatis mutandis, seguindo-se as regras da atuação direta (art. 32 do ADCT).

Diante desse cenário, ratifico o entendimento desta Corte no sentido de que o interino deve submeter-se às limitações remuneratórias previstas para os agentes estatais, sendo-lhe aplicável o regime remuneratório previsto para os servidores públicos, com obrigatória observância do art. 37, XI, da CF. A posição adotada pelo relator encontra-se alinhada à jurisprudência desta Corte no sentido de aplicar a incidência do teto remuneratório constitucional, previsto no art. 37, XI, da CF, aos substitutos interinos de serventias extrajudiciais. (grifou-se)

Ambos, titulares e interinos, são particulares em colaboração com o Poder Público. Contudo, enquanto os titulares das serventias notariais e registrais, na condição de agentes delegados, exercem uma forma de atuação indireta, percebendo emolumentos integrais pela prática dos atos, os interinos, enquanto agentes estatais, exercem uma forma de atuação direta, como prepostos do Estado, com remuneração máxima de 90,25% dos subsídios dos Srs. Ministros do Supremo Tribunal Federal, em respeito ao artigo 37, XI, da Constituição Federal.

Disto decorre a obrigação do interino de recolher a eventual importância excedente, ou seja, a diferença entre receitas e despesas da unidade que excederem o valor fixado como seu teto remuneratório (STF, MS 28959 – DF), conforme preceitua o artigo ora comentado.

TÍTULO IV
DO DELEGATÁRIO
CAPÍTULO I
DAS INCOMPATIBILIDADES E IMPEDIMENTOS
Seção I
De mandatos eletivos

Art. 72. O notário e/ou registrador que desejarem exercer mandato eletivo deverão se afastar do exercício do serviço público delegado desde a sua diplomação.

§ 1.º O notário e/ou registrador poderão exercer, cumulativamente, a vereança com a atividade notarial e/ou de registro, havendo compatibilidade de horários, e nos demais tipos de mandatos eletivos deverão se afastar da atividade, segundo os termos do *caput*.

§ 2.º No caso de haver a necessidade de o notário e/ou registrador se afastarem para o exercício de mandato eletivo, a atividade será conduzida pelo escrevente substituto com a designação contemplada pelo art. 20, § 5.º, da Lei Federal nº 8.935/1994.

§ 3.º O notário e/ou o registrador que exercerem mandato eletivo terão o direito à percepção integral dos emolumentos gerados em decorrência da atividade notarial e/ou registral que lhe foi delegada.

Comentários de João Victor De Castro e Emanoella Macias Castro

A princípio, é preciso recordar que o exercício de mandato eletivo não é a única hipótese de incompatibilidade. Conforme o art. 25 da Lei 8.935/94, o exercício da atividade notarial e de registro é também *incompatível com a advocacia, a intermediação de seus serviços ou qualquer cargo, emprego ou função pública, ainda que em comissão*.

Feito esse esclarecimento, percebe-se que o dispositivo em comento busca complementar a regra legal trazida pelo § 2.º do artigo acima mencionado, que dispõe, *in verbis*: *§ 2.º A diplomação, na hipótese de mandato eletivo, e a posse, nos demais casos, implicará no afastamento da atividade.*

A regra geral trazida pelo caput é pacífica, de modo que, como regra, o tabelião ou o registrador que for eleito e passar a exercer cargo eletivo, como prefeito, deputado estadual ou federal, senador, governador ou presidente, deverá se afastar do exercício da delegação.

Esse afastamento tem início no momento da entrega do diploma, conforme regulamentação trazida nos artigos 215 a 218 do Código Eleitoral.

A grande controvérsia recai sobre o exercício do cargo de vereador. Denota-se do § 1.º que o Código Nacional de Normas autoriza o exercício concomitante da delegação com o exercício da vereança, desde que haja compatibilidade de horários.

Embora haja essa expressa autorização, no decorrer dos anos, o entendimento sobre a possibilidade desse exercício cumulativo foi objeto de várias discussões jurídicas.

Dentre elas, é de suma relevância apontar que foi ajuizada a Ação Direta de Inconstitucionalidade nº 1.531, onde se solicitou que fosse conferida interpretação conforme à Constituição ao dispositivo 25, § 2.º, da Lei nº 8.935, de 18.11.1994, para que se admitisse o exercício concomitante do mandato de vereador municipal com a delegação de notas ou registro.

Inicialmente, em decisão cautelar, foi admitida a interpretação conforme do mencionado artigo, fato que resultou na edição do Provimento nº 78 de 07.11.2018 do CNJ, que, em redação similar à acima mencionada, preceituava:

> Considerando a decisão cautelar tomada pelo Tribunal Pleno do Supremo Tribunal Federal nos autos da ADI 1.531;
>
> Considerando a necessidade de se garantir o pleno exercício dos direitos políticos e aqueles inerentes à cidadania de notários e registradores;
>
> Resolve:
>
> Art. 1.º O notário e/ou registrador que desejarem exercer mandato eletivo deverão se afastar do exercício do serviço público delegado desde a sua diplomação.

Muito embora, inicialmente, houvesse sido acolhida a tese de interpretação conforme, no *julgamento* definitivo da referida ADI, o Supremo Tribunal Federal chegou à conclusão de que a *proibição trazida pelo § 2.º do art. 25 da Lei nº 8.935/94 é constitucional*, ou seja, não seria possível a cumulação das atribuições. Colaciona-se, inclusive, parte importante do julgado:

> Art. 5.º, XIII, c/c 22, XVI, da Constituição. Exigência de lei de competência da União para o estabelecimento de restrição ao livre exercício de qualquer trabalho, ofício ou profissão. 6. Art. 236, § 1.º, c/c art. 22, XXV, da Constituição. Atribuição ao legislador ordinário federal para regular as atividades dos notários e dos oficiais de registro. 7. Previsão, por meio de lei federal, da incompatibilidade do exercício simultâneo da atividade estatal de notários e registradores, exercida por meio de delegação, com a atividade legiferante. Possibilidade.

O provimento acima mencionado foi editado em *07.11.2018*, e a decisão proferida na ADI se deu em 09.05.2019, ou seja, a decisão da ADIN foi posterior. Ainda, o referido acórdão transitou em julgado em *29.04.2020*.

Assim, o Provimento da Corregedoria nº 78, de 7/11/2018, que dispôs sobre a compatibilidade da atividade notarial e de registro com o exercício simultâneo de mandato eletivo, foi ajustado ao resultado do julgamento da Ação Direta de Inconstitucionalidade nº 1.531, da Suprema Corte, por decisão da maioria dos membros do Conselho quando do exame do Pedido de Providências nº 0009976-31.2018.2.00.0000, na 309ª Sessão Ordinária. Vejamos:

> Provimento CNJ nº 78/2018. Atividade notarial e de registro. Questão de ordem. Adequação ao julgamento da adi 1.531. Exercício simultâneo. Incompatibilidade. Referendo.
>
> 1. O Provimento CNJ nº 78, de 7 de novembro de 2018, dispõe sobre a compatibilidade da atividade notarial e de registro com o exercício simultâneo de mandato eletivo e dá outras providências.
>
> 2. Questão de ordem. Início da votação do Provimento nº 78/2018 pelo Plenário do Conselho Nacional de Justiça. Posteriormente, o Supremo Tribunal Federal, por unanimidade, julgou improcedente a ADI 1531.
>
> 3. Mudança de paradigma, necessária adequação do Provimento 78/2018, sobretudo do § 1.º do art. 1.º, ao julgamento Ação Direta de Inconstitucionalidade.
>
> 4. O exercício de mandato eletivo não se constitui em um dos motivos ensejadores para a perda da delegação, consoante a inteligência dos arts. 31, 35 e 39 da Lei Federal nº 8.935/1994.
>
> 5. Art. 25 da Lei nº 8.935/1994, que expressa, em seu § 2.º a obrigatoriedade do afastamento da atividade do notário ou registradores, diante da diplomação, na hipótese de mandado eletivo.
>
> Provimento referendado pelo plenário do Conselho Nacional de Justiça (CNJ – QO – Questão de Ordem em PP – Pedido de Providências – Corregedoria – 0009976-31.2018.2.00.0000 – Rel. Humberto Martins – 309ª Sessão Ordinária – julgado em 28.04.2020 – Grifo nosso)

Com isso, resultou na edição do Provimento nº 78 de 30 de abril de 2020, que dispôs sobre a incompatibilidade da atividade notarial e de registro com o exercício simultâneo de mandato eletivo, ajustando-se ao resultado do julgamento da ADI. Vejamos:

> Art. 1.º O notário e/ou registrador que desejarem exercer mandato eletivo deverão se afastar do exercício do serviço público delegado desde a sua diplomação.
>
> § 1.º Quando do afastamento do delegatário para o exercício do mandato eletivo, a atividade será conduzida pelo escrevente substituto com a designação contemplada pelo art. 20, § 5.º, da Lei Federal nº 8.935/1994.
>
> § 2.º O notário e/ou o registrador que exercerem mandato eletivo terão o direito à percepção integral dos emolumentos gerados em decorrência da atividade notarial e/ou registral que lhe foi delegada.
>
> Art. 2.º Este provimento entra em vigor na data de sua publicação, permanecendo válidos os atos editados pelas corregedorias de justiça no que forem compatíveis.

Passou-se, assim, a consolidar o entendimento de que haveria a incompatibilidade para o exercício simultâneo da vereança com a atividade notarial e/ou de registro.

> Serventia extrajudicial. Delegação – Cumulação – Cargo político – Afastamento temporário – Mandato eletivo. PAD – Perda da delegação. CGJCE.
>
> Trecho do voto:
>
> Com efeito, o exercício da atividade notarial e de registro é incompatível com o de qualquer cargo, emprego ou função públicos, ainda que em comissão. É dizer, o tabelião ou o registrador não podem responder pelos serviços delegados caso queiram exercer mandato eletivo ou cargo político (*in casu*, o de Secretário Municipal dos Direitos Humanos e Desenvolvimento Social de Fortaleza/CE).
>
> Por outro lado, s.m.j., isto não significa dizer que a assunção de cargo implica automática abertura de processo disciplinar e perda da delegação. Há dispositivo legal a impor tão somente o afastamento das atividades.

Logo, qualquer intepretação que amplie as restrições impostas pela Lei 8.935/1994 não parece acertada. Muito menos a que defenda a renúncia ou perda da delegação.

Corrobora o raciocínio acima expendido, o teor do Provimento 78, de 30.4.2020, da Corregedoria Nacional de Justiça, que dispõe sobre a incompatibilidade da atividade notarial e de registro com o exercício simultâneo de mandato eletivo e dá outras providencias

(CNJ – Pedido de providências: 0008453-76.2021.2.00.0000, Localidade: Ceará – Data de julgamento: 23.11.2021 –Data DJ: 23.11.2021, relator: Mário Goulart Maia).

Relevante mencionar que no ano de 2021, no concurso Público para Ingresso, por provimento e/ou remoção, na atividade notarial e de registro do Estado de Santa Catarina, Edital nº 5/2020, o tema foi objeto de questionamento na fase discursiva, tendo a questão o seguinte enunciado:

João é registrador titular do X Oficio de Registro de Imóveis do Estado de Santa Catarina e acaba de se eleger vereador junto à Câmara do Município Alfa. Levando em consideração que, no caso concreto. haveria compatibilidade de horários para João exercer seu mandato eletivo de vereador sem prejuízo de suas atividades como registrador, João deseja acumular suas funções na serventia extrajudicial com o cargo de parlamentar municipal, assim como perceber cumulativamente ambas as remunerações. Fale sobre a pretensão de João, abordando todos os dispositivos constitucionais e legais envolvidos. assim como atual entendimento do Supremo Tribunal Federal sobre a matéria.

O padrão de resposta esperado pela banca era de que o registrador João deveria cumprir o disposto no artigo 25, § 2.º, da Lei nº 8.935/1994, de modo que, sua diplomação no cargo de vereador junto à Câmara do Município Alfa implicaria o afastamento de suas atividades como registrador.

O espelho de correção disponibilizado aos candidatos exigia a menção à Ação Direta de Inconstitucionalidade e também a menção à regulamentação constitucional. Vejamos:

1. Art. 25, § 2.º, da Lei nº 8.935/1994 prevê o afastamento das atividades de registrador em virtude de diplomação em mandato eletivo.

2. Foi ajuizada Ação Direta de Inconstitucionalidade junto ao STF, com pretensão de que fosse conferida interpretação conforme à Constituição ao Art. 25, § 2.º, da Lei nº 8.935/1994, para que fosse admitido o exercício do mandato de vereador municipal sem o afastamento das atividades notariais e de registro, diante da apontada violação ao Art. 38, III, da CRFB/1988.

3. O Art. 38, III, da CRFB/1988 dispõe que o servidor público da administração direta, autárquica e fundacional, no exercício de mandato eletivo de vereador com compatibilidade de horários para acumulação de cargos, perceberá as vantagens de seu cargo, sem prejuízo da remuneração do cargo eletivo.

4. O Art. 38, da CRFB/1988 é destinado apenas aos servidores públicos da Administração direta e de autarquias e fundações, e não se aplica o parâmetro constitucional apontado como violado aos titulares de cartórios de notas e registros.

5. O Art. 54 da CRFB/1988 estabelece como regra geral a incompatibilidade da atividade legiferante com o exercício de função ou cargo em entidades públicas ou privadas que utilizem, gerenciem ou administrem dinheiros, bens e valores públicos. Pelo princípio da simetria, tal incompatibilidade, por expressa previsão do Art. 29, IX, da Constituição, aplica-se também aos mandatos de vereadores.

6. A regra geral prevista na Constituição da República de 1988 é o afastamento do exercente do mandato eletivo de qualquer relação funcional, empregatícia ou contratual com a Administração Pública direta e indireta, e o próprio texto constitucional prevê expressamente as exceções que admite. Tais restrições devem ser interpretadas restritivamente, sob pena de desvirtuamento dos objetivos buscados pelo constituinte originário quando do estabelecimento dos impedimentos mencionados. A CRFB/1988 não excepcionou os registradores da citada incompatibilidade. O titular de cartório extrajudicial exerce atividade estatal e é remunerado por receita pública, atraindo a incidência das incompatibilidades previstas no Art. 54 da Constituição.

7. A Constituição da República de 1988, em seu Art. 236, § 1.º, exige que lei regulamente suas atividades e discipline a responsabilidade civil e penal dos titulares de cartórios e seus prepostos.

8. O Art. 5.º, XIII, c/c 22, XVI, da Constituição, ao afirmar a liberdade do exercício de qualquer trabalho, ofício ou profissão, exige a observância das qualificações profissionais e das condições que a lei estabelecer. No que se refere especificamente às disposições referentes aos registros públicos, a competência legislativa para disciplinar a referida atividade é privativa da União.

9. Para conferir concretude a tais dispositivos (Arts. 236, § 1.º e 5.º, XIII c/c 22, XVI), foi editada a Lei nº 8.935/1994, que, ao regular as atividades dos notários e dos oficiais de registro, previu a incompatibilidade do exercício da atividade estatal com qualquer cargo de mandato eletivo, sendo certo que o STF concluiu que o Art. 25, § 2.º, da Lei nº 8.935/1994 não apresenta qualquer incompatibilidade com o texto constitucional e julgou improcedente a ação direta de inconstitucionalidade, para declarar a constitucionalidade da citada norma.

10. Dessa forma, o registrador João, titular do X Ofício de Registro de Imóveis do Estado de Santa Catarina, deverá cumprir o disposto no artigo 25, § 2.º, da Lei nº 8.935/1994 e sua diplomação no cargo de vereador junto à Câmara do Município Alfa implicará o afastamento de suas atividades como registrador.

Com base no questionamento e no padrão de resposta trazido pelo respectivo concurso público, houve julgamento de Recurso em Mandado de Segurança nº 71660-SC, na data de 22 de junho de 2023, pela Relatora Ministra Regina Helena Costa, no Superior Tribunal de Justiça, indeferindo o pedido de liminar no sentido de que o edital é a lei interna do concurso público.

Desde o Provimento nº 78 de 30 de abril de 2020, tinha-se como pacífico que não seria possível o exercício concomitante da delegação com a vereança; todavia, com a redação trazida pelo Código Nacional de Normas, surgem duas vertentes: *a) houve um erro no momento da edição e replicou-se o texto original do Provimento nº 78 de 07/11/2018; ou b) reabriu-se a controvérsia sobre a possibilidade do exercício concomitante das atividades.*

Ao analisar a vigência dos Provimentos, verifica-se que o Provimento nº 78 de 07 de novembro de 2018 foi revogado pelo Provimento nº 149 de 30 de agosto de 2023. No entanto, o Provimento nº 78 de 30 de abril de 2020 encontra-se com a situação vigente, possuindo um conflito entre as disposições do Provimento nº 78 de 30/04/2020 com o Provimento atual nº 149 de 30.08.2023.

Constata-se que possivelmente tenha ocorrido um erro material no momento da edição e replicou-se o texto do Provimento nº 78 de 07.11.2018, o qual já havia sido ajustado. Todavia, a certeza sobre o posicionamento do CNJ só será consolidada após nova provocação formal.

TÍTULO V
DA OUTORGA DE DELEGAÇÃO
CAPÍTULO I
DO CONCURSO PÚBLICO
Seção I
Das disposições gerais

Art. 73. Os concursos públicos de provas e títulos para a outorga das Delegações de Notas e de Registro deverão observar a Resolução CNJ nº 81, de 9 de junho de 2009, sem prejuízo de outras normas compatíveis.

Seção II
Do Painel Nacional dos Concursos Públicos de Provas e Títulos para Outorga de Delegações de Serviços de Notas e de Registro

Art. 74. Os tribunais de Justiça dos estados e do Distrito Federal devem enviar ao Conselho Nacional de Justiça (CNJ) os dados e as informações relativas aos Concursos Públicos de Provas e Títulos para Outorga de Delegações de Serviços de Notas e de Registro, conforme seus respectivos normativos.

§ 1.º O envio dar-se-á mediante alimentação do Painel Nacional dos Concursos Públicos de Provas e Títulos para Outorga de Delegações de Serviços de Notas e de Registro, gerido pela Corregedoria Nacional de Justiça.

§ 2.º O preenchimento dos dados será efetuado eletronicamente, de maneira obrigatória e continuada, sempre que houver qualquer alteração no status do concurso.

Art. 75. O cadastro e a alimentação do painel pelos órgãos do Poder Judiciário, pela web, ocorrerão por meio do Sistema de Controle de Acesso (SCA) do CNJ.

§ 1.º Os tribunais deverão manter administradores locais do SCA, que se encarregarão do cadastramento de usuários e das demais informações necessárias ao funcionamento do painel.

§ 2.º Cada administrador regional poderá cadastrar e conceder acesso aos integrantes das comissões dos concursos.

§ 3.º Os responsáveis pela alimentação do painel deverão observar as diretrizes fixadas pela Resolução CNJ nº 269/2018 quando do cumprimento das disposições desta Seção.

Art. 76. Os editais, documentos e links a serem inseridos no painel deverão indicar:

I – lista de vacâncias, em obediência à Resolução CNJ nº 80, de 09/06/2009;

II – comissão de concurso;

III – instituição organizadora do concurso;

IV – data de publicação e links de abertura do concurso;

V – relação final de candidatos inscritos;

VI – fase do concurso em andamento;

VII – relação final de inscrições indeferidas;

VIII – relação dos candidatos que compareceram ao exame psicotécnico;

IX – relação dos candidatos que entregaram a documentação a ser avaliada referente ao laudo neurológico e ao laudo psiquiátrico;

X – convocação para a entrevista pessoal e para a análise de vida pregressa;

XI – publicação dos resultados das provas escritas e práticas;

XII – resultados de prova oral;

XIII – resultados de avaliação de Títulos;

XIV – proclamação do resultado final do concurso, com indicação da ordem de classificação;

XV – data e horário da sessão de escolha; e

XVI – demais editais e comunicados relacionados ao concurso.

Art. 77. Os dados enviados estarão permanentemente atualizados e disponíveis na forma de painel na página da Corregedoria Nacional de Justiça, no portal do CNJ.

Parágrafo único. Compete à Corregedoria Nacional de Justiça, com o apoio da Coordenadoria de Gestão de Serviços Notariais e de Registro, identificar possíveis inconsistências e/ou ausências de dados no sistema.

Comentários de Vitor Frederico Kümpel e Natália Sóller

Nos termos do art. 236 da Constituição Federal de 1988,[1] os serviços notariais e registrais são públicos, exercidos em caráter privado mediante delegação. A atividade é regulamentada pela Lei nº 8.935/1994 e o ingresso dos particulares delegatários se dá mediante concurso público de provimento e remoção.

O concurso de outorga de delegação de serventias extrajudiciais, conhecido popularmente como "concurso de cartório", é promovido em nível estadual ou distrital (no

---

1. Art. 236. Os serviços notariais e de registro são exercidos em caráter privado, por delegação do Poder Público. (Regulamento)

   § 1º Lei regulará as atividades, disciplinará a responsabilidade civil e criminal dos notários, dos oficiais de registro e de seus prepostos, e definirá a fiscalização de seus atos pelo Poder Judiciário.

   § 2º Lei federal estabelecerá normas gerais para fixação de emolumentos relativos aos atos praticados pelos serviços notariais e de registro. (Regulamento)

   § 3º O ingresso na atividade notarial e de registro depende de concurso público de provas e títulos, não se permitindo que qualquer serventia fique vaga, sem abertura de concurso de provimento ou de remoção, por mais de seis meses.

caso do Distrito Federal), pelo Tribunal de Justiça, órgão responsável pela fiscalização da atividade, nos termos do art. 37 da Lei nº 8.935/1994.

O concurso público é regulamentado pela Resolução CNJ nº 81/2009. A Referida Resolução define os critérios de composição da Comissão Organizadora do concurso; tempo máximo de intervalo e de duração dos certames e forma de publicação das listas de vacância; parâmetros de sorteio das serventias para as listas de provimento e remoção; regras protetivas aos candidatos negros e às pessoas com deficiência; forma de publicação do edital, de contagem de títulos, pesos das provas e critérios de desempate; regras para a escolha da serventia e investidura da delegação.

Nos termos do art. 2.º, os concursos devem ser realizados a cada 6 meses, sempre que estiverem vagas pelo menos três delegações no estado. A partir da publicação do edital, o concurso deverá ser finalizado dentro de 12 meses. As listas de vacância serão publicadas duas vezes por ano, em janeiro e julho, com a indicação das delegações vagas e o motivo da vacância.

A elaboração das listas de vacância seguirá os padrões estabelecidos na Resolução CNJ nº 80/2009, que regulamenta a declaração dos serviços notariais e registrais vagos e o período de transição até a realização de novo concurso público para seu provimento.

As serventias vagas serão preenchidas de maneira alternada, sendo 2/3 por provimento e 1/3 por remoção. Poderão concorrer no critério de provimento todos os candidatos que preencham os requisitos previstos no art. 14 da Lei nº 8.935/1994[2] Já no critério de remoção, além dos requisitos legais, é necessário que o candidato exerça titularidade de registro ou notarial na unidade da federação responsável pelo concurso por mais de dois anos, até a data da primeira publicação do edital no diário oficial do respectivo estado.

A avaliação no concurso ocorrerá por provas e títulos, tanto para ingresso por provimento ou por remoção. As provas são aplicadas em 3 etapas principais (eliminatórias e classificatórias): a primeira fase, com 100 questões objetivas; a segunda fase, dissertativa, geralmente composta por peça prática, redação e questões discursivas; e a terceira fase, com arguição oral dos candidatos pela Comissão Examinadora. Na avaliação de títulos, os candidatos apresentam comprovantes de atividades desenvolvidas, somando-se a pontuação nos termos do item 7 do Anexo da Resolução CNJ nº 81. A cada uma dessas etapas e à somatória dos títulos é atribuído um peso e, ao final, é realizada a média ponderada das notas para se estabelecer a classificação final do candidato.

As serventias vagas no concurso podem também ser divididas em grupos, a critério do Tribunal de Justiça; geralmente, a divisão ocorre por especialidades do serviço (por exemplo, grupo de concentração de serventias de Registro Civil das Pessoas Naturais,

---

2. Art. 14. A delegação para o exercício da atividade notarial e de registro depende dos seguintes requisitos: I – habilitação em concurso público de provas e títulos; II – nacionalidade brasileira; III – capacidade civil; IV – quitação com as obrigações eleitorais e militares; V – diploma de bacharel em direito; VI – verificação de conduta condigna para o exercício da profissão.

de Tabelionatos de Notas e de Protesto, e de Registro de Imóveis / RTD / RCPJ); é o que acontece tradicionalmente no estado de São Paulo. No 1º Concurso do Alagoas, também houve divisão em grupos, conforme a classificação das serventias por entrâncias (Grupo 1 para 3ª entrância, de serventias de maior porte, e Grupo 2 para 1ª e 2ª entrâncias, para as demais). O candidato poderá se inscrever para todos os grupos disponíveis no edital.

No caso de divisão por grupos, as provas e as notas de corte poderão ser diversas para cada uma das divisões, preferencialmente na fase dissertativa, exigindo-se a peça prática voltada à especialidade das serventias daquela seção. Além disso, os candidatos serão classificados, ao final, conforme cada grupo, haja vista a diversidade das provas, ocorrendo, consequentemente, a escolha das serventias dentro dessa divisão.

A escolha final seguirá, logicamente, a ordem de classificação do candidato. Assim, o primeiro colocado iniciará a escolha de qualquer uma das serventias vagas do concurso, seguindo-se para o segundo candidato, depois o terceiro, e assim por diante. Caso o concurso seja dividido por grupos, a escolha se dará apenas dentre as serventias selecionadas para aquele grupo respectivo.

O Tribunal de Justiça do Estado é responsável por manter atualizadas todas as informações relativas às serventias vagas e ao andamento dos concursos públicos junto ao CNJ. Tais informações serão alimentadas no Painel Nacional dos Concursos Públicos de Provas e Títulos para Outorga de Delegações de Serviços de Notas e de Registro, gerido pela Corregedoria Nacional de Justiça, via Sistema de Controle de Acesso (SCA) do CNJ.

A atualização das informações sobre a vacância de serventias duas vezes ao ano, nos termos da norma, é imprescindível, na medida em que o CNJ mantém o Portal Justiça Aberta, de consulta pública, onde estão concentrados os dados sobre as serventias vagas e providas. Ademais, durante o trâmite do concurso público, é necessário total transparência, para que o CNJ possa verificar o cumprimento dos requisitos legais e normativos para a outorga da delegação.

O Tribunal de Justiça deve publicar no Diário Oficial todos os trâmites e resultados do concurso, tanto provisórios quanto definitivos, além de alimentar as mesmas informações junto à plataforma oficial estabelecida pelo CNJ (acima mencionada). A conferência das informações do sistema é de responsabilidade do CNJ, com Coordenadoria de Gestão de Serviços Notariais e de Registro, para identificar eventuais inconsistências e apontar ausências do envio das informações.

CAPÍTULO II
DAS DELEGAÇÕES IRREGULARES
Seção I
Das disposições gerais

Art. 78. A declaração de vacância dos serviços notariais e de registro ocupados em desacordo com as normas constitucionais pertinentes à matéria deverá observar o disposto na Resolução nº 80, de 9 de junho de 2009, sem prejuízo de outras normas compatíveis.

Comentários de José Antônio Ortega Ruiz

Em 30.08.2023 o Conselho Nacional de Justiça, elaborou e publicou o Código Nacional de Normas do Conselho Nacional de Justiça – do Foro Extrajudicial, pelo Provimento 149 – onde está contido o Artigo 78, acima redigido.

Desde a Constituição Federal 1988, houve interferência dos Tribunais Estaduais, para, com suas legislações apartadas, adentrarem em seara indevida, o que trouxe muitos, para não dizer *infinitos* problemas à classe Notarial e Registral do Brasil, em especial à ocupação das Serventias por Titulares ou melhor dizendo interinos, que fizeram permutas irregulares, o que aliás, *inexistente* no Direito Pátrio, trazendo o CNJ, à cumprir seu dever geral e até moral, de colocar nos eixos o triste correr de portarias e Circulares dos TJs Estaduais, inserindo na seara Notarial e Registral uma "nova modalidade de se manipular os concursos", indo até mesmo *contra os princípios constitucionais*, já anteriores à de 1988, ou seja, à CF, de 1967, trazendo total insegurança jurídica aos profissionais do Direito, que buscam nos concursos públicos, sua materialização e fortalecimento da classe.

Entendo, no meu humilde opinar, que o artigo deveria, mesmo que alongando-se, especificar melhor o significado do contido no mesmo, pois poucos estão afeitos a "adentrar-se aos estudos das normativas" a fundo, trazendo um conteúdo que possa ser decodificado por todos em linguagem clara.

Assim, poderia o mesmo, redigir-se da seguinte maneira:

Art. 78. A declaração de vacância dos Serviços Notariais e de Registros, independentemente de serem elas ocupadas ou não, em acordo ou desacordo com as normas Constitucionais e demais legislações em vigor, devem obrigatoriamente serem elaboradas pelos TJ., dos Estados, em virtude de inexistência de direito adquirido, jamais confundindo-se com a desconstituição da delegação regularmente concedida, onde o procedimento é sempre antecedido do devido contraditório, caso seja necessário, obedecendo, resolvendo e sendo efetivada já na vacância das unidades, disciplinando e padronizando seguramente a organização das vagas existentes, permanentemente, e submetendo-se todos os inscritos, à Concurso de Provimento ou de Remoção conforme escolha, e cumprindo todas as suas etapas, em completa consonância com o disposto na Resolução nº 80, de 09.06.2009, do Provimento 149 do CNN, do CNJ, do Foro Extrajudicial, evitando-se as contradições que geraram insegurança jurídica, não mais admissível no atual evoluir do Foro Extrajudicial e dos demais entes Públicos reguladores da atividade.

TÍTULO VI
DA PROTEÇÃO DE DADOS PESSOAIS
CAPÍTULO I
Da Organização Das Serventias
Seção I
Das disposições gerais

Art. 79. Os responsáveis pelas serventias extrajudiciais deverão atender às disposições da Lei Geral de Proteção de Dados Pessoais (LGPD) (Lei nº 13.709/2018), independentemente do meio ou do país onde os dados estão localizados, obedecendo a seus fundamentos, seus princípios e suas obrigações concernentes à governança do tratamento de dados pessoais.

Parágrafo único. Deverão ser cumpridas as disposições previstas na LGPD e nas diretrizes, nos regulamentos, nas normas, nas orientações e nos procedimentos expedidos pela Autoridade Nacional de Proteção de Dados Pessoais, com base nas competências previstas no artigo 55-J da LGPD.

Art. 80. O tratamento de dados pessoais destinado à prática dos atos inerentes ao exercício dos respectivos ofícios, consistentes no exercício de competências previstas em legislação específica, será promovido de forma a atender à finalidade da prestação do serviço, na persecução do interesse público, e com os objetivos de executar as competências legais e desempenhar atribuições legais e normativas dos serviços públicos delegados.

Art. 81. Ratifica-se a criação, pelo Provimento nº 134, de 24 de agosto de 2022, no âmbito da Corregedoria Nacional de Justiça do Conselho Nacional de Justiça (CNJ), da Comissão de Proteção de Dados (CPD/CN), de caráter consultivo, responsável por propor, independentemente de provocação, diretrizes com critérios sobre a aplicação, interpretação e adequação das Serventias à LGPD, espontaneamente u mediante provocação pelas Associações.

Art. 82. Os responsáveis pelas delegações dos serviços extrajudiciais de notas e de registro, na qualidade de titulares das serventias, interventores ou interinos, são controladores no exercício da atividade típica registral ou notarial, a quem compete as decisões referentes ao tratamento de dados pessoais.

Parágrafo único. Os administradores dos operadores nacionais de registros públicos e de centrais de serviços compartilhados são controladores para fins da legislação de proteção de dados pessoais.

Art. 83. O operador, a que se refere o art. 5.º da LGPD, é a pessoa natural ou jurídica, de direito público ou privado, externa ao quadro funcional da serventia, contratada para serviço que envolva o tratamento de dados pessoais em nome e por ordem do controlador.

Comentários de João Rodrigo Stinghen e Samila Ariana Alves Machado

As disposições gerais buscam compatibilizar os conceitos da legislação com as peculiaridades da atividade notarial e de registro. Ao destacar que deverão ser cumpridas as disposições previstas nas diretrizes, regulamentos, normas, orientações e procedimentos expedidos pela ANPD, o CNJ extingue qualquer dúvida sobre a competência da Autoridade Nacional para regulamentar a LGPD também no âmbito notarial e de registro.

O art. 79 do CNN correlaciona o conteúdo do caput e do art. 23 e do § 4.º da LGPD, simplificando a interpretação da LGPD de maneira aplicada aos cartórios.

Já o art. 82 esclarece que os responsáveis pelas serventias extrajudiciais são controladores de dados, especificando que o termo "responsáveis" abarca titulares, interventores ou interinos. Para quem não se recorda, controladores são aqueles que tomam as decisões referentes ao tratamento de dados, definindo sua finalidade e meios de tratamento.

Adiante, o art. 83 delimita que os operadores de dados, pessoas naturais ou jurídicas, são sempre externos ao quadro funcional da serventia. Essa previsão afasta definitivamente a equivocada interpretação de que prepostos poderiam ser enquadrados como agentes de tratamento.

Merece destaque a previsão do parágrafo único do art. 82, segundo o qual também são controladores os operadores nacionais de registros públicos e as centrais de serviços compartilhados. Tal previsão é acertada, já que de fato essas entidades utilizam os dados repassados pelos cartórios de maneira autônoma. Em outras palavras, os delegatários não têm ingerência sobre as finalidades do tratamento feito pelas centrais, que é realizado conforme previsões regulamentares específicas.

O artigo 81 ratifica a criação da *Comissão de Proteção de Dados* (CPD/CN/CNJ). Grosso modo, pode-se dizer que o CNJ criou uma "ANPD específica" para a atividade notarial e registral, com atribuições consultivas, regulamentares e orientativas. A diferença é que o novo órgão não terá competências fiscalizatórias e sancionatórias, que permanecem com as corregedorias.

A criação do CPD/CN/CNJ é salutar para que a LGPD seja interpretada de maneira compatível com o complexo sistema normativo que regulamenta as atividades notariais e registrais. As consultas elevarão muito a segurança para aplicação prática da LGPD, pois permitirão que as serventias atuem com base numa "interpretação oficial" sobre a LGPD.

Seção II
Da governança do tratamento de dados pessoais nas serventias

Art. 84. Na implementação dos procedimentos de tratamento de dados, o responsável pela serventia extrajudicial deverá verificar o porte da sua serventia e classificá-la, de acordo com o Capítulo I do Título I do Livro IV da Parte Geral deste Código Nacional de Normas, da Corregedoria Nacional de

Justiça (Classe I, II ou III), e observadas as regulamentações da Autoridade Nacional de Proteção de Dados (ANPD), fazer a adequação à legislação de proteção de dados conforme o volume e a natureza dos dados tratados, de forma proporcional à sua capacidade econômica e financeira para aporte e custeio de medidas técnicas e organizacionais, adotar ao menos as seguintes providências:

I – nomear encarregado pela proteção de dados;

II – mapear as atividades de tratamento e realizar seu registro;

III – elaborar relatório de impacto sobre suas atividades, na medida em que o risco das atividades o faça necessário;

IV – adotar medidas de transparência aos usuários sobre o tratamento de dados pessoais;

V – definir e implementar Política de Segurança da Informação;

VI – definir e implementar Política Interna de Privacidade e Proteção de Dados;

VII – criar procedimentos internos eficazes, gratuitos, e de fácil acesso para atendimento aos direitos dos titulares;

VIII – zelar para que terceiros contratados estejam em conformidade com a LGPD, questionando-os sobre sua adequação e revisando cláusulas de contratação para que incluam previsões sobre proteção de dados pessoais; e

IX – treinar e capacitar os prepostos.

Comentários de João Rodrigo Stinghen

O caput do art. 84 aborda a proporcionalidade das exigências à capacidade econômica de cada serventia, em atenção à isonomia e à regulamentação da ANPD sobre agentes de tratamento de pequeno porte (Resolução nº 2/2022). Assim, os responsáveis pela serventia devem se adequar "de forma proporcional à sua capacidade econômica e financeira".

Todavia, isso não significa ausência de adequação. Afinal, o art. 84 prevê um conteúdo mínimo que todas as serventias devem adotar. Neste capítulo, comentaremos com brevidade cada um desses itens, a saber:

Item	Comentário
I – nomear encarregado pela proteção de dados	É preciso nomear uma pessoa para exercer essa função. Pode ser interno (colaborador) ou externo (pessoa física ou jurídica). Pode haver indicação conjunta pelos cartórios de menor faturamento. Só não pode indicar o próprio delegatário! Note-se que a nomeação deve sempre ser por via contratual.

II – mapear as atividades de tratamento e realizar seu registro	Mapear é analisar procedimentos de tratamento de dados e criar um documento a partir disso. Na prática, é uma planilha de Excel em que cada linha corresponde a um processo, e cada coluna uma informação sobre esse processo (dados tratados, finalidade, base legal etc.).
III – elaborar relatório de impacto sobre suas atividades, na medida em que o risco das atividades o faça necessário	O Relatório de Impacto serve para analisar atividades de tratamento que apresentam maior risco de dano aos titulares. Além de uma análise de riscos, esse relatório contém as medidas para sua mitigação.
IV – adotar medidas de transparência aos usuários sobre o tratamento de dados pessoais	As "medidas de transparência" são uma categoria na qual são inseridos: (i) canal de atendimento para titulares de dados; (ii) fluxo de atendimento aos direitos dos titulares; (iii) aviso de privacidade e proteção de dados; (iv) aviso de cookies; (v) aviso de privacidade para navegação no website.
V – definir e implementar Política de Segurança da Informação	Documento que estabelece as melhores práticas para garantir a confiabilidade das informações, por meio de diretrizes, princípios e divisão de funções e responsabilidades. Note-se que não basta escrever tal política, é preciso "definir e implementar".
VI – definir e implementar Política Interna de Privacidade e Proteção de Dados	Documento que orienta o tratamento de dados pessoais, criando um amálgama entre todas as demais políticas e procedimentos. Além disso, contemplam o tratamento de dados dos colaboradores.
VII – criar procedimentos internos eficazes, gratuitos, e de fácil acesso para atendimento aos direitos dos titulares	O CNN não especifica que procedimentos seriam estes, mas a princípio eles se confundem com o fluxo de atendimento aos direitos dos titulares, que é uma das medidas de transparência acima mencionadas.
VIII – zelar para que terceiros contratados estejam em conformidade com a LGPD, questionando-os sobre sua adequação e revisando cláusulas de contratação para que incluam previsões sobre proteção de dados pessoais	A gestão de terceiros envolve medidas para garantir que os destinatários dos dados da serventia estejam também em conformidade. Ela se concretiza em duas frentes: (i) a jurídica, pela adequação de contratos; e (ii) a procedimental, que são políticas e auditorias nos destinatários de maior risco.
IX – treinar e capacitar os prepostos	A adequação nunca é efetiva se a equipe da serventia (incluindo delegatários!) não estiver devidamente capacitada para "tirar do papel" as políticas de proteção de dados. As pessoas podem por "tudo a perder" ou podem ser o principal diferencial para garantir a adequação. Tudo depende de boa vontade e conhecimento.

Seção III

Do mapeamento das atividades de tratamento

Art. 85. O mapeamento de dados consiste na atividade de identificar o banco de dados da serventia, os dados pessoais objeto de tratamento e o seu ciclo de vida, incluindo todas as operações de tratamento a que estão sujeitos, como a coleta, armazenamento, compartilhamento, descarte, e quaisquer outras operações às quais os dados pessoais estejam sujeitos.

§ 1.º O produto final da atividade de mapeamento será denominado "Inventário de Dados Pessoais", devendo o responsável pela serventia:

I – garantir que o inventário de dados pessoais contenha os registros e fluxos de tratamento dos dados com base na consolidação do mapeamento e das decisões tomadas a respeito de eventuais vulnerabilidades encontradas, que conterão informações sobre:

a) finalidade do tratamento;

b) categorias de dados pessoais, e descrição dos dados utilizados nas respectivas atividades;

c) a identificação das formas de obtenção/coleta dos dados pessoais;

d) base legal;

e) descrição da categoria dos titulares;

f) se há compartilhamento de dados com terceiros, identificando eventual transferência internacional;

g) categorias de destinatários, se houver;

h) prazo de conservação dos dados; e

i) medidas de segurança organizacionais e técnicas adotadas.

II – elaborar plano de ação para a implementação dos novos processos, procedimentos, controles e demais medidas internas, incluindo a revisão e criação de documentos, bem como as formas de comunicação com os titulares e a Autoridade Nacional de Proteção de Dados (ANPD), quando necessária;

III – conduzir a avaliação das vulnerabilidades (gap assessment) para análise de lacunas em relação à proteção de dados pessoais no que se refere às atividades desenvolvidas na serventia;

IV – tomar decisões diante das vulnerabilidades encontradas e implementar as adequações necessárias e compatíveis com a tomada de decisões;

V – atualizar, sempre que necessário, não podendo ultrapassar um ano, o inventário de dados; e;

VI – arquivar o inventário de dados pessoais na serventia e disponibilizá-lo em caso de solicitação da Corregedoria-Geral da Justiça (CGJ), da Autoridade Nacional de Proteção de Dados Pessoais ou de outro órgão de controle;

§ 2.º O responsável pela serventia extrajudicial poderá utilizar formulários e programas de informática adaptados para cada especialidade de serventia para o registro do fluxo dos dados pessoais, abrangendo todas as fases do seu ciclo de vida durante o tratamento, tais como coleta, armazenamento e compartilhamento, eventualmente disponibilizados por associações de classe dos notários e dos registradores.

Comentários de João Rodrigo Stinghen

Para o mapeamento recomenda-se três fontes de informação: (i) entrevistas com a equipe; (ii) questionários; e (iii) análise documental. Isso permite identificar as atividades de tratamento de dados pessoais sob diversos ângulos, que se complementam.

O mapeamento de processos se inicia com uma fotografia do organograma da serventia (setores, funções e equipe). Em seguida, passa pela descrição pormenorizada dos dados utilizados, estejam eles em documentos, softwares ou serviços de armazenamento. Por fim, descreve os diversos destinatários externos dos dados, e sua classificação como agentes de tratamento.

Com isso, é possível registrar o fluxo de utilização dos dados pessoais nos processos do cartório (*data mapping*), bem como os riscos envolvidos em cada etapa (*gap analylis*).

RELATÓRIO DE MAPEAMENTO DE RISCOS E PLANO DE AÇÃO

O objetivo é indicar o grau de conformidade atual da serventia à LGPD, discriminando os principais riscos no tratamento de dados pessoais e recomendando as adequações necessárias para mitigá-los, através da análise jurídica, de segurança da informação e de processos.

É fundamental que a análise de riscos seja efetuada por meio deste diagnóstico tenha *metodologia* bem definida, que pode ser de natureza quantitativa (cálculos probabilísticos) ou qualitativa (análise interpretativa). Para um melhor resultado, recomenda-se o uso de ambas as modalidades.

O plano de ação são as medidas a serem implementadas para mitigar os riscos detectados e envolvem as atividades previstas na Seção II, comentada acima.

INVENTÁRIO DE DADOS PESSOAIS

Após o mapeamento de dados, é preciso extrair das informações coletadas, definir com precisão os processos de tratamento de dados e estruturar tais processos no Inventário de Dados Pessoais (IDP). Na prática, o IDP é uma *planilha de Excel* com campos predefinidos, completados com as informações obtidas no mapeamento.

De acordo com o CNN, o IDP deve conter uma série de informações. Abaixo listamos cada um desses campos com agrupamentos que didaticamente pensamos para facilitar a compreensão:

Processo de tratamento	Descrição os dados utilizados em cada atividade
	Categorias dos dados
	Categoria dos titulares
	Forma de coleta
Legitimação do tratamento	Finalidade do tratamento
	Base legal

Compartilhamento	Compartilhamento com terceiros
	Identificação de transferência internacional
	Categorias de destinatários
Armazenamento seguro	Prazo de conservação
	Medidas de segurança

Convém destacar que o IDP deve ser *atualizado* com periodicidade mínima anual, bem como sempre que houver novos processos de tratamento, uso de novos sistemas, trocas de fornecedores e adoção de medidas novas de segurança.

É muito importante realizar o IDP, pois o CNN orienta que seja disponibilizado a qualquer tempo, em caso de solicitação da Corregedoria Geral da Justiça, da Autoridade Nacional de Proteção de Dados Pessoais ou de outro órgão de controle.

Seção IV
Da revisão dos contratos

Art. 86. A serventia deverá revisar e adequar todos os contratos que envolvam as atividades de tratamento de dados pessoais às normas de privacidade e proteção de dados pessoais, considerando a responsabilização dos agentes de tratamento prevista na lei, observando os seguintes procedimentos:

I – revisar todos os contratos celebrados com os seus empregados, incluindo a obrigatoriedade de respeito às normas de privacidade e proteção de dados nos contratos ou em regulamentos internos;

II – revisar os modelos existentes de minutas de contratos e convênios externos, que envolvam atividades de tratamento de dados pessoais, incluindo compartilhamento de dados;

III – elaborar "Termos de Tratamento de Dados Pessoais" para assinatura com os operadores, sempre que possível, incluindo as informações sobre quais dados pessoais são tratados, quem são os titulares dos dados tratados, para quais finalidades e quais são os limites do tratamento;

IV – incluir cláusulas de descarte de dados pessoais nos contratos, convênios e instrumentos congêneres, conforme os parâmetros da finalidade (pública) e as necessidades acima indicadas;

V – elaborar orientações e procedimentos para as contratações futuras, no intuito de deixá-los em conformidade com a lei de regência; e

VI – criar procedimentos de auditoria regulares para realizar a gestão de terceiros com quem houver o compartilhamento de dados pessoais.

Art. 87. Os responsáveis pelas serventias extrajudiciais deverão exigir de seus fornecedores de tecnologia, de automação e de armazenamento a adequação às exigências da LGPD quanto aos sistemas e programas de gestão de dados internos utilizados.

Comentários de Elizeu Miguel Campos Melo e João Rodrigo Stinghen

ADEQUAÇÃO DOS CONTRATOS DE TRABALHO

A adequação contratual inicia-se internamente, com os colaboradores. Essa é a parte mais importante da adequação contratual, pois os colaboradores são a extensão do delegatário (art. 20, § 3.º da Lei nº 8.935/1994).

É obrigatório revisar os contratos e regulamentos internos aplicáveis aos empregados de cada serventia, incluindo disposições para que eles se comprometam a respeitar as normas de privacidade e proteção de dados. Os empregados devem se abster de acessar, divulgar ou usar as informações pessoais dos usuários da serventia sem autorização.

Além disso, devem executar suas atividades de acordo com as instruções da serventia, atuando com cautela para evitar incidentes de segurança da informação e violação de dados pessoais. Para que esse dispositivo seja eficaz, além da alteração contratual e das políticas internas, é necessário criar ou fortalecer a cultura de privacidade, para que não se torne apenas uma obrigação legal a ser cumprida, mas também um desejo de fazer o certo e, assim, tornar o ambiente de trabalho mais seguro.

A principal diferença dessa adequação em comparação a feita para os contratos externos é a *posição dúplice* dos colaboradores: por um lado, eles são membros da equipe do cartório, e devem seguir as regras estabelecidas; por outro, são titulares de dados pessoais.

No que tange aos colaboradores *como membros da equipe*, é preciso que a disposição contratual preveja os seguintes requisitos:

(i) dever dos colaboradores de manter confidencialidade e seguir orientações de segurança da informação;

(ii) dever dos colaboradores de cooperação para atendimento de solicitações dos titulares de dados e de órgãos fiscalizadores (corregedorias e ANPD);

(iii) delimitação de responsabilidade civil e disciplinar em caso de descumprimento destes deveres.

No que tange aos direitos dos colaboradores *como titulares de dados*, o contrato deve prever os seguintes requisitos mínimos:

(i) delimitação dos dados dos colaboradores tratados, a finalidade do tratamento e a base legal que o autoriza (isso pode ser feito com referência à Política Interna de Privacidade e Proteção de Dados);

(ii) a duração do tratamento e o dever do delegatário em eliminar os dados (descarte);

(iii) as salvaguardas que a serventia oferece para os dados de seus colaboradores.

Essa adequação estende-se a todos os *demais instrumentos* de normatização internos, tais como código de ética, manuais de conduta, procedimentos operacionais, dentre outros.

ADEQUAÇÃO DOS CONTRATOS EXTERNOS

Nesse mesmo cenário, é necessário revisar as minutas de contratos e convênios externos que envolvam o tratamento de dados pessoais.

Na prática, a adequação contratual é a inclusão de cláusulas sobre proteção de dados nos instrumentos jurídicos da serventia. Para todos os contratos externos, o conteúdo mínimo deve abranger:

(i) delimitação dos dados tratados, a finalidade do tratamento e a base legal que o autoriza;

(ii) a duração do tratamento e o dever de eliminação de dados (descarte);

(iii) deveres de confidencialidade e requisitos mínimos de segurança da informação exigidos;

(iv) autorização (ou não) para a contratação de suboperadores;

(v) dever de comunicação de incidente de segurança;

(vi) dever de cooperação para atendimento de solicitações dos titulares de dados e de órgãos fiscalizadores (corregedorias e ANPD);

(vii) delimitações de responsabilidade civil e administrativa (e trabalhista, se for o caso).

A inclusão de cláusulas de descarte de dados pessoais nos contratos, convênios e instrumentos congêneres, conforme os parâmetros da finalidade (pública) e as necessidades acima indicadas, é outro ponto relevante. O descarte de dados pessoais é a eliminação ou a anonimização dos dados, quando eles não forem mais necessários para o cumprimento da finalidade do tratamento. Por exemplo, os contratos devem prever que os dados pessoais serão descartados após o término da relação contratual ou do prazo legal de guarda.

Em seguida, é importante classificar os destinatários dos dados do cartório de acordo com as categorias previstas na LGPD (art. 5.º, VI e VII), a saber: *(i) operadores* recebem os dados e utilizam para finalidades delimitadas pelo cartório (ex: fornecedores e prestadores de serviço sem vínculo celetista); ou *(ii) controladores* recebem os dados e utilizam para as finalidades próprias, fora do controle do cartório.

A adequação contratual não necessariamente precisa ser feita por meio de aditivos. Com efeito, a serventia pode se valer de instrumentos autônomos, os chamados Termos de Tratamento de Dados Pessoais para assinatura com os operadores. Os termos devem possuir um conteúdo similar ao aditivo, com as devidas adaptações de um instrumento autônomo.

ADEQUAÇÃO CONTRATUAL EXTERNA VS. GESTÃO DE TERCEIROS

De igual modo, é preciso exigir conformidade das pessoas naturais ou jurídicas que tratam dados dos cartórios de maneira externa. Esses destinatários dos dados compartilhados pelo cartório são denominados no Provimento como "terceiros".

O art. 6.º, inciso VIII do Provimento prescreve que a serventia deve "zelar para que terceiros contratados estejam em conformidade com a LGPD", fazendo isso de duas formas diferentes: *(a)* "revisando cláusulas de contratação" (adequação contratual); e *(b)* "questionando-os sobre sua adequação" (gestão de terceiros).

Essas atividades correspondem a elementos distintos do projeto de implementação da LGPD que, embora diferentes, complementam-se. A diferença fica clara ao se compararem as determinações previstas nos incisos do art. 8.º: *(a)* os incisos II, III e IV abordam *adequação eminentemente jurídica* (revisar modelos, elaborar termos e incluir cláusulas); e *(b)* os incisos V e VI se referem a *atividades de governança* (elaborar orientações criar procedimentos).

ANÁLISE DE RISCOS

É evidente que nem todos os fornecedores do cartório precisam ser exigidos da mesma maneira, que deve ser proporcional ao *risco do tratamento* de dados envolvido e ao porte do fornecedor.

O risco na atividade prestada por um fornecedor pode ser aferido pelos critérios estabelecidos pelo art. 4.º da Resolução CD/ANPD nº 2/2022, a saber:

> *(i)* *volume de dados* tratados: tratamento em larga escala apresenta mais risco que o de menor escala;
> *(ii)* *natureza dos dados* tratados: dados sensíveis e/ou sigiloso apresentam mais risco;
> *(iii)* *categoria dos titulares* aos quais os dados se referem: dados de crianças, adolescentes ou outros grupos vulneráveis apresentam mais risco.

Para delimitar o risco, esses critérios devem ser analisados em conjunto. É diferente o risco de uma empresa que trata dados sensíveis de *um colaborador* (ex: fornecedor de vigia terceirizado) do que aquela que trata dados sensíveis de *diversos colaboradores* (ex: fornecedor de ponto eletrônico). No primeiro caso, o risco existe apenas na natureza dos dados; no segundo, pela natureza e pelo volume.

Pelo destaque dado no art. 9.º, o Provimento considera de antemão que os *fornecedores de tecnologia, automação e armazenamento* devem ser mais exigidos. É comum que as serventias possuam *todo seu acervo* indexado a sistemas fornecidos por esses terceiros, o que representa tratamento de grande volume de dados, vários deles sensíveis. Logo, o tratamento de dados realizado por tais empresas apresenta maior risco, conforme os critérios acima mencionados.

Por fim, entende-se recomendável fazer exigências *proporcionais ao porte* de cada fornecedor. Em primeiro lugar, porque o porte delimita o grau de exigência que o próprio sistema de proteção de dados brasileiro impõe a cada agente de tratamento, conforme critérios da Resolução CD/ANPD nº 2/2022. Em segundo lugar, porque exigências excessivas podem criar entraves à prestação de serviços.

Note-se: dada a "gestão em caráter privado" da serventia, os delegatários podem criar as exigências que acharem mais convenientes, indo além das disposições legais.

Todavia, exigir do fornecedor algo que a própria lei não prevê pode impedir a continuidade do contrato.

GESTÃO DE TERCEIROS

A gestão de terceiros envolve a criação de procedimentos internos para governança de dados, incluindo atividades periódicas de auditoria.

A auditoria é a verificação do cumprimento das normas de privacidade e proteção de dados pelos terceiros que tratam os dados pessoais da serventia ou em seu nome.

Uma das formas mais básicas de auditoria é a solicitação de *evidências de adequação*, que vão além de simples declaração formal de estar adequado. Isso significa pedir que o fornecedor envie provas concretas da realização da implementação, tais como certificados de treinamento, cópias de políticas internas, cópia de aditivos contratuais assinados com colaboradores e fornecedores etc.

Essa solicitação pode ser feita através de comunicado enviado por e-mail. Seu conteúdo deve abranger os requisitos mínimos de adequação pertinentes ao próprio cartório, os quais são descritos nos incisos do art. 6.º do Provimento.

O Provimento também se refere à necessidade de elaborar "procedimentos para as contratações futuras". Essas orientações devem estabelecer critérios para a escolha dos operadores, para a definição das finalidades e dos limites do tratamento e para a comunicação com os titulares dos dados.

Neste cenário, a criatividade não tem limite. A serventia pode utilizar de boletins informativos virtuais, físicos, eventos presenciais e/ou online. Quanto mais lúdico melhor, para transmitir a mensagem sem juridiquês e de forma atrativa.

Para cumprir ambas as exigências, é interessante confeccionar uma *Política de Gestão de Terceiros*, na qual sejam previstos os critérios para contratação e as auditorias periódicas. Com o tempo, tal Política pode se desdobrar em procedimentos e protocolos específicos, para detalhar tais atividades de maneira mais concreta.

Seção V
Do encarregado

Art. 88. Deverá ser designado o encarregado pelo tratamento de dados pessoais, conforme o disposto no art. 41 da LGPD, consideradas as seguintes particularidades:

I – os responsáveis pelas serventias extrajudiciais poderão terceirizar o exercício da função de encarregado mediante a contratação de prestador de serviços, pessoa física ou pessoa jurídica, desde que apto ao exercício da função;

II – a função do encarregado não se confunde com a do responsável pela delegação dos serviços extrajudiciais de notas e de registro;

III – a nomeação do encarregado será promovida mediante contrato escrito, a ser arquivado em classificador próprio, de que participarão o controlador, na qualidade de responsável pela nomeação, e o encarregado; e

IV – a nomeação de encarregado não afasta o dever de atendimento pelo responsável pela delegação dos serviços extrajudiciais de notas e de registro, quando for solicitado pelo titular dos dados pessoais.

§ 1.º – Serventias classificadas como "Classe I" e "Classe II" pelo Capítulo I do Título I do Livro IV da Parte Geral deste Código Nacional de Normas, da Corregedoria Nacional de Justiça, poderão designar encarregado de maneira conjunta.

§ 2.º A nomeação e contratação do encarregado de Proteção de Dados Pessoais pelas serventias será de livre escolha do titular das serventias, podendo, eventualmente, ser realizada de forma conjunta, ou ser subsidiado ou custeado pelas entidades de classe.

§ 3.º Não há óbice para a contratação independente de um mesmo encarregado por serventias de qualquer classe, desde que demonstrável a inexistência de conflito na cumulação de funções e a manutenção da qualidade dos serviços prestados.

Comentários de João Rodrigo Stinghen

A nomeação do encarregado tem forma prescrita: contrato bilateral. Evidentemente, na situação em que o encarregado seja colaborador da serventia, é cabível tal nomeação por meio de aditivo ao contrato de trabalho.

Faculta-se ao agente delegado a escolha de um encarregado em três modalidades: (i) colaborador; (ii) pessoa natural externa; (iii) pessoa jurídica.

A contratação de *encarregados externos* deve ser feita com as cautelas aplicáveis a quaisquer fornecedores da serventia. A respeito, o CNN exige que seja "demonstrável a inexistência de conflito na cumulação de funções e a manutenção da qualidade dos serviços prestados" (art. 88, § 3.º).

Questão "espinhosa" é a da independência do *encarregado de dados interno* em relação ao agente delegado. A função do encarregado é indicar as melhores soluções, com independência. Logo, caso seja um colaborador celetista, pode haver certo "conflito de interesses" no exercício dessa função.

Mesmo quando subordinado, o encarregado deve estar *realmente livre para alertar* quanto às atitudes do controlador, pois isso o ajudará a evitar danos a terceiros e a si mesmo. O desafio é o encarregado possuir, na prática, essa autonomia, mesmo sendo um colaborador celetista. Afinal, é realmente difícil ser consultor e subordinado ao mesmo tempo.

O risco é de que essa tensão subordinação-independência resulte na omissão do encarregado em situações nas quais precise orientar o controlador a mudar de atitude. Essa omissão prejudicará o delegatário (que poderá sofrer sanções e condenações), mas também o próprio encarregado. Afinal, em havendo irregularidades, a omissão por culpa e dolo, o encarregado implicará sua responsabilização (art. 42, § 4.º da LGPD).

Além do que se disse sobre o *conflito de interesses*, deve-se compatibilizar as atribuições antigas com as novas. Não adianta, por exemplo, indicar um substituto que já esteja sobrecarregado com as funções notariais e registrais, pois ele pode não possuir *tempo hábil* para trabalhar como encarregado, mesmo que possua competência técnica para tal.

Por fim, é preciso tomar cuidado com a "questão trabalhista". A soma de funções, sem substituição das antigas e sem aumento de salário, pode implicar infração às regras que regem a relação laboral.

É fato que nem todos os cartórios possuem recursos para contratar (interna ou externamente) um *expert* como encarregado de dados. Nesse sentido, tendo por base os critérios estabelecidos na Resolução CD/ANPD nº 2/2022, o CNJ trouxe relativizações ao dever de indicação de DPO para serventias Classe I e II. Em todo caso, há possibilidade de solicitar subsídios à entidade de classe.

FUNÇÕES DO ENCARREGADO DE DADOS

A LGPD define o encarregado de dados como canal de comunicação entre o controlador, os titulares dos dados e a ANPD (art. 5.º, VIII, LGPD). As funções do encarregado de dados são detalhadas no art. 41, saber:

I – aceitar reclamações e comunicações dos titulares, prestar esclarecimentos e adotar providências;

II – receber comunicações da autoridade nacional e adotar providências;

III – orientar os funcionários e os contratados da entidade a respeito das práticas a serem tomadas em relação à proteção de dados pessoais; e

IV – executar as demais atribuições determinadas pelo controlador ou estabelecidas em normas complementares.

O encarregado de dados não deve apenas encaminhar as soluções técnicas para as demandas apresentadas, mas também prestar esclarecimentos ao demandante, seja ele titular de dados pessoais ou autoridade pública (integrante da ANPD ou corregedor).

Nesse sentido, o encarregado precisa ter uma boa capacidade de adaptar sua linguagem perante os diferentes públicos com os quais precisa se comunicar. Internamente, deve atuar orientando os colaboradores e o próprio agente delegado, não apenas em relação a questões práticas, mas em termos conceituais.

Depois do agente delegado, o encarregado é o principal responsável pela conscientização da equipe no que diz respeito à LGPD. Sua missão é criar uma verdadeira cultura de privacidade na serventia, para que haja respeito aos direitos dos titulares em todas as situações e, além disso, sejam evitadas sanções e condenações cíveis ao delegatário.

Seção VI
Do relatório de impacto

Art. 89. Ao responsável pela serventia incumbe cuidar para que seja realizado relatório de impacto à proteção de dados pessoais referente aos atos em que o tratamento de dados pessoais possa gerar risco às liberdades civis e aos direitos fundamentais do titular, de acordo com as orientações expedidas pela ANPD. A elaboração do Relatório deverá se atentar às seguintes instruções:

I – adotar metodologia que resulte na indicação de medidas, salvaguardas e mecanismos de mitigação de risco;

II – elaborar o documento previamente ao contrato ou convênio que seja objeto da avaliação feita por meio do Relatório;

III – franquear, a título de transparência, aos afetados a possibilidade de se manifestarem a respeito do conteúdo; e

IV – elaborar o documento previamente à adoção de novos procedimentos ou novas tecnologias.

§ 1.º Para o cumprimento das providências de que trata o *caput* do artigo, poderão ser fornecidos, pelas entidades representativas de classe, modelos, formulários e programas de informática adaptados para cada especialidade de serventia para elaboração de Relatório de Impacto.

§ 2.º Serventias Classe I e II poderão adotar modelo simplificado de Relatório de Impacto conforme orientações da CPD/CN/CNJ para a simplificação do documento. Na ausência de metodologia simplificada, adotar-se-á o Relatório completo.

§ 3.º Serventias Classe III adotarão o modelo completo de Relatório de Impacto, conforme instruções metodológicas da CPD/CN/CNJ.

Comentários de João Rodrigo Stinghen

O Relatório de Impacto à Proteção de Dados Pessoais (RIPD) é necessário quando há processos de tratamento de dados pessoais que podem gerar riscos às liberdades civis e aos direitos fundamentais. Nele estão descritos os riscos de violações aos dados ou aos direitos dos titulares de dados, bem como medidas técnicas ou administrativas para mitigar tais riscos.

A eficácia do RIPD depende da assertividade em identificar medidas pertinentes e suficientes para mitigar os riscos identificados, sem desconsiderar o contexto do cartório e sua realidade financeira.

O CNN prevê apenas duas situações em que é necessário o RIPD: "previamente a contrato ou convênio" e "previamente à adoção de novos procedimentos ou tecnologias".

Tais orientações são exemplificativas. Pode-se listar várias outras situações em que tal relatório se mostra necessário, a partir de diferentes critérios.

Pode-se elaborar um RIPD para todas as operações de tratamento ou pode haver um RIPD para cada atividade. Deve-se avaliar a necessidade de um ou mais relatórios de acordo com critérios como a natureza dos dados tratados, o volume desses dados e número de processos de tratamento.

A escolha dos processos que demandam a confecção do RIPD depende de uma análise interna de cada serventia. A tabela abaixo correlaciona critérios gerais com situações típicas da atividade notarial e registral:

Critério geral	Comentários
Adoção de novas tecnologias ou novos processos de trabalho	Ex: novo sistema do cartório; solicitação/acompanhamento de pedidos pelo site;
Alterações nas leis e regulamentos com reflexo em proteção de dados	Ex: novas formas de processamento dos dados (Prov. 48/2017); extensão de competências dos cartórios (Prov. 67/2018 CNJ)
Acumulação de funções	(novo acervo, com maior volume de dados, que podem estar desorganizados)
Tratamento que envolva alto risco para os dados pessoais, as liberdades civis e os direitos fundamentais dos titulares	Lembrando que a proteção de dados, em si mesma, é um direito fundamental
Tratamento de dados sensíveis, ou de grupos vulneráveis	A LGPD fala em crianças e adolescentes, mas também se incluem nessa categoria idosos e pessoas com deficiência, sobretudo cognitiva/mental.
Tratamento de dados que possa resultar em algum tipo de dano	Por exemplo, o tratamento de dados bancários, cujo vazamento pode gerar danos financeiros (Prov. 127/2022 do CNJ)
Tratamento de dados pessoais realizados para fins de atividades de investigação e repressão de infrações penais (art. 4.º, III, "d", LGPD)	O cumprimento das obrigações de combate à lavagem de dinheiro enquadra-se nessa hipótese.
Infração da LGPD em decorrência do tratamento de dados pessoais por órgãos públicos.	Ver artigos 31 e 32 da LGPD. Cartórios são equiparados a órgãos públicos (art. 23, § 4.º, LGPD).
A qualquer momento sob determinação da ANPD	Nada impede que as corregedorias peçam o relatório também

Por fim, é preciso estar atento às publicações da ANPD e das corregedorias, que poderão elaborar listas com hipóteses em que é obrigatória a elaboração do RIPD (conforme previsto no art. 38 da LGPD).

Seção VII
Das medidas de segurança, técnicas e administrativas

Art. 90. Cabe ao responsável pelas serventias implementar medidas de segurança, técnicas e administrativas aptas a proteger os dados pessoais de acessos não autorizados e de situações acidentais ou ilícitas de destruição, perda, alteração, comunicação ou qualquer forma de tratamento inadequado ou ilícito, nos termos do *art. 46 e dos seguintes da LGPD*, por meio de:

I – elaboração de política de segurança da informação que contenha:

a) medidas de segurança técnicas e organizacionais;

b) previsão de adoção de mecanismos de segurança, desde a concepção de novos produtos ou serviços (*security by design*) (art. 46, § 1.º, da LGPD); e

c) plano de resposta a incidentes (art. 48 da LGPD).

II – avaliação dos sistemas e bancos de dados em que houver tratamento de dados pessoais e/ou tratamento de dados sensíveis, submetendo tais resultados à ciência do encarregado pelo tratamento de dados pessoais da serventia;

III – avaliação da segurança de integrações de sistemas;

IV – análise da segurança das hipóteses de compartilhamento de dados pessoais com terceiros; e

V – realização de treinamentos.

Art. 91. O plano de resposta a incidentes de segurança envolvendo dados pessoais deverá prever a comunicação, pelos responsáveis por serventias extrajudiciais, ao titular, à Autoridade Nacional de Proteção de Dados (ANPD), ao juiz corregedor permanente e à Corregedoria-Geral da Justiça (CGJ), no prazo máximo de 48 horas úteis, contados a partir do seu conhecimento, de incidente que possa acarretar risco ou dano relevante aos titulares, com esclarecimento da natureza do incidente e das medidas adotadas para a apuração das suas causas e a mitigação de novos riscos e dos impactos causados aos titulares dos dados.

Art. 92. A inutilização e a eliminação de documentos em conformidade com a Tabela de Temporalidade de Documentos prevista na Seção I do Capítulo I do Título II do Livro III da Parte Geral deste Código Nacional de Normas, da Corregedoria-Nacional de Justiça, serão promovidas de forma a impedir a identificação dos dados pessoais neles contidos.

Parágrafo único. Parágrafo único. A inutilização e a eliminação de documentos não afastam os deveres previstos na *Lei nº 13.709, de 14 de agosto de 2018*, em relação aos dados pessoais que remanescerem em índices, classificadores, indicadores, banco de dados, arquivos de segurança ou qualquer outro modo de conservação adotado na unidade dos serviços extrajudiciais de notas e de registro.

Art. 93. O responsável pela serventia extrajudicial, sempre que possível:

I – digitalizará os documentos físicos ainda utilizados; e

II – armazenará os documentos físicos que contenham dados pessoais e dados pessoais sensíveis em salas ou compartimentos com controle de acesso.

Parágrafo único. Após a digitalização, o documento físico poderá ser eliminado, respeitados as disposições e os prazos definidos na Seção I do Capítulo I do Título II do Livro III da Parte Geral deste Código de Normas, da Corregedoria Nacional de Justiça.

Comentários de Orlando de Deus e João Rodrigo Stinghen

Uma política formal tem um papel fundamental em direcionar os recursos adequados para as necessidades de Segurança da Informação. Através de diretrizes e normas, a *Política de Segurança da Informação (PSI)* permite controlar mais efetivamente tudo o que acontece no acesso à rede e demais sistemas e plataformas da serventia.

Esse documento deve ser lido por todos os funcionários da serventia. Embora isso não seja exigido pela lei, é conveniente que todos os colaboradores assinem um Termo de Concordância com a PSI, pois isso aumenta seu comprometimento e garante uma prova mais concreta de conformidade em favor da serventia.

O CNN exige que a Política de Segurança da Informação indique: a) medidas de segurança técnicas; b) mecanismos de segurança desde a concepção de novos produtos ou serviços (*security by design*); e c) plano de resposta a incidentes.

MEDIDAS DE SEGURANÇA TÉCNICAS E ORGANIZACIONAIS

As medidas básicas para qualquer serventia adotar constam no Provimento 74/2018 do CNJ, comentadas em outro capítulo desta obra. Ainda assim, de forma resumida, destacam-se as seguintes medidas:

Organização da Segurança de Informações	Designar um coordenador de segurança de informações e criar um repositório, que armazenará toda documentação de segurança de informações.
Gestão de Ativos	Garantir a existência e utilização do conceito de proprietário e classificação (física e virtual) de todos documentos da serventia, permitindo que os colaboradores na serventia estejam cientes dos níveis de proteção e confidencialidade a serem praticados.
Controles de Acessos Físicos e Ambientais	A segurança na serventia começa pela adequação da segurança física, que vai garantir que somente as pessoas autorizadas tenham acesso às dependências da serventia. Esses controles físicos exigem a utilização de dispositivos de segurança, documentação e processos de controles físicos, de acordo com a importância das áreas da serventia (áreas de clientes, RH, TI, arquivo de documentos e outros).
Controle de Acesso Lógico	Tem a função de controlar a atribuição de acessos a sistemas, pastas, documentos e dados em geral, que são armazenados digitalmente e utilizados na serventia. Outra função tão importante é definir, garantir a implementação, acompanhamento de medidas e processos de proteção para o controle dos dados da serventia, garantindo aderência às recomendações de melhores práticas e à legislação.

Controle de Impressões	Recomendável que seja feito um controle de impressões, sendo que o ideal é que exista um controle com uso de senha, a fim de permitir a rastreabilidade do fluxo de informações em caráter físico. Caso as impressoras não possuam a funcionalidade de controle por senhas, recomenda-se afixar ao lado de cada equipamento um cartaz de conscientização sobre o uso adequado das impressoras, conforme as regras de segurança do cartório.
Processo de Continuidade de Negócios	A serventia deve ter implantado um processo que trata a sua disponibilidade de negócios, garantindo que no caso de um incidente ou desastre, existam planos que vão orientar as atividades no caso de emergências, crises e restauração das operações. Os planos implantados devem ser: Plano de Continuidade Operacional (PCO) – atende localmente incidentes do dia a dia; Plano Gestão Emergência (PGE) – atende pessoas e instalações em situações de desastres; Plano de Gestão de Crises (PGC) – gerenciar crises após desastres e / ou incidentes. Plano de Recuperação de Desastres (PRD) – usado para levar operações para outro local.
Descarte Seguro	É importante que seja implementado um processo para garantir que documentos sejam descontinuados, dentro de prazos previamente definidos na legislação. Embora o art. 92 mencione os prazos do Provimento 50/2015 do CNJ, é importante considerar.

Por fim, é importante destacar que as medidas de segurança devem ser mencionadas no *Inventário de Dados Pessoais (IDP)*.

Essa integração facilita controles, avaliações e adequações de Bancos de Dados de acordo com os riscos envolvidos em cada processo de tratamento, que varia conforme a natureza e o volume dos dados envolvidos. Além disso, a integração permite identificar as medidas necessárias para o compartilhamento seguro dos dados pessoais internamente e externamente.

MECANISMOS DE SEGURANÇA DESDE A CONCEPÇÃO DE NOVOS PRODUTOS OU SERVIÇOS (*SECURITY BY DESIGN*)

Ao utilizar a expressão "security by design", o CNN remete à conhecida metodologia *privacy by design* (PbD), desenvolvida por Ann Cavoukian e adotada por inúmeras legislações mundo afora, inclusive pela LGPD (art. 46, § 2.º, LGPD).

O PbD se baseia em 7 princípios: (1) ação proativa, não reativa, ou seja, ato preventivo, e não corretivo; (2) privacidade como a configuração padrão; (3) privacidade incorporada ao design; (4) funcionalidade completa, devendo ocorrer uma soma positiva, e não soma zero; (5) segurança de ponta a ponta, para garantir a proteção total do ciclo de vida do tratamento de dados; (6) visibilidade e transparência; e (7) respeito pela privacidade do usuário, colocando os seus interesses no centro.

Aplicado à segurança, tal metodologia é o *security by design*: a preocupação com segurança permeia todos os procedimentos. Veja os exemplos abaixo:

- Se vou contratar um novo fornecedor de sistema operacional, faço uma análise de riscos e exijo desse fornecedor a demonstração de que seu software é seguro.
- Se uma atualização legislativa criar uma nova atribuição para o cartório, pensarei em como desempenhá-la com segurança.
- Se eu aderir a um convênio prevendo uso compartilhado de dados com órgãos públicos, tomarei precauções antes de começar as transferências de dados.

PLANO DE RESPOSTA A INCIDENTES

No tratamento dos dados sempre há vulnerabilidades que, se exploradas, poderão gerar incidentes. Eles geralmente se relacionam aos seguintes fatores:

- *Sistemas*: falhas técnicas ou de processos de TI
- *Pessoas*: conduta errônea do profissional responsável pelo uso e manutenção dos ativos
- *Invasões*: atores externos que promovem ataques mal intencionados com o objetivo de roubar dados ou simplesmente destruí-los

Permite que todos incidentes que ocorrem na serventia sejam documentados, analisados e resolvidos de forma estruturada, documentada e permitindo:

- Reportar todos incidentes que ocorrem na serventia;
- Acompanhar a solução dos incidentes durante seu ciclo de vida;
- Controlar a solução dos incidentes e seus resolvedores;
- Elaborar mapas de incidentes mensais, trimestral e anual;
- Administrar melhorias no processo de resposta a incidentes e demais áreas da serventia identificadas nos incidentes;
- Atender requisitos da ANPD informando a ocorrência de incidentes de vazamento de dados pessoais, utilizando o formulário de incidentes disponibilizados pela mesma;
- Tratar incidentes de vazamento de dados na serventia, clientes e na comunidade.
- Elaborar planos de ação para implantar melhorias com a finalidade de evitar reincidências.

O Plano de Resposta a Incidentes, deve cobrir todos tipos de incidentes tais como: infraestrutura, segurança de informações, suporte técnico de TI, equipamentos de TI e outros, sistemas que atendem a serventia e seus bancos de dados, segurança ambiental, erros operacionais, atentados, vazamento de dados e outros que venham a ocorrer na serventia.

Quando for constatado que o incidente apresentar "risco ou dano relevante aos titulares" (art. 48, LGPD), ele deve ser comunicado à ANPD e aos corregedores (Juiz Corregedor Permanente e Corregedoria Geral da Justiça).

Nas situações em que *não possuir risco relevante* – como por exemplo, o envio de um e-mail contendo poucos dados para pessoa errada – o cartório ainda assim deverá manter um registro do incidente, que pode ser cobrado em futuras fiscalizações.

Segundo a LGPD, a comunicação deve ser realizada preferencialmente de maneira imediata, ou em *prazo razoável*, indicando os motivos da demora (art. 48, § 1.º). Segundo o CNN, o prazo máximo é de 48 horas úteis.

Ao receber a comunicação, as autoridades verificarão a gravidade do incidente, podendo determinar medidas para reverter ou mitigar seus efeitos.

Em certos casos, é possível que também exijam a divulgação do fato em meios de comunicação (art. 48, § 2.º, LGPD), a fim de alertar os titulares de dados afetados, o que possibilitará que adotem medidas protetivas por sua conta.

AVALIAÇÃO DE SISTEMAS E ANÁLISES DE SEGURANÇA

Além da PSI – e da implementação das medidas técnicas e administrativas pertinentes – o CNN prevê que as serventias possuam meios de avaliar sistemas e comunicações.

Não basta possuir mecanismos de segurança, é preciso garantir sua efetividade prática e melhoria contínua, a partir das seguintes atividades:

- Avaliação periódica das configurações do ambiente tecnológico;
- Testes nos sistemas operacionais e novas tecnologias de softwares;
- Monitoramento do ambiente crítico;
- Treinamento dos profissionais responsáveis pelas tecnologias, serviços para garantir o uso máximo da capacidade e performance.

Se adotadas de maneira consistente, essas medidas permitem uma gestão de riscos eficaz, que evitará muitos incidentes ou mitigará o impacto daqueles que forem inevitáveis.

Por fim, o CNN se refere a "realização de treinamentos" como uma das medidas de segurança. Esse tema, porém, será abordado quando comentarmos o *Capítulo VIII* do CNN, que trata apenas do Treinamento.

GESTÃO DE DOCUMENTOS

As informações utilizadas pela serventia são geralmente armazenadas em suporte digital, a maioria acondicionada em sistemas operacionais fornecidos por empresas especializadas.

A preponderância do digital é uma consequência do progresso tecnológico. Diante disso, CNN orienta que a digitalização do acervo seja realizada sempre que possível, em consonância com o dever de manter os dados em "formato interoperável" (art. 25, LGPD).

Ainda assim, o armazenamento de arquivos físicos é bastante recorrente para conservar documentos de colaboradores e atos jurídicos contemplados em livros e documentos oficiais.

A gestão dos documentos exige um controle auditável para restringir a retirada de documentos pelos funcionários, bem como mecanismo que permita a rastreabilidade do documento em caso de extravio.

Para tanto, recomenda-se o controle de entrada e saída de informação de maneira documental. O *registro de entrada/saída* de documentos deve ser efetuado de imediato, contendo as seguintes informações: (i) data de saída ou recebimento; (ii) nome do receptor; (iii) descrição do documento. A título de exemplo, esse mecanismo é similar ao utilizado em bibliotecas. Além disso, como medida adicional, pode-se instalar câmeras de segurança em todas as salas em que sejam armazenados arquivos físicos.

Também é recomendável o *controle de impressões*. O ideal seria um controle com uso de senha, a fim de permitir a rastreabilidade do fluxo de informações em caráter físico. Caso as impressoras não possuam a funcionalidade de controle por senhas, recomenda-se afixar ao lado de cada equipamento um cartaz de conscientização sobre o uso adequado das impressoras, conforme as regras de segurança do cartório.

Comentários de José Luiz de Medeiros

SECURITY BY DESIGN E INTELIGÊNCIA ARTIFICIAL

O art. 90, I, b, do Provimento nº 149 de 30/08/2023 do Conselho Nacional de Justiça destaca a necessidade de implementação de medidas de segurança da informação nos serviços notariais e de registro, alinhando-se aos princípios de "security by design". Esse conceito promove a integração da segurança desde as fases iniciais de desenvolvimento dos sistemas, especialmente quando se trata de Inteligência Artificial (IA). A abordagem "security by design" exige que os sistemas de IA incorporados aos serviços extrajudiciais contemplem medidas robustas de segurança desde o início, para proteger dados sensíveis.

A implementação da IA generativa no cenário corporativo, em particular, levanta uma série de riscos e oportunidades que devem ser cuidadosamente analisados. Um dos principais riscos é a privacidade e a segurança dos dados. A necessidade de compartilhar dados pessoais com parceiros e fornecedores, como mencionado nas diretrizes de segurança da informação, aumenta a exposição a possíveis vulnerabilidades. É crucial que todas as partes envolvidas tenham salvaguardas adequadas para proteger esses dados. A falha em adotar princípios de segurança desde o início pode expor dados corporativos e pessoais a ataques cibernéticos.

A governança e a conformidade são outros aspectos críticos. Implementar uma governança robusta é essencial para garantir que todos os fornecedores e parceiros cumpram os requisitos de segurança e privacidade. A conformidade com normas internacionais como a ISO/IEC 42001:2023, que aborda diretrizes para a implementação de um Sistema de gestão de Inteligência Artificial, é fundamental. Essa norma exige uma abordagem estruturada para gestão de riscos e implementação de controles adequados.

A transparência e a aplicabilidade das decisões automatizadas tomadas por sistemas de IA generativa também são preocupações importantes. A falta de clareza nessas decisões pode gerar desconfiança e problemas de responsabilidade. Além disso, a introdução de IA generativa pode encontrar resistência entre os funcionários, especialmente se suas funções estiverem ameaçadas pela automação. Estabelecer medidas disciplinares claras para garantir a adesão aos procedimentos de segurança e privacidade é essencial para manter a confiança e a conformidade dentro da organização.

Por outro lado, as oportunidades oferecidas pela IA generativa são significativas. A automação de processos pode aumentar a eficiência operacional, permitindo que os funcionários se concentrem em atividades de maior valor. A capacidade de analisar grandes volumes de dados e fornecer recomendações pode melhorar significativamente o desenvolvimento de produtos e serviços. Além disso, a IA generativa pode acelerar o desenvolvimento de novos produtos, permitindo prototipagem rápida e iteração com base em feedback em tempo real, conferindo uma vantagem competitiva às empresas que a adotam.

A segurança e a mitigação de riscos são áreas onde a IA generativa pode ter um impacto positivo. Ferramentas de IA podem ajudar na identificação e mitigação de riscos de segurança de forma mais eficaz, analisando padrões de dados e comportamentos anômalos. Integrar princípios de segurança desde o início no desenvolvimento de sistemas de IA ajuda a prevenir vulnerabilidades e a garantir a proteção contínua dos dados.

Por fim, a melhoria na governança corporativa é uma das principais vantagens da IA generativa. Um sistema de gestão de IA pode facilitar o cumprimento de regulamentações e normas, fornecendo ferramentas para monitoramento contínuo e relatórios de conformidade. A análise de dados em tempo real e a capacidade de prever tendências podem apoiar a tomada de decisões estratégicas, alinhadas aos objetivos de negócio e à mitigação de riscos.

Portanto, a exigência do art. 90, I, b, do Provimento nº 149 do Conselho Nacional de Justiça reflete uma abordagem proativa e preventiva, essencial para garantir a segurança e a conformidade regulatória nos serviços notariais e de registro, especialmente em um contexto em que a utilização de IA é cada vez mais significante. A implementação de um sistema de gestão de IA, baseado em princípios de segurança e conformidade, pode transformar os riscos em oportunidades, promovendo inovação e eficiência enquanto assegura a proteção dos dados e a confiança dos stakeholders.

Seção VIII
Do treinamento

Art. 94. As serventias deverão realizar treinamentos para implementação da cultura de privacidade e proteção de dados pessoais, bem como para a capacitação de todos os envolvidos no tratamento dos dados pessoais sobre os novos controles, processos e procedimentos, observando o seguinte:

I – capacitar todos os trabalhadores da serventia a respeito dos procedimentos de tratamento de dados pessoais;

II – realizar treinamentos com todos os novos trabalhadores;

III – manter treinamentos regulares, de forma a reciclar o conhecimento sobre o assunto e atualizar os procedimentos adotados, sempre que necessário;

IV – organizar, por meio do encarregado e eventual equipe de apoio, programa de conscientização a respeito dos procedimentos de tratamento de dados, que deverá atingir todos os trabalhadores; e

V — manter os comprovantes da participação em cursos, conferências, seminários ou qualquer modo de treinamento proporcionado pelo controlador aos operadores e ao encarregado, com indicação do conteúdo das orientações transmitidas.

Parágrafo único. O responsável pela serventia extrajudicial poderá solicitar apoio à entidade de classe para capacitação de seus prepostos.

Comentários de João Rodrigo Stinghen

A simples atualização legislativa não gera, por si só, a mudança comportamental esperada das pessoas. A eficácia social da LGPD depende de um constante esforço de adaptação e de uma mudança de consciência da população. Ciente disso, o CNJ destinou um capítulo à parte do CNN apenas para tratar dos treinamentos.

Note-se que o CNN prevê dois objetivos para os treinamentos: a implementação da *cultura de privacidade e proteção de dados* e a *capacitação* sobre os novos controles, processos e procedimentos.

Não se trata de pleonasmo, pois essa distinção é relevante na prática. O treinamento da equipe envolve duas facetas a racional (intelecto) e a axiológica (valores). Se é preciso conhecer os aspectos técnicos da LGPD, também é fundamental internalizar o valor dela para a organização.

Do ponto de vista prático, o aspecto racional se alcança pela *capacitação*: ensinar aspectos técnicos sobre o que deve ser feito (controles, processos e procedimentos). Por sua vez, o aspecto axiológico se conquista pela *conscientização*: educar sobre a importância de respeitar os direitos dos titulares de dados, a fim de criar uma cultura de proteção de dados.

Qualquer um pode contribuir ou obstaculizar a proteção de dados. O cartório pode ter um excelente sistema de segurança e mesmo assim ser envolvido em vazamentos de dados porque algum funcionário cometeu um erro pequeno que veio a comprometer todo o acervo.

Treinar a equipe não é simplesmente inscrevê-la em cursos e eventos. O engajamento verdadeiramente eficaz é a adesão autêntica, profunda e duradoura. Ela depende do envolvimento coletivo num propósito em comum, em que todos se sintam responsáveis e aptos a prestar contas.

E isso só é possível se o responsável pela serventia se envolver pessoalmente nessas ações educativas, estando presente nas palestras, participando ativamente, fomentando o debate e sempre ressaltando, da sua própria boca, a importância do tema. Esse apoio é fundamental para o sucesso do projeto, sendo uma tarefa indelegável.

Também é preciso respeitar as diferenças individuais, tais como limitações culturais e de níveis hierárquicos, exigindo mais daqueles que podem compreender mais. Com essas adaptações, o plano de conscientização acaba sendo muito mais eficaz.

Enfim, sem a adesão e o engajamento da equipe – através de uma mudança cultural – dificilmente terá sucesso qualquer projeto de implementação. Portanto, o investimento em ações educacionais faz parte da estratégia de adequação à LGPD bem sucedida de qualquer atividade, sob pena de todo os investimentos restantes se tornarem infrutíferos.

CERTIFICADOS E COMPROVANTES

O dever de manter os comprovantes da participação em atividades formativas efetiva o princípio da responsabilização e prestação de contas, previsto no art. 6.º, X da LGPD.

Interessante destacar que o CNN orienta que a documentação comprobatória indique o "conteúdo das orientações transmitidas". É algo que não existe em todos os certificados, mas que à luz da nova regra é interessante começar a cobrar dos fornecedores de serviços educacionais.

PROGRAMA DE CONSCIENTIZAÇÃO

Transcorrida a etapa de sensibilização inicial, é preciso constante rememoração por meio de treinamentos regulares para atualizar e reciclar o conhecimento e o envolvimento da equipe. Além disso, é preciso garantir que novos colaboradores tenham acesso às capacitações, mediante treinamentos chamados "de integração".

A organização e o planejamento sempre fazem a diferença e por isso o CNN determina que seja feito um "programa de conscientização". Esse programa contribui para que as atividades não sejam abandonadas em meio ao peso das tarefas cotidianas.

Nessa tarefa, o delegatário deve contar com seu encarregado de dados, em cujas atribuições está a orientação da equipe a respeito das práticas a serem tomadas em relação à proteção de dados pessoais (art. 41, III, LGPD).

Seção IX
Das medidas de transparência e atendimento a direitos de titulares

Art. 95. Como medida de transparência e prezando pelos direitos dos titulares de dados, deverá o responsável pela serventia elaborar, por meio do canal do próprio encarregado, se terceirizado, e/ou em parceria com as respectivas entidades de classe:

I – canal eletrônico específico para atendimento das requisições e/ou reclamações apresentadas pelos titulares dos dados pessoais; e

II – fluxo para atendimento aos direitos dos titulares de dados pessoais, requisições e/ou reclamações apresentadas, desde o seu ingresso até o fornecimento da resposta.

Art. 96. Deverão ser divulgadas em local de fácil visualização e consulta pelo público as informações básicas a respeito dos dados pessoais e dos procedimentos de tratamento, os direitos dos titulares dos dados, o canal de atendimento disponibilizado aos titulares de dados para que exerçam seus direitos e os dados de qualificação do encarregado, com nome, endereço e meios de contato.

Art. 97. Deverão ser disponibilizadas pelos responsáveis pelas serventias informações adequadas a respeito dos procedimentos de tratamento de dados pessoais, nos termos do *art. 9.º da LGPD*, por meio de:

I –aviso de privacidade e proteção de dados;

II – avisos de cookies no portal de cada serventia, se houver; e

III –aviso de privacidade para navegação no website da serventia, se houver.

Art. 98. A gratuidade do livre acesso dos titulares de dados (*art. 6.º, IV, da LGPD*) será restrita aos dados pessoais constantes nos sistemas administrativos da serventia, não abrangendo os dados próprios do acervo registral e não podendo, em qualquer hipótese, alcançar ou implicar a prática de atos inerentes à prestação dos serviços notariais e registrais dotados de fé-pública.

§ 1.º Todo documento obtido por força do exercício do direito de acesso deverá conter em seu cabeçalho os seguintes dizeres: "Este não é um documento dotado de fé pública, não se confunde com atos inerentes à prestação do serviço notarial e registral nem substitui quaisquer certidões, destinando-se exclusivamente a atender aos direitos do titular solicitante quanto ao acesso a seus dados pessoais."

§ 2.º A expedição de certidões deverá ser exercida conforme a legislação específica registral e notarial e as taxas e os emolumentos cobrados conforme regulamentação própria.

§ 3.º Mantém-se o disposto quanto aos titulares beneficiários da isenção de emolumentos, na forma da lei específica.

Comentários de Renata Tambasco e João Rodrigo Stinghen aos Artigos 95 a 97

A legislação enfatiza a importância da comunicação clara com os titulares de dados, informando como os seus dados serão tratados, quem são os responsáveis por esse tratamento, ao mesmo tempo em que reconhece a necessidade de preservar informações estratégicas das organizações.

Levando em consideração que o objetivo da LGPD é tutelar os direitos dos titulares de dados, com vistas ao desenvolvimento de sua personalidade, as medidas contempladas nesta Seção estão entre as mais importantes.

CANAL DE ATENDIMENTO

O canal de atendimento constitui o meio pelo qual os titulares de dados pessoais podem encaminhar solicitações e reclamações dirigidas ao encarregado de dados, relacionadas ao tratamento das suas informações. Assim, é que um mecanismo visível para que os titulares de dados possam exercer seus direitos

Em termos práticos, pode ser um e-mail (lgpd@cartorio.com.br). Também pode se manifestar por um formulário em formato digital, no caso de a serventia possuir um site, ou de maneira física, sendo solicitado diretamente no balcão da serventia.

No contexto de um site, é possível designar uma aba específica intitulada "Direito do Titular", contendo campos a serem preenchidos, tais como: nome completo, e-mail, telefone, CPF e assunto. Caso a serventia deseje aprimorar ainda mais a comunicação, pode colocar opções no campo "Assunto", indicando por exemplo a qual direito do art. 18 da LGPD a solicitação do titular está se referindo.

É relevante destacar que o canal de atendimento deve ser visível e de fácil acesso para os titulares de dados. Recomenda-se que o cartório forneça um aviso destacado no site ou no interior da serventia, por um cartaz informando sobre o canal de contato para atendimento e identificando o encarregado de dados.

FLUXO PARA ATENDIMENTO AOS DIREITOS DOS TITULARES

Um fluxo de atendimento ao titular de dados representa um processo organizado, demonstrando como a serventia lida com as solicitações, perguntas, reclamações ou pedidos apresentados por indivíduos cujas informações pessoais estão sob processamento. Esse procedimento assume grande importância no âmbito da legislação de proteção de dados.

O propósito desse fluxo é garantir que as serventias estejam devidamente preparadas para atender aos direitos dos titulares de dados, conforme definido pela legislação. Esses direitos podem abranger informações sobre o tratamento de dados pessoais, quais dados estão sendo processados, com quem são compartilhados, entre outras questões relevantes.

O fluxo de atendimento ao titular de dados normalmente abrange os seguintes estágios:

> a) *Recepção da Requisição*: o processo é iniciado quando a serventia recebe uma solicitação de um titular de dados, podendo ocorrer por diferentes canais, como formulários on-line ou pessoalmente no balcão de atendimento;
>
> b) *Verificação de Identidade*: como garantia de segurança, a serventia realiza a verificação da identidade do solicitante, assegurando que esse seja efetivamente o titular dos dados em questão;
>
> c) *Registro da Requisição*: a solicitação é registrada pela serventia, tudo é documentado, a data em que ocorreu o recebimento, a natureza da requisição e outras medidas tomadas;
>
> d) *Avaliação da Requisição*: o encarregado avalia a natureza da solicitação para determinar se está em conformidade com os direitos do titular de dados e as obrigações da serventia;
>
> e) *Execução da Requisição*: sendo válida a solicitação, o encarregado de dados toma as medidas necessárias para atender aos direitos do titular de dados, conforme a sua solicitação;
>
> f) *Comunicação com o Titular de Dados*: o encarregado comunica a decisão ao titular de dados, fornecendo informações claras sobre as ações tomadas e, se necessário, explicando quaisquer limitações ou razões para a recusa de uma solicitação específica, com tudo devidamente registrado;
>
> g) *Registro Final*: a conclusão do processo envolve todas as ações que foram tomadas, com tudo documentado e registrado.

Desses itens, destaca-se a *verificação da identidade do titular*, que é muito importante para evitar o repasse de informações a terceiros desautorizados. A verificação pode se dar de diferentes maneiras, tais como solicitação de envio de documentos por e-mail, confirmação de dados por ligação ou mesmo do recebimento de SMS/WhatsApp.

Nessa perspectiva, será explorado um exemplo hipotético e prático: um titular de dados se dirige ao balcão da serventia em busca de informações sobre o tratamento dos seus dados pessoais. Quem recebe essa solicitação deve estar apto a compreender o pedido, oferecer assistência, se necessário, auxiliar no preenchimento do formulário e encaminhar ao encarregado de dados. O prazo fixado para fornecer ao titular um relatório abrangente e compreensível sobre a sua solicitação é de 15 dias. No entanto, é crucial assegurar que a solicitação do titular esteja em conformidade com os direitos estabelecidos pela LGPD, sem violar leis aplicáveis aos atos notariais e registrais.

A implementação de uma gestão de dados eficaz na serventia é fundamental para viabilizar a rápida localização dessas informações. Essa agilidade é crucial para garantir respostas céleres aos titulares dentro dos prazos estabelecidos, ao mesmo tempo em que são adotadas medidas de segurança robustas para proteger esses dados. Esse comprometimento não apenas reforça a conformidade legal, mas também enfatiza a importância de preservar a integridade e a privacidade das informações pessoais sob responsabilidade do cartório.

Por fim, é importante ressaltar que sempre se deve registrar os atendimentos das solicitações, mesmo que a resposta seja negativa. Isso é muito importante para que a serventia tenha provas de que está cumprindo a LGPD e atende os direitos dos titulares.

AVISO DE PRIVACIDADE DE PROTEÇÃO DE DADOS

É bastante frequente confundir o aviso de privacidade e proteção de dados com a política de privacidade. Enquanto a política de privacidade é um documento interno que aborda estratégias e responsabilidades relacionadas à proteção de dados, o aviso de privacidade e proteção de dados destaca o princípio da transparência. Esse aviso garante aos titulares de dados informações claras, precisas e facilmente acessíveis sobre como seus dados são tratados. Independentemente de chamarmos esse aviso de privacidade de política, o ponto crucial é garantir a transparência no documento elaborado.

O aviso de privacidade torna público, a todos os interessados, os principais aspectos da atividade de tratamento realizada. Explica o porquê da coleta, o tempo de tratamento, quem é o controlador e seu contato, se os dados são compartilhados com órgãos públicos, centrais de compartilhamento e os seus direitos.

A redação de um aviso de privacidade requer atenção e cuidados, especialmente em relação à sua forma. Textos extensos, repletos de termos técnicos e de difícil compreensão para o público não são aconselháveis, pois tornam a leitura praticamente cansativa, inviável e não estão em conformidade com a LGPD.

Um aviso de privacidade eficaz é aquele que qualquer pessoa consiga entender. Ele deve incorporar elementos visuais, estar posicionado em um local facilmente perceptível, empregar links e facilitar a navegação do usuário no site. No caso da serventia não dispor de um site, é fundamental exibir um cartaz com elementos visuais de forma acessível.

O princípio da transparência e livre acesso é abordado no artigo 9.º da LGPD, fornecendo as diretrizes para sua aplicação. Nesse dispositivo, são descritas informações sobre o tratamento de dados pessoais que serão incluídas no aviso de privacidade.

> Art. 9.º O titular tem direito ao acesso facilitado às informações sobre o tratamento de seus dados, que deverão ser disponibilizadas de forma clara, adequada e ostensiva acerca de, entre outras características previstas em regulamentação para o atendimento do princípio do livre acesso:
> I – finalidade específica do tratamento;
> II – forma e duração do tratamento, observados os segredos comercial e industrial;
> III – identificação do controlador;
> IV – informações de contato do controlador;
> V – informações acerca do uso compartilhado de dados pelo controlador e a finalidade;

VI – responsabilidades dos agentes que realizarão o tratamento; e

VII – direitos do titular, com menção explícita aos direitos contidos no art. 18 desta Lei (Brasil, 2020).

O propósito desse dispositivo é que o titular tenha assegurado o acesso a informações detalhadas sobre a condução do tratamento dos seus dados.

Os incisos trazem informações que deverão ser disponibilizadas no canal de comunicação com o titular de dados. Vale lembrar que a LGPD, no seu artigo 41, § 1.º, evidencia que as informações de contato e identidade do encarregado de dados devem ser divulgadas publicamente, de forma clara no site do controlador. Em outras palavras, além das informações presentes nos incisos do art. 9.º, é de fundamental importância trazer informações sobre o encarregado no aviso de privacidade.

Quanto ao modo de disponibilizar as informações, o presente artigo informa que isso deve ser feita de forma clara, adequada e ostensiva. No que tange à forma clara, a informação não pode aparecer de modo obscuro, que traga dúvidas, mas deve ser de fácil compreensão.

Com a forma adequada, as informações devem ser pertinentes ao propósito para o qual os dados foram coletados, limitadas ao necessário. Ela busca trazer todas as informações pertinentes sobre o tratamento.

A forma ostensiva procura disponibilizar informações sobre o tratamento de dados de maneira visível, sem ambiguidades, destacando a finalidade específica de cada informação solicitada, ajudando os usuários a entenderem o motivo pelo qual certas informações são necessárias. Garante-se, assim, que os titulares tenham pleno conhecimento e compreensão sobre como seus dados pessoais estão sendo utilizados.

O inciso I demonstra a importância de mais um princípio elencado no art. 6.º da LGPD, que é o princípio da finalidade. O tratamento de dados deve ter um propósito específico e não pode ser generalizado. Cada tratamento de dados tem a sua finalidade determinada e o agente de tratamento deve informar previamente ao titular de dados informações claras sobre o objetivo da coleta e tratamento desses dados.

A forma e a duração do tratamento devem ser informadas, mencionando a sua natureza, o período de tratamento, se haverá exclusão posterior ou não desses dados pela serventia. Essa prática garante que os titulares de dados estejam cientes das normas de exclusão e retenção de dados da serventia, reforçando o compromisso com a transparência e o respeito com os titulares de dados.

O controlador, que no contexto das serventias é o gestor do cartório, possui um papel fundamental na proteção dos dados. É importante identificar o controlador, para que o titular saiba quem é o responsável pelo tratamento dos seus dados, informando o seu endereço físico e eletrônico, além de outras informações relevantes que facilitem o seu contato pelo titular de dados.

Quando ocorre o compartilhamento de dados com terceiros, como centrais de compartilhamento e órgãos públicos, é fundamental comunicar ao titular de dados, de forma clara e compreensível, com quem são compartilhados e qual a finalidade desse compartilhamento. Isso garante que os titulares de dados estejam cientes de como as suas informações serão utilizadas por outras entidades.

Quando houver a participação de diversos agentes no processo de tratamento de dados, é importante estabelecer claramente as funções de cada um desses agentes no manuseio de dados pessoais. Essa medida garante que o titular dos dados tenha o direito de conhecer quais agentes, entidades específicas que estão envolvidos no tratamento dos seus dados e se permite que os titulares exerçam os seus direitos, entendendo as responsabilidades dos agentes envolvidos no processamento dos seus dados pessoais.

O aviso de privacidade deve conter a finalidade do tratamento e, em um cartório, o dado pessoal será coletado para uma atividade notarial ou registral específica, trazendo o prazo de duração, observando a tabela de temporalidade, identificando o gestor da serventia e seu contato, informando se os dados pessoais são compartilhados com centrais de compartilhamento, órgãos governamentais entre outros e a razão do compartilhamento.

Por fim, há os direitos dos titulares de dados pessoais, que estão elencados no art. 18 da LGPD. Embora esse rol não seja exaustivo, é um excelente parâmetro. Abaixo, mencionam-se as hipóteses legais de maneira resumida, para facilitar a compreensão:

Direito	Explicação
Confirmação de tratamento	O titular tem direito de saber se o agente de tratamento utiliza seus dados de alguma forma. Trata-se de uma resposta "sim" ou "não", dada de forma imediata.
Acesso aos dados	O acesso pode ser concedido de duas formas: (i) em formato simplificado, com prazo imediato (art. 19, I, LGPD); ou (ii) por meio de declaração completa, com prazo de 15 dias (art. 19, II, LGPD).
Correção de dados	Os titulares têm direito de que seus dados sejam completos, exatos e atualizados. Caso contrário, podem pedir as devidas correções.
Eliminação de dados	Quando verificar que há algum tratamento de dados realizado em desconformidade com a LGPD, o titular tem direito de exigir a eliminação dos dados.
Revogação do consentimento	Como ato de vontade livre, informado e inequívoco, o consentimento pode ser revogado a qualquer tempo, mediante manifestação expressa do titular, por procedimento gratuito e facilitado (art. 8.º, § 5.º, LGPD).
Portabilidade dos dados	A portabilidade é o direito de requisitar de um fornecedor de serviços ou produtos a transferência de seus dados a outro fornecedor do mesmo setor.
Informação	O princípio da transparência concede aos titulares de dados um dever geral de informação. O conteúdo básico das informações a que tem direito é previsto nos artigos 9.º e 18 da LGPD.

A tabela acima fornece um panorama sobre os direitos dos titulares, mas a operacionalização nos cartórios depende de adaptações.

O atendimento aos direitos previstos no artigo 18 da LGPD deve ser assegurado pelo controlador, por um canal específico para o titular. O ideal é que a serventia divulgue de alguma forma e que seja visível, o contato do encarregado com o canal de atendimento. No caso de um sítio eletrônico, é recomendável que o cartório disponibilize no site informações claramente identificáveis sobre como exercer esses direitos. O site deve incluir um formulário de fácil preenchimento, simplificando o processo para os usuários. É de fundamental importância a confirmação da identidade do titular quando ele requerer os seus direitos. A forma de resposta do requerimento do titular poderá ser feita de forma eletrônica ou impressa. Quem define a escolha do formato da resposta é o titular de dados.

A confirmação da existência do tratamento e o acesso aos dados é o direito que o titular tem de saber se os seus dados são tratados pela serventia. A resposta poderá ser feita de forma simples e imediata, confirmando a existência ou não do tratamento.

Ela pode também ser feita de forma mais complexa, trazendo informações como: finalidade, hipótese legal e compartilhamento. Como essa resposta é mais completa, as informações serão fornecidas em 15 dias.

Alguns dos direitos presentes no art. 18 da LGPD não são compatíveis com as atividades notariais e de registro. A título de exemplo, um dos direitos é a portabilidade para outro fornecedor de produtos ou serviços; os cartórios não são fornecedores de produtos ou serviços; o Código de Defesa do consumidor não se aplica a eles; os emolumentos são taxas remuneratórias de serviço público e a relação jurídica que existe entre as serventias extrajudiciais e seus usuários é de direito público. Além disso, questiona-se: como fazer uma portabilidade entre as serventias?

Quanto à retificação e à eliminação, a LGPD no seu 6.º traz o princípio da qualidade dos dados pessoais, apresentando uma preocupação diante da possibilidade de ocorrer um prejuízo para o titular de dados pelo fato de seus dados estarem desatualizados e imprecisos. Ocorre que, no caso dos atos notariais e de registro, é necessário seguir procedimentos específicos para efetuar tal retificação. Portanto, os pedidos de correção de informações nos atos oficiais dos cartórios, mesmo quando se trata de informações pessoais, devem aderir a esses procedimentos adequados.

AVISO DE *COOKIES*

Em termos técnicos, os cookies são pequenos pedaços de dados que ficam armazenados no navegador do usuário, contendo informações como preferências, dados de sessão e rastreamento. É fundamental comunicar ao titular dos dados sobre a existência desses cookies no site por um aviso específico, proporcionando a ele a escolha de gerenciar esses cookies por um banner com opções para aceitar ou recusar, conforme as suas preferências. O banner é, geralmente, visto na parte superior ou inferior da página de um site. O seu objetivo é garantir que usuários estejam cientes das informações que serão coletadas antes de interagirem com o site.

Essa preocupação em avisar ao titular de dados sobre a existência de cookies em um site, ocorre porque eles podem coletar informações que poderão ser utilizadas de maneira inadequada. Eles podem capturar dados de navegação, em alguns casos, rastrear a localização, como nome e endereço de e-mail.

O aviso de cookies informa ao visitante que a página utiliza esses arquivos tanto para o funcionamento adequado quanto para melhorar a experiência do usuário. O titular dos dados pode autorizar ou recusar o uso dessas ferramentas durante a sua navegação, utilizando o controle sobre as suas informações a qualquer momento.

Portanto, esse processo atende à LGPD, estabelecendo que todo uso de dados de titulares deve contar com o seu conhecimento e concordância.

O titular de dados tem controle sob os seus dados e tem o poder de decidir quais tipos de cookies deseja autorizar.

Um banner de *cookies* deve fornecer detalhes sobre as suas finalidades. Não basta um ok, ou um aviso dizendo que ao continuar navegando no site o usuário permite o uso de cookies, sem a opção de escolher outras alternativas, compreender as suas finalidades e hipóteses legais.

Enfim, o uso de cookies pelo site da serventia, requer informações sobre a sua finalidade e dependendo do tipo de cookie usado, a formalização da concordância do usuário no site.

É importante frisar que os cookies têm diversas finalidades e nem todos são prejudiciais ou invasivos à privacidade. Um site que não utiliza cookies não requer um banner específico sobre o assunto.

AVISO DE PRIVACIDADE PARA NAVEGAÇÃO NO WEBSITE DA SERVENTIA

Já foi falado anteriormente sobre o aviso de privacidade de uma forma geral. Agora, será abordado o aviso de privacidade no *website*.

Uma norma usada como referência para a elaboração de um aviso de privacidade online, é a ABNT/NBR ISO/IEC 29184:2021. Trata-se de uma norma técnica, que especifica os controles que formam o conteúdo e a estrutura dos avisos de privacidade on-line.

A norma orienta que o aviso deve fornecer a todas as partes interessadas, todas as práticas relacionadas à privacidade na organização, que, nesse caso, seriam as serventias.

Aborda-se também que o aviso visual é uma forma de divulgação das informações, e que para auxiliar deficientes visuais, o aviso audível é apropriado. Nada impede que seja criado um aviso em vídeo.

O aviso poderá ser em camadas, em painéis e com ícones. No aviso de camadas, faz-se mister que a primeira camada informe detalhes que possam impactar o titular de dados e nas demais camadas sejam fornecidos avisos de todas as atividades da coleta e tratamento.

Esse tipo de aviso em camadas se refere à forma de apresentação do aviso de privacidade. As informações não são apresentadas de uma vez, pelo contrário, elas são divididas em seções, proporcionando ao usuário a oportunidade de acessar detalhes, conforme necessário.

Outra orientação da norma é que mesmo que usada uma linguagem genérica como: "Coletamos suas informações pessoais", deve ser fornecida uma lista dos dados que são coletados como nome e endereço. Deve-se, também, informar se os dados pessoais serão fornecidos a terceiros, para quem são transferidos, a localização geográfica para onde serão transferidos, a finalidade da transferência e a proteção relacionada a transferência, além do período de retenção e o cronograma para descarte.

No que se refere aos direitos dos titulares, as informações fornecidas devem ser sobre acesso, retificação, exclusão, restrição, portabilidade de dados, dentre outros. Além disso, deve-se incluir no aviso o meio pelo qual o titular pode fazer a solicitação, quais informações deverão ser fornecidas para autenticar o solicitante e as circunstâncias em que as informações não serão alteradas ou excluídas.

Deve ser indicado no aviso informações sobre os dados de contato para consultas sobre o tratamento de dados pessoais, indicando o direito de apresentar uma reclamação a uma autoridade de supervisão por exemplo, como a Autoridade Nacional de Proteção de Dados e a Corregedoria, além da informação de contato para onde as consultas serão dirigidas, não se limitando ao número de telefone, websites, endereços de e-mail e localizações físicas.

Por fim, deve ser informada a base legal, que na LGPD chamamos de hipótese legal, pela qual os dados pessoais serão tratados.

Comentários de Renata Tambasco ao Artigo 98

Nas serventias extrajudiciais existem protocolos que regulam o acesso dos titulares de dados pessoais para acessar as informações contidas nos sistemas administrativos. Essas normas têm o propósito de assegurar transparência, restringir a gratuidade a dados específicos e estabelecer medidas para preservar a confidencialidade dos serviços prestados.

A LGPD assegura o livre acesso dos titulares de dados, conforme estabelecido no artigo 6.º, IV. É muito importante ressaltar que essa gratuidade, isenta de emolumentos, aplica-se exclusivamente aos dados pessoais presentes nos sistemas administrativos da serventia.

Os dados inerentes às atividades notariais e registrais dotados de fé pública, do acervo da serventia, não estão abrangidos por essa gratuidade.

Quanto ao documento solicitado e obtido pelo exercício do direito de acesso, deve ser observado no seu cabeçalho, um texto esclarecendo que ele não possui fé pública, não substitui certidões e têm como único propósito atender aos direitos do titular no que se refere ao acesso aos seus dados pessoais.

A expedição de certidões pelas serventias extrajudiciais continua seguindo os emolumentos regulamentados, conforme as normas próprias estabelecidas. Faz-se mister observar que a isenção de emolumentos para aqueles titulares beneficiários da justiça continua em vigor.

É de responsabilidade dos notários e registradores, oferecer a identificação segura do solicitante, garantindo a confidencialidade. Para isso, é essencial coletar as informações de identidade do titular, da forma que julgar mais efetiva e segura, solicitando documentos enviados por e-mail ou apresentados pessoalmente no balcão, a fim de evitar divulgação de informações a partes não autorizadas, por exemplo.

Em resumo, a transparência é um princípio-chave na proteção de dados e privacidade, garantindo que as serventias extrajudiciais atuem de maneira ética, legal e respeitosa em relação aos dados dos usuários. Essa abordagem não apenas cumpre requisitos normativos, mas também fortalece a relação de confiança entre as partes envolvidas.

Seção X
Das certidões e compartilhamento de dados com centrais e órgãos públicos

Art. 99. Na emissão de certidão o notário ou o registrador deverá observar o conteúdo obrigatório estabelecido em legislação específica, adequado e proporcional à finalidade de comprovação de fato, ato ou relação jurídica.

Parágrafo único. Cabe ao registrador ou notário, na emissão de certidões, apurar a adequação, necessidade e proporcionalidade de particular conteúdo em relação à finalidade da certidão, quando este não for explicitamente exigido ou quando for apenas autorizado pela legislação específica.

Art. 100. Em caso de requerimento de certidões por meio da telemática, havendo necessidade de justificação do interesse na certidão, o solicitante será identificado por meio idôneo, reconhecido pela entidade responsável pela tramitação do serviço eletrônico compartilhado da respectiva especialidade cartorial.

Art. 101. O compartilhamento de dados com centrais de serviços eletrônicos compartilhados é compatível com a proteção de dados pessoais, devendo as centrais observar a adequação, necessidade e persecução da finalidade dos dados a serem compartilhados, bem como a maior eficiência e conveniência dos serviços registrais ou notariais ao cidadão.

Parágrafo único. Deverá ser dada preferência e envidados esforços no sentido de adotar a modalidade de descentralização das bases de dados entre a central de serviços eletrônicos compartilhados e as serventias, por meio do acesso pelas centrais às informações necessárias para a finalidade perseguida, evitando-se a transferência de bases de dados, a não ser quando necessária para atingir a finalidade das centrais ou quando o volume de requisições ou outro aspecto técnico prejudicar a eficiência da prestação do serviço.

Art. 102. O compartilhamento de dados com órgãos públicos pressupõe lei ou ato normativo do órgão solicitante, ou convênio ou outro instrumento formal com objeto compatível com as atribuições e competências legais da atividade notarial e registral.

§ 1.º O compartilhamento deverá ser oferecido na modalidade de fornecimento de acesso a informações específicas adequadas, necessárias e proporcionais ao atendimento das finalidades presentes na política pública perseguida pelo órgão, observando-se os protocolos de segurança da informação e evitando-se a transferência de bancos de dados, a não ser quando estritamente necessária para a persecução do interesse público.

§ 2.º Caso o registrador ou o notário entenda haver desproporcionalidade na solicitação de compartilhamento de dados pelo órgão público, deverá consultar a Corregedoria Nacional de Justiça, no prazo de 24 horas, oferecendo suas razões, à luz do disposto neste artigo.

Art. 103. O responsável pela serventia extrajudicial efetuará, sempre que possível, aplicável e compatível com a finalidade perseguida e o tipo de tratamento, a criptografia ou a pseudonimização de dados pessoais para o acesso a informações ou transferência dos dados para terceiros, inclusive centrais de serviços eletrônicos compartilhados e órgãos públicos.

Art. 104. Os registradores e os notários remeterão dados com a finalidade da formação de indicadores estatísticos às entidades previstas em lei ou regulamento, garantindo que sejam anonimizados na origem, nos termos da Lei Geral de Proteção de Dados Pessoais (LGPD).

Art. 105. Na correição anual será verificada pelo corregedor permanente a adaptação de suas práticas de tratamento de dados pessoais à Lei Geral de Proteção de Dados Pessoais (LGPD) e a este Código de Normas.

Comentários de Douglas Gavazzi aos Artigos 99 e 100

O artigo 99 do Código Nacional de Normas do Foro Extrajudicial trata sobre a emissão de certidões pelos notários e registradores.

A palavra certidão vem do latim, *certificatio*, "ato de atestar, tornar certo", de *certus*, "seguro, fixo, determinado, garantido", derivado de *cernere*, "distinguir, decidir", originalmente "peneirar, separar, enfim, certidão significa "certeza" de algo.

Na prática, uma certidão é o instrumento que dá certeza a algo. A certidão atesta a existência de um ato ou de um fato jurídico garantindo a veracidade da informação nela contida.

ART. 105. COMENTÁRIOS AO CÓDIGO NACIONAL DE NORMAS – FORO EXTRAJUDICIAL

A notícia do Direito de Certidão positivada no ordenamento nacional é proveniente da Constituição de 1934. O artigo nº 113, inciso 35, da Carta do Governo Constitucional da Era Vargas rezava sob vernáculo que então vigia:

> A lei assegurará o rapido andamento dos processos nas repartições publicas, a communicação aos interessados dos despachos proferidos, assim como das informações a que estes se refiram, e a expedição das certidões requeridas para a defesa de direitos individuaes, ou para esclarecimento dos cidadãos acerca dos negocios publicos, resalvados, quanto ás ultimas, os casos em que o interesse público imponha segredo ou reserva.

Na Constituição de 1988, o Direito de Certidão está estabelecido no inciso XXXIV do artigo 5º que trata dos direitos e deveres individuais e coletivos, trazendo que é assegurado a todo cidadão *"a obtenção de certidões em repartições públicas, para defesa de direitos e esclarecimento de situações de interesse pessoal"*.

Veja-se que já da origem latina se observa o viés particular e individual do Direito de Certidão pelo derivativo de *cernere*, que denota – separação, peneiração – classificação de um direito que de fato se confunde com a publicidade dos atos cartoriais.

A expedição de certidões pelos tabeliães de notas notários está prevista no artigo 6.º da Lei Federal 8.935/94. Já a previsão de legal de expedição pelos registradores está contida no artigo 19 da Lei Federal 6.015/73.

O artigo 99 do Código Nacional de Normas do Foro Extrajudicial é claro e transparente quando retrata que o notário ou o registrador deverá observar o conteúdo obrigatório estabelecido em legislação específica, adequado e proporcional à finalidade de comprovação de fato, ato ou relação jurídica, ou seja, é o notário e o registrador quem deve averiguar a que fim se destina a certidão e restringir o conteúdo que não se presta à determinada finalidade ou comprovação. Nesse meandro, os pedidos de certidões revelam manifesta arrelia entre a publicidade decorrente da função pública delegada e o direito à proteção dos dados pessoais.

É então dever do emitente a verificação da finalidade, da necessidade e da adequação quais informações deverão constar da certidão a ser expedida a fim de que a certidão – quando emitida a terceiros – não contenha informações excessivas ou que extrapolem as finalidades retratadas na solicitação.

Já o art. 100 do Código Nacional de Normas, regra que em caso de requerimento de certidões por meio da telemática, havendo necessidade de justificação do interesse na certidão, o solicitante será identificado por meio idôneo, reconhecido pela entidade responsável pela tramitação do serviço eletrônico compartilhado da respectiva especialidade cartorial.

A expedição de certidões pelas serventias extrajudiciais é a responsável por criar aparente conflito entre a publicidade notário-registral e o direito fundamental à proteção de dados pessoais. De acordo com Rosa, (2023 *apud* Ingo Sarlet e Giovani Agostini Saavedra), "as várias novas tecnologias, que ampliam as possibilidades de exposição, troca e tratamento de dados, somente serão legítimos se não desnaturarem a base do Direito, que é a autodeterminação livre, que se expressa por meio da vontade".[1]

Os atos notariais e registrais podem conter dados das partes envolvidas tais como endereço, número de documentos de identificação, dados fiscais, dados bancários, e demais dados que muitas vezes podem se demonstrar sensíveis, como um reconhecimento de paternidade citado em um inventário extrajudicial decorrente de ato insculpido em testamento base à agnição da filiação.

Justamente por tais circunstâncias, o pedido de certidão não deve ser indiscriminado, a publicidade do agente público (tabelião/registrador) não deve ser confundida com o acesso irrestrito aos atos lavrados e registrados nas serventias extrajudiciais.

A plataforma do e-notariado já conta com módulo de clientes do notariado (CCN) que possibilita a identificação do requerente e a plataforma do Operador Nacional do Sistema de Registro de Imóveis questiona o requerente identificado por usuário e senha, qual a finalidade da expedição da certidão imobiliária.

Não é impróprio afirmar que a expedição de certidões tratada no artigo 6.º da Lei dos Notários e Registradores deve, em futuro próximo, se restringir às partes que figuram no título notarial ou no bojo do registro imobiliário, seus procuradores e parentes próximos com interesses sucessórios.

Comentários de João Rodrigo Stinghen aos Artigos 101 a 104

O art. 102 disciplina o compartilhamento de dados com órgãos públicos, também bastante frequente no cotidiano das serventias. O critério para a legalidade desse compartilhamento é a existência de previsão escrita que legitime tal compartilhamento: lei, ato normativo do órgão solicitante, convênio ou outro instrumento formal. Destaque-se que tal instrumento deve possuir "objeto compatível com as atribuições e competências legais da atividade notarial e registral".

Em respeito ao princípio da necessidade (art. 6.º, III, LGPD), as informações compartilhadas devem ser específicas, adequadas, necessárias e proporcionais ao atendimento das finalidades presentes na política pública perseguida pelo órgão. O objetivo dessas restrições é evitar a transferência de bancos de dados, a não ser quando isso seja estritamente necessário.

Caso entenda haver desproporcionalidade na solicitação de compartilhamento de dados pelo órgão público, o delegatário deverá "consultar a Corregedoria Nacional de Justiça, no prazo de 24 horas, oferecendo suas razões".

---

1. SARLET, Ingo Wolfang e SAAVEDRA, Giovani Agostini. Proteção de Dados e Inteligência Artificial: Perspectivas Éticas e Regulatórias. *RDP*, Brasília, v. 17, n. 93, 33-57, maio/jun. 2020, p. 39.

Esse mecanismo de consulta é extremamente benéfico para garantir a efetividade prática das restrições de compartilhamento estabelecidas no CNN, pois evita que o delegatário precise "assumir" a responsabilidade por negar dados a órgãos públicos, contornando uma série de inconvenientes.

Sobre esse tema debateu a Comissão de Proteção de Dados (CPD/CN/CNJ). Segundo o colegiado,[2] o compartilhamento de dados pessoais, por transferência de banco de dados dos atos notariais e registrais apenas é possível quando demonstrado o interesse público específico da entidade solicitante.

Esse interesse específico não se confunde com os fins fiscalizatórios das Corregedorias. Ou seja, não basta que a Corregedoria exija o compartilhamento do banco de dados com fundamentação genérica. É necessário demonstrar qual é o interesse público específico para o compartilhamento.

Vale ressaltar que esse entendimento tem base no art. 102 do Código Nacional de Normas. Inclusive, esse dispositivo prevê que o delegatário pode acionar diretamente a Corregedoria Nacional se entender que há desproporcionalidade na solicitação de compartilhamento de dados.

O art. 103 orienta a adoção de medida técnica de segurança da informação para salvaguardar o uso compartilhado de dados. Alternativamente, cabe ao delegatário promover a criptografia ou a pseudonimização dos dados compartilhados, desde que isso seja viável ("sempre que possível"). Além de viável, a medida deve ser compatível com a finalidade perseguida e tipo de tratamento de dados realizado.

A criptografia é uma técnica utilizada pelo conjunto de dados, e é convertida de um formato legível para um ilegível. A reversão da criptografia é feita por meio de uma chave criptográfica de acesso restrito.

Definida no § 4.º do art. 13 da LGPD, a pseudonimização é retirar a associação do dado pessoal com seu titular. Após a aplicação da técnica de pseudonimização, o dado pessoal não é passível de associação direta com uma pessoa, a não ser pelo uso de informação adicional mantida separadamente pelo controlador em ambiente controlado e seguro.

Por fim, a art. 104 prevê a possibilidade de os registradores e notários compartilharem dados com suas entidades associativas para a formação de "índices e indicadores estatísticos", desde que estes sejam anonimizados ou pseudonimizados.

A anonimização é a aplicação de técnica que retira a característica de dado pessoal de determinada informação, de maneira irreversível. A irreversibilidade do processo de anonimização não precisa ser absoluta, mas deve ser segura considerando os "meios técnicos razoáveis e disponíveis na ocasião" (art. 5.º, III, LGPD).

---

2. BRASIL. CNJ. CPD/CN/CNJ. Ata da 3ª Sessão Ordinária. Publicação: 29.06.2023. Disponível em: https://www.cnj.jus.br/corregedoriacnj/extrajudicial/comissao-de-protecao-de-dados-da-corregedoria-nacional--de-justica/.

Comentários de Vivianne Romanholo Barbosa de Castro Rosado ao Artigo 105

A fiscalização das atividades notariais e registrais, conforme estabelece a Constituição Federal, é exercida pelos Tribunais de Justiça de cada Estado e do Distrito Federal, por meio de correições ordinárias ou extraordinárias, gerais ou parciais; visitas ou inspeção técnica.

Como elucidam Paulo Roberto Gaiger Ferreira e Felipe Leonardo Rodrigues,[3] no livro Tabelionato de Notas, os tabeliães fazem parte de um sistema preventivo, no qual os atos e os negócios jurídicos se submetem a um controle prévio e rigoroso de legalidade.

As normas administrativas são editadas, nos termos do artigo 36 e 37, da Lei nº 8.935/94, pelas Corregedorias-Gerais de cada Tribunal de Justiça para garantir que o serviço seja prestado com celeridade, qualidade satisfatória e de modo eficiente, com o cumprimento dos deveres e das obrigações legais e regulamentares.

A título de exemplo, a correição dos Serviços Notariais e de Registro em Minas Gerais é realizada pelo Diretor do Foro (art. 28 do Provimento nº 355/CGJ/2018). Em São Paulo, por sua vez, a correição ordinária é realizada pelo Juiz Corregedor Permanente (Provimento CGJ 48/2017).

Assim, na correição ordinária, que acontece anualmente, o Juiz Diretor do Foro ou o Juiz Corregedor Permanente, mesma autoridade fiscalizatória, cujas denominações variam de Estado para Estado, deverá verificar o cumprimento da LGPD e do Código de Normas em estudo.

O Provimento 134/CNJ criou, no âmbito da Corregedoria Nacional de Justiça do Conselho Nacional de Justiça, a Comissão de Proteção de Dados – CPD/CN/CNJ, *de caráter consultivo*, responsável por propor, independentemente de provocação, diretrizes com critérios sobre a aplicação, interpretação e adequação das Serventias à LGPD, espontaneamente ou mediante provocação pelas Associações.

Infere-se que a atribuição fiscalizatória permanece com as Corregedorias.

Seção XI
Do Tabelionato de Notas e a Proteção de Dados

Art. 106. A emissão e o fornecimento de certidão de ficha de firma e dos documentos depositados por ocasião de sua abertura somente poderão ser realizados a pedido do titular referido nos documentos, seus representantes legais e mandatários com poderes especiais ou mediante decisão judicial.

Art. 107. O fornecimento de certidões para os solicitantes legitimados pode ocorrer por meio de cópia reprográfica.

---

3. FERREIRA, Paulo Roberto Gaiger; RODRIGUES, Felipe Leonardo. *Ata Notarial*: doutrina prática e meio de prova. São Paulo: Quartier Latin, 2023.

Art. 108. O pedido de lavratura de ata notarial, realizado por um dos pais, ou pelo responsável legal, envolvendo dados pessoais de sujeito menor de 12 (doze) anos de idade será considerado como consentimento específico e em destaque para o tratamento dos dados da criança.

Art. 109. Nos atos protocolares e nas escrituras públicas, não haverá necessidade de inserção da condição de pessoa exposta politicamente.

Art. 110. A certidão de testamento somente poderá ser fornecida ao próprio testador ou mediante ordem judicial.

Parágrafo único. Após o falecimento, a certidão de testamento poderá ser fornecida ao solicitante que apresentar a certidão de óbito.

Art. 111. No ato notarial, serão inseridos na qualificação dos sujeitos: o nome completo de todas as partes; o documento de identificação, ou, na sua falta, a filiação; o número de CPF; a nacionalidade; o estado civil; a existência de união estável; a profissão e o domicílio, sendo dispensada a inserção de endereço eletrônico e número de telefone.

Comentários de Vivianne Romanholo Barbosa de Castro Rosado ao Artigo 106

O Código de Normas da Corregedoria-Geral de Justiça do Estado de Minas Gerais estabelece que por ocasião da lavratura de escrituras e procurações com conteúdo econômico, deverá ser aberto cartão de autógrafo para fins de cadastro dos envolvidos ou, se necessário, atualização do cartão de autógrafo já existente; assim como também é obrigatória a abertura de cartão de autógrafos por ocasião do primeiro reconhecimento de firma na respectiva serventia.

Em São Paulo, a denominação utilizada é ficha-padrão ou ficha de depósito de firmas, de forma que, para a prática do reconhecimento de firma, o signatário deverá abrir uma ficha-padrão que conterá: a) nome do depositante, endereço, profissão, nacionalidade, estado civil, filiação e data do nascimento; b) indicação do número de inscrição no CPF, quando for o caso, e do registro de identidade, ou documento equivalente, com o respectivo número, data de emissão e repartição expedidora; c) data do depósito da firma; d) assinatura do depositante, aposta 2 (duas) vezes; e) rubrica e identificação do Tabelião de Notas ou escrevente que verificou a regularidade do preenchimento; f) no caso de depositante cego ou portador de visão subnormal, e do semialfabetizado, o Tabelião de Notas preencherá a ficha e consignará esta circunstância.

O tabelião deve emitir certidão dos documentos por ele lavrados ou que se encontrem nos seus arquivos. A possibilidade de expedir certidão do cartão de autógrafo e dos documentos que deram suporte para a qualificação do titular da firma era tema controverso.

A partir do regramento em análise, a certidão de ficha de firma e dos documentos depositados somente poderão ser realizados a pedido do titular referido nos documentos, seus representantes legais e mandatários com poderes especiais ou mediante decisão judicial.

No mesmo sentido, decisão exarada pela Corregedoria Geral de Justiça do Tribunal de Justiça de Minas Gerais, nos Autos nº 0156317-86.2023.8.13.0000, cuja ementa tem a seguinte redação:

> Ementa: Comarca de Belo Horizonte. Tabelionato de notas. Acesso de cartão de autógrafo por terceiro interessado. Inventariante. Certidão. Cópia reprográfica. Artigos 16 e 17 da Lei nº 6.015/1973. Artigos 116 e 117 do Provimento Conjunto nº 93/2020. Artigo 28 do Provimento nº 134/CNJ/2022. – A emissão e o fornecimento de certidão de ficha de firma e dos documentos depositados por ocasião de sua abertura somente poderão ser realizados a pedido do titular referido nos documentos, seus representantes legais e mandatários com poderes especiais ou mediante decisão judicial. – O fornecimento de certidões para os solicitantes legitimados pode ocorrer por meio de cópia reprográfica do cartão de autógrafo.

Restou consignado na decisão supracitada, com fundamento no artigo em comento, que a inventariante pode obter, caso requeira e independentemente de autorização judicial, por ser a representante legal do espólio, o fornecimento de cópia reprográfica do cartão de autógrafo e dos documentos depositados por ocasião de sua abertura pela falecida, por meio de certidão a ser expedida pelo competente Tabelionato de Notas.

Vale ressaltar que a Nota Técnica nº 3/2023/CGF/ANPD, com fundamento no art. 55-J, da LGPD, que define como competência a ANPD zelar pela proteção dos dados pessoais, concluiu, considerando os dispositivos normativos da LGPD, bem como o arcabouço normativo brasileiro de proteção dos direitos de personalidade, pela não incidência da LGPD no caso do tratamento de dados de pessoas falecida.

Comentários de Vivianne Romanholo Barbosa de Castro Rosado ao Artigo 107

Os serviços notariais e de registro devem garantir a publicidade dos atos que praticam, como previsto no art. 1.º da Lei nº 8.935/1994, o que é feito por meio de informações e de certidões, incluídos os traslados dos atos notariais.

Certidão, conforme artigo 116, do Código de Normas Mineiro, é o instrumento público expedido em razão do ofício e que contenha, alternativamente: I – a cópia integral e fiel do teor de escrito existente em livro ou arquivo da serventia; II – o resumo de ato praticado ou de documento arquivado na serventia; III – o relato da realização de atos conforme quesitos; IV – a negativa da existência de atos.

No caso de emissão de certidão de inteiro teor, cabe ao tabelião ou ao oficial de registro emitir certidão dos atos praticados, documentos arquivados ou digitalizados.

A certidão de inteiro teor poderá ser extraída por qualquer meio reprográfico, desde que assegurada a fidelidade da cópia ao original e indicada a localização do texto reproduzido.

Quanto aos legitimados vale trazer a lume a lição do Desembargador Marcelo Rodrigues,[4] segundo o qual, o pedido de publicidade deve atender ao tripé necessidade, segurança e prevenção, não sem antes avaliar se o interesse do requerente é compatível, legítimo e específico aos fins a que se orientam o sistema de publicidade registral e do próprio notariado do tipo latino.

Conforme a Comissão de Proteção de Dados (CPD/CN/CNJ) formou consenso em torno da seguinte diretriz:[5]

Tabelionato de Notas

1. Requerimento

O pedido de certidão notarial deverá ser realizado, preferencialmente, em formato digital, do qual deverá constar a identificação do solicitante, assim como a motivação, exceto quando o requerente for o próprio titular dos dados, mantendo-se, assim, um prontuário que poderá ser solicitado por este, a fim de cumprir a autodeterminação informativa. O tempo de guarda do requerimento pelos cartórios de Notas deverá ser de 1 (um) ano, com o posterior descarte, nos moldes do Provimento CNJ nº 50/2015.

2. Certidões

2.1. Quando for solicitada certidão notarial por pessoa diversa do integrante do ato, seu representante legal ou mandatário com poderes especiais, o tabelião deverá informar ao solicitante sobre a existência de dado sensível no documento, conforme definido no art. 5.º, II, da Lei nº 13.709/2018. Assim, o tabelião poderá, conforme o contexto e motivação do solicitante, acatar o requerimento e lavrar a certidão requerida com tarja no dado sensível quando não for necessário, conforme a finalidade indicada pelo solicitante da certidão. No caso de tarjamento, deverá constar da certidão: "Esta certidão é cópia fiel e integral do ato notarial, com exceção do elemento considerado dado sensível, nos termos do art. 5.º, II, da Lei 13.709/2018".

2.2. No caso de o requerente solicitar certidão na modalidade de cópia reprográfica, serão utilizados os mesmos critérios definidos no item anterior.

3. Controle do Tabelião no Instrumento Notarial

O tabelião, no momento da confecção dos instrumentos notariais, deverá evitar a inclusão de dados sensíveis, a não ser quando essenciais à constituição do ato.

Conclui-se que o solicitante deve ser identificado. Nesse sentido, a Comissão de Proteção de Dados (CPD/CN/CNJ) orienta que os pedidos de certidão notarial deve-

---

4. RODRIGUES, Marcelo Guimarães. *Lei Geral de Proteção de Dados* – LGPD e os Serviços Notariais e de Registros. Belo Horizonte: Colégio Notarial do Brasil – MG, 2021.

5. BRASIL. CNJ. CPD/CN/CNJ. Ata da 11ª Sessão Ordinária. Publicação: 23.11.2023. Disponível em: https://www.cnj.jus.br/corregedoriacnj/extrajudicial/comissao-de-protecao-de-dados-da-corregedoria-nacional--de-justica/.

rão ser realizados preferencialmente em formato digital, contendo a identificação do solicitante e a motivação.[6]

Ainda segundo a Comissão,[7] quando o solicitante for o próprio titular de dados, não é preciso exigir o pedido formal assinado. Contudo, nesse caso, é preciso manter um prontuário de solicitações, que pode ser requerido pelo solicitante. O tempo de guarda para os requerimentos é de 1 ano. Depois disso, é preciso descartá-los de forma segura, conforme indicado no Provimento nº 50/2015 do CNJ.

Se a solicitação não decorrer de previsão legal, será necessário identificar a finalidade para avaliação da compatibilidade do pedido com os princípios da LGPD.

Se houver dado sensível no ato notarial objeto da certidão, o tabelião deve deverá informar ao solicitante sobre isso.[8] Em seguida, o tabelião deve avaliar o contexto do requerimento e, a partir disso, tem duas alternativas: (i) lavrar a certidão com o dado sensível, se este for necessário para a finalidade indicada pelo solicitante; ou (ii) lavrar a certidão suprimindo o dado sensível, se este não for relevante para a finalidade indicada pelo solicitante.

Para suprimir o dado sensível, o tabelião deve colocar tarjas pretas sobre ele. Além disso, deve fazer constar na certidão o seguinte texto: "Esta certidão é cópia fiel e integral do ato notarial, com exceção do elemento considerado dado sensível, nos termos do art. 5.º, II, da Lei 13.709/2018".

Por fim, note-se que essa supressão não é necessária se o requerente for legitimado. Por requerente legitimado, entende-se: (i) pessoa que consta no ato notarial; (ii) mandatário com poderes especiais; (iii) representante legal de pessoa que consta no ato notarial.

Comentários de Vivianne Romanholo Barbosa de Castro Rosado ao Artigo 108

A ata notarial é o instrumento público pelo qual o tabelião, ou preposto autorizado, a pedido de pessoa interessada, constata fatos, coisas, pessoas ou situações para comprovar a sua existência ou o seu estado.[9]

O Código de Normas de São Paulo, no subitem 148.2, prevê que as informações, certidões e traslados de ata notarial que contenha a descrição ou a reprodução de

---

6. BRASIL. CNJ. CPD/CN/CNJ. Ata da 11ª Sessão Ordinária...
7. BRASIL. CNJ. CPD/CN/CNJ. Ata da 11ª Sessão Ordinária...
8. BRASIL. CNJ. CPD/CN/CNJ. Ata da 11ª Sessão Ordinária...
9. FERREIRA, Paulo Roberto Gaiger; RODRIGUES, Felipe Leonardo. *Ata Notarial*: doutrina prática e meio de prova. São Paulo: Quartier Latin, 2023.

imagem de ato de sexo ou cena pornográfica envolvendo criança ou adolescente somente poderão ser fornecidas para os seus responsáveis legais desde que não participem dos atos e cenas retratados, diretamente para os adolescentes nela mostrados ou referidos independente de representação ou assistência, ou mediante requisição judicial, da autoridade policial competente para a apuração dos fatos, ou do Ministério Público.

O fornecimento de informações e certidões, inclusive na forma de traslado, para pessoas distintas das supracitadas dependerá de prévia autorização do Juiz Corregedor Permanente que, para essa finalidade, poderá ser provocado pelo próprio interessado ou, a seu pedido, pelo Tabelião de Notas.

Conforme o Processo CG/SP nº 2021/00056806, a possibilidade da comprovação de fato ilícito envolvendo crianças e adolescentes, por ata notarial, demanda cautelas específicas: deve ser imposta restrição ao fornecimento de informações e certidões; e, o tabelião de notas deve comunicar os fatos ao Ministério Público, ou à Autoridade Policial, tanto em razão do conteúdo dos atos como da sua divulgação que também caracteriza crime por envolver criança ou adolescente.

As medidas de cautela dizem respeito ao procedimento adotado para a lavratura da ata notarial, desde a obtenção da informação, a elaboração da ata, o seu armazenamento da informação, o seu compartilhamento, e todas as formas que impliquem em tratamento dos dados pessoais, ou possibilitem o acesso por terceiros, pessoa natural ou jurídica, visando o seu tratamento, o que, a par da LGPD e do Estatuto da Criança e do Adolescente, também ocorre por se tratar de dados pessoais especiais.

O artigo 14, da LGPD dispõe:

> Art. 14. O tratamento de dados pessoais de crianças e de adolescentes deverá ser realizado em seu melhor interesse, nos termos deste artigo e da legislação pertinente.
>
> § 1.º O tratamento de dados pessoais de crianças deverá ser realizado com o consentimento específico e em destaque dado por pelo menos um dos pais ou pelo responsável legal.
>
> § 2.º No tratamento de dados de que trata o § 1.º deste artigo, os controladores deverão manter pública a informação sobre os tipos de dados coletados, a forma de sua utilização e os procedimentos para o exercício dos direitos a que se refere o art. 18 desta Lei.
>
> § 3.º Poderão ser coletados dados pessoais de crianças sem o consentimento a que se refere o § 1.º deste artigo quando a coleta for necessária para contatar os pais ou o responsável legal, utilizados uma única vez e sem armazenamento, ou para sua proteção, e em nenhum caso poderão ser repassados a terceiro sem o consentimento de que trata o § 1.º deste artigo.
>
> § 4.º Os controladores não deverão condicionar a participação dos titulares de que trata o § 1.º deste artigo em jogos, aplicações de internet ou outras atividades ao fornecimento de informações pessoais além das estritamente necessárias à atividade.
>
> § 5.º O controlador deve realizar todos os esforços razoáveis para verificar que o consentimento a que se refere o § 1.º deste artigo foi dado pelo responsável pela criança, consideradas as tecnologias disponíveis.
>
> § 6.º As informações sobre o tratamento de dados referidas neste artigo deverão ser fornecidas de maneira simples, clara e acessível, consideradas as características físico-motoras, perceptivas, sensoriais, intelectuais e mentais do usuário, com uso de recursos audiovisuais quando adequado,

de forma a proporcionar a informação necessária aos pais ou ao responsável legal e adequada ao entendimento da criança.

A ANPD editou o Enunciado CD/ANPD nº 1, de 22 de maio de 2023 que preconiza: "O tratamento de dados pessoais de crianças e adolescentes poderá ser realizado com base nas hipóteses legais previstas no art. 7.º ou no art. 11 da Lei Geral de Proteção de Dados Pessoais (LGPD), desde que observado e prevalecente o seu melhor interesse, a ser avaliado no caso concreto, nos termos do art. 14 da Lei".

É comum o entendimento de que os dados de crianças e adolescentes seja classificado como sensíveis. Segundo a LGPD, dados sensíveis são os que revelam origem racial ou étnica, convicções religiosas ou filosóficas, opiniões políticas, filiação sindical, questões genéticas, biométricas e sobre a saúde ou a vida sexual de uma pessoa.

Em que pese a LGPD não ter definido como sensíveis os dados que envolvem crianças e adolescentes, são dados especiais, cuja previsão do consentimento específico visa resguardar os direitos da criança, eliminando obstáculos que poderiam dificultar ou impedir a lavratura da ata.

Comentários de Vivianne Romanholo Barbosa de Castro Rosado ao Artigo 109

Luiz Guilherme Loureiro[10] ensina que os documentos protocolares são aqueles escritos nos livros de notas mantidos em arquivo, para fins de conservação e publicidade, são eles: as escrituras públicas (como procuração e testamento); as atas notariais e o reconhecimento de firma por autenticidade.

Segundo o artigo 182, do Código de Normas Mineiro, a escritura pública é o instrumento público notarial dotado de fé pública e força probante plena, em que são acolhidas declarações sobre atos jurídicos ou declarações de vontade inerentes a negócios jurídicos para as quais os participantes devam ou queiram dar essa forma legal.

O art. 109 do CNN estabelece que não é preciso constar a condição de pessoa exposta politicamente (PEP) nos atos protocolares e nas escrituras públicas. Entende-se essa previsão como uma vedação para que conste tal informação, em razão do princípio da necessidade (art. 6.º, II da LGPD). De todo modo, o CNN prevê uma exceção no art. 165-A. Veja-se:

> Art. 165-A. Toda escritura pública de constituição, alienação ou oneração de direitos reais sobre imóveis deve indicar, de forma precisa, meios e formas de pagamento que tenham sido utilizados no contexto de sua realização, bem como a eventual condição de pessoa politicamente exposta de cliente ou usuário ou de outros envolvidos nesse mesmo contexto.

---

10. LOUREIRO, Luiz Guilherme. *Manual de direito notarial*: da atividade e dos documentos notariais. 3. ed. rev., atual. e ampl. Salvador: JusPodivm, 2018.

A aparente antinomia entre as normas é facilmente solucionada se considerarmos o art. 109 como regra geral e o art. 165-A como exceção. Nesse sentido, precisam indicar a condição de PEP as escrituras que versem sobre direitos reais sobre imóveis, ao passo que não devem indicar tal informação todos os demais atos (escrituras com objeto diverso do imobiliário, protocolos, atas notariais e procurações).

Vale ressaltar que apesar da desnecessidade de inserção da condição de PEP nesses documentos não desembumbe o delegatário de averiguar essa informação, para fins de cumprir seus deveres na seara PLD/FTP.

Comentários de Vivianne Romanholo Barbosa de Castro Rosado ao Artigo 110

O Código de Normas da Corregedoria-Geral de Justiça do Estado de Minas Gerais já previa que enquanto vivo o testador, só a este ou a mandatário com poderes especiais, outorgados por procuração particular com firma reconhecida ou por instrumento público, será fornecida certidão do testamento.

Prevê também que somente será fornecida certidão de testamento requerida por interessado ou por tabelião de notas encarregado de lavrar escritura pública de inventário e partilha mediante apresentação da certidão de óbito do testador, no original ou em cópia autenticada, ou por ordem judicial.

Tal regra se repete na maioria dos Códigos de Normas dos Estados Brasileiros.

O direito de obter certidão não é absoluto, os direitos e deveres de informação e de privacidade, intimidade e da vida privada, podem colidir, exigindo ponderação do tabelião e restrição da publicidade do ato.[11]

Comentários de Vivianne Romanholo Barbosa de Castro Rosado ao Artigo 111

Dentre os princípios que regem a atividade notarial, destaca-se o da rogação ou demanda, segundo o qual o tabelião não pode atuar de ofício, depende de um pedido, uma rogação, que normalmente é tácita e verbal.

Luiz Guilherme Loureiro ensina que a rogação é o ato jurídico pelo qual uma ou mais pessoas requerem ao notário o exercício de sua função com o fim de instrumen-

---

11. RODRIGUES, Marcelo Guimarães. *Lei Geral de Proteção de Dados* – LGPD e os Serviços Notariais e de Registros. Belo Horizonte: Colégio Notarial do Brasil – MG, 2021.

tar uma declaração ou acordo de vontades, ou fixar fatos, acontecimentos e situações jurídicas.[12]

O artigo 2.º, Provimento nº 61 de 17.10.2017, do CNJ, dispõe que no *requerimento para a prática de atos aos serviços extrajudiciais* deverão constar obrigatoriamente, sem prejuízo das exigências legais, as seguintes informações:

I – nome completo de todas as partes, vedada a utilização de abreviaturas;
II – número do CPF ou número do CNPJ;
III – nacionalidade;
IV – estado civil, existência de união estável e filiação;
V – profissão;
VI – domicílio e residência;
VII – endereço eletrônico.

De acordo com o inciso III, do parágrafo primeiro, do artigo 215, do Código Civil, a escritura pública deve conter os dados identificadores das partes e dos demais comparecentes.

O artigo em voga, em relação ao artigo 2.º, supracitado, excluiu a necessidade de constar na qualificação das partes o endereço eletrônico e o número de telefone, de forma que se amolda perfeitamente ao disposto no Código Civil Brasileiro.

CASUÍSTICA – PEDIDO DE CERTIDÃO EM BLOCO

O Provimento 134/2022 do CNJ não prevê regra específica sobre esse tipo de solicitação ao tabelionato de notas, no entanto, em Minas Gerais, existe a previsão do artigo 16, § 1.º, 2.º e 3.º da Portaria 6.905/CGJ/2021.

Diante disso, a serventia deve identificar o solicitante; exigir a finalidade da solicitação; avaliar se a justificativa apresentada, a qual não pode ser genérica, é plausível, segundo os ditames da LGPD.

CASUÍSTICA – SOLICITAÇÃO DE CONSULTA À CNIB – CENTRAL NACIONAL DE INDISPONIBILIDADE DE BENS

A CNIB é uma Central que tem por finalidade a recepção e a divulgação, aos usuários do sistema de indisponibilidade, cujo acesso é restrito a agentes públicos, taxativamente, elencados no Provimento 39/2014, do CNJ, como magistrados, servidores do Tribunal, notários, registradores e seus substitutos e prepostos dentre outros.

---

12. LOUREIRO, Luiz Guilherme. *Manual de direito notarial*: da atividade e dos documentos notariais. 3. ed. rev., atual. e ampl. Salvador: JusPodivm, 2018.

As informações referentes à indisponibilidade de bens imóveis configuram dado pessoal segundo a LGPD, uma vez que se trata de "informação relacionada a pessoa natural identificada ou identificável".

A consulta ao banco de dados da Central Nacional de Indisponibilidade de Bens – CNIB é obrigatória para todos os notários e registradores do país, no desempenho regular de suas atividades e para a prática dos atos de ofício, nos termos da Lei e das normas específicas.

Todo o procedimento de consulta à CNIB é feito de forma a preservar a privacidade das pessoas constantes no cadastro, razão pela qual se reserva o acesso aos legitimados listados no Provimento 39;

Inexiste previsão permitindo ou obrigação legal/administrativa de que a serventia disponibilize esse tipo de informação ao usuário de serviços notariais.

Ademais, é dever do notário guardar sigilo sobre a documentação e os assuntos de natureza reservada de que tenham conhecimento em razão do exercício de sua profissão.

CASUÍSTICA – SOLICITAÇÃO DE COMPARTILHAMENTO DE IMAGENS DAS CÂMERAS EXTERNAS DA SERVENTIA QUE TESTEMUNHARAM ACIDENTE DE TRÂNSITO

Por envolver direito de imagem de terceiros, além do solicitante, o recomendável é fornecer a imagem com autorização ou ordem judicial.

CASUÍSTICA – SOLICITAÇÃO REALIZADA POR DELEGADO DE POLÍCIA QUANTO À QUALIFICAÇÃO COMPLETA DE UMA PESSOA

Considerando que a solicitação se deu no bojo de um inquérito policial, em pedido assinado pela própria autoridade policial, tem-se que o compartilhamento de dados é solicitado para realização de investigação de infrações penais. A situação em tela não atrai a incidência da LGPD, haja vista que o artigo 4.º *da lei estabelece que ela não se aplica ao tratamento de dados pessoais nas atividades de investigação e repressão de infrações penais.*

Solicitação de atualização de nome no cadastro e em ato lavrado, haja vista alteração nos termos da Lei nº 14.382/22, que trouxe diversas alterações que simplificaram e modernizaram os procedimentos relativos aos registros públicos de atos e negócios jurídicos tratados pela Lei nº 6.015/1973.

O titular dos dados pessoais tem direito a obter do controlador, em relação aos dados do titular por ele tratados, a qualquer momento e mediante requisição a correção de dados incompletos, inexatos ou desatualizados (art. 18, LGPD).

Dessa forma, supondo que Pero Vaz alterou o nome para Pero Caminha, ele tem o direito de atualização do nome no cadastro, na ficha-padrão ou cartão de autógrafo. O ato lavrado pode ser retificado ou aditado, conforme o caso.

Seção XII
Do Registro de Títulos e Documentos e Civil de Pessoas Jurídicas e a Proteção de Dados

Art. 112. As notificações que contenham dados pessoais tratados devem ser feitas preferencialmente pelo Registro de Títulos e Documentos da circunscrição do destinatário. Quando assim não ocorrer, a notificação deverá ser enviada junto à folha adicional informativa com os dados tratados do notificado.

Comentários de João Rodrigo Stinghen ao Artigo 112

Existe apenas uma regra específica para essas especialidades registrais. As notificações que contenham dados pessoais tratados devem ser feitas *preferencialmente* pelo ofício com função de registro de títulos e documentos da circunscrição do destinatário.

Quando assim não ocorrer, a notificação deverá ser enviada juntamente com folha adicional informativa com os dados tratados do notificado, em conformidade com o princípio da transparência.

Seção XIII
Do Registro Civil de Pessoas Naturais e a Proteção de Dados

Art. 113. É livre o acesso às informações constantes nos livros de Registro Civil das Pessoas Naturais, por meio de certidões de breve relato, com as informações regulamentadas em lei, neste Código de Normas e em outras normas compatíveis, independentemente de requerimento ou de identificação do requerente.

Art. 114. As certidões de registro civil em geral, inclusive as de inteiro teor, requeridas pelos próprios interessados, seus representantes legais, mandatários com poderes especiais, serão expedidas independentemente de autorização do juiz corregedor permanente.

§ 1.º Nas hipóteses em que a emissão da certidão for requerida por terceiros e a certidão contiver dados sensíveis, somente será feita a expedição mediante a autorização do juízo competente.

§ 2.º Após o falecimento do titular do dado sensível, as certidões de que trata o *caput* deste artigo poderão ser fornecidas aos parentes em linha reta, independentemente de autorização judicial.

Art. 115. Nas certidões de breve relato deverão constar somente as informações previstas em lei ou ato normativo, sendo que qualquer outra informação solicitada pela parte constante do registro ou das anotações e das averbações posteriores somente poderá ser fornecida por meio de certidão por quesitos ou por inteiro teor, de acordo com as disposições previstas neste Código de Normas.

Parágrafo único. Sempre deverão constar do campo destinado às observações a existência de adoção simples realizada por meio de escritura pública; as alterações de nome indígena; a declaração do registrado como indígena; a etnia ou a inclusão de etnia; e a alteração de nome em razão da cultura ou do costume indígena.

Art. 116. As solicitações de certidões por quesitos, ou informações solicitadas independentemente da expedição de certidões, receberão o mesmo tratamento destinado às certidões solicitadas em inteiro teor quando os dados solicitados forem restritos, sensíveis ou sigilosos.

§ 1.º São considerados elementos sensíveis os elencados no inciso II do art. 5.º da Lei nº 13.709/2018, ou outros, desde que previstos em legislação específica.

§ 2.º São considerados elementos restritos os previstos no art. 45 e art. 95 da Lei nº 6.015/1973, no art. 6.º e seus parágrafos da Lei nº 8.560/1992, nas normas de alteração de nome ou sexo no caso de pessoa *transgênero*, ou outros, desde que previstos em legislação específica.

§ 3.º São considerados elementos sigilosos os previstos no parágrafo 7.º do artigo 57 da Lei nº 6.015/1973, ou outros, desde que previstos em legislação específica.

Art. 117. A emissão de certidão em inteiro teor sempre depende de requerimento escrito com firma reconhecida do requerente ou com assinatura digital nos padrões ICP-Brasil, no padrão do sistema gov.br ou com assinatura confrontada com o documento de identidade original.

§ 1.º O reconhecimento de firma será dispensado quando o requerimento for firmado na presença do oficial ou de preposto.

§ 2.º Os requerimentos poderão ser recepcionados por e-mail ou por meio da Central de Informações do Registro Civil (CRC), desde que assinados digitalmente, nos padrões da ICP-Brasil, cuja autenticidade e integridade serão conferidas no verificador de conformidade do Instituto Nacional de Tecnologia da Informação (ITI), por meio do sistema de assinatura gov.br ou com assinatura confrontada com o documento de identidade original.

§ 3.º O requerimento de certidão em inteiro teor deverá conter a identificação do requerente, o motivo em virtude do qual se requer a certidão sob a forma de inteiro teor e o grau de parentesco com o registrado, caso exista, bem como o fato de ser este falecido ou não.

4.º A certidão com referência à circunstância de ser legítima a filiação poderá ser fornecida, inclusive a terceiros, independentemente de autorização judicial.

Art. 118. Não é necessário requerimento ou autorização judicial para emissão de certidão de óbito em nenhuma de suas modalidades.

Art. 119. As restrições relativas aos dados sensíveis elencados pelo inciso II do art. 5.º da Lei nº 13.709/2018 não se aplicam ao caso de pessoa falecida.

Art. 120. A emissão e o fornecimento de certidão sobre procedimentos preparatórios ou documentos apresentados para a realização de atos no Registro Civil das Pessoas Naturais somente poderão ser realizados a pedido do próprio interessado ou do titular do documento, seus representantes legais e mandatários com poderes especiais ou mediante autorização judicial ou, ainda, quando o documento solicitado for público com publicidade geral e irrestrita.

Parágrafo único. Após o falecimento do titular, a certidão de que trata o *caput* deste artigo poderá ser fornecida ao solicitante que apresentar a certidão de óbito.

Art. 121. É facultado a qualquer interessado, independentemente de justificação ou de requerimento, realizar buscas nos índices dos Registros Civis das Pessoas Naturais, respeitados os emolumentos estabelecidos pelas legislações estaduais.

Parágrafo único. A realização de buscas com base em outras fontes, além dos índices de registros dos livros do cartório, somente será autorizada mediante requerimento escrito fundamentado, sujeito à análise de finalidade pelo oficial do registro civil das pessoas naturais, de cuja decisão, em caso de indeferimento, caberá revisão pelo juiz competente.

Art. 122. O edital de proclamas conterá tão somente o nome, o estado civil, a filiação, a cidade e a circunscrição do domicílio dos noivos.

Parágrafo único. Quando os nubentes residirem em circunscrições diferentes, constará do edital o endereço dos nubentes para a comprovação deste fato, nos termos do art. 67, § 4.º, da Lei nº 6.015/1973.

Comentários de João Rodrigo Stinghen e Rodrigo Bley Santos

Os atos praticados pelos Ofícios de Registro Civil de Pessoas Naturais (RCPN) podem ser genericamente denominados como assentos registrais. As certidões nada mais são que cópias parciais ou integrais desses assentos. Por exemplo: a certidão de nascimento contém informações constantes no registro de nascimento; a certidão de casamento contém informações do registro de casamento; e assim por diante.

As certidões de *breve relato* abrangem as informações principais do assento; as de *inteiro teor*, a transcrição integral do assento, e as *por quesitos*, a transcrição de partes específicas do assento. Além disso, é possível solicitar informações independentemente da expedição de certidões. Tal ato é geralmente denominado de "busca" ou "pesquisa".

O art. 115 estabelece uma regra geral de que as certidões de breve relato podem ser expedidas normalmente, sem identificação do requerente. Isso se o pedido abranger as informações previstas no *Provimento nº 63/2017 do CNJ*. Qualquer outra informação solicitada além disso somente poderá ser fornecida mediante certidão por quesitos ou de inteiro teor.

Para emissão dessas últimas modalidades, pode ser necessário analisar a finalidade do pedido. Em algumas situações, existe um rol de legitimados que podem requerer a certidão.

Quando os dados solicitados forem *restritos, sensíveis ou sigilosos*, as solicitações de buscas ou certidões por quesitos receberão o mesmo tratamento destinado às certidões solicitadas em inteiro teor.

A emissão de certidão de inteiro teor sempre depende de requerimento escrito. Neste requerimento deve constar a identificação do requerente, o motivo em virtude do qual se requer a certidão, o grau de parentesco com o registrado (se houver) e o fato de o registrado ser falecido ou não.

Segundo a Comissão de Proteção de Dados (CPD/CN/CNJ),[13] os requerimentos de certidão de inteiro teor deverão ser realizados preferencialmente em formato digital, contendo a identificação do solicitante e a motivação.

A emissão da certidão nessa modalidade depende de requerimento por escrito. Esse documento precisa ser assinado pelo solicitante, com alguma das seguintes medidas de autenticidade listadas abaixo: (i) firma reconhecida; (ii) assinatura digital aceita pelo ON-RCPN (iii) assinatura confrontada com o documento de identidade original (iv) requerimento for firmado na presença do oficial de registro civil ou de seu preposto.

Os requerimentos poderão ser recepcionados por meio da Central de Informações do Registro Civil (CRC) ou pelo Sistema Eletrônico dos Registros Públicos (SERP), desde que respeitados os requisitos de autenticidade.

Quando o solicitante for o próprio registrado, não é preciso exigir o pedido formal assinado. Contudo, nesse caso, é preciso manter um prontuário de solicitações, que pode ser requerido pelo solicitante. O tempo de guarda para os requerimentos é de 1 ano. Depois disso, é preciso descartá-los de forma segura, conforme indicado no Provimento nº 50/2015 do CNJ.

---

13. BRASIL. CNJ. CPD/CN/CNJ. Ata da 10ª Sessão Ordinária. Publicação: 09.11.2023. Disponível em: https://www.cnj.jus.br/corregedoriacnj/extrajudicial/comissao-de-protecao-de-dados-da-corregedoria-nacional-de-justica/.

A emissão de certidão sobre *procedimentos preparatórios ou documentos* apresentados para a realização de atos no RCPN somente poderá ser feita a pedido do próprio interessado ou do titular do documento, seus representantes legais e mandatários com poderes especiais, mediante autorização judicial ou quando o documento solicitado for público com publicidade geral e irrestrita. Após o falecimento do titular, a certidão em questão poderá ser fornecida ao solicitante que apresentar a certidão de óbito.

No tocante às *buscas*, existem duas hipóteses. Se disserem respeito aos índices dos livros do RCPN, não há necessidade de justificação ou de requerimento.

Contudo, se a busca for baseada em outras fontes, somente será autorizada mediante requerimento escrito fundamentado, sujeito a análise de finalidade pelo registrador. Caso haja recusa no fornecimento, por meio de nota fundamentada, o interessado poderá recorrer por suscitação de dúvida ao juiz competente (procedimento de contencioso administrativo).

Em alguns casos, pode ser necessária inclusive *autorização judicial* para emissão da certidão.

A certidão que envolve *dados sensíveis*, por exemplo, só pode ser emitida mediante autorização do juiz corregedor competente. Essa autorização não é necessária apenas se o requerente for legitimado. Por requerente legitimado, entende-se: (i) o próprio registrado; (ii) mandatário com poderes especiais; (iii) representante legal do registrado.

Contudo, a Comissão de Proteção de Dados (CPD/CN/CNJ) firmou diretriz[14] no sentido de que é possível que terceiros não legitimados solicitem certidões de inteiro teor com dados sensíveis sem necessidade de autorização judicial.

Nesse caso, o registrador suprime os dados sensíveis com tarjas pretas e faz constar na certidão o seguinte texto: "Esta certidão é cópia fiel e integral do assento, com exceção do elemento..., considerado dado sensível, nos termos do art. 5.º, II, da Lei 13.709/2018, cuja publicidade é proibida sem autorização judicial".

Vale ressaltar que a Comissão fixou interpretação de que o conceito de dados sensíveis deve se dar estritamente nos termos do art. 5.º, II, da LGPD. Portanto, não são dados sensíveis às informações das quais se possam "inferir" dados sensíveis.

Para emissão de certidão de óbito em nenhuma de suas modalidades, não é necessária a autorização judicial.

Saindo do tema das buscas e certidões, o art. 122 prevê uma regra de minimização dos dados, isto é, de diminuição no uso de dados para apenas aqueles que forem necessários. Esse artigo prevê que o *edital de proclamas* conterá tão somente o nome, o estado civil, a filiação, a cidade e circunscrição do domicílio dos noivos.

---

14. BRASIL. CNJ. CPD/CN/CNJ. Ata da 10ª Sessão Ordinária. Publicação: 09.11.2023. Disponível em: https://www.cnj.jus.br/corregedoriacnj/extrajudicial/comissao-de-protecao-de-dados-da-corregedoria-nacional-de-justica/.

Seção XIV
Do Registro de Imóveis e a Proteção de Dados

Art. 123. Dependem de identificação do requerente e independem de indicação da finalidade os pedidos de certidão de registros em sentido estrito, averbações, matrículas, transcrições ou inscrições específicas, expedidas em qualquer modalidade.

§ 1.º Também dependem de identificação do requerente e independem de indicação da finalidade os pedidos de certidão de documentos arquivados no cartório, desde que haja previsão legal ou normativa específica de seu arquivamento no registro.

§ 2.º Pedidos de certidão de documentos arquivados em cartório para a qual não haja previsão legal específica de expedição dependem de identificação do requerente e indicação da finalidade, aplicando-se a regra do § 4.º deste artigo.

§ 3.º Pedidos de certidão, de busca e de informações apresentados em bloco, ainda que instruídos com a numeração dos atos a serem certificados, dependem de identificação do requerente e indicação da finalidade.

§ 4.º Na hipótese do parágrafo anterior, caracterizada tentativa de tratamento de dados em desacordo com as finalidades do Registro de Imóveis e com os princípios da Lei Geral de Proteção de Dados Pessoais (LGPD), poderá o oficial recusar o fornecimento em nota fundamentada do que caberá revisão pelo juízo competente.

Art. 124. Ressalvadas as hipóteses que tenham previsão legal ou normativa expressa, como as certidões de filiação de imóveis, ou de propriedade com negativa de ônus e alienações, ou outras compatíveis com as finalidades dos registros de imóveis e com os princípios da Lei Geral de Proteção de Dados (LGPD) não serão expedidas certidões cujo conteúdo envolva informações sobre dados pessoais extraídos de mais de uma matrícula, assentamento do registro auxiliar, transcrição ou inscrição.

Art. 125. As certidões dos imóveis que já forem objeto de matrícula eletrônica, após a "primeira qualificação eletrônica", serão expedidas, independentemente de indicação de finalidade, em formato nato-digital estruturado, contendo a situação jurídica atual do imóvel, ou seja, a sua descrição, a titularidade e os ônus reais não cancelados.

Parágrafo único. A expedição de certidão de atos anteriores da cadeia filiatória do imóvel depende de identificação segura do requerente e de indicação da finalidade.

Art. 126. O atendimento a requisições de buscas fundadas exclusivamente no indicador pessoal ou real pressupõe a identificação segura do solicitante, bem como a indicação da finalidade, de tudo mantendo-se o registro em meio físico ou virtual.

Art. 127. O fornecimento, pelo registrador, por qualquer meio, de informações sobre o registro não veiculadas por certidão dependerá da segura identificação do solicitante e da indicação da sua finalidade, exceto nos casos em que o solicitante figure no registro em questão.

Art. 128. Serão formados prontuários físicos ou digitais contendo os dados de identificação e indicação de finalidade em todas as hipóteses em que estas tenham sido exigidas.

Parágrafo único. O titular dos dados pessoais solicitados terá direito a requisitar as informações contidas nos prontuários formados em virtude de buscas ou pedidos de informações e certidões para os quais foi exigida a identificação do solicitante e a indicação de finalidade.

Comentários de João Rodrigo Stinghen

A regra do 123 dá a entender que todos os pedidos de certidão em registros de imóveis dependem de *identificação do requerente*. Afinal, esse dispositivo se refere aos principais tipos de pedidos de certidão (de registros em sentido estrito, averbações, matrículas, transcrições ou inscrições específicas). Embora precisem de identificação do solicitante, tais pedidos não dependem de indicação da finalidade do pedido.

A lista abaixo resume os tipos de pedidos de certidão para os quais é necessária a indicação da finalidade:

- Pedidos de certidão de documentos arquivados em cartório para a qual não há previsão legal específica de expedição;
- Pedidos de certidão, busca e informações apresentados em bloco;
- Pedidos de certidão cujo conteúdo envolva informações sobre dados pessoais extraídos de mais de uma matrícula, assentamento do registro auxiliar, transcrição ou inscrição;
- Pedidos de certidão de atos anteriores da cadeia filiatória do imóvel (quando os imóveis já forem objeto de matrícula eletrônica);
- Requisições de buscas fundadas exclusivamente no indicador pessoal ou real;
- Informações sobre o registro não veiculadas por certidão (exceto nos casos em que o solicitante figure no registro em questão).

Em todos os casos, caracterizada tentativa de tratamento de dados em desacordo com as finalidades do registro de imóveis e com os princípios da LGPD, poderá o oficial recusar o fornecimento em *nota fundamentada*. Dessa decisão, cabe revisão pelo juízo competente (suscitação de dúvidas).

As certidões dos imóveis que já forem objeto de *matrícula eletrônica*, após a "primeira qualificação eletrônica", serão expedidas independentemente de indicação de finalidade, em formato nato-digital estruturado, contendo a situação jurídica atual do imóvel (descrição do bem, titularidade e os ônus reais não cancelados).

Por fim, o art. 128 traz um detalhe interessante: serão formados *prontuários* físicos ou digitais contendo os dados de identificação e indicação de finalidade em todas as hipóteses em que estas tenham sido exigidas. Trata-se de uma medida de transparência, pois o titular dos dados pessoais solicitados terá direito a requisitar as informações contidas no prontuário.

Seção XV
Do Protesto de Títulos e Outros Documentos de Dívida e a Proteção de Dados

Art. 129. Das certidões individuais de protesto deverão constar, sempre que disponíveis, os dados enumerados no art. 259, parágrafo único, deste Código de Normas, excetuados endereço completo, endereço eletrônico e telefone do devedor.

Art. 130. As certidões em forma de relação sobre inadimplementos por pessoas naturais serão elaboradas pelo nome e CPF dos devedores, devidamente identificados, devendo abranger protestos por falta de pagamento, de aceite ou de devolução, vedada exclusão ou omissão, espécie do título ou documento de dívida, data do vencimento da dívida, data do protesto da dívida e valor protestado.

Art. 131. Nas informações complementares requeridas em lote ou em grande volume poderão constar CPF dos devedores, espécie do título ou documento de dívida, número do título ou documento de dívida, data da emissão e data do vencimento da dívida, valor protestado, protocolo e data do protocolo, livro e folha do registro de protesto, data do protesto, nome e endereço do cartório.

Art. 132. O fornecimento de cópias ou certidões de documentos arquivados na serventia se limita ao documento protestado propriamente dito, nos termos do art. 22 da Lei nº 9.492/1997, enquanto perdurar o protesto, e dentro do prazo máximo de 10 anos, nos termos do art. 30 Lei nº 9.492/1997, não devendo ser fornecidas cópias dos demais documentos, salvo para as partes ou com autorização judicial.

Parágrafo único. Tratando-se de documento de identificação pessoal, a cópia arquivada somente deve ser fornecida ao próprio titular.

Art. 133. O tabelião de protesto poderá devolver ou eliminar documentos apresentados para protesto ou para cancelamento que forem considerados desnecessários à prática do ato almejado, após adequada qualificação.

§ 1.º O documento cujo original não precise ser guardado por imposição legal deve ser eliminado de maneira segura quando for digitalizado, evitando-se a duplicidade (art. 35, § 2.º, Lei nº 9.492/1997).

§ 2.º Fica o tabelião de protesto autorizado a eliminar o documento após o término do prazo da tabela de temporalidade prevista no Provimento 50, da

Corregedoria Nacional de Justiça, ou superada a necessidade de sua guarda por outras circunstâncias, tais como prescrição civil, tributária e penal.

Art. 134. Antes da expedição do edital para intimação do devedor, o tabelião poderá buscar outros endereços em sua base de dados, endereços em que outros tabeliães realizaram a intimação, desde que na mesma base da sua competência territorial, ou endereços eletrônicos, a serem compartilhados por meio da CENPROT, bem como endereços constantes de bases de natureza jurídica pública e de acesso livre e disponível ao tabelião.

Parágrafo único. A CENPROT deverá compartilhar entre os tabeliães os endereços em que foi possível a realização da intimação de devedores, acompanhado do CNPJ ou CPF do intimado, bem como da data de efetivação.

Art. 135. A declaração eletrônica de anuência para fins de cancelamento de protesto, recebida na forma de modo eletrônico, poderá ser comunicada ao interessado por meio dos Correios, das empresas especializadas, do portador do próprio tabelião ou de correspondência eletrônica, pela internet ou por qualquer outro aplicativo de mensagem, ficando autorizado o encaminhamento de boleto bancário, outro meio de pagamento ou instruções para pagamento dos emolumentos e das despesas relativas ao cancelamento do protesto.

Comentários de João Rodrigo Stinghen

Da mesma forma que ocorre nas demais especialidades, o CNN trouxe uma minimização dos dados divulgados pela serventia. Nesse sentido, o art. 129 determina que as certidões individuais de protesto não devem conter o endereço completo, endereço eletrônico e telefone do devedor.

Por sua vez, os artigos 130 e 131 trazem orientações específicas sobre quais informações devem constar nas certidões em forma de relação sobre inadimplementos e nas informações complementares requeridas em lote ou em grande volume. Geralmente, informações complementares requeridas em lote ou em grande volume são feitas por instituições financeiras. Pensando nisso, o artigo 131 está restringindo os dados que podem constar nesses lotes.

O art. 132 limita o fornecimento de cópias ou certidões de documentos arquivados na serventia, limitando-se ao documento protestado propriamente dito e respeitando o prazo máximo de dez anos.

O fornecimento de cópias/certidões de outros documentos somente pode ocorrer às partes envolvidas no protesto (credor, devedor, aceitante, sacado etc.). As cópias/certidões também podem ser concedidas mediante autorização judicial. Contudo, se o documento for de identificação pessoal, somente o próprio titular de dados pode requerer cópias/certidões dele.

Para garantir a minimização de uso de dados desde o início da atividade do tabelião, o art. 133 prevê que ele poderá devolver às partes documentos apresentados para protesto ou para cancelamento que considerar desnecessários à prática do ato almejado, após adequada qualificação. Se não conseguir devolver, pode promover o descarte seguro, seguindo as orientações do art. 2.º do Provimento nº 50/2015 do CNJ.

Esse descarte também deve ser feito em relação a todos os documentos cujo original não precise ser guardado por imposição legal. Antes disso é preciso fazer a digitalização dos documentos. A ideia é evitar a duplicidade, diminuindo riscos de violação e facilitando o controle do fluxo de dados.

Contudo, mesmo os arquivos digitalizados podem ser eliminados caso tenha transcorrido o prazo previsto na tabela de temporalidade do Provimento nº 50/2015 do CNJ.

O art. 134 traz um importante regramento sobre as buscas de endereços que o tabelião pode fazer para encontrar o devedor.

Com efeito, as normas da atividade exigem que o tabelião esgote as tentativas de achar o endereço do devedor antes de fazer a intimação por edital. Ocorre que hoje em dia existem inúmeras formas de procurar dados de uma pessoa, nem todas adequadas à LGPD. Mas aí o tabelião ficava numa "sinuca de bico": se procura demais, viola a LGPD; se procura de menos, viola as normas da atividade.

Nesse sentido, o art. 134 delimita o que é "esgotar as vias" respeitando a LGPD. O tabelião poderá buscar outros endereços:

i) em sua base de dados;

ii) na base de outros tabeliães dentro de sua competência territorial;

iii) na base da CENPROT (Central Nacional de Protesto), que deverá compartilhar entre os tabeliães os endereços em que foi possível a realização da intimação de devedores, acompanhado do CNPJ ou CPF do intimado, bem como da data de efetivação;

iv) em bases de natureza pública e de acesso livre e disponível ao tabelião.

Por fim, o art. 135 orienta que a declaração eletrônica de anuência para fins de cancelamento de protesto poderá ser comunicada ao interessado por diferentes formas. Em via física, pode ser feito o envio por correios, por empresas especializadas ou por colaboradores do próprio tabelião. Em via digital, pode ser feito por e-mail ou qualquer outro aplicativo de mensagem.

Essa previsão é importante para dirimir quaisquer dúvidas sobre quais meios de comunicação são permitidos para contato com o devedor.

TÍTULO VII
DO REGIME DISCIPLINAR
CAPÍTULO I
TERMO DE AJUSTAMENTO DE CONDUTA COM O CNJ

Art. 135-A. Aplica-se aos delegatários de serviços notariais e de registro o disposto no Provimento nº 162, de 11 de março de 2024, que trata da celebração de Termo de Ajustamento de Conduta (TAC). (incluído pelo Provimento CN nº 162, de 11.3.2024)

Comentários de Aline Aparecida de Miranda

PROVIMENTO Nº 162/2024: ASPECTOS GERAIS

O Provimento nº 162, de 11 de março de 2024, editado pela Corregedoria Nacional de Justiça, regulamenta o Termo de Ajustamento de Conduta (TAC), previsto no artigo 47-A[1] do Regimento Interno do Conselho Nacional de Justiça (RICNJ), como "mecanismo de não persecução disciplinar e de resolução consensual de conflitos"[2] na esfera de atuação da Corregedoria Nacional de Justiça.

Admitido quando evidenciada a prática de infração disciplinar leve, assim entendida a conduta em relação à qual se anteveja a aplicação de pena de advertência, censura ou disponibilidade pelo prazo de até 90 (noventa) dias, o TAC pode ser proposto a magistrado, servidor, serventuário ou delegatário de serventia extrajudicial.

A breve disciplina do instrumento no artigo 47-A do RICNJ outorga, no parágrafo quinto desse dispositivo, à Corregedoria Nacional de Justiça sua regulamentação. Elaborou-se, assim, o Provimento nº 162/2024, que, além de incorporar em seu texto as disposições a respeito do TAC previstas no RICNJ, estabeleceu diversas regras sobre requisitos, procedimentos e repercussões jurídicas decorrentes de sua celebração.

Em sua elaboração considerou-se a opção do direito brasileiro por soluções de ordem consensual e não punitiva na busca de caminhos para a prevenção e resolução de

---

1. Acrescentado pela Resolução nº 536, de 7 de dezembro de 2023 (com redação parcialmente modificada pela Resolução nº 548, de 15 de março de 2024): Art. 47-A, *caput*. No curso de qualquer processo deste Capítulo, uma vez evidenciada a prática de infração disciplinar por parte de magistrado, servidor, serventuário ou delegatário de serventia extrajudicial em que se verifique a hipótese de infração disciplinar leve, com possível aplicação de pena de advertência, censura ou disponibilidade pelo prazo de até 90 (noventa) dias, o Corregedor Nacional de Justiça poderá propor ao investigado Termo de Ajustamento de Conduta (TAC), que, uma vez aceito, será homologado pelo Corregedor Nacional de Justiça.

2. Art. 1.º do Provimento nº 162/2024.

conflitos. Foram consideradas, inclusive, normas já estabelecidas pelo Conselho Nacional de Justiça e pela Corregedoria Nacional de Justiça que se alinham a esse propósito.

Refere-se, em seu preâmbulo, à Resolução CNJ nº 125/2010, pois esta dispõe sobre a Política Judiciária Nacional de tratamento adequado dos conflitos de interesses no âmbito do Poder Judiciário, cujo escopo é assegurar a todos o direito à solução dos conflitos por meios adequados à sua natureza e peculiaridade, bem como promover a boa qualidade dos serviços e a disseminação da cultura de pacificação social.

Já a Recomendação nº 21, de 2 de dezembro de 2015, da Corregedoria Nacional de Justiça, igualmente referida no preâmbulo, é ainda mais específica ao recomendar aos Tribunais e Corregedorias de Justiça "a adoção de mecanismos de conciliação e mediação nos procedimentos disciplinares e processos administrativos disciplinares em trâmite no âmbito do Poder Judiciário cuja apuração se limite à prática de infrações, por servidores ou magistrados, caracterizadas por seu reduzido potencial de lesividade a deveres funcionais e que se relacionem preponderantemente à esfera privada dos envolvidos".

Não obstante o tratamento preponderante às infrações disciplinares atribuídas a magistrados,[3] o Provimento nº 162/2024 prevê sua aplicação também, no que couber, às faltas cometidas por delegatários de serviços notariais e de registros, desde que se trate de infração disciplinar de reduzido potencial de lesividade aos deveres previstos no artigo 31 da Lei nº 8.935/94, quando relacionada às sanções de repreensão ou multa.[4]

Delineados, com brevidade, os aspectos gerais do Provimento objeto deste estudo, cabe, então, compreender a relação existente entre as tendências do direito administrativo, a busca pela eficiência e a celebração do TAC.

A BUSCA PELA EFICIÊNCIA NA CELEBRAÇÃO DE TERMO DE AJUSTAMENTO DE CONDUTA

A eficiência, princípio do direito administrativo, que visa à promoção do interesse público a partir da escolha das condutas e soluções que prestigiem a racionalização de recursos, mediante a ponderação entre custos e benefícios, sob a perspectiva atual de elementos concretos e levando-se em conta seus reflexos futuros, alcança, também, as práticas relacionadas ao regime disciplinar dos agentes públicos.

Somando-se ao prestígio à segurança jurídica, à moralidade, à publicidade e à legalidade, a busca pela eficiência estimula o ente público a revisitar o fundamento e as consequências de imposições rigorosas de penalidades disciplinares, em especial aquelas que se revelem desproporcionais quando sopesados o dano decorrente da conduta e a onerosidade do rito disciplinar moroso, com pouca ou nenhuma resposta preventiva.

---

3. Menciona-se, por exemplo, a redação dos artigos 2.º, § 3.º, 4.º, 5.º e 7.º.

4. Art. 18 do Provimento nº 162/2024.

Nesse contexto, tratando-se de apuração de infrações de menor potencial ofensivo, nota-se uma tendência de adesão a soluções alternativas ao tradicional trâmite disciplinar, dedicadas a cuidar do passado, do presente e do futuro, na medida em que, por caminhos simplificados e céleres, buscam reparar os danos, retificar os erros e prevenir situações futuras.

Esse cenário, além de se revelar uma escolha eficiente da administração, promove a segurança jurídica em sua acepção subjetiva, já que reforça a confiança do cidadão na continuidade e no aprimoramento constante dos serviços públicos, ainda que em contextos de adversidade; valoriza a moralidade, pois ressalta a boa-fé e a dedicação à probidade; observa a publicidade, já que não há sigilo e todas as pessoas podem ter conhecimento do vício e de sua reparação; e observa a legalidade, o que tem sido possível pela previsão normativa do uso desses mecanismos cada vez por mais entes públicos.[5]

A adoção desses caminhos reflete o movimento do direito administrativo que visa a respostas apropriadas e seguras às demandas e controvérsias a serem dirimidas pela administração pública, bem retratado na Lei de Introdução às Normas do Direito Brasileiro – LINDB (Decreto-Lei nº 4.657, de 4 de setembro de 1942), que, a partir das alterações da Lei nº 13.655, de 2018, exigiu que as decisões administrativas, de controle e judiciais considerem as consequências práticas que delas decorrem, vedando-se a fundamentação lastreada exclusivamente em valores jurídicos abstratos. Estabeleceu-se, ainda, que a motivação das decisões apresente a necessidade e a adequação da medida imposta, inclusive em face das possíveis alternativas.

E especificamente quanto a novos caminhos e soluções, o artigo 26 da LINDB admitiu a elaboração de compromisso para eliminar irregularidade, incerteza jurídica ou situação contenciosa na aplicação do direito público. Firmado quando presente relevante interesse geral, deverá buscar solução jurídica proporcional, equânime, eficiente e compatível com os interesses gerais; não poderá conferir desoneração permanente de dever ou condicionamento de direito reconhecidos por orientação geral; e deverá prever com clareza as obrigações das partes, o prazo para seu cumprimento e as sanções aplicáveis em caso de descumprimento.

Esse compromisso, em essência, retrata características do Termo de Ajustamento de Conduta (TAC), cada vez mais incorporado, ao lado de outros métodos consensuais resolutivos, às normas afetas a regimes disciplinares.

TAC, em termos genéricos, pode ser definido como compromisso elaborado entre órgão público legitimado e pessoa que, por conduta específica, tenha ofendido direito da coletividade, sendo-lhe impostos deveres e obrigações, com previsão de sanções por descumprimento, para o fim de reparar danos decorrentes dessa conduta e preve-

---

5. Há regras específicas destinadas a cada órgão público para a celebração de TAC. Mencione-se, por exemplo, a Portaria Normativa CGU nº 27, de 11 de outubro de 2022, e a Lei Complementar Estadual de São Paulo nº 1.361/21.

nir sua reiteração. Constitui título executivo extrajudicial e é desprovido de natureza sancionatória.

A consensualidade lhe é inerente, pois, apesar de, por vezes, as condições serem previamente estabelecidas pela autoridade, sem negociação sobre elas entre as partes, a adesão ao TAC é voluntária: o investigado poderá recusá-lo sem que isso lhe prejudique na apuração regular de sua conduta, e a autoridade poderá recusar-se a oferecê-lo, sobretudo porque a ela caberá o exame quanto à efetiva tutela do interesse público naquele cenário. Não há, assim, direito subjetivo à celebração do TAC.

Note-se que o TAC visa à promoção dos interesses da sociedade, não se confundindo com um privilégio ou benefício próprio do investigado. Apesar do investigado livrar-se de sanção ao aceitar e cumprir as obrigações do compromisso, o prestígio a seus interesses é apenas secundário, servindo de estímulo para que o objetivo principal se realize, consistente na solução mais eficiente ao interesse público.

A celebração de TAC tampouco se confunde com estímulo à impunidade, pois, além de não prever desoneração permanente e exigir o cumprimento de deveres previamente estabelecidos, com efetiva fiscalização de cumprimento, exige o atendimento a determinados pressupostos previstos nas normas específicas, que impedem a adoção livre e irrestrita do mecanismo, como a exigência de inexistência de outro processo administrativos disciplinar em andamento.

De todo modo, mesmo se não forem previstos requisitos subjetivos de forma expressa no regramento aplicável, entende-se que a autoridade poderá sopesá-los por ocasião da análise do cabimento do oferecimento do TAC, uma vez que essas características também compõem o exame da adequação do instrumento. A celebração do TAC com um sujeito reincidente em sua infração disciplinar ou que tenha descumprido obrigações de compromisso anterior, por exemplo, não parece eficiente. Ao revés, pode prejudicar ainda mais o direito que se pretende reparar. Defende-se, assim, que requisitos subjetivos previstos em normas são requisitos mínimos, que não prejudicam ou comprometem a discricionariedade do órgão público, guardião do interesse público.

Denominado também "Compromisso de Ajustamento", o TAC foi introduzido no ordenamento jurídico brasileiro pela redação do artigo 211 do Estatuto da Criança e do Adolescente (Lei nº 8.069, de 13 de julho de 1990),[6] seguida da previsão semelhante na Lei de Ação Civil Pública (Lei nº 7.347, de 24 de julho de 1985), em seu artigo 5.º, parágrafo sexto,[7] que lhe foi acrescentado pelo Código de Defesa do Consumidor (Lei nº 8.078, de 11 de setembro de 1990).

A limitação deste manuscrito, cujo escopo é a apresentação de comentários às normas referentes aos serviços de notas e registros, não comporta a análise detalhada

---

6. Art. 211. Os órgãos públicos legitimados poderão tomar dos interessados compromisso de ajustamento de sua conduta às exigências legais, o qual terá eficácia de título executivo extrajudicial.

7. Art. 5.º, § 6.º Os órgãos públicos legitimados poderão tomar dos interessados compromisso de ajustamento de sua conduta às exigências legais, mediante cominações, que terá eficácia de título executivo extrajudicial.

da expansão do instrumento ao longo dos anos. É certo, de todo modo, que a celebração do TAC, hoje, é possível, também, no âmbito do regime disciplinar aplicável aos delegatários de serventia extrajudicial.

Previsto, como referido, no artigo 47-A do Regimento Interno do Conselho Nacional de Justiça (RICNJ) e no artigo 135-A do Código Nacional de Normas da Corregedoria Nacional de Justiça do Conselho Nacional de Justiça - Foro Extrajudicial (CNN/CN/CNJ-Extra),[8] o TAC foi regulamentado pelo Provimento nº 162, de 11 de março de 2024, editado pela Corregedoria Nacional de Justiça, admitido expressamente, portanto, nos cenários disciplinares de serviços notariais e registrais.

TAC E DELEGATÁRIOS DE SERVIÇOS NOTARIAIS E DE REGISTRO

A redação do Provimento nº 162, de 11 de março de 2024, apresentou diretrizes para a celebração de TAC nos cenários de faltas cometidas por delegatários de serviços notariais e de registros. Além de disposições específicas no artigo 18 e seguintes, aplicam-se, no que couber, as demais regras constantes da normativa.

Admite-se o TAC quando houver suspeita fundada de que determinado delegatário tenha praticado infração disciplinar de reduzido potencial ofensivo, o que se identifica pela existência de indícios suficientes de autoria e materialidade de conduta disciplinar prevista no rol do artigo 31 da Lei nº 8.935, de 18 de novembro de 1994, da qual se anteveja a penalidade de repreensão ou multa.

As condutas que configuram infrações disciplinares são: a inobservância das prescrições legais ou normativas; a conduta atentatória às instituições notariais e de registro; a cobrança indevida ou excessiva de emolumentos, ainda que sob alegação de urgência; a violação do sigilo profissional; o descumprimento dos deveres descritos no artigo 30 da Lei nº 8935/94, correspondentes aos deveres gerais do cargo, como a correta manutenção dos livros e o atendimento das partes com eficiência, urbanidade e presteza.

A gravidade da conduta, apurada pelo juízo competente, conduzirá a alguma das seguintes penas: repreensão, multa, suspensão por 90 (noventa) dias (prorrogável por mais trinta) e perda da delegação. Repise-se, contudo, que somente será admitida a celebração de TAC nos cenários em que seja possível se antever o cabimento das penas

---

8. O Provimento nº 162/2024, alterou o livro I da Parte Geral do Código Nacional de Normas da Corregedoria Nacional de Justiça do Conselho Nacional de Justiça – Foro Extrajudicial (CNN/CN/CNJ-Extra), intitulado "Do regime jurídico administrativo", acrescentando-lhe o título VII, destinado às normas de regime disciplinar, constituído, até o momento da edição do Provimento nº 162/2024, por somente um dispositivo: Art. 135-A. Aplica-se aos delegatários de serviços notariais e de registro o disposto no Provimento nº 162, de 11 de março de 2024, que trata da celebração de Termo de Ajustamento de Conduta (TAC). Note-se que essa previsão no Código de Normas é apenas remissiva, sem ampliar o alcance do Provimento nº 162/2024, pois a própria redação deste dispositivo já dirige suas normas às condutas praticadas por delegatários de serviços notariais e registrais, o que decorre, também, de sua finalidade de regulamentar o Termo de Ajustamento de Conduta (TAC) previsto no artigo 47-A do Regimento Interno do Conselho Nacional de Justiça (RICNJ), admitido em casos de infração disciplinar leve praticada por magistrado, servidor, serventuário ou delegatário de serventia extrajudicial.

de repreensão ou multa. Caso, em análise preliminar, já seja possível deduzir que a confirmação da prática de determinada infração conduzirá, por seu elevado grau de gravidade, à cominação das penas de suspensão ou perda da delegação, o cenário não comportará o oferecimento de TAC.

E mesmo na apuração de falta disciplinar leve, a elaboração do TAC não é a primeira medida a ser adotada. Recebidos ou instaurados de ofício os procedimentos disciplinares administrativos, impõe-se, primeiro, o exame quanto à possibilidade de arquivamento. Constatada a necessidade de prosseguimento, analisa-se, então, se há indícios relevantes de autoria e materialidade.[9] Superada essa etapa, avança-se à análise da possibilidade de celebração de TAC.

Embora a norma não defina, entende-se que a exigência de "indícios relevantes de autoria e materialidade" corresponde à exigência de elementos concretos mínimos que respaldem a probabilidade da ocorrência da infração disciplinar, bem como da probabilidade de que o delegatário a tenha praticado. Logo, são insuficientes à etapa de elaboração do TAC a existência de meras suspeitas ou imputações desprovidas de mínima comprovação quanto à prática do ato ou quanto à sua imputação ao oficial de notas ou registro.

Na próxima etapa, avalia-se o atendimento aos requisitos subjetivos[10]: (i) não estar respondendo à PAD já instaurado por outro fato, no CNJ ou no tribunal de origem; (ii) não ter sido apenado disciplinarmente nos últimos três anos, consideradas as datas da nova infração e do trânsito em julgado da decisão que aplicou a pena; (iii) não ter celebrado TAC ou outro instrumento congênere nos últimos 3 anos.

Defende-se, aqui, tais requisitos constituem rol mínimo a ser considerado pela autoridade, que exerce a discricionariedade também nessa etapa, de modo que é possível serem considerados outras características relacionadas à conduta antecedente ou atual do investigado que, eventualmente, revelem-se incompatíveis com a guarda do interesse público na celebração do TAC.

A elaboração do TAC pauta-se na busca de solução proporcional, equânime e eficiente, compatível com os interesses gerais e com a irregularidade constatada. Além disso, a medida deve ser necessária e suficiente para a prevenção de novas infrações e para a promoção da cultura da moralidade e da eficiência no serviço público.

Não se fala em caráter repressivo do TAC, mas em reparação e prevenção. A falha precisa ser sanada, sempre com uma valoração prospectiva quanto aos hábitos iden-

---

9. Art. 2.º Em quaisquer procedimentos, recebidos ou instaurados de ofício pela Corregedoria Nacional, não sendo caso de arquivamento e presentes *indícios relevantes de autoria e materialidade* de infração disciplinar de reduzido potencial de lesividade a deveres funcionais, nos termos do art. 47-A do RICNJ, o Corregedor Nacional poderá propor ao investigado a celebração de TAC, desde que a medida seja necessária e suficiente para a prevenção de novas infrações e para a promoção da cultura da moralidade e da eficiência no serviço público.

10. Do rol previsto no art. 2.º, § 2.º, do Provimento nº 162/2024, optou-se, aqui, por excluir a referência ao requisito da vitaliciedade, pois não se aplica à situação jurídica dos delegatários de notas e registros.

tificados, para que se evite a perpetuação da ofensa a direito e a reiteração da conduta inapropriada. O cuidado com o aperfeiçoamento dos serviços públicos, portanto, é indissociável da elaboração do TAC.

Na redação do artigo 17, parágrafo segundo, do Provimento nº 162/2024, "na análise da adequação e da conveniência do TAC, a autoridade considerará, entre outros elementos, o objetivo de eliminar irregularidades, incerteza jurídica, situações potencialmente contenciosas ou atentatórias às instituições notariais e de registro, bem como de estabelecer a compensação por benefícios indevidos ou prejuízos, públicos ou privados, resultantes das condutas praticadas".

São critérios mínimos, que podem ser aplicados isoladamente ou conjuntamente a outros. Na parte geral do Provimento, por exemplo, estabeleceu-se no artigo 2.º, § 3.º, que nessa análise da adequação e da necessidade da medida, o Corregedor Nacional poderá avaliar, entre outros fatores, os antecedentes funcionais, o dolo ou a má-fé do investigado, as consequências da infração, os motivos da conduta e o comportamento do ofendido.

Ainda na perspectiva da necessidade e da suficiência da medida, as obrigações a serem estabelecidas no TAC devem ser pertinentes à infração imputada ao investigado. Obrigações dissociadas da infração praticada desvirtuariam sua finalidade, que, apesar de ter por objetivo precípuo a tutela do interesse público com eficiência, não deixa de ser um ajustamento de conduta previamente identificada como inadequada.

Nessa linha, o provimento estabelece referenciais para serem levados em conta no estabelecimento das obrigações: a infração disciplinar e circunstâncias em que cometida, a realidade local e a capacidade econômica da serventia. Exige, reitere-se, que estejam alinhadas ao propósito de prevenir novas infrações e de promover a cultura da moralidade e eficiência no serviço público.

O rol de obrigações constante do Provimento nº 162/2024 é exemplificativo, com a sugestão de melhorias na prestação dos serviços ou instalações da serventia, qualificação do celebrante, estabelecimento de participação e aproveitamento em curso que tenha utilidade para as atividades cartorárias e/ou oferecimento de curso de qualificação aos empregados, sempre observada a pertinência à conduta praticada. As obrigações (ou soluções, como também denomina o Provimento) podem ser adotadas isolada ou cumulativamente, com o dimensionamento que se faz, novamente, pela necessidade e adequação da medida.

Além das obrigações, o TAC deve ostentar os fundamentos de fato e de direito, o prazo e o modo para cumprimento, e a forma de fiscalização quanto à sua inobservância. Exige-se, portanto, que os fundamentos jurídicos estejam expressos no instrumento, em reforço à legalidade, à publicidade e à consensualidade, pois permitirá ao investigado o conhecimento da racionalização realizada pela autoridade, para que, também a partir disso, decida sobre a adesão ou recusa do TAC.

Quanto às disposições referentes ao cumprimento, é indispensável que constem do termo, de forma pormenorizada. Somente dessa forma haverá previsibilidade e será eficaz o acompanhamento do atendimento às obrigações assumidas.

O investigado é, então, intimado para que se manifeste sobre o interesse na celebração do compromisso. Nos termos do artigo 8.º do Provimento nº 162/2024, "o investigado será intimado para que se manifeste acerca do interesse na celebração do TAC, devendo a ele ser encaminhado, desde já, o esboço das condições que figurarão no instrumento do acordo".

Em que pese a norma se referir a "esboço das condições", não se vislumbra outra possibilidade senão a de apresentação de um termo pronto e finalizado, com cláusulas, na celebração do TAC, indiscutíveis entre as partes, que receberá, necessariamente, a adesão do investigado ou sua recusa.

Isso porque, caso o investigado não concorde com os termos do acordo, conforme prevê o artigo 9.º, o procedimento seguirá curso, com intimação do investigado para apresentação de defesa prévia. A norma não prevê, portanto, nesta etapa, a negociação de cláusulas. Entende-se que remanesce a consensualidade, aqui, apenas porque há voluntariedade em aderir ou não ao compromisso, sem prejuízo ao investigado no caso de recusa.

No entanto, caso aconteça a recusa, é possível, ainda, a critério da autoridade, que, antes da submissão do procedimento ao plenário, seja convocada audiência de conciliação ou mediação, observado, no que couber, o disposto no artigo 166 do Código de Processo Civil. Essa fase, parece-nos, comporta maior diálogo entre as partes, ainda que preservada a discricionariedade do órgão público. É uma etapa, portanto, que, a critério da autoridade, pode ou não ocorrer após a recusa inicial de celebração do TAC.

Por outro lado, se, intimado, o investigado aceitar o TAC proposto, em sua celebração se comprometerá a reconhecer a inadequação da conduta a ele imputada e a cumprir as obrigações previamente fixadas no termo, ocorrendo, na sequência, a homologação do TAC, que, pela redação do artigo 8.º, parágrafo segundo, competirá ao Corregedor Nacional. Cabe aqui, porém, a interpretação de que, caso outro órgão ou autoridade, no exercício de sua atribuição correcional, tenha proposto o TAC, a competência para homologação lhe competirá.

Note-se que o reconhecimento da inadequação da conduta pelo investigado demonstra seu compromisso com a probidade, com a moralidade e com a dedicação a aprimorar a prestação do serviço público. Reforça, assim, o alinhamento entre sua maneira de agir e os propósitos do cargo, sabendo-se que, além de todas as previsões genericamente aplicáveis à boa prestação dos serviços públicos, nos termos do artigo 4.º da Lei nº 8.935/94, os serviços notariais e de registros serão prestados de modo eficiente e adequado.

Na etapa de execução do TAC, se houver indícios de descumprimento, o investigado será intimado a apresentar justificativas em 5 dias. Aceitas, a autoridade, a seu critério, poderá, nos termos do artigo 12, parágrafo primeiro, do Provimento nº 162/2024, prorrogar o prazo final, ajustar com o investigado outras condições ou modificar as já existentes.

Assim, de forma diversa da etapa de aceitação do TAC pelo investigado, é prevista a possibilidade de rediscussão das cláusulas previamente estabelecidas. Não há, dessa forma, um engessamento absoluto do instrumento, a impedir integralmente a modificação ou adaptação da forma de cumprimento. Essas modificações, no entanto, são excepcionais e serão possíveis somente caso, sempre a critério da autoridade, seja verificada a impossibilidade de cumprimento nos moldes previamente estabelecidos, que não decorra da conduta do investigado, mas de circunstâncias externas e alheias a sua vontade.

Caso verificado o descumprimento e não sejam apresentadas justificativas ou, apresentadas, sejam recusadas, o acordo é rescindido e são aplicadas as penas de repreensão ou multa, sem qualquer direito ao investigado do cumprimento parcial das condições estabelecidas no acordo, seja de que natureza for.

Logo, rescindido o acordo, ao invés de se retomar o curso normal do processo administrativo disciplinar, há a imediata imposição de repreensão ou multa, a depender da gravidade da infração que tenha dado ensejo à celebração do TAC, sem a possibilidade de atenuação por eventual cumprimento parcial das obrigações.

Contra essa decisão cabe recurso ao órgão colegiado, oportunidade em que o investigado poderá expor, nas razões recursais, todas as teses de defesa.[11] Parece-nos, contudo, que "todas as teses de defesa" limitam-se ao descumprimento do TAC e à proporcionalidade da penalidade aplicada. Não caberia, após a celebração do TAC, recurso administrativo contra sua rescisão que versasse sobre a ocorrência material da infração disciplinar e de sua autoria.

Cumpridas todas as condições do TAC, será declarada extinta a punibilidade do investigado, com o arquivamento definitivo dos autos, que somente constará dos registros funcionais pelo período de 3 anos, a contar da declaração de extinção da punibilidade, com a exclusiva finalidade de obstar o recebimento de novo benefício durante o referido prazo.

No que toca ao prazo prescricional para a responsabilização disciplinar do investigado, o Provimento prevê duas causas de suspensão. A primeira acontece a partir do despacho que ordenar a intimação pessoal do investigado para que se manifeste sobre o interesse na celebração do TAC. A segunda corresponde à etapa de cumprimento do TAC. Durante o cumprimento, suspende-se a prescrição da responsabilização disciplinar.

Por fim, a celebração de TAC pelo investigado e sua participação em audiência de conciliação ou mediação independem de constituição de advogado. Reitere-se que consiste em mecanismo consensual, cujos termos não se confundem com imposições sancionatórias.

---

11. Art. 12, parágrafo terceiro. Caberá recurso administrativo ao Plenário da decisão do Corregedor Nacional que aplicar pena de advertência ou de censura, devendo o investigado apresentar *todas as teses de defesa* nas razões recursais.

A reflexão sobre todas essas características demonstra a dedicação da administração pública, por todos os seus agentes, à busca constante por caminhos de eficiência, com revisão de seu modo de agir até mesmo nas esferas mais marcadas por rigidez e inflexibilidade, como a esfera do regime disciplinar.

A dinamicidade cada vez mais acentuada na sociedade impõe uma nova racionalização dos serviços públicos e de seus reflexos, para que, com respostas mais céleres, sejam vencidos os desafios crescentes oriundos das demandas por melhor qualidade na prestação e na estrutura desses serviços.

A regulamentação da celebração do TAC segue esse propósito. O estímulo à superação dos ritos morosos e desproporcionais em custos e benefícios, a partir da escolha de um mecanismo célere e de respostas concretas efetivas de reparação e prevenção, anuncia novas rotas nessa árdua jornada.

LIVRO II
DA INTERAÇÃO INTERINSTITUCIONAL
TÍTULO I
DO FORNECIMENTO DE INFORMAÇÕES
CAPÍTULO I
DA ALIMENTAÇÃO DOS DADOS NO SISTEMA "JUSTIÇA ABERTA"
Seção I
Das Disposições Gerais

Art. 136. Os notários e os registradores devem prestar as informações necessárias ao sistema "Justiça Aberta" na forma do art. 2.º do Provimento nº 24, de 23 de outubro de 2012, sem prejuízo da observância de outras normas compatíveis.

Comentários de Vanessa Barbosa Figueiredo

O Justiça Aberta é um sistema de consulta *online*,[1] criado pelo Conselho Nacional de Justiça ("CNJ"),[2] que permite a qualquer pessoa acessar os dados estatísticos e de produtividade das serventias judiciais e extrajudiciais de todo o país.

No caso específico das serventias extrajudiciais, podem ser acessadas as informações sobre a produtividade das mais diversas atribuições, quais sejam tabelionato de notas e de protestos, registros de imóveis, registros civis de pessoas naturais, registros de interdições e tutelas, títulos e documentos e pessoas jurídicas, de todos os cartórios existentes em território nacional. Cumpre aos titulares dos serviços notariais e registrais alimentar, semestral e diretamente, o sistema *online* de armazenamento de dados até o dia quinze dos meses de janeiro e julho de cada ano ou até o próximo dia útil subsequente.[3]

Mas, até se chegar à edição do Provimento nº 24/2012, de 23/10, do Conselho Nacional de Justiça, que assim dispôs sobre a obrigatoriedade dos órgãos judiciais e extrajudiciais manterem atualizado o repositório de informações públicas do Poder Judiciário, já se alcançou uma etapa intermediária em termos de transparência governamental, a qual, entretanto, decorreu de uma etapa anterior extremamente relevante

---

1. Ver: https://www.cnj.jus.br/corregedoria/justica_aberta/.
2. Nos termos do art. 103-B da CR/88, incluído pela EC nº 45/2004, o CNJ constitui órgão do Poder Judiciário responsável pelas atividades de controle e transparência administrativa e processual, cuja atuação se dá, exclusivamente, no âmbito administrativo (normatizador e fiscalizatório) e cujas decisões têm impacto em todo o território brasileiro.
3. Ver art. 20 do Provimento nº 24/2012, de 23/10, do Conselho Nacional de Justiça.

para a estruturação do sistema judiciário brasileiro, a qual não podemos deixar de considerar na presente análise: a criação do Conselho Nacional de Justiça.

É extreme de dúvidas que, com a edição da Emenda Constitucional nº 45/2004, a qual fez incluir o art. 103-B à Constituição da República e determinou a criação e instalação do Conselho Nacional de Justiça como órgão destinado à fiscalização administrativa e ao aperfeiçoamento do Poder Judiciário, mediante a normatização da padronização de procedimentos, além da criação e estruturação de políticas públicas voltadas à gestão estratégica da Justiça,[4] houve um significativo e paradigmático fortalecimento do Poder Judiciário frente aos demais poderes constituídos, tendo despontado significativas mudanças no Poder Judiciário, enquanto poder constituído e pilar do Estado Democrático de Direito.

Afinal, passou-se a facultar o acesso à informação sobre dados que, anteriormente, eram objeto de lacuna informativa, deixando a população completamente à margem dos índices de produtividade relativos à horizontalização do acesso à justiça e efetivação da cidadania. Onde não há transparência, não há crédito. Onde não há credibilidade na gestão da coisa pública, não há cidadania.[5]

O referido órgão passou a, paulatinamente, centralizar e uniformizar procedimentos, além de armazenar, classificar, tratar e utilizar os dados pertinentes à justiça brasileira de forma mais estratégica, organizada e eficiente, sem deixar de levar em conta as peculiaridades de cada estado federativo.[6] Fato que, conforme veremos adiante, ao nosso ver, contribuiu em boa parte para o sucesso do modelo gerencial adotado.

Nessa cadência, a Corregedoria Nacional de Justiça – enquanto órgão fiscalizador e normatizador do Conselho Nacional de Justiça –, lançou, no ano de 2007, o programa "Justiça Aberta", que nada mais é do que um banco de dados com informações *online* de atualização contínua, que permite o monitoramento da produtividade da Justiça – Judicial e Extrajudicial – pela sociedade.

Ao nosso ver, essa era a prestação de contas que faltava como manifestação do pilar democrático de acesso à informação, que deve compor o Estado Democrático de

---

4. BALLESTEROS, Karina R. B. *Conselho Nacional de Justiça e Gerencialismo Penal no Brasil: o Poder Punitivo sob a Lógica da Administração da Justiça*. Tese (Doutorado em Direito) – Faculdade de Direito da Universidade de Brasília, 2019. Disponível em: http://www.realp.unb.br/jspui/handle/10482/36757. Acesso em: 27 fev. 2024.

5. Segundo MARSHALL, a cidadania deve ser compreendida a partir do conjunto de três elementos de natureza normativa. Uma parte civil (século XVIII), uma parte política (século XIX) e uma parte social (século XX). Independentemente de tais elementos terem se devolvido em épocas diferentes, atualmente, não há como se compreender ou conceituar cidadania sem a conjugação deles (Cf. MARSHALL, T. H. Citizenship and Social Class. In: MARSHALL, T. H. e BOTTOMORE, *Tom. Citizenship and Social Class*. Chicago: Pluto Classic (reimpr.), 1996, p. 9).

6. Neste ponto, salientamos o posicionamento de PINHEIRO, para quem, no modelo gerencial adotado pelo Conselho Nacional de Justiça, há uma maior priorização da análise dos dados do que propriamente dos meios adotados para alcançá-los (Cf. PINHEIRO, C. R. R., *O Modelo Gerencialista Implantado no Poder Judiciário e o Impacto na Magistratura*. Tese (Doutorado em Ciencias Sociais) – Instituto de Filosofia e Ciencias Humanas da Universidade Estadual de Campinas, 2020, p. 96-100.

Direito, sobretudo quando o tema se refere a serviços públicos prestados diretamente pelo Poder Público ou por particulares em colaboração, como é o caso dos cartórios ou serventias extrajudiciais.

Se alguns dos direitos ou garantias fundamentais mais marcantes do Poder Constituinte foram a segurança jurídica, o devido processo legal, a duração razoável do processo e o acesso à tutela jurisdicional justa, adequada, célere e efetiva, não poderia – jamais – a Justiça do Extrajudicial ficar de fora das demandas e exigências inerentes a tais avanços. Não seria crível que as serventias judiciais se mantivessem à margem desse controle de transparência, ainda que, num primeiro momento, pudesse aventar-se a tese de se tratar de administração privada.

O interesse público sujeito a tal administração particular deve, sobremaneira, preponderar sobre a privatização da administração, de modo a impor-se a prestação periódica de contas à sociedade, não para saber o nível de lucratividade da atividade, mas para se prestar contas dos atos de cidadania praticados quando custeados pelos particulares a partir do pagamento dos emolumentos, que gozam da natureza tributária de taxa.

A demanda por transparência e celeridade exige uma Justiça de qualidade, que abrange o Extrajudicial. Esta deve ser buscada não apenas com uma ou duas ações isoladas, mas, sim, com múltiplas iniciativas, que passam pela busca de uma gestão mais eficiente, com o aproveitamento racional dos recursos, a capacitação dos titulares das serventias extrajudiciais e seus prepostos, além da desjudicialização dos procedimentos.[7]

Contudo, pouco se fala sobre a origem desse movimento de tornar progressivamente mais transparente o acesso à informação para o público em geral. E, para isso, é preciso ter em mente os modelos existentes a respeito do acesso à informação, trazidos pela Lei nº 12.527/2011, de 18/11 ("Lei de Acesso à Informação"),[8] que conferiu maior enlevo ao acesso às informações públicas, e, que, cerca de quatro anos depois, foi regulamentada, no âmbito do Poder Judiciário, pela Resolução nº 215/2015 do Conselho Nacional de Justiça, de 16/12.

Para Machado e Lino,[9] a citada lei segmenta a transparência em duas dimensões distintas, quais sejam, (i) *transparência passiva*, que trata da disponibilização dos dados pelos órgãos públicos após formalização de pedidos de informação direcionados por

---

7. ROCHA, Francisco Cesar Asfor. Justiça de Qualidade. *BDJur*. Disponível em: https://core.ac.uk/download/pdf/79070971.pdf. Acesso em: 22 fev. 2024.

8. Lei federal que regulamentou o disposto nos arts. 5.º, XXXIII; 37, § 3.º, II; e 2016, § 2.º, da Constituição da República do Brasil. Disponível em: https://www.planalto.gov.br/ccivil_03/_ato2011-2014/2011/lei/l12527.htm. Acesso em: 1.º fev. 2024.

9. MACHADO, Jorge, LINO, Daniel. Gerencialismo e Justiça Aberta. *Revista Arquivo Nacional*, v. 34, n. 3, p. 1-18, set./dez. 2021, ISSN 2237-8723, Rio de Janeiro, RJ. Disponível em: https://revista.arquivonacional.gov.br/index.php/revistaacervo/article/view/1755. Acesso em: 22 fev. 2024.

cidadãos; e (ii) *transparência ativa*,[10] que respeita às informações disponibilizadas, de forma proativa, pelos órgãos públicos, independentemente de solicitação prévia e direta.[11]

Se, *por um lado*, a *transparência passiva* se relaciona com o *princípio da inércia* – que rege as atividades judiciais e extrajudiciais –, no sentido de, tradicionalmente, demandarem requerimento prévio da parte interessada para que possam agir, *por outro lado*, a *transparência ativa* se conecta com os princípios da simplicidade, economicidade e acesso à justiça, que compele aos atores das esferas judiciais e extrajudiciais a serem mais proativos, antecipando-se àquilo que pode ser antevisto para que se atinja o resultado previsivelmente desejado.

Em outras palavras, se facultar-se maior transparência ao público quanto às informações atinentes aos serviços e atos públicos denota um meio sem o qual não se pode atingir a credibilidade, a respeitabilidade e o acesso ao público sobre aquilo que é essencialmente de seu interesse, não há que limitar a ação estatal a prévio e anterior requerimento, pois, afinal, trata-se de informações gerais e coletivas sobre o escorreito funcionamento da "máquina estatal" como um todo e não de uma pessoa em particular.

Note-se que a adoção do mesmo entendimento não seria razoável para os atos particulares, vale dizer, atinentes especificamente a pessoas naturais e segundo o seu interesse. Mas, na medida em que estejam sob análise os atos praticados pela Justiça do Extrajudicial, em geral e em termos qualitativos e estatísticos, os quais são, nomeadamente, tipo de *atos de cidadania*, a sua relevância pública torna-se patente, tanto em termos estatísticos, quanto em termos qualitativos.

Entretanto, como é de se esperar, tal "abertura" do acesso à informação pelo Poder Público à sociedade não se deu de forma instantânea ou imediata, nem no Brasil, nem no mundo. Esse foi um processo lento que teve o seu marco inicial na Europa, com a edição do Livro Verde,[12] pela Comissão Europeia, no ano de 2000, em que se dispôs sobre os meios de disponibilização do acesso a tais dados no contexto da sociedade da

---

10. A *transparência ativa* encontra-se, atualmente, positivada no art. 5.º da Resolução nº 215/2015 do Conselho Nacional de Justiça, de 16/12, segundo o qual a divulgação de informações de interesse geral produzidas e custodiadas pelos órgãos do Poder Judiciário dar-se-á independentemente de requerimento, por meio dos sítios eletrônicos. Disponível em: https://atos.cnj.jus.br/files/ compilado13184020240201 65bb9a30186d1.pdf. Acesso em: 1.º fev. 2024.

11. Se, *por um lado*, o art. 5.º, XXXIII, da CR/88 positiva o direito fundamental de acesso às informações públicas, ao dispor que "todos têm direito a receber dos órgãos públicos informações de seu interesse particular, ou de interesse coletivo ou geral, que serão prestadas no prazo da lei, sob pena de responsabilidade, ressalvadas aquelas cujo sigilo seja imprescindível à segurança da sociedade e do Estado". *Por outro lado*, o art. 93, IX, da Carta Magna determina também a publicidade como princípio da administração pública, estabelecendo, ainda, o art. 37, § 3.º, II, da CR/88 o "acesso dos usuários a registros administrativos e a informações sobre atos de governo" com a mesma estirpe de direito fundamental.

12. Disponível em: https://www.europarl.europa.eu/meetdocs/committees/empl/20020416/doc05a_pt.pdf. Acesso em: 05 fev. 2024.

informação, com o intuito de possibilitar o desenvolvimento da economia, a partir do fomento da credibilidade, ao facultar-se uma maior participação dos cidadãos.[13]

Na sequência, foi aprovada a Diretiva Europeia 2003/98/CE,[14] relativa à reutilização das informações do setor público, que manteve o escopo de fomento da economia a partir de uma maior participação privada, mediante o acesso aos dados públicos, seguido da criação, em 2011, do *Open Government Partnership* ("OGP"), uma espécie de parceria entre o Poder Público e a iniciativa privada para a construção de um "governo aberto" em termos de informações, com vista a criar e incrementar o compromisso estatal com uma gestão mais participativa de toda a sociedade, sobretudo, em áreas afeitas à inovação.[15] E, quatro anos mais tarde, foi publicada a "Agenda 2030", pela Organização das Nações Unidas, que estabeleceu como um dos itens do plano de ação promover o desenvolvimento sustentável por meio da promoção do acesso à justiça, sendo um dos objetivos a prosseguir a criação de instituições transparentes de prestação de contas.[16]

Das digressões feitas, é possível concluir que o conceito de "justiça aberta" vem assumindo múltiplas colmatações, desde o cenário internacional até o nacional brasileiro, rumo à construção de um Judiciário mais aberto e transparente, a partir das mudanças positivadas normativamente. Isso se deve ao modo como o Judiciário adotou o *modelo gerencialista*,[17] que tem como principal viés a administração do interesse público com

---

13. Para Machado e Lino, para serem considerados abertos, os dados devem ser: (1) completos; (2) primários (não agregados); (3) atuais; (4) acessíveis a maior gama de usuários e usos possíveis; (5) processáveis por máquinas; (6) não discriminatórios (disponíveis sem necessidade de registro); (7) em formato não proprietário (sem controle exclusivo); (8) e com licença livre de uso (para aprofundamento do tema, ver: MACHADO, Jorge, LINO, Daniel. Gerencialismo e Justiça Aberta. *Revista Arquivo Nacional*, v. 34, n. 3, p. 1-18, set./dez. 2021, ISSN 2237-8723, Rio de Janeiro, RJ. Disponível em: https://revista.arquivonacional.gov.br/index.php/revistaacervo/article/view/1755. Acesso em: 22 fev. 2024.

14. Disponível em: https://eur-lex.europa.eu/LexUriServ/LexUriServ.do?uri=OJ:L:2003:345:0090:0096:pt:PDF. Acesso em: 15 jan. 2024.

15. A Parceria para Governo Aberto ou OGP (*Open Government Partnership*) é uma iniciativa internacional que pretende difundir e incentivar globalmente práticas de governança aberta. Entende-se como Governo Aberto aquele que prioriza o cidadão e adota medidas concretas para o fortalecimento da transparência das informações públicas, tais como combate à corrupção, fomento à participação cidadã, responsabilidade fiscal etc. Essa nova forma de interação político-administrativa tem o fito de melhorar a relação entre a sociedade e o governo, como forma de fomentar o senso democrático e a inclusão. Para integrar a OGP, é necessário que o país adira à Declaração de Princípios e apresente uma espécie de plano de ação. Atualmente, integram a OGP cerca de 75 países e, para integrá-la, é necessário que o país atenda a critérios mínimos de transparência fiscal, acesso à informação, participação cidadã e divulgação de declarações patrimoniais por autoridades. Para maiores informações, ver: https://www.gov.br/cgu/pt-br/governo-aberto/a-ogp/entenda-a-ogp. Acesso em: 03 fev. 2024.

16. Para Machado e Lino, o crescimento da OGP e de sua agenda política promoveu a difusão do conceito de justiça aberta, que pode ser resumido, em poucas palavras, como a aplicação dos princípios de governo aberto no âmbito do Poder Judiciário. Para maior aprofundamento do tema, ver MACHADO, Jorge, LINO, Daniel. Gerencialismo e Justiça Aberta. *Revista Arquivo Nacional*, v. 34, n. 3, p. 1-18, set/dez. 2021, ISSN 2237-8723, Rio de Janeiro, RJ. Disponível em: https://revista.arquivonacional.gov.br/index.php/revistaacervo/article/view/1755. Acesso em: 22 fev. 2024.

17. O *modelo gerencialista* é aquele que visa a promover a gestão da coisa e do interesse públicos em conformidade com padrões de eficiência similares aos adotados pela esfera privada. Com a ocorrência das mudanças

base na gestão tecnológica de informações, ou seja, utilizando-se os avanços da tecnologia para ampliar o contato entre a sociedade e administração da justiça, a fim de possibilitar uma maior participação social, no sentido de *informar-se* para *formar-se* e *integrar-se* participativamente com a Justiça.

É inevitável que essa experiência repercuta, no senso social, pertencimento e credibilidade da população quanto às ações estatais, sobretudo, da Justiça. Boa parte dos princípios constitucionais de regência da Administração Pública podem – e têm sido – concretizados, horizontalizados, a partir disso.

Afinal, não há como se conferir concretude a posturas éticas de confiança estatais sem que o cidadão confie na gestão pública, de forma a vê-la como *moral*, *impessoal* e *eficiente*, o que, por sua vez, torna-se cada vez mais viável mediante a utilização dos avanços tecnológicos típicos da sociedade da informação para trazer transparência ao que é feito e exibição de seus resultados em números, sobretudo em um país com dimensões continentais e com vasta diversidade étnica, cultural e socioeconômica como o Brasil.

Num Brasil composto por vários "Brasis", acreditamos que, a par de alguns pontos de aprimoramento sempre existentes em qualquer processo em que se almeje o progresso contínuo e sua adequação constante à dinamicidade do fato social, o *modelo gerencialista* até então adotado pelo Poder Judiciário, sob a batuta do Conselho Nacional de Justiça, tem se mostrado relevante e imprescindível para os avanços da gestão judiciária dos conflitos (Judicial) e dos consensos (Extrajudicial), a partir do tratamento gerencial e da divulgação responsável dos dados estatísticos de interesse público, os quais têm se mostrado cada vez mais imprescindíveis para a construção de uma gestão participativa da sociedade como fator essencial de resgate da credibilidade da Justiça – Judicial e Extrajudicial – para o exercício amplo, dinâmico e atual da cidadania.

---

ideológicas econômicas e sociais do final do século XX, surgiu a necessidade de se rever as relações existentes entre o Estado e a sociedade, o que trouxe implicações para o significado de *cidadania* na sociedade moderna. Nesse diapasão, acreditamos que é, justamente, a partir da evolução do conceito de cidadania que se leva o conceito de gerencialismo da Administração Pública a repercutir a transparência da gestão das informações. Para aprofundamento dos conceitos, ver: DRAIBE, Sônia Miriam. O Padrão Brasileiro de Proteção Social: Desafios à Democratização. Análise e Conjuntura. Curitiba, v. 8, n. 2, p. 13-19, fev. 1986. Disponível em: https://repositorio.cepal.org/server/api/core/bitstreams/2c549d71-f638-48e9-85df-2664a1f1a3b9/contente. Acesso em: 27 fev. 2024; e PORTER, Dorothy. *Health, Civilization and State*: a History of Public Health from Ancient to Modern Times. London and New York: Routledge, 1999. Disponível em: https://books.google.pt/books?id=BiZuGa736z8C&printsec=frontcover&hl=pt-BR&source=gbs_ge_summary_r&cad=0#v=onepage&q&f=false. Acesso em: 27 fev. 2024.

TÍTULO II
DA PREVENÇÃO DE CRIMES
CAPÍTULO I
DA PREVENÇÃO À LAVAGEM DE DINHEIRO E AO FINANCIAMENTO DO TERRORISMO E DA PROLIFERAÇÃO DE ARMAS DE DESTRUIÇÃO EM MASSA
Seção I
Das Disposições Gerais

Art. 137. Este Capítulo dispõe sobre o cumprimento dos deveres de prevenção à lavagem de dinheiro e ao financiamento do terrorismo e da proliferação de armas de destruição em massa (PLD/FTP) legalmente atribuídos a serviços notariais e de registro pelos arts. 9.º a 11 da Lei nº 9.613, de 1998, pelos arts. 9.º a 12 da Lei nº 13.810, de 8 de março de 2019, e por normas correlatas.

Art. 138. Este Capítulo aplica-se a:

I – tabeliães de notas;

II – tabeliães e oficiais de registro de contratos marítimos;

III – tabeliães de protesto de títulos;

IV – oficiais de registro de imóveis; e

V – oficiais de registro de títulos e documentos e civis das pessoas jurídicas.

§ 1.º Ficam sujeitos a este Capítulo titulares, interventores e interinos dos serviços notariais e registrais.

§ 2.º Para os fins deste Capítulo, qualquer referência a notários e a registradores considera-se estendida a autoridades consulares com atribuição notarial e registral.

Art. 139. Notários e registradores devem observar as disposições deste Capítulo na prestação de serviços e no atendimento a clientes ou usuários, inclusive quando envolverem interpostas pessoas, compreendendo todos os negócios e todas as operações que lhes sejam submetidas, observadas as seguintes particularidades:

I – as informações que para tanto possam razoavelmente obter; e

II – a especificidade dos diversos tipos de serviços notariais e de registro.

§ 1.º A adoção de política, procedimentos e controles internos em cumprimento a disposições deste Capítulo dar-se-á de forma:

I – compatível com o porte da serventia extrajudicial de que se trate e com o volume de suas operações ou atividades;

II – orientada por abordagem baseada em risco, de modo proporcional aos riscos de PLD/FTP relacionados às atividades de cada notário ou registrador, que deve identificar e avaliar tais riscos, visando à sua efetiva mitigação; e

III – considerando o nível e o tipo de contato com informações documentais e com partes e outros envolvidos, proporcionado pelas características específicas de cada tipo de serviço notarial ou de registro, inclusive no que se refere à peculiar limitação desse contato no desempenho do serviço de protesto de títulos.

§ 2.º A orientação por abordagem baseada em risco de que trata o inciso II do § 1.º deste artigo não afasta nem condiciona o dever de notários e registradores em, a teor dos arts. 9.º a 12 da Lei nº 13.810, de 2019:

I – dar cumprimento pleno e sem demora a sanções impostas por resoluções do Conselho de Segurança das Nações Unidas (CSNU) ou por designações de seus comitês de sanções relacionadas a terrorismo, proliferação de armas de destruição em massa ou seu financiamento; e

II – proceder às comunicações previstas no art. 11 e no parágrafo único do art. 12 da Lei nº 13.810, de 2019.

Art. 139-A. Para identificar e avaliar riscos de LD/FTP relacionados a suas atividades, notários e registradores devem considerar, entre outras fontes confiáveis de informação, avaliações nacionais ou setoriais de risco conduzidas pelo Poder Público, assim como avaliações setoriais ou subsetoriais realizadas por suas entidades de representação.

Art. 140. Para os fins deste Capítulo, considera-se:

I – cliente ou usuário do serviço notarial: todo o usuário que comparecer perante um notário como parte direta ou indiretamente interessada em um ato notarial, ainda que por meio de representantes, independentemente de ter sido o notário escolhido pela parte outorgante, outorgada ou por terceiro;

II – cliente ou usuário do registro imobiliário: o titular de direitos sujeitos a registro;

III – cliente ou usuário do registro de títulos e documentos e do registro civil da pessoa jurídica: todos que forem qualificados nos instrumentos sujeitos a registro;

IV – cliente ou usuário cliente do serviço de protesto de títulos: toda pessoa natural ou jurídica que for identificada no título apresentado, bem como seu apresentante;

V – beneficiário final: a pessoa natural em nome da qual uma transação é conduzida ou que, em última instância, de forma direta ou indireta, possui, controla ou influencia significativamente uma pessoa jurídica, ainda que sem qualificação formal como sócio ou administrador;

VI – Unidade de Inteligência Financeira (UIF): o Conselho de Controle de Atividades Financeiras (Coaf), que constitui a UIF do Brasil, tendo sido criado pelo art. 14 da Lei nº 9.613, de 3 de março de 1998, e reestruturado na forma da Lei nº 13.974, de 7 de janeiro de 2020; e

VII – em espécie: meio de pagamento consistente em moeda manual, ou seja, em cédulas de papel-moeda ou moedas metálicas fracionárias, também designado por expressões como "dinheiro vivo", numerário ou meio circulante, que não se confundem com expressões como "moeda corrente" ou "moeda de curso legal", referentes apenas à unidade do sistema monetário nacional, que é o Real, conforme art. 1.º da Lei nº 9.069, de 29 de junho de 1995, ou à unidade do sistema monetário de outros países, independentemente do meio de pagamento pelo qual seja essa unidade veiculada (a exemplo de transferência bancária, transferência eletrônica entre contas de pagamento, PIX, cheque ou dinheiro em espécie).

Art. 141. Notários e registradores devem implementar procedimentos de monitoramento, seleção e análise de operações, propostas de operação ou situações com o objetivo de identificar aquelas que possam configurar indício de prática de LD/FTP ou de infração correlacionada.

§ 1.º Os procedimentos de monitoramento e seleção devem permitir a identificação de operações, propostas de operação ou situações que, considerando suas características, especialmente partes, demais envolvidos, valores, modo de realização, meios e formas de pagamento, falta de fundamento econômico ou legal ou, ainda, incompatibilidade com práticas de mercado, sinalizem, inclusive por seu caráter não usual ou atípico, possível indício de prática de LD/FTP ou de infração correlacionada, devendo, por isso, ser objeto de análise com especial atenção na forma do § 2.º.

§ 2.º Os procedimentos de análise das operações, propostas de operação ou situações selecionadas conforme o disposto no § 1.º devem reunir os elementos objetivos com base nos quais se conclua pela configuração, ou não, de possível indício de prática de LD/FTP ou de infração correlacionada.

§ 3.º A análise e a conclusão referidas no § 2.º devem ser documentadas e estarem disponíveis para efeito de demonstração à Corregedoria Nacional de Justiça ou às Corregedorias-Gerais de Justiça estaduais ou do Distrito Federal, independentemente de terem resultado, ou não, no encaminhamento de comunicação à UIF na forma do art. 142.

§ 4.º Nos procedimentos de monitoramento, seleção e análise de que trata este artigo, será dedicada especial atenção a operações, propostas de operação ou situações que envolvam pessoas expostas politicamente, nos termos da norma da UIF, bem como seus familiares, estreitos colaboradores e pessoas jurídicas de que participem ou nas quais se caracterizem como administrador ou beneficiário final.

Art. 142. Notários e registradores comunicarão à UIF, pelo Sistema de Controle de Atividades Financeiras (Siscoaf), quaisquer operações, propostas de operação ou situações quanto às quais concluam, após análise na forma do art. 141, § 3.º, que, por suas características, conforme o indicado no § 1.º do mesmo artigo, possam configurar indício de prática de LD/FTP ou de infração correlacionada.

Parágrafo único. Sem prejuízo do disposto no caput, notários e registradores também comunicarão à UIF o que for definido neste Capítulo como hipótese em que devam fazê-lo independentemente de análise, devendo implementar procedimentos de monitoramento e seleção do que assim houver de ser comunicado.

Seção II
Da Política de PLD/FTP

Art. 143. Notários e registradores, sob a supervisão da Corregedoria Nacional de Justiça e das Corregedorias dos Tribunais de Justiça dos Estados e do Distrito Federal, devem estabelecer e implementar, no âmbito das serventias extrajudiciais a seu cargo, política de LD/FTP compatível com seu porte e volume de operações ou atividades, a qual deve abranger, no mínimo, diretrizes a adoção de procedimentos e controles internos destinados à:

I – realização de diligência razoável para a qualificação dos clientes, beneficiários finais e demais envolvidos nas operações que realizarem;

II – obtenção de informações sobre o propósito e a natureza da relação de negócios;

III – identificação de operações ou propostas de operações suspeitas ou de comunicação obrigatória;

IV – mitigação dos riscos de que novos produtos, serviços e novas tecnologias possam ser utilizadas para a lavagem de dinheiro e para o financiamento do terrorismo; e

V – verificação periódica da eficácia da política e dos procedimentos e controles internos adotados.

§ 1.º A política tratada neste artigo deve ser formalizada expressamente por notários e registradores, abrangendo, também, procedimentos para:

I – treinamento dos notários, dos registradores, dos oficiais de cumprimento e dos empregados contratados;

II – disseminação do seu conteúdo ao quadro de pessoal por processos institucionalizados de caráter contínuo;

III – monitoramento das atividades desenvolvidas pelos empregados; e

IV – prevenção de conflitos entre os interesses comerciais/empresariais e os mecanismos de prevenção à lavagem de dinheiro e ao financiamento do terrorismo.

§ 2.º Os tabeliães de protesto de títulos cumprirão o disposto nos incisos I e II do caput deste artigo, por meio dos dados e das informações constantes do título ou documento de dívida apresentado, ou de sua indicação, bem como dos dados fornecidos pelo apresentante, não podendo obstar a realização do ato ou exigir elementos não previstos nas leis que regulam a emissão e circulação dos títulos ou documentos em questão.

Art. 144. Os notários e os registradores são os responsáveis pela implantação das políticas, procedimentos e controles internos de prevenção à lavagem de dinheiro e ao financiamento do terrorismo no âmbito da serventia, podendo indicar, entre seus prepostos, oficiais de cumprimento.

§ 1.º Em caso de não nomeação de oficial de cumprimento, será considerado como tal o notário ou o registrador responsável pela serventia.

§ 2.º São atribuições do oficial de cumprimento, do notário ou do registrador, entre outras previstas em instruções complementares:

I – informar à Unidade de Inteligência Financeira (UIF) qualquer operação ou tentativa de operação que, pelos seus aspectos objetivos e subjetivos, possam estar relacionadas às operações de lavagem de dinheiro ou financiamento do terrorismo;

II – prestar, gratuitamente, no prazo estabelecido, as informações e os documentos requisitados pelos órgãos de segurança pública, do Ministério Público e do Poder Judiciário para o adequado exercício das suas funções institucionais, vedada a recusa na sua prestação sob a alegação de justificativa insuficiente ou inadequada;

III – promover treinamentos para os colaboradores da serventia; e

IV – elaborar manuais e rotinas internas sobre regras de condutas e sinais de alertas.

§ 3.º Os notários e os registradores, inclusive interinos e interventores, são solidariamente responsáveis com os oficiais de cumprimento na execução dos seus deveres.

§ 4.º Os notários e os registradores deverão indicar, no Justiça Aberta, o oficial de cumprimento à Corregedoria Nacional de Justiça, no Cadastro Nacional de Serventias, disponibilizando a informação à Unidade de Inteligência Financeira (UIF) para fins de habilitação no Siscoaf.

Seção III
Do Cadastro de Clientes e Demais Envolvidos

Art. 145. Notários e registradores identificarão e manterão cadastro dos envolvidos, inclusive representantes e procuradores, nos atos notariais protocolares e de registro com conteúdo econômico.

§ 1.º No cadastro das pessoas físicas constarão os seguintes dados:

I – nome completo;

II – número de inscrição no Cadastro de Pessoas Físicas (CPF); e

III – sempre que possível, desde que compatível com o ato a ser praticado pela serventia:

a) número do documento de identificação e nome do órgão expedidor ou, se estrangeiro, dados do passaporte ou carteira civil;

b) data de nascimento;

c) nacionalidade;

d) profissão;

e) estado civil e qualificação do cônjuge, em qualquer hipótese;

f) endereço residencial e profissional completo, inclusive eletrônico;

g) telefones, inclusive celular;

h) dados biométricos, especialmente impressões digitais e fotografia, em padrões a serem estabelecidos pelas instruções complementares;

i) imagens dos documentos de identificação e dos cartões de autógrafo;

j) eventual enquadramento em lista de pessoas naturais alcançadas pelas sanções de que trata a Lei nº 13.810, de 2019, relacionadas a práticas de terrorismo, proliferação de armas de destruição em massa ou seus financiamentos e impostas por resolução do Conselho de Segurança das Nações Unidas (CSNU) ou por designação de algum de seus comitês de sanções; e

k) eventual enquadramento na condição de pessoa exposta politicamente, bem como na condição de familiar ou estreito colaborador de pessoa do gênero, nos termos da norma editada a respeito pela UIF.

§ 2.º No cadastro das pessoas jurídicas constarão os seguintes dados:

I – razão social e nome de fantasia, este quando constar do contrato social ou do Cadastro Nacional de Pessoa Jurídica (CNPJ);

II – número de inscrição no Cadastro Nacional da Pessoa Jurídica (CNPJ);

III – endereço completo, inclusive eletrônico;

IV – sempre que possível, desde que compatível com o ato a ser praticado pela serventia, elementos indicados no § 1.º em relação a:

a) proprietários, sócios e beneficiários finais; e

b) representantes legais, prepostos e demais envolvidos que compareçam ao ato;

V – número telefônico; e

VI – eventual enquadramento em lista de pessoas jurídicas ou entidades alcançadas pelas sanções de que trata a Lei nº 13.810, de 2019, relacionadas a práticas de terrorismo, proliferação de armas de destruição em massa ou seus financiamentos e impostas por resolução do CSNU ou por designação de algum de seus comitês de sanções.

§ 3.º Constarão do registro a data do cadastro e a de suas atualizações.

§ 4.º Os cadastros, as imagens dos documentos e os cartões de autógrafos poderão ser mantidos exclusivamente em sistema informatizado, observando-se os padrões mínimos da tecnologia da informação para a segurança, integridade e disponibilidade de dados previstos neste Código Nacional de Normas.

§ 5.º Os tabeliães de protesto de títulos poderão cumprir o disposto no § 1.º e § 2.º deste artigo pela manutenção de cadastro com base no nome da pessoa física ou na razão social ou nome fantasia da pessoa jurídica que seja informado pelo credor ou apresentante, acompanhados do respectivo CPF ou CNPJ informado e do endereço fornecido pelo apresentante, salvo quando, pelas circunstâncias da apresentação do título ou documento de dívida apresentado, não houver as referidas informações ou ainda quando for do desconhecimento do apresentante.

§ 6.º Para os fins de enquadramento do cliente como pessoa exposta politicamente, o notário e o registrador deverão consultar o cadastro eletrônico de Pessoas Expostas Politicamente, por intermédio do Siscoaf, ou colher a declaração das próprias partes sobre essa condição, ressalvados os casos em que seja expressamente prevista uma destas formas de identificação como obrigatória.

§ 7.º Aplicam-se ao conceito de beneficiários finais, para os fins deste Capítulo, os critérios definidos por ato normativo da Secretaria da Receita Federal do Brasil (RFB) relativo ao CNPJ.

§ 8.º Para os fins de identificação do beneficiário final da operação, o titular da serventia deverá consultar a base de dados do Cadastro Único de Beneficiários Finais (CBF), complementando as informações por meio de consulta aos cadastros mencionados e com outras informações que puder extrair dos documentos disponíveis.

§ 9.º Quando não for possível identificar o beneficiário final, os notários e os registradores devem dispensar especial atenção à operação e colher dos interessados a declaração sobre quem o é, não sendo vedada a prática do ato sem a indicação do beneficiário final.

§ 10. Os tabeliães de protesto de títulos cumprirão o disposto no § 6.º, § 8.º e § 9.º deste artigo por meio de consulta aos cadastros mencionados, de informações constantes do título ou do documento de dívida apresentado, ou de sua indicação, bem como por meio dos dados fornecidos pelo apresentante, não podendo obstar a realização do ato ou exigir elementos não previstos em lei que regulam a emissão e circulação do título ou do documento em questão.

§ 11. Na definição da política de prevenção à lavagem de dinheiro e ao financiamento do terrorismo, a Corregedoria Nacional de Justiça poderá ampliar, por ato próprio, os requisitos dos registros das operações para fins de aplicação da identificação com base em risco e incluir requisitos mais estritos nos casos de operações que destoam em relação à média.

§ 12. O notário deverá manter cópia do documento de identificação apresentado, bem como dos contratos sociais, dos estatutos, das atas de assembleia ou da reunião, das procurações e de quaisquer outros instrumentos de representação ou dos alvarás que tenham sido utilizados para a prática do ato notarial.

§ 13. A obrigação de que trata o parágrafo anterior aplica-se aos registradores imobiliários em relação ao registro de instrumento particular.

Art. 146. Para a prestação dos serviços de que trata este Código de Normas, os notários e os registradores e/ou os oficiais de cumprimento deverão assegurar-se de que as informações cadastrais estejam atualizadas no momento da prestação do serviço.

Parágrafo único. A identificação das partes e de seus representantes e procuradores para fins de atualização do cadastro prevista no artigo anterior será promovida quando da prática do respectivo ato notarial ou de registro.

Seção IV
Do Cadastro Único de Beneficiários Finais

Art. 147. Os notários e os registradores poderão utilizar o Cadastro Único de Beneficiários Finais (CBF), criado e mantido por suas entidades associativas representativas, que, necessariamente, deverá conter os dados previstos no art. 145, sujeito à fiscalização da Corregedoria Nacional de Justiça.

§ 1.º O Cadastro Único de Beneficiários Finais (CBF) conterá o índice único das pessoas naturais que, em última instância, de forma direta ou indireta, possuem controle ou influência significativa nas entidades que pratiquem ou possam praticar atos ou negócios jurídicos nos quais intervenham os notários e os registradores.

§ 2.º Os dados para a formação e atualização do CBF podem ser obtidos a partir de:

I – outros cadastros da mesma natureza;

II – informações prestadas por outras instituições;

III – declaração das próprias partes;

IV – exame da documentação apresentada; e

V – outras fontes julgadas confiáveis pelo notário ou registrador.

Art. 148. As entidades representativas dos notários e dos registradores poderão firmar convênio com a RFB, as Juntas Comerciais dos estados, o Departamento de Registro Empresarial e Integração (DREI), a Comissão de Valores Mobiliários (CVM) e quaisquer outros órgãos, organismos internacionais ou outras instituições que detenham dados sobre atos constitutivos, modificativos, extintivos ou que informem participações societárias em pessoas jurídicas, com o objetivo de manter atualizado o cadastro de que trata esta seção.

Seção V
Do Registro sobre Operações, Propostas de Operação e Situações para Fins de PLD/FTP

Art. 149. Notários e registradores devem manter registro eletrônico, para fins de PLD/FTP, de todos os atos notariais protocolares e registrais de conteúdo econômico que lavrarem ou cuja lavratura lhes seja proposta, bem como sobre situações correlatas.

Parágrafo único. No registro eletrônico a que se refere o caput constarão as seguintes informações em relação ao ato cartorário realizado ou proposto, ou a situação correlata, sempre que cabível, em razão da especialidade da serventia e do ato de que se trate:

I – identificação de clientes ou proponentes e demais envolvidos;

II – descrição pormenorizada do ato ou da situação;

III – valores envolvidos, quando houver, notadamente valores que tenham sido declarados, indicados por avaliadores ou adotados para fins de incidência tributária ou para fins patrimoniais em contexto sucessório ou de integralização de capital societário, por exemplo;

IV – datas relevantes envolvidas, notadamente do ato cartorário ou da proposta de sua lavratura, de negócios aos quais se refira ou de situações correlatas;

V – formas de pagamento de valores envolvidos, quando houver;

VI – meios de pagamento de valores envolvidos, quando houver;

VII – fontes em que obtidas as informações relativas a cada um dos demais incisos deste artigo incluídas no registro, a exemplo de declaração ou documento apresentado pelas partes, outros documentos disponíveis, registros públicos, bases de dados ou cadastros a que se tenha acesso, fontes abertas disponíveis pela rede mundial de computadores (internet) ou veículos jornalísticos; e

VIII – outras informações nos termos de regulamentos especiais e instruções complementares.

Art. 150. Os notários deverão, antes da lavratura de ato notarial, verificar a atualidade dos poderes de uma procuração, abstendo-se da sua prática caso tenham conhecimento de que tenham eles sido revogados ou modificados.

Art. 150-A. O registro de que trata o art. 149:

I – deve ser mantido de modo a viabilizar a implementação dos procedimentos de monitoramento, seleção, análise e comunicação de que tratam os arts. 141 e 142, bem como o atendimento a requisições de autoridades competentes, como as referidas no art. 178; e

II – não se confunde com o ato-fim da própria serventia, ainda que suas informações possam eventualmente constar em um mesmo ambiente ou suporte documental, desde que isso não comprometa a restrição do acesso a informações sensíveis, para fins de PLD/FTP, em conformidade com o disposto no art. 154.

Seção VI
Das Comunicações à Unidade de Inteligência Financeira (UIF)

Art. 151. Notários e registradores, ou seu oficial de cumprimento, devem comunicar à UIF operações, propostas de operação ou situações nestas hipóteses:

I – constatação, após análise na forma do art. 141, § 2.º, de indício de prática de LD/FTP ou de infração correlacionada; e

II – hipótese de comunicação à UIF independentemente de análise, conforme o definido neste Capítulo.

§ 1.º O monitoramento e a seleção de operações, propostas de operação ou situações cuja comunicação à UIF independa de análise serão concluídos em até 30 (trinta) dias, contados da operação, proposta de operação ou situação, após os quais a comunicação deve ser efetuada em 24 (vinte e quatro) horas.

§ 2.º O monitoramento, a seleção e a análise de operações, propostas de operação ou situações cuja comunicação à UIF dependa de análise serão concluídos em até 60 (sessenta) dias, contados da operação ou proposta de operação, após os quais a comunicação deve ser efetuada em 24 (vinte e quatro) horas.

§ 3.º A comunicação de que trata o caput será efetuada por meio do Siscoaf, disponibilizado pela página da UIF na internet, resguardando-se o sigilo de que trata o art. 154.

Art. 152. Na hipótese do art. 151, I, será dedicada especial atenção, conforme o art. 141, § 4.º, no caso de operações, propostas de operação ou situações que envolvam pessoa exposta politicamente, bem como seus familiares, estreitos colaboradores e pessoas jurídicas de que participem ou nas quais se caracterizem como administrador ou beneficiário final.

Art. 153. Notários e registradores, ou seu oficial de cumprimento, quando não identificarem ao longo de um ano civil nenhuma operação, proposta de operação ou situação que devessem comunicar à UIF na forma do art. 151, apresentarão à Corregedoria-Geral de Justiça estadual ou do Distrito Federal comunicação de não ocorrência nesse sentido até 31 de janeiro do ano seguinte.

Parágrafo único. A Corregedoria-Geral de Justiça (CGJ) instaurará procedimento administrativo para apurar a responsabilidade de notário ou registrador que deixar de prestar, no prazo estipulado, a informação prevista no caput deste artigo.

Art. 154. Notários, registradores e oficiais de cumprimento devem guardar sigilo acerca das comunicações previstas nesta Seção, inclusive em relação a pessoas a que elas possam fazer referência, sendo vedado o compartilhamento de informação com as partes envolvidas ou terceiros, com exceção da Corregedoria Nacional de Justiça ou, na forma por ela autorizada, de órgãos ou integrantes de Corregedoria-Geral de Justiça estadual ou do Distrito Federal.

Art. 154-A. As comunicações na forma do art. 151, I, devem ser devidamente fundamentadas, incluindo:

I – manifestação circunstanciada dos motivos que levaram a concluir pela configuração de possível indício de prática de LD/FTP ou de infração correlacionada;

II – todos os dados relevantes da operação, proposta de operação ou situação comunicada, a exemplo dos que se refiram à descrição de bens ou direitos e formas de pagamento, assim como à identificação e qualificação das pessoas envolvidas; e

III – indicação das fontes das informações veiculadas ou consideradas na comunicação, tais como documentos em que constem, declarações prestadas, observação direta, correspondências, mensagens de e-mail ou telefonemas, matérias jornalísticas, resultados de pesquisa por mecanismos de busca na internet, redes sociais em seu âmbito mantidas ou mesmo, quando for o caso, suspeitas informalmente compartilhadas em determinado âmbito local, regional, familiar, comunitário ou de praça comercial, por exemplo.

Parágrafo único. Os elementos fornecidos para fundamentar as comunicações de que trata o caput devem ser:

I – claros, precisos e suficientes para apoiar conclusão razoável de que a comunicação contém indício de prática de LD/FTP ou de infração correlacionada, de modo a facilitar sua compreensão por autoridades competentes; e

II – inseridos, conforme instruções disponibilizadas pelo site da UIF, no campo "Informações adicionais", em campos específicos ou em outros equivalentes que eventualmente os sucedam ou substituam no formulário eletrônico de comunicação do Siscoaf.

Art. 155-A. Na hipótese do art. 151, I, envolvendo dever de análise com especial atenção (art. 141, §§ 1.º e 3.º), o notário e o registrador atentarão para operações, propostas de operação ou situações que, a partir dos documentos que lhes forem submetidos para a prática do ato:

I – aparentem não decorrer de atividades ou negócios usuais do cliente, de outros envolvidos ou do seu ramo de atuação;

II – tenham origem ou fundamentação econômica ou legal não claramente aferíveis;

III – se mostrem incompatíveis com o patrimônio ou com a capacidade econômico-financeira do cliente ou de outros envolvidos;

IV – envolvam difícil ou inviável identificação de beneficiário(s) final(is);

V – se relacionem a pessoa jurídica domiciliada em jurisdição listada pelo Grupo de Ação Financeira (Gafi) como de alto risco ou com deficiências estratégicas em matéria de PLD/FTP;

VI – envolvam países ou dependências listados pela RFB como de tributação favorecida e/ou regime fiscal privilegiado;

VII – se relacionem a pessoa jurídica cujos sócios, administradores, beneficiários finais, procuradores ou representantes legais mantenham domicílio em jurisdições consideradas pelo Gafi de alto risco ou com deficiências estratégicas em matéria de PLD/FTP;

VIII – apresentem, por parte de cliente ou demais envolvidos, resistência ao fornecimento de informação ou documentação solicitada para fins relacionados ao disposto neste Capítulo;

IX – envolvam a prestação, por parte de cliente ou demais envolvidos, de informação ou documentação falsa ou de difícil ou onerosa verificação;

X – se mostrem injustificadamente mais complexas ou onerosas que de ordinário, mormente se isso puder dificultar o rastreamento de recursos ou a identificação de real propósito;

XI – apresentem sinais de caráter fictício ou de relação com valores incompatíveis com os de mercado;

XII – envolvam cláusulas que estabeleçam condições incompatíveis com as praticadas no mercado;

XIII – aparentem tentativa de burlar controles e registros exigidos pela legislação de PLD/FTP, inclusive mediante fracionamento ou pagamento em espécie, com título emitido ao portador ou por outros meios que dificultem a rastreabilidade;

XIV – envolvam o registro de documento de procedência estrangeira, nos termos do art. 129, 6.º, combinado com o art. 148 da Lei nº 6.015, de 31 de dezembro de 1973, que ofereçam dificuldade significativa para a compreensão do seu sentido jurídico no contexto da atividade notarial ou registral de que se trate;

XV – revelem substancial ganho de capital em curto período;

XVI – envolvam lavratura ou utilização de instrumento de procuração que outorgue amplos poderes de administração de pessoa jurídica ou de gestão empresarial, de gerência de negócios ou de movimentação de conta bancária, de pagamento ou de natureza semelhante, especialmente quando conferidos em caráter irrevogável ou irretratável ou isento de prestação de contas, independentemente de se tratar, ou não, de procuração em causa própria ou por prazo indeterminado;

XVII – revelem operações de aumento de capital social que pareçam destoar dos efetivos atributos de valor, patrimônio ou outros aspectos relacionados às condições econômico-financeiras da sociedade, diante de circunstâncias como, por exemplo, partes envolvidas no ato ou características do empreendimento; e

XVIII – quaisquer outras operações, propostas de operação ou situações que, considerando suas características, especialmente partes, demais envolvidos, valores, modo de realização, meios e formas de pagamento, falta de fundamento econômico ou legal ou, ainda, incompatibilidade com práticas de mercado, possam configurar sérios indícios de práticas de LD/FTP ou de infrações que com elas se relacionem.

Parágrafo único. Na hipótese do caput deste artigo, o notário e o registrador também atentarão para operações, propostas de operação ou situações que:

I – revelem emprego não usual de meio ou forma de pagamento que possa viabilizar anonimato ou dificultar a rastreabilidade de movimentação de valores ou a identificação de quem a tenha realizado, como o uso de valores anormalmente elevados em espécie ou na forma de título emitido ao portador ou, ainda, de ativo virtual não vinculado nominalmente a quem o movimente; e

II – apresentem algum sinal de possível relação, direta ou indireta, com práticas de terrorismo ou proliferação de armas de destruição em massa ou com seus financiamentos, inclusive em hipóteses correlatas eventualmente contempladas em atos normativos da UIF.

Art. 156-A. A Corregedoria Nacional de Justiça poderá dispor ou emitir orientações sobre outras hipóteses, além das contempladas neste Capítulo, de:

I – operações, propostas de operação ou situações que devam ser analisadas com especial atenção para efeito de eventual comunicação à UIF; e

II – comunicação à UIF independentemente de análise.

Seção VII
Das Normas Aplicáveis aos Tabeliães e Oficiais de Registro de Contratos Marítimos

Art. 157. Aplicam-se ao Registro de Contrato Marítimo as disposições referentes ao Registro de Títulos e Documentos.

Art. 158. Aplicam-se ao tabelionato de contrato marítimo as disposições referentes aos tabeliães de notas.

Seção VIII
Das Normas Aplicáveis aos Tabeliães de Protesto

Art. 159. O tabelião de protesto, ou seu oficial de cumprimento, comunicará à UIF, na forma do art. 151, II, qualquer operação que envolva pagamento ou recebimento em espécie, ou por título ao portador, de valor igual ou superior a R$ 100.000,00 (cem mil reais) ou ao equivalente em outra moeda, desde que perante o tabelião ou seu preposto.

Art. 160. O tabelião de protesto, ou seu oficial de cumprimento, deve analisar com especial atenção, para fins de eventual comunicação à UIF na forma do art. 151, I, operações, propostas de operação ou situações relacionadas a pagamentos ou cancelamentos de títulos protestados:

I – em valor igual ou superior a R$ 100.000,00 (cem mil reais), quando o devedor for pessoa física;

II – em valor igual ou superior a R$ 500.000,00 (quinhentos mil reais), quando o devedor for pessoa jurídica, salvo quando se tratar de instituição do mercado financeiro, do mercado de capitais ou de órgãos e entes públicos.

Parágrafo único. Ocorrendo qualquer das hipóteses previstas no caput deste artigo, o tabelião de protesto, ou oficial de cumprimento, comunicará a operação à Unidade de Inteligência Financeira (UIF), caso a considere suspeita, no prazo previsto no art. 151.

Seção IX
Das Normas Aplicáveis aos Registradores de Imóveis

Art. 161. O oficial de registro de imóveis, ou seu oficial de cumprimento, comunicará à UIF, na forma do art. 151, II, registro de documento ou título em que conste declaração das partes de que foi realizado pagamento em espécie, ou por título ao portador, de valor igual ou superior a R$ 100.000,00 (cem mil reais) ou ao equivalente em outra moeda.

Art. 162. O oficial de registro de imóveis, ou seu oficial de cumprimento, deve analisar com especial atenção, para fins de eventual comunicação à UIF na forma do art. 151, I, operações, propostas de operação ou situações relacionadas a:

I – doações de bens imóveis ou direitos reais sobre bens imóveis para terceiros sem vínculo familiar aparente com o doador, referente a bem imóvel que tenha valor venal atribuído pelo município igual ou superior a R$ 100.000,00 (cem mil reais);

II – concessão de empréstimos hipotecários ou com alienação fiduciária entre particulares;

III – registro de negócios celebrados por sociedades que tenham sido dissolvidas e tenham regressado à atividade;

IV – registro de aquisição de imóveis por fundações e associações, quando as características do negócio não se coadunem com suas finalidades;

V – registro de transmissões sucessivas do mesmo bem em período e com diferença de valor anormais; e

VI – registro de título no qual conste valor declarado de bem com diferença anormal em relação a outros valores a ele associados, como o de sua avaliação fiscal ou o valor patrimonial pelo qual tenha sido considerado para fins sucessórios ou de integralização de capital de sociedade, por exemplo.

Parágrafo único. Ocorrendo qualquer das hipóteses previstas neste artigo, o registrador de imóveis, ou oficial de cumprimento, comunicará a operação à Unidade de Inteligência Financeira (UIF), caso a considere suspeita, no prazo previsto no art. 151.

Seção X
Das Normas Aplicáveis aos Oficiais de Registro de Títulos e Documentos e Civis das Pessoas Jurídicas

Art. 163. O oficial de registro de títulos e documentos e de registro civil das pessoas jurídicas, ou seu oficial de cumprimento, comunicará à UIF, na forma do art. 151, II, qualquer operação que envolva pagamento ou recebimento em espécie, ou por título ao portador, de valor igual ou superior a R$ 100.000,00 (cem mil reais) ou ao equivalente em outra moeda, inclusive quando se relacionar à compra ou venda de bens móveis ou imóveis.

Art. 164. O oficial de registro de títulos e documentos e de registro civil das pessoas jurídicas, ou seu oficial de cumprimento, deve analisar com especial atenção, para fins de eventual comunicação à UIF na forma do art. 151, I, operações, propostas de operação ou situações relacionadas ao registro de títulos ou documentos que se refiram, ainda que indiretamente, a:

I – transferências de bens imóveis de qualquer valor, de cotas ou participações societárias ou de bens móveis de valor superior a R$ 100.000,00 (cem mil reais);

II – mútuos concedidos ou contraídos ou doações concedidas ou recebidas de valor superior ao equivalente a R$ 100.000,00 (cem mil reais);

III – participações, investimentos ou representações de pessoas naturais ou jurídicas brasileiras em entidades estrangeiras, especialmente *trusts*, arranjos semelhantes ou fundações; e

IV – cessão de direito de títulos de créditos ou de títulos públicos de valor igual ou superior a R$ 500.000,00 (quinhentos mil reais).

Seção XI

Das Normas Aplicáveis aos Notários

Subseção I

Das Disposições Gerais

Art. 165. Nas matérias tratadas nesta Seção, a Corregedoria Nacional de Justiça e as Corregedorias locais contarão, como órgão de supervisão auxiliar, na organização e orientação dos notários, com o Colégio Notarial do Brasil – Conselho Federal (CNB/CF), que divulgará instruções técnicas complementares para o devido cumprimento das disposições deste Capítulo.

Art. 165-A. Toda escritura pública de constituição, alienação ou oneração de direitos reais sobre imóveis deve indicar, de forma precisa, meios e formas de pagamento que tenham sido utilizados no contexto de sua realização, bem como a eventual condição de pessoa politicamente exposta de cliente ou usuário ou de outros envolvidos nesse mesmo contexto.

§ 1.º Para efeito da indicação de meios e formas de pagamento de que trata o caput, deve-se, com base em fonte documental ou declaração das partes, observar o seguinte:

I – o uso de recursos em espécie deve ser expressamente mencionado juntamente com local e data correspondentes;

II – na menção a transferências bancárias, devem ser especificados dados bancários que permitam identificação inequívoca das contas envolvidas, tanto de origem quanto de destino dos recursos transferidos, bem como dos seus titulares e das datas e dos valores das transferências;

III – na referência a cheques, devem ser especificados os seus elementos de identificação, as informações da conta bancária de origem e de eventual conta de destino dos recursos correspondentes e dos seus titulares, bem como a data e os valores envolvidos;

IV – o emprego de outros meios de pagamento que não os indicados nos incisos I, II e III, tais como participações societárias na forma de cotas ou ações, cessões de direitos, títulos e valores mobiliários, ativos virtuais, dações em pagamento, permutas ou prestações de serviço, deve ser expressamente mencionado juntamente com local e data correspondentes e com a especificação de dados destinados a viabilizar a identificação da origem e do destino dos valores pagos; e

V – em relação a pagamentos de forma parcelada, devem ser discriminados os meios de pagamento correspondentes a cada parcela, incluindo os dados apontados nos incisos I, II, III e IV, conforme o meio de pagamento de que se trate.

§ 2.º No caso de pagamento que envolva contas ou recursos de terceiros, estes devem ser qualificados na escritura pública.

§ 3.º A recusa de partes em fornecer informações para viabilizar as indicações de que trata este artigo deve ser mencionada na escritura, sem prejuízo do disposto no art. 155, VIII.

Subseção II
Do Cadastro Único de Clientes do Notariado (CCN)

Art. 166. O CNB/CF criará e manterá o Cadastro Único de Clientes do Notariado (CCN), que reunirá as informações previstas no art. 145 deste Código, além de outros dados que entender necessários, de todas as pessoas cadastradas e qualificadas pelos notários, sejam ou não partes em ato notarial.

§ 1.º Os dados para a formação e atualização da base nacional do CCN serão fornecidos pelos próprios notários de forma sincronizada ou com periodicidade, no máximo, quinzenal e contarão:

I – com dados relativos aos atos notariais protocolares praticados; e

II – com dados relacionados aos integrantes do seu cadastro de firmas abertas, contendo, no mínimo, todos os elementos do art. 145, § 1.º, deste Código, inclusive imagens das documentações, dos cartões de autógrafo e dos dados biométricos.

§ 2.º Nos atos notariais que praticar, o notário deverá qualificar a parte comparecente nos exatos termos do CCN ou, havendo insuficiência ou divergência nos dados, segundo o verificado nos documentos que lhe forem apresentados, encarregando-se de providenciar a atualização da base nacional.

§ 3.º Para a criação, manutenção ou validação dos dados do CCN, e visando à correta individualização de que trata o art. 149 deste Código os notários e o CNB/CF poderão, mediante convênio, se servir também dos dados do Sistema Nacional de Informações de Segurança Pública (Sinesp), INFOSEG, dos dados das secretarias estaduais e do Distrito Federal de segurança pública, de outras bases de dados confiáveis e de bases biométricas públicas, inclusive as constituídas nos termos da Lei nº 13.444, de 11 de maio de 2017, além de criar e manter base de dados biométricos próprios.

§ 4.º O acesso aos bancos de dados referidos nos parágrafos anteriores restringir-se-á à conferência dos documentos de identificação apresentados.

§ 5.º O CCN disponibilizará eletronicamente listagem de fraudes efetivas e tentativas de fraude de identificação que tenham sido comunicadas pelos notários.

Subseção III
Do Cadastro Único de Beneficiários Finais

Art. 167. O CNB/CF criará e manterá o Cadastro Único de Beneficiários Finais (CBF), que conterá o índice único das pessoas naturais que, em última instância, de forma direta ou indireta, possuem controle ou influência significativa nas entidades que pratiquem ou possam praticar atos ou negócios jurídicos em que intervenham os notários.

§ 1.º Aplicam-se ao conceito de beneficiários finais, para os fins deste Capítulo, os critérios definidos por ato normativo da Secretaria da Receita Federal do Brasil (RFB) relativo ao CNPJ.

§ 2.º Os dados para a formação e atualização do CBF podem ser obtidos a partir de:

I – outros cadastros da mesma natureza;

II – informações prestadas por outras instituições;

III – declaração das próprias partes;

IV – exame da documentação apresentada; e

V – outras fontes confiáveis.

§ 3.º Para os fins de identificação do beneficiário final da operação, o notário deverá consultar a base de dados do Cadastro Único de Beneficiários Finais (CBF), complementando as informações com outras que puder extrair dos documentos disponíveis.

§ 4.º Quando não for possível identificar o beneficiário final, os notários devem dispensar especial atenção à operação e colher dos interessados a declaração sobre quem o é.

Art. 168. O CNB/CF poderá firmar convênio com a RFB, as Juntas Comerciais dos estados, o Departamento de Registro Empresarial e Integração (DREI), a Comissão de Valores Mobiliários (CVM), instituições representativas dos registradores civis de pessoas jurídicas e quaisquer outros órgãos, organismos internacionais ou instituições que detenham dados sobre atos constitutivos, modificativos, extintivos ou que informem participações societárias em pessoas jurídicas, com o objetivo de manter atualizado o cadastro de que trata esta subseção.

Subseção IV
Do Registro de Operações e do Índice Único de Atos Notariais

Art. 169. Além do definido em regulamentos especiais, os notários devem manter o registro eletrônico de todos os atos notariais protocolares que lavrarem, independentemente da sua natureza ou objeto, e remeter seus dados essenciais ao CNB/CF por meio eletrônico, de forma sincronizada ou com periodicidade, no máximo, quinzenal.

§ 1.º São dados essenciais:

I – a identificação do cliente;

II – a descrição pormenorizada da operação realizada;

III – o valor da operação realizada;

IV – o valor de avaliação para fins de incidência tributária;

V – a data da operação;

VI – a forma de pagamento;

VII – o meio de pagamento; e

VIII – outros dados, nos termos de regulamentos especiais e das instruções complementares.

§ 2.º As informações de que tratam os incisos III, VI e VII serão as declaradas pelas partes outorgantes e outorgadas, sem prejuízo de o notário fornecer outras de que tenha tido conhecimento a partir dos documentos disponíveis.

Art. 170. O CNB/CF criará e manterá um Índice Único de Atos Notariais, que será composto:

I – pela importação dos dados integrantes da Central Notarial de Serviços Eletrônicos Compartilhados (CENSEC) e, por meio de permanente sincronização, dos dados que a ela forem sendo remetidos pelos notários;

II – pela importação dos dados integrantes das centrais estaduais ou regionais de atos notariais e, por meio de permanente sincronização, dos dados que a elas forem sendo remetidos pelos notários;

III – pelos dados remetidos pelos notários na forma deste Capítulo; e

IV – por outros dados relevantes.

Parágrafo único. Os notários ficam obrigados a remeter ao CNB/CF as informações que compõem o Índice Único simultaneamente à prática do ato ou em periodicidade não superior a 15 dias, nos termos das instruções complementares.

Subseção V
Das Comunicações dos Tabeliães de Notas à UIF

Art. 171. O tabelião de notas, ou seu oficial de cumprimento, comunicará à UIF, na forma do art. 151, II, qualquer operação que envolva pagamento ou recebimento em espécie, ou por título ao portador, de valor igual ou superior a R$ 100.000,00 (cem mil reais) ou ao equivalente em outra moeda, inclusive quando se relacionar à compra ou venda de

Art. 172. O tabelião de notas, ou seu oficial de cumprimento, deve analisar com especial atenção, para fins de eventual comunicação à UIF na forma do art. 151, I, operações, propostas de operação ou situações relacionadas a quaisquer das hipóteses listadas no art. 162, quando envolverem escritura pública.

Seção XII
Da Guarda e Conservação de Registros e Documentos

Art. 173. Notários e registradores conservarão os cadastros e os registros de que trata este Capítulo, bem como a documentação correlata, pelo prazo mínimo de cinco anos, contados da prática do ato, sem prejuízo de deveres de conservação por tempo superior decorrentes de legislação diversa.

Parágrafo único. A conservação de que trata o caput poderá ser realizada em meio eletrônico, respeitadas o correspondente regramento de regência.

Seção XIII
Das Disposições Finais

Art. 174. As Corregedorias-Gerais de Justiça dos Estados e do Distrito Federal deverão enviar os dados estatísticos das fiscalizações realizadas nos cartórios extrajudiciais quanto ao cumprimento dos deveres estabelecidos neste Capítulo, bem como de correlatas sanções com base nele aplicadas, na forma do Provimento nº 108, de 3 de julho de 2020.

Art. 175. A utilização de informações existentes em bancos de dados de entidades públicas ou privadas não substitui nem supre as exigências previstas nos arts. 145, 147, 166 e 167 deste Código, admitindo-se seu uso para complementar ou confirmar dados e informações a serem obtidos também por outras fontes.

Art. 176. As comunicações de boa-fé, feitas na forma prevista no art. 11 da Lei nº 9.613, de 3 de março de 1998, não acarretarão responsabilidade civil, administrativa ou penal.

Art. 177. O notário ou o registrador, inclusive na condição de interventor ou interino, que deixar de cumprir os deveres previstos neste Capítulo, sujeita-se às sanções previstas no art. 12 da Lei nº 9.613, de 1998.

§ 1.º As sanções serão aplicadas pela Corregedoria Nacional de Justiça ou pelas Corregedorias-Gerais de Justiça dos Estados e do Distrito Federal, cabendo recurso para o Conselho de Recursos do Sistema Financeiro Nacional (CRSFN), na forma do Decreto nº 9.889, de 27 de junho de 2019.

Art. 178. Notários e registradores devem atender às requisições formuladas pela UIF e pelo CNJ na forma e nas condições por eles estabelecidas, cabendo-lhes preservar, nos termos da lei, o sigilo das informações prestadas.

Art. 179. Notários e registradores não recusarão a prática de ato a seu cargo tão somente por motivo de falta de informação ou documento cuja obtenção seja determinada exclusivamente em razão do disposto neste Capítulo.

Art. 180. Para fins de cumprimento dos deveres previstos neste Capítulo, as entidades representativas de notários e registradores poderão, por intermédio de convênios e/ou acordos de cooperação, ter acesso aos bancos de dados estatais de identificação da RFB e do Tribunal Superior Eleitoral (TSE), bem como de outras bases confiáveis, limitando-se a consulta aos dados necessários à confirmação da autenticidade de documentos de identificação apresentados.

Art. 181. Os valores especificados neste Capítulo como parâmetros para comunicação à UIF poderão ser atualizados periodicamente pela Corregedoria Nacional de Justiça.

Comentários de Aline Rodrigues de Andrade e João Rodrigo Stinghen

ASPECTOS GERAIS DO SISTEMA BRASILEIRO PLD/FTP

O Sistema de Prevenção e Combate à Lavagem de Dinheiro e ao Financiamento do Terrorismo e da Proliferação de Armas de Destruição em Massa (PLD/FTP) é formado, basicamente, pela de Lei de Lavagem de Dinheiro, pelo Conselho de Controle de Atividades Financeiras (COAF) e pela Estratégia Nacional de Combate à Corrupção e à Lavagem de Dinheiro (ENCCLA).

Criada em 2003, a ENCCLA é uma *rede de articulação* que conjuga – através de ações estratégicas feitas por grupos de trabalho específicos – a atuação de órgãos dos três poderes da República e do Ministério Público, produzindo estudos, diagnósticos, propostas legislativas, e outras atividades pertinentes.

Por sua vez, a Lei nº 9.613/1998 foi publicada no Brasil sob influência internacional do Grupo de Ação Financeira Internacional (GAFI). A Lei originária foi sensivelmente alterada pela Lei nº 12.683/2012, a ponto de ser chamada de "Nova Lei de Lavagem de Dinheiro". Dessa alteração, o que mais se destacou foi o alargamento do espectro de tipificação penal para o crime de lavagem, tendo em vista a revogação do rol taxativo do art. 1.º e o uso de conceitos com maior amplitude semântica.

Disso, resultou maior possibilidade de persecução penal efetiva, já que a criminalidade de colarinho branco é altamente dinâmica e criativa, além de dotada de muitos recursos financeiros.

Segundo a Recomendação 29 do GAFI, é dever dos países o estabelecimento de unidades que sirvam como centros de recebimento e análise de informações relevantes para o combate à lavagem de dinheiro. Seguindo essas orientações, criou-se o COAF, órgão dotado de ampla competência, abarcando atribuições típicas de agências reguladoras (poderes disciplinar e normativo) e de órgãos investigativos. O COAF é o principal órgão de combate PLD/FTP, mas age em parceria com o Banco Central, a Receita Federal, o Poder Judiciário e o Sistema Único de Segurança Pública (SUSP) – dentre outros.

Afora os entes estatais, integram o sistema antilavagem brasileiro uma ampla rede de colaboradores particulares, que prestam informações para a detecção das operações suspeitas. Dentre estes, predominam as instituições financeiras, mas também figuram empresas, comerciantes e profissionais liberais.

No que se refere aos agentes delegados, a Lei nº 9.613/1998 prevê que se sujeitam às obrigações PLD/FTP as pessoas físicas que tenham como atividade principal ou acessória os *registros públicos* (art. 9.º, XIII), bem como as que prestem "serviços de assessoria, consultoria, contadoria, auditoria, aconselhamento ou assistência" para de compra e venda de imóveis (art. 9.º, XIV, "a").

Tais obrigações perfazem a identificação de clientes e a manutenção de registros sobre eles, bem como a comunicação de operações suspeitas. Portanto, as obrigações previstas no CNN encontram o fundamento direto nas previsões da lei brasileira, e fundamento indireto nas Recomendações do GAFI.

A Lei de Prevenção à Lavagem de Dinheiro reza que os colaboradores do sistema antilavagem (as pessoas descritas no art. 9.º da Lei) devem dispensar especial atenção às operações que apresentem indícios de crimes, *nos termos de instruções emanadas das autoridades competentes*. Para os agentes delegados, a *autoridade competente* é o Judiciário, e a *instrução* é o CNN.

Embora a desde 1998 a Lei de Lavagem de Dinheiro preveja a colaboração de notários e registradores, foi apenas em 2019 que essa colaboração se tornou concreta, com a publicação do Provimento CNJ nº 88/2019 (cuja vigência se iniciou em 2020).

Desde então, o CNJ tem se esforçado por atualizar a normativa, de forma a tornar mais eficiente a participação das serventias extrajudiciais no combate antilavagem. Essa atualização ocorreu por alguns provimentos com matérias pontuais (a saber: Provimentos CNJ nº 90/2020 e 126/2022).

Mas a grande atualização sobreveio com a publicação do Provimento nº 161/2024, que trouxe profundas alterações no regramento até então vigente, com base nas lições aprendidas nos últimos quatro anos. Tal atualização foi bastante bem-vinda pela comunidade jurídica, por simplificar as exigências referentes à comunicação de operações automáticas, além de afastar dúvidas recorrentes.

COLABORAÇÃO DOS CARTÓRIOS AO SISTEMA PLD/FTP

A colaboração dos cartórios com o combate à lavagem de dinheiro envolve diferentes atividades, que podem ser resumidas nos seguintes tópicos:

1. Cadastros de clientes

2. Colaboração com cadastros nacionais
3. Registro de operações suspeitas
4. Criação de políticas e controles internos
5. Comunicações ao COAF

Com a finalidade de efetivar uma rotina até a realização de uma comunicação, o art. 141 do CNN, elenca quatro fases a serem seguidas:

1. Monitoramento: toda a equipe deve ficar atenta aos sinais de alerta, para que seja possível identificar as possíveis operações suspeitas;
2. Seleção: momento em que se seleciona as possíveis operações suspeitas – quando perceber algum sinal, o colaborador deve entrar em contato com o Oficial de Cumprimento;
3. Análise: o Oficial de Cumprimento examina as peculiaridades do ato e outras informações que podem auxiliar na conclusão.
4. Comunicação: após esse procedimento, entendendo se tratar de uma operação com indicativo de ser destinada a LD/FTP, realiza-se a comunicação ao SISCOAF.

Trata-se de procedimento que visa determinar um conjunto de ações, uma rotina, com vista a um resultado prático. Nesse contexto, o art. 141, § 3.º, do CNN, estipula que sejam documentadas as informações de análise e conclusão; ou seja, cada vez que for selecionado um caso no monitoramento realizado, deve existir o correspondente arquivo documental relacionando o caso analisado e se chegou a uma determinada conclusão.

CADASTRO DE CLIENTES

Uma das mais importantes medidas de combate à lavagem de dinheiro é a análise do perfil das pessoas físicas e jurídicas que realizam essas operações, bem como dos beneficiários finais dos ganhos econômicos. É importante ao agente delegado saber "com quem está lidando", pois certas pessoas e entidades (por inúmeros fatores) realmente apresentam mais riscos de cometimento de crimes.

Com efeito, o art. 145 do CNN contempla regras detalhadas de quais informações devem ser coletadas, mas ainda assim algumas delas comportam maior liberdade de interpretação, como o inciso III que determina a coleta de uma série de dados "sempre que possível, desde que compatível com o ato a ser praticado pela serventia".

Por sua vez, o art. 146 contempla o dever de manter tais informações atualizadas antes da prestação de qualquer serviço. Os arts. 149 e 150 preveem obrigações de caráter similar, mas relacionadas aos atos praticados. Assim,

• art. 149: dever GERAL de "manter o registro eletrônico de todos os atos notariais protocolares e registrais de conteúdo econômico que lavrarem ou cuja lavratura lhes seja proposta, bem como sobre situações correlatoas".

• art. 150 prevê dever Dos Notários em "antes da lavratura de ato notarial, verificar a atualidade dos poderes de uma procuração, abstendo-se da sua prática caso tenham conhecimento de que tenham eles sido revogados ou modificados".

A partir do CNN, a atuação primeira de todo agente delegado é avaliar, com *razoável diligência*, a possibilidade de os usuários de seus serviços – e eventuais beneficiários de operações – estarem ligados a crimes de lavagem de dinheiro.

A devida diligência contempla uma série de medidas, que podem ser agrupadas na verificação de três aspectos: (i) compatibilidade das transações com o perfil do cliente; (ii) origem e destino dos recursos movimentados; e (iii) origem do patrimônio do cliente.

*Para tanto, é preciso buscar por informações de maneira espontânea, mesmo que não fornecidas ou não constantes nos documentos qualificados. Além das informações declaradas pelas partes, deverá verificar outras fontes em que obtidas os dados fornecidos pelas partes, tais como "bases de dados ou cadastros a que se tenha acesso, fontes abertas disponíveis pela rede mundial de computadores (internet) ou veículos jornalísticos; e outras informações nos termos de regulamentos especiais e instruções complementares" (art. 149, VII e VIII), podendo, em caráter complementar, utilizar "informações existentes em bancos de dados de entidades públicas ou privadas" (art. 175).

*São expressamente previstas consultas aos dados das seguintes entidades estatais:

1. Receita Federal do Brasil (RFB)
2. Tribunal Superior Eleitoral (TSE)
3. Comissão de Valores Mobiliários (CVM)
4. Departamento de Registro Empresarial e Integração (DREI)
5. Sistema Nacional de Informações de Segurança Pública (SINESP)

Juntas Comerciais Estaduais

Contudo, algumas normas do CNN deixam em aberto a possibilidade de consulta a outros órgãos estatais e não estatais, inclusive a organismos internacionais (art. 148 e 168), bem como a quaisquer instituições que detenham dados sobre atos constitutivos, modificativos e extintivos de pessoas jurídicas ou que informem participações societárias.

O art. 180 do CNN prevê a possibilidade de convênios para acesso a dados da Receita Federal e do Tribunal Superior Eleitoral e de "outras bases confiáveis", com objetivo de confirmar a autenticidade dos documentos de identificação apresentados.

Quando se tratar de pessoa jurídica, a orientação é que se busque conhecer a estrutura de controle subjacente às formas adotadas, identificando o beneficiário final, ou seja: "a pessoa natural em nome da qual uma transação é conduzida ou que, em última instância, de forma direta ou indireta, possui, controla ou influencia significativamente uma pessoa jurídica, ainda que sem qualificação formal como sócio ou administrador" (art. 140, V).

A normativa fala ainda no monitoramento de risco. Existem "países de risco", "atividades de risco", "transações de risco", sendo interessante ao agente delegado conhecer tais categorias para saber se os usuários de seus serviços se enquadram em alguma delas.

COLABORAÇÃO COM CADASTROS NACIONAIS

O CNN prevê a criação e gestão de bancos de dados a cargo do Colégio Notarial do Brasil, bem como a possibilidade de convênios para consultas a dados estatais. Embora se trate de uma obrigação mais coletiva – ou seja, não tanto interna de cada cartório – é importante compreender a estrutura desses cadastros e desses convênios.

O CNN prevê a criação de dois bancos de dados a cargo do Conselho Federal do Colégio Notarial do Brasil: o Cadastro Único de Beneficiários Finais (CBF); o Cadastro Único de Clientes do Notariado (CCN); e o Índice Único de Atos Notariais.

O Cadastro Único de Beneficiários Finais (CBF) é contemplado nos arts. 147 e 167 do Provimento, com conteúdo complementar. Na dicção do art. 167, beneficiários finais são "pessoas naturais que, em última instância, de forma direta ou indireta, possuem controle ou influência significativa nas entidades que pratiquem ou possam praticar atos ou negócios jurídicos em que intervenham os notários".

O § 1.º do art. 167 prevê que também se aplicam os critérios definidos pelo vigente ato normativo da Receita Federal sobre CNPJ. Atualmente, trata-se da Instrução Normativa RFB nº 1.863/2018, cujos arts. 8.º e 9.º apresentam uma série de critérios para delimitar a identificação de beneficiários finais – abarcando até mesmo porcentagens de participação no capital social de pessoas jurídicas –, cuja menção foge aos limites deste breve artigo, mas é de leitura profícua aos interessados na área.

Já o Cadastro Único de Clientes do Notariado (CCN) é previsto no art. 166. O conceito de cliente da atividade notarial é o mais genérico dos contemplados no CNN: "todo o usuário que comparecer perante um notário como parte direta ou indiretamente interessada em um ato notarial, ainda que por meio representante, independentemente de ter sido o notário escolhido pela parte outorgante, outorgada ou por um terceiro" (art. 140, I).

A atualização do CCN deve ocorrer de forma sincronizada ou com periodicidade máxima de 15 dias (art. 166, § 1.º), a cargo dos próprios notários (inexistindo previsão específica para o CBF nesse sentido).

Por fim, o Índice Único de Atos Notariais está contemplado nos arts. 169 e 170. Conforme previsto pelo CNN, os notários deverão manter o registro eletrônico de todos os atos notariais protocolares que lavrarem e encaminhar ao Colégio Notarial do Brasil – Conselho Federal (CNB/CF) pela via eletrônica, com periodicidade máxima de 15 (quinze) dias. Para tanto, caberá ao CNB/CF criar e manter um Índice Único, composto pela importação de dados integrantes da CENSEC e dos dados que alimentam este sistema; pela importação de dados integrantes das centrais estaduais ou regionais de atos notariais e dos dados que alimentam estas centrais; pelos dados diretamente remetidos pelos notários ao CNB/CF; e por outros dados relevantes.

REGISTRO DE OPERAÇÕES SUSPEITAS

Dentro da rotina estabelecida até a comunicação (art. 141), caberá ao Oficial de Cumprimento registrar todos os casos que foram selecionados na etapa do monitoramento, demonstrando que houve uma análise e se chegou a uma determinada conclusão (art. 150-A).

Os registros dos atos selecionados contemplam os seguintes conteúdos (art. 149): identificação de clientes e demais envolvidos; descrição pormenorizada do ato ou da situação; valores envolvidos; datas relevantes; formas de pagamento; meios de pagamento; fontes das informações; e outras informações pertinentes.

Contemplará o registro a simples inclusão do caso e a fundamentação da conclusão em um campo específico do registro de todos os atos notariais protocolares e registrais de conteúdo econômico que os Notários e Registradores lavrarem ou cuja lavratura lhes seja proposta, bem como sobre situações correlatas (art. 149).

CRIAÇÃO DE POLÍTICAS E CONTROLES INTERNOS

O compliance é uma prática de governança corporativa, que tem como objetivo fornecer subsídios para uma gestão adequada ao direito e à ética. Além de antecipar e evitar danos e punições, contribui para a imagem da organização.

Os arts. 143 e 144 do CNN determinam a elaboração de normas de compliance orientadas para combate à lavagem de dinheiro. É conveniente apresentar uma visão prática do significado de cada uma dessas estruturas:

- Políticas: possui teor de norma programática, servindo de norte para um grupo de outros regramentos. Pode ter abrangência muito ampla ou muito restrita, mas sempre tem essa natureza programática;
- Manuais: são normas com conteúdo operacional. Abordam vários procedimentos referentes a um único tema, a fim de explicá-lo, podendo conter também conceitos;
- Rotinas e procedimentos: aplicam-se a situações muito concretas, descritas de maneira exaustivamente detalhada, cuja realização deve ser feita por meio de um "passo a passo" delimitado.

Manuais e rotinas são normas com mais afinidade entre si pelo seu caráter procedimental. Na prática pode haver manuais muito parecidos com rotinas e vice-versa, mas em geral a diferença é que os manuais são mais amplos, mais abrangentes, possuem seções e subseções, enquanto o procedimento é um passo a passo bem delimitado para um procedimento específico apenas.

Além disso, o manual pode ter caráter "normativo" ou explicativo, enquanto as rotinas geralmente têm a função de estabelecer que determinados procedimentos devem ser realizados minuciosamente da forma como estão descritos.

COMUNICAÇÕES AO COAF

As comunicações com que se deparam os delegatários podem ser classificadas em dois grupos: (i) comunicação automática; e (ii) comunicação de operações suspeitas.

A comunicação automática deve ocorrer sem qualquer interpretação. A comunicação deve ocorrer tão logo verificado o suporte fático previsto na lei, pois o legislador já fez prévio julgamento acerca do risco e, por isso, determina a comunicação automaticamente.

A atualização trazida pelo Provimento 161/2024 resumiu a comunicação automática a uma hipótese: haver operação com pagamento em espécie (ou de título ao portador) de valor igual ou superior a cem mil reais. Os artigos 159, 161, 163 e 171 do CNN preveem essa mesma regra, com nuances para cada uma das especialidades notariais e registrais.

Antes de avaliar as hipóteses de comunicação que dependem de análise, vale a pena diferenciar os conceitos de operação, proposta de operação e situação. Com o uso destes termos, o legislador quer ressaltar que a atenção por parte do agente delegado não deve se limitar apenas a atos jurídicos consumados ou perfectibilizados. Devem ser considerados os casos em que as partes apenas tenham buscado informações ou atendimento prévio na serventia, mesmo que isso não tenha evoluído para lavraturas ou registros propriamente ditos. Afinal, mesmo sem praticarem atos, as partes podem trazer informações relevantes para as autoridades investigativas.

Isso posto, passa-se a analisar as situações de comunicação a partir de cada especialidade notarial e registral. Em todas elas, cabe certa margem de interpretação. Isso porque o legislador conta com a expertise do delegatário e de seus colaboradores para verificar se existem mais indícios que justifiquem um olhar mais detido das autoridades, ou se se trata de situação corriqueira.

- aparentam não decorrer de atividades ou negócios usuais das partes
- fundamentação econômica obscura
- incompatíveis com o patrimônio ou com a capacidade econômico-financeira das partes
- envolvam difícil ou inviável identificação de beneficiário(s) final(is)
- pessoa jurídica domiciliada em jurisdições listada pelo Grupo de Ação Financeira (Gafi) como de alto risco ou com deficiências estratégicas em matéria de PLD/FTP (o domicílio pode ser da organização ou de seus integrantes)
- países ou dependências listados pela Receita Federal como de tributação favorecida e/ou regime fiscal privilegiado
- resistência ao fornecimento de informação ou documentação solicitada para fins PLD/FTP
- prestação de informação ou documentação falsa ou de difícil ou onerosa verificação
- excessiva complexidade
- cláusulas com condições incompatíveis com as praticadas no mercado
- tentativa de burlar controles exigidos pela legislação de PLD/FTP, como o fracionamento do pagamento em espécie
- documento de procedência estrangeira cujo conteúdo é difícil de entender
- procuração para gestão empresarial com amplos poderes

- substancial ganho de capital em curto período
- aumento desproporcional de capital social, diante do contexto da sociedade

Ainda, o art. 155-A, inciso XVIII prevê regra aberta segundo a qual podem ser objeto de comunicação quaisquer outras operações, propostas de operação ou situações que possam configurar sérios indícios de práticas de LD/FTP ou de infrações que com elas se relacionem.

Essa regra complementa o disposto nos artigos 141 e 142 do CNN, que esclarecem os critérios gerais para a constatação de suspeição das operações. São *atos incomuns* que, por seus elementos *objetivos* e *subjetivos*, apontam indícios constatados observando os seguintes elementos:

- Partes e demais pessoas envolvidas/beneficiadas
- valores
- falta de fundamento econômico da operação
- falta de fundamento legal da operação
- forma de realização do negócio
- instrumentos utilizados no negócio
- complexidade do negócio
- finalidade do negócio

Também merecem especial atenção as operações em que há presença de Pessoa Exposta Politicamente (PEP). Para fins do combate à lavagem de dinheiro, os PEP não dizem respeito apenas aos "políticos", como popularmente são conhecidos os ocupantes de mandatos eletivos, mas também uma série de outras pessoas que ocupam cargos de expressão política. O detalhamento de quem são as PEP consta em normativa específica do COAF, constantemente atualizada.

Além disso, conforme prevê o art. 152 do CNN, é preciso se atender a situações em que estejam presentes pessoas naturais ou jurídicas relacionadas aos "políticos", tais como familiares, estreitos colaboradores e pessoas jurídicas de que participem ou nas quais se caracterizem como administrador ou beneficiário final.

Por fim, os artigos 162 a 164 do CNN contemplam hipóteses de comunicação de operações suspeitas para cada especialidade notarial e registral. Tendo em vista o caráter bastante específico dessas regras, não há necessidade de um comentário pontual, que correria o risco de ser excessivamente repetitivo.

O que vale destacar é que *todas essas hipóteses não exigem necessariamente a comunicação ao COAF*. Elas apenas indicam situações em que é preciso dedicar especial atenção. As comunicações devem ocorrer apenas se o delegatário entender que há indícios suficientes da prática de crimes relacionados à lavagem de dinheiro.

A intenção das autoridades é contar com a *expertise* dos notários e registradores para identificar, dentro de sua área de atuação, situações que destoam das práticas comuns, o que pode indicar a existência de crimes de lavagem de dinheiro.

Ao inserir o delegatário na estrutura antilavagem brasileira, o CNN lhe impõe a função de perceber a suspeição das operações que, em algum momento, passam por sua qualificação. Assim, embora o "combate ao crime" não seja função do agente delegado, é importante ter em mente alguns dos principais conceitos envolvidos.

A análise conjugada desses indicativos pode gerar no delegatário a convicção de que está diante de uma operação suspeita, devendo efetuar a comunicação.

O OFICIAL DE CUMPRIMENTO

O oficial de cumprimento é um preposto designado para realizar as obrigações do CNN. O agente delegado deve cadastrá-lo nos seguintes locais: Cadastro Nacional de Serventias do CNJ (Sistema Justiça Aberta) e Sistema de Controle de Atividades Financeiras (SISCOAF).

A designação, porém, é facultativa e deve ser formalizada por e-mail à Corregedoria Nacional de Justiça (art. 144, § 4.º, do CNN). Caso o titular da serventia opte por não nomear um oficial de cumprimento, ele mesmo é considerado como responsável pelas obrigações PLD/FTP (art. 144, § 1.º).

Importa destacar, ainda, a necessidade de cautela na escolha de pessoa de confiança, uma vez que os titulares da serventia serão solidariamente responsáveis com os Oficiais de Cumprimento na execução dos seus deveres (art. 144, § 3.º, do CNN).

Das atribuições do cargo previstas no CNN, as que mais se relacionam ao compliance são as de promover treinamentos para os colaboradores (art. 144, III) e de elaborar manuais e rotinas internas sobre regras de conduta (art. 144, IV).

Logo, o Oficial de Cumprimento não é apenas um executor das medidas previstas no CNN, mas um instrutor dos demais prepostos, o que fará por meio de treinamentos ou pela produção de materiais educativos. No que é aplicável aos cartórios, pode-se dizer que o Oficial de Cumprimento deve possuir:

- amplo conhecimento jurídico, sobretudo na área notarial e de registro e nas normas PLD/FTP;
- amplos poderes de atuação na serventia, para exercer suas funções com efetividade;
- a confiança do agente delegado;
- capacidade de governo e liderança;
- conhecimento teórico em gestão de pessoas;
- didática e expressividade, para instrução e treinamento de pessoal.

Nada diz o CNN que um dos substitutos seja um Oficial de Cumprimento, de modo que pode haver a cumulação dessas funções (em consonância com a orientação do GAFI de que esse cargo esteja alocado em "nível gerencial").

TÍTULO III
DA INTERAÇÃO COM ÓRGÃOS E ENTES PÚBLICOS
CAPÍTULO I
DO ENVIO DE DADOS PELO REGISTRO CIVIL DAS PESSOAS NATURAIS
Seção I
Do envio de dados registrais de pessoas em estado de vulnerabilidade econômica

Art. 182. Os cartórios de registro civil de pessoas naturais, diretamente ou por intermédio da Central de Informações de Registro Civil de Pessoas Naturais (CRC), enviarão aos Institutos de Identificação dos estados e do Distrito Federal, gratuitamente, os dados registrais das pessoas em estado de vulnerabilidade socioeconômica, para fins exclusivos de emissão de registro geral de identidade.

Parágrafo único. Os cartórios de registro civil ou a Central de Informações de Registro Civil de Pessoas Naturais (CRC) deverão enviar, eletronicamente, os dados registrais das pessoas em estado de vulnerabilidade socioeconômica, em até 48 horas, a contar do recebimento da solicitação Institutos de Identificação dos estados e do Distrito Federal.

Art. 183. Considera-se em estado de vulnerabilidade socioeconômica:

I – população em situação de rua, definida no Decreto nº 7.053/2009;

II – povos e comunidades tradicionais, hipossuficientes, definidos no Decreto nº 6.040/2007;

III – pessoa beneficiada por programas sociais do governo federal;

IV – pessoa com deficiência ou idosa incapaz de prover sua manutenção, cuja renda familiar, per capta, seja igual ou inferior a 1/4 do salário mínimo; e

V – migrantes, imigrantes e refugiados sem qualquer identidade civil nacional.

§ 1.º A comprovação de quaisquer das hipóteses previstas neste artigo será efetuada pelos órgãos públicos, inclusive de assistência social dos estados e dos municípios, no momento em que formularem a solicitação aos institutos de identificação.

§ 2.º Incorrerá em crime, o agente público que, falsamente, atestar a existência de estado de vulnerabilidade socioeconômica inexistente.

Comentários de Frank Wendel Chossani

INTERAÇÃO COM ÓRGÃOS E ENTES PÚBLICOS

Art. 182. A atividade notarial e registral se mostrou ao longo do tempo como instrumento essencial na fomentação de inúmeros e importantes fatores, entre eles, o desenvolvimento econômico e social.

Nas Serventias Extrajudiciais – popularmente conhecidas como "cartórios" – em razão dos serviços que oferecem, restam arquivadas vasta gama de dados e informações, cuja importância é compreendida.

O arcabouço de dados constantes nos cartórios, para além de atrair o interesse dos órgãos e entidades públicas, atrai também, considerando o quanto informações são valiosas, o interesse de inúmeros particulares, até mesmo visando fins comerciais, o que, todavia, é obstado pela lei.

O RCPN – Registro Civil das Pessoas Naturais é o primeiro repositório de elementos, dados e informações inerentes a pessoa humana. Todavia importantes dados também constam dos acervos sob responsabilidades dos demais registradores e tabeliães.

Tais dados e informações são relevantes, na medida em que servem de elementos base para estatísticas, e promoções de diversos interesses, sendo, inclusive, essencial fonte para a adoção de inúmeras políticas públicas.

Não é debalde que no sistema atual tem sido crescente o envio de dados obtidos por notários e registradores a diversas entidades, além da criação de centrais que possibilitam a publicidade de informações possíveis.

A afirmação está dentro do contexto da interação interinstitucional. Basta observar, por exemplo, a comunicação feita pelos tabeliães de notas, tabeliães e oficiais de registro de contratos marítimos, tabeliães de protesto de títulos, oficiais de registro de imóveis e oficiais de registro de títulos e documentos e civis de pessoas jurídicas à Unidade de Inteligência Financeira (UIF) com vistas a reprimir prática de crime de lavagem de dinheiro ou de financiamento do terrorismo, ou de atividades a eles relacionadas.

No mesmo caminho é possível citar, ainda a título de exemplo, a Declaração sobre Operações Imobiliárias (DOI) à Receita Federal – RFB, feita pelos Tabeliães de Notas, e Registradores de Imóveis e de Títulos e Documentos, nos casos de atos que configurem aquisição ou alienação de imóveis, realizada por pessoa física ou jurídica, independentes de seu valor, conforme Instrução Normativa RFB Nº 1112, de 28 de dezembro de 2010.

Algumas informações são disponibilizadas também aos interessados usuários do serviço, que podem, por exemplo, ter acesso aos dados de produtividades, além de outras informações pertinentes a serventias extrajudiciais, como ocorre através dos dados constantes no sistema "Justiça Aberta" – plataforma disponibilizada no sítio do Conselho Nacional de Justiça e de acesso público.

Por fim, registra-se que o tratamento do tema – interação com órgãos e entes públicos – não se confunde com a publicidade franqueada aos usuários, publicidade esta que é inerente a alma da atividade notarial e registral, e que é factibilizada por meio da emissão de certidões.

A interação em voga é preservada pelo sigilo, não sendo, por óbvio, os dados revelados a terceiros – que não o cartório e o ente destinatário.

DO ENVIO DE DADOS PELO REGISTRO CIVIL DAS PESSOAS NATURAIS

Conforme indicado, a interação, através do envio de dados, com órgãos e entes públicos pelos notários e registradores, representa medida de salutar importância no desenvolvimento social e econômico pátrio, e o registro civil das pessoas naturais faz parte da propiciação de notável benesse.

É cediço que a vida passa pelo registro civil das pessoas naturais.

Desde o seu início até o fim da sua existência, a vida é o objeto de trabalho do registrador civil, da mesma forma que a morte também é.

Embora o palco notarial e registral compreenda diversas especialidades e serventias, é certo que no registro civil das pessoas naturais todos devem ingressar, afinal a lei aponta que todo nascimento que ocorrer no território nacional deverá ser dado a registro (artigo 50 – Lei de Registros Públicos – LRP).

Na mesma esteira o óbito deve ser registrado (artigo 77), considerando ainda o natimorto.

Por mais que (ainda que a possibilidade seja remota) uma pessoa jamais adentre em qualquer serventia de notas e de protestos, ou ainda de registro de imóveis, registro civil de pessoas jurídicas e de títulos e documentos, fatalmente as suas informações terão, em regra, assento no registro civil das pessoas naturais. Em outras palavras, é dizer que parte da sua história estará, em regra, registrada no Ofício de Registro Civil das Pessoas Naturais.

Talvez por este motivo o legislador, ao tratar dos registros referidos na Lei de Registros Públicos (Lei 6.015/77), tenha elencado em primeira ocasião o registro civil de pessoas naturais (artigo 1º, inciso I).

A LRP trata especificamente do Registro de Pessoas Naturais a partir do artigo 29.

Não se ignora que o envio de dados não é atribuição exclusiva do RCPN, uma vez que as demais Serventias também possuem deveres de informações, como já mencionado.

Especificamente no caso dos Registradores Civis das Pessoas Naturais o tráfego de informações tem ocorrido eficazmente e de forma mais dinâmica desde a instituição da Central de Informações de Registro Civil das Pessoas Naturais – CRC, por meio do Provimento nº 46 de 16 de junho 2015 da Corregedoria Nacional de Justiça do Conselho Nacional de Justiça – revogado pelo Provimento nº 149 de 30 de agosto de 2023 – Corregedoria Nacional de Justiça do Conselho Nacional de Justiça – que instituiu o Código Nacional de Normas da Corregedoria Nacional de Justiça do Conselho Nacional de Justiça – Foro Extrajudicial (CNN/ CN/CNJ-Extra), regulamentando os serviços notariais e de registro – objeto da presente obra.

A CRC é tratada pelo Provimento nº 149 de 30 de agosto de 2023 – Corregedoria Nacional de Justiça do Conselho Nacional de Justiça a partir do artigo 229 – ocasião em que se remete o leitor aos comentários específicos do artigo e seus desdobramentos constantes da presente obra.

Fato é que a CRC interliga os oficiais de registro civil do país de modo a permitir o intercâmbio de documentos eletrônicos e o tráfego de informações e de dados (art. 229, I, – CNN/ CN/CNJ-Extra) e possibilita, mediante ofício ou requisição, o acesso direto de órgãos do Poder Público (inciso IV).

Na prática a Central promove o envio de informações para a Secretaria da Receita Federal do Brasil (SRF), Secretaria de Segurança Pública, Instituto Nacional do Seguro Social – INSS, entre muitos outros.

A interação é necessária, considerando que o bem-estar social deve figurar como o objetivo central de todo o sistema jurídico, afinal a dignidade da pessoa humana assume protagonismo como um dos fundamentos da República Federativa do Brasil, como preceitua o inciso III do artigo inaugural da Constituição Federal de 1988.

Ademais não se pode perder de vista que os dados constantes nos acervos dos Ofícios da Cidadania – como são conhecidas as Serventias de Registro Civil das Pessoas Naturais, diante da Lei nº 13.484, de 26 de setembro de 2017, que converteu a Medida Provisória nº 776, de 2017, alterando a Lei nº 6.015, de 31 de dezembro de 1973 (Lei de Registros Públicos) – são importantes instrumentos para viabilizar a erradicação da pobreza e redução das desigualdades, promoção do bem de todos, além de outros elementos que constituem objetivos fundamentais da República Federativa do Brasil.

Portanto a interação com órgãos e entes públicos vai no sentido de priorizar a promoção dos indivíduos, com esforços direcionados para a tutela da dignidade da pessoa humana, figurando entre os destinatários de tais políticas as pessoas em estado de vulnerabilidade econômica.

DO ENVIO DE DADOS REGISTRAIS DE PESSOAS EM ESTADO DE VULNERABILIDADE ECONÔMICA

O artigo 182 traz uma obrigação expressa aos Oficiais de Registro Civil das Pessoas Naturais. Embora o texto se utilize do vocábulo "cartório", não é demais lembrar que a atividade, na verdade, é realizada pelo Oficial (e seus colaboradores), sendo o "cartório" apenas o espaço físico em que a atividade registral (ou tabelioa) é ofertada aos interessados.

Quanto às obrigações, é preciso lembrar que a Lei nº 8.935, de 18 de novembro de 1994, que regulamenta o art. 236 da Constituição Federal, dispondo sobre serviços notariais e de registro, também conhecida como Lei dos Cartórios e Lei dos Notários e Registradores, traz, em seu artigo 30 e respectivos incisos, uma série de deveres dos notários e dos oficiais de registro (Brasil, 1994).

Todavia, como se percebe, os deveres não estão restritos ao artigo 30 da Lei 8.935/94, já que, como se compreende do artigo 182 em análise, o vocábulo "enviarão" denota uma obrigação.

A par disso é preciso considerar que algumas pessoas estão enquadradas no estado de vulnerabilidade socioeconômica, vivendo, de certo modo, por assim dizer, excluídas de determinadas relações sociais, e à margem da sociedade, não possuindo, por assim dizer, condições e apoio para o acesso aos documentos básicos de identificação.

Diante de tamanho cenário a atividade do registrador civil das pessoas naturais mais uma vez mostra a sua face assistencial, cooperando, com o envio, de forma gratuita, diretamente, ou por intermédio da Central de Informações de Registro Civil de Pessoas Naturais (CRC), de dados registrais das pessoas em estado de vulnerabilidade socioeconômica aos Institutos de Identificação dos estados e do Distrito Federal, para fins exclusivos de emissão de registro geral de identidade.

Recebe destaque no artigo em comento o termo "gratuitamente" – donde se pode concluir que o envio de dados das pessoas em estado de vulnerabilidade socioeconômica para fim indicado no *caput* do artigo não será feito mediante contraprestação financeira.

No entanto não se pode desconsiderar que a remuneração dos Oficiais de Registro Civil das Pessoas Naturais ocorre por meio de emolumentos pagos pelos interessados/usuários do serviço, e é daí (dos emolumentos) que o titular da Serventia extrai tudo aquilo que é necessário para as despesas com o funcionamento do cartório, bem como para arcar com o atendimento de suas despesas pessoas, haja vista que não é funcionário público, e sim um trabalhador privado que coopera com Estado, conforme reiteradamente identificado pelo STF.

O cenário mostra a necessidade da idealização de meios para que haja a compensação adequada por tais atos gratuitos, afinal há de fato um dispêndio por parte do titular da serventia.

Ainda compete dizer que a cabeça do artigo 182 não afasta a possibilidade de atuação dos Serviços de Assistência Social e da Defensoria Pública a fim de que prestem atendimento as pessoas que vivem em estado de vulnerabilidade socioeconômica.

Por derradeiro, o parágrafo único do artigo 182, ao contrário do *caput* – em que a ação parte do Oficial – trata sobre o caso em que os dados são solicitados pelos Institutos de Identificação dos estados e do Distrito Federal.

Aqui, quando solicitado os dados registrais das pessoas em estado de vulnerabilidade socioeconômica, o envio deve ocorrer de forma eletrônica (por meio da Central de Informações de Registro Civil de Pessoas Naturais – CRC) no prazo de até 48 horas a contar do recebimento da solicitação Institutos de Identificação dos estados e do Distrito Federal.

Seria melhor que o Provimento nº 149 da Corregedoria Nacional de Justiça do Conselho Nacional de Justiça trabalhasse com o prazo não superior a 5 (cinco) dias úteis, como ocorre no artigo 239 – ao prever que o consulente pode solicitar a expedição da certidão que, pagos os emolumentos, as custas e os encargos administrativos devidos, será disponibilizada na Central de Informações de Registro Civil das Pessoas Naturais (CRC), em formato eletrônico, em prazo não superior a cinco dias úteis.

Art. 183. Em complemento ao *caput* do artigo 182 e para sua perfeita compreensão o artigo 183 se encarrega de elencar quem são aqueles considerados em estado de vulnerabilidade socioeconômica.

O inciso I lança luz para a população em situação de rua, definida no Decreto nº 7.053/2009.

O referido Decreto institui a Política Nacional para a População em Situação de Rua, de modo que o parágrafo único do artigo 1º aponta que considera-se população em situação de rua o grupo populacional heterogêneo que tem como ponto comum o fato de viver em pobreza extrema, vínculos familiares interrompidos ou frágeis, e a falta de moradia convencional regular, com a consequente utilização de logradouros públicos e áreas degradas como local de moradia e de sustento, seja temporariamente ou ainda de forma permanente, e ainda as unidades de acolhimento como moradia provisória (BRASIL, 2009).

A consideração reforça o argumento de que tais pessoas vivem, de certo modo, excluídas das relações sociais, e à margem da sociedade, não possuindo, por assim dizer, condições e apoio sequer para o acesso aos documentos básicos de identificação.

O artigo caminha para tratar no inciso II dos povos e comunidades tradicionais, hipossuficientes, definidos no Decreto nº 6.040/2007.

Embora o Decreto nº 6.040/2007 não diga de forma expressa, aqui estão inseridos os Povos Ciganos, sendo possível destacar, também, dentre outros, os povos originários como os indígenas, e ainda grupos como os quilombolas, os pescadores artesanais, extrativistas, os caiçaras, os faxinalenses, os geraizeiros, os caatingueiros, os vazanteiros, os pantaneiros, os retireiros, os morroquianos.

O inciso III faz referência a "pessoa beneficiada por programas sociais do governo federal". Aqui, o beneficiamento como programas sociais governamentais, considera, em regra, o estado de vulnerabilidade socioeconômica, o que justifica a concessão do amparo público.

O número IV abarca no estado de vulnerabilidade socioeconômica a pessoa com deficiência ou idosa incapaz de prover sua manutenção, cuja renda familiar, per capta, seja igual ou inferior a 1/4 do salário mínimo.

Como não poderia ser diferente, veja que não é toda pessoa com deficiência ou idosa que será considerada vulnerável no sentido socioeconômico, mas tão somente aqueles que são incapazes de promover a própria manutenção, sendo que tal critério considera a renda familiar per capta. Portanto se a renda familiar, per capta, for igual ou inferior a 1/4 do salário mínimo a pessoa estará enquadrada na condição de vulnerabilidade socioeconômica.

A condição da pessoa migrante, imigrante e refugiada sem qualquer identidade civil nacional também merece atenção, tanto que o inciso V faz menção expressa a respeito.

Especificamente no que toca ao tema dos refugiados no Brasil, em texto publicado na obra "Registro Civil das Pessoas Naturais" – coordenada pelos professores Alberto

Gentil de Almeida Pedroso e Gustavo Ferras de Campos Monaco, salientamos que diante de perseguições, em muitos casos não resta outra via a não ser o deslocamento forçado daqueles que são perseguidos, com vistas a buscar refúgio em outras civilizações. Tal fator quase sempre representa uma ruptura abrupta da vida cotidiana, e gera o desafio de recomeçar uma nova vida do "zero", na medida em que grande parte da história do indivíduo fica para trás.

Em tal cenário o Registrador Civil das Pessoas Naturais pode atuar como instrumento da dignidade das pessoas refugiadas no Brasil.

A atuação do registrador civil, como bem dispõe o inciso em mote, tutela migrantes, imigrantes e refugiados sem qualquer identidade civil nacional, assim considerados como vulneráveis socioeconômicos.

Por sua vez, o parágrafo 1º do art. 183 do CNN/CN/CNJ-Extra cuida da necessidade de comprovação das hipóteses, que será efetuada pelos órgãos públicos no momento em que formularem a solicitação aos institutos de identificação.

Tal parágrafo trata do caso em que o "órgão público" solicita diretamente a emissão de registro geral de identidade do indivíduo, indicando que o mesmo se enquadra em estado de vulnerabilidade socioeconômica, para que então, o Institutos de Identificação dos estados e do Distrito Federal solicitem os dados registrais aos Registradores Civis das Pessoas Naturais.

Na prática, todavia, o melhor passo na tutela da pessoa vulnerável socioeconômica, a depender do caso concreto, pode ser aquela em que a assistência social, ou ainda a Defensoria Pública, quando for o caso, requeira previamente a certidão do indivíduo ao registrador, a fim de que, no momento de solicitar a emissão do registro geral de identidade, já tenha tais dados em mãos, reunidos na certidão respectiva (nascimento e/ou casamento).

Por fim, o parágrafo 2º do artigo 183 em mote é categórico ao afirmar que incorrerá em crime, o agente público que, falsamente, atestar a existência de estado de vulnerabilidade socioeconômica inexistente.

O texto está em consonância com a previsão do artigo 37 da Constituição Federal, segundo o qual a administração pública deve obediência aos princípios de legalidade, impessoalidade, moralidade, publicidade e eficiência (BRASIL, 1988).

Embora não dito qual o crime a ser praticado, a princípio estaremos diante da falsidade ideológica (artigo 299 – Código Penal) – com a incidência do aumento de pena previsto no parágrafo único, uma vez que o agente é funcionário público no exercício de seu cargo.

A ocorrência de suposta prática de crime não está no campo de alegação do Oficial de Registro Civil, sendo, no caso do parágrafo em comento, objeto de alegação por parte dos Institutos de Identificação dos estados e do Distrito Federal.

Seção I
Do envio de dados ao Tribunal Superior Eleitoral

Art. 184. Os cartórios de registro civil das pessoas naturais, ao realizarem a comunicação a que se refere o art. 56, § 3.º, da Lei nº 6.015/1973, com a redação dada pela Lei nº 14.382/2022, ao Tribunal Superior Eleitoral (TSE), deverão:

I – prestar as informações suficientes para individualizar a pessoa requerente (nome anterior, nome atualizado, nome dos pais, data de nascimento, documento de identidade e CPF), em documento cuja autenticidade possa ser verificada; e

II – informar à pessoa interessada que a retificação do seu prenome no Cadastro Eleitoral deverá ser por ela requerida à Justiça Eleitoral, mediante operação de revisão, o que é indispensável para possibilitar que as certidões eleitorais e o caderno de votação contemplem o nome atual.

Parágrafo único. A comunicação a que se refere o inciso I deverá ser encaminhada ao Tribunal de Justiça Eleitoral (TSE), preferencialmente, por Malote Digital, nos termos deste Código de Normas.

Comentários de Marcio Martins Bonilha Filho

A matéria prevista no artigo 184, do Código Nacional de Normas trata da obrigatoriedade imposta às serventias de Registros Civis das Pessoas Naturais para proceder comunicação ao Tribunal Superior Eleitoral a fim de informar sobre a atualização do nome, na hipótese de alteração de prenome na modalidade extrajudicial, nos termos do artigo 56, parágrafo 3.º, da Lei nº 6.015/1973, com redação dada pela Lei nº 14.382/2022.

Trata-se de instituição de política de relacionamento com importante órgão público, (TSE), que visa estabelecer remessa de dados precisos, confiáveis para atualizar o cadastro eleitoral.

O objetivo é fornecer ao Tribunal Superior Eleitoral atualização no cadastro dos eleitores, a partir da alteração de prenomes, com a finalidade de conferir garantia e segurança com relação à nova identificação do cidadão/eleitor.

Aperfeiçoado o procedimento administrativo extrajudicial, que culmina com a modificação do prenome, segue-se a averbação de alteração do aludido prenome materializada no respectivo assento de nascimento, do que resulta a obrigação do Oficial do respectivo Registro Civil das Pessoas Naturais, de promover as comunicações aos órgãos expedidores do Documento de Identidade, do CPF, do Passaporte, bem como ao TSE.

As comunicações prestadas pelos Oficiais de Registro Civis das Pessoas Naturais deverão ser encaminhadas preferencialmente por Malote Digital.

Os Registros Civis das Pessoas Naturais devem informar ao interessado, sem prejuízo da efetiva comunicação ao TSE, que a retificação de seu prenome no Cadastro Eleitoral deverá ser por ele requerido à Justiça Eleitoral, fato que constitui providência indispensável para possibilitar que as certidões eleitorais e o caderno de votação contemplem o nome atual, alinhando e atualizando as alterações do prenome.

LIVRO III
DO ACERVO DAS SERVENTIAS
TÍTULO I
DOS LIVROS
CAPÍTULO I
DA ESCRITURAÇÃO CONTÁBIL E CORRECIONAL
Seção I
Das Disposições Gerais

Art. 185. Os serviços notariais e de registros públicos prestados mediante delegação do Poder Público possuirão os seguintes livros administrativos, salvo aqueles previstos em lei especial:

I – Visitas e Correições;

II – Diário Auxiliar da Receita e da Despesa; e

III – Controle de Depósito Prévio, nos termos do que este Código de Normas dispõe sobre o depósito prévio de emolumentos.

Art. 186. Os livros previstos neste Capítulo serão abertos, numerados, autenticados e encerrados pelo delegatário, podendo utilizar-se, para esse fim, de processo mecânico de autenticação previamente aprovado pela autoridade judiciária competente na esfera estadual ou distrital.

Parágrafo único. O termo de abertura deverá conter o número do livro, o fim a que se destina, o número de folhas que contém, a declaração de que todas as suas folhas estão rubricadas e o fecho, com data, nome do delegatário e assinatura.

Art. 187. Com exceção do Livro de Visitas e Correições, a responsabilidade pela escrituração dos livros referidos neste Código de Normas é do delegatário, ainda quando escriturado pelo seu preposto.

Parágrafo único. O Livro de Visitas e Correições será escriturado pelas competentes autoridades judiciárias fiscalizadoras e conterá 100 páginas, respondendo o delegatário pela guarda e integridade do conjunto de atos nele praticados.

Art. 188. Os delegatários de unidades cujos serviços admitam o depósito prévio de emolumentos manterão livro próprio, especialmente aberto para o controle das importâncias recebidas a esse título, livro em que deverão indicar-se o número do protocolo, a data do depósito e o valor depositado, além da data de sua conversão em emolumentos resultante da prática do ato solicitado, ou, conforme o caso, da data da devolução do valor depositado, quando o ato não for praticado.

Parágrafo único. Considerando a natureza dinâmica do Livro de Controle de Depósito Prévio, poderá este ser escriturado apenas eletronicamente, a critério do delegatário, livro esse que será impresso sempre que a autoridade judiciária competente assim o determinar, sem prejuízo da manutenção de cópia atualizada em sistema de backup ou outro método hábil para sua preservação.

Art. 189. O Livro Diário Auxiliar observará o modelo usual para a forma contábil e terá suas folhas divididas em colunas para anotação da data, da discriminação da receita e da despesa, além do valor respectivo, devendo, quando impresso em folhas soltas, encadernar-se tão logo encerrado.

Art. 190. A receita será lançada no Livro Diário Auxiliar separadamente, por especialidade, de forma individualizada, no dia da prática do ato, ainda que o delegatário não tenha recebido os emolumentos, devendo discriminar-se sucintamente, de modo a possibilitar-lhe identificação com a indicação, quando existente, do número do ato, ou do livro e da folha em que praticado, ou ainda o do protocolo.

§ 1.º Para a finalidade prevista no *caput* deste artigo, considera-se como dia da prática do ato o da lavratura e do encerramento do ato notarial, para o serviço de notas; o do registro, para os serviços de registros de imóveis, títulos e documentos e civil de pessoa jurídica; o do registro, para os atos não compensáveis do Registro Civil das Pessoas Naturais; e para seus atos gratuitos, o do momento do recebimento do pagamento efetuado por fundo de reembolso de atos gratuitos e fundo de renda mínima.

§ 2.º Nos estados em que o pagamento dos emolumentos para o serviço de protesto de título for diferido em virtude de previsão legal, será considerado como dia da prática do ato o da lavratura do termo de cancelamento, o do acatamento do pedido de desistência e o do pagamento do título, se outra data não decorrer de norma estadual específica.

§ 3.º Os lançamentos relativos a receitas compreenderão os emolumentos previstos no regimento de custas estadual ou distrital exclusivamente na parte percebida como receita do próprio delegatário, em razão dos atos efetivamente praticados, excluídas as quantias recebidas em depósito para a prática futura de atos, os tributos recebidos a título de substituição tributária ou outro valor que constitua receita devida diretamente ao Estado, ao Distrito Federal, ao Tribunal de Justiça, a outras entidades de direito e aos fundos de renda mínima e de custeio de atos gratuitos, conforme previsão legal específica.

Art. 191. É vedada a prática de cobrança parcial ou de não cobrança de emolumentos, ressalvadas as hipóteses de isenção, não incidência ou diferimento previstas na legislação específica.

Art. 192. Ao final de cada mês serão somadas, em separado, as receitas e as despesas da unidade de serviço extrajudicial, com a apuração do saldo líquido positivo ou negativo do período.

Art. 193. Ao final de cada exercício será feito o balanço anual da unidade de serviço extrajudicial, com a indicação da receita, da despesa e do líquido mês a mês, se entender conveniente.

Parágrafo único. O requerimento de reexame da decisão que determina exclusão de lançamento de despesa deverá ser formulado no prazo de recurso administrativo previsto na Lei de Organização Judiciária local ou, caso inexista, no prazo de 15 dias contados de sua ciência pelo delegatário.

Art. 194. As normas impostas por este Capítulo aos delegatários de serviços notariais e registrais aplicam-se aos designados para responder interinamente por serventias vagas, observadas as seguintes peculiaridades:

I – os responsáveis interinamente por delegações vagas de notas e de registro lançarão, no Livro Diário Auxiliar, o valor da renda líquida excedente a 90,25% dos subsídios de ministro do Supremo Tribunal Federal (STF) que depositarem à disposição do Tribunal de Justiça correspondente, indicando a data do depósito e a conta em que foi realizado, observadas as normas editadas para esse depósito pelo respectivo Tribunal;

II – ao responsável interinamente por delegação vaga é defeso contratar novos prepostos, aumentar salários dos prepostos já existentes na unidade, ou contratar novas locações de bens móveis ou imóveis, de equipamentos ou de serviços, que possam onerar a renda da unidade vaga de modo continuado, sem a prévia autorização do Tribunal a que estiver afeta a unidade do serviço;

III – todos os investimentos que comprometam a renda da unidade vaga deverão ser objeto de projeto a ser encaminhado para a aprovação do Tribunal de Justiça competente;

IV – respeitado o disposto no inciso anterior, para apuração do valor excedente a 90,25% dos subsídios de ministro do Supremo Tribunal Federal (STF), deve abater-se, como despesas do responsável interinamente pela unidade vaga, as previstas em disposição legal ou infralegal;

V – nos prazos previstos no art. 2.º do Provimento nº 24/2012 desta Corregedoria Nacional de Justiça, os responsáveis interinamente pelas unidades vagas lançarão no sistema "Justiça Aberta", em campos específicos criados para essa finalidade, os valores que, nos termos do inciso anterior, depositarem na conta indicada pelo respectivo Tribunal de Justiça; e

VI – a periodicidade de recolhimento do valor da renda líquida excedente a 90,25% dos subsídios de ministro do Supremo Tribunal Federal (STF) é trimestral, considerando-se as receitas e as despesas do trimestre, não havendo lei estadual que estabeleça periodicidade diversa.

Art. 195. Será disciplinado por norma editada pela competente Corregedoria-Geral da Justiça local:

I – o controle dos recolhimentos relativos à taxa de fiscalização, ao selo ou a outro valor que constituir receita devida ao Estado, ao Distrito Federal, ao Tribunal de Justiça, ao Município, a outras entidades de direito e aos fundos de renda mínima e de custeio de atos gratuitos; e

II – o dia da prática do ato notarial ou registral, quanto aos serviços de Registro de Distribuição e de Registro de Contratos Marítimos, eventualmente existentes.

Comentários de Antonio Herance Filho

INTRODUÇÃO

A análise feita a seguir tem como objetivo a aplicação das normas que já se encontravam em vigor quando da edição do Provimento CNJ nº 149/2023 – que institui o *Código Nacional de Normas da Corregedoria Nacional de Justiça do Conselho Nacional de Justiça – Foro Extrajudicial (CNN/ CN/CNJ-Extra), que regulamenta os serviços notariais e de registro –*, dada a sua, declarada,[1] natureza de consolidação das disciplinas vigentes que se encontravam esparsas.

No presente trabalho, tentaremos nos ater às regras disciplinadoras do cumprimento de obrigações acessórias no âmbito, de um lado, do necessário controle financeiro dos depósitos, dos emolumentos, das compensações dos atos gratuitos, das complementações da renda mínima, dos repasses de importâncias recebidas dos usuários que se destinam a cofres públicos ou de outros órgãos e, inclusive, das despesas suportadas para o exercício da atividade e, de outro, da contabilidade fiscal a que se sujeitam Notários e Registradores na qualidade de contribuintes (sujeitos passivos diretos), do imposto sobre a renda e proventos de qualquer natureza. Como o Código Nacional do Extrajudicial, aprovado pelo Provimento CNJ nº 149/2023, não é codificação de natureza tributária, bem por isso, não tem potência, tampouco vocação, para derrogar regras tributárias federais em vigor, não nos escapará o dever de apontar as marcantes distinções[2] entre a escrituração de receitas e de despesas com finalidade administrativa, correcional e financeira e a escrituração feita para apuração do imposto de competência da União (IRPF "Carnê-leão"). Essa a razão de trazermos para o conteúdo do presente estudo questões tributárias relevantes e em vigor neste momento.[3]

Uma crítica há de ser posta ainda nesta parte introdutória: não deve ter sido por esquecimento, imagina-se, mas o curioso é que o inciso XI, do artigo 556 do Provimento

---

1. Provimento CNJ nº 149/2023 – (...) Considerando a importância de concentrar todos os provimentos, presentes e futuros, da Corregedoria Nacional de Justiça, em um único ato, para evitar os transtornos decorrentes da dispersão de atos normativos; (...), (original sem destaques).
2. HERANCE FILHO, Antonio. Manual do livro Caixa. *Boletins Informativos Ltda.* 2. ed. São Paulo 2016, p. 16.
3. Lei nº 8.134/1990, art. 6.º, § 1.º, Decreto nº 9.580/2018, arts. 68 e 69 e IN-RFB nº 1.500/2014, art. 104.

CNJ nº 149/2023,[4] ao revogar vários artigos do Provimento CNJ nº 45/2015, deixou de fora outros, entre eles o oitavo,[5] que trata da escrituração das despesas dos serviços notariais e de registro. Pese embora o Código Nacional do Extrajudicial tenha nascido para consolidar todas as normas então vigentes, espalhadas aqui e ali, pelo menos até o momento, inexplicavelmente, parte do ato de 2015 segue esparsa.

Destarte, dedicaremos as próximas linhas aos comentários a serem lançados ao que preveem os artigos 185 a 195 do recém editado Código Nacional do Extrajudicial.

Art. 185. Ao referir-se aos serviços notariais e de registros a regra deste artigo consagra a ideia de que os livros, dos quais tratam os seus três incisos, pertencem ao acervo documental do Estado, não sendo admitido que sejam retirados da Unidade, mesmo nos casos de extinção da delegação, cessação da interinidade ou conclusão da intervenção.

I – O livro de que trata este inciso é mantido pelo responsável pela Unidade, mas apenas a autoridade dotada de poderes correcionais é que poderá registrar nele informações relativas às correições ordinárias ou extraordinárias, porventura, realizadas.

II – Com a instituição, para todo o Brasil, do Diário Auxiliar da Receita e da Despesa, há pouco mais de 10 (dez) anos, aumentaram as dúvidas sobre a escrituração do muito antigo livro Caixa, instituído no século passado com o objetivo de permitir a

---

4. Provimento CNJ nº 149/2023 – Art. 556. Revogam-se as seguintes normas: (...) XI – art. 1.º ao art. 7.º, art. 9.º ao art. 11 e art. 13 ao art. 14 do Provimento nº 45, de 13 de maio de 2015.

5. Prov. CNJ nº 45/2015 – Art. 8.º As despesas serão lançadas no dia em que se efetivarem e sempre deverão resultar da prestação do serviço delegado, sendo passíveis de lançamento no Livro Diário Auxiliar todas as relativas investimentos, custeio e pessoal, promovidas a critério do delegatário, dentre outras: a. locação de bens móveis e imóveis utilizados para a prestação do serviço, incluídos os destinados à guarda de livros, equipamentos e restante do acervo da serventia; b. contratação de obras e serviços para a conservação, ampliação ou melhoria dos prédios utilizados para a prestação do serviço público; c. contratação de serviços, os terceirizados inclusive, de limpeza e de segurança; d. aquisição de móveis, utensílios, eletrodomésticos e equipamentos mantidos no local da prestação do serviço delegado, incluídos os destinados ao entretenimento dos usuários que aguardem a prestação do serviço e os de manutenção de refeitório; e. aquisição ou locação de equipamentos (hardware), de programas (software) e e serviços de informática, incluídos os de manutenção prestados de forma terceirizada; f. formação e manutenção de arquivo de segurança; g. aquisição de materiais utilizados na prestação do serviço, incluídos os utilizados para a manutenção das instalações da serventia; h. plano individual ou coletivo de assistência médica e odontológica contratado com entidade privada de saúde em favor dos prepostos e seus dependentes legais, assim como do titular da delegação e seus dependentes legais, caso se trate de plano coletivo em que também incluídos os prepostos do delegatário; i. despesas trabalhistas com prepostos, incluídos FGTS, vale alimentação, vale transporte e quaisquer outros valores que lhes integrem a remuneração, além das contribuições previdenciárias devidas ao Instituto Nacional do Seguro Social – INSS ou ao órgão previdenciário estadual; j. custeio de cursos de aperfeiçoamento técnico ou formação jurídica fornecidos aos prepostos ou em que regularmente inscrito o titular da delegação, desde que voltados exclusivamente ao aprimoramento dos conhecimentos jurídicos, ou, em relação aos prepostos, à melhoria dos conhecimentos em sua área de atuação; k. o valor que for recolhido a título de Imposto Sobre Serviço – ISS devido pela prestação do serviço extrajudicial, quando incidente sobre os emolumentos percebidos pelo delegatário; l. o valor de despesas com assessoria jurídica para a prestação do serviço extrajudicial; m. o valor de despesas com assessoria de engenharia para a regularização fundiária e a retificação de registro. Parágrafo único. Serão arquivados na forma definida em lei ou em norma das Corregedorias Gerais da Justiça dos Estados e do Distrito Federal todos os comprovantes das despesas efetuadas, incluindo os de retenção do imposto de renda, pelo prazo mínimo de cinco anos, salvo quando houver expressa previsão de prazo maior.

apuração do IRPF "Carnê-leão" aos contribuintes desse imposto, entre eles os Notários e Registradores brasileiros.

    O primeiro aspecto a ser enfrentado tem a ver com a competência para tributar, arrecadar e fiscalizar o cumprimento de obrigações tributárias por seus sujeitos passivos. Com efeito, a competência tributária é da União (tributar) e da Receita Federal do Brasil (controlar a arrecadação e fiscalizar o cumprimento de obrigações tributárias, principais e acessórias). As autoridades correcionais, no exercício da atividade fiscalizatória que lhes compete (Corregedorias Permanente, Geral e Nacional), podem verificar a regularidade fiscal dos Notários e Registradores, mas não podem ditar regras de escrituração do livro Caixa, que, diga-se, não se confunde com o livro de que trata este inciso, menos ainda glosar despesas para os fins de apuração do imposto da União. Assim, a fiscalização da escrituração do Diário Auxiliar compete à CP/CGJ/CNJ, mas não a escrituração do livro Caixa, instrumento que pode ser – legalmente –, fiscalizado, apenas, pela autoridade fazendária. Aliás, se o Diário Auxiliar, como antes já afirmado, pertence ao acervo do Estado, o livro Caixa pertence – particularmente –, ao contribuinte do IRPF. É claro que as corregedorias podem, e devem, verificar se que os profissionais do Direito de que trata o artigo 236 da Constituição da República, cumprem suas obrigações legais, já que representam o Estado no atendimento das necessidades dos cidadãos. Não se pode admitir que os delegatários dos serviços notariais e de registro soneguem ou não observem as regras de tributação em vigor. Assim, o responsável pela Unidade deve observar as regras do Código Nacional do Extrajudicial, ao escriturar as receitas, e as do Provimento CNJ nº 45/2015, para informar as despesas suportadas em cada período mensal, mas, somente em relação à escrituração do Diário Auxiliar. Com efeito, o contribuinte deve esquecê-las (ignorá-las), quando da apuração do imposto incidente sobre os emolumentos percebidos, tarefa que será cumprida após escriturar o livro Caixa e, é claro, com a aplicação da legislação tributária federal.

    Sem qualquer dúvida, há rendimentos que devem ser escriturados no livro Diário Auxiliar (compensação dos atos gratuitos e complementação da renda mínima, por exemplo), mas que não têm lugar no livro Caixa nas Unidades da Federação onde já se retém o IR quando do repasse de tais valores pelos gestores desses fundos. Lado outro, todas as despesas pagas no exercício da atividade notarial ou de registro devem, sem restrição, ser informadas no livro Diário Auxiliar, mas, no livro Caixa apenas poderão ser deduzidas as que forem admitidas pela legislação tributária federal em vigor, ou seja, somente as dedutíveis poderão se prestar aos efeitos de redução da base de cálculo do imposto de competência da União, que incide sobre os emolumentos líquidos do Notário e do Registrador. Pode não parecer, mas os saldos mensais desses instrumentos, quase sempre, não serão coincidentes.

    III – O livro de que trata este inciso, nas atividades que admitem a exigência de depósito para garantir o recebimento, no momento certo, dos emolumentos legais, serve ao controle do saldo que não pertence ao responsável pela Unidade até que o ato de registro possa ser efetivamente praticado ou, na impossibilidade de praticá-lo, até que seja devolvido à parte interessada. Muito comum no registro de imóveis em que, juntamente com a documentação apresentada para a qualificação registrária, o interessado faz o depósito do valor relativo aos emolumentos previstos na legislação estadual/distrital, a serem devidos na hipótese de positivo o resultado do exame feito pelo registrador. Noutro dizer: é com a prática do ato – após a qualificação –, que o depósito se converte em emolumentos, logo, é a partir daí que o rendimento passa a se sujeitar à incidência do IRPF "Carnê-leão". A Receita Federal do Brasil, contudo, lida muito mal com este assunto, data vênia, porque confunde depósito com emolumentos e quer que o registrador ofereça o valor, desde logo, à tributação, mesmo sabendo, – pelo menos deveria saber –, que o valor ainda a ele não pertence. Melhor, então, que não se exija o depósito, caso as Normas locais não determinem a sua obrigatoriedade. Juntamente com a documentação, exija-se, se assim prever a respectiva tabela de emolumentos, o correspondente à prenotação e se aprovado o registro, aí, sim, antes de efetivá-lo, notifica-se o interessado a pagar o valor dos emolumentos. Se assim for, não há que se devolver dinheiro recebido na hipótese de apresentação de nota devolutiva, tampouco escriturar o livro de Depósito Prévio. Talvez seja interessante a ideia.

Ressalta-se, por oportuno e bastante importante, que a figura do Depósito Prévio não se confunde com a responsabilidade, por exemplo, do Tabelião de Protesto sobre os valores pertencentes aos credores dos títulos. O controle, em casos que tais, é financeiro (v. normas locais), mas o valor recebido do devedor Depósito Prévio não o é. O sucessor daquele que deixa a delegação por alguma das razões trazidas pela Lei nº 8.935/1994, assume a responsabilidade pelo saldo do livro de Controle do Depósito Prévio, ficando, sem culpa, com o valor quando da prática do ato, momento da conversão do depósito em emolumentos, como visto antes, ou devolvendo a importância depositada ao usuário na hipótese de impossibilidade de registro solicitado.

Art. 186. A previsão feita pelo presente artigo se explica por si só, ou seja, o texto é compreendido sem qualquer necessidade de explicação. Diz-se, nesses casos, que o texto é autoexplicativo. Nada obstante, vale ressaltar que, se não existir previsão nas normas estaduais vedando a escrituração do livro Diário Auxiliar eletronicamente, essa alternativa parece-nos a mais adequada, sobretudo porque por meio de um só software consegue-se escriturar receitas e despesas para as duas finalidades, ou seja, a de prestação de contas aos órgãos dotados de poder correcional e à Receita Federal do Brasil. Noutro dizer: num único programa de computador é possível escriturar os dois livros (Diário Auxiliar e o Caixa fiscal), aplicando-se com o rigor necessário as duas disciplinas, de um lado, a que visa demonstrar a saúde financeira da Unidade e a aplicação da tabela estadual/distrital dos emolumentos e, de outro, a que se presta à apuração do IRPF "Carnê-leão" incidente sobre os rendimentos de Notários e Registradores, decorrentes dos atos que praticam em razão de seus respectivos ofícios.

Parágrafo único. Ao já lançado no comentário feito ao disposto no caput do presente artigo acrescenta-se que, no termo de abertura deve constar o número do livro Diário Auxiliar – por meio do qual são escrituradas receitas e despesas da atividade desenvolvida pelo titular / interino / interventor –, além da menção ao número de folhas que contém, seguida da declaração de que todas elas se encontram rubricadas. No termo de encerramento (fecho), são imprescindíveis as informações, a saber: a) data; b) nome e assinatura do responsável pela Unidade na oportunidade em que o livro vier a ser encerrado.

Art. 187. A tarefa de escrituração dos livros Diário Auxiliar da Receita e da Despesa (art. 185, inciso II) e de Controle do Depósito Prévio (art. 185, inciso III), pode ser realizada por profissional eleito pelo titular, interino ou interventor, mas será, sempre, dele a responsabilidade pelos lançamentos efetuados.

Parágrafo único. A responsabilidade pelo livro de Visitas e Correições, depois de aberto, é de guarda e de conservação de seu conteúdo. O livro que, na maioria das Unidades de notas e de registros do país, já se encontra aberto, seguirá disponível por muito tempo à autoridade correcional competente para breves anotações nas correições ordinárias ou extraordinárias, já que possui 100 (cem), páginas. Por pertencer ao acervo do "cartório", na sede da Serventia, o referido livro deverá ser mantido e as informações nele lançadas, devidamente, conservadas.

Art. 188. O controle pretendido pelo disposto neste artigo tem natureza financeira e qualquer valor no livro lançado influenciará o seu saldo enquanto não for convertido em emolumentos (momento em que será escriturado no livro Diário Auxiliar da Receita e da Despesa e, também, no livro Caixa fiscal), ou, quando o caso, devolvido para o interessado no ato (depositante). No mais, os depósitos, quando recebidos, deverão ser suficientemente identificados (data, valor, nº do protocolo) e quando convertidos em emolumentos, ou devolvidos, a data em que a hipótese se efetivar deverá ser, também, informada.

Parágrafo único. O livro de Controle de Depósito Prévio tem finalidade muito específica, qual seja a de revelar, a qualquer tempo, o valor do que já tenha sido entregue ao titular / interino / interventor, mas que ainda não possua natureza de emolumentos, nem, nos casos de qualificação negativa, tenha sido devolvido ao usuário depositante. Se está com o responsável pela Unidade e o ato solicitado ainda não tiver sido praticado, o valor deve constar do livro a que se refere o presente artigo, mas, na data da prática do ato, momento em que o depósito se converte em emolumentos ou o valor depositado é devolvido, o registro de saída deve ser prontamente efetivado. A informação sobre o depósito e sua conversão, ou devolução, permanecerão no livro, logo, quanto mais passa o tempo mais extensa a escrituração, bem por isso, a sua impressão é pouco recomendada. O que se aconselha, a fim de diminuir o tamanho do documento, é a impressão de relatório contendo, tão somente, os valores que, ainda, estiverem no livro na condição de depósitos.

Art. 189. Vide comentários ao artigo 186 e seu parágrafo único e acrescente-se a eles a necessidade de se identificar cada evento com a data e a sua discriminação, com o valor recebido ou pago e, na hipótese de impressão em folhas soltas (escrituração eletrônica), o Diário Auxiliar deve ser encadernado no momento de seu encerramento.

Art. 190. São comuns dúvidas e dificuldades de compreensão a respeito da regra trazida pelo presente artigo. O que se pretende é que os eventos de receita sejam escriturados um a um (de forma individualizada), e que sejam, tais eventos, separados por natureza, caso a Unidade tenha mais de um ofício. Admita-se, por exemplo, que determinada Unidade tenha atribuições de notas e de protesto de letras e títulos. Nesse caso hipotético, a cada dia, em primeiro lugar devem ser lançadas todas as receitas de notas para, em seguida, se fazer os lançamentos dos atos de protesto. A ordem dos lançamentos não importa, o importante é que apareçam no livro, diariamente, em primeiro lugar todas as receitas de um ofício, em seguida as do outro e até de outros ofícios na sequência, se o caso. Será, sempre, um único livro, mas com as receitas escrituradas de forma individualizada e agrupadas por natureza. As receitas devem ser suficientemente discriminadas para que sejam identificadas, com menção do número do ato, ou do livro e folha ou, ainda, o do protocolo.

§ 1.º Como visto no *caput* do presente artigo, as receitas devem ser escrituradas na data da prática do ato, mas o titular / interino / interventor deve observar o previsto neste parágrafo, já que para cada natureza / especialidade considerar-se-á uma data específica. Para notas, é data de conclusão do ato / lavratura do instrumento, já para o registro de imóveis, de títulos e documentos e civil de pessoa jurídica, a data do registro. Para o registro civil das pessoas naturais há que se considerar dois critérios, a saber: 1.º) a data do registro para os atos em que há cobrança de emolumentos e; 2.º) a data do efetivo recebimento da compensação dos atos gratuitos e da complementação da renda mínima, realizadas pelo órgão / entidade gestor do fundo.

§ 2.º Noutro passo, mas ainda no contexto da data da prática do ato, com o protesto de letras e de títulos duas são as situações possíveis, a saber: 1.ª) nas Unidades da Federação, a exemplo do Estado de São Paulo, em que vige lei que estabelece, para o credor / apresentante, a gratuidade do protesto, ou seja, quem paga os emolumentos é o devedor, a data da prática do ato é a da lavratura do termo de cancelamento, a do acatamento do pedido de desistência e a do pagamento do título; e 2ª) nas Unidades em que o pagamento dos emolumentos ainda cabe ao credor / apresentante, a data da prática do ato corresponde ao dia da apresentação do título ao tabelião competente.

§ 3.º A orientação trazida pelo presente parágrafo é no sentido de que, no livro Diário Auxiliar de Receitas e de Despesas, como receita, apenas terá lugar o valor que cabe ao delegatário, excluídos os repasses e, quando o caso, o depósito prévio e o ISSQN (imposto sobre serviços de qualquer natureza), este último, quando repassado ao usuário (sujeito passivo indireto), – valendo a regra, também, para o interino e o interventor. Noutro dizer: os repasses (valores recebidos por substituição tributária, conforme estabelece a tabela estadual/distrital de emolumentos), bem assim, o depósito prévio, caso a especialidade dos serviços o admita, e, ainda, o ISSQN, exclusivamente nos municípios onde custo tributário municipal seja repassado ao usuário, constituem valores que não podem ser escriturados no livro Diário Auxiliar como receitas.

Art. 191. A respeito do rigor a ser aplicado à cobrança dos emolumentos fixados por lei na Unidade da Federação a que pertence a Serventia de notas ou de registro, vale a ressalva de que eles (os emolumentos), têm natureza jurídica de tributo (espécie: taxa), o que nos permite afirmar que o valor a ser exigido do usuário (contribuinte), é, exatamente, o previsto na tabela respectiva. Nenhum centavo a mais, nem a menos. O presente artigo, contudo, embora nem precisasse fazê-lo, veda a não cobrança ou a cobrança parcial dos emolumentos, salvo nos casos de isenções, gratuidades e diferimentos legais. A não cobrança ou a cobrança parcial dos emolumentos poderá dar ensejo a procedimento administrativo disciplinar, sem prejuízo do recolhimento dos repasses e da satisfação dos créditos tributários decorrentes (IRPF "Carnê-leão", ISSQN).

Art. 192. A escrituração do livro Diário Auxiliar é diária e ao final de cada mês deve-se fazer o encerramento do período, que se dá com a apuração do saldo (diferença entre o valor das receitas recebidas e das despesas pagas).

Art. 193. Já no término de cada ano, há que ser elaborado o balanço da Unidade, ou seja, os valores das receitas, despesas e saldo (líquido), mês a mês, deverão compor quadro demonstrativo dos resultados obtidos no período.

Parágrafo único. O presente parágrafo revela a possibilidade de exclusão de despesa escriturada pelo titular / interino / interventor por decisão de autoridade com poderes correcionais, garantindo o direito a recurso administrativo da decisão que tiver desaprovado o dispêndio, contudo, é importante esclarecer que a rejeição aqui examinada, em momento algum, poderá ser confundida com a glosa fiscal de deduções, que é procedimento de iniciativa exclusiva da Secretaria da Receita Federal do Brasil, órgão fazendário da União que, por sua vez, detém a competência tributária para instituir o imposto sobre a renda e os proventos de qualquer natureza.

Vale reiterar: o livro Diário Auxiliar é instituído para aferição da saúde financeira da Unidade de notas e de registro e para permitir o controle da aplicação da tabela legal de emolumentos e a fiscalização de sua escrituração compete às corregedorias (local, geral e nacional), enquanto que o livro Caixa é instituído, décadas antes, pela legislação tributária federal, como instrumento de apuração do IRPF "Carnê-leão" das pessoas sujeitas a essa exação, sendo competente para fiscalizar a escrituração e a apuração do tributo, exclusivamente, a Receita Federal.

Art. 194. Os interinos, designados para responder pelo expediente de delegações em período de vacância, passaram a receber tratamento de *longa manus* do Poder Delegante e a perceber remuneração diferente dos titulares (delegatários), conforme decisão da Egrégia Corregedoria Nacional de Justiça, prolatada nos autos do Pedido de Providências nº 000384–41.2010.2.00.0000 (Evento 4289), em 09 de julho de 2010. Os incisos a seguir disciplinam, no âmbito das Corregedorias, a forma de apuração da renda líquida da Unidade e de repasse ao TJ do que exceder o valor pertencente ao interino.

I – Antes de tudo, vale dizer que esgotadas as discussões judiciais e doutrinárias a respeito da decisão que determinou novo tratamento aos interinos (profissionais designados, precariamente, para responder por delegações vagas, missão difícil e pouco desejada atualmente), restou a realidade seguinte: ao interino será destinado valor que em nenhuma hipótese ultrapassará o correspondente a 90,25% dos subsídios de ministro do Supremo Tribunal Federal (STF), que equivale, a partir de 1.º.02.2024, a R$ 39.717,69. Trata-se de limite. Mais do que ele é impossível. Menos, dependerá do potencial da Unidade, especialmente, no que concerne ao volume de atos que consegue praticar a cada período (mês / trimestre).

II – Considerando que a delegação vaga voltará a ser outorgada a quem for aprovado em concurso público e a fim de não onerar a renda da Unidade, é vedado ao interino decidir, sem a prévia e expressa autorização do Tribunal de Justiça, sobre: a) a contratação de novos prepostos; b) o aumento de salários além do que determinar a lei ou a convenção; e c) a contratação de locação de bens (móveis e imóveis), e de equipamentos e serviços.

III – O pedido de autorização para as contratações mencionadas no inciso anterior deverá ser instruído com projeto elaborado pelo interino, por meio do qual as ações estratégicas e o investimento estimado serão devidamente informados ao Tribunal de Justiça da Unidade da Federação a que pertence a Unidade vaga.

IV – É certo que, do ponto de vista financeiro, a alçada do interino alcança, tão somente, o valor das despesas ordinárias, estando as extraordinárias sujeitas à autorização prévia, como se depreende dos dois incisos anteriores.

V – Os prazos para alimentação do "Justiça Aberta", previstos no Provimento CNJ nº 24/2012, são: 1) o dia 15 de janeiro, relativamente ao segundo semestre do ano anterior; e 2) o dia 15 de julho, relativamente ao primeiro semestre do próprio ano. Quanto às informações cadastrais, terá o interino 10 (dez) dias para atualizar eventuais alterações a contar da data de sua ocorrência. Na hipótese de qualquer dos prazos aqui mencionados recair em feriado ou final de semana, fica estendido até o primeiro dia útil subsequente.

VI – Se lei ou disciplina administrativa estadual / distrital não dispuser de modo diverso, o depósito da renda líquida excedente ao teto remuneratório será feito trimestralmente.

Art. 195. A especificidade do tema sobre o qual versa o presente artigo e a sua pouca importância prática permitem-nos afirmar, apenas, que nada muda com a edição do Código Nacional do Extrajudicial, sendo que, quando o caso, essas disposições poderão ser encontradas no respectivo Código de Normas das Corregedorias Estaduais / Distrital.

Essas as nossas considerações.

TÍTULO II
DA CONSERVAÇÃO DE DOCUMENTOS
CAPÍTULO I
DO PRAZO
Seção I
Da Tabela de Temporalidade

Art. 196. Os cartórios de notas, protestos de letras e títulos, registros de imóveis, registros civis de pessoas naturais, registros civis de pessoas jurídicas e registros de títulos e documentos adotarão a Tabela de Temporalidade de Documentos na forma indicada no Provimento n. 50, de 28 de setembro de 2015.

Comentários de Isabela Bicalho Xavier

Lidar com a gestão de documentos não é tarefa simples, ainda que possa aparentar. Ao contrário, há todo um arcabouço normativo integrante dessa espécie de *Compliance*, cuja implementação, como há de se ver, está indissociavelmente ligada à função extrajudicial, eis que serve de instrumento a obstaculizar consequências deletérias à manutenção e perpetuação da própria instituição notarial e registral.

Nessa senda, a Lei 8.159, de 8 de janeiro de 1.991 foi um proeminente aporte, pois deu azo a especialíssimas disposições, tais quais as da "política nacional de arquivos públicos e privados".

Estabelecido, portanto, um verdadeiro marco no que diz respeito ao estabelecimento de processos e procedimentos ao trato a ser dado no cotidiano documental e arquivístico, merece destaque o fato de que a expressão "gestão de documentos" passou a contar com uma conceituação legal, envolvendo "um conjunto de procedimentos e operações técnicas referentes à sua produção, tramitação, uso, avaliação e arquivamento em fase corrente e intermediária, visando a sua eliminação ou recolhimento para guarda permanente".[1] E mais, todos os elementos abraçados pelo conceito legal, também foram legalmente minudenciados. Tal medida revela interessante efeito prático: afasta conjecturações, conceitos e interpretações subjetivos e especulativos. Logo já demonstrado um de seus aspectos favoráveis, que é o de favorecer à uniformização de procedimentos que possam seguramente ser adotados por todos aqueles que se encontrem na mesma condição de sujeição aos tais.

Possuindo um indiscutível escopo de incidência cujo espectro, pode-se dizer, é infinito, a lei de política nacional de arquivos públicos e privados certamente não passaria

---

1. Art. 3º Lei 8.159, de 8 de janeiro de 1.991.

ao largo do serviço extrajudicial, como já antevisto. Tal subsunção é confirmada em vários pontos da lei, ora explicita[2] e ora implicitamente.[3] Fato é que, uma vez alocado como serviço essencialmente público, em que a atividade, primordialmente, envolve a produção e o manejo de documentos, sua sujeição é de rigor.

No âmbito dos registros públicos, até então, a gestão documental encontrava, basicamente, as tímidas es singulares disposições do Capítulo V da Lei 6.015/1973, intitulado "Da Conservação",[4] ainda em vigor. De teor normativo plasmado, serviam mais como vetores axiológicos – de conteúdo amplo e genérico, sem apresentar auxílio prático. Havia a previsão acerca do dever, por parte dos notários e registradores, de manter em segurança, permanentemente, os livros e documentos a seu cargo, respondendo pela sua ordem e conservação. Mas quais seriam os documentos que mereceriam essa tutela? Como poderiam dar conta desse encargo? Tudo deveria ser preservado de maneira perpétua? Ou só parte daquilo que produziam? E as limitações físicas? Muitas eram as indagações que gravitavam nessa órbita.

Como dito, a Lei 8.159, de 8 de janeiro de 1.991 foi de suma importância, mas de conteúdo ainda incipiente no que tange aos registros públicos, dada a especialidade afeta a essa categoria jurídica. Ainda faltava um considerável caminhar, principalmente quanto à adoção de procedimentos uniformes na gestão de documentos levada a efeito especificamente pelos cartórios. Uma espécie de *Compliance Notarial e Registral*, de âmbito nacional, para a gestão documental em âmbito das serventias extrajudiciais.

E isso não passou desapercebido. Por ser o órgão que reúne a competência para regulamentar as disposições concernentes às notas e aos registros públicos,[5] a Corregedoria Nacional de Justiça do Conselho Nacional de Justiça – CNJ – teve essa incumbência posta a seu cargo.

Cumpriu, então, esse mister, ao dar gênese, em 28 de setembro de 2015, ao Provimento de nº 50, segundo o qual "Dispõe sobre a conservação de documentos nos cartórios extrajudiciais", além de trazer em seu anexo, com ineditismo, a chamada "Tabela de Temporalidade de Documentos" (à que alude o dispositivo comentado).

---

2. Art. 16. Os registros civis de arquivos de entidades religiosas produzidos anteriormente à vigência do Código Civil ficam identificados como de interesse público e social.

3. Art. 7.º Os arquivos públicos são os conjuntos de documentos produzidos e recebidos, no exercício de suas atividades, por órgãos públicos de âmbito federal, estadual, do Distrito Federal e municipal em decorrência de suas funções administrativas, legislativas e judiciárias.
§ 1.º São também públicos os conjuntos de documentos produzidos e recebidos por instituições de caráter público, por entidades privadas encarregadas da gestão de serviços públicos no exercício de suas atividades.
§ 2.º A cessação de atividades de instituições públicas e de caráter público implica o recolhimento de sua documentação à instituição arquivística pública ou a sua transferência à instituição sucessora.

4. Artigos. 22 e seguintes. da Lei 6.015, de 31 de dezembro de 1973.

5. §5.º do art. 103-B da CF/88, c/c o inc. X do art. 8.º do Regimento Interno do CNJ (Resolução 67/2009).

Como inspiração, o CNJ revelou, por meio de um dos "consideranda" introdutórios do Prov. n.º 50, deu-se a experiência noticiada frutuosa de adoção de Tabela de Temporalidade de Documentos pelo Tribunal de Justiça do Rio de Janeiro.

Nas palavras da Ministra Nancy Andrighi, corregedora do CNJ à época,[6] a determinação, que também visou à racionalização de recursos, tempo e esforços, veio a calhar pois "eram necessárias regras claras para os serviços extrajudiciais de todo o país gerenciarem seus arquivos de uma forma mais racional, mas sem prejudicar o cidadão. Existem cartórios que têm despesas enormes com o aluguel de depósitos para manter a documentação. Isso não tem mais sentido, sobretudo num momento de dificuldades econômicas como o que enfrentamos".

A partir de então, nos termos dos preceitos inaugurados pela dita normativa, todos os serviços extrajudiciais devem adotar a Tabela de Temporalidade de Documentos para efetuar o descarte da documentação, para o qual será imprescindível, previamente, a descaracterização de todos os documentos, de forma que nenhuma informação possa ser recuperada, sobretudo as indicações de identidade pessoal e as assinaturas, estando submetidos, para tanto, aos preceitos da Lei nº 8.159/1991, que trata da política nacional de arquivos públicos e privados e estabelece os critérios para a guarda e eliminação dos documentos, antes do descarte.

Nesse ponto, em prestígio à didática revelada, é oportuno trazer alguma das lições esposadas, com a excelência que lhes é peculiar, pelos ensaístas Sérgio Jacomino e Nataly Cruz,[7] em valoroso trabalho sobre o tema, dentre elas a de enumerar as duas principais ferramentas a serviço da gestão de documentos, quais sejam: a famigerada Tabela de Temporalidade e destinação de documentos e o Plano de Classificação.

O Plano de Classificação (ou Código de Classificação), consiste em um processo racional "que permite a localização, o acesso, a atualização e o arquivamento dos documentos, independentemente de seu suporte ou formato – além de preservar o vínculo interno entre os documentos e os registros, garantindo a organicidade do contexto de produção documental." Os autores concluíram no sentido de que "trata-se de Esquema de distribuição de documentos em classes, de acordo com métodos de arquivamento específicos, elaborado a partir do estudo das estruturas e funções de uma instituição e da análise do arquivo por ela produzido. Expressão geralmente adotada em arquivos correntes".

Segundo eles, é somente a partir do Código de Classificação que se torna possível a elaboração da Tabela de Temporalidade e Destinação dos documentos que, por sua vez, e de acordo com diretrizes legais e normativas, define os prazos de guarda dos documentos integrantes do acervo nas fases corrente, intermediária, até à destinação

---

6. Disponível em: https://www.cnj.jus.br/corregedoria-do-cnj-institui-regra-para-descarte-de-documentos-em-cartorios/. Acesso em: 15 dez. 2023.

7. JACOMINO, Sérgio; CRUZ, Nataly. Gestão documental no registro de imóveis. A reforma da LRP pela Lei 14.382/2022. *Revista de Direito Imobiliário*. v. 93. ano 45. p. 13-45. São Paulo: Ed. RT, jul./dez. 2022.

final. A tabela é uma ferramenta de apoio ao gerenciamento dos documentos e, por conter característica dinâmica, deve ser atualizada periodicamente. Além do registro dos prazos de guarda, a Tabela de Temporalidade e Destinação de documentos registra os documentos, que têm como destinação a eliminação, após cumprimento do prazo definido, e os documentos que serão de guarda permanente (quer por seu valor probatório, quer por seu valor informativo ou histórico).

Não é por outra razão que o conceito de Tabela de Temporalidade é o de ser um "documento arquivístico resultante da classificação e da avaliação dos documentos, que tem por objetivo definir prazos de guarda e destinação para garantir o acesso à informação a quantos dela necessitem".[8]

De tudo isso, emerge a conclusão que a Tabela de Temporalidade de Documentos a ser usada pelos serviços extrajudiciais,[9] de observância imposta pelo artigo em análise, é o instrumento que serve de parâmetro à conduta dos notários e registradores, quanto a guarda e conservação de seu acervo. Sua elaboração, portanto, resultou do uso conjugado das ferramentas algures, mas sob um ponto de vista que levou em conta um aspecto de elaboração estritamente peculiar e característico, afeto a uma modalidade de ciência jurídica detentora de especial classificação de documentos de seu arquivo.

O presente dispositivo, lastreado nos atos normativos e regulamentares carreados, sedimenta, nacionalmente, esse novo modelo de gestão documental. É um grande passo rumo à tão ansiada adoção de procedimentos uniformes e, em maior grau, a criação de parâmetros de conduta procedimentais objetivos prestigiam cada vez mais a eficiência e a excelência na prestação do serviço extrajudicial.

---

8. Idem.
9. Disponível em: https://atos.cnj.jus.br/atos/detalhar/2512.

TÍTULO III
DO EXTRAVIO OU DANIFICAÇÃO DO ACERVO
CAPÍTULO I
DO PROCEDIMENTO
Seção I
Das Disposições Gerais

Art. 197. O extravio, ou danificação que impeça a leitura e o uso, no todo ou em parte, de qualquer livro do serviço extrajudicial de notas e de registro deverá ser imediatamente comunicado ao juiz corregedor, assim considerado aquele definido na órbita estadual e do Distrito Federal como competente para a fiscalização judiciária dos atos notariais e de registro, e à Corregedoria-Geral da Justiça (CGJ).

Art. 198. É vedada a abertura de nova matrícula para imóvel tendo como base apenas certidão de matrícula, de transcrição, ou de inscrição expedida pela mesma unidade do serviço extrajudicial de registro de imóveis em que a nova matrícula será aberta, sem que se promova a prévia conferência da existência e do inteiro teor da precedente matrícula, transcrição ou inscrição contida no livro próprio.

Parágrafo único. Em se tratando de registro anterior de imóvel efetuado em outra circunscrição, aplicar-se-á para a abertura de matrícula o disposto no art. 229 e art. 230 da Lei nº 6.015/1973, com arquivamento da respectiva certidão atualizada daquele registro.

Art. 199. É vedada a abertura pelo oficial de registro de imóveis, no Livro nº 2 – Registro Geral, de matrículas para imóveis distintos com uso do mesmo número de ordem, ainda que seguido da aposição de letra do alfabeto (ex. matrícula 1, matrícula 1-A, matrícula 1-B etc.). É vedada a prática no Livro nº 3 – Registro Auxiliar, do Serviço de Registro de Imóveis, de ato que não lhe for atribuído por lei.

Parágrafo único. O oficial de registro de imóveis que mantiver em sua serventia matrículas para imóveis com o mesmo número de ordem, ainda que seguido da aposição de letra do alfabeto, observará o disposto no art. 338 deste Código.

Art. 200. É vedada a expedição de nova certidão de inteiro teor ou de parte de registro de imóvel (transcrição, inscrição, matrícula e averbação) tendo como única fonte de consulta anterior certidão expedida por unidade do serviço extrajudicial.

Art. 201. Sendo impossível a verificação da correspondência entre o teor da certidão já expedida e a respectiva matrícula, transcrição ou inscrição mediante consulta do livro em que contido o ato de que essa certidão foi extraída, por encontrar-se o livro (encadernado ou escriturado por meio de fichas), no todo ou em parte, extraviado ou deteriorado de forma a impedir sua leitura, deverá o oficial da unidade do Registro de Imóveis em que expedida a certidão, para a realização de novos registros e novas averbações e para a expedição de novas certidões, promover a prévia restauração da matrícula, transcrição ou inscrição mediante autorização do juiz corregedor competente.

Art. 202. A autorização para restauração de livro do serviço extrajudicial de notas e de registro, extraviado ou danificado, deverá ser solicitada ao juiz corregedor, a quem se comunicou o extravio ou a danificação, pelo oficial de registro ou tabelião competente para a restauração, e poderá ser requerida pelos demais interessados.

Parágrafo único. A restauração poderá ter por objeto o todo ou parte do livro que se encontrar extraviado ou deteriorado, ou registro ou ato notarial específico.

Art. 203. Uma vez autorizada pelo juiz corregedor competente, se for possível à vista dos elementos constantes dos índices, dos arquivos das unidades do serviço extrajudicial de notas e de registro e dos traslados, das certidões e de outros documentos apresentados pelo oficial de registro, ou pelo tabelião, e pelos demais interessados, a restauração do livro extraviado ou danificado, ou de registro ou ato notarial, será efetuada desde logo pelo oficial de registro ou pelo tabelião.

Art. 204. Para a instrução do procedimento de autorização de restauração poderá o juiz corregedor competente requisitar, de oficial de registro e de tabelião de notas, novas certidões e cópias de livros, assim como cópias de outros documentos arquivados na serventia.

Art. 205. A restauração do assentamento no Registro Civil a que se refere o artigo 109, e seus parágrafos, da Lei nº 6.015/73 poderá ser requerida perante o Juízo do foro do domicílio da pessoa legitimada para pleiteá-la e será processada na forma prevista na referida lei e nas normas editadas pela Corregedoria-Geral da Justiça do Estado em que formulado e processado o requerimento. Quando proveniente de jurisdição diversa, o mandado autorizando a restauração deverá receber o "cumpra-se" do juiz corregedor a que estiver subordinado o Registro Civil das Pessoas Naturais em que lavrado o assento a ser restaurado.

Comentários de Isabela Bicalho Xavier

Art. 197. É cediço que o regime das notas e registros públicos no Brasil passou por grande transformação ao longo das últimas décadas. Uma concessão, que outrora era hereditária e beneficiava, em sua maioria, os próceres, deu lugar a uma delegação, que agora é outorgada, mediante aprovação em hercúleo e disputadíssimo concurso de provas e títulos, nos termos em que preceitua o art. 236 da CF/88.

Foi este o dispositivo da Constituição de 1.988 que inaugurou um novo jaez para a prestação do serviço extrajudicial. Talvez por isso, foi reconhecido pelo Des. Renato Nalini, que desempenhou – com grande destaque – as funções de Presidente e Corregedor Geral da Justiça do Tribunal de Justiça de São Paulo, como "A mais Inteligente Estratégia do Constituinte de 1988", em artigo de sua autoria, assim intitulado.[1]

Dentre as características desse novo modelo, a contida no § 1.º do art. 236 da CF/88 determina que o exercício da delegação está continuamente submetido à fiscalização do Poder Judiciário.

Pois bem. De antemão, é oportuno salientar que o dispositivo de confronto representa um caso pragmático de submissão a essa fiscalização administrativa, o que, todavia, em nada desnatura a autonomia da atividade extrajudicial. O que ocorre é que, por ser serviço público, isto é, por haver dever de servir à comunidade, a presença do Estado se torna imperiosa como forma de conferir certeza e liquidez jurídica às relações interpartes.

Nesse ponto, pela importância, imensa didática e inefável genialidade, colacionam-se as sempre valiosas lições do Des. Ricardo Dip,[2] a respeito da natureza da função dos notários e registradores. Para o ilustre doutrinador, na medida em que esses profissionais têm sua autoridade, ou seja, o seu saber especial reconhecido pela comunidade, tornam-se espontaneamente função dessa comunidade. Sua existência, portanto, justifica-se pela história e pela presencialidade de sua destreza jurídica e de sua idoneidade moral. Sua legitimidade resulta da recognição de seu saber pela própria comunidade.

O que o Estado lhes delegou foi tão somente a fé pública, o testemunho qualificado que, aprioristicamente, dispensa a aprovação judicial. De fato, somente o Estado tem potestade política própria para acrescentar um fator à autoridade – socialmente conhecida – dos notários e registradores, tornando-a impositiva à comunidade. E foi isso que fez.

Em seus exatos termos, o eminente jurista aponta que "Deste modo, o registrador público tem por natureza uma parcela de autoridade e outra de potestade (fé pública), de sorte que exercita uma função de comunidade, que é função pública não estatal a que se adicionou uma parcela de *protestas publica* (*fides*). Assim, no caso brasileiro, quando a Constituição vigente diz no caput de seu art. 236 que 'os serviços notariais e de registro são exercidos em caráter privado, por delegação do Poder Público'; deve isto compreender-se *secundum quid* e não *simpliciter*, porque apenas se delegou nos registradores e notários a *potestas fidei publicce*, não a *auctoritas* que eles receberam por meio de legítima tradição institucional".

---

1. NALINI, José Renato. A mais inteligente estratégia do constituinte de 1988. *Revista de Direito Imobiliário*. v. 85. ano 41. p. 285-300. São Paulo: Ed. RT, jul./dez. 2018.

2. DIP, Ricardo. Sobre a natureza jurídica da instituição registral. *Revista de Direito Imobiliário*. v. 85. ano 41. p. 415-420. São Paulo: Ed. RT, jul./dez. 2018.

Ser função da comunidade corresponde, a um só tempo, a uma vinculação direta ao direito e não a uma estrutura hierárquica, ainda que a função comunitária esteja investida, por delegação, de uma parcela de poder político; a uma impossibilidade de recusar-se a independência de atuação e tampouco é de admitir que se imunize da fiscalização pelo poder público. Aliás, quando sequer não lhes tinha sido delegada ainda a fé pública,[3] já o Estado zelava pela destreza de sua arte e a honestidade de sua conduta.

Como dito, o artigo posto em análise se incumbe de regular concretamente parte da atividade fiscalizatória afeta ao poder judiciário. Replica, em seu conteúdo, o teor de norma anteriormente editada pelo Conselho Nacional de Justiça, consistente no Provimento CNJ nº 23 de 24 de outubro de 2012.

O Provimento CNJ nº 23/2012 difundiu, em âmbito nacional, práticas que há muito já vinham sendo adotadas por algumas corregedorias estaduais do país, seja por meio de suas normas de serviço, seja por meio de decisões administrativas com caráter vinculante, a exemplo do que ocorreu em São Paulo com o Prov. nº 1/88, da 1.ª VRP, e com o Prov. CG 5/99.

É o caso, pois, da previsão cogente acerca da obrigatoriedade de haver imediata comunicação ao juiz competente pela fiscalização dos serviços extrajudiciais, acerca do extravio ou da danificação que impeça a leitura e o uso, no todo ou em parte, de qualquer livro do serviço extrajudicial de notas e de registro, assim como também à Corregedoria-Geral da Justiça (CGJ).

Os "considerandas", introdutórios ao provimento, estampam sua nítida condição de norma galgada em razões marcadamente práticas, sendo pontualmente identificadas e relatadas falhas e condutas consistentes em vício na prestação do serviço extrajudicial, o que, consequentemente, obstam que atenda a sua finalidade precípua de proporcionar segurança jurídica. Vê-se:

> inspeção realizada no Estado do Pará foi constatada, em delegação de Registro de Imóveis, a prática de abertura de nova matrícula para imóvel tendo por base, apenas, certidão de registro anterior expedida pela mesma unidade do serviço extrajudicial, sem a conferência da existência e do teor do correspondente registro em livro próprio;(...)igual prática, caracterizadora de *vício na prestação do serviço*, também foi constada em unidade distinta do serviço extrajudicial de Registro de Imóveis, no Estado do Piauí;(...)verificação, nas inspeções realizadas, de que essa *prática irregular é*, em geral, adotada quando o livro em que supostamente contido o registro objeto da certidão anteriormente expedida não mais permite manuseio em razão de deterioração ou eventual extravio, ou quando o título protocolado para registro é devolvido ao apresentante com anotação de que praticado o ato registrário embora sem ter efetivamente ocorrido o seu correspondente lançamento na matrícula respectiva;(...)a necessidade de correta observação das normas atinentes à prestação do serviço extrajudicial de registro de imóveis, para que atenda sua finalidade de proporcionar segurança jurídica;(...) a necessidade de se promover a restauração dos livros extraviados ou danificados de forma a impedir seu manuseio e uso, para a correta prestação do serviço extrajudicial de notas e de registro;" (grifos nossos).

---

3. Idem.

A ausência de uniformização de procedimentos era – é, e sempre será – algo que causa insegurança para o sistema e – infelizmente e inacreditavelmente – servia – serve, e servirá – de fomento aos apóstatas. Deste modo, comezinhas eram as restaurações e aberturas de matrículas indiciárias de fraudes, ou, no mínimo, de prestação de serviço a vulnerar uma gama de princípios registrais, gerando um verdadeiro pandemônio.

Muitos registradores foram tomados de verdadeiro pavor, quando da migração do sistema das transcrições para o das fichas, perdendo noites de sono, ao conjecturar sobre a fragilidade daquele pedacinho de papel, e do quão fácil aquilo poderia sumir.

É suficientemente claro o relato da brilhante registradora Maria Helena Leonel Gandolfi,[4] que explica que "antes de entrar em vigor a Lei 6.015/ 73, o Prof. Afrânio de Carvalho assim manifestava seu temor pela faculdade que a nova lei dava de substituir os livros encadernados por folhas soltas ou fichas: 'Não é aceitável (...) o argumento segundo o qual, em caso de extravio, que representa uma anormalidade, haverá sempre a possibilidade da reconstituição da folha solta. Tal possibilidade, quando existe, envolve ordinariamente uma dificuldade de monta, que não se cinge à obtenção de outra via do título registrado, mas, o que é pior, nem sempre existe! 'Na verdade, a reconstituição de uma folha solta nunca é fácil e pode tomar-se ilusória, contenha ela somente extratos de escrituras, ou de escrituras e documentos unilaterais, como os que se inserem em averbações e cancelamentos. As escrituras públicas são recuperáveis, por serem lavradas em livros de notário, mas não acontece outro tanto com as particulares, que, embora arquivadas no cartório imobiliário, desaparecem juntamente com a folha solta quando o extravio é fraudulento. Quanto aos documentos unilaterais, renúncias, memoriais, recibos, quitações, autorizações de cancelamento, estes escapam em geral à possibilidade de renovação, estando neles frequentemente a chave do extravio'. Esse temor – do extravio – também foi desde o início sentido por todos nós, Oficiais de Registro de Imóveis, principalmente por aqueles que adotaram o sistema de fichas, acostumados que estávamos com a segurança (não absoluta, convenhamos) que os livros encadernados pareciam proporcionar. Tratava-se de uma hipótese que não poderia ser ignorada, e era preciso encontrar um meio que possibilitasse, caso ocorresse o extravio de alguma ficha, sua reconstituição. Pois não se cuidava apenas, como temia o Prof. Afrânio de Carvalho, da possibilidade ou não de recuperar o documento (público ou particular) que deu origem a este ou àquele registro, a esta ou àquela averbação. Havia também a enorme dificuldade (para não dizer a quase impossibilidade) de se saber quantos e quais os atos lançados na matrícula eventualmente extraviada. É claro que contamos com o recurso da busca pelo Protocolo, pois sendo todos os títulos protocolados é possível, em tese, saber-se quantos atos foram lançados naquela matrícula. Mas isso significa uma demorada, cansativa e insegura pesquisa, folheando-se dia por dia o Protocolo, a partir da vigência da Lei 6.015/73. O problema era realmente muito sério, e cada qual procurou a solução mais compatível com seu sistema de trabalho".

---

4. GANDOLFO, Maria Helena Leonel. Reflexões sobre a matrícula 17 anos depois. *Doutrinas essenciais*: Direito registral. v. VI, p. 794-832. São Paulo: Ed. RT, 2012.

Essa diligência, por parte do registrador, afigura-se como uma das medidas procedimentais para bem salvaguardar a escorreita manutenção do acervo cartorial, visando, a um só tempo, impossibilidade de burla aos princípios do sistema registral, inocorrência de uma má prestação do serviço ou de fraudes imobiliárias. Para tanto, é de vultosa importância a atuação "ombro a ombro" com o judiciário fiscalizador.

Esse dispositivo inaugura o título que estabelece, em âmbito nacional, um padrão, em termos métodos e ferramentas, para a gestão do trabalho de restauração, conservação e suprimento do acervo, especialmente para a especialidade registral imobiliária, já que a lei 6.015/1973 trouxe dispositivo específico somente para a especialidade registral civil.

Certamente, será bem-sucedido que seja preestabelecido um mesmo enredo, com um mesmo curso, para casos e processos equânimes que ocorram em qualquer canto do Brasil, dados os casos de extravio, de danificação, de suprimento... E o subjetivismos, a insegurança, o arrivismo, vão dando lugar àquilo que, de fato, incumbe às notas e aos registros: segurança jurídica, publicidade, confiança, paz social, autenticidade...

A bem da verdade, na incumbência de sua atribuição para expedir provimentos para o aperfeiçoamento das atividades dos órgãos do Poder Judiciário e dos serviços notariais e de registro, conforme o disposto no art. 8.º, X, do Regimento Interno do Conselho Nacional de Justiça (CNJ), a Corregedoria Nacional de Justiça, seguramente, tem se aliado àquilo que a experiência vem demonstrando: a adoção de sistemas de trabalho, baseados em processos estruturados, de modo a criar alinhamento dos procedimentos de trabalho dos registradores e dos notários, só traz ganhos.

O que reforça essa certeza é a atuação, por parte da d. Casa Correicional, duma pujança marcadamente crescente na criação de um verdadeiro direito processual registral. Que isso é benéfico, sem dúvidas, em termos prático práticos. Agora, quanto à constitucionalidade dessa "legislação", muito embora a maioria doutrinal de constitucionalistas leve a crer que nem de soslaio isso seria aceitável, essa é uma questão muitíssimo instigante – mas que demanda análise que extrapola o aqui proposto.

Art. 198. A Lei 6.015/73 introduziu inúmeras e profundas modificações no sistema registral imobiliário brasileiro. Os registros, deram lugar às antigas transcrições e inscrições, e ao invés de serem escriturados em tópicos, nas colunas dos livros, passaram a ser lançados na matrícula do imóvel, em ordem cronológica e de forma narrativa.

A matrícula, por sua vez, constituiu-se num ato novo e modificou radicalmente o regime registral e a técnica de escrituração até então existente. Matrícula é um ato de registro, no sentido lato, que dá origem à individualidade do imóvel na sistemática registral brasileira. Em profícuo estudo sobre o assunto, a registradora Maria Helena Leonel Gandolfo[5] concluiu ser a matrícula, ao mesmo tempo, ato de registro inicial – e bastante explícita a conotação com a matrícula no sentido vulgar, de primeira inscri-

---

5. GANDOLFO, Maria Helena Leonel. Reflexões sobre a matrícula 17 anos depois. *Doutrinas essenciais*: Direito registral. v. VI, p. 794-832. São Paulo: Ed. RT, 2012.

ção – como a exteriorização documental correspondente a cada imóvel. Nessa ficha se anotarão as vicissitudes dominiais do bem imobiliário e sua consulta propiciará conhecimento imediato de seu curso por titularidade única ou distintas, eventuais ônus e demais assentos de relevo para a segurança registrária. Vê-se normalmente a matrícula como base física de assentamentos registrais, ficha onde serão lançados os registros, ou como o continente de um conteúdo registral, menos como um ato registral autônomo.

Como cerne de todo o registro imobiliário, é ela que constitui o mecanismo com efetiva aptidão para possibilitar a constituição de um sistema registral fundiário, na medida em que, a cada imóvel, corresponde uma matrícula própria.

Essa é a noção traduzida pelo notável princípio da unicidade ou unitariedade da matrícula, tido como o fundamento primordial da nova sistemática introduzida pela Lei 6.015/1973. O princípio da unitariedade, consagrado no art. 176, § 1.º, I, consiste, resumidamente, no fato de que a todo imóvel deve corresponder uma única matrícula (ou seja, um imóvel não pode ser matriculado mais de uma vez) e a cada matrícula deve corresponder um único imóvel (isto é, não é possível que a matrícula descreva mais de um imóvel).

Por esta razão, existe uma série de dispositivos para, taxativamente, tratar de situações que buscam tutelar a higidez do sistema inaugurado, eis que representa um ganho, fruto da evolução experimentada pela tradição brasileira, em termos de registro de imóveis. É o caso, por exemplo, do art. 176, II, da Lei 6.015/1973 (LRP), que arrola um a um os requisitos da matrícula, do art. 195-A, que trata da possibilidade de abertura de matrícula para imóveis públicos, e inúmeras outras previsões, não só na LRP, mas em toda a legislação correlata.

Assim, tem-se que o ideal, em termos de sistema atual, está intimamente ligado ao respeito às regras legalmente impostas para a abertura das matrículas, naquilo que diz respeito aos seus requisitos, hipóteses permissivas e vedações, situações estas arroladas, tanto na Lei dos Registros Públicos, quanto nas normativas estaduais para o extrajudicial, devendo ainda, o registrador, não descuidar nunca do dever de observância do princípio da unitariedade matricial.

Partindo de tais premissas, o artigo em análise não apresenta grande complexidade interpretativa, tendo o escopo de reafirmar essa realidade a respeito do zelo e diligência com que deve se dar a atuação do registrador em relação à matrícula.

Por conseguinte, a abertura de matrícula deve ser pautada nas hipóteses autorizadas em lei, deve ser constituída dos requisitos exigidos pela lei, deve ser instruída, fundamentada, tendo por base aquilo que expressamente a lei autoriza. A prestação do serviço deve ser pautada na escorreita aplicação da lei, no princípio da legalidade.

O sistema de registro de imóveis brasileiro experimenta um panorama em que a ausência dessa sistematização consistiria em inaceitável anacronismo.

A matrícula, como matriz unitária do imóvel, é guardiã de toda a cadeia de acontecimentos ocorridos durante sua existência e que, de algum modo, lhe opere algum efeito. Como consectário, possibilita, com segurança, a ciência acerca do *status* em que se encontra o prédio, levando a quem quer que seja esse conhecimento atual. Deste modo, detém, com exclusividade, a categorização de fonte de informações jurídico imobiliárias. Sob outro aspecto, a matrícula proporciona a certeza e a estabilidade a respeito da existência e titularidade de uma sorte de direitos de suma relevância: os direitos reais, dentre os quais, está alocado um dos direitos fundamentais mais caros para o cidadão, que é o direito de propriedade. Os cidadãos, por meio de seu conteúdo, estão aptos a provar os direitos que possuem em relação a um imóvel específico, o que faz com que, a partir de então, tenham, de fato, a plenitude em relação ao exercício dos atributos dominiais indicados no art. 1.228[6] do CC/02, tanto quanto lhe permita desse direito por eles titularizado.

As vertentes acima apresentadas encetam as facetas da segurança jurídica, chamadas segurança jurídica estática e segurança jurídica dinâmica. Atuam como ferramentas para possibilitar a existência de um campo fértil para a celebração de negócios jurídicos, sem que haja o receio ou o risco de deterioração de determinado direito, e, assim, prevenindo a ocorrência de litígios imobiliários e, consequentemente, favorecendo a circulação de riquezas, de maiores investimentos, a ordenação do crescimento urbano e o desenvolvimento rural.

Portanto, tanto o legislador quanto o CNJ têm se imbuído na tarefa de fazer tudo o quanto possa ser feito para garantir que essa ficha imobiliária seja criada legitimamente e continue perenemente imaculada.

O artigo analisado vem ao encontro da afirmação supra, pois busca garantir que não haja espaço para máculas no traquejo das matrículas. Para tanto, em seu *caput* trata de rechaçar que o registrador, para embasar uma matrícula que pretenda abrir, se valha de certidão de matrícula, de transcrição, ou de inscrição expedida pela própria unidade do serviço extrajudicial de registro de imóveis que irá abrigar a nova matrícula que será aberta, sem ter, previamente, realizado a conferência da existência e/ou do inteiro teor da precedente matrícula, transcrição ou inscrição contida no livro próprio. Ora, se há certidão, há registro que lhe deu origem, ou ao menos deveria haver. Somente após esgotadas as providências na tentativa de localização da matrícula precedente e ela não ter sido encontrada ou, ainda que encontrada, seu teor seja completamente ilegível ou incompreensível, seria legítimo considerar outra iniciativa do registrador.

Fere de morte a unitariedade da matrícula e, consequentemente, a segurança jurídica, tolerar o descerramento de nova matrícula para imóvel que já detém matrícula própria, ou qualquer ato inscritivo que lhe dê suporte. Pior ainda, é cogitar que isso ocorra por conduta, no mínimo, desidiosa, por parte de uma serventia que, ao arrepio da cautela e procedimento típicos do serviço, tais como buscas, restaurações etc.,

---

6. Art. 1.228. O proprietário tem a faculdade de usar, gozar e dispor da coisa, e o direito de reavê-la do poder de quem quer que injustamente a possua ou detenha.

inaugure nova matrícula, sendo que, ao fim e ao cabo, já contenha tal matrícula aberta em seu próprio acervo.

O parágrafo único, a seu turno, se refere ao procedimento especialmente previsto na Lei de Registros Públicos – LRP – para o caso de abertura de matrícula de imóvel que passou a pertencer a uma nova circunscrição territorial, mas cujo registro anterior foi efetuado em outra circunscrição, casos em que será de rigor a observância do disposto nos artigos 229 e 230 da LRP, que tem a seguinte redação:

> Art. 229. Se o registro anterior foi efetuado em outra circunscrição, a matrícula será aberta com os elementos constantes do título apresentado e da certidão atualizada daquele registro, a qual ficará arquivada em cartório.
>
> Art. 230. Se na certidão constar ônus, o oficial fará a matrícula, e, logo em seguida ao registro, averbará a existência do ônus, sua natureza e valor, certificando o fato no título que devolver à parte, o que o correrá, também, quando o ônus estiver lançado no próprio cartório.

É natural que ocorram situações de desmembramento de circunscrições imobiliárias, especialmente nas grandes comarcas, dando origem a outras novas que, por conseguinte, passam a ser competentes para a prática de inscrições registrárias.

Em tais casos, o preceito em tela institui, ou melhor, reforça, a obrigatoriedade de serem obedecidas as regras descritas nos textos legais acima transcritos. Logo, para a abertura da matrícula na nova serventia imobiliária o interessado deverá apresentar o título, se for o caso, acompanhado de certidão expedida pelo registro imobiliário anteriormente responsável pela circunscrição territorial desmembrada – que deverá ser arquivada em classificador próprio. O oficial, para a abertura da correspondente matrícula, valer-se-á dos elementos constantes da certidão da inscrição da serventia anterior, e o título apresentado pelo interessado deverá conter os elementos da matrícula também da serventia anterior.

Nesse proceder, o oficial deve ter a cautela de que os registros feitos na circunscrição anterior não devem ser repetidos na atual, pois a constituição do direito real já se perfez em momento anterior. A abertura da matrícula refletirá como proprietário aquele que constar no registro aquisitivo efetuado no registro de imóveis antecedente. Caso haja direitos reais de garantia ainda não cancelados, ou ainda pendam sobre ele quaisquer ônus ou gravames (*v.g.* cláusulas restritivas), esses deverão ser transportados por ato de averbação para a nova matrícula, que antecederá as demais inscrições. Há quem as nomeie de "averbações de transporte".

Art. 199. Por ser um dos princípios fundamentais à ordenação do sistema de registro de imóveis, o princípio da unitariedade da matrícula teve galgado prestígio.

O artigo em estudo, *in limine*, pretende afastar a configuração de qualquer possibilidade de confusão quanto àquilo que diz o jargão "a todo imóvel deve corresponder uma única matrícula (ou seja, um imóvel não pode ser matriculado mais de uma vez) e a cada matrícula deve corresponder um único imóvel (isto é, não é possível que a matrícula descreva mais de um imóvel)".

Assim, essa é a regra: cada imóvel deve conter matrícula própria, identificada por um número de ordem (art. 176, § 1.º, II, 1, LRP). É o que diz a lei. No entanto, a prática – principalmente nos casos de empreendimentos imobiliários, tais como incorporações imobiliárias, levou a que alguns oficiais, por questões de conveniência ou organização, abrissem matrículas (*v.g.* das unidades autônomas) diferenciando-as, umas das outras, somente com a aposição de uma letra, após um número de ordem que lhes era comum.

É dedutível que esse arranjo não tardaria em ruir. O trânsito imobiliário, cada vez mais ágil, inclusive, e a facilidade dessa "letrinha", ao final do número de ordem, passar completamente desapercebida – até porque não encontra amparo no atual ordenamento, são suficientes para trazer caos onde se busca ordem.

A escrituração do Livro-2, que serve de abrigo para as matrículas, deverá ser feita, então, conforme enuncia a lei, ou seja, cada imóvel com número de ordem próprio, de modo que número de ordem idêntico a outro, mas com aditivo de letra, não implica em número diverso. Não há como estar mais claro.

A segunda parte do artigo, enraíza o princípio da taxatividade dos atos de registro, a ordenar que somente serão levados à inscrição os atos para os quais a lei assim contemplar.

A despeito da celeuma doutrinal que gravita em torno do significado e da extensão a serem empregados à taxatividade aí avocada, a qual – certamente – envolve abordagem de envergadura demasiado verticalizada (o que foge ao ora proposto), fato é que, ainda que vez ou outra algumas "surpresas" sejam divulgadas, tanto a doutrina como a jurisprudência já firmaram entendimento no sentido de que referido rol é, sim, taxativo.

O parágrafo único deste artigo apresenta a solução para os casos dos oficiais registradores que se encontrem incursos na vedação contida no *caput*, qual seja, detenham em seu acervo matrículas com o mesmo número de ordem, diferenciadas apenas pela aposição de uma letra ao final de uma delas.

Assim identificados, deverão proceder na forma do que determina o art. 338 deste código, o qual propõe providência, *ex ofício*, para solucionar a questão. Nesse ponto, é adequada a remissão ao comentário do artigo para melhor compreensão.

Art. 200. Certidão vem do latim *certitudine* (certeza).[7] É o instrumento escrito passado pelo registrador afirmando ato ou fato constante de seus registros ou informando sua inexistência, como elemento de prova (CC/02, arts. 216 e 217). A ação de certificar é assegurada a quem a lei atribui tal função para asseverar uma certeza juridicamente relevante.

Premissa posta, tem-se que a certidão é extraída do registro. Logo, não é minimamente defensável que a emissão de uma certidão seja lastreada por outra certidão. De igual modo, seria inadequado expedir certidão fundamentada em um pedaço ou

---

7. CENEVIVA, Walter, 1928. *Lei dos registros públicos comentada*. 20. ed. São Paulo: Saraiva, 2010.

parte de registro, de modo a não trazer à atividade certificadora a carga de certeza que lhe é exigida.

Não é por outro motivo que assim informa a Lei 6.015/1973 – LRP – ao trazer, em seu art. 17, a seguinte disposição "Qualquer pessoa pode requerer certidão *do registro* sem informar ao oficial ou ao funcionário o motivo ou interesse do pedido" (grifo nosso).

Art. 201. O artigo trata, propriamente, da restauração do acervo. Também aqui é possível vislumbrar o exercício da atividade fiscalizadora pelo poder judiciário enquanto participante da adoção de sistemas de trabalho baseados em processos estruturados, criando alinhamento de procedimentos de trabalho.

Restauração importa em reconstituição material, total ou parcial, da matrícula, transcrição ou inscrição.

Desta feita, caso o oficial identifique em seu acervo algum livro – no todo ou em parte – que se enquadre em qualquer das hipóteses elencadas no artigo, estará impedido de realizar nele – leia-se: nos assentos afetados – quaisquer atos até que promova a devida restauração, mediante a autorização do juiz corregedor permanente.

Aqui se apresenta mais uma das medidas procedimentais para bem salvaguardar a escorreita manutenção do acervo cartorial, se mostrando imperiosa a atuação "ombro a ombro" do registrador com o judiciário fiscalizador.

Art. 202. Tanto a cabeça do artigo, quanto o seu parágrafo único, trazem regras relativas ao processo de restauração.

O *caput* estabelece uma espécie de atração de competência, de prevenção, pois determina que o tabelião ou o oficial de registro cuja pretensão seja a de levar a efeito a restauração de livro, deve, antes, buscar autorização para tanto junto ao juiz corregedor que corresponda àquele a quem primeiro comunicou a respeito do extravio ou danificação do referido livro.

Fixada, então, uma regra procedimental quanto ao processo de restauração. O juiz que recebeu a comunicação sobre o defeito do acervo ficará prevento para decidir sobre a eventual restauração deste que porventura for solicitada.

In fine, o artigo pretende um alargamento de legitimados para o pedido, deixando expresso que a restauração também poderá ser requerida pelos demais interessados. Interessante providência, já que dá oportunidade para que a medida seja buscada ainda que o oficial retarde em tomá-la. Quanto à abrangência da expressão "demais interessados", a lógica permite a conclusão de que o que ela legitima são aqueles que têm interesse jurídico na restauração.

Art. 203. Por tais disposições, é possível vislumbrar mais uma das regras do procedimento de restauração.

Nesse ponto, são pontualmente indicados os elementos que poderão ser usados como substrato a uma restauração bem-sucedida, sendo indicado, ainda, como deverá proceder o oficial quanto a eles.

Após obter sucesso na autorização solicitada, valer-se-á, quando possível, dos documentos mencionados (como se vê, todos documentos oficiais) devendo, então, submetê-los à análise do juiz, de modo que será ele quem decidirá pela aptidão, ou não, da documentação para embasar a restauração.

Se decidir que a documentação está bem, o registrador ou tabelião, desde logo, a levará a efeito.

Art. 204. O juiz corregedor, no uso das faculdades que lhe são legalmente atribuídas, deve atuar na fiscalização da prestação do serviço extrajudicial, o que abrange, inclusive, dever de agir para garantir um melhor funcionamento e prestação do mesmo.

Para tanto, pode – e deve – lançar mão do que tem a seu dispor, a exemplo de seu poder instrutório, poder de requisição etc. É esse o caso do artigo em comento.

Art. 205. Tem-se aqui mais uma oportunidade em que a Corregedoria Nacional optou em traçar regras procedimentais que, neste caso específico, são relativas ao já consagrado procedimento de restauração do assentamento no Registro Civil, referido no art. 109, e seus parágrafos, da Lei 6.015/1973 – LRP.

Não se trata, porém, de algo inédito ou inovador.

Inicialmente, é dada a previsão da possibilidade de a restauração do assentamento no Registro Civil ser requerida perante o Juízo do foro do domicílio da pessoa legitimada a requerê-la. Assim, a propositura da ação poderá ocorrer, tanto na da comarca em que situado o cartório em que lavrado o assento, quanto no da residência do interessado. Em verdade, o que há de novo nesse ponto é o fato de constar expressamente de norma legal.

Em seguida, dispõe que será processada na forma prevista na LRP e nas normas editadas pela Corregedoria-Geral da Justiça do Estado em que formulado e processado o requerimento. Determina, então, qual será a legislação aplicável ao procedimento, o que consiste na LRP e nas normas editadas pela corregedoria do Estado em que formulado e processado o requerimento.

Por fim, preceitua que, quando proveniente de jurisdição diversa, o mandado autorizando a restauração deverá receber o "cumpra-se" do juiz corregedor a que estiver subordinado o Registro Civil das Pessoas Naturais em que lavrado o assento a ser restaurado.

Deu-se a sistematização daquilo que a prática já havia abraçado. É um interessantíssimo ganho em termos de uniformização de procedimentos.

LIVRO IV
DA ORGANIZAÇÃO DIGITAL DOS SERVIÇOS
TÍTULO I
DAS NORMAS GERAIS
CAPÍTULO I
DOS PADRÕES DE TECNOLOGIA DA INFORMAÇÃO
Seção I
Das Disposições Gerais

Art. 206. Os serviços notariais e de registro deverão observar os padrões mínimos de tecnologia da informação para a segurança, integridade e disponibilidade de dados na forma do Provimento nº 74, de 31 de julho de 2018.

Comentários de Carlos Hulot

INTRODUÇÃO

A análise do Provimento 74 deve ser feita observando-se diferentes aspectos: legais, econômicos e técnicos, para citar alguns. Quanto aos aspectos legais, deixarei para os especialistas em direito a realização dos mesmos, e focaremos a análise nos aspectos tecnológicos e, consequentemente, econômicos, dado que o uso de tecnologia pressupõe investimentos, seja em componentes como infraestrutura, equipamentos e pessoal, bem como a manutenção constante destes componentes. Iniciaremos analisando de forma sintética artigo por artigo do Provimento 74 para, em seguida, fazermos uma análise mais abrangente sob a ótica econômico-financeira e técnica, concluindo com uma síntese dos achados.

ANÁLISE SISTEMÁTICA

Art. 1.º Dispor sobre padrões mínimos de tecnologia da informação para a segurança, integridade e disponibilidade de dados para a continuidade da atividade pelos serviços notariais e de registro do Brasil.

Estabelece os objetivos do provimento sem, entretanto, dar detalhes de quais serão os critérios, métricas, padrões ou arcabouços técnicos a serem usados.

Art. 2.º Os serviços notariais e de registro deverão adotar políticas de segurança de informação com relação a confidencialidade, disponibilidade, autenticidade e integridade e a mecanismos preventivos de controle físico e lógico.

Parágrafo único. Como política de segurança da informação, entre outras, os serviços de notas e de registro deverão:

I – Ter um plano de continuidade de negócios que preveja ocorrências nocivas ao regular funcionamento dos serviços;

II – Atender a normas de interoperabilidade, legibilidade e recuperação a longo prazo na prática dos atos e comunicações eletrônicas.

Não agrega muito em relação ao artigo anterior, além de misturar elementos (políticas de segurança e continuidade de negócios). Como veremos posteriormente, há uma redundância de conceitos (política de segurança já engloba confidencialidade, autenticidade e integridade). No item II, não está claro o que seriam normas de interoperabilidade nem seu alcance; menos claro ainda está quando se refere à legibilidade.

Art. 3.º Todos os livros e atos eletrônicos praticados pelos serviços notariais e de registro deverão ser arquivados de forma a garantir a segurança e a integridade de seu conteúdo.

§ 1.º Os livros e atos eletrônicos que integram o acervo dos serviços notariais e de registro deverão ser arquivados mediante cópia de segurança (backup) feita em intervalos não superiores a 24 horas.

§ 2.º Ao longo das 24 horas mencionadas no parágrafo anterior, deverão ser geradas imagens ou cópias incrementais dos dados que permitam a recuperação dos atos praticados a partir das últimas cópias de segurança até pelo menos 30 minutos antes da ocorrência de evento que comprometa a base de dados e informações associadas.

§ 3.º A cópia de segurança mencionada no § 1.º deverá ser feita tanto em mídia eletrônica de segurança quanto em serviço de cópia de segurança na internet (*backup* em nuvem).

§ 4.º A mídia eletrônica de segurança deverá ser armazenada em local distinto da instalação da serventia, observada a segurança física e lógica necessária.

§ 5.º Os meios de armazenamento utilizados para todos os dados e componentes de informação relativos aos livros e atos eletrônicos deverão contar com recursos de tolerância a falhas.

Neste artigo, o foco é claramente no backup. Aqui, o objetivo é claro e específico, definindo critérios, meios e dinâmica. Um ponto que requer maior cautela é o backup em nuvem, pois, ao deixar de especificar o nível de segurança dessa nuvem ou o local (Brasil), pode-se ocasionar justamente o oposto do que o Provimento 74 deseja. Outro ponto que requer um detalhamento maior é no tocante a "recursos tolerantes a falhas", onde deveria ficar claro qual o nível de tolerância. Mais um ponto que ficou de fora é a criptografia das informações, que é amplamente aceita e usada para proteção dos dados.

Art. 4.º O titular delegatário ou o interino/interventor, os escreventes, os prepostos e os colaboradores do serviço notarial e de registro devem possuir formas de autenticação por certificação digital própria ou por biometria, além de usuário e senha associados aos perfis pessoais com permissões distintas, de acordo com a função, não sendo permitido o uso de "usuários genéricos".

Neste artigo, assim como no anterior, o objetivo está claro e específico. Entretanto, o tema é bastante abrangente e deveria ter um descritivo mais prescritivo, detalhando os critérios de usuário/senha e os níveis de acesso de acordo com a função. Todavia, a frase "não sendo permitido o uso de usuários genéricos" deixa claro que a intenção é sanar um problema simples, mas comum em ambientes de TI. Porém, mais uma vez, não há nenhuma prescrição de como isso poderia ser feito.

Art. 5.º O sistema informatizado dos serviços notariais e de registro deverá ter trilha de auditoria própria que permita a identificação do responsável pela confecção ou por eventual modificação dos atos, bem como da data e hora de efetivação.

§ 1.º A plataforma de banco de dados deverá possuir recurso de trilha de auditoria ativada.

§ 2.º As trilhas de auditoria do sistema e do banco de dados deverão ser preservadas em backup, visando a eventuais auditorias.

Claro e objetivo, a intenção é ter rastreabilidade sobre as operações no repositório de informações (banco de dados) dos cartórios. Hoje, a maioria dos bancos de dados já possui tais recursos, e a trilha de auditoria é considerada uma boa prática.

Art. 6.º Os serviços notariais e de registro deverão adotar os padrões mínimos dispostos no anexo do presente provimento, de acordo com as classes nele definidas.

Parágrafo único. Todos os componentes de *software* utilizados pela serventia deverão estar devidamente licenciados para uso comercial, admitindo-se os de código aberto ou os de livre distribuição.

Embora seja apenas um artigo, ele é composto de duas partes: a primeira está associada às classes dos cartórios descritas no anexo do provimento. A segunda diz respeito ao licenciamento de software, deixando claro que todos os softwares comerciais devem estar devidamente licenciados e que se aceita o uso de software livre e de código aberto.

Art. 7.º Os serviços notariais e de registro deverão adotar rotina que possibilite a transmissão de todo o acervo eletrônico pertencente à serventia, inclusive banco de dados, softwares e atualizações que permitam o pleno uso, além de senhas e dados necessários ao acesso a tais programas, garantindo a continuidade da prestação do serviço de forma adequada e eficiente, sem interrupção, em caso de eventual sucessão.

O artigo diz respeito à criação de um ambiente réplica que deveria operar em tandem a fim de garantir o requisito "sem interrupção". Tais ambientes e condições de operação requerem um investimento alto e manutenção cara, além de infraestrutura de comunicação de excelente qualidade, de forma análoga ao ambiente de TI com redundância. Em suma, tais requisitos parecem ser demasiadamente sofisticados e economicamente caros para a grande maioria dos cartórios.

Art. 8.º Os padrões mínimos dispostos no anexo do presente provimento deverão ser atualizados anualmente pelo Comitê de Gestão da Tecnologia da Informação dos Serviços Extrajudiciais (COGETISE)

Este comitê deveria ter sido criado antes da edição do Provimento 74. O objetivo deste comitê seria, em primeiro lugar, definir, regulamentar e direcionar a aplicação de um provimento que atendesse aos requisitos de segurança em sintonia com a diversidade dos cartórios no território brasileiro. Em suma, o comitê deveria ser o responsável por editar um provimento com os mesmos objetivos do Provimento 74.

Em seguida, faremos uma análise mais abrangente sobre dois aspectos diferentes: o primeiro, econômico-financeiro, tem como parâmetro os requisitos apresentados no anexo do Provimento 74; e o segundo, que será uma releitura dos artigos com um caráter mais técnico e abrangente.

ANÁLISE ECONÔMICO-FINANCEIRA

Antes de falarmos dos aspectos técnicos do Provimento 74, será necessário fazermos uma análise sobre a perspectiva econômico-financeira, uma vez que investimentos e manutenção de tecnologia da informação e comunicação (TIC) normalmente não são desprezíveis em qualquer segmento de negócio e, portanto, para os cartórios não seria diferente. Esta análise também é importante dada as dimensões continentais, a diversidade e a heterogeneidade econômicas do Brasil.

No anexo do Provimento 74, são definidas as classes de serventias baseadas no faturamento por semestre. Reagrupamos os pré-requisitos de forma mais legível e didática.

	Classe 1	Classe 2	Classe 3
	Faturamento		
	até R$ 100K	entre R$ 100K e R$ 500K	Acima de R$ 500K
Energia estável	✓	✓	✓
Rede elétrica devidamente aterrada	✓	✓	✓
Link de comunicação de dados - mínimo	2	4	10
E-mail	✓	✓	✓
CPD Isolado	✓	✓	✓
Climatização CPD	✓	✓	✓
Nobreak	✓	✓	✓
Armazenamento ("Storage")	✓	✓	✓
Backup em nuvem	✓	✓	✓
Alta disponibilidade (downtime de 15 minutos máximo)	✓	✓	✓
Impressoras e scanners (multifuncionais)		✓	✓
Switch	✓	✓	✓
Roteador	✓	✓	✓
Softwares licenciados	✓	✓	✓
Software antivírus e antissequestro	✓	✓	✓
Firewall	✓	✓	✓
Proxy	✓	✓	✓
Banco de dados	✓	✓	✓
Funcionários do cartório treinados (SW e HW)	2	2	3
Serviço de manutenção técnica (pessoas)	2	2	3

A partir destes pré-requisitos, faremos uma avaliação dos gastos mínimos necessários para que uma serventia atenda a tais pré-requisitos.

Os valores abaixo são as médias encontradas no mercado brasileiro para os itens descritos.

Custo Fixo

Item	Valor
Ar-Condicionado	R$ 3,000.00
No Break	R$ 4,000.00
Obras para adequação CPD	R$ 8,000.00
Aterramento	R$ 2,000.00
Armazenamento ("Storage")[1]	R$ 2,000.00
Servidor	R$ 6,000.00
Desktop/Notebook	R$ 1,800.00
Roteador	R$ 2,000.00
Firewall	R$ 2,000.00
Impressora Multifuncional	R$ 2,000.00
Treinamento	R$ 3,200.00
Total Investido	R$ 36,000.00

Levando em conta que este valor, em termos presentes, pudesse ser diluído em 60 meses (5 anos) e sem considerar o custo do capital, teríamos uma parcela mensal de:

R$ 600,00 / mês

Custos Variáveis

Link 2M	R$ 50.00
Backup Nuvem	R$ 100.00
Ambiente de Disponibilidade	R$ 850.00
Eletricidade	R$ 100,00
Suporte Técnico	R$ 600.00
Software	R$ 100.00
Total Mensal	R$ 1,800.00

---

1. Storage é um termo genérico para qualquer forma de armazenamento de dados, por exemplo um disco de duro (HDD Hard Disk Drive) ou um disco de estado sólido (SSD – Solid State Drive) um pen drive etc. Assumimos, portanto, que deveria ser uma unidade de armazenamento integrante dos sistemas computacionais que venham a atender ao propósito de realizar backup local.

R$ 1.800,00 / mês

Portanto, cada cartório terá um custo mensal mínimo de R$ 600,00 + R$ 1.800,00 = R$ 2.400,00 para atender minimamente às exigências ou pré-requisitos do Provimento 74.

R$ 2.400,00 / mês

Observação: Isto levando em conta que não há nenhum custo com o uso de software livre ou de código aberto.

Vamos agora ver o gasto médio que as empresas realizam em TI. Para isso, vamos considerar um estudo/pesquisa anual da Fundação Getúlio Vargas; na sua 34ª Edição, o estudo indica que as empresas, em média, gastam 9% do seu faturamento líquido (ou seja, o valor que resta após o pagamento dos impostos).

Para fins de racionalidade, vamos supor que os cartórios investissem entre 4% (limite inferior) e 9% (limite superior) de seus faturamentos brutos em TI.

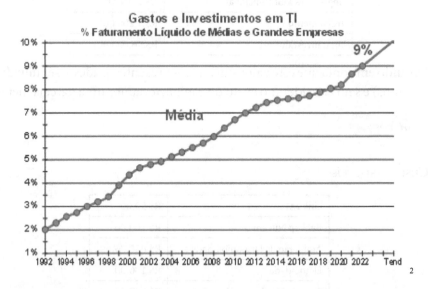

Os dados abaixo representam o faturamento dos cartórios no 1.º Semestre de 2023, assim como o percentual de cartórios em relação ao total que disponibilizou seus dados ao CNJ. Tomando como parâmetro os dados da FGV e os limites superiores e inferiores para gastos com TI, teríamos a seguinte tabela:

---

2. Fonte: MEIRELLES, S. Fernando. *Panorama do Uso de TI no Brasil*. FGV EAESP. 2023. Disponível em: fgvcia--pesti-panorama-2023.docx (live.com). Acesso em: 20 fev. 2024.

Faturamento 1º Semestre 2023	Quantidade de Cartórios (%)	Limite Inferior 4% do Faturamento	Limite Superior 9% do Faturamento
Menor que R$ 50K	16%	R$ 335,00	R$ 750,00
Entre R$ 50K e R$ 100K	12%	R$ 667,00	R$ 1500,00
Entre R$ 100K e R$ 250K	20%	R$ 1.667,00	R$ 3.750,00
Entre R$ 250K e R$ 500K	16%	R$ 3.334,00	R$ 7.500,00
Entre R$ 500K e R$ 1M	14%	R$ 6.667,00	R$ 15.000,00
Entre R$ 1M e R$ 3M	15%	R$ 20.000,00	R$ 45.000,00
Acima de R$ 3M	8%	R$ 66.667,00	R$ 150.000,00

Fica evidente que os pré-requisitos estabelecidos por classe seriam impossíveis de serem cumpridos por 28% dos cartórios no Brasil (16% com faturamento menor que R$ 50.000,00 e 12% com faturamento entre R$ 50.000,00 e R$ 100.000,00). Além disso, para os outros 20% com faturamento entre R$ 100.000,00 e R$ 250.000,00, seria um esforço considerável cumprir com tais pré-requisitos. Em resumo, quase metade dos cartórios do Brasil enfrentará dificuldades para cumprir ou cumprirá de forma inadequada os requisitos exigidos, ou no mínimo terão que realizar um esforço colossal para atendê-los.

ANÁLISE TÉCNICA

O primeiro ponto a destacar é a forma sintética pela qual o tema tão relevante para os cartórios, como o uso adequado de tecnologia, foi abordado no provimento. Ao revisitar os artigos presentes no provimento, podemos resumir da seguinte maneira:

| Artigo |||||||
1º	2º	3º	4º	5º	6º	7º
Segurança	Política de Segurança				Licenciamento de Software e Padrões Mínimos de Infraestrutura de TI (anexo)	
	Controle de Acesso		Política de Usuário e Senhas			
	Confidencialidade					
	Autenticidade		Autentificação por certificado digital e/ou biometria			
		Arquivamento dos atos e livros				
	Normas de Interoperalidade					
	Normas de Legibilidade					
Integridade	Normas de recuperação			Trilha de Auditoria de Banco de Dados		
		Backup no máximo a cada 24 horas		Backup das Trilhas de Auditorias de Banco de Dados		
		Cópias incrementais de 30 minutos				
		Backup em nuvem				
		Backup local mas diferente da serventia				
		Backup tolerante a falhas				
Disponibilidade	Disponibilidade					
Continuidade	Plano de Continuidade de Negócios					Ambiente de Contingência

Dois itens são uma incógnita em termos de intenção e alcance:

1. Normas de Interoperabilidade
2. Normas de Legibilidade

Se são normas, quais seriam essas normas? Quais as referências?

No quesito 'interoperabilidade', seria essa interoperação relativa aos sistemas do cartório e CNJ, aos outros sistemas presentes no cartório, ou entre cartórios? Quais elementos, dados e informações deveriam ser interoperáveis?

No quesito 'legibilidade', seria a forma como os atos são praticados e descritos, ou seria em relação à linguagem, ou ao formato de armazenamento?

Enfim, poderíamos passar horas conjecturando sobre a real intenção, que seria vastamente simplificada se as normas em questão (interoperabilidade e legibilidade) fossem devidamente referenciadas.

Outro item mencionado no Art. 1.º e no Art. 2.º é a disponibilidade, mas não há nenhuma outra referência, indicador ou métrica que possa estabelecer o alcance dessa disponibilidade. Estaria tratando-se de 'alta disponibilidade' ou o objetivo era outro? De qualquer forma, este item não deixa clara a real intenção do CNJ ao incluí-lo em dois artigos do provimento.

Como podemos perceber, diversos elementos se repetem nos artigos, assim como alguns são subelementos de outros, sem haver uma estrutura lógica que os conecte. A tarefa de entender o real enquadramento desses elementos fica, portanto, a cargo dos cartórios. Todavia, os cartórios são entidades extrajudiciais cuja função principal é legal e relativa a questões notariais e registrais, não sendo de sua competência entender as idiossincrasias e especificidades do universo da Tecnologia da Informação, principalmente em uma área de extrema relevância como a segurança da informação e a continuidade dos negócios. Desta forma, teria sido mais produtivo para os cartórios se o provimento tivesse sido mais objetivo e, principalmente, mais prescritivo.

No tocante à objetividade, já existem no mercado diversos padrões, metodologias e arcabouços técnicos.[3]

Como salientado anteriormente, teria sido mais produtivo se, ao invés de artigos com definições vagas e redundantes relativas à segurança da informação, políticas de segurança da informação etc., como publicado no provimento, tivesse sido utilizado um padrão e uma metodologia largamente aceitos pelo mercado para estabelecer 'de fato' um padrão para uso pelos cartórios. Para tal, por exemplo, já temos o Decreto nº 9.637/2018, que institui a Política Nacional de Segurança da Informação no âmbito da administração pública federal. No mesmo sentido, temos uma norma nacional (ABNT NBR ISO/IEC 27001 e NBR ISO/IEC 27002), que é a referência para a Política de Segurança da Informação.

Vamos nos ater às normas ABNT NBR ISO/IEC 27001 e NBR ISO/IEC 27002, daqui para frente chamadas apenas de ISO 2700x. Todavia, não é nosso objetivo aqui descrever em detalhes todos os aspectos da ISO 2700x, uma vez que estão disponíveis na ABNT. O objetivo é demonstrar que, através de seus principais pilares, essas normas proporcionariam uma cobertura mais homogênea e estruturada do que o atual Provimento 74.

Os principais pilares da ISO 2700x são:

1. Confidencialidade

---

3. Padrão é um documento criado por algum órgão padronizador (ABNT – Associação Brasileira de Normas Técnicas, ISSO – International Standard Organization etc.) que define regras, métricas e definições. Metodologia – É um conjunto de regras, normas e principalmente métodos específicos e prescritivos que para, de forma sistemática se possa tratar um problema e obter um resultado, é, portanto, a combinação de métodos padronizados para se obter o resultado desejado, e do racional envolvendo os métodos escolhidos bem como seu uso.
Arcabouço ("Framewok") – É uma orientação, um conjunto de etapas para se chegar à solução de um problema, sem, entretanto, estabelecer regras, ferramentas ou métodos específicos, é como um mapa de como chegar ao destino final aonde o usuário escolhe o caminho e a forma para se chegar ao destino.

- No contexto da segurança da informação, é a garantia de que determinada informação, fonte ou sistema seja acessível apenas às pessoas *previamente autorizadas* a ter acesso.

2. *Integridade*

- Estabelece que as informações devem ser corretas, confiáveis e sem alterações não autorizadas, e, portanto, devem ser adotadas todas as precauções necessárias para que a informação não seja modificada ou eliminada sem autorização.

3. *Disponibilidade*

- Determina que a informação deve estar sempre acessível para o uso legítimo de pessoas autorizadas, garantindo, dessa forma, a continuidade das atividades.

Observando-se os pilares acima descritos, decorre um quarto pilar, que é o da autenticidade, garantindo a identidade das pessoas autorizadas por meio de mecanismos de controle de acesso, uso de assinaturas digitais, certificados digitais e criptografia dos dados.

Políticas de Segurança (NBRISO/IEC2700x)	Política de Usuário e Senhas
	Autenticação por certificado digital e/ou biometria
	Licenciamento de Software
	Arquivamento dos atos e livros
	Backup no máximo a cada 24 horas
	Cópias incrementais de 30 minutos
	Backup em nuvem
	Trilha de Auditoria de Banco de Dados
	Backup das Trilhas de Auditorias de Banco de Dados
	Backup local, mas diferente da serventia
	Backup tolerante a falhas
Continuidade	Plano de Continuidade de Negócios
Padrões Mínimos seguindo classe de cartórios (anexo)	

Desta forma, olhando pela ótica da ISO 2700x, poderíamos sintetizar o provimento como:

Na tabela acima, no item Políticas de Segurança (ISO 2700x), cada um dos componentes é amplamente discutido na literatura técnica e de fácil acesso. Não é o propósito aqui descrever de forma prescritiva cada um destes itens, mas, a título de exemplo, veja, por exemplo, em politica_de_senhas.pdf (fgv.br).[4]

Voltando ainda à tabela acima, a Continuidade ou Plano de Continuidade de Negócios existem também Arcabouços Técnicos largamente utilizados no universo da

---

4. Fonte: MEIRELLES, S. Fernando. *Norma e Procedimento. Política de Senhas*. FGV EAESP. 2023. Disponível em: politica_de_senhas.pdf (fgv.br). Acesso em: 20 fev. 2024.

tecnologia da informação, tais como ITIL (IT Infrastructure Library) e COBIT (Control Objectives for Information and Related Technologies).

Vamos usar como base para ilustrar o ITIL, que no quesito um Plano de Continuidade de Negócios deve cobrir minimamente os seguintes aspectos:

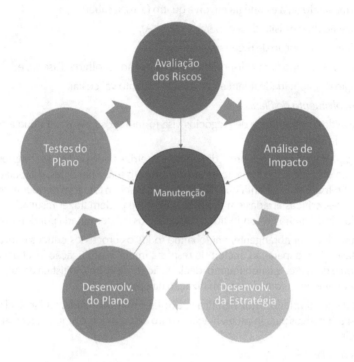

1. *Avaliação dos Riscos*

• Esta etapa envolve fazer um levantamento dos riscos (por exemplo, incêndio, alagamento, vendaval, invasão por vírus, hackers etc.). Em casos complexos, essa etapa pode envolver mais de 200 itens, dependendo da complexidade do negócio. Cada item deve ser avaliado à luz do tipo de negócio/atividade, seus respectivos processos e sistemas. Por exemplo, um alagamento pode representar um risco maior para um cartório próximo ao curso de um rio do que para outro localizado no alto de uma região montanhosa. Cada risco deve ser atribuído uma probabilidade de ocorrência e qual seu impacto para a operação, caso ocorra. O principal objetivo desta etapa é gerenciar os potenciais riscos e suas opções de mitigação, podendo estas ser aceitar o risco, evitá-lo, mitigá-lo ou transferi-lo.

2. *Análise de Impacto nos Negócios (BIA – "Business Analysis Impact")*

• A próxima etapa é a Análise de Impacto para o Negócio (BIA, do inglês Business Impact Analysis). Durante essa etapa, são coletadas informações críticas, como as principais áreas que afetam os objetivos da organização e seus processos, o potencial impacto financeiro e operacional na organização, e os requisitos necessários para restaurar processos de negócios críticos em caso de interrupções.

3. *Desenvolvimento da Estratégia*

• A Estratégia de Continuidade de Negócios visa formular uma estratégia que atenda aos requisitos de recuperação identificados na etapa anterior (BIA). Esta estratégia compreende uma seleção de atividades ou passos e recursos alternativos para a recuperação em caso de interrupção ou falha.

• Normalmente, os requisitos de recuperação podem ser categorizados em quatro áreas: área de trabalho, sistemas e infraestrutura de TI, áreas de manufatura/produção/serviços e dados e arquivos cruciais.

• De forma análoga, a estratégia envolve quatro fases, a saber:

i. Identificação do requisito de recuperação (Fase A),

ii. Identificação da opção de recuperação (Fase B),

iii. Avaliação do tempo para a disponibilidade da opção escolhida (Fase C), e

iv. Avaliação da capacidade financeira (Fase D) – quanto vai custar.

4. Desenvolvimento do Plano

• O Plano de Continuidade de Negócios visa formular os passos para que a recuperação da operação seja efetiva.

• Esta etapa é composta por procedimentos e diretrizes que podem ser empregados por uma organização para reduzir o impacto de um desastre em suas operações, estabelecendo procedimentos e diretrizes para garantir que decisões críticas sejam tomadas corretamente durante uma crise (decisões críticas erradas em momentos de crise podem trazer resultados desastrosos). A aceitabilidade do plano de continuidade de negócios é determinada por dois critérios:

i. O plano deve ser abrangente, englobando todos os processos críticos e levando em conta todas as fases da recuperação, incluindo resposta inicial e notificação, avaliação do problema que causou o desastre, escalonamento, declaração de desastres, logística de implementação do plano, recuperação, retomada e normalização da operação.

ii. A viabilidade do plano, o que significa que o plano está atualizado, é adaptável e não apresenta desafios significativos para implementação dentro do orçamento, equipe, recursos e instalações disponíveis.

5. Testes do Plano

• O principal objetivo desta etapa é confirmar que as estratégias, pressupostos, atividades, procedimentos e diretrizes delineados no Plano de Continuidade de Negócios são eficazes contra possíveis interrupções e identificar eventuais fragilidades no plano. Nesta etapa, requer-se que determinadas situações de desastre sejam simuladas a fim de avaliar a Estratégia (3) e o Plano (4).

6. Manutenção

• O ambiente em constante mudança e as condições da organização exigem ajustes para garantir que o Plano de Continuidade de Negócios continue a atender aos critérios necessários para garantir a operação. O objetivo desta etapa é manter o Plano de Continuidade de Negócios atualizado, completo, preciso e pronto para implementação. O processo de manutenção envolve uma boa gestão de mudanças e um processo de auditoria completo, entre outros.

CONCLUSÃO

É inegável que os cartórios dependem hoje, em alto grau, do uso da tecnologia da informação e comunicação para sua operação, a fim de proporcionar agilidade e um bom atendimento ao público. Desta forma, faz-se imprescindível que normas e procedimentos sejam estabelecidos, de modo a trazer eficiência na prestação do serviço com o uso da tecnologia e facilitar a gestão de forma simples, eficiente e eficaz, tanto por parte do próprio cartório como por parte dos órgãos competentes em supervisionar.

O Provimento 74 é uma tentativa de trazer tais características para o universo dos cartórios, no entanto, requer aprimoramentos que busque simplificar, padronizar, ser mais prescritivo e ter métricas e critérios de avaliação mais analíticos. Caso contrário, corre o risco de, com análises subjetivas e superficiais, gerar grandes distorções. Isso levaria a um resultado oposto ao desejado com tal provimento, que é a padronização.

Na análise econômico-financeira, fica claro que os cartórios com menor faturamento, representando quase 50%, são os que podem gerar as maiores distorções devido à dificuldade econômica de acesso a conhecimento técnico. Portanto, deveriam ser os que teriam um número maior de prescrições prontas ou semiprontas para ajudá-los tecnicamente e economicamente a atingir a maturidade desejada pela padronização. Caso contrário, poderão surgir grandes distorções nesses cartórios com a adoção de práticas simplistas, ad hoc e eventualmente danosas ao tentar atender um provimento que deixa temas de altíssima relevância abertos à interpretação.

Nos cartórios com capacidade econômico-financeira, de forma análoga, a ausência de um padrão, com métricas e indicadores claros, poderá gerar distorções. Entretanto, espera-se que isso ocorra em menor grau, pois a grande maioria dos grandes cartórios do país já possui um nível de maturidade elevado em tecnologia da informação.

TÍTULO II
DOS SISTEMAS DIGITAIS DOS SERVIÇOS
CAPÍTULO I
DAS NORMAS COMUNS
Seção I
Das Comunicações entre as serventias e destas com o Poder Judiciário

Art. 207. As comunicações entre as serventias extrajudiciais de notas e de registro e entre estas e os órgãos do Poder Judiciário serão realizadas com a utilização do Sistema Hermes – Malote Digital na forma do Provimento nº 25, de 12 de novembro de 2012, sem prejuízo de outros meios disciplinados em lei ou em outro ato infralegal.

Art. 208. Os oficiais de registro e os tabeliães, a seu prudente critério, e sob sua responsabilidade, poderão recepcionar diretamente títulos e documentos em forma eletrônica, por outros meios que comprovem a autoria e integridade do arquivo (consoante o disposto no art. 10, § 2.º, da Medida Provisória 2.200-2/2001).

Art. 209. Todos os oficiais de registro e os tabeliães poderão recepcionar os títulos nato-digitais e digitalizados com padrões técnicos, que forem encaminhados eletronicamente para a unidade do serviço de notas e registro a seu cargo e processá-los para os fins legais.

§ 1.º Considera-se título nativamente digital, para todas as atividades, sem prejuízo daqueles já referidos na Seção II do Capítulo VII do Título II do Livro IV da Parte Geral deste Código Nacional de Normas, e na legislação em vigor, os seguintes:

I – o documento público ou particular gerado eletronicamente em PDF/A e assinado com Certificado Digital ICP-Brasil por todos os signatários e todas as testemunhas;

II – a certidão ou o traslado notarial gerado eletronicamente em PDF/A ou XML e assinado por tabelião de notas, seu substituto ou preposto;

III – os documentos desmaterializados por qualquer notário ou registrador, gerado em PDF/A e assinado por ele, seus substitutos ou prepostos com Certificado Digital ICP-Brasil; e

IV – as cartas de sentença das decisões judiciais, entre as quais, os formais de partilha, as cartas de adjudicação e de arrematação, os mandados de registro, de averbação e de retificação, por meio de acesso direto do oficial do registro ao processo judicial eletrônico, mediante requerimento do interessado.

§ 2.º Consideram-se títulos digitalizados com padrões técnicos, aqueles que forem digitalizados em conformidade com os critérios estabelecidos no art. 5.º do Decreto nº 10.278, de 18 de março de 2020.

Art. 210. Os oficiais de registro ou notários, quando suspeitarem da falsidade do título ou documento que lhes forem apresentados, poderá exigir a apresentação do original e, em caso de dúvida, poderá requerer ao juiz, na forma da lei, as providências que forem cabíveis para esclarecimento do fato.

Comentários de Rafael Augusto Pereira Marques e Danielle Souza Marques

Art. 207. Comunicar deriva do latim "communicare" que pode ser traduzido como "tornar comum".[1] Em outras palavras, comunicar é transmitir certa informação/dado de uma pessoa para outra, de modo que ela se torne conhecida de ambos os interlocutores. Esse transmitir, por seu turno, pode se dar por inúmeros meios e formas, tais como a verbal (fala/sons), gestual e a escrita.

O seu surgimento se confunde, foi impulsionado e aprimorado pelo próprio progresso humano. Remotamente, a comunicação estava restrita a gestos, sinais, posturas e sons, evoluindo para pinturas rupestres e a fala rudimentar.

Paralelamente ao progresso da comunicação, com o assombroso avanço das tecnologias, o seu próprio suporte de desenvolvimento, armazenamento e transmissão foram se aperfeiçoando, passando pela pedra, papiro, papel, plástico, fita magnética, até chegarmos à era moderna, momento em que predomina o meio digital/eletrônico, sediado em servidores físicos, chamados de *data centers*, nos quais, *o meio de armazenamento mais comum atualmente ainda é o disco rígido (Hard Disk Drive ou HDD). Padrões como Serial ATA (SATA) e principalmente o Serial Attached SCSI (SAS) dominam o ambiente do datacenter. Aos poucos, os Discos de Estado Sólido (Solid State Disk ou SSD) vão sendo utilizados, mas um fator ainda limitante é o elevado valor dessa tecnologia. No tocante a mídias utilizadas para backup, as fitas magnéticas ainda são utilizadas, principalmente devido ao seu baixo custo e boa capacidade de armazenamento.*[2]

Esse incremento na forma de gerar, guardar, manipular e passar adiante uma informação/dado foi rapidamente percebido, assimilado e efetivamente implementado na Justiça pátria, onde a correção técnica, precisão e fidelidade de conteúdo e agilidade nesse processo deve ser a mais apurada possível, ante sua indiscutível formalidade e vertiginosas consequências.

---

1. SILVA, Alaine. Comunicação. Disponível em: https://www.infoescola.com/comunicacao/comunicacao/. Acesso em: 31 jan. 2024.
2. FERRAZ, Gilnei. Principais meios de armazenamento de dados utilizados em *Datacenters* Modernos. Artigo apresentado como Trabalho de Conclusão do Curso de Especialização em Datacenter: Projeto, Operação e Serviços, da Universidade do Sul de Santa Catarina, como requisito parcial para a obtenção do título de Especialista em Datacenter: Projeto, Operação e Serviços. Disponível em: https://repositorio.animaeducacao.com.br/bitstreams/334efb03-6d08-42d6-93a2-59b167b335de/download. Acesso em: 12 jan. 2024.

Para além dessa almejada perfeição e higidez, busca-se atender ao anseio, notadamente após a Emenda Constitucional nº 45, de 2004, por mecanismos de celeridade na solução de conflitos, ante a sua inegável agilidade de acesso e transmissão.

Nesse caminhar, fulcrado mormente na evolução do suporte de armazenamento e transmissão de dados, em 2006 surge no Brasil, por imposição legislativa de iniciativa popular, o denominado Processo Digital (Lei nº 11.419), mesma oportunidade que o Tribunal de Justiça do Rio Grande do Norte, tendo em mira os preceitos diretivos[3] do citado diploma legal, desenvolveu[4] o chamado – à época – "Sistema Hermes", plataforma eletrônica e restrita que converteu o sistema de comunicação interna, até então desenvolvida por meio do papel, para o modelo de documentos eletrônicos, tornando essa crucial parcela do trabalho mais segura, perceptivelmente mais ágil e reduzindo drasticamente os seus custos.[5]

Por meio de Acordo de Cooperação Técnica nº 004/2008[6] o TJ-RN disponibilizou o Sistema Hermes ao CNJ. Já em 2012, comprovada a eficácia, celeridade e segurança do sistema no meio judiciário nacional, o CNJ edita o Provimento 25, para então, com aprimoradas e novas ferramentas, alargar a sua base para nele inserir não somente os órgãos do poder judiciário, mas notadamente as Serventias Extrajudiciais, que passaram a contar com uma excelente ferramenta eletrônica para recebimento e envio de informações, principalmente comunicações oficiais de órgãos do judiciário e de outros cartórios extrajudiciais.

Assim, surgiu o atualmente nomeado "Malote Digital", pelo qual "as comunicações entre as serventias extrajudiciais de notas e de registro e entre estas e os órgãos do Poder Judiciário, serão realizadas com a utilização do Sistema Hermes – Malote Digital, nos termos deste Provimento e da regulamentação constante do seu Anexo".[7]

Nesse sentido, o artigo 207 do CNN, nada mais fez que remeter o intérprete à manutenção da obrigatoriedade de observância do citado provimento no que pertine às comunicações oficiais havidas entre às serventias extrajudiciais e o poder judiciário, sem contudo excluir a manutenção de outros meios já disciplinados, como ocorre, *verbi*

---

3. "Art. 7.º As cartas precatórias, rogatórias, de ordem e, de um *modo geral, todas as comunicações oficiais* que transitem entre órgãos do Poder Judiciário, bem como entre os deste e os dos demais Poderes, *serão feitas preferentemente por meio eletrônico*". Lei nº 11.419, de 19 de dezembro de 2006. Disponível em: https://www.planalto.gov.br/ccivil_03/_ato2004-2006/2006/lei/l11419.htm. Acesso em: 1.º dez. 2023.

4. Disponível em: https://www.cnj.jus.br/sistemas/malote-digital/. Acesso em: 1.º dez. 2023.

5. Desde sua implementação até 2009 o Tribunal de Justiça do Rio Grande do Norte havia *economizado aproximadamente 4 (quatro) milhões de reais*, conforme matéria: "Acesso de tribunais ao sistema de envio de documentos pela internet é simplificado". Disponível em: https://www.cnj.jus.br/acesso-de-tribunais-ao-sistema-de-envio-de-documentos-pela-internet-e-simplificado/. Acesso em: 1.º dez. 2023.

6. Disponível em: https://www.cnj.jus.br/wp-content/uploads/2011/09/ACOT_004_2008.pdf. Acesso em: 1.º dez. 2023.

7. Artigo 1.º, do Provimento nº 25 de 12.11.2012, do CNJ.

gratia, com a CRC-Nacional[8] para atos de comunicações previstas no artigo 106 e seguintes da Lei nº 6.015/73 e a Central Nacional de Indisponibilidade de Bens – CNIB,[9] pela qual as indisponibilidades de bens determinadas por magistrados, assim como seus respectivos levantamentos, são cadastradas, pesquisadas e efetivadas, entre outras.

Essa opção do legislador – ou melhor, normatizador – de somente referir a outros provimentos, ao revés de os revogar e incorporar em seu texto, consta expressamente de sua exposição de motivos: "Em terceiro lugar, sob a ótica da já mencionada de concentração informacional no Código Nacional de Normas, *foram feitas remissões a Provimentos cuja revogação não convinha neste momento*" – grifamos.

Enfim, conforme o CNN, é mantido o sistema "Malote Digital" e a obrigatoriedade de sua utilização pelos Notários e Registradores, para todas as comunicações oficiais que não sejam atribuídas a sistemas próprios.

É imperioso destacar, ainda, que o artigo em tela possibilita a utilização de outros meios disciplinados em lei ou em outro ato infralegal, demonstra uma visão aberta à evolução tecnológica e às futuras inovações que possam surgir na área. A flexibilidade prevista na norma permite que o sistema de comunicação seja adaptado às transformações tecnológicas, garantindo sua aplicabilidade ao longo do tempo.

Art. 208. Reconhecendo a grande capacidade técnica e exaltando o apurado senso de responsabilidade destes profissionais do direito, juntamente com a percepção do avançar assombrosamente célere e diuturno da tecnologia, o CNN atribuiu aos Notários e Registradores a possibilidade de recepcionar documentos e títulos eletrônicos cuja autoria e integridade possam ser aferidos.

Já essa necessária comprovação de autoria (quem firma o documento) e integridade (manutenção de todo o seu conteúdo e elementos) não precisa se dar exclusivamente com o emprego de certificados emitidos pela ICP-Brasil, o qual recebe a denominação de *assinatura eletrônica qualificada*[10] nos moldes do inciso III, do artigo 4.º, da Lei nº 14.063/2020.

É exatamente essa a ressalva feita pelo § 2.º, do artigo 10, da Medida Provisória 2.200-2/2001, viabilizando a utilização de outras tecnologias que se proponham a tanto.

Atualmente existem inúmeras plataformas que ofertam esse serviço de modo privado, na maioria das vezes, cobrando por essa tarefa.

E é precisamente nesses casos que competirá ao Notário e Registrador, *per se*, medir a confiabilidade desses documentos produzidos, assinados, armazenados e certificados por outras plataformas e modos que não sejam exclusivamente vinculados à ICP-Brasil.

---

8. Artigo 3.º, inciso II, do Provimento nº 46 de 16/06/2015, do CNJ, atualmente incorporado ao CNN (artigo 231, inciso II).

9. Provimento nº 39 de 25.07.2014, do CNJ.

10. III – assinatura eletrônica qualificada: a que utiliza certificado digital, nos termos do § 1.º do art. 10 da Medida Provisória nº 2.200-2, de 24 de agosto de 2001.

Já é corriqueira a prática de se emitir, assinar e armazenar documentos em meio eletrônico e enviar ao interessado exclusivamente o arquivo portável (*Portable Document Format – PDF*), permitindo que o terceiro (destinatário), por meio de uma URL (endereço eletrônico na rede mundial de computadores), acesse o documento em seu formato original (eletrônico), para o comparar com o que lhe foi entregue interessado.

A mais difundida atualmente e gratuita é a assinatura eletrônica disponibilizada pelo próprio Governo Federal através da chamada "conta gov.br", que permite que usuários previamente cadastrados e que tenham ofertado uma quantidade suficiente de informações para garantir sua identidade, acessem a plataforma específica e nela assinem um documento em meio digital. O documento assim firmado, assinado e remetido tem sido amplamente aceito, para as mais variadas finalidades que não demandam o uso da assinatura qualificada, transparecendo maior confiabilidade aos usuários.

Todavia, no âmbito das transmissões imobiliárias[11] – e aqui se subentende todo o procedimento tendente a essa finalidade, desde a confecção do título (escritura pública, atos judiciais, escritos particulares, contratos ou termos administrativos etc.), sua remessa, recepção, processamento e efetivo registro translativo, constitutivo, modificativo ou de renúncia de direitos reais sobre imóveis – é necessário o emprego infungível da assinatura eletrônica qualificada, *id est*, exclusivamente a decorrente da utilização de certificado digital vinculado à ICP-Brasil. Isso porque a referida Lei nº 14.063/2020, em seu artigo 5.º, inciso II, dispõe que:

> Art. 5.º No âmbito de suas competências, ato do titular do Poder ou do órgão constitucionalmente autônomo de cada ente federativo estabelecerá o nível mínimo exigido para a assinatura eletrônica em documentos e em interações com o ente público.
>
> (...)
>
> § 2.º É obrigatório o uso de assinatura eletrônica qualificada:
>
> (...)
>
> IV – nos atos de transferência e de registro de bens imóveis, ressalvado o disposto na alínea "c" do inciso II do § 1.º deste artigo.

Até porque *no caso de conflito entre normas vigentes ou de conflito entre normas editadas por entes distintos, prevalecerá o uso de assinaturas eletrônicas qualificadas* (§ 5.º, do artigo, 5.º, da Lei nº 14.063/2020).

É oportuno, ainda, destacar nesse tópico, que os documentos particulares admitidos a registro na forma no artigo 221, inciso II, da Lei nº 6.015/73, deve trazer a assinatura das partes reconhecidas em cartório e que a assinatura eletrônica qualificada (formalizada no âmbito da ICP-Brasil) poderá ser equiparada ao reconhecimento de

---

11. Exceto perante as Juntas Comerciais e instituições financeiras que atuem com crédito imobiliário autorizadas a celebrar instrumentos particulares com caráter de escritura pública e os partícipes dos contratos correspondentes, que poderão fazer uso, nessas hipóteses, das assinaturas eletrônicas na modalidade avançada.

firma feito em cartório, se ocorrer o avanço do Projeto de Lei 4.178/2023,[12] o qual pretende incluir um § 3.º, no artigo 10 da Lei, com a seguinte proposição:

"§ 3.º *Para todos os efeitos legais, a assinatura eletrônica qualificada* a que se refere o art. 4.º, inciso III, da Lei nº 14.063, de 23 de setembro de 2020, *equipara-se ao reconhecimento de firma de que trata o inciso IV do art. 7.º da Lei nº 8.935*, de 18 de novembro de 1994" – grifamos.

Em outras palavras, é irrefutável e irreversível o avanço para que as transações em geral se deem de modo integralmente eletrônico, dispensando-se o comparecimento pessoal das partes perante as serventias extrajudiciais, seja para que finalidade for, bem como a evolução de tecnologias, não necessariamente vinculadas ao poder público, ofertando soluções para as questões envolvidas e que, evidentemente, não podem ser afastadas sob pena de claro prejuízo. Pondere-se, ainda, que o aproveitamento dessas novas tecnologias pelos Notários e Registradores deve ocorrer em harmonia com as premissas fundamentais do serviço extrajudicial, notadamente a legalidade, autenticidade, eficácia e segurança.

A possibilidade de recepcionar documentos eletrônicos demonstra uma adaptação proativa às transformações tecnológicas, proporcionando maior agilidade e comodidade aos usuários. Ao permitir essa flexibilidade, o legislador reconhece a validade e a segurança dos meios eletrônicos para a formalização de atos, alinhando-se às demandas da sociedade contemporânea.

Art. 209. CNN reforça o poder-dever dos oficiais e tabeliães de recepcionar títulos de origem digital e, nesse caso, estende esse dever aos documentos digitalizados, desde que estes atendam aos padrões técnicos legalmente[13] definidos, quais sejam: *a)* assinatura eletrônica qualificada; *b)* resolução mínima de 300 dpi; *c)* formato PDF/A e, em alguns casos, PNG; *d)* metadados, entre outros, a indicação do autor, data e hora da digitalização etc.

Isso porque, como é cediço, os títulos que aportam nas serventias extrajudiciais dificilmente o fazem só. Rotineiramente são instruídos com outros documentos que dão suporte a eles. Assim, a escritura de venda e compra ordinariamente é acompanhada da respectiva guia de pagamento do ITBI, bem como da certidão de valor venal. Nesse aspecto, o CNN reconheceu essa praxe e regulamentou a aceitação desses outros

---

12. Disponível em: https://www25.senado.leg.br/web/atividade/materias/-/materia/159523. Acesso em: 27 dez. 2023.

13. Decreto nº 10.278, de 18 de março de 2020: (...) Requisitos na digitalização que envolva entidades públicas Art. 5.º O documento digitalizado destinado a se equiparar a documento físico para todos os efeitos legais e para a comprovação de qualquer ato perante pessoa jurídica de direito público interno deverá:
I – ser *assinado digitalmente com certificação digital no padrão* da Infraestrutura de Chaves Públicas Brasileira – ICP-Brasil, de modo a garantir a autoria da digitalização e a integridade do documento e de seus metadados;
II – seguir os *padrões técnicos* mínimos previstos no *Anexo I*; e
III – *conter, no mínimo, os metadados* especificados no *Anexo II*.

documentos, mesmo que digitalizados, desde que atendam aos requisitos mínimos referidos, tudo para viabilizar o tráfego eminentemente eletrônico destes.

A possibilidade de processar eletronicamente esses documentos para os fins legais representa não apenas uma simplificação operacional, mas também um estímulo à celeridade e efetividade nos serviços extrajudiciais. A utilização de meios eletrônicos permite a redução de prazos e a eliminação de barreiras físicas, tornando o processo mais acessível e ágil aos cidadãos.

§ 1.º Aqui o CNN cuida de explicitar o que se entende por título nativamente digital, ou seja, ele relaciona, em rol meramente exemplificativo, documentos que devem ser reconhecidos e tratados como de origem digital.

Nessa esteia, tanto o documento público (via de regra, aquele emitido na sua origem por funcionário público, de qualquer dos Poderes, no exercício de suas funções, e ainda os que lhe são equiparados por força de lei), quanto os particulares, desde que produzidos, gravados ou convertidos em formato de arquivo chamado de PDF/A, podem ser classificados como nato-digitais.

Vale anotar que o PDF/A (*Portable Document Format Archivable* – formato de documento portátil arquivável) é, de modo bem sucinto, uma estirpe de arquivo eletrônico derivado de seu antecessor PDF, que foi especificamente desenvolvida para a preservação de documentos criados digitalmente durante longos períodos e sua restauração. Ademais, em termos de segurança, não é viável inserir no PDF/A arquivos de áudio, vídeo ou executáveis, o que garante maior confiabilidade quanto ao seu conteúdo.

A maioria das plataformas de edição de texto e imagem possuem a opção de salvamento do arquivo criado pelo interessado nesse formato (PDF/A), bem como já existem aplicativos e programas que realizam a conversão de outros formatos para esse em específico, demonstrando a vasta difusão desse formato e sua ampla aceitação nos meios que tratam dessa tecnologia.

Destaque-se que, nesse particular, não bastará a mera produção, gravação/armazenamento e envio do arquivo em formato PDF/A; será imprescindível, para conceituá-lo como *título nativamente digital* que ele ainda assim receba a *assinatura eletrônica qualificada* (formalizada no âmbito da ICP-Brasil).

Em outras palavras, o documento público e/ou particular, para ser reconhecido como nativamente digital, permitindo seja recepcionado pelas serventias extrajudiciais, demanda seja ele gravado em formato PDF/A e assinado exclusivamente com certificado digital originado na cadeia de autoridades certificadoras da ICP-Brasil. Excetua-se nesse caso os títulos formalizados por instituições financeiras que atuem com crédito imobiliário autorizadas a celebrar instrumentos particulares com caráter de escritura pública, cenário no qual o título em formato PDF/A pode ser assinado com o uso de assinatura avançada (*a que utiliza certificados não emitidos pela ICP--Brasil ou outro meio de comprovação da autoria e da integridade de documentos em forma eletrônica, desde que admitido pelas partes como válido ou aceito pela pessoa a quem for oposto o documento, com as seguintes características: a) está associada ao signatário de maneira unívoca; b) utiliza dados para a criação de assinatura eletrônica cujo signatário pode, com elevado nível de confiança, operar sob o seu controle exclusivo; c) está relacionada aos dados a ela associados de tal modo que qualquer modificação posterior é detectável).*

II – Seguramente o ato eletrônico que mais trafega entre as serventias é o traslado ou a certidão de notas, podendo, neste caso, além de adotar o formato PDF/A, também ser armazenado e transmitido no formato XML (*Extensible Markup Language* – linguagem de marcação extensível), que é uma linguagem de marcação com regras para formatar documentos de forma que eles sejam facilmente lidos tanto por humanos quanto por máquinas. Um arquivo de texto simples, podendo ser criado em qualquer editor de textos comum ou programaticamente via *software*. O documento XML é estruturado por *tags*, que identificam os elementos e os conteúdos do documento.[14]

Este arquivo (PDF/A ou XML) deverá ser assinado pelo Tabelião, seu Substituto ou Preposto Escrevente devidamente autorizado. Apesar de a norma não se referir ao tipo de assinatura a ser empregada nesse caso, a interpretação conjugada das disposições atinentes aos atos eletrônicos indica que deve ser a assinatura eletrônica qualificada, até porque a geração desse arquivo, ao menos no ambiente do E-Notariado, demanda o uso do certificado digital da ICP-Brasil.

III – A desmaterialização de documentos consiste basicamente na geração de documentos eletrônicos, com aplicação de certificado digital, a partir de documentos em papel. Esse procedimento de atribuição exclusiva do Tabelião de Notas, estendida em alguns Estados ao Registrador Civil de Pessoas Naturais, por força do artigo 52, da Lei nº 8.935/94, deve ser realizado por meio da CENAD (Central Notarial de Autenticação Digital), que é um módulo integrante do E-Notariado, o qual permite a realização das denominadas "autenticações digitais".

A rigor, o Notário recebe o documento em formato físico, conferindo a sua integralidade e autenticidade, digitalizando-o (captura da imagem deste documento por meio de um *scanner* ou outro dispositivo similar), salvando ou convertendo essa imagem em formato PDF/A. Na sequência ele deve assinar esse arquivo com o emprego de assinatura eletrônica qualificada e esse documento fica conservado na plataforma referida, podendo ser consultado a qualquer tempo pelos interessados em conferir a sua autenticidade e integralidade.

Além disso, as autenticações digitais também serão realizadas no *Notarchain*,[15] a rede *blockchain* dos notários. Esta rede propicia maior segurança nas transações, reforçando a validação da autenticidade dos documentos. O *Notarchain* utiliza a pla-

---

14. Disponível em: https://tecnoblog.net/responde/o-que-e-xml-guia-para-iniciantes/. Acesso em: 28 dez. 2023.

15. Disponível em: https://blockchain-legacy.e-notariado.org.br/. Acesso em: 27 de dezembro de 2023.

taforma *blockchain Hyperledger Fabric*, na qual cada serventia extrajudicial será um nó de validação da rede, armazenando os blocos recebidos dos serviços do e-Notariado.[16]

Com isso é possível que o interessado compareça perante um tabelião portando documentos/títulos físicos (escrituras, instrumentos particulares, procedimentos e documentos que os instruem etc.) e solicite a desmaterialização desses documentos. Uma vez convertidos, poderão ser remetidos e recepcionados pelas demais serventias extrajudiciais de modo integralmente eletrônico, com absoluta segurança e eficiência.

Importa aqui somente informar que a conferência da autenticidade de documento desmaterializado por esse procedimento somente poderá ser feita por até 5 (cinco) anos após a desmaterialização.

IV – Em relação ao processo judicial eletrônico, é permitido ao interessado, por meio de requerimento escrito e assinado, solicitar que o oficial de registro acesse diretamente os autos do processo digital no *site* do respectivo Tribunal. Essa solicitação tem como objetivo identificar e dar cumprimento a eventuais ordens judiciais ali encartadas. É importante ressaltar que o cumprimento por parte do Oficial requer um prévio mandamento jurisdicional, o qual deve ser emitido, mesmo que exclusivamente em formato eletrônico, sob a forma de mandado ou carta de sentença. Excetuando-se essa regra, que é comum atualmente, quando o Juízo prolator da decisão declara que a própria decisão fará as vezes daquele.

Como se sabe, não é dada ao Registrador, via de regra, a competência para formar títulos, atribuição extrajudicial reservada aos Notários que demanda, ainda, imprescindível e prévia autorização judicial para emissão do mandado ou da carta de sentença.

Nesse esteio, caso o Oficial se depare com uma situação na qual não tenha sido emitida qualquer ordem judicial nos autos nesse sentido, ou ainda, caso a ordem esteja pendente de concretude, ou seja, ainda não foi expedido o respectivo mandado ou a carta de sentença, deverá emitir nota de recusa, esclarecendo tal motivo.

§ 2.º Para que um título seja considerado como documento digitalizado – para os fins do CNN – e, por consequência, seja tido por apto a ser recepcionado pelas serventias extrajudiciais, para instruir a prática de atos, esse procedimento deve atender requisitos técnicos delineados no artigo 5.º do Decreto nº 10.278, de 18 de março de 2020, quais sejam:

a) assinatura eletrônica qualificada. Assim, tanto a assinatura simples, quanto a avançada, disciplinadas pela Lei nº 14.063/2020, não podem ser empregadas para essa finalidade, sob pena de o documento/título ser recusado;

b) resolução mínima de 300 dpi (*Dots Per Inch* – pontos por polegada). A resolução da digitalização reflete na qualidade final da imagem produzida, dificultando ou facilitando a sua visualização e compreensão. Desse modo, quanto maior a resolução, melhor e mais definida será a imagem produzida, já que possui mais pontos. Ocorre que esse

---

16. Disponível em: https://colegionotarialdobrasil.freshdesk.com/support/solutions/articles/43000592251. Acesso em: 27 dez. 2023.

processo igualmente reflete no tamanho do arquivo, que demanda maior capacidade de armazenamento. Em razão dessas premissas se convencionou que 300 dpi é tamanho suficiente para garantir, de um lado, uma boa resolução da imagem de texto escrito e, de outro lado, reduzido tamanho para fácil manuseio, armazenamento e remessa. Vale aqui ressaltar que no caso de digitalização de plantas e mapas, documentos comuns de serem apresentado nas serventias imobiliárias, a resolução mínima exigida é de 600 dpi;

c) via de regra, adotar o formato PDF/A (*Portable Document Format Archivable* – formato de documento portátil arquivável), que como já dito alhures, é espécie de arquivo eletrônico, derivado de seu antecessor PDF, que foi especificamente desenvolvida para a preservação durante longos períodos de documentos criados digitalmente e sua restauração. Em alguns casos, como fotografia, cartaz, planta e mapa, o formato do arquivo deverá ser PNG (*Portable Network Graphic* – gráficos portáteis de rede), um tipo de arquivo de imagem rasterizado (imagem feita a partir de pixels – pequenos quadrados coloridos);

d) metadados, ou seja, dados estruturados que permitem classificar, descrever e gerenciar documentos, devendo, entre outros, conter a indicação do autor, data e hora da digitalização etc.

Em suma, ausente no arquivo apresentado à qualificação, algum dos elementos referidos no artigo 5.º do Decreto nº 10.278/2020, o documento eletrônico não poderá ser considerado como "título digitalizado" e, via de consequência, deverá ser tido por inapto a instruir o pedido, recebendo qualificação negativa, cabendo ao Notário ou Registrador esclarecer esses motivos da recusa e eventuais exigências de modo expresso, por meio de nota, chamada de nota de exigência, devolução ou explicativa.

Art. 210. A norma em comento concede ao Notário e Registrador a faculdade de solicitar a exibição do documento ou título original, quando houver fundada suspeita de falsidade. Isso ocorre porque, no mesmo passo que o avanço tecnológico atende aos clamores da sociedade, também fica disponível aos criminosos. Cada vez mais comuns são as notícias de práticas delituosas relacionadas aos denominados crimes cibernéticos. Desse modo, todos os setores da sociedade que lidam com a tecnologia da informação, inclusive os serviços extrajudiciais, tornam-se potenciais vítimas de falsificações. Nada mais salutar do que municiar o Registrador e Notário, com filtros tendentes a afastar o acolhimento de atos não condizentes com a realidade. Vale reforçar que a falsidade aqui aventada é tanto a material (refere à formação do documento, seus elementos exteriores) quanto a ideológica (respeitante ao seu teor e conteúdo).

Ao prever a possibilidade de requerer ao juiz as providências necessárias para esclarecer eventuais dúvidas, a norma reconhece a importância da colaboração e interdependência entre as serventias extrajudiciais e o Poder Judiciário. Essa cooperação visa garantir uma resposta eficaz diante de situações que demandem uma análise mais aprofundada, reforçando a integridade dos processos de registro e de notas.

A norma em foco reforça a responsabilidade dos oficiais de registro e notários na preservação da autenticidade documental, contribuindo para manter a já reconhecida confiança no sistema de registros e notas pátrio, e, por conseguinte, na segurança jurídica das relações sociais.

CAPÍTULO II
DO SISTEMA ELETRÔNICO DOS REGISTROS PÚBLICOS (SERP)
Seção I
Das diretrizes para organização do Sistema Eletrônico de Registros Públicos (Serp)

Art. 211. O Sistema Eletrônico de Registros Públicos (Serp), previsto na Lei nº 14.382, de 27 de junho de 2022, será integrado tecnologicamente e de forma obrigatória pelos oficiais de registros públicos de que trata a Lei nº 6.015, de 31 de dezembro de 1973, responsáveis interinos ou interventores, que disponibilizarão, nos termos estabelecidos pela Corregedoria Nacional de Justiça, as informações necessárias para a sua adequada implantação e funcionamento.

Parágrafo único. O Serp reger-se-á pelos princípios que disciplinam a Administração Pública em geral e os serviços notariais e registrais, em especial, os princípios da legalidade, integridade, impessoalidade, moralidade, razoabilidade, finalidade, motivação, interesse público, eficiência, segurança, adequação, regularidade, continuidade, atualidade, generalidade, publicidade, autenticidade e cortesia na prestação dos serviços.

Art. 212. Para promover a implantação, a manutenção e o funcionamento do Sistema Eletrônico de Registros Públicos (Serp), será constituído o Operador Nacional do Sistema Eletrônico dos Registros Públicos (ONSERP), sob a forma de pessoa jurídica de direito privado, prevista nos *incisos I e III do art. 44 da Lei nº 10.406, de 10 de janeiro de 2002 (Código Civil)*, na modalidade de entidade civil sem fins lucrativos, de forma a viabilizar os objetivos constantes no art. 3.º da Lei nº 14.382, de 2022.

§ 1.º Integrarão o ONSERP o Operador Nacional do Sistema de Registro Eletrônico de Imóveis (ONR) e os operadores nacionais de registros públicos mencionados neste Capítulo.

§ 2.º A gestão do ONSERP ficará a cargo do Comitê Executivo de Gestão, composto pelos presidentes dos operadores nacionais de registros públicos, que funcionará sob a orientação e a fiscalização da Corregedoria Nacional de Justiça.

§ 3.º O ONSERP terá sede e foro em Brasília, Distrito Federal.

§ 4.º São atribuições do ONSERP:

I – a implantação e coordenação do Serp, visando ao seu funcionamento uniforme, apoiando os demais operadores nacionais de registros e atuando em cooperação com a Corregedoria Nacional de Justiça e as corregedorias-gerais da Justiça;

II – a operação do Sistema Eletrônico de Registros Públicos (Serp) em consonância com norma específica da Corregedoria Nacional de Justiça, organizando e desenvolvendo as suas atividades estatutárias sob permanente supervisão do agente regulador;

III – a apresentação de sugestões à Corregedoria Nacional de Justiça para edição de instruções técnicas de normatização aplicáveis ao Serp, de modo a propiciar a operação segura do sistema, a interoperabilidade de dados e documentos e a longevidade de arquivos eletrônicos, como também a adaptação eletrônica dos requisitos jurídico-formais implicados nos serviços, visando garantir a autenticidade e a segurança das operações realizadas com documentos digitais; e

IV – a formulação de indicadores de eficiência e a implementação de sistemas em apoio às atividades das corregedorias-gerais da Justiça e do CNJ, que permitam a inspeção remota.

§ 5.º O ONSERP observará:

I – o cumprimento das leis, dos regulamentos, das normas externas e internas, dos convênios e dos contratos, notadamente as normas editadas pela Corregedoria Nacional de Justiça, conforme se extrai dos dispositivos da Lei nº 14.382, de 2022;

II – as normas que regem o segredo de justiça, os sigilos profissional, bancário e fiscal, a autonomia do registrador e sua independência no exercício de suas atribuições, nos termos da Lei nº 8.935, de 18 de novembro de 1994; e

III – as normas gerais e específicas aplicáveis à proteção de dados pessoais, conforme dispõe a Lei Geral de Proteção de Dados (Lei nº 13.709/2018) e este Código Nacional de Normas.

§ 6.º Como órgão técnico do ONSERP, deverá ser instituído, dentro de sua estrutura, o Comitê de Normas Técnicas (CNT/Serp), que elaborará Instruções Técnicas de Normalização (ITN) aplicáveis ao Serp, a serem homologadas pela Corregedoria Nacional de Justiça, para propiciar a operação segura do sistema, a interoperabilidade de dados e documentos e a longevidade de arquivos eletrônicos, como também a adaptação eletrônica dos requisitos jurídico-formais implicados nos serviços, visando garantir a autenticidade e a segurança das operações realizadas com documentos informáticos, inclusive tratando das diretrizes técnicas para uso de assinaturas eletrônicas perante os registros públicos.

Seção II
Dos Operadores Nacional de Registros Públicos

Art. 213. O Operador Nacional do Sistema Eletrônico dos Registros Públicos (ONSERP) será integrado pelo Operador Nacional do Registro Civil das Pessoas Naturais (ON-RCPN), pelo Operador Nacional do Registro de Títulos e Documentos e Civil das Pessoas Jurídicas (ON-RTDPJ) e pelo ONR.

Parágrafo único. As unidades do serviço de Registro Civil das Pessoas Naturais e de Registro de Títulos e Documentos e Civil das Pessoas Jurídicas dos Estados e do Distrito Federal integram o Serp, na forma disposta no art. 211 deste Código, e ficam vinculadas ao ON-RCPN e ao ON-RTDPJ, respectivamente.

Art. 214. Os registradores civis das pessoas naturais e os registradores de títulos e documentos e civis das pessoas jurídicas do Brasil, por meio de suas entidades representativas de caráter nacional já instituídas em 1.º de fevereiro de 2023, ficam autorizados a constituir formalmente e organizar, respectivamente, o ON-RCPN e o ON-RTDPJ, na forma de pessoas jurídicas de direito privado, sem fins lucrativos.

§ 1.º Os registradores civis das pessoas naturais e os registradores de títulos e documentos e civis das pessoas jurídicas do Brasil, por meio de suas entidades representativas de caráter nacional já instituídas em 1.º de fevereiro de 2023, respectivamente, apresentarão propostas de estatuto do ON-RCPN e do ON-RTDPJ.

§ 2.º Os estatutos do ON-RCPN e do ON-RTDPJ deverão ser aprovados pelos oficiais de registros das respectivas especialidades de todo o território nacional, reunidos em assembleia geral.

§ 3.º Os registradores civis das pessoas naturais e os registradores de títulos e documentos e civis das pessoas jurídicas vinculados ao ON-RCPN e ao ON-RTDPJ, respectivamente, serão convocados para as assembleias gerais nos demais casos previstos em seus estatutos.

§ 4.º A assembleia geral de que trata o § 3.º deste artigo será convocada pelas entidades representativas dos oficiais dos respectivos registros, de caráter nacional e já instituídas em 1.º de fevereiro de 2023, alcançando os filiados e não filiados, sob supervisão da Corregedoria Nacional de Justiça.

Art. 215. A Corregedoria Nacional de Justiça atuará como agente regulador do ONSERP, ON-RCPN e do ON-RTDPJ, conforme regulamento a ser editado nos moldes da regulamentação do ONR.

§ 1.º O estatuto aprovado pela assembleia geral e suas alterações deverão ser submetidos à Corregedoria Nacional de Justiça para homologação, no exercício de sua função de agente regulador.

§ 2.º As pessoas jurídicas do ON-RCPN e do ON-RTDPJ, mantidas e administradas conforme deliberação da assembleia geral, somente poderão ter em seu quadro diretivo delegatários que estejam em pleno exercício da atividade.

§ 3.º Após aprovação, os estatutos serão registrados no 1.º Ofício de Registro Civil das Pessoas Jurídicas de Brasília/DF.

Art. 216. Os operadores nacionais de registros públicos manterão registros contábeis, financeiros e administrativos, de acordo com as correspondentes arrecadações, deduzidas eventuais despesas a título de ressarcimentos.

Seção III
Da Sustentação Financeira do ONSERP, ONR, ON-RCPN e ON-RTDPJ

Art. 217. Os recursos financeiros para desenvolvimento, implantação, sustentação e evolução do Sistema Eletrônico de Registros Públicos (Serp) advirão do Fundo para a Implementação e Custeio do Sistema Eletrônico dos Registros Públicos (FIC-ONSERP), criado pelo art. 5.º da Lei nº 14.382, de 2022.

Parágrafo único. O FIC-ONSERP será subvencionado indiretamente pelos oficiais dos registros públicos, responsáveis interinos ou interventores, dos estados e do Distrito Federal, mediante repasses de percentual das rendas do FIC-RCPN, FIC-RTDPJ e FIC/SREI, em montante a ser definido em processo administrativo análogo ao destinado à definição da cota de participação desses fundos setoriais.

Art. 218. Constituem rendas do ON-RCPN e do ON-RTDPJ:

I – o Fundo para a Implementação e Custeio do Sistema Eletrônico do Registro Civil de Pessoas Naturais (FIC-RCPN) e o Fundo para a Implementação e Custeio do Sistema Eletrônico do Registro de Títulos e Documentos e Civil de Pessoas Jurídicas (FIC-RTDPJ), subvencionados pelos oficiais dos registros públicos, ou responsáveis interinos ou interventores, respectivos dos estados e do Distrito Federal, na forma do art. 5.º da Lei nº 14.382 de 2022;

II – os valores recebidos em atos de liberalidade, como doações e legados;

III – as rendas oriundas de prestação de serviços facultativos, nos termos do art. 42-A da Lei nº 8.935, de 18 de novembro de 1994, e da alienação ou locação de seus bens; e

IV – as rendas eventuais.

§ 1.º A cota da subvenção a que se refere o inciso I deste artigo será definida em processo administrativo instaurado pela Corregedoria Nacional de Justiça, no qual serão realizados estudos sobre o volume de arrecadação dos emolumentos brutos pelos atos praticados nos respectivos registros públicos e colhidas informações sobre os montantes estimados necessários para implementação, sustentação e evolução do Serp por cada operador de registros públicos.

§ 2.º O recolhimento da cota de participação será efetuado até o último dia útil de cada mês, com base nos emolumentos percebidos no mês imediatamente anterior.

Art. 219. O FIC/SREI é gerido pelo ONR, cujas regras estão previstas no Capítulo VII do Título II do Livro IV da Parte Geral deste Código de Normas.

Art. 220. Ao Operador Nacional do Sistema Eletrônico de Registros Públicos (ONSERP), ao ONR, ao ON-RCPN e ao ON-RTDPJ, bem como aos tabeliães e aos registradores, é vedado cobrar dos usuários do serviço público delegado valores, a qualquer título e sob qualquer pretexto, pela prestação de serviços eletrônicos relacionados com a atividade dos registradores públicos, inclusive pela intermediação dos próprios serviços, conforme disposto no art. 25, *caput*, da Lei nº 8.935 de 1994, sob pena de ficar configurada a infração administrativa prevista no artigo 31, I, II, III e V, da referida Lei.

Seção III
Das Disposições Gerais

Art. 221. O ONSERP, o ONR, o ON-RCPN e o ON-RTDPJ observarão as disposições estatutárias e as orientações gerais editadas pela Corregedoria

Nacional de Justiça para composição de receitas e execução de despesas, bem como prestarão contas anuais aos respectivos órgãos internos e ao agente regulador, acompanhadas de pareceres produzidos por auditoria independente.

Parágrafo único. A prestação de contas e os pareceres também deverão ser apresentados sempre que solicitado pelo agente regulador.

Art. 222. O ONSERP, ONR, ON-RCPN e ON-RTDPJ apresentarão ao agente regulador relatórios semestrais de gestão, sem prejuízo dos demais deveres tratados neste Capítulo e nos atos próprios da Câmara de Regulação.

Art. 223. Ao ONSERP, ONR, ON-RCPN e ON-RTDPJ são aplicáveis, no que couber, as disposições do *art. 37 e art. 38, ambos da Lei nº 8.935 de 1994*.

Art. 224. O Operador Nacional do Sistema de Registro Eletrônico de Imóveis (ONR) manterá sua organização e governança na forma estabelecida no art. 76 da Lei nº 13.465, de 11 de julho de 2017, e nos atos normativos expedidos pela Corregedoria Nacional de Justiça.

Art. 225. Para viabilizar a consulta referida no art. 3.º, X, "c", "1", da Lei nº 14.382, de 2022, diretamente no Serp, a Central Nacional de Serviços Eletrônicos Compartilhados dos Tabeliães de Protesto (CENPROT), prevista no art. 41-A da Lei nº 9.492, de 10 de setembro de 1997, será integrada por meio de Interface de Programação de Aplicação (API).

Art. 226. O intercâmbio de documentos eletrônicos e de informações entre as serventias de registros públicos e os tabeliães de notas, nos termos do art. 3.º, VII, "b", da Lei nº 14.382, de 2022, será feito por meio de Interface de Programação de Aplicação (API).

Art. 227. As entidades representativas de caráter nacional já constituídas em 1.º de fevereiro de 2023 deverão, até o dia 2 de maio de 2023, instituir os pertinentes operadores nacionais na forma deste Código de Norma.

Art. 228. No prazo de 15 dias da composição do ON-RCPN e do ON-RTDPJ, aqueles que integrarão o Comitê Executivo de Gestão do ONSERP apresentarão proposta de estatuto para homologação pela Corregedoria Nacional de Justiça.

Parágrafo único. Após a homologação, o Comitê Executivo de Gestão realizará a constituição jurídica do ONSERP, na forma disciplinada neste Código de Normas.

Comentários de Aline Rodrigues de Andrade e Camila Polveiro Ferreira Appelt

Os serviços notariais e registrais, embora sejam geridos de forma privada, detém natureza pública, são titularizados pelo Estado e delegados aos particulares. Por conta disso, essa atividade delegada deve observar os princípios reguladores da atividade pública, tal como o princípio da supremacia do interesse público e àqueles prescritos no artigo 37 da Constituição Federal de 1988, CF/88.

O artigo 1.º da Lei nº 8.935/1994 (Lei dos Cartórios), por exemplo, define que "serviços notariais e de registro são os de organização técnica e administrativa destinados a garantir a publicidade, autenticidade, segurança e eficácia dos atos jurídicos". Portanto, regulamenta que os atos, sendo eles notariais ou registrais, sejam públicos, garantindo aos usuários a segurança, a eficiência e, como consequência, a inviolabilidade da operação.

A criação da Lei nº 13.709/2018 (Lei Geral de Proteção de Dados, LGPD) trouxe diretrizes quanto aos dados sensíveis da pessoa natural com o objeto de continuar prestando serviços eletrônicos por meios digitais, protegendo os principais direitos essenciais da pessoa natural.[1]

Com a expansão da tecnologia, observa-se cada vez mais a facilidade na execução dos serviços extrajudiciais,[2] tendo sido acelerada pela Pandemia de COVID-19 que, em razão da complexidade, permitiu continuidade na prestação dos serviços perante a população, fundamentado no artigo 1.º da Lei 8.935/1994.

Assim, diante de toda sistemática com a implantação do Serviço Eletrônico de Registros Públicos, as serventias notariais e registrais devem se adequar cada vez mais ao avanço tecnológico, respeitando o que é previsto pela legislação, sem que haja prejuízo, seja pela parte prestadora do serviço ou para o usuário ou interessado final, preservando os princípios reguladores da atuação, com legalidade e integridade.[3]

Nessa toada, para que exista uma consonância entre esse serviço público e os avanços da sociedade informacional, é primordial que seja assegurada a segurança dos atos realizados de modo físico ou eletronicamente.[4] A segurança, por sua vez, observa os ditames do que se denomina de *compliance*, definido no artigo 41 do Decreto nº 8.420/2015, como:

> conjunto de mecanismos e procedimentos internos de integridade, auditoria e incentivo à denúncia de irregularidades e na aplicação efetiva de códigos de ética e de conduta, políticas e diretrizes com objetivo de detectar e sanar desvios, fraudes, irregularidades e atos ilícitos praticados contra a administração pública, nacional ou estrangeira.

---

1. JABUR, Mirian Aparecida Esquárcio; MARTINELLI, Anielle Eisenwiener. A influência da segurança da informação no Provimento nº 74 e na LGPD. In: LIMA et al (Org.). *LGPD e Cartórios*: Implementação e questões práticas. São Paulo: Saraiva Educação, 2021.
2. TEIXEIRA, Tarcício. Motivações para a adequação das serventias extrajudiciais à LGPD: Mudança Cultural e Conscientização. p. 29-55. In: LIMA et al (Org.). *LGPD e Cartórios*: Implementação e questões práticas. São Paulo: Saraiva Educação, 2021.
3. FÉLIX, Rafaela de Souza; KARAM, Marcelo Monte; KARAM, Lucas Monte. Cartórios do futuro: uma análise dos provimentos que implementaram os serviços eletrônicos nas serventias extrajudiciais. In: TEIXEIRA, Tarcisio et. al. *LGPD e cartórios*: implementação e questões práticas. São Paulo: Saraiva Educação, 2021.
4. ANDRADE, Henrique dos Santos; BARBOSA, Marco Antonio. Cartório Digital na Sociedade da Informação. *Revista do Direito Público*, v. 11, n. 1, p. 85-112, jan./abr. 2016, on-line.

Com isso, a implantação de um programa de *compliance* contempla, cinco etapas, a saber: (i) avaliação de riscos, confecção da matriz de riscos ou *due dilligence*; (ii) sensibilização e construção da cultura de compliance; (iii) concepção do programa, elaboração das diretrizes e dos documentos norteadores; (iv) divulgação e treinamento; (v) controle e monitoramento.[5]

Nessa acepção, o sistema *compliance* traz a ideia de regulamentação, tratando-se de um guia de conduta a cada empresa envolvida no sistema, alinhando a forma de atuação em determinados tipos de situações, de acordo com a Lei aplicável.

Como visto, a atividade notarial e registral deve acompanhar o avanço tecnológico, prestando serviços que condiz com a realidade social. Com isso novas normas reguladoras são introduzidas, com o objetivo de evitar fraudes e desordenamento na execução do serviço extrajudicial, que com o aumento considerável da população vem tomando um espaço cada vez maior na sociedade.

Nesse contexto, é publicado o Provimento nº 88/2019 do Conselho Nacional de Justiça – CNJ, que consiste no controle e adoção de procedimentos pelas serventias extrajudiciais, com a finalidade principal de prevenir a lavagem de dinheiro e o financiamento ao terrorismo, ou de atividades relacionadas, tendo recebido alterações através do Provimento CNJ nº 90, de 12 de fevereiro de 2020, estando atualmente previsto no Código de Normas do Foro Extrajudicial do Conselho Nacional de Justiça – CNNFE/CNJ.

Sabe-se que existem várias consequências da lavagem de dinheiro e consequentemente da corrupção, dentre elas, importante destacar o desequilíbrio da riqueza, gerando o aumento da pobreza, há também a falta de interesse em investimentos estrangeiros, e a má administração na prestação dos serviços públicos, que infelizmente é uma realidade cada vez mais frequente no nosso país.

Diante de tanta inovação, o CNJ vem regulamentando a criação de Centrais Eletrônicas, com intuito de promover a interligação dos notários e oficiais de registros públicos na execução das atividades executadas, e com isso ocorre o intercâmbio de informações, facilitando o acesso aos usuários. Ressalte-se, por oportuno, que as Centrais Eletrônicas não podem ser confundidas com os serviços notariais e registrais, pois não requer a informação de dados diretamente ao titular do serviço extrajudicial.

Com a criação da Lei nº 14.382/2022, o artigo 37 da Lei nº 11.977/2009 foi alterado e passou a dispor que os serviços de registros públicos de que trata a Lei nº 6.015/1973 (Lei de Registros Públicos) promoverão a implantação e o funcionamento adequado do Sistema Eletrônico dos Registros Públicos – SERP.[6]

---

5. ANDRADE, A. R.; MARCON, G. A. Sistema Eletrônico dos Registros Públicos e a adequação ao compliance notarial e registral. In: STINGHEN, João Rodrigo de Morais; MACHADO, Samila Ariana Alves (Org.). *Cartórios, compliance e transformação digital*. São Paulo: Editora Foco, 2023.

6. SALOMÃO, L. F. *Sistema eletrônico do registro público e sua regulamentação*. São Paulo: Forense, 2024.

Na sequência, o CNJ estruturou referências para que o Sistema de Registro Eletrônico de Imóveis – SREI, fosse instaurado em todo território nacional, entendendo que referida inovação seria proveitosa aos serviços registrais acarretando celeridade e segurança para o usuário. Diante disso, importante destacar que a Lei nº 14.382/2022 veio trazendo consideráveis mudanças, como a redução de prazos para análise e registro dos títulos, bem como para emissão de certidões, mas é em seu artigo 3.º que trata das inovações, objetivos e responsabilidades em relação ao Sistema Eletrônico dos Registros Públicos, cabendo à Corregedoria Nacional de Justiça do Conselho Nacional de Justiça disciplinar, a forma de integração do SREI.

O acesso à base de dados de identificação das partes e dos usuários dos registros públicos, podem ser acessadas desde que não infrinja a LGPD, assegurando assim, que os usuários utilizem de forma segura o sistema eletrônico, respeitando o direito fundamental à privacidade, elencado no artigo 5.º, da Constituição Federal.

As serventias extrajudiciais possuem grande quantidade de informações, sendo arquivados documentos de suma importância e que devem ser armazenados de forma segura, mesmo na era tecnológica onde o risco de vazamento de dados e informações ainda é recorrente. Com isso, foi publicado o Provimento nº 74/2018, trazendo os padrões mínimos para que as serventias extrajudiciais tratem com segurança as informações, visto que conforme a Lei Geral de Proteção de Dados, os notários e registradores são agentes de tratamento de dados, e em caso de violações são penalizados pela Autoridade Nacional de Proteção de Dados.

Logo, a criação do SERP trouxe inovações tecnológicas, implantando um sistema unificado de cartório digital, devendo ser observados os padrões de documentos e funcionamento que são estabelecidos pela Corregedoria Nacional de Justiça do CNJ. Sendo que em termos operacionais, o SERP deverá contar com um sistema de segurança e de proteção de dados, criando conjunto de normas, com garantia de proteção dos dados e ainda, reduzindo riscos do sistema armazenador das informações, que as serventias extrajudiciais possuem.

Posteriormente, o CNJ incorporou as mais diversas regulamentações por ele expedida no âmbito extrajudicial, consolidando o que se denomina de Código de Normas do Foro Extrajudicial – CNNFE/CNJ.

A regulamentação do SERP foi incluída no Livro IV (da organização digital dos serviços), Título II (dos sistemas digitais dos serviços), Capítulo II, do referido Código (artigos 211 a 228).

O capítulo é dividido em três Seções: (i) a primeira, acerca das diretrizes para organização do SERP (artigos 211 a 212); (ii) a segunda, cuida dos Operadores Nacional de Registros Públicos (artigos 213 a 216); (iii) a terceira, trata da sustentação financeira destes Operadores (artigos 217 a 220); (iv) a quarta, das disposições gerais que rege o instituto (artigos 221 a 228).

Nesse contexto, foi criado o Operador Nacional do Sistema Eletrônico dos Registros Públicos – ONSERP, como entidade civil sem fins lucrativos, constituída sob a forma de pessoa jurídica de direito privado, com o objetivo de promover a implantação, a manutenção e o funcionamento do SERP.

Por seu turno, o ONSERP será integrado pelo Operador Nacional do Registro Civil das Pessoas Naturais – ON-RCPN, pelo Operador Nacional do Registro de Títulos e Documentos e Civil das Pessoas Jurídicas – ON-RTDPJ; e pelo Operador Nacional do Sistema de Registro Eletrônico de Imóveis – ONR; competindo à Corregedoria Nacional de Justiça atuar como agente regulador destes.

Para manutenção destes Operadores, foi criado o Fundo para a Implementação e Custeio do Sistema Eletrônico dos Registros Públicos – FIC-ONSERP, que será subvencionado indiretamente pelos oficiais dos registros públicos, mediante repasses de percentual das receitas dos Fundos de Implementação e Manutenção do SERP de cada especialidade (RCPN, RTDPJ e SREI), devendo prestar conta aos respectivos órgãos internos e ao agente regulador, acompanhada de pareceres produzidos por auditoria independente.

Ainda, para viabilizar o cumprimento do disposto no artigo 3.º, X, "c", "1", da Lei nº 14.382, de 2022, que assegura a consulta ao SERP para verificação de atos em que a pessoa pesquisada conste como devedora de título de protesto e não pago, a Central Nacional de Serviços Eletrônicos Compartilhados dos Tabeliães de Protesto – CENPROT, será integrada ao SERP por meio de Interface de Programação de Aplicação – API (*software*).

A utilização da tecnologia API também será aplicada para o intercâmbio de documentos eletrônicos e de informações entre os serviços de registros e os tabeliães de notas, em cumprimento ao artigo 3.º, VII, "b", da Lei nº 14.382, de 2022.

Para fins de consulta cibernética e dos serviços disponibilizados, seguem os sites atualmente utilizados pelos citados institutos:

Operador	Site
ONSERP	https://onserp.org.br/
ON-RCPN	https://onrcpn.org.br/
ON-RTDPJ	https://onrtdpj.org.br/
ONR	https://registradores.onr.org.br/
CENPROT	https://www.pesquisaprotesto.com.br/

Conforme se observa, os artigos referidos tratam-se de disposições de implementação e organização dos Operadores dos Sistemas, que visam tornar operacional os mecanismos de integração e informatização dos serviços extrajudiciais, assegurando que a atividade será prestada de modo seguro e observando a nova realidade informacional da sociedade.

O avanço tecnológico será cada vez mais relevante em toda sociedade, uma vez que para execução controlada e sistemática do ordenamento, é necessário seguir de forma criteriosa as normativas impostas e instruções que vão sendo trazidas, para que o sistema notarial e registral exerça sua atividade com transparência, segurança, privacidade e cuidado com os dados sensíveis pessoais.

Dessa forma, disponibilizará aos seus usuários a facilidade, economia e possibilidade de realização dos atos à distância, pois a criação do SERP unifica as centrais eletrônicas, o que acaba gerando mais comodidade ao usuário, resultando na padronização dos procedimentos, e tudo isso ajustado aos programas de compliance, assegurando aos notários e registradores uniformização de procedimentos e economia na prestação dos serviços.

CAPÍTULO III
DO REGISTRO CIVIL DAS PESSOAS NATURAIS
Seção I
Da Central de Informações de Registro Civil das Pessoas Naturais (CRC)

Art. 229. Instituir a Central de Informações de Registro Civil das Pessoas Naturais (CRC) que será operada por meio de sistema interligado, disponibilizado na rede mundial de computadores, com os objetivos de:

I – interligar os oficiais de registro civil das pessoas naturais, permitindo o intercâmbio de documentos eletrônicos e o tráfego de informações e dados;

II – aprimorar tecnologias para viabilizar os serviços de registro civil das pessoas naturais em meio eletrônico;

III – implantar, em âmbito nacional, sistema de localização de registros e solicitação de certidões;

IV – possibilitar o acesso direto de órgãos do Poder Público, mediante ofício ou requisição eletrônica direcionada ao Oficial competente, às informações do registro civil das pessoas naturais; e

V – possibilitar a interligação com o Ministério das Relações Exteriores (MRE), mediante prévia autorização deste, a fim de obter os dados e documentos referentes a atos da vida civil de brasileiros ocorridos no exterior, bem como possibilitar às repartições consulares do Brasil a participação no sistema de localização de registros e solicitação de certidões do registro civil das pessoas naturais.

Parágrafo único. Os oficiais de registro civil das pessoas naturais, pessoalmente, ou por meio das Centrais de Informações do Registro Civil (CRC), devem fornecer meios tecnológicos para o acesso das informações exclusivamente estatísticas à Administração Pública Direta, sendo-lhes vedado o envio e repasse de dados de forma genérica, que não justifiquem seu fim, devendo respeitar-se o princípio e a garantia previstos no inciso X do art. 5.º da Constituição Federal de 1988.

Art. 230. A Central de Informações de Registro Civil das Pessoas Naturais (CRC) será organizada pela Associação Nacional dos Registradores das Pessoas Naturais (Arpen-Brasil), que se apresenta como titular dos direitos autorais e de propriedade intelectual do sistema, do qual detém o conhecimento tecnológico, o código-fonte e o banco de dados, sem ônus ou despesas para o Conselho Nacional de Justiça (CNJ) e os demais órgãos do Poder Público.

§ 1.º As representações estaduais da Arpen-Brasil poderão realizar o acesso ao sistema interligado utilizando infraestrutura própria, ou utilizando infraestrutura de entidade de representação da Arpen-Brasil de outro Estado, mediante prévio acordo, desde que observem os requisitos de interoperabilidade estabelecidos pela Arpen-Brasil e garantam a consulta e comunicação em tempo real.

§ 2.º Todo acesso ao sistema interligado será feito exclusivamente pelo oficial de registro civil ou prepostos que autorizar, os quais serão obrigatoriamente identificados mediante uso de certificado digital emitido conforme a Infraestrutura de Chaves Públicas Brasileira (ICP-Brasil).

§ 3.º O Ministério das Relações Exteriores (MRE) poderá ter acesso à Central de Informações de Registro Civil das Pessoas Naturais (CRC), a ser realizado de forma segura por meio de certificado digital emitido conforme a Infraestrutura de Chaves Públicas Brasileira (ICP-Brasil) ou outro sistema acordado com a Arpen-Brasil.

Art. 231. A Central de Informações de Registro Civil das Pessoas Naturais (CRC) disponibilizará as seguintes funcionalidades:

I – CRC – Buscas: ferramenta destinada a localizar os atos de registro civil das pessoas naturais;

II – CRC – Comunicações: ferramenta destinada a cumprir as comunicações obrigatórias previstas no art. 106 e art. 107 da Lei nº 6.015, de 31 de dezembro de 1973;

III – CRC – Certidões: ferramenta destinada à solicitação de certidões;

IV – CRC – e-Protocolo: ferramenta destinada ao envio de documentos eletrônicos representativos de atos que devem ser cumpridos por outras serventias; e

V – CRC – Interoperabilidade: ferramenta destinada a interligar os serviços prestados por meio de convênios com os programas necessários para o seu desenvolvimento.

Parágrafo único. Mediante iniciativa do Ministério das Relações Exteriores (MRE), poderá promover-se a integração entre a Central de Informações de Registro Civil das Pessoas Naturais (CRC) e o Sistema Consular Integrado do Ministério das Relações Exteriores (SCI/MRE), a fim de possibilitar a consulta à CRC pelas repartições consulares do Brasil no exterior e a consulta, pelos oficiais de registro civil das pessoas naturais, aos índices de atos relativos ao registro civil das pessoas naturais praticados nas repartições consulares.

Art. 232. A Central de Informações de Registro Civil das Pessoas Naturais (CRC) será integrada por todos os oficiais de registro civil das pessoas naturais do Brasil que deverão acessá-la para incluir os dados específicos, nos termos desta Seção, observados os requisitos técnicos fixados pela Arpen-Brasil.

§ 1.º A adesão às funcionalidades da Central de Informações de Registro Civil das Pessoas Naturais (CRC) será feita pelas serventias de todos os estados da Federação no prazo máximo de um ano a contar da vigência desta Seção, sendo as informações dessas adesões repassadas pela Arpen-Brasil à Corregedoria Nacional de Justiça, com uso do sistema Justiça Aberta quando disponível.

§ 2.º O acesso por oficial de registro civil das pessoas naturais será efetuado mediante estrutura disponibilizada diretamente pela Arpen-Brasil ou por sua respectiva representação estadual, independentemente de filiação associativa e de qualquer pagamento ou remuneração a título de uso do sistema.

Art. 233. A Central de Informações de Registro Civil das Pessoas Naturais (CRC) permitirá aos oficiais de registro civil das pessoas naturais a consulta em tempo real para a localização dos atos de registro.

Art. 234. Os oficiais de registro civil das pessoas naturais deverão disponibilizar para a Central de Informações de Registro Civil das Pessoas Naturais as informações definidas pela Arpen-Brasil, observada a legislação em vigor no que se refere a dados estatísticos, no prazo de 10 dias, corridos, contados da lavratura dos atos, respeitadas as peculiaridades locais.

Parágrafo único. Qualquer alteração nos registros informados à CRC deverá ser atualizada no mesmo prazo e na forma do parágrafo anterior.

Art. 235. Em relação aos assentos lavrados anteriormente à vigência do Provimento 46/2015, serão comunicados à Central de Informações de Registro Civil das Pessoas Naturais (CRC) os elementos necessários à identificação do registro, observadas as definições feitas pela Arpen-Brasil, considerando-se a necessidade de afastar, o mais possível, o risco relativo à existência de homônimos.

§ 1.º As informações serão prestadas progressivamente, começando pelos registros mais recentes.

§ 2.º O prazo para o fornecimento das informações previstas neste artigo será de seis meses para cada cinco anos de registros lavrados, iniciando-se a contagem desse prazo a partir de um ano da vigência do Provimento 46/2015.

§ 3.º O prazo do parágrafo anterior poderá ser reduzido ou prorrogado uma vez, mediante ato da competente Corregedoria-Geral da Justiça (CGJ), fundamentado nas peculiares condições das serventias locais, comunicando-se à Corregedoria Nacional de Justiça e à Arpen-Brasil.

Art. 236. As comunicações previstas no art. 106 e art. 107 da Lei nº 6.015/73 deverão ser enviadas obrigatoriamente pela Central de Informações de Registro Civil das Pessoas Naturais (CRC).

Parágrafo único. O envio de informações entre as serventias pela Central de Informações de Registro Civil das Pessoas Naturais (CRC) dispensa o uso do Sistema Hermes – Malote Digital de que trata este Código de Normas.

Art. 237. A utilização da CRC – Comunicações não impede a realização da anotação por outros meios, como a apresentação diretamente ao oficial de registro civil das pessoas naturais do original ou da cópia autenticada da certidão do ato, ou a informação obtida na CRC – Buscas.

Art. 238. A emissão de certidão negativa pelos oficiais de registro civil das pessoas naturais deverá ser precedida de consulta à Central de Informações de Registro Civil das Pessoas Naturais (CRC), devendo ser consignado na certidão o código da consulta gerado (hash).

Parágrafo único. Para a emissão de certidão negativa deverá promover-se consulta prévia ao SCI/MRE quando estiver disponível a integração com o Ministério das Relações Exteriores.

Art. 239. Caso seja encontrado o registro pesquisado, poderá o consulente, no mesmo ato, solicitar a expedição da respectiva certidão que, pagos os emolumentos, as custas e os encargos administrativos devidos, será disponibilizada na Central de Informações de Registro Civil das Pessoas Naturais (CRC), em formato eletrônico, em prazo não superior a cinco dias úteis.

§ 1.º Para a emissão das certidões eletrônicas deverão ser utilizados formatos de documentos eletrônicos de longa duração, compreendidos nessa categoria os formatos PDF/A e os produzidos em linguagem de marcação XML, com certificado digital ICP-Brasil, tipo A3 ou superior, assinatura digital em formato PKCS#7, com disponibilização do código de rastreamento.

§ 2.º As certidões eletrônicas ficarão disponíveis na Central Nacional de Informações do Registro Civil (CRC) pelo prazo de 30 dias corridos, vedado o envio por intermédio de correio eletrônico convencional (e-mail).

§ 3.º Havendo CRC estadual, e nas hipóteses em que o cartório solicitante da certidão eletrônica e o cartório acervo pertençam à mesma unidade da Federação, poderá a certidão permanecer disponível na CRC do mesmo estado, pelo prazo previsto no parágrafo anterior.

§ 4.º O interessado poderá solicitar a qualquer oficial de registro civil das pessoas naturais integrante da Central de Informações de Registro Civil das Pessoas Naturais (CRC), ou a qualquer repartição consular do Brasil no exterior após operacionalização da integração entre CRC e SCI/MRE, que a certidão expedida em formato eletrônico seja materializada em papel e assinada fisicamente, observados os emolumentos devidos.

§ 5.º Ressalvados os casos de gratuidade prevista em lei, os encargos administrativos referidos no caput deste artigo serão reembolsados pelo solicitante da certidão na forma e conforme os valores que forem fixados em norma de cada Corregedoria-Geral da Justiça (CGJ). Serão compreendidas como encargos administrativos as despesas com compensação de boleto bancário, a operação de cartão de crédito, as transferências bancárias, a certificação digital framework, certificado de atributo e de carimbo de tempo) e outras que forem previstas em normas estaduais, desde que indispensáveis para a prestação do serviço solicitado por meio da central informatizada.

Art. 240. Os oficiais de registro civil deverão, obrigatoriamente, atender às solicitações de certidões efetuadas por via postal, telefônica, eletrônica, ou pela Central de Informações de Registro Civil das Pessoas Naturais (CRC), desde que satisfeitos os emolumentos previstos em lei e, se existentes, pagas as despesas de remessa.

Art. 241. A Central de Informações de Registro Civil das Pessoas Naturais (CRC) poderá ser utilizada para consulta por entes públicos que estarão isentos do pagamento de custas e emolumentos, ou somente de custas, conforme as hipóteses contempladas na legislação, e por pessoas naturais ou jurídicas privadas que estarão sujeitas ao pagamento de custas e emolumentos.

Parágrafo único. A Arpen-Brasil poderá firmar convênios com Instituições Públicas e entidades privadas para melhor atender aos serviços disponibilizados pelo CRC, submetendo-se a aprovação prévia pela Corregedoria Nacional de Justiça.

Art. 242. O sistema deverá contar com módulo de geração de relatórios (correição on-line) para efeito de contínuo acompanhamento, controle e fiscalização pelas corregedorias-gerais da Justiça e pelo Conselho Nacional de Justiça (CNJ).

Art. 243. Este Código de Normas define o conjunto mínimo de especificações técnicas e funcionalidades da Central de Informações de Registro Civil das Pessoas Naturais (CRC), de forma que, independentemente de novo ato normativo, as tecnologias utilizadas possam ser aprimoradas com outras que venham a ser adotadas no futuro, a partir de novas funcionalidades incorporadas à CRC.

Art. 244. Ocorrendo a extinção da Arpen-Brasil, ou a paralisação da prestação, por ela, do serviço objeto deste da Seção deste Código de Normas, sem substituição por associação ou entidade de classe que o assuma em idênticas condições mediante autorização do Conselho Nacional de Justiça (CNJ), será o banco de dados, em sua totalidade, transmitido ao CNJ ou à entidade que o CNJ indicar, com o código-fonte e as informações técnicas necessárias para o acesso e a utilização de todos os seus dados, bem como para a continuação de seu funcionamento na forma prevista neste Código de Normas, sem ônus, custos ou despesas para o Poder Público e, notadamente, sem qualquer remuneração por direitos autorais e de propriedade intelectual, a fim de que a Central de Informações de Registro Civil das Pessoas Naturais (CRC) permaneça em integral funcionamento.

Art. 245. A Associação Nacional dos Registradores das Pessoas Naturais (Arpen-Brasil), ou quem a substituir na forma da Seção deste Código de Normas, se obriga a manter sigilo relativo à identificação dos órgãos públicos e dos respectivos servidores que acessarem a Central de Informações de Registro Civil das Pessoas Naturais (CRC), ressalvada requisição judicial e fiscalização pela Corregedoria Nacional de Justiça.

Comentários de Rafael Augusto Pereira Marques e Danielle Souza Marques

Art. 229. Diante da necessidade de criação e implantação do Sistema Eletrônico dos Registros Públicos determinada pela Lei 11.977, de 07 de julho de 2009, à vista da implantação do SIRC (Sistema Nacional de Informações de Registro Civil) efetuada pelo Decreto nº 8.270, de 26 de junho de 2014 e, principalmente, ante o venturoso resultado do funcionamento de centrais estaduais até então mantidas por associações de registradores mediante autorização das Corregedorias Gerais da Justiça dos Estados de São Paulo, Rio de Janeiro e Santa Catarina, o CNJ, em 2014, por meio do Provimento nº 38, instituiu a Central de Informações de Registro Civil das Pessoas Naturais (CRC) em âmbito nacional, posteriormente revogado pelo Provimento nº 46, de 2015, por sua vez, agora integralmente consolidado no CNN nos artigos 229 a 245.

A criação desta central de informações reflete a busca por eficiência, celeridade e modernização nos procedimentos relacionados ao registro civil das pessoas naturais.

Os objetivos delineados para a CRC indicam uma abordagem abrangente e alinhada com as necessidades contemporâneas. A operação por meio de um sistema interligado na internet evidencia a intenção de facilitar o acesso e a troca de informações entre as diversas unidades de registro civil, promovendo uma maior integração e interoperabilidade.

A principal finalidade da central é consolidar e atualizar, em um único ponto, dados vitais como nascimentos, casamentos e óbitos. Essa centralização tem o potencial de simplificar procedimentos administrativos, reduzir redundâncias e facilitar o acesso rápido e seguro a essas informações tão relevantes para as relações travadas na sociedade.

Ademais, a operação na rede mundial de computadores sugere uma visão alinhada com os princípios da transformação digital, possibilitando que os serviços relacionados ao registro civil acompanhem as inovações tecnológicas, proporcionando maior eficiência e conveniência para os cidadãos.

Contudo, é fundamental que as disposições legais e regulamentares assegurem a privacidade e segurança das informações, bem como que estabeleçam salvaguardas para garantir a veracidade e integridade dos registros mantidos pela central sejam eficazmente aplicadas.

Em síntese, criação da CRC evidencia um salto gigante na modernização dos serviços relacionados ao registro civil, promovendo a eficiência, centralização de informações e o uso das tecnologias da informação para melhor servir à sociedade.

I – A CRC-Nacional viabilizou a integração dos RCPN's de todo o território nacional. Na central, os Registradores podem enviar e receber documentos eletrônicos, notadamente certidões, além de procedimentos diversos, mandados, comunicações etc.

A implementação da central eletrônica nacional representou um salto gigante na democratização e difusão desse crucial serviço ligado ao reconhecimento e ao próprio exercício da cidadania, tornando enormemente mais cômodo, eficiente e barato o atendimento de pedidos dessa natureza à população. O Estado também se beneficia enormemente dessa centralização, na medida que a disponibilização de dados e sua análise mais precisa e dinâmica, possibilitam a implementação de políticas públicas mais eficazes.

O intercâmbio de documentos eletrônicos e o tráfego de informações e dados entre os Oficiais de Registro Civil das Pessoas Naturais, direciona para a criação de uma rede colaborativa. Essa interligação elimina barreiras geográficas e agiliza a comunicação entre diferentes unidades de registro civil, proporcionando benefícios tanto para os profissionais envolvidos quanto para os cidadãos.

II – Esse aprimoramento é diuturno. Desde o surgimento da CRC, a plataforma tem cada vez mais apresentado soluções cômodas e eficazes para atendimento das demandas dos Oficiais e da população em geral. Após sua inauguração, pudemos acompanhar o surgimento e implantação do Edital Eletrônico, compartilhamento automático de informações com o SIRC e outros órgãos da administração pública, geração e correção de CPF, central de sinal público, central de tradutores etc. Os módulos mais recentes são: "Alteração de Prenome", que permite a formalização de todo o procedimento de alteração de prenome de forma eletrônica na própria plataforma e o módulo "União Estável", para a formalização dos termos declaratórios de reconhecimento e/ou de dissolução de união estável perante o oficial de registro civil das pessoas naturais a que se refere o inciso IV, do § 3.º, do artigo 537, do CNN.

Sabemos que tramitam inúmeros outros projetos que ampliarão a já vasta gama de serviços disponibilizados perante os Ofícios da Cidadania, tornando cada mais concreta essa premissa.

Essa busca não apenas acompanha, mas também impulsiona a revolução digital na administração pública. O uso de tecnologias mais avançadas pode resultar em processos mais eficientes, redução de burocracia e aumento da acessibilidade aos serviços para a população.

A transição para o meio eletrônico não apenas reflete uma modernização operacional, mas também pode oferecer benefícios tangíveis, como a redução de tempo e custos associados à tramitação de documentos físicos. Além disso, a oferta de serviços eletrônicos simplifica a vida dos cidadãos, proporcionando conveniência e agilidade no acesso aos registros civis.

É imperativo, de outro turno, garantir que a segurança da informação seja uma prioridade nesse processo de transição. O aprimoramento tecnológico deve vir acompanhado de medidas robustas para proteger a integridade, confidencialidade e autenticidade dos dados e documentos eletrônicos.

Destaca-se, com isso, a importância de abraçar as potencialidades da tecnologia para otimizar os serviços de registro civil, promovendo uma administração mais eficiente e alinhada com as expectativas da sociedade.

III – A CRC-Nacional, tendo em mira esse objetivo, disponibiliza através da ferramenta de buscas esse sistema de localização de assentos. Contudo, vale antecipar que o integral atendimento desse propósito, somente se dará quando todas as serventias do país cumprirem o dever de informar todos os assentos de registros lavrados no respectivo cartório, quando então essa busca, e mais que isso, a segurança e certeza do resultado dessa busca, serão virtuosamente mais apurados.

IV – Não apenas o Poder Judiciário Estadual – como se tem observado na prática – pode aderir ao sistema e rogar informações e certidões por meio da central eletrônica, mas também outros órgãos do poder público em geral, bastando a formalização de convênio.

Esta proposta tem como objetivo promover uma interação mais ágil e eficiente entre a administração pública e as serventias extrajudiciais, contribuindo para a agilidade e eficácia na obtenção de informações relevantes.

A permissão para que órgãos do Poder Público tenham acesso direto às informações da central relacionadas ao registro civil é estratégica, uma vez que agiliza procedimentos administrativos e contribui para a tomada de decisões embasadas em dados confiáveis.

Vale reforçar novamente, contudo, que a adoção de medidas robustas de segurança e privacidade é imperativo para proteger a confidencialidade dessas informações acessadas.

Afinal, resguardar a integridade e autenticidade dos dados é fundamental para preservar a confiança no sistema e respeitar os direitos individuais dos cidadãos. De modo que a regulamentação específica sobre os critérios e circunstâncias para o acesso, bem como salvaguardas para prevenir o vazamento e o uso inadequado dessas informações, são aspectos importantes a serem considerados na implementação deste objetivo e que não podem ser relegados a segundo plano.

V —Em mais uma frente evolutiva, o RCPN agora busca transpor a barreira do território real, visando alcançar o ficto. Conforme notícia veiculada na ARPEN/BR em maio de 2023 "um piloto deste projeto já está em operação no consulado brasileiro da Bélgica, essa ação tem sido essencial para brasileiros que vivem no país sede da União Europeia. Seria essencial Portugal, com o tamanho da comunidade brasileira que abriga, também fazer receber acesso e testar a ferramenta que já está pronta e respeita as leis e normativas brasileiras", Karine Boselli, vice-presidente da Arpen-SP e tesoureira da Arpen-Brasil.[1]

Desse modo, os atos de Registro Civil das Pessoas Naturais lavrados perante os Consulados poderão ser integrados à central, viabilizando a solicitação e remessa do documento, por meio eletrônico, para qualquer serventia extrajudicial no país. Ademais,

---

1. Disponível em: https://www.anoreg.org.br/site/arpen-br-representantes-dos-cartorios-de-registro-civil-brasileiros-discutem-interoperabilidade-entre-consulados-e-cartorios-com-o-embaixador-do-brasil-em-lisboa-ministro-wladimir-waller/. Acesso em: 28 dez. 2023.

poderão ser solicitados perante o Consulado, certidão ou informações de qualquer serventia de RCPN no país.

Além de aprimorar a acessibilidade aos registros civis, a expansão do projeto para incluir consulados representa um avanço significativo na modernização dos serviços consulares. Essa iniciativa não apenas beneficia brasileiros residentes no exterior, mas também simplifica e agiliza procedimentos para todos aqueles que necessitam de documentos emitidos por Consulados. A interconexão entre consulados e a central de registros civis visa criar um sistema eficiente e ágil, refletindo o compromisso contínuo com a inovação e a praticidade na prestação de serviços públicos. Este avanço reforça o papel dos registros civis como um serviço vital.

Parágrafo único Como já dito, a centralização dos dados relativos à vida civil da população é extremamente benéfica para a escolha e a efetiva prática de condutas públicas por parte do Estado e não deve, evidentemente, servir a interesses que não sejam estritamente públicos. A responsabilidade pela recepção, armazenamento, tratamento e, principalmente, a disponibilização desses dados é gigantesca e deve sempre se pautar pelas melhores práticas tecnológicas disponíveis, com o intuito de impedir a divulgação indevida de qualquer dado ou informação, fora dos parâmetros legais.

Esse dispositivo reflete uma preocupação legítima em conciliar o acesso às informações para fins estatísticos com a proteção dos princípios e garantias individuais previstos na Constituição Federal de 1988. Não é por outro motivo que se previu a restrição ao envio e repasse genérico de dados, sem justificativa adequada, evidenciado uma precaução fundamental para proteger a privacidade e a segurança dos dados pessoais.

A observância e respeito os princípios e as garantias previstos no inciso X, do artigo 5.º da Constituição Federal de 1988 são inafastáveis e aqui se evidencia o cuidado necessário ao lidar com informações pessoais, mesmo para fins estatísticos, o que se alinha aos princípios de proteção de dados e respeito aos direitos fundamentais.

Pondera-se, com efeito, por um exato equilíbrio entre a necessidade de fornecer informações estatísticas à Administração Pública e a proteção dos direitos individuais, promovendo uma abordagem responsável e alinhada com os valores constitucionais.

Art. 230. A central é organizada e gerida pela ARPEN/Brasil, figurando como titular dos direitos autorais e de propriedade intelectual do sistema. Sua fonte de receita é a "despesa administrativa", incidente sobre o ato solicitado na central, cujo valor é debitado do saldo da conta virtual do Oficial, mantida na própria central; custo esse que, vale lembrar, não poderia ser repassado ao consumidor final nos termos do Provimento nº 107,[2] de 24.06.2020, do CNJ, enquanto pendente autorização legal, podendo, contudo, ser lançado no livro diário como despesa, já que onera a receita do Registrador.

---

2. Art. 1.º É proibida a cobrança de qualquer valor do consumidor final relativamente aos serviços prestados pelas centrais registrais e notariais, de todo o território nacional, ainda que travestidas da denominação de contribuições ou taxas, sem a devida previsão legal.

Ao se designar a Arpen-Brasil como responsável pela organização da central, temos o reconhecimento de sua competência para a manutenção desta que associado ao fato de ser identificada como titular dos direitos autorais e de propriedade intelectual sugere uma parceria estratégica entre a entidade e os órgãos públicos, visando à implementação e operação eficientes desta.

§ 1.º O dispositivo viabiliza que a ARPEN estadual acesse a CRC por meio de infraestrutura própria, ou seja, poderá a entidade de classe do ente federativo preparar, por si só, todo suporte material e pessoal para ingressar na Central de Informações de Registro Civil das Pessoas Naturais. O CNN permite, outrossim, nos casos dos Estado que já haviam implementado a central eletrônica, como em São Paulo, o aproveitamento e manutenção de todo o aparato que já havia sido direcionado para a implementação da referida central, com a ressalva da estrita observância de requisitos mínimos de interoperabilidade, afinal, as bases cadastrais (estadual e federal) precisam possuir a capacidade de trabalhar em conjunto (interoperar) de modo a garantir que os sistemas computacionais interajam para trocar informações de maneira eficaz e harmônica entre si, ou seja, precisam falar a mesma língua.

A interoperabilidade é fundamental para assegurar que diferentes partes possam interagir de forma eficaz, promovendo uma comunicação fluida e consistente entre as representações estaduais.

A exigência de consulta e comunicação em tempo real ressalta a importância da agilidade na troca de informações entre as entidades estaduais e o sistema interligado, o que é especialmente relevante para garantir a eficiência dos serviços extrajudiciais em um contexto dinâmico.

§ 2.º O acesso à CRC tanto pelo Oficial, quanto por seu substituto ou mesmo preposto autorizado, será feito pelo cadastro prévio do próprio Oficial da respectiva serventia na central eletrônica, ao qual compete manter essas informações e dados absolutamente atualizados, procedendo ao cadastramento de colaboradores aptos a acessar o sistema, escolhendo e alterando os privilégios de acesso lhe serão franqueados ou vedados, bem como desabilitando aqueles que não lhes são mais subordinados.

É obrigatório o emprego de assinatura eletrônica qualificada (certificado digital ICP-Brasil) para se ingressar na Central, garantindo-se, assim, a identificação do usuário do sistema e principalmente possibilitando o rastreio e imputação de suas ações no referido ambiente virtual.

§ 3.º Como se sabe, nos termos do artigo 18[3] do Decreto-lei n° 4.657/42 (LINDB), as autoridades consulares brasileiras são competentes para a prática de atos de registro civil e notas do interesse de brasileiros que estejam no estrangeiro. Esses atos, contudo, atualmente estão fora do alcance da central eletrônica.

---

3. Art. 18. *Tratando-se de brasileiros, são competentes as autoridades consulares brasileiras* para lhes celebrar o casamento e os mais *atos de Registro Civil e de tabelionato*, inclusive o registro de nascimento e de óbito dos filhos de brasileiro ou brasileira nascido no país da sede do Consulado – o grifo é nosso.

Com efeito, o dispositivo em tela reforça o objetivo já traçado para a Central de Informações de Registro Civil das Pessoas Naturais (CRC) no inciso V, do artigo 229, do CNN esmiuçando, aqui, que a forma desse acesso à central por parte do Ministério das Relações Exteriores poderá se dar de forma diversa, não se limitando ao emprego de certificado digital emitido conforme a Infraestrutura de Chaves Públicas Brasileira (ICP-Brasil), desde que seja de modo seguro e por sistema previamente convencionado com a Arpen-Brasil, organizadora e gestora da central.

Desse modo, os atos de Registro Civil das Pessoas Naturais lavrados perante os Consulados poderão ser integrados à central, viabilizando a consulta, solicitação, emissão e remessa do documento, por meio eletrônico, para qualquer serventia extrajudicial no país. Ademais, poderão ser solicitados perante o Consulado, certidão ou informações de qualquer serventia de RCPN no país.

Art. 231. I – A possibilidade de se localizar um assento de registro com simples "clicar" do mouse somente tem se concretizado graças ao pouco reconhecido hercúleo trabalho prestado pelos Oficiais e prepostos do país. São incontáveis horas de trabalho já direcionadas a esse propósito, na maioria dos casos, extraordinárias que não foram remuneradas, mas compensadas pelo sentimento comum de fazer parte de uma das maiores realizações da história do serviço de Registro Civil das Pessoas Naturais, ainda que nem referida por aqueles a quem desejamos sempre impressionar.

É certo que desde a instalação da central nacional (2015) até os dias atuais, inúmeras serventias ainda não lograram carregar os dados de seus assentos na referida central, conforme determina o artigo 235, do CNN, não por desídia ou vitupério à ordem posta – ao menos a vasta maioria, mas seguramente pela grandeza e dificuldade da tarefa imposta. Mas chegaremos lá.

II – As comunicações previstas nos artigo 106 e 107 da Lei nº 6.015/73 tem o escopo de possibilitar o cruzamento de informações, por meio de anotações à margem de assentos anteriores que não sofreram diretamente alguma mutação, mas que, por sua relevância e necessidade de ampla publicidade, devem ser grafados em assentos precedentes relacionados ao original.

Com efeito, o assento de nascimento (Livro A) é o que mais recebe essa espécie de ato, na medida que é o primeiro assento de registro acerca da existência de qualquer pessoa natural, e todos os demais que lhe são posteriores devem nele ser anotados. Desse modo, a rigor, no assento de nascimento se anota o registro de: casamento (Livro B e/ou B-Auxiliar), óbito (Livro C), interdição, tomada de decisão apoiada, emancipação (todos esses últimos lavrados no Livro E), bem como averbações que esses registros posteriores receberem, verbi gratia, averbação de divórcio, levantamento de uma interdição, alteração de apoiador etc. Já no registro de casamento, via de regra se anota o assento de óbito e eventual casamento e divórcio posteriores.

Esse dever de anotação de um ato de registro ou averbação, nos demais atos de registro civil da pessoa natural tem por finalidade a manutenção da fidelidade das informações do registro, já que em observância ao princípio da verdade registral, o conteúdo do registro precisa corresponder à realidade dos fatos, a fim de que a certidão seja o espelho da verdade.[4]

Note que a ausência dessas informações adicionais em uma certidão que circula na sociedade pode gerar imensuráveis dissabores. Desse modo é conveniente, seguro e preventivo que, ao pedir uma certidão de nascimento, o interessado no assento já tenha conhecimento, por via oblíqua, de que o registrado é eventualmente casado, divorciado, ou, ainda, que foi interditado.

É certo que a recíproca não é verdadeira, id est, a ausência de uma anotação, por exemplo, de casamento no assento de nascimento de uma pessoa, não significa que ela não seja casada, uma vez que a prova do casamento se faz pela certidão do matrimônio (artigo 1543), o mesmo se diga de um óbito que não tenha sido anotado no assento de casamento. Contudo, tal circunstância, não diminui o efeito preventivo criado pela teia das anotações.

Com efeito, sempre que o Oficial lança algum registro ou averbação no Livro B (casamento), B-Auxiliar (casamento religioso com efeitos civis), C (óbito) e no Livro E (demais atos), deve aferir, no ensejo, e na referida sequência – acrescida do Livro A (nascimento), se há em sua serventia outros assentos relacionados à mesma pessoa para proceder à referida anotação. Vale anotar que o registro feito no Livro A, não enseja, via de regra comunicação, por ausência de atos anteriores, o mesmo ocorrendo com o C-Aux (natimorto), que em raríssimas oportunidades, recebe somente atos de averbação.

Na hipótese de o assento precedente pertencer a outra serventia, deverá então o Oficial emitir uma comunicação, que se materializa num resumo do próprio assento e deve expedi-lo ao Oficial competente para a anotação. Esse procedimento era realizado, antes da implantação da CRC, por meio de carta física postada nas agências dos correios, o que demandava inequívoco desperdício de tempo, papel, mão de obra etc., além do risco do extravio ou mesmo de um endereço desatualizado da serventia de destino.

Com a implantação da CRC e o módulo de "comunicações" essa tarefa ficou significativamente mais simples. Na referida central temos não só a possibilidade de encaminhar, por meio de formulário eletrônico, comunicações individuais, mas também lotes de comunicações em arquivo único de formato XML, atualmente gerado pela maioria dos sistemas utilizados pelas serventias extrajudiciais.

Essa ferramenta trouxe enorme comodidade aos Oficiais, mas mais que isso, enorme eficiência e segurança ao sistema de Registro Civil das Pessoas Naturais.

III —Essa sim a ferramenta que justifica e simboliza o nascimento da central eletrônica. Não há dúvida de que a comodidade e eficiência causada pela possibilidade de se solicitar, emitir, enviar, receber, guardar, transportar e exibir uma certidão, exclusivamente por meio eletrônico, é das mais festejadas e buscadas pela sociedade. O

---

4. KÜMPEL, Vitor Frederico; FERRARI, Carla Modina. *Registro Civil das Pessoas Naturais*. São Paulo: YK Editora, v. 2, fev. 2022, p. 234.

que antes era tema de ficção científica, hodiernamente é a rotina do Registrador. A já reconhecida capilaridade do serviço evoluiu e transmutou-se para permitir não só o acesso a seus serviços aos rincões do país, mas que esses possam acessar outros lugares.

Não há dúvida de que a construção de sistema para organizar e gerenciar esse tráfego demandou esforço imensurável, mas cujo resultado é festejado e referido em todos os círculos jurídicos.

IV – Pelo E-Protocolo as serventias extrajudiciais podem encaminhar umas às outras mandados, ou escritura públicas, requerimentos e documentos em geral para prática de atos de registro ou averbação, incluindo procedimentos de retificação, de alteração de prenome e/ou patronímico familiar, reconhecimento de parentalidade (biológica ou socioafetiva), para emissão de certidão em inteiro teor (exclusivamente a digitada), incluindo todos os assentos do Livro E etc.

Em outras palavras, à exceção da certidão em inteiro teor por imagem, todos os demais serviços de competência do Registro Civil das Pessoas Naturais podem ser rogados por meio da central eletrônica (CRC), demonstrando a sua versatilidade e inegável eficiência.

V – A central deve manter arquitetura que permita o alargamento de sua base de operação, com o intuito de abarcar novos serviços, que devem ser precedidos de convênios, bem como que lhe permita operar com outras centrais ou sistemas, garantindo a sua constante evolução.

A interoperabilidade é crucial em sistemas complexos como a central eletrônica, haja vista que possibilita a comunicação eficiente entre diferentes sistemas e serviços, garantindo a permuta de dados de forma harmonizada. A criação de convênios com programas necessários para o desenvolvimento da CRC evidencia uma abordagem colaborativa, onde a central busca se integrar com outras entidades e sistemas para oferecer serviços mais abrangentes e eficazes.

O sistema depende de tecnologias e recursos externos que são essenciais para o seu funcionamento adequado. Essa abordagem permite a inclusão de inovações tecnológicas e a integração com sistemas já existentes, promovendo uma maior flexibilidade e adaptabilidade ao cenário tecnológico em constante evolução.

Ademais disso, a perspectiva da interoperabilidade sugere uma preocupação com a prestação de serviços mais eficientes e acessíveis, proporcionando uma experiência melhor, mais intuitiva e fácil, tanto para os usuários do serviço público, quanto para seus operadores e demais entidades que interajam com a central eletrônica.

Parágrafo único. Avançando mais na tratativa deste tema, já mencionado no § 3.º, do artigo 230 e inciso V, do artigo 229, ambos do CNN, esse artigo explicita exatamente a possibilidade tanto de consulta e solicitação por parte dessas autoridades brasileiras a atos lançados na referida central eletrônica, quanto a possibilidade de consulta e solicitação por parte de qualquer serventia de RCPN do país de atos de registro civil (assentos de nascimento, casamento e óbitos) praticados perante às autoridades consulares brasileiras sediadas no estrangeiro, facilitando enormemente o fluxo dessas importantes informações civis das pessoas naturais, que se deram em país alienígena.

Ao possibilitar a troca ágil de informações entre a CRC e as repartições consulares, esse mecanismo de integração fortalece a capacidade do Estado em lidar com eventos civis ocorridos no exterior, garantindo a eficiência e a segurança na consulta e obtenção de registros. Essa iniciativa reflete o compromisso do Ministério das Relações Exteriores em modernizar e aprimorar os processos relacionados ao registro civil das pessoas naturais, promovendo uma maior conectividade entre as instituições brasileiras no país e no exterior. A interligação entre a CRC e o SCI/MRE representa um passo crucial para atender às demandas da sociedade globalizada, facilitando a vida dos cidadãos e assegurando a confiabilidade e acessibilidade das informações registrais em âmbito internacional.

Art. 232. A centralização das informações demanda a adesão de todos os envolvidos na prática dos atos de competência do Registro Civil das Pessoas Naturais. Desse modo, nada mais natural, do que a expressa consignação de que todos os ofícios dessa natureza do país a ela são integrados, devendo nela, ainda, lançar os dados pertinentes, com o intuito de criação e disponibilização dessa base única de dados de âmbito nacional.

Aqui novamente o referido dever de alimentar a base eletrônica com os atos da serventia, sejam os atuais ou os pretéritos, de modo gradativo, como já mencionado.

Esse processo progressivo assegura não apenas a atualização constante da base de dados, mas também a preservação e organização histórica dos registros, consolidando a eficácia e a integridade do sistema de Registro Civil das Pessoas Naturais.

§ 1.º Os emolumentos, já definidos como espécie tributária de natureza de "taxa", à exceção dos serviços que são legalmente gratuitos (assento de nascimento, óbito, celebração de casamento civil etc.), são devidos pelos interessados quando da prestação dos serviços extrajudiciais. A fixação do valor desses emolumentos, por opção do legislador constitucional, foi delegado ao legislador estadual, podendo assim, cada ente federativo nacional, criar, por meio de lei, sua tabela de emolumentos, desde que obedecidas as regras gerais definidas na Lei nº 10.169/00.

Desse modo, no território nacional existem 27 tabelas de emolumentos distintas entre si, não só com valores, mas com formas de cobrança absolutamente distintas entre si, o que por si só, deve ter causado uma dificuldade enorme para a unificação da prestação dos serviços na central eletrônica.

Transposta essa barreira econômica, seguramente precedida de trabalho gigantesco para compatibilizar o sistema com as diversas tabelas e formas de cobrança de emolumentos pelos atos da especialidade de Registro Civil das Pessoas Naturais, foi então possível a adesão à Central de Informações de Registro Civil das Pessoas Naturais (CRC) por parte de todas as 27 unidades federativas do Estado Brasileiro.

§ 2.º O § 1.º, do artigo 230, tratou do acesso das próprias centrais estaduais à CRC-Nacional. Aqui, com o mesmo tratamento, cuida agora do acesso à central eletrônica, por parte do próprio Oficial, o qual poderá se dar por meio de infraestrutura disponibilizada pela própria Arpen-Brasil, ou ainda, por sua representante estadual, deixando claro que esse acesso, por intermédio de representação local, não pode estar condicionado à filiação do Oficial ou mesmo ao pagamento de qualquer espécie de remuneração, afinal é direito social e garantia individual fundamental à liberdade associativa, nos termos do inciso V e caput, ambos do artigo 8.º, da Constituição Federal. Ademais, a adesão condicionada do serviço, sem sombra de dúvidas, impediria a sua nacionalização.

É importante rememorar que o CNN permite, como referido no artigo 230 que, nos casos dos Estado que já haviam implementado a central eletrônica, o aproveitamento e manutenção de toda essa infraestrutura.

Art. 233. O artigo em tela reforça a obrigatoriedade da disponibilização de ferramenta disciplinada no inciso I, do artigo 231, deste CNN, que é a de busca de assentos na central. Como já dito, como inúmeras serventias ainda não lograram carregar todos os dados de seus assentos na referida central, essa ferramenta é, ainda utilizada, de modo parcial e com segurança relativizada.

O dispositivo ressalta a importância da agilidade e prontidão no acesso às informações registradas. Ao possibilitar a consulta em tempo real, a central visa oferecer aos Oficiais uma ferramenta eficaz para localizar atos de registro de maneira instantânea. Isso não apenas facilita a resposta rápida a consultas, mas também contribui para a eficiência operacional e a prestação de serviços mais ágeis aos cidadãos.

Essa consulta em tempo real é particularmente valiosa em situações que demandam respostas imediatas, como a emissão de certidões ou a verificação da existência de registros específicos. Essa funcionalidade pode representar uma melhoria significativa na qualidade e na celeridade dos serviços prestados pelos oficiais de registro civil.

Art. 234. A rigor, todos os atos de registro (nascimento, casamento, óbito, especiais do Livro E) e averbação de assentos das serventias de Registro Civil das Pessoas Naturais devem ser enviados, por meio de preenchimento de formulário próprio na central eletrônica, ou por meio de lotes de arquivos em formato XML, nominadas "cargas", no prazo máximo de 10 (dez) dias corridos, contados da prática do ato, à central eletrônica para a formação, manutenção e atualização do seu banco de dados.

Contudo, considerando a implementação do Sistema Nacional de Informações de Registro Civil (Sirc), o qual impõe a remessa em até 1 (um) dia útil[5] da relação dos assentos lavrados na serventia de nascimentos, natimortos, casamentos, óbitos, bem como de suas respectivas averbações e anotações, às serventias que optarem por de-

---

5. Art. 68. O Titular do Cartório de Registro Civil de Pessoas Naturais remeterá ao INSS, em até 1 (um) dia útil, pelo Sistema Nacional de Informações de Registro Civil (Sirc) ou por outro meio que venha a substituí-lo, a relação dos nascimentos, dos natimortos, dos casamentos, dos óbitos, das averbações, das anotações e das retificações registradas na serventia. Lei nº 8.212/91, com redação dada pela Lei nº 13.846/2019.

legar essa tarefa à referida central eletrônica, mediante autorização concomitante em ambos os sistemas (CRC-Nacional e SIRC), deverão realizar cargas diárias, no mesmo formato, na central eletrônica e não somente a cada 10 (dez) dias como referido neste dispositivo. Com efeito, realizada a "carga" na CRC-Nacional, esta própria central, de modo automático, reencaminha os dados pertinentes para o SIRC.

É válido reforçar que mesmo nos casos em que não haja a prática de ato (de registro, averbação ou anotação) que enseje a comunicação às referidas centrais, essa ausência de movimento deverá ser registrada pelo Oficial nos respectivos sistemas (CRC-Nacional e SIRC), isso porque a ausência de ato não computado nas referidas centrais, enseja que elas interpretam que o Oficial está em atraso com relação ao envio dos dados.

Art. 235. Como já dito, os dados dos assentos atualmente lavrados na serventia, são de lançamento compulsório na central eletrônica, para a formação do seu acervo digital. Contudo, compete ainda aos Oficiais fazerem a remessa eletrônica de assentos anteriores à implementação da própria central, exatamente para alargar a base de dados, com o intuito de ser possível, em futuro próximo, proceder-se à busca de qualquer assento de registro civil no País lavrado a partir de 01 de janeiro de 1880, exclusivamente por meio da central eletrônica.

Esse trabalho digno de destaque realizado por parte dos Oficiais de Registro Civil das Pessoas Naturais contribui, de modo ímpar, para o efetivo soerguer do serviço à era eletrônico-digital. Para o correto cadastrado dos assentos na central, visando atender ao preceito de se afastar, o mais possível, o risco relativo à existência de homônimos, a central possui formulário com campos de preenchimento obrigatórios para cargas manuais e o arquivo XML (no caso de cargas em lote) a ser gerado pelo sistema da própria serventia, deve atender diretrizes fixadas disponibilizadas em seu manual.[6]

§ 1.º A remessa dos dados pertinentes aos assentos lavrados antes do Provimento 46/2015 tem sido realizada desde aquela época e ainda pende de conclusão, haja vista que a uma grande parcela das serventias extrajudiciais do país ainda não lograram cumprir essa determinação normativa.

O desafio persistente na implementação total do processo revela a complexidade e a extensão do trabalho envolvido, destacando a necessidade contínua de esforços coordenados entre os oficiais de registro civil e órgãos reguladores para assegurar a efetiva inclusão de todos os registros, tanto recentes quanto históricos, na Central de Informações de Registro Civil das Pessoas Naturais (CRC). O comprometimento com essa tarefa é crucial para garantir a abrangência e a precisão da base de dados nacional.

§ 2.º O Provimento nº 46 do CNJ foi publicado na imprensa oficial em 18 de junho de 2015. Seu artigo 20 determinava que sua entrada em vigência se daria em 30 dias contados da data de sua publicação. Desse modo, o provimento entrou em vigência em

---

6. Disponível em: https://sistema.registrocivil.org.br/manuais/carga_registros_webservice_v2.6.pdf. Acesso em: 05 jan. 2024.

19 de julho de 2015, considerando a forma de contagem desse prazo determinado pelo § 1.º, do artigo 8.º, da Lei Complementar nº 95/98.[7]

Assim, o dever de remessa das informações de assentos anteriores tem como marco temporal o dia 19 de julho de 2016 (um ano após o início da vigência do citado provimento). Desconsiderando as frações de dias, parece razoável interpretar que os oficiais deveriam primar inicialmente por lançar até 31 de janeiro de 2017, os assentos lavrados entre 01 de janeiro de 2011 a 18 de julho de 2015 (já que a partir da vigência do provimento – 19 de julho de 2015 – os assentos novos deveriam ser carregadas no prazo de 10 dias).

Na sequência, id est, no próximo período de 6 meses, de fevereiro a julho de 2017, deveriam lançar os assentos lavrados entre 01 de janeiro 2006 a 31 de dezembro de 2010; e assim regressivamente até encerrar o acervo da serventia ou atingir a data de 01 de janeiro de 1880.

Essa estratégia de etapas por períodos específicos visa a otimização e organização eficiente do processo de inserção de registros, respeitando o prazo estabelecido e assegurando a integridade do sistema de informações.

§ 3.º Atendo à dificuldade da tarefa e principalmente à disparidade verificada entre a estrutura das próprias serventias, o CNN atribuiu à respectiva Corregedoria Geral de Justiça (CGJ) Estadual a prerrogativa de reduzir ou ampliar o prazo referido no parágrafo anterior para o atendimento deste dever de informação, reconhecendo que a aplicação de prazos fixos pode não ser adequada a todas as realidades.

Definida a redução ou mesmo a prorrogação desse prazo pela cúpula estadual, deverão ser comunicados incontinente tanto a Corregedoria Nacional quanto a administradora do sistema (ARPEN-Brasil).

Art. 236. Dando concretude ao objetivo de interligar os oficiais de registro civil das pessoas naturais, permitindo o intercâmbio de documentos eletrônicos e o tráfego de informações e dados (artigo 229, inciso I, deste CNN), com a implementação da Central Nacional do Registro Civil, passou a ser obrigatória a utilização dessa ferramenta eletrônica para o cumprimento desse dever de comunicação.

Como já dito, ao comentar o inciso II, do artigo 231, deste CNN, essas comunicações previstas nos artigos 106 e 107 da Lei nº 6.015/73 tem a finalidade de viabilizar o cruzamento de informações.

Essa tarefa, antes da implantação da CRC, era cumprida com a impressão física de uma carta, que posteriormente era postada nos correios, com as despesas e riscos inerentes. Atualmente com a criação da central, tem-se não só a possibilidade de encaminhar, por meio de formulário eletrônico, comunicações individuais, mas também lotes de comunicações em arquivo único de formato XML.

---

7. § 1.º A contagem do prazo para entrada em vigor das leis que estabeleçam período de vacância far-se-á com a inclusão da data da publicação e do último dia do prazo, entrando em vigor no dia subsequente à sua consumação integral.

Parágrafo único. O Malote Digital, com o já dito, é ferramenta voltada para a troca de mensagens oficiais entre as serventias e estas com o poder judiciário. Apesar de algumas serventias se utilizarem para fins de comunicação do artigo 106 e 107 da Lei 6.015/73, como visto, essa prática deve ser revista, haja vista não ser a ferramenta correta para o cumprimento dessa tarefa, com deflui da leitura deste comando normativo.

Art. 237. O CNN deixa claro que é possível se proceder à anotação de informações à margem do respectivo assento de registro civil ainda que essa informação chegue ao conhecimento do Oficial por outra forma, que não seja propriamente pelo módulo de "comunicações" da central eletrônica, ora estudada.

Não é rara a situação na qual o interessado na emissão de uma certidão de casamento com anotação de óbito, comparece perante a serventia que detém o assento de casamento, portando a certidão de óbito emitida há um ou dois dias atrás (cuja prazo para emissão de comunicação por parte da serventia que lavrou o assento de óbito ainda vigora).

Nesse cenário, a serventia que detém o assento de casamento, mas ainda não recebeu o comunicado do registro do óbito, poderá, à vista da via original ou cópia autenticada da certidão do óbito, proceder à respectiva anotação no assento, arquivando cópia daquela.

Essa corriqueira praxe galgou agora expressa previsão normativa

Imaginando esse mesmo episódio, é possível ainda que o Oficial, diante da rogação da parte interessa, que não esteja munida da respectiva certidão (original ou cópia autenticada), verifique a existência do assento na própria central eletrônica, e convencendo-se da verossimilhança da informação, precedida de exame minucioso da correspondência exata das pessoas naturais tratadas nos assentos, proceder à respectiva anotação, certificando essa circunstância. Aqui repousa, mais uma irrefutável prova da eficiência e comodidade desta genial ferramenta disponibilizada aos Ofícios da Cidadania.

Art. 238. Parágrafo único. Em que pese a base cadastral da central eletrônica se alargar diuturnamente, não são incomuns as buscas de assentos que não tem êxito. Nessas hipóteses pode o Interessado solicitar, se assim o desejar, lhe seja emitida uma certidão negativa, pela qual o Oficial do Registro Civil das Pessoas Naturais atesta que certo e determinado assento de registro civil não foi localizado em sua serventia.

Ocorre que com a implementação da central eletrônica e o atufamento dos dados disponíveis, a emissão dessa certidão passa a demandar uma prévia busca na CRC – Nacional, devendo ser consignada na certidão o respectivo código hash (algoritmo matemático para a criptografia, na qual ocorre uma transformação do dado – como um arquivo, senha ou informações – em um conjunto alfanumérico com comprimento fixo de caracteres[8]) gerado pela averiguação eletrônica realizada.

---

8. Disponível em: https://www.voitto.com.br/blog/artigo/o-que-e-hash-e-como-funciona. Acesso em: 29 jan. 2024.

Art. 239. A principal função da central eletrônica é exatamente viabilizar a busca e a emissão de certidões por qualquer serventia do país. Desse modo, uma vez realizado pelo Interessado o recolhimento dos emolumentos, custas (se o caso) e eventuais encargos administrativos devidos, poderá solicitar a emissão de certidão pela plataforma eletrônica. A certidão a ser disponibilizada na central será em formato eletrônico e deve ser emitida pela serventia competente no prazo legal de até 05 (cinco) dias úteis, conforme prazo já disciplinado na própria Lei de Registros Públicos,[9] sob pena de responsabilidade civil e administrativa, ou até mesmo criminal.

É oportuno ressaltar que é possível o repasse das custas e encargos administrativos ao cliente final, desde que haja autorização legal para tanto, conforme interpretação a *contrario sensu*, do disposto no artigo 1.º,[10] do Provimento 107/20, CNJ.

§ 1.º Como já referido alhures, as certidões deverão ser emitidas em formato eletrônico (seja PDF/A ou XML), empregada a assinatura digital qualificada, do tipo A3 (lembrando que essa tipologia se refere ao nível de segurança de geração da chave do certificado, sendo a A3 intermediária) ou superior, (lembrando que essa tipologia se refere ao nível de segurança de geração da chave do certificado), assinatura digital em formato PKCS#7 (Public Key Cryptography Standards – padrão de criptografia da chave pública), devendo ceder respectivo código para rastreamento.

Este conjunto de medidas assegura a integridade, autenticidade e rastreabilidade das certidões eletrônicas, proporcionando um ambiente seguro e confiável para a utilização desses documentos digitais.

§ 2.º Uma vez solicitada e emitida a respectiva certidão pelo cartório emissor, ela somente fica disponível para acesso e impressão pelo prazo de 30 (trinta) dias, informação essa que hodiernamente consta expressamente do recibo emitido pela própria central eletrônica.

Assim, após o fim do referido prazo, a certidão não pode mais ser acessada por meio da central e caso o Interessado não tenha ido retirar na serventia solicitante, não mais o poderá fazê-lo, sem direito ao reembolso pela certidão, que foi devidamente emitida pelo cartório emissor. Os emolumentos devidos pela materialização, contudo, a ele devem ser reembolsados, uma vez que esse serviço não foi prestado.

Assim a praxe tem conduzido os Oficiais de Registro Civil das Pessoas Naturais, nos casos em que há complementação dos emolumentos a serem recolhidos pelo Interessado, a vigiarem a proximidade do fim do prazo de materialização dessas certi-

---

9. Art. 9.º (...) § 3.º A contagem dos prazos nos registros públicos observará os critérios estabelecidos na legislação processual civil. (...) Art. 19. A certidão será lavrada em inteiro teor, em resumo, ou em relatório, conforme quesitos, e devidamente autenticada pelo oficial ou seus substitutos legais, não podendo ser retardada por mais de 5 (cinco) dias.

10. Art. 1.º É proibida a cobrança de qualquer valor do consumidor final relativamente aos serviços prestados pelas centrais registrais e notariais, de todo o território nacional, ainda que travestidas da denominação de contribuições ou taxas, sem a devida previsão legal.

dões e, nesses casos, entrar em contato reforçando as mencionadas circunstâncias (da complementação e impossibilidade de impressão após o fim do prazo), a fim de evitar desconfortos com o cliente.

De outro lado, não há impedimento do Oficial, se assim o desejar, materializar todas as certidões recebidas via central eletrônica e aguardar o comparecimento do Interessado, para então receber a eventual complementação do preço do serviço, quando devido. Já as certidões recebidas via CRC que não demandam complementação dos emolumentos devem ser materializadas incontinente ao seu recebimento.

§ 3.º Caso o Estado da Federação possua uma central eletrônica própria, o prazo de disponibilização da certidão deve seguir o mesma sorte da central nacional, ou seja, os 30 dias.

Essa disposição visa otimizar o acesso às certidões eletrônicas, especialmente quando os cartórios envolvidos pertencem à mesma unidade federativa. Ao permitir que a certidão permaneça na CRC estadual, quando aplicável, promove-se uma gestão mais eficiente dos registros civis, alinhando-se ao mesmo prazo previsto para a central nacional em Estados com central própria. Isso contribui para a agilidade e padronização no fornecimento desses documentos eletrônicos, beneficiando os usuários e facilitando a integração dos serviços de registro civil no âmbito estadual.

§ 4.º Apesar de a emissão e envio das certidões via Central de Informações de Registro Civil das Pessoas Naturais (CRC) se dar de modo eletrônico ainda é mais recorrente que ela seja materializada na serventia solicitante para entrega física ao interessado.

Todavia essa praxe deve cair em desuso diante da nova ordem imprimida pelo disposto no § 5.º,[11] do artigo 19, da Lei nº 6.015/73 que prioriza a emissão da certidão eletrônica, dispensando a sua materialização e se o fizer, será sem a necessidade do uso de papel de segurança, o que irá dinamizar a prestação desse serviço. Tal migração para a certidão exclusivamente digital deve ser precedida de regulamentação específica pela própria Corregedoria Nacional.

A transição para certidões exclusivamente digitais não apenas representa uma modernização no fornecimento de serviços, mas também reflete um comprometimento com práticas mais sustentáveis e eficientes. Ao dispensar a materialização em papel de segurança, essa abordagem reduzirá significativamente o consumo de recursos naturais e minimizará os impactos ambientais associados à produção e transporte de documentos físicos. Além disso, a adoção de certidões eletrônicas alinha-se com a crescente tendência global de digitalização de processos, proporcionando aos cidadãos uma experiência mais ágil e acessível, ao mesmo tempo em que fortalece a integridade e a segurança dos registros civis. A regulamentação específica pela Corregedoria Nacional é fundamental

---

11. § 5.º As certidões extraídas dos registros públicos deverão, observado o disposto no § 1.º deste artigo, ser fornecidas eletronicamente, com uso de tecnologia que permita a sua impressão pelo usuário e a identificação segura de sua autenticidade, conforme critérios estabelecidos pela Corregedoria Nacional de Justiça do Conselho Nacional de Justiça, dispensada a materialização das certidões pelo oficial de registro.

para orientar essa transição de maneira consistente e assegurar a implementação bem-sucedida dessa mudança paradigmática nos serviços de registro civil.

§ 5.º O presente dispositivo reafirma a necessidade de reembolso pelos solicitantes das certidões dos encargos administrativos, ressalvados os casos de gratuidade legalmente previstos. Os custos associados à utilização de meios eletrônicos e serviços correlatos estão sujeitos a critérios e valores estabelecidos pelas Corregedorias-Gerais da Justiça, garantindo a transparência e uniformidade na aplicação destas normativas em âmbito estadual. Tal regulamentação busca viabilizar a operacionalização eficiente da prestação de serviços por meio da central informatizada, ao mesmo tempo em que salvaguarda os interesses dos usuários, promovendo a justa e equitativa distribuição dos custos administrativos envolvidos.

Art. 240. O artigo em tela traz atualização para a dicção do já conhecido § 2.º,[12] do artigo 47, da Lei de Registros Públicos ao impor ao Oficial o dever de atender às solicitações de emissão de certidão, no prazo legal, independente da origem do pedido, não podendo recusar o pedido formulado pelo interessado sob o argumento de o canal utilizado não ser o que ele prefere.

Se o pedido chegou via correspondência física (correios), telegráfico, por meio de ligação telefônica, e-mail ou pela CRC não importa, devendo o Oficial, em qualquer dessas hipóteses, atender o cliente e prestar o serviço com a eficiência e presteza conhecidas.

Cabe, evidentemente, ao Oficial apontar e esclarecer sobre as demais modalidades disponíveis ao usuário, que muitas vezes, solicita uma certidão física, via correios, por não saber da existência e comodidade proporcionada pela certidão eletrônica. Essa divulgação dos mecanismos que estão disponíveis à população, integra o nosso dever de colaboração com a sociedade e reflete na formação de cidadãos conscientes e preparados para a construção de uma nação próspera.

Essa orientação clara para atendimento diversificado evidencia o comprometimento do sistema registral com a acessibilidade e com a modernização dos serviços. Além disso, ao destacar a importância do esclarecimento sobre as opções disponíveis, ressalta-se o papel proativo dos oficiais na promoção da eficiência e na conscientização dos usuários quanto às facilidades oferecidas pelas certidões eletrônicas. A divulgação ativa desses mecanismos não só atende ao princípio da transparência, mas também alinha-se aos objetivos de simplificação e agilidade nos trâmites cartorários, contribuindo para a desburocratização e modernização dos serviços públicos. Essa abordagem proativa, que vai além do simples cumprimento normativo, fortalece a relação entre a serventia e a comunidade, proporcionando uma prestação de serviços mais eficaz.

Art. 241. O artigo em comento possibilita a instrumentalização de convênios entre a Arpen-Brasil e Instituições Públicas ou mesmo entidades privadas, desde que

---

12. § 2.º Os pedidos de certidão feitos por via postal, telegráfica ou bancária serão obrigatoriamente atendidos pelo oficial do registro civil, satisfeitos os emolumentos devidos, sob as penas previstas no parágrafo anterior.

aprovados previamente pela Corregedoria Nacional de Justiça, para viabilizar a consulta da base de dados formada pela central eletrônica, cabendo à lei, disciplinar acerca do pagamento dos emolumentos e custas quando a consulta for por entidade pública e, mediante recolhimento de emolumentos, quando a consulta de ser por pessoa privada, seja física ou jurídica.

Esses emolumentos são repassados às serventias, que são as reais responsáveis por tornar viável essa pesquisa, fruto de seu diuturno trabalho de lançar as informações na central.

Essa dinâmica de custeio, ao repassar os emolumentos às serventias, busca reconhecer e compensar o esforço dessas instituições no processo de manutenção e atualização da base de dados centralizada. Esse sistema reflete a colaboração entre os diversos agentes do sistema registral, promovendo a sustentabilidade e eficiência na gestão das informações civis.

Art. 242. Como decorrência do poder-dever fiscalizatório exercido pelo Estado concedente do serviço público delegado, a central eletrônica possui módulo específico para verificação da correção e presteza no exercício da delegação extrajudicial.

Com efeito, as Corregedorias Estaduais e o próprio CNJ tem acesso e assistem o fluxo de operações realizadas no âmbito da central, analisando a observância de prazo, forma e teor, dos atos de registros que por lá trafegam, determinando a indicando a correção daqueles que julga irregulares ou mesmo ilegais.

Essa ferramenta de correição on-line representa um avanço significativo na supervisão das atividades registrárias, proporcionando uma fiscalização contínua e eficaz. A possibilidade de análise em tempo real permite identificar eventuais irregularidades de maneira ágil, possibilitando a rápida correção e garantindo a integridade e legalidade dos registros. Esse mecanismo reforça a transparência e a efetividade do controle exercido pelas corregedorias-gerais e pelo CNJ sobre as atividades da central eletrônica, contribuindo para a segurança jurídica e confiabilidade do sistema registral.

243. A velocidade do avanço tecnológico é imensurável e manter a central vinculada somente com as ferramentas atualmente disponíveis teria o efeito de a condenar ao desuso e esquecimento. Desta feita, houve por bem, manter-se as portas da central abertas para essa evolução que cada vez mais se agiganta e segue por linhas e caminhos antes inimagináveis.

Esta postura alinha-se à necessidade de manter a central relevante em um ambiente tecnológico dinâmico e em constante transformação. O Código de Normas reafirma seu compromisso com a modernização e eficácia dos serviços de registro civil, antecipando-se às demandas do futuro e assegurando uma base sólida para a integração de inovações que surgirão nos horizontes tecnológicos inexplorados.

Art. 244. O destino de tantos dados pessoais não poderia ficar à míngua de previsão específica, ainda que remota a possibilidade de ocorrência da total extinção de entidade que faça as vezes da Arpen-Brasil. Essa previsão se coaduna com os primados da Lei Geral de Proteção de Dados.

Este procedimento é delineado sem ônus, custos ou despesas para o Poder Público, alinhando-se aos princípios de responsabilidade e transparência no tratamento de dados pessoais.

A previsão detalhada dessa situação excepcional está em consonância com os princípios da Lei Geral de Proteção de Dados, evidenciando o compromisso do Código de Normas em resguardar a integridade e segurança dos dados pessoais armazenados na CRC. Ao antecipar e regulamentar um cenário potencialmente sensível, o artigo reforça a responsabilidade na gestão dos dados, mitigando riscos e garantindo a continuidade do funcionamento do sistema, mesmo em circunstâncias adversas. Essa disposição reflete uma abordagem preventiva e cuidadosa diante dos desafios contemporâneos relacionados à proteção de dados pessoais.

Art. 245. Essa medida protetiva contribui para resguardar a integridade do sistema registral e a confiança dos usuários na utilização da CRC. Ao estabelecer um ambiente de acesso controlado e protegido, o artigo em tela busca evitar potenciais abusos e garantir que o uso da central esteja em conformidade com as disposições legais. O equilíbrio entre a necessidade de confidencialidade e a possibilidade de controle legal fortalece a credibilidade da CRC como uma ferramenta confiável para consulta e registro civil, respeitando ao máximo a privacidade dos envolvidos.

CAPÍTULO IV
DO REGISTRO CIVIL DE TÍTULOS E DOCUMENTOS E DO REGISTRO CIVIL DE PESSOAS JURÍDICAS

Seção I
Do Sistema de Registro Eletrônico de Títulos e Documentos e Civil de Pessoas Jurídicas

Art. 246. O sistema de registro eletrônico de títulos e documentos e civil de pessoas jurídicas (SRTDPJ), sem prejuízo de outras normas aplicáveis, observará o disposto, especialmente:

I – no art. 37 a art. 41 da Lei nº 11.977, de 7 de julho de 2009;

II – no art. 16 da Lei nº 11.419, de 19 de dezembro de 2006;

III – no § 6.º do art. 659 da Lei nº 5.869, de 11 de janeiro de 1973 – Código de Processo Civil;

IV – no art. 185-A da Lei nº 5.172, de 25 de outubro de 1966 – Código Tributário Nacional;

V – no parágrafo único do art. 17 da Lei nº 6.015, de 31 de dezembro de 1973;

VI – na Lei nº 8.159, de 8 de janeiro de 1991 e seus regulamentos;

VII – nos incisos II e III do art. 3.º e no art. 11 da Lei nº 12.965, de 23 de abril de 2014; e

VIII – neste Código Nacional de Normas, complementado pelas corregedoras-gerais da Justiça de cada um dos estados e do Distrito Federal e dos Territórios, observadas as peculiaridades locais.

Art. 247. O sistema de registro eletrônico de títulos e documentos e civil de pessoas jurídicas deverá ser implantado e integrado por todos os oficiais de registro de títulos e documentos e civil de pessoas jurídicas de cada Estado e do Distrito Federal e dos Territórios, e compreende:

I – o intercâmbio de documentos eletrônicos e de informações entre os ofícios de registro de títulos e documentos e civil de pessoas jurídicas, o Poder Judiciário, a Administração Pública e o público em geral;

II – a recepção e o envio de títulos em formato eletrônico;

III – a expedição de certidões e a prestação de informações em formato eletrônico;

IV – a formação, nos cartórios competentes, de repositórios registrais eletrônicos para o acolhimento de dados e o armazenamento de documentos eletrônicos; e

V – a recepção de títulos em formato físico (papel) para fins de inserção no próprio sistema, objetivando enviá-los para o registro em cartório de outra comarca.

Art. 248. O intercâmbio de documentos eletrônicos e de informações entre os ofícios de registro de títulos e documentos e civil de pessoas jurídicas, o Poder Judiciário, a Administração Pública e o público em geral estará a cargo de centrais de serviços eletrônicos compartilhados que se criarão em cada um dos estados e no Distrito Federal.

§ 1.º As centrais de serviços eletrônicos compartilhados serão criadas pelos oficiais de registro de títulos e documentos e civil de pessoas jurídicas competentes, mediante ato normativo da Corregedoria-Geral da Justiça (CGJ) local.

§ 2.º Haverá uma única central de serviços eletrônicos compartilhados em cada um dos estados e no Distrito Federal.

§ 3.º Onde não seja possível ou conveniente a criação e manutenção de serviços próprios, o tráfego eletrônico far-se-á mediante central de serviço eletrônico compartilhado que já esteja a funcionar em outro Estado ou no Distrito Federal.

§ 4.º As centrais de serviços eletrônicos compartilhados conterão indicadores somente para os ofícios de registro de títulos e documentos e civil de pessoas jurídicas que as integrem.

§ 5.º As centrais de serviços eletrônicos compartilhados coordenar-se-ão entre si para que se universalize o acesso ao tráfego eletrônico e se prestem os mesmos serviços em todo o país.

§ 6.º Em todas as operações das centrais de serviços eletrônicos compartilhados, serão obrigatoriamente respeitados os direitos à privacidade, à proteção dos dados pessoais e ao sigilo das comunicações privadas e, se houver, dos registros.

§ 7.º As centrais de serviços eletrônicos compartilhados deverão observar os padrões e requisitos de documentos, de conexão e de funcionamento, da Infraestrutura de Chaves Públicas Brasileira (ICP) e da arquitetura dos Padrões de Interoperabilidade de Governo Eletrônico (e-Ping).

Art. 249. Todas as solicitações feitas por meio das centrais de serviços eletrônicos compartilhados serão enviadas ao ofício de registro de títulos e documentos e civil de pessoas jurídicas competente, que será o único responsável pelo processamento e atendimento.

Parágrafo único. Os oficiais de registro de títulos e documentos e civil de pessoas jurídicas deverão manter, em segurança e sob seu exclusivo controle, indefinida e permanentemente, os livros, classificadores, documentos e dados eletrônicos e responderão por sua guarda e conservação.

Art. 250. Respeitada disposição legal ou infralegal diversa admitindo outras formas de assinaturas eletrônicas, os documentos eletrônicos apresentados aos ofícios de registro de títulos e documentos e civil de pessoas jurídicas, ou por eles expedidos, serão assinados com uso de certificado digital, segundo a Infraestrutura de Chaves Públicas Brasileira (ICP), e observarão a arquitetura dos Padrões de Interoperabilidade de Governo Eletrônico (e-Ping).

Art. 251. Os livros do registro de títulos e documentos e civil de pessoas jurídicas serão escriturados e mantidos segundo a Lei nº 6.015, de 31 de dezembro de 1973, podendo, para este fim, ser adotados os sistemas de computação, microfilmagem, disco óptico e outros meios de reprodução, nos termos do art. 41 da Lei nº 8.935, de 18 de novembro de 1994, e conforme as normas editadas pelas corregedorias-gerais de Justiça dos estados e do Distrito Federal, sem prejuízo da escrituração eletrônica em repositórios registrais eletrônicos.

Art. 252. Os repositórios registrais eletrônicos receberão os dados relativos a todos os atos de registro e aos títulos e documentos que lhes serviram de base.

Parágrafo único. Para a criação, atualização, manutenção e guarda permanente dos repositórios registrais eletrônicos deverão ser observados:

I – a especificação técnica do modelo de sistema digital para implantação de sistemas de registro de títulos e documentos e civil de pessoas jurídicas eletrônico, segundo Recomendações da Corregedoria Nacional da Justiça;

II – as Recomendações para Digitalização de Documentos Arquivísticos Permanentes de 2010, baixadas pelo Conselho Nacional de Arquivos – Conarq; e

III – os atos normativos baixados pelas corregedorias-gerais de Justiça dos estados e do Distrito Federal e dos Territórios.

Art. 253. Aos ofícios de registro de títulos e documentos e civil de pessoas jurídicas é vedado:

I – recepcionar ou expedir documentos eletrônicos por e-mail ou serviços postais ou de entrega;

II – postar ou baixar (download) documentos eletrônicos e informações em sites que não sejam os das respectivas centrais de serviços eletrônicos compartilhados; e

III – prestar os serviços eletrônicos referidos neste Capítulo, diretamente ou por terceiros, em concorrência com as centrais de serviços eletrônicos compartilhados, ou fora delas.

Art. 254. Os títulos e documentos eletrônicos, devidamente assinados com o uso de certificado digital, segundo a Infraestrutura de Chaves Públicas Brasileira (ICP), e observada a arquitetura dos Padrões de Interoperabilidade de Governo Eletrônico (e-Ping), podem ser recepcionados diretamente no cartório, caso o usuário assim requeira e compareça na serventia com a devida mídia eletrônica.

Parágrafo único. Nos casos em que o oficial recepcionar quaisquer títulos e documentos diretamente no cartório, ele deverá, no mesmo dia da prática do ato registral, enviar esses títulos e documentos para a central de serviços eletrônicos compartilhados para armazenamento dos indicadores, sob pena de infração administrativa.

Art. 255. Os serviços eletrônicos compartilhados passarão a ser prestados dentro do prazo de 360 dias.

Art. 256. Sempre que solicitado, documentos físicos (papel) poderão ser recepcionados por serventia de registro de títulos e documentos para envio a comarca diversa, o que se dará em meio magnético e mediante utilização de assinatura eletrônica.

§ 1.º Para o fim referido no caput, os oficiais de RTDPJ recepcionarão o título em meio físico, farão seu lançamento no livro de protocolo e, em seguida, providenciarão a digitalização e inserção no sistema criado pelo presente provimento, o que se dará mediante envio de arquivo assinado digitalmente que contenha certidão relativa a todo o procedimento e imagem eletrônica do documento.

§ 2.º Ao apresentar seu documento e declarar a finalidade de remessa para registro em outra serventia, o interessado preencherá requerimento em que indicará, além de seus dados pessoais e endereço eletrônico (e-mail), a comarca competente para o registro.

§ 3.º Após o procedimento previsto nos parágrafos anteriores, a cada envio realizado, a serventia devolverá ao interessado o documento físico apresentado e lhe entregará recibo com os valores cobrados e a indicação do sítio eletrônico em que deverá acompanhar a tramitação do pedido, no qual também poderá visualizar o arquivo com a certidão enviada.

§ 4.º O cartório destinatário, por meio do sistema de que trata este Capítulo, informará aos usuários eventuais exigências, valores devidos de emolumentos e taxas e, por fim, lhe facultará o download do título registrado em meio eletrônico.

Comentários de João Pedro Lamana Paiva

Primeiramente é imprescindível tecer alguns comentários sobre o início do Sistema de Registro Eletrônico no Brasil.

Até onde se sabe, o primeiro encaminhamento de documento eletrônico ocorrido no sistema registral brasileiro ocorreu no Registro de Imóveis, após a entrada em vigor da Lei Complementar 118, de 9 de fevereiro de 2005, que acrescentou o artigo 185-A ao Código Tributário Nacional (Lei nº 5.172/1966). De acordo com o referido artigo passou a ser permitido a remessa por meio eletrônico das ordens de indisponibilidade de bens deferidas nas ações de execução fiscal.

Passados alguns anos entrou em vigor a Lei nº 11.977/2009, sendo que a partir deste momento iniciaram-se várias tentativas de transformar o tradicional sistema registral em algo novo, moderno, dinâmico, ágil e eficiente, visando acompanhar a modernização que vinha ocorrendo em diversas esferas.

A Lei nº 11.977/2009 tinha por objetivo a implantação e o funcionamento adequado do Sistema Eletrônico dos Registros Públicos – SERP e fixou o prazo de 5 (cinco) anos, contados a partir da publicação da referida Lei, para o funcionamento do Registro Eletrônico (artigos 37/41), tendo este prazo expirado em 08.07.2014 sem que o sistema fosse implementado, principalmente em virtude da ausência de regulamentação.

Assim, com a não implantação do Sistema Eletrônico de Imóveis – SERP no tempo determinado, em 18.06.2015 foi publicado o Provimento nº 47/2015 do CNJ, que estabeleceu diretrizes gerais para o sistema de registro eletrônico de imóveis e foi o ponto de partida para a implementação do registro eletrônico no Brasil, por meio das Centrais de Serviços Eletrônicos Compartilhados.

De outro lado, a assinatura eletrônica dos documentos tem regramento próprio a partir da publicação da Medida Provisória nº 2.200/2001, que ocorreu em 18 de junho de 2001 e instituiu a infraestrutura de Chaves Públicas Brasileira – ICP-Brasil e teve por objetivo garantir a autenticidade, a integridade e a validade jurídica de documentos assinados de forma eletrônica, mediante a utilização de certificados digitais.

Posteriormente, em 23 de setembro de 2020, em virtude das vicissitudes da Pandemia da COVID-19 e do panorama mundial que se desenhava em consequência dela, foi publicada a Lei nº 14.063/2020 que regulamentou a assinatura digital e a interação desta com o Poder Público, regulamentando as classes de assinaturas eletrônicas, suas aplicações e aceitações.

Estes dois regramentos (Medida Provisória nº 2.200/2001 e Lei nº 14.063/2020) significaram um marco importantíssimo ao Registro Eletrônico, na medida em que passaram a conferir segurança jurídica aos diversos tipos de assinaturas eletrônicas, estabelecendo a confiabilidade e aceitação destes documentos.

Cumpre destacar que com a declaração de Pandemia da COVID-19 pela Organização Mundial da Saúde em 11 de março de 2020 e aprovação no dia 20 de março de 2020 do Decreto Legislativo que reconheceu o estado de calamidade pública do País, em razão dos cuidados e restrições que se faziam necessários, os Cartórios de Notas e de Registros passaram a enfrentar um grande desafio: como dar continuidade às atividades, que são indispensáveis para o desenvolvimento do País, em consonância com todos os protocolos de prevenção? Os Notários e Registradores tiveram que fazer uma reengenharia para tornar possível que os Registros Civis de Pessoas Naturais, os Registros de Títulos e Documentos, o Registro Civil de Pessoas Jurídicas e os Registros de Imóveis, assim como os Tabelionatos de Notas e de Protestos passassem a funcionar de forma 100% virtual e, em tempo recorde, visando a manutenção dos serviços prestados.

Pode-se afirmar, sem sombra de dúvidas, que o sistema notarial e registral evoluiu 10 anos em poucos meses, ampliando a qualidade da prestação dos serviços extrajudiciais e conferindo-lhes modernização.

Com o célere início de sua implantação na prática, em 27/6/2022 a metodologia virtual foi consagrada com a instituição do Sistema Eletrônico dos Registros Públicos – SERP (aperfeiçoamento do sistema de registro eletrônico já criado pelo art. 37 da Lei nº 11.977/2009), que tem por finalidade aperfeiçoar e dar continuidade ao processo de modernização e simplificação dos procedimentos relativos aos registros públicos de atos e negócios jurídicos e de incorporações imobiliárias, através da Lei nº 14.382/2022 (artigo 1.º da Lei).

A implementação do SERP (Sistema Eletrônico dos Registros Públicos) ocorreu no dia 31 de janeiro de 2023 e a sua regulamentação (em partes) no dia 1.º de fevereiro de 2023,[1] por meio do Provimento nº 139/2023 do CNJ, que regulamentou o Sistema Eletrônico dos Registros Públicos (SERP), o Operador Nacional do Sistema de Registros Públicos (ONSERP), o Fundo para a Implementação e Custeio do Sistema Eletrônico de Registros Públicos (FICONSERP), o Fundo para a Implementação e Custeio do Sistema Eletrônico do Registro Civil de Pessoas Naturais (FIC-RCPN) e o Fundo para a Implementação e Custeio do Sistema Eletrônico do Registro de Títulos e Documentos e Civil de Pessoas Jurídicas (FIC-RTDPJ), instituiu o Operador Nacional do Registro Civil de Pessoas Naturais (ON-RCPN) e o Operador Nacional do Registro de Títulos e Documentos e Civil de Pessoas Jurídicas (ON-RTDPJ), dentre outras providências.

O Operador Nacional de Registro de Títulos e Documentos e de Pessoas Jurídicas – ON-RTDPJ foi criado, portanto, em 3 de maio de 2023, por meio de Assembleia Geral aberta a todos os registradores, a exemplo do ONR (Operador Nacional do Sistema de Registro Eletrônico de Imóveis).

O Operador Nacional de Registro de Títulos e Documentos e de Pessoas Jurídicas – ON-RTDPJ é o órgão responsável pela implantação do Registro Eletrônico de Registro de Títulos e Documentos e de Pessoas Jurídicas nos termos da Lei nº 14.382/2022, regulamentada pelo Provimento nº 139 do Conselho Nacional de Justiça e foi criado em Assembleia Geral Extraordinária, aberta a todos os oficiais das especialidades de Registro de Títulos e Documentos e Registro Civil das Pessoas Jurídicas, sendo uma associação sem fins lucrativos, pessoa jurídica de direito privado, responsável pela integração dos 3.752 cartórios das especialidades ao Sistema Eletrônico de Registros Públicos – SERP.

O ON-RTDPJ integra o Comitê Executivo de Gestão do Operador Nacional do Sistema Eletrônico de Registros Públicos – ONSERP, órgão com a finalidade precípua de promover a implantação, integração, manutenção e funcionamento do SERP. Também integram o ONSERP os Operadores Nacionais do Registro Imobiliário (ONR) e do Registro Civil (ON-RCPN).

A Lei nº 14.382/2022 disciplina o SERP (Sistema Eletrônico dos Registros Públicos) e tem como objetivo proporcionar a interconexão das serventias dos registros públicos e da interoperabilidade das bases de dados entre as serventias dos registros públicos e o SERP, realizando um intercâmbio entre as especialidades registrais, quais sejam: Registro Civil de Pessoas Naturais, Registro Civil de Pessoas Jurídicas, Registro de Títulos e

---

1. Corrobora o exposto acima, indicando que o não cumprimento do prazo inicial de 5 anos, previsto na Lei nº 11.977/2009, ocorreu em face da falta de regulamentação.

Documentos e Registro de Imóveis, promovendo uma integração de funcionalidades, tornando possível que as atividades registrais estejam interligadas eletronicamente.

Ainda, através do artigo 11, alterou o artigo 1.º da Lei nº 6.015/1973 (Lei dos Registros Públicos) determinando no § 3.º, que os registros serão escriturados, publicizados e conservados em meio eletrônico, nos termos estabelecidos pela Corregedoria Nacional de Justiça do Conselho Nacional de Justiça, em especial quanto aos padrões tecnológicos de escrituração, indexação, publicidade, segurança, redundância e conservação e prazos de implantação nos registros públicos.

Esse fenômeno da modernização digital nos cartórios e sua evolução nos ensinou que, apesar das dificuldades enfrentadas no início deste processo, já tínhamos condições de enfrentar essas mudanças e hoje já incorporamos essa nova realidade em nossos cartórios. Atualmente são milhares de títulos protocolados diariamente Brasil afora por meio deste sistema eletrônico integrado.

Após essas breves considerações sobre o início do sistema de registro eletrônico de Títulos e Documentos e Civil de Pessoas Jurídicas passamos à análise dos artigos 246 a 256 do *Código Nacional de Normas – Foro Extrajudicial da Corregedoria Nacional de Justiça do Conselho Nacional de Justiça (CNN/ CN/CNJ-Extra)*, instituído pelo Provimento nº 149 do CNJ, que tratam da matéria.

Cumpre destacar que este regramento foi introduzido no ordenamento jurídico mediante a edição do Provimento nº 48 de 16 de março de 2016, que posteriormente foi alterado pelo Provimento nº 59 de 3 de maio de 2017, ambos revogados pelo novel Código Nacional de Normas.

No tocante aos dispositivos em análise nesta exposição é prudente ponderar que não se referem a toda disciplina afeita às especialidades registrais em evidência, muito pelo contrário. Referem-se antes ao acesso dos Registradores de Títulos e Documentos e Civis das Pessoas Jurídicas a esse universo eletrônico, estabelecendo procedimentos quanto à recepção e circulação de títulos desta natureza. Questões outras – maior parte da disciplina destas relevantes atividades registrais – continuam sendo disciplinadas pela Lei nº 6.015/73 e pelos Códigos de Normas publicados pelas Corregedorias-Gerais de Justiça locais.

O *artigo 246* do CNN/ CN/CNJ-Extra apresenta um rol de dispositivos legais aplicáveis à matéria, todos que de alguma forma fundamentam o registro eletrônico, sem prejuízo de outras normas. Com efeito, no seu inciso VIII evidencia que o Código Nacional de Normas pode ser complementado por normas das Corregedorias-Gerais da Justiça de cada Estado e do Distrito Federal, observadas as peculiaridades locais.

Os *artigos 247, 248 e 249* do CNN/CN/CNJ-Extra que tratam da integração e implantação por todos os Oficiais do Registro de Títulos e Documentos e Civil das Pessoas Jurídicas de todos os Estados e do Distrito Federal dos Registros Eletrônicos, compreendendo nisto o intercâmbio dos documentos e informações entre os Cartórios (RTD e PJ), a Administração Pública e o público em geral; a recepção e o envio de títulos em formato eletrônico; a expedição de certidões e a prestação de informações em formato eletrônico; a formação dos repositórios registrais eletrônico para o acolhimento de dados e o armazenamento de documentos eletrônicos e a recepção de títulos em formato físico (papel) para inserção no próprio sistema, objetivando enviá-los para o registro em cartório de outra Comarca, intercâmbio de documentos e solicitações, quando fazem menção às centrais de serviços eletrônicos, se referem aos serviços que são prestados pela Central Nacional de Títulos e Documentos e de Registro Civil das Pessoas Jurídicas.

Com efeito, estes serviços são prestados pela Central IRTDPJ Brasil (https://irtdpjbrasil.org.br/), em funcionamento desde 16.12.2019.

Esta Central é a entidade gestora Nacional de Títulos e Documentos e de Registro Civil das Pessoas Jurídicas, constituindo-se numa plataforma de registros eletrônicos que congrega mais de 2.900 serventias de todo o País, proporcionando a realização de forma digital de todos os serviços que antes somente eram realizados de forma física pelos cartórios.

O *artigo 250 do CNN/CN/CNJ-Extra*, por sua vez estabelece que os documentos eletrônicos apresentados aos Ofícios de Registro de Títulos e Documentos e Civil de Pessoas Jurídicas, ou por eles expedidos, serão assinados com uso de certificado digital, segundo a Infraestrutura de Chaves Públicas Brasileiras (ICP-Brasil) estabelecido no Brasil através da Medida Provisória nº 2.200-2, de 24 de agosto de 2001, cuja assinatura é denominada de *assinatura eletrônica qualificada*, nos termos do inciso III, do artigo 4.º, da Lei nº 14.063/2020.

A assinatura eletrônica qualificada gera e garante a presunção de autenticidade, integridade e verificabilidade dos documentos eletrônicos, além de um valor probatório plenamente confiável, em virtude de ser desenvolvida nos termos da Infraestrutura de Chaves Públicas Brasileiras (ICP – Brasil).

Neste particular, aplicando a legislação de modo sistemático, é preciso lembrar a disposição decorrente do art. 208 do CNN/ CN/CNJ-Extra, a qual deixa a critério de cada Registrador, segundo a sua prudente análise e sob sua exclusiva responsabilidade, aceitar documentos eletrônicos por formatos mais simples, inclusive para fins de concretizar contratações feitas pelos interessados no registro flexibilizando a forma, como autorizado pelo § 2.º do art. 10 da Medida Provisória nº 2.200-2/2001. Realiza-se tal ponderação para apresentar o panorama completo da situação, não apenas parte dele, quando o assunto se trata de documentos eletrônicos e suas formalidades.

O *artigo 251* do CNN/ CN/CNJ-Extra menciona que para a elaboração dos livros do registro de títulos e documentos e civil de pessoas jurídicas *poderão* ser adotados sistemas de computação, microfilmagem, disco óptico e outros meios de reprodução, disposição legal advinda da Lei nº 8.935/1994, que no artigo 41 assim dispõe: " incumbe aos notários e aos oficiais de registro praticar, independentemente de autorização, todos os atos previstos em lei necessários à organização e execução dos serviços, podendo, ainda, adotar sistemas de computação, microfilmagem, disco ótico e outros meios de reprodução".

Destas opções, o uso da microfilmagem é o sistema mais utilizado nos Registros e consiste na reprodução integral dos característicos do título, documento ou papel, na sua perfeita integralidade, através da reprodução da imagem sem possibilidade de alteração, conferindo a segurança do documento.

Importante destacar que a utilização da microfilmagem foi regulada no Brasil através da Lei nº 5.433/1968, razão pela qual a Lei nº 6.015/1973 facultou aos registradores de títulos e documentos que passassem a utilizar esse sistema na organização de seus serviços.

A Lei nº 6.015/1973 autoriza a substituição dos Livros "A" e "B" – RCPJ – pelo sistema de microfilmagem, com termos de abertura e encerramento no início e no fim de cada rolo de microfilme. A referida permissão tem caráter facultativo, por norma administrativa estadual, sendo que nestes casos não existirão na serventia os livros físicos, remanescendo apenas os microfilmes relativos a cada registro e averbação devidamente efetivados.

Uma vez compreendida a possibilidade de acesso de documentos eletrônicos aos cartórios de Registro de Títulos e Documentos e Civis de Pessoas Jurídicas é necessário esclarecer como será o procedimento adotado.

O *artigo 252 do CNN/CN/CNJ-Extra* determina que os repositórios registrais eletrônicos receberão os dados relativamente a todos os documentos que consubstanciaram os atos de averbação e de registro. Com efeito, os repositórios registrais eletrônicos foram previstos na regulamentação do CNJ por meio do Provimento nº 47/2015 objetivando acolher tão somente os documentos que originariamente foram concebidos como nato-digitais, assinados digitalmente e apresentados em formato eletrônico aos cartórios, em conformidade com a faculdade contida no artigo 10 da MP nº 2.200-2, de 2001.

O *artigo 253 do CNN/CN/CNJ-Extra* enumera as condutas que são vedadas aos Oficiais de Registro de Títulos e Documentos e Civil de Pessoas Jurídicas no ambiente do Registro Eletrônico, de forma a concentrar os Serviços Eletrônicos em uma só plataforma, qual seja a Central.

As condutas vedadas são as seguintes: (I) *recepcionar* ou *expedir documentos eletrônicos por e-mail ou serviços postais ou de entrega*, essa determinação se refere a abster-se do recebimento/envio de protocolos e solicitações de certidões, por exemplo, através de e-mail em detrimento da utilização da central. (II) *postar* ou *baixar* (download) documentos eletrônicos e informações em sites que não sejam os das respectivas centrais de serviços eletrônicos compartilhados; e (III) *prestar* os *serviços eletrônicos* referidos neste Capítulo, *diretamente* ou por *terceiros*, em concorrência com as centrais de serviços eletrônicos compartilhados, ou fora delas, estas duas últimas condutas têm a intenção de evitar que empresas terceirizadas concorram com os serviços que são prestados pela Central e possam comprometer a segurança e integridade dos serviços que são seguramente oferecidos.

Diferentemente do que ocorre com o acesso dos documentos ao Registro de Imóveis, através da Central do ONR (Operador Nacional do Sistema de Registro Eletrônico de Imóveis), no Registro de Títulos e Documentos e Civil de Pessoas Jurídicas há a possibilidade do acesso de documentos eletrônicos tanto no balcão do Cartório, quanto por meio da Central, na medida em que o *artigo 254 do CNN/CN/CNJ-Extra* determina que os títulos e documentos eletrônicos, devidamente assinados com o uso de certificado digital (ICP-Brasil), e observada a arquitetura dos Padrões de Interoperabilidade de Governo Eletrônico (e-Ping), podem ser recepcionados diretamente no cartório, caso o usuário assim requeira e compareça na serventia com a devida mídia eletrônica.

Esclarece também que nos casos em que o oficial recepcionar quaisquer títulos e documentos diretamente no cartório, deverá informar no mesmo dia da prática do ato registral, à Central de Serviços Eletrônicos Compartilhados para armazenamento dos indicadores, sob pena de infração administrativa. Tal determinação evita que a Central seja *"desabastecida"* ou *"desatualizada"*.

O prazo mencionado no *artigo 255 do CNN/CN/CNJ-Extra* foi o prazo fixado para a implementação do funcionamento da Central, que teve seu início efetivo em 16/12/2019, portanto, já está em pleno funcionamento.

As disposições constantes do *artigo 256 do CNN/CN/CNJ-Extra* são advindas do Provimento nº 59/2017 do CNJ. O referido provimento alterou o Provimento nº 48/2016 do CNJ e estabeleceu diretrizes gerais para o sistema de registro eletrônico de títulos e documentos e civil de pessoas jurídicas. De acordo com o artigo 256 é possível que as serventias de registro de títulos e documentos recepcionem documentos físicos para posterior remessa à serventia diversa.

A possibilidade da realização desse serviço proporcionou o aumento do rol de atividades que poderão ser realizadas pelos Cartórios de RTD, realizou a unificação nacional das informações registrais das serventias de todo País e a padronização dos procedimentos culminando numa maior aplicabilidade e visibilidade ao Registro de Títulos e Documentos, graças à implementação do SERP – Sistema Eletrônico dos Registros Públicos.

O procedimento para realização deste serviço consiste no recebimento de documento físico, acompanhado por requerimento firmado pela parte interessada, lançamento no Livro de protocolo, digitalização e inserção no sistema da Central mediante o envio do arquivo contendo certidão relativa ao documento.

Após este envio, a serventia efetuará a devolução ao interessado do documento físico e do recibo referente aos valores.

Como indicado, o objeto desta investigação não esgota de modo algum todas as atribuições dos Registradores de Títulos e Documentos e Civil das Pessoas Jurídicas, apenas molda-as agora ao quanto requerido para a disponibilização de serviços mais ágeis, acessíveis e confiáveis.

CAPÍTULO V
DO TABELIONATO DE PROTESTO
Seção I
Dos Serviços Eletrônicos dos Tabeliães de Protesto de Títulos – CENPROT

Art. 257. Os tabeliães de protesto de títulos de todo território nacional instituirão, no prazo de 30 dias, a Central Nacional de Serviços Eletrônicos dos Tabeliães de Protesto (CENPROT), para prestação de serviços eletrônicos.

Parágrafo único. É obrigatória a adesão de todos os tabeliães de protesto do país ou responsáveis interinos pelo expediente à CENPROT de que trata o caput deste artigo, à qual ficarão vinculados, sob pena de responsabilização disciplinar nos termos do inciso I do caput do art. 31 da Lei nº 8.935, de 18 de novembro de 1994.

Art. 258. A CENPROT será operada, mantida e administrada conforme deliberação da assembleia geral dos tabeliães de protesto de títulos, podendo ser delegada à entidade nacional representativa da categoria.

§ 1.º Poderão ser instituídas CENPROT seccionais na forma e locais definidos pela assembleia geral dos tabeliães de protesto de títulos.

§ 2.º A CENPROT e as seccionais instaladas se subordinam às normas, à auditagem e à fiscalização da Corregedoria Nacional de Justiça e da Corregedoria-Geral de Justiça (CGJ) respectiva.

Art. 259. A CENPROT deve disponibilizar, por meio da rede mundial de computadores (internet) pelo menos, os seguintes serviços:

I – acesso a informações sobre quaisquer protestos válidos lavrados pelos tabeliães de protesto de títulos dos estados ou do Distrito Federal;

II – consulta gratuita às informações indicativas da existência ou inexistência de protesto, respectivos tabelionatos e valor;

III – fornecimento de informação complementar acerca da existência de protesto e sobre dados ou elementos do registro, quando o interessado dispensar a certidão;

IV – fornecimento de instrumentos de protesto em meio eletrônico;

V – recepção de declaração eletrônica de anuência para fins de cancelamento de protesto;

VI – recepção de requerimento eletrônico de cancelamento de protesto;

VII – recepção de títulos e documentos de dívida, em meio eletrônico, para fins de protesto, encaminhados por órgãos do Poder Judiciário, das procuradorias, dos advogados e dos apresentantes cadastrados; e

VIII – recepção de pedidos de certidão de protesto e de cancelamento e disponibilização da certidão eletrônica expedida pelas serventias do Estado ou do Distrito Federal em atendimento a tais solicitações.

Parágrafo único. Na informação complementar requerida pelo interessado, acerca da existência de protesto, poderão constar os seguintes dados:
I – nome do devedor, e quando constar do registro, endereço completo, endereço eletrônico e telefone;
II – se pessoa física, número de inscrição no Cadastro de Pessoas Físicas (CPF) — se pessoa jurídica, número de inscrição no Cadastro Nacional de Pessoas Jurídicas (CNPJ);
III – tipo, número e folha do livro de protesto, ou número do registro sequencial do protesto;
IV – tipo de ocorrência e respectiva data;
V – nome do apresentante do título ou documento de dívida, nome do endossatário (cedente), e tipo do endosso;
VI – nome, número do CPF ou CNPJ do credor (sacador), e quando constar do registro, endereço completo, endereço eletrônico e telefone; e
VII – data e número do protocolo, espécie, número do título ou documento de dívida, data de emissão, data de vencimento, valor original, valor protestado, valor das intimações e, quando houver, valor do edital, com indicação de motivo.

Art. 260. As informações enviadas pelos tabeliães de protesto de títulos à CENPROT, na forma e no prazo estabelecido pela Central, não geram o pagamento aos tabelionatos de protesto de emolumentos ou de quaisquer outras despesas decorrentes do envio.

Parágrafo Único. Será de responsabilidade exclusiva do tabelião de protesto de títulos as consequências pela eventual omissão de informação que deveria ter sido enviada à CENPROT.

Art. 261. Os tabeliães de protesto, ainda que representados por sua entidade escolhida, poderão realizar auditoria, com monitoramento automático do descumprimento de prazos, horários e procedimentos incumbidos aos tabeliães de protesto, atividade denominada "Autogestão on-line" com a geração de relatórios a serem encaminhados ao juízo competente e, quando for o caso, à Corregedoria Nacional de Justiça e à respectiva Corregedoria-Geral de Justiça (CGJ).

Parágrafo único. A atuação prevista no caput será preventiva, com o propósito de autogestão da atividade, notificando os tabeliães que incorram em excesso de prazo ou não observância de procedimentos legais e normativos, antes do envio de relatórios aos órgãos correcionais.

Art. 262. As corregedorias-gerais de Justiça dos estados fiscalizarão a efetiva vinculação dos tabeliães de protesto à CENPROT, observados os limites, a temporalidade e o escopo do uso da central, bem como a extensão da responsabilidade dos tabeliães de protesto.

Art. 263. A prestação de serviços a terceiros com a utilização de dados existentes na CENPROT se dará mediante convênio/termo de adesão que deverá conter cláusulas de responsabilidade recíprocas, contendo forma, prazo e taxas administrativas livremente ajustadas entre as partes.

Comentários de Gabriela Lucena Andreazza

Art. 257. A Central Nacional de Serviços Eletrônicos dos Tabeliães de Protesto, nossa CENPROT, é a materialização do sonho de integração de todos acervos dos Tabelionatos de Protesto do país.

Originalmente, foi a Lei 13.775/2018, a qual trata em sua essência da emissão de duplicata sobre a forma escritural, que inseriu o Art. 41-A na Lei de Protestos – Lei 9.492/1997,[1] prevendo a manutenção pelos Tabeliães de Protesto de uma central nacional de serviços eletrônicos compartilhados, arrolando os serviços mínimos a serem prestados.[2]

Em franca operação, a CENPROT atualmente representa uma ferramenta importante no ecossistema de crédito e pode ser acessada por qualquer pessoa através do site www.pesquisaprotesto.com.br.

Alguns serviços disponibilizados pela CENPROT são gratuitos e outros contém previsão de pagamento. Todos são disponibilizados a qualquer interessado, bastando realizar um cadastro na plataforma.

A Consulta Gratuita de Protesto (Art. 41-A, inciso III, da Lei 9.492/1997), por exemplo, permite a pesquisa de títulos protestados, sem qualquer ônus, na base de dados nacional. Basta fazer login e informar o CPF ou o CNPJ do devedor. A consulta positiva indicará os dados mínimos dos protestos, bem como o Tabelionato de Protestos onde o ato foi lavrado, viabilizando o contato do interessado com o Cartório para obtenção de mais informações, quando necessário.

Também é gratuita a disponibilização ao poder público das informações constantes da base de dados da CENPROT (Art. 41-A, § 1.º da Lei 9.492/1997), contribuindo com os poderes constituídos na formação de políticas públicas ligadas ao crédito.[3]

---

1. CHINI, Alexandre et al. *O Protesto de Títulos e Outros Documentos de Dívida*: Lei nº 9.492/1997, Comentada, Doutrina e Jurisprudência. 2. ed., rev. atual. e ampl. São Paulo: JusPodivm, 2023.

2. "Art. 41-A. Os tabeliães de protesto manterão, em âmbito nacional, uma central nacional de serviços eletrônicos compartilhados que prestará, ao menos, os seguintes serviços: (Incluído pela Lei nº 13.775, de 2018)
   I – escrituração e emissão de duplicata sob a forma escritural, observado o disposto na legislação específica, inclusive quanto ao requisito de autorização prévia para o exercício da atividade de escrituração pelo órgão supervisor e aos demais requisitos previstos na regulamentação por ele editada; (Incluído pela Lei nº 13.775, de 2018)
   II – recepção e distribuição de títulos e documentos de dívida para protesto, desde que escriturais; (Incluído pela Lei nº 13.775, de 2018)
   III – consulta gratuita quanto a devedores inadimplentes e aos protestos realizados, aos dados desses protestos e dos tabelionatos aos quais foram distribuídos, ainda que os respectivos títulos e documentos de dívida não sejam escriturais; (Incluído pela Lei nº 13.775, de 2018)
   IV – confirmação da autenticidade dos instrumentos de protesto em meio eletrônico; e (Incluído pela Lei nº 13.775, de 2018)
   V – anuência eletrônica para o cancelamento de protestos. (Incluído pela Lei nº 13.775, de 2018)".

3. SANTOS, Reinaldo Velloso dos. *Protesto notarial e sua função no mercado de crédito*. Belo Horizonte: Editora Dialética, 2021.

Segundo o tabelião Alexandre Scigliano Valerio (2023, p. 125), "as centrais eletrônicas nada mais são do que um canal compartilhado para a prestação eletrônica de tais serviços, que continuam a cargo dos delegatários".[4]

Além dos serviços mínimos obrigatórios, listados no artigo 259 deste Código Nacional de Normas, a CENPROT disponibiliza aos cidadãos e pessoas jurídicas um serviço gratuito e simples de comunicação a respeito da protocolização de algum título para fins de protesto. Trata-se do "Avise-me", sobre o qual trataremos mais adiante.

Parágrafo único. A adesão à CENPROT não é uma faculdade. Todos os 3.779 Tabeliães de Protesto brasileiros, sejam titulares, interinos ou interventores, precisam alimentar a base de dados da Central com o legado da serventia, bem como atualizar diariamente a base de dados mediante envio de um arquivo eletrônico contendo a atualização das situações dos títulos.

É bem por isso que a Consulta Gratuita de Protesto é uma ferramenta hígida, pois atinge a base de dados de todos os Cartórios de Protesto brasileiros.

Na hipótese de não adesão à CENPROT, o notário estará incorrendo na infração disciplinar de "inobservância das prescrições legais ou normativas", sujeitando-se a processo administrativo disciplinar e aplicação das penalidades previstas na Lei dos Notários e Registradores – Lei nº 8.935, de 18 de novembro de 1994.

Art. 258. Compete aos Tabeliães de Protesto, através do IEPTB Brasil, a operação, manutenção e administração da CENPROT.

Assim como os notários se submetem à fiscalização exercida pelas Corregedorias-Gerais de Justiça dos Estados e da Corregedoria Nacional de Justiça, também a CENPROT se subordina às normas pertinentes.

Ademais, a CENPROT pode, através da autogestão, monitorar e orientar os Tabeliães de Protesto sobre o cumprimento dos prazos e deveres regulamentares, informando os casos recalcitrantes aos órgãos censores.

Art. 259. A expressão a ser destacada no *caput* do artigo em comento é "pelo menos". O Código Nacional de Normas, na esteira do revogado Provimento 87/2019 – CNJ e do Art. 41-A da Lei 9.492/1997, elenca serviços mínimos a serem prestados pela CENPROT, o que, por mera interpretação gramatical e sistêmica faz crer que outros serviços podem ser disponibilizados pela central.

O já mencionado "Avise-me" é um desses serviços complementares.

Ademais, impossível não realizar uma leitura conjunta do ordenamento jurídico e citar as inovações de serviços prestados pela CENPROT, introduzidas na Lei de Protestos pela novel Lei 14.711, de 30 de outubro de 2023, conhecida como Marco Legal

---

4. VALERIO, Alexandre Scigliano. *Direito Notarial e Registral Digital*: possibilidades de aplicação da tecnologia aos procedimentos realizados nos cartórios extrajudiciais. Maringá, Edição do Autor, 2023.

das Garantias. Faremos esta análise logo mais, após os comentários sobre serviços mínimos previstos no corpo do Art. 259 deste Código, aos quais nos dedicamos agora:

I e II. O serviço conhecido como "Consulta Gratuita de Protesto" permite que qualquer interessado realize uma busca de qualquer CPF ou CNPJ na base de dados nacional dos Cartórios de Protesto, através da internet. Basta acessar o site da CENPROT: http://www.pesquisaprotesto.com.br.

Desde 15.08.2023, para garantir maior segurança e proteção dos dados, o usuário precisa estar cadastrado e fazer login na CENPROT para utilizar o serviço de "Consulta Gratuita de Protesto".

Alinhada às cautelas inerentes à rastreabilidade e segurança cibernética, a CENPROT possui tipos de logins com diferenciados níveis de segurança, conforme a complexidade dos serviços disponibilizados.

Para a "Consulta Gratuita de Protesto", por exemplo, é suficiente um cadastro simplificado, em que o login dar-se-á com usuário e senha.

Porém, para apresentação de títulos a protesto ou concessão de anuência eletrônica para cancelamento de protesto, atos que implicam maiores responsabilidades e exigem a identificação segura do usuário, é necessário realizar login com Certificado Digital ou conta Gov.br, nível prata ou ouro.

Uma vez pesquisado um CPF ou CNPJ, a CENPROT irá mencionar se constam ou não protestos nos cartórios participantes do Brasil. Vale ressaltar que se trata de mera informação, que não vale como certidão ou prova de inadimplemento. Para que o resultado da consulta tenha valor legal deve ser confirmado através de certidão a ser expedida pelo Tabelionato indicado.

Quando a busca se der por CNPJ, a pesquisa será feita na base de dados através de sua raiz. Em função disso, serão listados os protestos de todas as eventuais filiais da empresa.

III – Ao utilizar a ferramenta de "Consulta Gratuita de Protesto", se o resultado de uma busca for positivo resultar em diversos protestos vigentes, em Estados diferentes, haverá uma separação por Estado, e serão listados cada um dos cartórios onde há protesto.

O interessado poderá confirmar a cidade, a quantidade de títulos protestados em cada cartório e o período da pesquisa (5 anos).

É possível, ainda, consultar mais detalhes, ou informações complementares, de forma que serão informados endereço, telefone e WhatsApp do cartório, a quantidade de protestos, o documento pesquisado e o valor protestado.

IV – Atualmente, a totalidade dos serviços dos Cartórios de Protesto pode ser realizada em meio eletrônico. O tráfego de papel, com as despesas postais e a morosidade inerentes, chega a ser anacrônico em tempos de comunicação em tempo real no mundo virtual.

Por décadas, após lavrar o protesto, o Tabelião imprimia, assinava e entregava ao credor ou apresentante um instrumento de protesto certificador do ocorrido. Este instrumento de protesto original poderia servir como prova da quitação. Se o devedor procurasse o credor para negociar e quitar uma dívida protestada, o credor entregaria ao devedor o instrumento de protesto, que poderia ser apresentado fisicamente no cartório respectivo para instrumentalizar o pedido de cancelamento.

Atualmente, porém, a imensa maioria dos instrumentos de protesto sequer chega a ser formalizada em papel. Sua circulação se dá em meio eletrônico, com assinatura digital do tabelião ou de seu preposto, e com mecanismos de confirmação de autenticidade, tal qual a chave única que permite a consulta e validação de seu conteúdo na CENPROT.

O credor, logado de forma qualificada na CENPROT, terá acesso ao arquivo do instrumento de protesto para download, assinado eletronicamente. Este arquivo eletrônico pode circular, tal qual ocorria com o instrumento de protesto original em papel, razão pela qual o portador deve ter cautela no compartilhamento, pois a apresentação do arquivo eletrônico "original", subscrito com o certificado digital do tabelião ou seu preposto, enseja o cancelamento do protesto.[5]

Quando algum interessado realiza a consulta da chave única no site da CENPROT, tem acesso a visualização do instrumento de protesto, marcado com uma tarja vermelha na diagonal onde se lê: "Instrumento não apto para o cancelamento". Imagem disponível para fins de verificação e consulta".

V – Consoante a Lei de Protestos (Lei 9.492/1997), o cancelamento do protesto pode ser solicitado por qualquer interessado (geralmente o devedor), mediante apresentação do documento protestado ou de "declaração de anuência, com identificação e firma reconhecida, daquele que figurou no protesto como credor, originário ou por endosso translativo".

Na prática, a apresentação de carta de anuência em meio físico, com reconhecimento de firma do subscritor, é algo que vem caindo em desuso. Isto porque a dinâmica cada vez mais célere e eletrônica das relações de crédito e cobrança tem maximizado o uso de plataformas como a CENPROT para recepção da declaração eletrônica de anuência para fins de cancelamento de protesto.

Se há pouco tempo (contexto pré-pandemia) a regra ainda era a formalização de cartas de anuência em papel, com necessidade de deslocamento do credor (pessoa física ou representante da pessoa jurídica) ao Tabelionato de Notas para realizar o reconhe-

---

5. É o que se extrai dos §§ 1.º e 2.º do Art. 820 do Código de Normas do Foro Extrajudicial do Estado do Paraná: "Art. 820 [...] § 1.º O instrumento de protesto a ser entregue ao apresentante poderá ser expedido de forma física ou por meio eletrônico, de acordo com a sua solicitação, com a utilização de certificado digital no âmbito da ICP Brasil ou outro meio seguro. (Incluído pelo Provimento nº 318, de 8 de março de 2023).
§ 2.º Em qualquer caso, o instrumento de protesto, expedido uma única vez por ocasião do registro do protesto, deverá conter menção de que sua exibição pelo devedor ao tabelionato permitirá o cancelamento do protesto. (Incluído pelo Provimento nº 318, de 8 de março de 2023)".

cimento de firma, seguido do encaminhamento do documento até o Tabelionato de Protestos, pessoalmente ou por via postal, atualmente a realidade é muito mais digital.[6]

Mediante login qualificado na plataforma da CENPROT, através de Certificado Digital ICP-Brasil ou por meio de conta GOV.BR, o credor pode, em poucos cliques, fornecer a Autorização de Cancelamento (Carta de anuência eletrônica), que será recepcionada eletronicamente por qualquer Tabelionato de Protesto do país.

VI – Vale reforçar que o ato do credor de fornecer a Autorização de Cancelamento (previsto no inciso V, acima), não implica no cancelamento automático do protesto.

Em função do princípio da instância, o Tabelião de Protestos não age de ofício. Depende de provocação por parte do interessado no cancelamento, que será o responsável pelo pagamento dos emolumentos e demais despesas inerentes ao ato de cancelamento e, quando for o caso de aplicação do diferimento, também daqueles referentes ao próprio procedimento de protesto, com base na tabela de emolumentos vigente quando do pedido de cancelamento.

Ao viabilizar que o interessado solicite o cancelamento do protesto através da CENPROT, a central democratiza o acesso, viabiliza a solução 100% em meio eletrônico e elimina os custos e riscos que outrora existiam com o deslocamento até o cartório ou remessa postal da carta de anuência, título ou instrumento de protesto em meio físico.

VII – Este dispositivo pontua um dos principais serviços obrigatoriamente ofertados pela CENPROT: a recepção de títulos e outros documentos de dívida apresentados a protesto.

Mediante login qualificado, os apresentantes podem encaminhar títulos de forma totalmente eletrônica. Os títulos podem ser físicos ou nato-digitais, apresentados de forma direta ou através de meras indicações, sob responsabilidade do apresentante.

A plataforma da CENPROT permite o upload de documentos que podem conter a imagem de um título originalmente físico, como um cheque ou uma nota promissória, por exemplo.

VIII – O interessado logado na CENPROT poderá acessar o menu "Pedido de Certidão" e inserir na plataforma um "Novo Pedido", que será direcionado ao Cartório selecionado para cotação de emolumentos. O solicitante deverá declinar o motivo da solicitação da certidão. Na sequência, serão disponibilizadas algumas opções de pagamento: Boleto, PIX ou Cartão de Crédito. Confirmado o pagamento, o pedido será processado e o cartório expedirá a certidão assinada eletronicamente, acompanhada do respectivo recibo, para que o solicitante a acesse pela CENPROT.

Após realizar a "Consulta Gratuita de Protesto", também é possível clicar em uma opção "Solicitar Certidão" e seguir os passos acima para dar andamento ao pedido de certidão.

---

6. EL DEBS, Martha et al. *O Novo Protesto de Títulos e Documentos de Dívida*: Os Cartórios de Protesto na Era dos Serviços Digitais. Salvador: JusPodivm, 2020.

Tal qual na consulta de instrumentos de protesto, as certidões também serão dotadas de uma chave única passível de inserção no site da CENPROT para verificação de autenticidade, atribuindo ainda mais segurança ao processo.

Parágrafo único e incisos I ao VII – O Provimento 149/2023 faculta que o interessado solicite informações complementares acerca dos protestos. Tratam-se de dados que poderão ser obtidos diretamente junto ao cartório onde consta o protesto.

SERVIÇOS COMPLEMENTARES PRESTADOS PELA CENPROT

Conforme verificamos, o Art. 259 arrola os serviços mínimos a serem prestados pela CENPROT, tal qual previsão originária do Provimento 87/2019 – CNJ.

No mesmo norte, o Art. 41-A da Lei 9.492/1997, incluído pela Lei nº 13.775/2018 prevê que a CENPROT prestará "ao menos, os seguintes serviços":

I – escrituração e emissão de duplicata sob a forma escritural, observado o disposto na legislação específica, inclusive quanto ao requisito de autorização prévia para o exercício da atividade de escrituração pelo órgão supervisor e aos demais requisitos previstos na regulamentação por ele editada; (Incluído pela Lei nº 13.775, de 2018)

II – recepção e distribuição de títulos e documentos de dívida para protesto, desde que escriturais; (Incluído pela Lei nº 13.775, de 2018)

III – consulta gratuita quanto a devedores inadimplentes e aos protestos realizados, aos dados desses protestos e dos tabelionatos aos quais foram distribuídos, ainda que os respectivos títulos e documentos de dívida não sejam escriturais; (Incluído pela Lei nº 13.775, de 2018)

IV – confirmação da autenticidade dos instrumentos de protesto em meio eletrônico; e (Incluído pela Lei nº 13.775, de 2018)

V – anuência eletrônica para o cancelamento de protestos. (Incluído pela Lei nº 13.775, de 2018)

A estes serviços denominados mínimos, devemos fazer acrescer aqueles complementares inseridos pela recente Lei 14.771/2023 – Marco Legal das Garantias, os quais passaremos a comentar, bem como serviços extraprestados pela CENPROT:

SOLUÇÃO NEGOCIAL PRÉVIA

A Lei de Protestos recebeu o acréscimo do Art. 11-A[7] que trata da solução negocial prévia. Por iniciativa e requerimento do apresentante, os títulos e outros documentos

---

7. "Art. 11-A. Fica permitida ao tabelião de protesto e ao responsável interino pelo tabelionato territorialmente competente, por meio da central nacional de serviços eletrônicos compartilhados dos tabeliães de protesto prevista no art. 41-A desta Lei, a recepção do título ou documento de dívida com a recomendação do apresentante ou credor, caso este assim opte e requeira expressamente, de proposta de solução negocial prévia ao protesto, observado o seguinte: (Incluído pela Lei nº 14.711, de 2023)

I – o prazo de resposta do devedor para a proposta de solução negocial será de até 30 (trinta) dias, segundo o que vier a ser fixado pelo apresentante, facultada a estipulação do valor ou percentual de desconto da dívida, bem como das demais condições de pagamento, se for o caso; (Incluído pela Lei nº 14.711, de 2023)

de dívida poderão ser apresentados, através da CENPROT, acompanhados de uma proposta da solução negocial que antecede o protesto.

Neste caso, o tabelião, agirá como um facilitador que aproxima o credor e o devedor, viabilizando uma composição extrajudicial, que precede o fluxo do procedimento protestual propriamente dito.

A solução negocial prévia, em observância ao princípio da instância, inicia-se, pois, por provocação do apresentante. O notário irá expedir uma comunicação ao devedor, contendo o teor da proposta e o prazo para resposta, que será de até 30 dias, conforme definido pelo apresentante. Esta comunicação poderá ocorrer pelos mais diversos meios: aplicativo de mensagem instantânea (tais quais WhatsApp, Skype etc.), correio eletrônico (e-mail), carta simples, ou qualquer outro meio idôneo.

Na proposta apresentada na solução negocial prévia, é possível a concessão de descontos ao devedor. Neste caso, os emolumentos do tabelião e demais verbas incidentes serão calculadas a partir do valor efetivamente pago.

Se a negociação for bem sucedida, o devedor ou pessoa interessada no pagamento, ao realizar a quitação da dívida, será responsável por pagar o preço devido à CENPROT pelos serviços prestados, bem como os emolumentos e demais despesas devidas ao cartório, tendo como base a tabela de emolumentos vigente na data da apresentação do título.

II – o tabelião de protesto ou o responsável interino pelo tabelionato expedirá comunicação com o teor da proposta ao devedor por carta simples, por correio eletrônico, por aplicativo de mensagem instantânea ou por qualquer outro meio idôneo; (Incluído pela Lei nº 14.711, de 2023)

III – a remessa será convertida em indicação para protesto pelo valor original da dívida na hipótese de negociação frustrada e se não houver a desistência do apresentante ou credor. (Incluído pela Lei nº 14.711, de 2023)

§ 1.º A data de apresentação da proposta de solução negocial de que trata o caput deste artigo é considerada para todos os fins e efeitos de direito, inclusive para direito de regresso, interrupção da prescrição, execução, falência e cobrança de emolumentos, desde que frustrada a negociação prévia e esta seja convertida em protesto. (Incluído pela Lei nº 14.711, de 2023)

§ 2.º Em caso de concessão de desconto ao devedor, o cálculo dos emolumentos do tabelião, dos acréscimos legais e das verbas destinadas aos entes públicos e entidades a título de custas e contribuições e ao custeio dos atos gratuitos do registro civil das pessoas naturais deverá ser feito com base no valor efetivamente pago. (Incluído pela Lei nº 14.711, de 2023)

§ 3.º Quando forem exitosas as medidas de incentivo à solução negocial prévia, será exigido do devedor ou interessado no pagamento, no momento de quitação da dívida, o pagamento dos emolumentos, dos acréscimos legais e das demais despesas, com base na tabela do protesto vigente na data de apresentação do título ou documento de dívida, bem como do preço devido à central nacional de serviços eletrônicos compartilhados pelos serviços prestados. (Incluído pela Lei nº 14.711, de 2023)

§ 4.º Para aquelas medidas de incentivo à solução negocial prévia apresentadas entre 31 (trinta e um) e 120 (cento e vinte) dias, contados do vencimento do título ou documento de dívida, será exigido do apresentante ou credor o pagamento antecipado do preço devido à central nacional de serviços eletrônicos compartilhados pelos serviços prestados. (Incluído pela Lei nº 14.711, de 2023)

§ 5.º Para aquelas medidas de incentivo à solução negocial prévia apresentadas após 120 (cento e vinte) dias, contados do vencimento do título ou documento de dívida, será exigido do apresentante ou credor o depósito prévio dos emolumentos, dos acréscimos legais e das demais despesas, observado o disposto no § 3.º deste artigo. (Incluído pela Lei nº 14.711, de 2023)

§ 6.º A proposta de solução negocial prévia não exitosa e a sua conversão em protesto serão consideradas ato único, para fins de cobrança de emolumentos, observado o disposto no § 3.º e no inciso III do caput deste artigo. (Incluído pela Lei nº 14.711, de 2023)".

O valor recuperado será repassado ao apresentante e o objetivo maior de pacificação social terá sido alcançado.

Caso a negociação seja frustrada e não sobrevenha desistência do apresentante ou credor, a remessa será automaticamente convertida em indicação para protesto, hipótese em que considerar-se-á o valor original da dívida, e não aquele da proposta apresentada na solução negociação prévia. Não haverá qualquer cobrança adicional de emolumentos no caso de negociação inexitosa, pois consideram-se ato único para fim de emolumentos a proposta de solução negocial prévia não exitosa e a sua conversão em protesto.

Para que se defina o momento de pagamento dos emolumentos e do preço devido à CENPROT pelos serviços de intermediação da solução negocial prévia é preciso se considerar o lapso temporal entre o vencimento do título e a apresentação da proposta.

Se a apresentação da medida de incentivo à solução negocial prévia ocorrer entre 31 e 120 dias do vencimento do título, haverá necessidade de antecipação do preço devido à central.

Por outro lado, se houver transcorrido mais de 120 dias entre o vencimento do título e a apresentação da medida prévia, o credor ou apresentante terá que antecipar os emolumentos, acréscimos legais e demais despesas.

Para que a postergação seja integral, portanto, a medida de incentivo à solução negocial prévia deve ser proposta em até 30 dias a contar do vencimento do título ou outro documento de dívida. Quanto mais cedo os Cartórios de Protesto constarem na régua de cobrança, maiores os benefícios para o interessado em buscar a recuperação de seus créditos.

No que concerne aos efeitos jurídicos decorrentes do protesto, tais como interrupção da prescrição, falência, direito de regresso, execução e cobrança de emolumentos, para fixação temporal considerar-se-á a data da apresentação da proposta de solução negocial prévia, posteriormente convertida em protesto.

INTIMAÇÃO ELETRÔNICA

O Marco Legal das Garantias trouxe para a Lei de Protestos, no Art. 14, § 3.º,[8] a previsão que já existia no Art. 368 do Provimento 149 do CNJ, sobre a possibilidade de realização da intimação de protesto por meio eletrônico (e-mail) ou aplicativo multiplataforma de mensagens instantâneas (WhatsApp, Skype, e semelhantes) e chamadas de voz. Trata-se de medida que foi incorporada em caráter provisório durante a pan-

---

8. "Art. 14 [...] § 3.º O tabelião de protesto poderá utilizar meio eletrônico ou aplicativo multiplataforma de mensagens instantâneas e chamadas de voz para enviar as intimações, caso em que a intimação será considerada cumprida quando comprovado o seu recebimento por meio de confirmação de recebimento da plataforma eletrônica ou outro meio eletrônico equivalente."

demia, submetida a sucessivas prorrogações, e que agora ganha previsão na Lei Federal e ares de definitividade.

A escolha pela adoção ou não da intimação eletrônica é do Tabelião, que deve providenciá-la como tentativa inicial de contato do devedor.

Caso a intimação eletrônica seja bem sucedida, com confirmação de recebimento da plataforma eletrônica ou outro meio equivalente, o notário dará a intimação por realizada em meio eletrônico, de forma que se não ocorrer o pagamento, a sustação judicial ou a retirada no prazo legal, o protesto será lavrado. Por outro lado, se não sobrevier a confirmação de recebimento da intimação eletrônica no prazo de 3 (três dias úteis), o notário deverá providenciar a intimação pessoal, ou por edital, conforme o caso.

EDITAL ELETRÔNICO NA CENPROT

A partir do Marco Legal das Garantias, a CENPROT passou a ser o principal repositório centralizador dos editais de intimação de protesto de todo o país. Até então, a Lei 9.492/1997 previa que no caso de intimação por edital, haveria a afixação no Tabelionato de Protesto e publicação na imprensa local, onde houvesse jornal de circulação diária.

É notório que a veiculação de jornais impressos está em franco declínio, processo que foi acelerado pela pandemia. Já há alguns anos, diversos Estados da Federação vinham utilizando-se de portais eletrônicos regionais para publicação dos editais de protestos, especialmente vinculados aos sites dos Institutos de Estudo de Protestos de Títulos – IEPTBs – locais.

Recentemente, o Art. 15, § 1.º[9] da Lei de Protestos recebeu nova redação para prever que o edital que já era afixado no Cartório de Protesto, será também publicado no sítio eletrônico da CENPROT, disponível em: https://www.pesquisaprotesto.com.br/servico/consulta-edital.

TRATAMENTO DE DADOS PARA EMISSÃO E ESCRITURAÇÃO DE TÍTULOS

Ao Art. 41-A da Lei de Protestos, fez-se inserir um § 3.º,[10] segundo o qual a CENPROT poderá prestar serviços de coleta, processamento, armazenamento e integração de dados para emissão e escrituração de documentos eletrônicos passíveis de protesto.

---

9. "Art. 15 [...] § 1.º O edital será afixado no Tabelionato de Protesto e publicado no sítio eletrônico da central nacional de serviços eletrônicos compartilhados dos tabeliães de protesto prevista no art. 41-A desta Lei, sem prejuízo de outras publicações em jornais eletrônicos. (Redação dada pela Lei nº 14.711, de 2023)".

10. "Art. 41-A [...] § 3.º A central nacional de serviços eletrônicos compartilhados prevista no *caput* deste artigo poderá, diretamente ou mediante convênio com entidade pública ou privada, realizar serviços de coleta, de processamento, de armazenamento e de integração de dados para a emissão e a escrituração de documentos eletrônicos passíveis de protesto. (Incluído pela Lei nº 14.711, de 2023)".

Na prática, a CENPROT poderá, diretamente ou através de convênio com outra entidade pública ou privada, tratar dados para prestar aos interessados o serviço de emissão e escrituração de títulos em meio eletrônico, diversificando seu portfólio de soluções.

Este dispositivo complementa o inciso I do Art. 41-A da Lei 9.492, incluído pela Lei 13.775/2018, o qual já previa que a CENPROT prestaria o serviço de escrituração e emissão de duplicata sob a forma escritural.

MEDIDAS DE INCENTIVO À RENEGOCIAÇÃO DE DÍVIDAS PROTESTADAS

É considerável o "estoque" de títulos protestados nos Tabelionatos de Protesto brasileiros.

Em medida salutar e há muito esperada, o legislador federal incluiu o Art. 26-A[11] na Lei de Protestos para prever o que chamamos de Medidas de Incentivo à Renegociação de Dívidas Protestadas.

Consoante Mauricio Barroso Guedes, o "protesto de títulos de crédito e documentos de dívida é a mais antiga medida de extrajudicialização ainda vigente".[12] A incorporação ao ordenamento das medidas de incentivo à renegociação de dívidas protestadas irá contribuir ainda mais para a resolução extrajudicial dos litígios creditórios.

Trata-se de viabilização da atuação ativa do tabelião para, exclusivamente através da CENPROT, fomentar a aproximação entre credor e devedor para que busquem uma

---

11. "Art. 26-A. Após a lavratura do protesto, faculta-se ao credor, ao devedor e ao tabelião ou ao responsável interino territorialmente competente pelo ato, por intermédio da central nacional de serviços eletrônicos compartilhados dos tabeliães de protesto prevista no art. 41-A desta Lei, a qualquer tempo, propor medidas de incentivo à renegociação de dívidas protestadas e ainda não canceladas, podendo também ser concedido abatimento de emolumentos e demais acréscimos legais. (Incluído pela Lei nº 14.711, de 2023)

    § 1.º Faculta-se ao credor, ainda, autorizar o tabelião ou o responsável interino pelo expediente a receber o valor da dívida já protestada, bem como indicar eventual critério de atualização desse valor, concessão de desconto ou parcelamento do débito, e ao devedor oferecer contrapropostas, por meio da central nacional de serviços eletrônicos compartilhados. (Incluído pela Lei nº 14.711, de 2023)

    § 2.º Em caso de liquidação da dívida por meio do uso das medidas de que trata o caput deste artigo, o devedor ou interessado no pagamento deverá arcar com o pagamento dos emolumentos devidos pelo registro do protesto e seu cancelamento, dos acréscimos legais e das demais despesas, com base na tabela do protesto vigente no momento da quitação do débito, bem como do preço devido à central nacional de serviços eletrônicos compartilhados dos tabeliães de protesto pelos serviços prestados. (Incluído pela Lei nº 14.711, de 2023)

    § 3.º A prática de todos os atos necessários às medidas de incentivo à renegociação de dívidas protestadas é exclusiva e inerente à delegação dos tabeliães de protesto, diretamente ou por intermédio de sua central nacional de serviços eletrônicos compartilhados, vedada qualquer exigência que não esteja prevista nesta Lei. (Incluído pela Lei nº 14.711, de 2023)

    § 4.º Nos casos em que o credor, o devedor ou interessado no pagamento optarem por propor medidas de incentivo à renegociação de dívidas protestadas e ainda não canceladas por intermédio dos tabeliães de protesto e da central nacional de serviços eletrônicos compartilhados prevista no art. 41-A desta Lei, o pagamento de que trata o § 2.º deste artigo apenas será devido caso seja exitosa a renegociação, no momento da liquidação da dívida. (Incluído pela Lei nº 14.711, de 2023)".

12. GUEDES, Maurício Barroso. *Extrajudicialização*: a atuação notarial e registral na redução de demandas junto ao Poder Judiciário. Dissertação de Mestrado, Curitiba, 2023, p. 70.

composição amigável, negociando as dívidas já protestadas e ainda não canceladas, fomentando o adimplemento das obrigações e a saúde financeira das pessoas e organizações.

A iniciativa de propor as medidas de incentivo também pode ser do credor ou do devedor, estimulando uma proatividade na recuperação de seus ativos ou resolução de seus débitos.

O credor ou o devedor não precisam desembolsar dinheiro para propor as medidas de incentivo, posto que o pagamento só será devido no momento da liquidação da dívida, caso seja exitosa a negociação.

Quando a iniciativa partir do credor, este poderá autorizar o notário a receber o valor da dívida já protestada diretamente no cartório. Neste caso, o credor indicará o critério de atualização, concessão de desconto ou parcelamento do débito que desejar ofertar, por sua mera liberalidade.

O devedor poderá oferecer contrapropostas, em verdadeira negociação, tudo por meio da CENPROT.

Se sobrevier a liquidação da dívida, o devedor ou pessoa interessada no pagamento irá arcar com os emolumentos devidos pelo registro do protesto e seu cancelamento, além dos acréscimos legais e demais despesas, tudo com base na tabela vigente no momento da quitação. Competirá ao devedor ou interessado arcar também com o preço devido à CENPROT pelos serviços prestados.

EMISSÃO DE DT-E (DOCUMENTO ELETRÔNICO DE TRANSPORTE)

A Lei 14.206/2021, instituiu o DT-e (Documento de Transporte Eletrônico), obrigatório de ser gerado e emitido previamente à execução de operações de transporte de carga no Brasil. Trata-se de documento exclusivamente digital, que poderá, nos termos do Art. 11 da Lei, ser "explorado diretamente pelo Ministério da Infraestrutura ou por meio de concessão ou de permissão".

Em recente alteração legislativa, a Lei 14.711/2023 fez inserir um § 5.º ao Art. 41-A[13] da Lei de Protestos, prevendo que o serviço de emissão do DT-e poderá ser executado pela CENPROT, em regime de autorização.

AVISE-ME

O Avise-me é um serviço extra, disponibilizado de forma gratuita na CENPROT, para aumentar o controle que as pessoas físicas e jurídicas têm a respeito da distribuição de títulos para protesto.

---

13. "§ 5.º O serviço de que trata o art. 11 da Lei nº 14.206, de 27 de setembro de 2021, poderá ser executado pela central nacional de serviços eletrônicos compartilhados prevista no caput deste artigo, em regime de autorização. (Incluído pela Lei nº 14.711, de 2023)".

Trata-se de uma ferramenta importante de informação oficial sobre os títulos lançados em um CPF ou CNPJ e ainda de proteção contra golpes, posto que as informações passarão a vir de uma fonte confiável: a Central Nacional dos Tabeliães de Protesto.

Mediante cadastro na plataforma da CENPROT, qualquer pessoa pode demonstrar o interesse em ser avisada, por e-mail ou SMS, quando seu CPF ou CNPJ constar como devedor em um título apontado em qualquer Tabelionato de Protesto do país.

É importante destacar que o "Avise-me" não se confunde com, e nem substitui, a intimação formal prevista no Art. 14 da Lei 9.492/1997. Trata-se de uma ferramenta a mais de publicidade, mediante adesão voluntária do interessado que deseja maior controle sobre a existência de títulos apresentados a protesto.

Art. 260. Além da adesão de todos os Tabeliães de Protesto do Brasil à CENPROT ser obrigatória, o envio diário das informações a respeito dos protestos lavrados, cancelados e o andamento dos títulos é feito independentemente de qualquer contraprestação pecuniária.

Inobstante a própria CENPROT e suas seccionais sejam fiscalizadas pela Corregedoria Nacional de Justiça e pela respectiva Corregedoria-Geral de Justiça, persiste exclusiva a responsabilidade do Tabelião de Protesto pelo não envio de informação que devesse ter sido compartilhada com a CENPROT.

Fato é que já se foi o tempo em que cada Serviço Notarial era uma ilha detentora de informações referentes aos atos lá realizados. Atualmente a atividade é interconectada e a CENPROT funciona justamente como a centralizadora dos bancos de dados referentes a títulos apresentados a protesto em todo o país.

Art. 261 e parágrafo único – É interessante perceber que a CENPROT, bem como a CRA – Centrais de Remessa de Arquivos –, vinculada aos IEPTB – Instituto de Estudos de Protesto de Títulos do Brasil em cada Estado da Federação, auxiliam o Poder Judiciário no exercício da tarefa de fiscalização da regularidade e pontualidade dos serviços notariais de Protesto.[14]

---

14. Na qualidade de Tabeliã titular do 3.º Tabelionato de Protestos de Curitiba, esta autora pode compartilhar a experiência prática de mensalmente dar cumprimento ao Art. 810, § 2.º do Código de Normas do Foro Extrajudicial do Estado do Paraná ao encaminhar ao Juízo Corregedor local uma série de documentos destinados à prática correicional permanente.
Através da Portaria nº 213/2022 – CTBA-45VJ, o Juiz Corregedor permanente do Foro Central da Comarca de Curitiba determinou que além da apresentação dos livros e arquivos previstos no Código de Normas, a remessa deve contemplar o livro de protocolo e certidão firmada pelo agente delegado a respeito da regularidade do repasse de valores aos credores. Na parte que aqui mais nos interessa, os Tabeliães de Curitiba farão incluir certidão emitida pela CENPROT, contendo informação da CRA (Central de Remessa de Arquivos) "dando conta da regularidade mensal da geração e comunicações de dados àquelas Centrais pelo Tabelionato de Protesto e do cumprimento do prazo de repasse aos credores (primeiro dia útil subsequente ao do recebimento – art. 807 do CNFE-CGJ/PR)".
Ao emitir essas certidões de regularidade mensalmente, a entidade de classe está gerando relatórios dentro do contexto da Autogestão on-line.

Art. 262. O poder fiscalizatório exercido pelas corregedorias-gerais de Justiça de cada um dos Estados é indelegável, embora, como vimos nos comentários ao Art. 161, possa contar com o auxílio operacional inclusive das entidades de classe que monitoram a atividade dos Tabeliães através da Autogestão online.

Notários e registradores são dotados de independência funcional, tanto no aspecto administrativo e financeiro quanto jurídico. Contudo, como bem lembra o tabelião Luís Eduardo Guedes Kelmer, a independência funcional e inexistência de hierarquia em relação ao Poder Público não implicam ausência de controle estatal.

A fiscalização de notários e registradores consiste em exercício atípico de tarefa administrativa pelo Poder Judiciário (uma opção do Constituinte), e tem como objeto incrementar a segurança jurídica dos atos perante e por eles praticados, diante do 'aval' de um poder fiscalizador dotado de saber jurídico e prerrogativas constitucionais de independência.[15]

De fato, o regime constitucional de delegação de serviços pressupõe controle e fiscalização efetiva, tanto dos tabeliães de protesto como da central por eles mantida.

Art. 263. Este dispositivo consolida a ideia de que a CENPROT tem a liberdade de ajustar condições e celebrar convênio ou termo de adesão para prestar serviços a terceiros, utilizando-se dos dados existentes na central.

O instrumento que formalizar o convênio ou termo de adesão irá prever as cláusulas de responsabilidades de ambas as partes, forma, prazo e taxas administrativas, que serão livremente ajustados entre os envolvidos.

---

15. KELMER, Luís Eduardo Guedes. *Regulação da Atividade Notarial e Registral*: a independência jurídica de notários e registradores como parâmetro para o exercício da competência normativa do Poder Judiciário. São Paulo: Editora Dialética, 2023, p. 70.

CAPÍTULO VI
DO TABELIONATO DE NOTAS
Seção I
Da Central Notarial de Serviços Eletrônicos Compartilhados (CENSEC)
Subseção I
Das Disposições Gerais

Art. 264. Fica corroborada a instituição da Central Notarial de Serviços Eletrônicos Compartilhados (CENSEC), disponível por meio do Sistema de Informações e Gerenciamento Notarial (SIGNO) e publicada sob o domínio www.censec.org.br, desenvolvida, mantida e operada pelo Colégio Notarial do Brasil Conselho Federal (CNB/CF), sem nenhum ônus para o Conselho Nacional de Justiça (CNJ) ou qualquer outro órgão governamental, com objetivo de:

I – interligar as serventias extrajudiciais brasileiras que praticam atos notariais, permitido o intercâmbio de documentos eletrônicos e o tráfego de informações e dados;

II – aprimorar tecnologias com a finalidade de viabilizar os serviços notariais em meio eletrônico;

III – implantar em âmbito nacional um sistema de gerenciamento de banco de dados, para pesquisa;

IV – incentivar o desenvolvimento tecnológico do sistema notarial brasileiro, facilitando o acesso às informações, ressalvadas as hipóteses de acesso restrito nos casos de sigilo; e

V – possibilitar o acesso direto de órgãos do Poder Público a informações e dados correspondentes ao serviço notarial.

Art. 265. A CENSEC funcionará por meio de portal na rede mundial de computadores e será composta dos seguintes módulos operacionais:

I – Registro Central de Testamentos On-Line (RCTO): destinado à pesquisa de testamentos públicos e de instrumentos de aprovação de testamentos cerrados, lavrados no país, no mínimo, desde 1.º de janeiro de 2000;

II – Central de Escrituras de Separações, Divórcios e Inventários (CESDI): destinada à pesquisa de escrituras a que alude a Lei nº 11.441, de 4 de janeiro de 2007, lavradas no país, no mínimo, desde 1.º de janeiro de 2007;

III – Central de Escrituras e Procurações (CEP): destinada à pesquisa de procurações e atos notariais diversos, lavrados no país, no mínimo, desde 1.º de janeiro de 2006; e

IV – Central Nacional de Sinal Público (CNSIP): destinada ao arquivamento digital de sinal público de notários e registradores e respectiva pesquisa.

Art. 266. A CENSEC será integrada, obrigatoriamente, por todos os tabeliães de notas e oficiais de registro que pratiquem atos notariais, os quais deverão acessar o Portal do CENSEC na internet para incluir dados específicos e emitir informações para cada um dos módulos acima citados, com observância dos procedimentos descritos neste Código de Normas.

Art. 267. Os tabeliães de notas, com atribuição pura ou cumulativa dessa especialidade, e os oficiais de registro que detenham atribuição notarial para lavratura de testamentos remeterão ao Colégio Notarial do Brasil – Conselho Federal quinzenalmente, por meio da CENSEC, relação dos nomes constantes dos testamentos lavrados em seus livros e respectivas revogações, bem como dos instrumentos de aprovação de testamentos cerrados, ou informação negativa da prática de qualquer desses atos, nos seguintes termos:

I – até o dia 5 de cada mês subsequente, quanto a atos praticados na segunda quinzena do mês anterior; e

II – até o dia 20, quanto a atos praticados na primeira quinzena do próprio mês.

§ 1.º Nos meses em que os dias 5 e 20 não forem dias úteis, a informação deverá ser enviada no dia útil subsequente.

§ 2.º Constarão da informação:

a) nome por extenso do testador, número do documento de identidade (RG ou documento equivalente) e CPF;

b) espécie e data do ato; e

c) livro e folhas em que o ato foi lavrado.

§ 3.º As informações positivas ou negativas serão enviadas, por meio da internet, ao Colégio Notarial do Brasil – Conselho Federal, arquivando-se digitalmente o comprovante do envio.

§ 4.º No prazo para envio da informação, os tabeliães de notas, com atribuição pura ou cumulativa dessa especialidade, e os oficiais de registro que detenham atribuição notarial para lavratura de testamentos remeterão ao Colégio Notarial do Brasil – Conselho Federal, na qualidade de operador do CENSEC, para cada ato comunicado, o valor previsto na legislação estadual, em que houver esta previsão.

Art. 268. A informação sobre a existência ou não de testamento somente será fornecida pelo CNB/CF nos seguintes casos:

I – mediante requisição judicial ou do Ministério Público, gratuitamente

II – de pessoa viva, a pedido do próprio testador, mediante apresentação da cópia do documento de identidade, observado o parágrafo único deste artigo; e

III – de pessoa falecida, a pedido de interessado, mediante apresentação da certidão de óbito expedida pelo Registro Civil de Pessoas Naturais, observado o parágrafo único deste artigo.

Parágrafo único. O recolhimento de quantia correspondente ao fornecimento da informação será devido na forma e pelo valor que for previsto na legislação da unidade da federação em que tenha ocorrido o óbito, se existir tal previsão.

Art. 269. As informações citadas no 5.º artigo anterior serão remetidas, no prazo de até 48 horas, por documento eletrônico assinado digitalmente, com base no padrão ICP-BRASIL, pelo Presidente do Conselho Federal do Colégio Notarial do Brasil, ou por pessoa por ele designada, sob sua responsabilidade.

Art. 270. Os tabeliães de notas, com atribuição pura ou cumulativa dessa especialidade, e os oficiais de registro que detenham atribuição notarial remeterão ao Colégio Notarial do Brasil – Conselho Federal, quinzenalmente, por meio da CENSEC, informação sobre a lavratura de escrituras decorrentes da Lei nº 11.441/07 contendo os dados abaixo relacionados ou, na hipótese de ausência, informação negativa da prática desses atos no período, arquivando-se digitalmente o comprovante de remessa, nos seguintes termos:

I – até o dia 5 de cada mês subsequente, aos atos praticados na segunda quinzena do mês anterior; e

II – até o dia 20, os atos praticados na primeira quinzena do mesmo mês.

§ 1.º Nos meses em que os dias 5 e 20 não forem dias úteis, a informação deverá ser enviada no dia útil subsequente.

§ 2.º Constarão da informação:

a) tipo de escritura;

b) data da lavratura do ato;

c) livro e folhas em que o ato foi lavrado; e

d) nome por extenso das partes: separandos, divorciandos, "de cujus", cônjuge supérstite e herdeiros, bem como seus respectivos números de documento de identidade (RG ou equivalente) e CPF, e do advogado oficiante.

§ 3.º As informações positivas ou negativas serão enviadas, por meio da internet, ao Colégio Notarial do Brasil – Conselho Federal, arquivando-se digitalmente o comprovante do envio.

Art. 271. Poderá qualquer interessado acessar o sítio eletrônico para obter informação sobre a eventual existência dos atos referidos no artigo anterior e o sistema indicará, em caso positivo, o tipo de escritura, a serventia que a lavrou, a data do ato, o respectivo número do livro e das folhas, os nomes dos separandos, divorciandos, "de cujus", cônjuges supérstites e herdeiros, bem como seus respectivos números de documento de identidade (RG ou equivalente) e CPF e o advogado assistente.

Art. 272. Os tabeliães de notas, com atribuição pura ou cumulativa dessa especialidade, e os oficiais de registro que detenham atribuição notarial remeterão ao Colégio Notarial do Brasil – Conselho Federal, quinzenalmente, por meio da CENSEC, informações constantes das escrituras públicas e procurações públicas ou informação negativa da prática destes atos, exceto quanto às escrituras de separação, divórcio e inventário (que deverão ser informadas à CESDI) e às de testamento (que deverão ser informadas ao RCTO), nos seguintes termos:

I – até o dia 5 do mês subsequente, os atos praticados na segunda quinzena do mês anterior; e

II – até o dia 20, os atos praticados na primeira quinzena do mesmo mês.

§ 1.º Nos meses em que os dias 5 e 20 não forem dias úteis, a informação deverá ser enviada no dia útil subsequente;

§ 2.º Constarão da informação:

a) nomes por extenso das partes;

b) número do documento de identidade (RG ou equivalente);

c) CPF;

d) valor do negócio jurídico (quando existente); e

e) número do livro e folhas.

§ 3.º As informações positivas ou negativas serão enviadas, por meio da internet, ao Colégio Notarial do Brasil – Conselho Federal, arquivando-se digitalmente o comprovante do envio.

§ 4.º Independentemente da prestação de informações à Central de Escrituras e Procurações – CEP, será obrigatória a comunicação da lavratura de escritura pública de revogação de procuração e de escritura pública de rerratificação, pelo notário que as lavrar, ao notário que houver lavrado a escritura de procuração revogada, ou a escritura pública do negócio jurídico objeto da rerratificação, com a realização das anotações remissivas correspondentes, em todas as escrituras, pelo remetente e pelo destinatário.

Art. 273. As informações constantes da CEP poderão ser acessadas, diretamente, por meio de certificado digital, pelos Tabeliães de Notas e Oficiais de Registro que detenham atribuição notarial e serão disponibilizadas, mediante solicitação, aos órgãos públicos, autoridades e outras pessoas indicadas neste Código de Normas ou em outro ato normativo.

Art. 274. Os tabeliães de notas e oficiais de registro que detenham atribuição notarial remeterão ao Colégio Notarial do Brasil – Conselho Federal, por meio do CENSEC, cartões com seus autógrafos e os dos seus prepostos, autorizados a subscrever traslados e certidões, reconhecimentos de firmas e autenticações de documentos, para fim de confronto com as assinaturas lançadas nos instrumentos que forem apresentados.

Art. 275. A consulta à CNSIP poderá ser feita gratuitamente pelos tabeliães de notas e oficiais de registro que detenham atribuição notarial.

Art. 276. O Conselho Nacional de Justiça (CNJ) terá acesso à CENSEC, para utilização de todos os dados em sua esfera de competência, sem qualquer ônus ou despesa.

Art. 277. A Corregedoria Nacional de Justiça poderá verificar, diretamente pela CENSEC, o cumprimento dos prazos de carga das informações previstas nesta Seção pelos tabeliães de notas e oficiais de registro que detenham atribuição notarial. Parágrafo Único. O Colégio Notarial do Brasil – Conselho Federal deverá informar à Corregedoria Nacional de Justiça, mensalmente, os casos de descumprimento dos prazos de carga das informações previstas nesta Seção e indicar as serventias omissas em aviso dirigido a todos os usuários do sistema, inclusive nos informes específicos solicitados por particulares e órgãos públicos.

Art. 278. A Presidência do Conselho Nacional de Justiça (CNJ) e a Corregedoria Nacional de Justiça, que detém o poder de fiscalização, terão acesso livre, integral e gratuito às informações referentes à RCTO, CESDI, CEP e CNSIP, independentemente da utilização de certificado digital, mediante informação do número do processo ou procedimento do qual originada a determinação.

Art. 279. Para transparência e segurança, todos os demais acessos às informações constantes da CENSEC somente serão feitos após prévia identificação, por meio de certificado digital emitido conforme a Infraestrutura de Chaves Públicas Brasileira (ICP-Brasil), devendo o sistema manter registros de "log" destes acessos.

§ 1.º Os conselheiros do Conselho Nacional de Justiça (CNJ), para o exercício de suas atribuições, terão acesso livre, integral e gratuito às informações referentes à RCTO, CESDI, CEP e CNSIP, mediante informação do número do processo ou procedimento do qual originada a solicitação.

§ 2.º Os demais órgãos do Poder Judiciário, do Ministério Público e os órgãos públicos indicados pela Presidência do Conselho Nacional de Justiça (CNJ) e pela Corregedoria Nacional de Justiça terão acesso livre, integral e gratuito às informações referentes à CESDI e CEP, mediante informação do número do processo ou procedimento do qual originada a solicitação.

§ 3.º Os tabeliães de notas e oficiais de registro que detenham atribuição notarial terão acesso livre, integral e gratuito às informações referentes à CESDI, CEP e CNSIP, para o exercício de suas atribuições.

Art. 280. Poderão se habilitar para o acesso às informações referentes à CESDI e CEP todos os órgãos do Poder Judiciário e do Ministério Público, bem como os órgãos públicos da União, dos estados, do Distrito Federal e dos municípios que delas necessitem para a prestação do serviço público de que incumbidos.

§ 1.º Os órgãos do Poder Judiciário, de qualquer instância, se habilitarão diretamente na Central Notarial de Serviços Eletrônicos Compartilhados (CENSEC), mediante atendimento dos requisitos técnicos pertinentes.

§ 2.º A habilitação dos órgãos públicos de que trata o caput deste artigo será solicitada diretamente ao Colégio Notarial do Brasil – Conselho Federal, em campo a ser disponibilizado no sítio www.censec.org.br, no qual será informado o nome, cargo, matrícula e número do CPF das pessoas autorizadas para acesso ao sistema.

§ 3.º O Colégio Notarial do Brasil – Conselho Federal consultará a Corregedoria Nacional de Justiça, antes de efetivar o acesso, sobre a solicitação de habilitação dos órgãos públicos, sempre que estiver ausente qualquer dos requisitos estabelecidos no caput deste artigo.

Art. 281. A definição de padrões tecnológicos e o aprimoramento contínuo da prestação de informações dos serviços notariais por meio eletrônico ficarão a cargo do Colégio Notarial do Brasil – Conselho Federal, sob suas expensas, sem nenhum ônus para o Conselho Nacional de Justiça (CNJ) ou qualquer outro órgão governamental.

Art. 282. A CENSEC, sistema de informações homologado pelo LEA/ICP Brasil (Laboratório de Ensaios e Auditorias), estará disponível 24 horas por dia, em todos os dias da semana, observadas as seguintes peculiaridades e características técnicas:

§ 1.º Ocorrendo a extinção da CNB-CF, que se apresenta como titular dos direitos autorais e de propriedade intelectual do sistema, do qual detém o conhecimento tecnológico, o código-fonte e o banco de dados, ou a paralisação pela citada entidade da prestação do serviço objeto desta Seção, sem substituição por associação ou entidade de classe que o assuma em idênticas condições mediante autorização do Conselho Nacional de Justiça (CNJ), será o banco de dados, em sua totalidade, transmitido ao CNJ, ou a ente ou órgão público que o CNJ indicar, com o código-fonte e as informações técnicas necessárias para o acesso e utilização de todos os seus dados, bem como para a continuação de seu funcionamento na forma prevista nesta Seção, sem ônus, custos ou despesas para o Poder Público e, notadamente, sem qualquer remuneração por direitos autorais e de propriedade intelectual, a fim de que a Central Notarial de Serviços Eletrônicos Compartilhados – CENSEC permaneça em integral funcionamento.

§ 2.º O sistema foi desenvolvido em plataforma WEB, com sua base de dados em SQL Server, em conformidade com a arquitetura e-Ping.

§ 3.º O acesso ao sistema, bem como as assinaturas de informações ou outros documentos emitidos por meio deste, deve ser feito mediante uso de certificado digital nos padrões da Infraestrutura de Chaves Públicas Brasileira (ICP Brasil), ressalvado o disposto neste Código de Normas.

Art. 283. O Colégio Notarial do Brasil – Conselho Federal, ou quem o substituir na forma deste Código de Normas, se obriga a manter sigilo relativo à identificação dos órgãos públicos e dos respectivos servidores que acessarem a Central Notarial de Serviços Eletrônicos Compartilhados (CENSEC), ressalvada requisição judicial e fiscalização pela Corregedoria Nacional de Justiça.

Comentários de Andrey Guimarães Duarte

Art. 264. Esse artigo inaugural exige uma análise histórica. A necessidade de unificação das informações produzidas pelos tabelionatos de notas foi identificada antes mesmo da difusão dos meios eletrônicos de arquivamento. Iniciativas foram adotadas em diversos estados da federação, sobretudo relacionadas à centralização de informações de testamentos lavrados. Nesse passo, após a existência de centrais analógicas, em meados da primeira década deste século, foi criada em São Paulo a central eletrônica de registros de testamentos. Posteriormente, após diversos desenvolvimentos, ela foi ampliada e tiveram-se módulos adicionados para concentrar outros atos notariais, sob a gestão de um sistema operacional chamado Signo.

No início da segunda década dos anos 2000, o Colégio Notarial do Brasil, seção São Paulo, em parceria com o Colégio Notarial do Brasil Conselho Federal, ciente da necessidade de nacionalização desse modelo de gestão, empreendeu esforços junto ao Conselho Nacional de Justiça para que houvesse a nacionalização da central paulista. Sua eficiência já havia sido comprovada após anos de utilização, sem que ocorressem falhas de operação e segurança.

Desses esforços, foi nacionalizada a Central Notarial de Serviços Eletrônicos Compartilhados – CENSEC, cuja obrigatoriedade foi estabelecida por provimento da Egrégia Corregedoria Nacional de Justiça. O CNJ, tendo em vista o interesse público envolvido na manutenção da guarda dos dados e de suas funcionalidades, em prestígio aos esforços e expertise dos notários, manteve o desenvolvimento e gestão a cargo do Colégio Notarial do Brasil – Conselho Federal. Esse modelo mostrou-se eficiente ao congregar a segurança, obrigatoriedade e estabilidade do Poder Público com a expertise e capacidade financeira da entidade representativa dos notários, o que permite a manutenção do necessário investimento na atualização do sistema eletrônico da sobredita central.

Percebe-se, da análise dos incisos, a preocupação de se estabelecer a necessária uniformização da atuação dos notários no mundo digital, evitando a difusão de diversos sistemas que possam causar dificuldades de interoperabilidade, bem como a utilização das informações sem observância dos princípios de boa gestão e com potencial de uso indevido de dados que possuem caráter público.

Também se percebe a preocupação com o desenvolvimento contínuo da ferramenta, cientes de que a tecnologia evolui rapidamente. Aqui encontramos mais uma vantagem do modelo público/privado ao suprir eventual deficiência de recursos e celeridade do Poder Público.

Art. 265. O *caput* é autoexplicativo, mas dele pode-se extrair a necessidade de que a CENSEC esteja online ininterruptamente e acessível aos seus usuários, conforme o grau de autorização de cada um. Também se verifica que foi adotada a sistemática de compartimentar as informações, respeitando as características e finalidades próprias, sobretudo para que se possa criar graus diversos de acesso a partir de eventual presunção de interesses diversos e da sensibilidade das informações.

No inciso I foi prevista a central destinada aos testamentos, chamada RCTO – Registro Central de Testamentos Online, semente da própria centralização dos dados notariais. O RCTO surgiu da percepção de que a possibilidade de lavratura de testamentos públicos e cerrados em qualquer tabelião de notas brasileiro poderia, em hipóteses de seu desconhecimento por familiares ou pessoas próximas, resultar na não observância da vontade do testador quando de seu falecimento. Bem por isso, a centralização da informação sobre a existência ou não de testamento e do tabelião que o lavrou impede esse fato e mantém eficaz a vontade do testador. É importante ressaltar a evolução dessa central, cuja consulta era obrigatória apenas para a realização de inventários extrajudiciais, mas por volta de 2017 passou também a ser obrigatória para os inventários judiciais. Isso se mostrou necessário, pois a sua inexigência configurava uma lacuna que poderia gerar o desrespeito à vontade expressa no testamento.

O inciso II traz a CESDI – Central de Escrituras de Separações, Divórcios e Inventários, com o objetivo de reunir informações sobre separações, divórcios e inventários extrajudiciais, para que eventuais interessados possam ter conhecimento de sua realização. Com o advento da Lei 11.441/07, que permite a realização desses atos pelos Tabeliães, percebeu-se a necessidade de centralização dessas informações nos moldes do distribuidor cível, tendo em vista o interesse jurídico legítimo de alguns em ter conhecimento desses atos, como, por exemplo, eventuais credores.

O inciso III prevê a CEP – Central de Escrituras e Procurações, com caráter residual, com a finalidade de reunir informações sobre os demais atos notariais, tais como escrituras de compra e venda, doação, permuta, pacto antenupcial e outros. Também reúne as informações sobre procurações lavradas pelos tabeliães de notas. Cumpre opinar sobre a necessidade de atualização dessa central e de sua funcionalidade, tendo em vista a percepção de que há interesse público e privado legítimo em obter informações úteis.

Por fim, o inciso IV CNSIP- Central Nacional de Sinal Público que tem como objetivo a reunião de todas as assinaturas do Tabelião e seus prepostos, para que destinatários delegatários de seus documentos possam verificar a autenticidade.

Art. 266. O presente artigo traz a importante previsão da obrigatoriedade da participação de todos os tabeliães de notas, assim como dos registradores que possuem atribuição notarial por cumulação de especialidades. Neste ponto, observa-se que a organização da atividade extrajudicial no Brasil, com especificidades em cada estado da federação, prevê a cumulação de atividades de registro com atividade notarial, a depender das características econômicas e sociais locais.

Art. 267. A primeira parte do caput traz aqueles que são obrigados a prestar as informações ao Registro Central de Testamentos Online, reforçando que não apenas os Tabeliães de Notas estão obrigados, mas também os oficiais que possuam atribuição notarial. Também determina quais atos estão sujeitos à informação obrigatória, quais sejam, Testamento Público e eventual revogação, aprovação dos Testamentos Cerrados e eventual revogação expressa. Atenta-se para o fato de que o oficial deve informar a não lavratura desses atos, o que se mostra muito importante para a realização dos inventários, judiciais ou extrajudiciais.

Os incisos I e II estabelecem os prazos para a prestação das informações, nos quais percebe-se que há um lapso no qual as informações ainda não foram prestadas. A norma procurou equilibrar a necessidade das informações para a lavratura e a possibilidade de prestação pelos oficiais, em atenção à extensão do território nacional e às suas diferenças socioeconômicas. O prazo merece constante análise do Colégio Notarial do Brasil – Conselho Federal e da Corregedoria Nacional de Justiça para que esse lapso mencionado possa ser reduzido. O parágrafo primeiro prevê a hipótese em que o prazo final incide em um dia não útil e permite a prestação da informação no próximo dia útil subsequente. O parágrafo segundo e suas alíneas trazem quais informações deverão ser prestadas. Verifica-se que se trata de informações, sobretudo, com o objetivo de identificação e localização do ato, não sendo arquivado o inteiro teor do ato. Tal opção se deu em respeito à previsão legal de guarda pelo oficial do ato e suas informações, o que, diante da evolução tecnológica, pode ser alterado, inclusive adotando um espaço virtual do próprio oficial dentro da Central Notarial de Serviços Eletrônicos Compartilhados, permitindo que se amplie a utilidade pública dessas informações. O parágrafo terceiro estabelece a forma de envio das informações e o parágrafo quarto uma das formas de custeio e manutenção, pelo CNB-CF, desse serviço, que é no estado em que houver previsão, valor relativo à comunicação efetivada, imputando aos oficiais a remessa desses valores, o que denota que o oficial não é o responsável pelo pagamento.

Art. 268. O presente artigo traz uma importante regra de acesso às informações do RCTO, observando tratar-se de dados sensíveis, relativos à intimidade das partes. Logo, o órgão regulador optou por limitar o acesso a determinadas pessoas e situações, o que se mostrou acertado, especialmente após o advento da Lei de Proteção de Dados. O destinatário dessa norma é inclusive o próprio CNB-CF, que deve observar os requisitos necessários para prestar as informações quando requeridas ou requisitadas.

O inciso I autoriza a prestação das informações quando houver requisição judicial ou do Ministério Público, o que se justifica pelo caráter de autoridade pública dos requisitantes e dos interesses públicos que protegem. Este caráter também justifica a gratuidade na prestação da informação.

O inciso II permite que sejam prestadas informações de pessoa viva, requerido pelo testador, devidamente identificado e observando o parágrafo único desse mesmo artigo.

O inciso III permite a prestação de informações de pessoas já falecidas, a pedido de pessoa interessada, logicamente pessoa juridicamente interessada, não se permitindo mera curiosidade, mediante apresentação da certidão de óbito do testador. Nesse caso também se deve observar o parágrafo único desse artigo.

O parágrafo único estabelece cobrança de valor pela prestação das informações, tanto positivas quanto negativas, com o objetivo de garantir uma fonte de custeio da Central Notarial, Essa medida visa atender às necessidades do interesse público em relação às informações, garantir a constante manutenção e evolução dos sistemas tecnológicos, lidar com o aumento exponencial da base de dados e, consequentemente, aumento do custo, e por fim, busca-se respeitar o princípio da modicidade, evitando uma oneração excessiva dos interessados. Para tanto, remete-se à previsão legislativa estadual do local do óbito, caso exista.

Art. 269. Logo de início, é importante destacar um pequeno equívoco na numeração do artigo mencionado, que na verdade corresponde ao artigo 268 e não ao artigo 5, como indicado. Aparentemente, o erro decorre da consolidação dos provimentos relativos aos serviços extrajudiciais ocorrida no ano de 2023. O artigo estabelece o prazo razoável de 48 horas para a prestação das informações pelo CNB-CF. O prazo, embora razoável, requer cuidado, pois o tratamento e pesquisa dessas informações, provenientes de todo o Brasil, constituem uma tarefa complexa que demanda um grande número de funcionários treinados para analisar e evitar informações equivocadas, como as geradas por eventuais homônimos.

A informação deve ser prestada por documento eletrônico, assinado com certificado digital padrão ICP-BRASIL, uma modalidade de assinatura eletrônica mais robusta e segura. Nesse ponto, isso implica na responsabilidade direta do presidente do CNB-CF pela prestação das informações, o que demonstra o grau de importância e seriedade das informações prestadas, ainda que autorize a indicação de outra pessoa, sob sua responsabilidade.

Art. 270. A primeira parte do caput traz aqueles que são obrigados a prestar as informações à Central de Escrituras de Separações, Divórcios e Inventários (CESDI) reforçando, como também o fez o artigo que trata do RCTO, que não apenas os Tabeliães de Notas estão obrigados, mas também os oficiais que possuam atribuição notarial. Novamente, determina quais atos estão sujeitos à informação obrigatória para este módulo.

Como o próprio caput determina, este módulo destina-se a reunir informações acerca dos atos lavrados em decorrência da Lei 11.441/07, sendo estas escrituras públicas de separações, divórcios e inventários, assim como informações sobre a não lavratura desses atos. Conforme mencionado anteriormente, ele desempenha a função de distribuidor cível, fornecendo informações aos interessados, como eventuais credores das partes. Tanto o caput quanto os parágrafos e incisos mantêm a mesma sistemática criada para o RCTO; por isso, remete-se aos comentários ao artigo 267. Aponta-se apenas a inclusão do nome do advogado que assessorou as partes, em atendimento ao comando legal da Lei 11.441/07.

Art. 271. O artigo em tela determina, em atenção à finalidade deste módulo, repisa-se, que ele deve servir como distribuidor cível, permitindo a qualquer interessado o acesso às suas informações, indicando o Tabelião que lavrou, a data, livro e folhas do ato, assim como os nomes das partes e o advogado que as assessorou. Repisa também que tal liberdade de informação atende ao interesse de terceiros atingidos pelos atos, sobretudo eventuais credores e herdeiros desconhecidos e não contemplados.

Art. 272. A primeira parte do caput traz aqueles que são obrigados a prestar as informações à Central de Escrituras e Procurações (CEP) reforçando, mais uma vez, que não apenas os Tabeliães de Notas estão obrigados, mas também os oficiais que possuam atribuição notarial. Novamente determina quais atos estão sujeitos à informação obrigatória para este módulo, cujo caráter residual destina-se a todas escrituras públicas lavradas, independentemente de seu objeto, exceto àquelas destinadas à CESDI, assim como as procurações públicas. Mais uma vez, o caput, os parágrafos e seus incisos mantêm a mesma sistemática criada para o RCTO, bem por isso, remete-se aos comentários ao artigo 267. Aponta-se apenas a inclusão do valor do negócio tratado na escritura pública e eventualmente a procuração pública, justificada pela importância econômica e social dessa informação.

O quarto parágrafo, fugindo à matéria relativa às centrais eletrônicas dos notários, traz obrigação de comunicação entre notários, tendo em vista os efeitos produzidos entre atos notariais lavrados por notários diversos. A despeito de ressalva inicial, é importante destacar que essa lembrança visa evitar que se considere a obrigação cumprida apenas pela prestação da informação à CEP.

Art. 273. A CEP possui regras de acesso diferentes dos demais módulos que compõem a CENSEC, na medida em que restringe o acesso às informações aos próprios tabeliães de notas, mediante a utilização de certificado digital ICP/Brasil, e, mediante solicitação, às autoridades e órgãos públicos. Esse rigor se dá especialmente em decorrência da proteção à privacidade das partes, pois tais informações, de acordo com o regramento legal estabelecido pela Lei 6.015/73, são disponibilizadas por meio de certidões, adotando a forma de publicidade indireta.

O regramento normativo de 2012 deu prevalência ao Princípio da Privacidade em detrimento do Princípio da Publicidade. Como sugestão, considerando o atual desenvolvimento tecnológico e o aumento do caráter público das informações produzidas pelos notários, a norma já merece flexibilização para reequilibrar os mencionados princípios constitucionais e permitir o acesso aos cidadãos a parte das informações, mediante critérios rigorosos de demonstração de interesse.

Art. 274. O artigo em questão traz a previsão do módulo CNSIP, que possui objetivo diverso dos demais módulos, pois se destina a servir como ferramenta de segurança dos notários. Explica-se, há muito os notários se viam atormentados pela necessidade de verificação das assinaturas dos documentos provenientes de outros cartórios, e, para tanto, enviavam por via epistolar uma lista de assinaturas do oficial e de seus prepostos. Tal procedimento era demorado e atrasava demasiadamente a lavratura dos atos notariais. Para solucionar tal problema, foi criado o presente módulo, no qual todas as assinaturas dos oficiais e prepostos são depositadas eletronicamente, permitindo a rápida consulta pelos demais cartórios e beneficiando as partes, que terão seus atos concluídos de forma mais célere.

Art. 275. Remete-se ao comentário do artigo anterior.

Art. 276. O artigo em tela prevê o acesso pelo CNJ, órgão fiscalizatório, a todos os dados presentes na CENSEC em prestígio ao seu caráter público e de interesse público. É importante salientar que a permissão de acesso não transfere ao CNJ a guarda desses dados, uma vez que, conforme o comando constitucional do art. 236, combinado com a Lei 8.935/94, o dever de guarda é do notário.

Art. 277. Em decorrência do poder de fiscalização do Conselho Nacional de Justiça, através da Corregedoria Nacional de Justiça, é estabelecida a possibilidade de acesso direto à CENSEC, pelo órgão censor, para verificação do cumprimento dos prazos previstos nessas normas, ou, quando não previstos, para que seja obedecido prazo razoável de cumprimento. Adicionalmente, destaca-se que, devido ao dever de gestão do Colégio Notarial do Brasil – Conselho Federal, este também pode informar ao órgão fiscalizador eventuais descumprimentos.

Art. 278. Este artigo apresenta regras interessantes que merecem ser aprofundadas. Primeiramente, reforça a possibilidade de acesso irrestrito e gratuito ao CNJ e à Corregedoria Nacional de Justiça, neste caso sem a necessidade de utilização de certificado digital. Em segundo lugar, em contrapartida, há uma regra que limita tal acesso ao estabelecer o requisito de informação do número do processo ou procedimento que gerou a necessidade da consulta. Isso indica que o acesso não pode ser desprovido de interesse no caso concreto submetido aos órgãos fiscalizatórios.

Art. 279. A auditabilidade é essencial para verificar o cumprimento das regras de gestão e utilização da central. Neste ponto, moderna a previsão normativa, que já em meados de 2012 estabeleceu regras que hoje são previstas na LGPD. Por esse caminho, é essencial que todos que acessem a base de dados estejam devidamente identificados e manifestem sua vontade de pesquisa através de assinatura eletrônica de grau mais elevado, qual seja, certificado digital ICP/Brasil. Além disso, também é essencial à sobredita verificação, que todos os acessos sejam arquivados, estabelecendo com sua data e horário.

O parágrafo primeiro se dirige aos conselheiros do CNJ, reforçando normas anteriores que permitem o acesso irrestrito e gratuito, sem, contudo, dispensar o uso de certificado ICP/Brasil, mas mantendo a necessidade de vinculação ao objeto de processo ou procedimento em trâmite.

O parágrafo segundo reforça a regra anterior que autoriza o acesso à CESDI e CEP ao Poder Judiciário e Ministério Público. Ele supre uma lacuna deixada por artigos anteriores, que não especificaram quais órgãos públicos teriam acesso a essas informações. Agora, confere à Presidência do Conselho Nacional de Justiça e à Corregedoria Nacional de Justiça o poder de indicar quais são os órgãos autorizados a acessar esses dados. Além disso, implicitamente permite que esses órgãos delimitem o grau do acesso autorizado.

O parágrafo terceiro repete o texto de um artigo anterior, porém agora delimita o acesso dos notários e oficiais com atribuição notarial à CESDI, CEP e CNSIP, vinculando-o às suas atividades legais.

Art. 280. O caput repete a regra anterior, e remetemos aos respectivos comentários. Apenas especifica que os órgãos públicos podem ser federais, estaduais ou municipais, e também exige que a consulta seja pertinente aos serviços públicos que prestam. Já o parágrafo primeiro enfatiza a necessidade do preenchimento dos requisitos técnicos pertinentes.

O parágrafo segundo é uma norma direcionada ao CNB – CF, que deverá criar no sistema de gestão da CENSEC um campo para conter os dados da autoridade que requer o acesso. Também confere ao CNB-CF a atribuição de habilitar as autoridades requerentes, o que deve ser feito com uma margem muito pequena de discricionariedade, negando o acesso quando não atender aos requisitos presentes nessas normas. Em casos específicos, o CNB-CF poderá, conforme o parágrafo terceiro, consultar a Corregedoria Nacional de Justiça.

Art. 281. Atualmente, a tecnologia se espraia por todas as atividades, e definir padrões tecnológicos para uma atividade presente em todo o território nacional, com suas realidades econômicas e sociais tão díspares, é uma questão complexa. Deve-se atentar à evolução das tecnologias, mas também à sua acessibilidade em todo o território nacional. A norma, a definição e desenvolvimentos da CENSEC sem qualquer custo para o órgão fiscalizatório.

Art. 282. O caput primeiramente informa que a arquitetura da CENSEC foi homologada por órgão técnico competente, o Laboratório de Ensaios e Auditorias da Infraestrutura de Chaves Públicas Brasileira, o que demonstra sua robustez. Determina também que ela deve funcionar 24 horas por dia, sete dias por semana, ou seja, deve operar ininterruptamente em atendimento ao princípio da continuidade que rege os serviços públicos.

O longo parágrafo primeiro também se preocupa com a continuidade dos serviços prestados pela CENSEC ao prever uma solução em caso de extinção ou paralisação do CNB-CF. Prevê que, nessas hipóteses, pode haver substituição por outra entidade de classe autorizada pelo CNJ e, caso não haja essa substituição, os dados do banco devem ser transferidos ao CNJ, juntamente com todos os meios necessários para a continuidade dos serviços prestados, sem qualquer custo ou despesa para o poder público, especialmente qualquer indenização pelos direitos autorais e propriedade intelectual.

O parágrafo segundo e terceiro abordam questões técnicas e reforçam que o acesso ao sistema deve ser feito por meio de certificado digital ICP/Brasil, ou seja, por meio de assinatura eletrônica qualificada. Por fim, o Art. 283 determina que o CNB-CF deve manter sigilo em relação aos órgãos e servidores que acessarem a CENSEC.

Seção II
Dos atos notariais eletrônicos por meio do e-Notariado
Subseção I
Das Disposições Gerais

Art. 284. Esta Seção estabelece normas gerais sobre a prática de atos notariais eletrônicos em todos os tabelionatos de notas do País.

Art. 285. Para fins desta Seção, considera-se:

I – assinatura eletrônica notarizada: qualquer forma de verificação de autoria, integridade e autenticidade de um documento eletrônico realizada por um notário, atribuindo fé pública;

II – certificado digital notarizado: identidade digital de uma pessoa física ou jurídica, identificada presencialmente por um notário a quem se atribui fé pública;

III – assinatura digital: resumo matemático computacionalmente calculado a partir do uso de chave privada e que pode ser verificado com o uso de chave pública, cujo certificado seja conforme a Medida Provisória nº 2.200-2/2001 ou qualquer outra tecnologia autorizada pela lei;

IV – biometria: dado ou conjunto de informações biológicas de uma pessoa, que possibilita ao tabelião confirmar a identidade e a sua presença, em ato notarial ou autenticação em ato particular;

V – videoconferência notarial: ato realizado pelo notário para verificação da livre manifestação da vontade das partes em relação ao ato notarial lavrado eletronicamente;

VI – ato notarial eletrônico: conjunto de metadados, gravações de declarações de anuência das partes por videoconferência notarial e documento eletrônico, correspondentes a um ato notarial;

VII – documento físico: qualquer peça escrita ou impressa em qualquer suporte que ofereça prova ou informação sobre um ato, fato ou negócio, assinada ou não, e emitida na forma que lhe for própria;

VIII – digitalização ou desmaterialização: processo de reprodução ou conversão de fato, ato, documento, negócio ou coisa, produzidos ou representados originalmente em meio não digital, para o formato digital;

IX – papelização ou materialização: processo de reprodução ou conversão de fato, ato, documento, negócio ou coisa, produzidos ou representados originalmente em meio digital, para o formato em papel;

X – documento eletrônico: qualquer arquivo em formato digital que ofereça prova ou informação sobre um ato, fato ou negócio, emitido na forma que lhe for própria, inclusive aquele cuja autoria seja verificável pela internet.

XI – documento digitalizado: reprodução digital de documento originalmente em papel ou outro meio físico;

XII – documento digital: documento originalmente produzido em meio digital;

XIII – meio eletrônico: ambiente de armazenamento ou tráfego de informações digitais;

XIV – transmissão eletrônica: toda forma de comunicação a distância com a utilização de redes de comunicação, tal como os serviços de internet;

XV – usuários internos: tabeliães de notas, substitutos, interinos, interventores, escreventes e auxiliares com acesso às funcionalidades internas do sistema de processamento em meio eletrônico;

XVI – usuários externos: todos os demais usuários, incluídas partes, membros do Poder Judiciário, autoridades, órgãos governamentais e empresariais;

XVII – CENAD: Central Notarial de Autenticação Digital, que consiste em uma ferramenta para os notários autenticarem os documentos digitais, com base em seus originais, que podem ser em papel ou natos-digitais; e

XVIII – cliente do serviço notarial: todo o usuário que comparecer perante um notário como parte direta ou indiretamente interessada em um ato notarial, ainda que por meio de representantes, independentemente de ter sido o notário escolhido pela parte outorgante, outorgada ou por um terceiro;

Art. 286. São requisitos da prática do ato notarial eletrônico:

I – videoconferência notarial para captação do consentimento das partes sobre os termos do ato jurídico;

II – concordância expressada pelas partes com os termos do ato notarial eletrônico;

III – assinatura digital pelas partes, exclusivamente por meio do e-Notariado;

IV – assinatura do tabelião de notas com a utilização de certificado digital ICP-Brasil; e

V – uso de formatos de documentos de longa duração com assinatura digital.

Parágrafo único. A gravação da videoconferência notarial deverá conter, no mínimo:

a) a identificação, a demonstração da capacidade e a livre manifestação das partes atestadas pelo tabelião de notas;

b) o consentimento das partes e a concordância com a escritura pública;

c) o objeto e o preço do negócio pactuado;

d) a declaração da data e horário da prática do ato notarial; e

e) a declaração acerca da indicação do livro, da página e do tabelionato em que será lavrado o ato notarial.

Art. 287. Para a lavratura do ato notarial eletrônico, o notário utilizará a plataforma e-Notariado, por meio do link *www.e-notariado.org.br*, com a realização da videoconferência notarial para captação da vontade das partes e coleta das assinaturas digitais.

Art. 288. O Colégio Notarial do Brasil – Conselho Federal manterá um registro nacional único dos Certificados Digitais Notarizados e de biometria.

Art. 289. A competência para a prática dos atos regulados nesta Seção é absoluta e observará a circunscrição territorial em que o tabelião recebeu sua delegação, nos termos do art. 9.º da Lei nº 8.935/1994.

Comentários de Arthur Del Guércio Neto e Lucas Barelli Del Guércio

Art. 284. A pandemia do coronavírus foi o ambiente para a materialização de um dos maiores avanços da história do notariado brasileiro: a possibilidade de praticar atos notariais eletrônicos por meio da plataforma do e-Notariado.

Em 26 de maio de 2020 foi publicado o histórico Provimento nº 100, do Conselho Nacional de Justiça (CNJ), revogado pelo ora estudado Provimento nº 149, do mesmo CNJ (Código Nacional de Normas).

As pessoas estavam sob isolamento social devido aos efeitos do coronavírus e com restrições para sair de suas casas. Por essa razão, era necessário criar uma solução que possibilitasse a continuidade da prática dos atos notariais no contexto então vivido, o que veio a acontecer com o e-Notariado.

Entre tantas possibilidades ofertadas pela plataforma, estava e está a assinatura eletrônica de todo e qualquer ato notarial (escrituras, procurações, atas notariais, testamentos etc.), com a mesma segurança jurídica existente na assinatura presencial do livro impresso.

O artigo 284 deixa claro que as normas são aplicáveis a todos os tabelionatos de notas do país, os quais devem se conectar aos anseios da sociedade moderna e praticar com naturalidade os atos notariais eletrônicos.

O artigo 285 é uma bússola conceitual para esclarecer as principais terminologias envoltas no contexto do e-Notariado e dada a sua natureza informativa, dispensa maiores comentários.

De qualquer maneira, destacamos o certificado digital notarizado, identidade digital conferida às partes (pessoas físicas ou jurídicas) por notários, para a prática de atos notariais eletrônicos. Apesar do inciso II citar a identificação presencial para a emissão do certificado digital notarizado, é possível, com cautela, que haja a sua emissão à distância, o que, por vezes, se mostra necessário para a prática de um ato notarial eletrônico.

Não há custos para a emissão do certificado digital notarizado, o qual fica armazenado no telefone celular do seu portador, que deverá ser orientado a emitir novamente seu certificado notarizado em casos de remoção do aplicativo ou extravio do aparelho. O notário responsável pela emissão não precisa ser necessariamente aquele que irá praticar o ato notarial eletrônico. Independentemente da prática do ato notarial, incentivamos que tabeliães de notas de todo o Brasil emita de forma rápida e cordial os certificados digitais notarizados que forem solicitados em suas serventias, mirando uma evolução contínua da atividade notarial.

O artigo 286 é extremamente relevante, apresentando os requisitos do ato notarial eletrônico.

O inciso I cuida da videoconferência notarial para a captação do consentimento das partes quanto aos termos do ato ou negócio jurídico. O parágrafo único, do artigo 286, complementa o inciso I, com o mínimo que deve conter a gravação da videoconferência notarial, destacando-se a identificação, a demonstração de capacidade, a livre manifestação, o consentimento e a concordância (igualmente prevista no inciso II) com o ato notarial.

Lembre-se de que o tabelião de notas poderá criar condutas complementares que considere imprescindíveis à lavratura adequada do ato notarial eletrônico.

Assim como ocorre nos atos notariais presenciais, o juízo de identidade e capacidade ganha destaque na atuação notarial eletrônica, devendo haver uma cautela especial dos notários em vista do uso indevido da inteligência artificial por falsários e pessoas de má-fé.

O inciso III destaca que a assinatura digital pelas partes será feita obrigatoriamente pelo e-Notariado (preferencialmente com o uso do certificado digital notarizado). Já a assinatura do tabelião de notas, ao término do ato notarial, observado o inciso IV, necessitará de certificado digital ICP-Brasil.

Fechando a lista de requisitos, o inciso V contempla o "uso de formatos de documentos de longa duração com assinatura digital", numa demonstração da relevância da preservação do ato notarial eletrônico.

A principal lição ofertada pelo artigo 287 é a de que somente existe ato notarial eletrônico dentro da plataforma do e-Notariado, incluindo as primordiais videoconferência notarial para captação da expressão da vontade e coleta de assinaturas digitais.

É relevante a concentração da prática dos atos notariais eletrônicos numa única estrutura, de forma a garantir maior segurança jurídica aos cidadãos, os quais saberão exatamente onde encontrar os tabeliães de notas no ambiente digital.

Recomenda-se aos leitores que acessem o site www.e-notariado.org.br *para terem um contato real com a atuação notarial no contexto on-line.*

Art. 288. O conceitual artigo 285 contempla o que considera como certificado digital notarizado e biometria, nos incisos II e IV:

II — certificado digital notarizado: identidade digital de uma pessoa física ou jurídica, identificada presencialmente por um notário a quem se atribui fé pública;

IV — biometria: dado ou conjunto de informações biológicas de uma pessoa, que possibilita ao tabelião confirmar a identidade e a sua presença, em ato notarial ou autenticação em ato particular;

Nota-se em ambos um elemento comum: são base para a identidade de uma pessoa na realização de atos notariais.

Merece aplausos a iniciativa de mantê-los em um registro nacional único, mantido pelo Colégio Notarial do Brasil – Conselho Federal, entidade representativa dos tabeliães de notas de todo o Brasil, pela razão de que poderão ser consultados num único local, gerando mais segurança jurídica em um relevante aspecto da prática de atos notariais, qual seja, a precisa identificação das partes.

Art. 289. Entre todas as especialidades notariais e registrais, o tabelião de notas é a única, em regra, passível de livre escolha, nos termos do artigo 8.º, da Lei Federal nº 8.935/94:

Art. 8.º É livre a escolha do tabelião de notas, qualquer que seja o domicílio das partes ou o lugar de situação dos bens objeto do ato ou negócio.

O motivo é a confiança que se deposita nessa figura única no contexto das serventias extrajudiciais. Se a confiança é a base da relação, nada mais justo que ofertar a livre escolha, sem amarras territoriais. Porém, a escolha encontra limitações (territoriais) no artigo 9.º, da Lei dos Notários e Registradores:

Art. 9º O tabelião de notas não poderá praticar atos de seu ofício fora do Município para o qual recebeu delegação.

No âmbito dos atos notariais eletrônicos, mesmo que o ato envolva pessoas situadas em outros Municípios, eles são praticados, em regra, nas instalações do cartório, na sede física da serventia, com o uso de ferramentas como a videoconferência e a assinatura digital das partes, o que poderia levar à ideia de que qualquer tabelião de notas do Brasil teria a prerrogativa de praticar atos por todo o país indistintamente, afinal de contas, o universo virtual é infinito e sem barreiras.

No entanto, há regras de competência previstas no Código Nacional de Normas, balizadas basicamente em duas premissas: preservar a livre escolha do tabelião de notas dentro do Estado respectivo e evitar a concorrência predatória entre cartórios do Brasil, em decorrência das diferentes tabelas de custas fixadas por leis estaduais.

Cientes de que outros autores da obra comentarão os artigos que fixam as regras de competência dos atos notariais eletrônicos, nos limitamos a destacar o artigo 302 e seu § 2.º, do estudado Código Nacional de Normas:

Art. 302. Ao tabelião de notas da circunscrição do imóvel ou do domicílio do adquirente compete, de forma remota e com exclusividade, lavrar as escrituras eletronicamente, por meio do e-Notariado, com a realização de videoconferência e assinaturas digitais das partes.

§ 2.º Estando o imóvel localizado no mesmo estado da federação do domicílio do adquirente, este poderá escolher qualquer tabelionato de notas da unidade federativa para a lavratura do ato.

Nas escrituras públicas eletrônicas que envolvam a transmissão de bens imóveis, são competentes os tabeliães de notas da circunscrição do imóvel ou do domicílio do adquirente, para lavrar o ato notarial. Caso o imóvel esteja localizado no mesmo Estado da Federação do domicílio do adquirente, esse último poderá indistintamente escolher qualquer notário do Estado para praticar a sua escritura eletrônica, numa medida que prestigia e efetiva a livre escolha do tabelião de notas, sem gerar uma concorrência predatória interestadual.

Subseção II
Do Sistema de Atos Notariais Eletrônicos e-Notariado

Art. 290. Fica instituído o Sistema de Atos Notariais Eletrônicos, e-Notariado, disponibilizado na internet pelo Colégio Notarial do Brasil – Conselho Federal, dotado de infraestrutura tecnológica necessária à atuação notarial eletrônica, com o objetivo de:

I – interligar os notários, permitindo a prática de atos notariais eletrônicos, o intercâmbio de documentos e o tráfego de informações e dados;

II – aprimorar tecnologias e processos para viabilizar o serviço notarial em meio eletrônico;

III – implantar, em âmbito nacional, um sistema padronizado de elaboração de atos notariais eletrônicos, possibilitando a solicitação de atos, certidões e a realização de convênios com interessados; e

IV – implantar a Matrícula Notarial Eletrônica (MNE).

§ 1.º O e-Notariado deve oferecer acesso aos dados e às informações constantes de sua base de dados para o juízo competente responsável pela fiscalização da atividade extrajudicial, para as corregedorias dos estados e do Distrito Federal e para a Corregedoria Nacional de Justiça.

§ 2.º Os notários, pessoalmente ou por intermédio do e-Notariado, devem fornecer meios tecnológicos para o acesso das informações exclusivamente estatísticas e genéricas à Administração Pública Direta, sendo-lhes vedado o envio e o repasse de dados, salvo disposição legal ou judicial específica.

Art. 291. O Sistema de Atos Notariais Eletrônicos, e-Notariado, será implementado e mantido pelo Colégio Notarial do Brasil – Conselho Federal, CNBCF, sem ônus ou despesas para o Conselho Nacional de Justiça (CNJ) e os demais órgãos ou entidades do Poder Público.

§ 1.º Para a implementação e gestão do sistema e-Notariado, o Colégio Notarial do Brasil – Conselho Federal deverá:

I – adotar as medidas operacionais necessárias, coordenando a implantação e o funcionamento dos atos notariais eletrônicos, emitindo certificados eletrônicos;

II – estabelecer critérios e normas técnicas para a seleção dos tabelionatos de notas autorizados a emitir certificados eletrônicos para a lavratura de atos notariais eletrônicos; e

III – estabelecer normas, padrões, critérios e procedimentos de segurança referentes a assinaturas eletrônicas, certificados digitais e emissão de atos notariais eletrônicos e outros aspectos tecnológicos atinentes ao seu bom funcionamento.

§ 2.º As seccionais do Colégio Notarial do Brasil atuarão para capacitar os notários credenciados para a emissão de certificados eletrônicos, segundo diretrizes do Colégio Notarial do Brasil – Conselho Federal.

§ 3.º Para manutenção, gestão e aprimoramento contínuo do e-Notariado, o CNB-CF poderá ser ressarcido dos custos pelos delegatários, interinos e interventores aderentes à plataforma eletrônica na proporção dos serviços utilizados.

Art. 292. O acesso ao e-Notariado será feito com assinatura digital, por certificado digital notarizado, nos termos da MP nº 2.200-2/2001 ou, quando possível, por biometria.

§ 1.º As autoridades judiciárias e os usuários internos terão acesso às funcionalidades do e-Notariado de acordo com o perfil que lhes for atribuído no sistema.

§ 2.º Os usuários externos poderão acessar o e-Notariado mediante cadastro prévio, sem assinatura eletrônica, para conferir a autenticidade de ato em que tenham interesse.

§ 3.º Para a assinatura de atos notariais eletrônicos é imprescindível a realização de videoconferência notarial para captação do consentimento das partes sobre os termos do ato jurídico, a concordância com o ato notarial, a utilização da assinatura digital e a assinatura do tabelião de notas com o uso de certificado digital, segundo a Infraestrutura de Chaves Públicas Brasileira (ICP).

§ 4.º O notário fornecerá, gratuitamente, aos clientes do serviço notarial certificado digital notarizado, para uso exclusivo e por tempo determinado, na plataforma e-Notariado e nas demais plataformas autorizadas pelo Colégio Notarial Brasil-CF.

§ 5.º Os notários poderão operar na Infraestrutura de Chaves Públicas Brasileira (ICP) Brasil ou utilizar e oferecer outros meios de comprovação da autoria e integridade de documentos em forma eletrônica, sob sua fé pública, desde que operados e regulados pelo Colégio Notarial do Brasil – Conselho Federal.

Art. 293. O e-Notariado disponibilizará as seguintes funcionalidades:

I – matrícula notarial eletrônica;

II – portal de apresentação dos notários;

III – fornecimento de certificados digitais notarizados e assinaturas eletrônicas notarizadas;

IV – sistemas para realização de videoconferências notariais para gravação do consentimento das partes e da aceitação do ato notarial;

V – sistemas de identificação e de validação biométrica;

VI – assinador digital e plataforma de gestão de assinaturas;

VII – interconexão dos notários;

VIII – ferramentas operacionais para os serviços notariais eletrônicos;

IX – Central Notarial de Autenticação Digital (CENAD);

X – Cadastro Único de Clientes do Notariado (CCN);

XI – Cadastro Único de Beneficiários Finais (CBF); e

XII – Índice Único de Atos Notariais (IU).

Art. 294. O sistema e-Notariado contará com módulo de fiscalização e geração de relatórios (correição on-line), para efeito de contínuo acompanhamento, controle e fiscalização pelos juízes responsáveis pela atividade extrajudicial, pelas corregedorias de Justiça dos estados e do Distrito Federal e pela Corregedoria Nacional de Justiça. Parágrafo único. A habilitação dos responsáveis pela fiscalização deverá ser realizada diretamente no link www.e-notariado.org.br, acessando o campo "correição on-line", permitindo o acesso ao sistema em até 24 horas (vinte e quatro horas).

Comentários de Rafael Spínola Castro

Diante da pandemia de COVID-19, uma crise de saúde que afetou todo o planeta, foram tomadas medidas urgentes e essenciais para reduzir o risco de contágio do coronavírus SARS-CoV-2. Desde o surgimento do primeiro caso confirmado no Brasil em 26.02.2020 até 1.º.04.2024, quase 40 milhões de pessoas foram contaminadas em solo nacional, resultando em mais de 700 mil mortes. O Conselho Nacional de Justiça, seguindo sua própria Orientação nº 09 de 13 de março de 2020, que estabelece diversos mecanismos para prevenir o contágio do vírus, editou o Provimento nº 100 em 26 de maio do mesmo ano. Este provimento foi posteriormente revogado pelo Provimento nº 149 de 30 de agosto de 2023, que incorporou integralmente o provimento anterior. A redação dos Artigos 7.º até 11 do Provimento revogado foi incorporada ao Provimento revogador, denominado Código Nacional de Normas da Corregedoria Nacional de Justiça – Foro Extrajudicial (CNN), com destaque para os Artigos 290 até 294, objeto deste estudo.

Dos referidos artigos mencionados, extraímos do Artigo 290 do CNN o comando normativo de criação do Sistema de Atos Notariais Eletrônicos, de alcunha normativa "e-Notariado", sob responsabilidade técnica e administrativa do Colégio Notarial do Brasil – Conselho Federal, com objetivos indicados na própria norma, os quais são:

Interligação dos notários brasileiros, de modo a permitir a prática dos atos notariais eletrônicos, intercâmbio de documentos, além do tráfego seguro de informações e dados;

Aprimoramento tecnológico e processual administrativo para viabilização do serviço notarial eletrônico;

Implantação de um sistema padronizado para a elaboração dos atos notariais no meio virtual, autorizando, inclusive, convênios para o cumprimento das premissas normativas.

Implantação da denominada Matrícula Notarial Eletrônica – MNE.

Do primeiro parágrafo do mencionado Artigo 290 do CCN, verifica-se o comando normativo de que o acesso aos dados e informações integrantes do e-Notariado deve ser viabilizado às Corregedorias dos Estados e Distrito Federal, mantendo à estas a incumbência correicional, principalmente no que diz respeito à fiscalização dos atos notariais eletrônicos.

No mesmo artigo, temos o comando do segundo parágrafo que, excetuadas as hipóteses legais ou judiciais específicas, compete aos notários brasileiros, pessoalmente ou por meio da plataforma eletrônica, viabilizarem o acesso às informações exclusivamente estatísticas e genéricas à Administração Pública Direta, zelando pelos meios tecnológicos necessários para tal fim.

No Artigo 291 do CNN, no *caput*, prevê-se que o sistema e-Notariado é de responsabilidade de implementação e manutenção também pelo Colégio Notarial do Brasil – Conselho Federal. Todavia, não há autorização para que os custos da referida plataforma onerem o Conselho Nacional de Justiça ou qualquer entidade do Poder Público. As despesas operacionais devem ser repassadas aos delegatários titulares, interinos ou interventores, nas proporções de utilização do sistema eletrônico. Além disso, o Colégio Notarial do Brasil – Conselho Federal tem o dever de adotar medidas operacionais suficientes, incluindo a emissão totalmente gratuita dos denominados certificados digitais notarizados. Quando utilizados, esses certificados produzem efeitos jurídicos de assinaturas eletrônicas avançadas, conforme conceito trazido pela Lei Federal nº 14.063 de 23 de setembro de 2020, em especial menção ao Artigo 4.º, inciso II:

> Assinatura eletrônica avançada: a que utiliza certificados não emitidos pela ICP-Brasil ou outro meio de comprovação da autoria e da integridade de documentos em forma eletrônica, desde que admitido pelas partes como válido ou aceito pela pessoa a quem for oposto o documento, com as seguintes características:
>
> a) está associada ao signatário de maneira unívoca;
>
> b) utiliza dados para a criação de assinatura eletrônica cujo signatário pode, com elevado nível de confiança, operar sob o seu controle exclusivo;
>
> c) está relacionada aos dados a ela associados de tal modo que qualquer modificação posterior é detectável.

O Artigo 292 do CNN indica que o acesso à plataforma e-Notariado seja realizado por assinatura digital ou certificado digital notarizado, nos termos da Medida Provisória Federal nº 2.200-2 de 24 de agosto de 2.001, ou ainda, quando possível, por biometria.

Dos parágrafos do Artigo normativo mencionado, observa-se que tanto as autoridades judiciárias quanto os usuários internos têm acesso ao e-Notariado, de acordo com o perfil atribuído no sistema. Além disso, há a possibilidade de usuários externos acessarem a plataforma notarial digital mediante cadastro prévio, para conferência da autenticidade dos atos que tenham interesse. Neste último caso, a assinatura eletrônica é dispensada.

E apesar das possibilidades de acesso indicadas no caput do Artigo 292 do CNN, as subscrições eletrônicas dos tabeliães de notas, substitutos ou prepostos autorizados devem ser realizadas obrigatoriamente com o uso de certificado digital nos termos do ICP-Brasil, sendo este o denominado e-CPF A3. Excetuam-se os atos vinculados aos reconhecimentos de firmas digitais do módulo "e-Not Assina", que são subscritos automaticamente por meio do e-CPF A1 do responsável pelo expediente extrajudicial (delegatários titulares, interinos ou interventores).

Com relação à lavratura eletrônica de escrituras públicas, procurações públicas, substabelecimentos, revogações e renúncias de procurações e testamentos públicos, o parágrafo terceiro do Artigo 292 do CCN determina que, além da assinatura eletrônica por meio de certificado digital ICP-Brasil exclusivamente de pessoas físicas ou pelo certificado digital notarizado, é necessária a realização de videoconferência por meio de plataforma digital. Durante essa videoconferência, o responsável pela lavratura deverá fazer a leitura dos elementos essenciais do ato. No caso dos testamentos públicos digitais, recomenda-se a leitura integral do ato na presença remota do testador e das testemunhas, de modo que a videoconferência também tenha a função de identificar seguramente a parte signatária, além de averiguar a capacidade jurídica para o ato, tal qual se faz na lavratura física dos atos notariais.

Já no Artigo 293 do CNN, há a indicação das funcionalidades do sistema e-Notariado:

a) Matrícula notarial eletrônica – que identifica o ato por meio de um código numérico de 24 (vinte e quatro) dígitos que segue os padrões normativos indicados no Artigo 295, § 2.º do CNN;

b) Portal de apresentação dos notários – disponível por meio do link http://www.e-notariado.org.br, pautando-se pela fácil e intuitiva acessibilidade pelo público em geral;

c) Fornecimento de certificados digitais notarizados e assinaturas eletrônicas notarizadas – de modo que o fornecimento é gratuito, em sua modalidade presencial ou remota;

d) Sistemas para realização de videoconferências notariais para gravação do consentimento das partes e da aceitação do ato notarial – sempre realizadas pela plataforma e-Notariado para sua validade;

e) Sistemas de identificação e de validação biométrica – havendo, atualmente, convênio com a Secretaria Nacional de Trânsito – SENATRAN (antigo Departamento Nacional de Trânsito – DENATRAN), para confronto com a base de dados;

f) Assinador digital e plataforma de gestão de assinaturas – também realizados exclusivamente pela plataforma e-Notariado;

g) interconexão dos notários – dinamizando o tráfego de informações entre os Notários Brasileiros, à exemplo do que temos atualmente com a Central de Informações do Registro Civil – CRC para os Registradores Civis das Pessoas Naturais do Brasil;

h) Ferramentas operacionais para os serviços notariais eletrônicos – fornecidas de forma concentrada na plataforma do e-Notariado;

i) Central Notarial de Autenticação Digital (CENAD) – módulo que integra o e-Notariado para autenticação de cópias de documentos digitais ou desmaterialização notarial autenticada de documentos físicos;

j) Cadastro Único de Clientes do Notariado (CCN) – em cumprimento ao determinado pelo Artigo 166 do CNN;

k) Cadastro Único de Beneficiários Finais (CBF) – em cumprimento ao determinado pelo Artigo 167 do CNN;

l) Índice Único de Atos Notariais (IU) – em cumprimento ao determinado pelo Artigo 170 do CNN.

Por fim, o Artigo 294 do CNN determina que o sistema e-Notariado conterá o módulo denominado correição online, viabilizando a permanente atividade correicional no controle, acompanhamento e fiscalização pelos Juízes responsáveis pela fiscalização dos Notários Brasileiros, além das Corregedorias de Justiça dos Estados e do Distrito Federal e também pelo próprio Conselho Nacional de Justiça. A habilitação dos responsáveis pela fiscalização ocorrerá em até 24 (vinte e quatro) horas contadas da solicitação de acesso, sempre realizada por meio do endereço eletrônico www.e-notariado.org.br.

Subseção III
Da Matrícula Notarial Eletrônica – MNE

Art. 295. Fica instituída a Matrícula Notarial Eletrônica (MNE), que servirá como chave de identificação individualizada, facilitando a unicidade e rastreabilidade da operação eletrônica praticada.

§ 1.º A Matrícula Notarial Eletrônica será constituída de 24 dígitos, organizados em seis campos, observada a estrutura CCCCCC.AAAA.MM.DD. NNNN-NNNN-DD, assim distribuídos:

I – o primeiro campo (CCCCCC) será constituído de seis dígitos, identificará o Código Nacional de Serventia (CNS), atribuído pelo Conselho Nacional de Justiça (CNJ), e determinará o tabelionato de notas em que foi lavrado o ato notarial eletrônico;

II – o segundo campo (AAAA), separado do primeiro por um ponto, será constituído de quatro dígitos e indicará o ano em que foi lavrado o ato notarial;

III – o terceiro campo (MM), separado do segundo por um ponto, será constituído de dois dígitos e indicará o mês em que foi lavrado o ato notarial;

IV – o quarto campo (DD), separado do terceiro por um ponto, será constituído de dois dígitos e indicará o dia em que foi lavrado o ato notarial;

V – o quinto campo (NNNNNNNN), separado do quarto por um ponto, será constituído de oito dígitos e conterá o número sequencial do ato notarial de forma crescente ao infinito; e

VI – o sexto e último campo (DD), separado do quinto por um hífen, será constituído de dois dígitos e conterá os dígitos verificadores, gerados pela aplicação do algoritmo Módulo 97 Base 10, conforme Norma ISO 7064:2003.

§ 2.º O número da Matrícula Notarial Eletrônica integra o ato notarial eletrônico, devendo ser indicado em todas as cópias expedidas.

§ 3.º Os traslados e certidões conterão, obrigatoriamente, a expressão "Consulte a validade do ato notarial em www.docautentico.com.br/valida".

Comentários de Lucas da Silva Peres

A Subseção III está inserida no contexto dos atos notariais eletrônicos praticados na plataforma e-Notariado, e possui o escopo de prover maior racionalidade na organização dos atos notariais praticados de forma eletrônica.

Em outras palavras, trata-se de regramento que não inova o direito notarial, mas que promove segurança jurídica no trânsito e arquivamento digital aos atos praticados em Tabelionatos.

A normatização da Matrícula Notarial Eletrônica (MNE) é prevista pelo art. 295 do Código Nacional do Foro Extrajudicial (Prov. CNJ nº 149/2023).

Sua origem histórica advém do Prov. CNJ nº 100 de 26 de maio de 2020, o qual criou e implementou a Plataforma e-Notariado. A redação do Código Nacional do Foro Extrajudicial (art. 295) espelha de forma idêntica o dispositivo do art. 12 do Prov. CNJ nº 100/2020.

Ademais, também é necessário citar como origem histórica dos códigos nacionais identificadores para os atos extrajudiciais, as matrículas inseridas nas certidões dos atos praticados pelos Registros Civis das Pessoas Naturais, nos termos do art. 7.º do Prov. CNJ nº 03 de 17 de novembro de 2009.

A Matrícula Notarial Eletrônica (MNE) pode ser conceituada como uma chave de identificação do ato notarial eletrônico praticado, admitindo sua rastreabilidade além de certificar a unicidade da operação eletrônica.

Ela é composta por 24 (vinte e quatro) números compostos pelo Código Nacional de Serventia (CNS), pela data do ato (ano/mês/dia), número sequencial do ato notarial, e dois dígitos verificadores originados a partir do algoritmo Módulo 97 Base 10, conforme Norma ISO 7064:2003 (art. 295, § 1.º).

É regra indispensável que o número da Matrícula Notarial Eletrônica somado à expressão "Consulte a validade do ato notarial em http://www.docautentico.com.br/valida" integre o ato, nos termos dos §§ 2.º e 3.º do art. 295 do Código Nacional do Foro Extrajudicial.

Os atos notariais eletrônicos apenas se legitimam na exata medida em que possam ser validados pela plataforma e-Notariado, outorgando-lhes as características elementares da publicidade, autenticidade, segurança e eficácia dos atos extrajudiciais, nos termos do art. 1.º da Lei Federal nº 8.935/1994.

Memore-se que a autenticação de um documento eletrônico na plataforma e-Notariado poderá ser realizada a partir do carregamento do próprio documento eletrônico na plataforma; ou mediante a inserção de alguns dados/informações constantes no documento (códigos de validação), o que revela a importância da Matrícula Notarial Eletrônica.

Quais as consequências jurídicas na omissão dos §§ 2.º e 3.º do art. 295?

Considerando-se que os Tabelionatos exercem serviços públicos delegados, cuja natureza jurídica de sua ação e regulação pertencem à seara do Direito Administrativo, há de se apontar que o descumprimento da referida formalidade de inserção do número da matrícula notarial eletrônica e da expressão acima indicadas *poderá ser convalidada*, nos termos do art. 55 da Lei Federal nº 9.784/1999,[1] sem ônus aos usuários do serviço extrajudicial.

---

1. Art. 55. Em decisão na qual se evidencie não acarretarem lesão ao interesse público nem prejuízo a terceiros, os atos que apresentarem defeitos sanáveis poderão ser convalidados pela própria Administração.

A *contrario sensu*, seria de excessivo rigor considerar o ato notarial eletrônico nulo pela omissão de referidas informações, principalmente se considerada sua fácil resolução pelo Tabelionato responsável pela prática do ato e cujas informações poderiam ser rapidamente extraídas da plataforma e-Notariado.

Por evidente, a prática do ato faltoso – ou sua reiteração costumeira – poderão sugerir a adoção de medidas censório-disciplinares pelo Poder Corregedor da unidade tabelioa, mas que em nada prejudicará os efeitos almejados pelos usuários que confiaram na prática do ato eletrônico notarial.

Importante destacar que a Matrícula Notarial Eletrônica (MNE) terá lugar apenas nos atos eletrônicos ou híbridos.

Atos eletrônicos são aqueles realizados do início ao fim em ambiente virtual, mediante utilização de certificado digital notarial ou ICP-Br.

Atos híbridos são aqueles praticados parcialmente em ambiente virtual, e parcialmente em ambiente físico, mediante comparecimento pessoal do usuário e a realização física de sua assinatura e manifestação de vontade.

Destaque-se que jamais se admitirá a criação de uma Matrícula Notarial Eletrônica aos atos praticados exclusivamente em ambiente físico, conforme elucidado na base de conhecimento do Colégio Notarial do Brasil.[2]

Excetuadas as autenticações digitais promovidas pela Central Notarial de Autenticação Digital (CENAD), cuja validação se dá pela Notarchain (rede blockchain dos notários), todos os demais atos eletrônicos praticados possuirão matrícula notarial eletrônica.

Ou seja, a maior parte dos atos eletrônicos praticados pelos Tabelionatos ocasionará a geração de uma Matrícula Notarial Eletrônica: i) reconhecimento de firmas por semelhança; ii) reconhecimentos de firmas por autenticidade; iii) procurações; iv) escrituras públicas; v) testamentos; etc.

A Matrícula Notarial Eletrônica será gerada na medida do instrumento formalizado: uma Matrícula Notarial Eletrônica para cada ato eletrônico praticado.

Logo, ainda que praticados – e cobrados os emolumentos – dois ou mais negócios jurídicos consubstanciados em um único instrumento notarial, será gerada somente uma Matrícula Notarial Eletrônica em tal hipótese.

---

2. v. Colégio Notarial do Brasil. Ato Notarial Eletrônico – Esclarecimentos Gerais. Disponível em: Ato Notarial Eletrônico – Esclarecimentos Gerais. Acesso em: 26 dez. 2023.

Subseção IV
Do Acesso ao Sistema

Art. 296. O sistema e-Notariado estará disponível 24 horas por dia, ininterruptamente, ressalvados os períodos de manutenção do sistema.

Parágrafo único. As manutenções programadas do sistema serão sempre informadas com antecedência mínima de 24 horas e realizadas, preferencialmente, entre 0h de sábado e 22h de domingo, ou entre 0h e 6h, dos demais dias da semana.

Art. 297. A consulta aos dados e documentos do sistema e-Notariado estará disponível por meio do link http://www.e-notariado.org.br/consulta.

§ 1.º Para a consulta de que trata o *caput* deste artigo será exigido o cadastro no sistema por meio do link http://www.e-notariado.org.br/cadastro.

§ 2.º O usuário externo que for parte em ato notarial eletrônico ou que necessitar da conferência da autenticidade de um ato notarial será autorizado a acessar o sistema sempre que necessário.

§ 3.º O sítio eletrônico do sistema e-Notariado deverá ser acessível somente por meio de conexão segura HTTPS, e os servidores de rede deverão possuir certificados digitais adequados para essa finalidade.

Art. 298. A impressão do ato notarial eletrônico conterá, em destaque, a chave de acesso e QR Code para consulta e verificação da autenticidade do ato notarial na Internet.

Subseção V
Dos Atos Notariais Eletrônicos

Art. 299. Os atos notariais eletrônicos reputam-se autênticos e detentores de fé pública, como previsto na legislação processual.

Parágrafo único. O CNB-CF poderá padronizar campos codificados no ato notarial eletrônico ou em seu traslado, para que a informação estruturada seja tratável eletronicamente.

Art. 300. Os atos notariais celebrados por meio eletrônico produzirão os efeitos previstos no ordenamento jurídico quando observarem os requisitos necessários para a sua validade, estabelecidos em lei e nesta Seção.

Parágrafo único. As partes comparecentes ao ato notarial eletrônico aceitam a utilização da videoconferência notarial, das assinaturas eletrônicas notariais, da assinatura do tabelião de notas e, se aplicável, biometria recíprocas.

Art. 301. A identificação, o reconhecimento e a qualificação das partes, de forma remota, será feita pela apresentação da via original de identidade eletrônica e pelo conjunto de informações a que o tabelião teve acesso, podendo utilizar-se, em especial, do sistema de identificação do e-Notariado, de documentos digitalizados, cartões de assinatura abertos por outros notários, bases biométricas públicas ou próprias, bem como, a seu critério, de outros instrumentos de segurança.

§ 1.º O tabelião de notas poderá consultar o titular da serventia onde a firma da parte interessada esteja depositada, devendo o pedido ser atendido de pronto, por meio do envio de cópia digitalizada do cartão de assinatura e dos documentos via correio eletrônico.

§ 2.º O Colégio Notarial do Brasil - Conselho Federal poderá implantar funcionalidade eletrônica para o compartilhamento obrigatório de cartões de firmas entre todos os usuários do e-Notariado.

§ 3.º O armazenamento da captura da imagem facial no cadastro das partes dispensa a coleta da respectiva impressão digital quando exigida.

Art. 302. Ao tabelião de notas da circunscrição do imóvel ou do domicílio do adquirente compete, de forma remota e com exclusividade, lavrar as escrituras eletronicamente, por meio do e-Notariado, com a realização de videoconferência e assinaturas digitais das partes.

§ 1.º Quando houver um ou mais imóveis de diferentes circunscrições no mesmo ato notarial, será competente para a prática de atos remotos o tabelião de quaisquer delas.

§ 2.º Estando o imóvel localizado no mesmo estado da federação do domicílio do adquirente, este poderá escolher qualquer tabelionato de notas da unidade federativa para a lavratura do ato.

§ 3.º Para os fins desta Seção, entende-se por adquirente, nesta ordem, o comprador, a parte que está adquirindo direito real ou a parte em relação à qual é reconhecido crédito.

Art. 303. Ao tabelião de notas da circunscrição do fato constatado ou, quando inaplicável este critério, ao tabelião do domicílio do requerente compete lavrar as atas notariais eletrônicas, de forma remota e com exclusividade por meio do e-Notariado, com a realização de videoconferência e assinaturas digitais das partes.

Parágrafo único. A lavratura de procuração pública eletrônica caberá ao tabelião do domicílio do outorgante ou do local do imóvel, se for o caso.

Art. 304. A comprovação do domicílio, em qualquer das hipóteses desta Seção do Código Nacional de Normas, será realizada:

I – em se tratando de pessoa jurídica ou ente equiparado: pela verificação da sede da matriz, ou da filial em relação a negócios praticados no local desta, conforme registrado nos órgãos de registro competentes; e

II – em se tratando de pessoa física: pela verificação do título de eleitor, ou outro domicílio comprovado.

Parágrafo único. Na falta de comprovação do domicílio da pessoa física, será observado apenas o local do imóvel, podendo ser estabelecidos convênios com órgãos fiscais para que os notários identifiquem, de forma mais célere e segura, o domicílio das partes.

Art. 305. A desmaterialização será realizada por meio da CENAD nos seguintes documentos:

I – na cópia de um documento físico digitalizado, mediante a conferência com o documento original ou eletrônico; e

II – em documento híbrido.

§ 1.º Após a conferência do documento físico, o notário poderá expedir cópias autenticadas em papel ou em meio digital.

§ 2.º As cópias eletrônicas oriundas da digitalização de documentos físicos serão conferidas na CENAD.

§ 3.º A autenticação notarial gerará um registro na CENAD, que conterá os dados do notário ou preposto que o tenha assinado, a data e hora da assinatura e um código de verificação (hash), que será arquivado.

§ 4.º O interessado poderá conferir o documento eletrônico autenticado pelo envio desse mesmo documento à CENAD, que confirmará a autenticidade por até cinco anos.

Art. 306. Compete, exclusivamente, ao tabelião de notas:

I – a materialização, a desmaterialização, a autenticação e a verificação da autoria de documento eletrônico;

II – autenticar a cópia em papel de documento original digitalizado e autenticado eletronicamente perante outro notário;

III – reconhecer as assinaturas eletrônicas apostas em documentos digitais; e

IV – realizar o reconhecimento da firma como autêntica no documento físico, devendo ser confirmadas, por videoconferência, a identidade. a capacidade daquele que assinou e a autoria da assinatura a ser reconhecida.

§ 1.º Tratando-se de documento atinente a veículo automotor, será competente para o reconhecimento de firma, de forma remota, o tabelião de notas do município de emplacamento do veículo ou de domicílio do adquirente indicados no Certificado de Registro de Veículo (CRV) ou na Autorização para Transferência de Propriedade de Veículo (ATPV).

§ 2.º O tabelião arquivará o trecho da videoconferência em que constar a ratificação da assinatura pelo signatário com expressa menção ao documento assinado, observados os requisitos previstos para o conteúdo da gravação da videoconferência notarial na forma desta Seção do Código Nacional de Normas.

§ 3.º A identidade das partes será atestada remotamente nos termos desta Seção do Código de Normas.

Art. 307. Em todas as escrituras e procurações em que haja substabelecimento ou revogação de outro ato deverá ser devidamente informado o notário, o livro e as folhas, o número de protocolo e a data do ato substabelecido ou revogado.

Art. 308. Deverá ser consignado em todo ato notarial eletrônico de reconhecimento de firma por autenticidade que a assinatura foi aposta no documento, perante o tabelião, seu substituto ou escrevente, em procedimento de videoconferência.

Art. 309. Outros atos eletrônicos poderão ser praticados com a utilização do sistema e-Notariado, observando-se as disposições gerais deste Código de Normas.

Subseção VI
Dos Cadastros

Art. 310. O Colégio Notarial do Brasil - Conselho Federal manterá o cadastro de todos os tabeliães de notas e pessoas com atribuição notarial em todo o território nacional, ainda que conferida em caráter temporário.

§ 1.º O cadastro incluirá dados dos prepostos, especificando quais poderes lhes foram conferidos pelo titular, e conterá as datas de início e término da delegação notarial ou preposição, bem como os seus eventuais períodos de interrupção.

§ 2.º Os tribunais de Justiça deverão, em até 60 dias, verificar se os dados cadastrais dos notários efetivos, interinos e interventores bem como dos seus respectivos prepostos estão atualizados no Sistema Justiça Aberta, instaurando o respectivo procedimento administrativo em desfavor daqueles que não observarem a determinação, comunicando o cumprimento da presente determinação à Corregedoria Nacional de Justiça.

§ 3.º As decisões de suspensão ou perda de delegação de pessoa com atribuição notarial, ainda que sujeitas a recursos, as nomeações de interinos, interventores e prepostos e a outorga e renúncia de delegação deverão ser comunicadas, no prazo de 48 horas, à Corregedoria Nacional de Justiça para fins de atualização no sistema Justiça Aberta.

Art. 311. O Colégio Notarial do Brasil – Conselho Federal manterá o Cadastro Único de Clientes do Notariado (CCN), o Cadastro Único de Beneficiários Finais (CBF) e o Índice Único de Atos Notariais, nos termos do Capítulo I do Título II deste Código da Corregedoria Nacional de Justiça.

§ 1.º Os dados para a formação e atualização da base nacional do CCN serão fornecidos pelos próprios notários de forma sincronizada ou com periodicidade, no máximo, quinzenal, com:

I – dados relativos aos atos notariais protocolares praticados; e

II – dados relacionados aos integrantes do seu cadastro de firmas abertas:

a) para as pessoas físicas: indicação do CPF; nome completo; filiação; profissão; data de nascimento; estado civil e qualificação do cônjuge; cidade; nacionalidade; naturalidade; endereços residencial e profissional completos, com indicação da cidade e CEP; endereço eletrônico; telefones, inclusive celular; documento de identidade com órgão emissor e data de emissão; dados do passaporte ou carteira civil, se estrangeiro; imagem do documento; data da ficha; número da ficha; imagem da ficha; imagem da foto; dados biométricos, especialmente impressões digitais e fotografia; enquadramento na condição de pessoa exposta politicamente, nos termos da Resolução Coaf nº 29, de 7 de dezembro de 2017; e enquadramento em qualquer das condições previstas no art. 1.º da Resolução Coaf nº 31, de 7 de junho de 2019; e (redação dada pelo Provimento nº 150, de 11.09.2023)

b) para as pessoas jurídicas: indicação do CNPJ; razão social e nome de fantasia, este quando constar do contrato social ou do Cadastro Nacional de Pessoa Jurídica (CNPJ); número do telefone; endereço completo, inclusive eletrônico; nome completo, número de inscrição no Cadastro de Pessoas Físicas (CPF), número do documento de identificação e nome do órgão expedidor ou, se estrangeiro, dados do passaporte ou carteira civil dos seus proprietários, sócios e beneficiários finais; nome completo, número de inscrição no Cadastro de Pessoas Físicas (CPF), número do documento de identificação e nome do órgão expedidor ou, se estrangeiro, dados do passaporte ou carteira civil dos representantes legais, prepostos e dos demais envolvidos que compareçam ao ato, nome dos representantes legais, prepostos e dos demais envolvidos que compareçam ao ato.

§ 2.º Os notários ficam obrigados a remeter ao CNB-CF, por sua Central Notarial de Serviços Eletrônicos Compartilhados (CENSEC), os dados essenciais dos atos praticados que compõem o Índice Único, em periodicidade não superior a 15 dias, nos termos das instruções complementares.

§ 3.º São dados essenciais:

I – a identificação do cliente;

II – a descrição pormenorizada da operação realizada;

III – o valor da operação realizada;

IV – o valor de avaliação para fins de incidência tributária;

V – a data da operação;

VI – a forma de pagamento;

VII – o meio de pagamento; e

VIII – outros dados, nos termos de regulamentos especiais, de instruções complementares ou orientações institucionais do CNB-CF.

Subseção VII
Das Disposições Finais

Art. 312. Os atos notariais eletrônicos, cuja autenticidade seja conferida pela internet por meio do e-Notariado, constituem instrumentos públicos para todos os efeitos legais e são eficazes para os registros públicos, as instituições financeiras, as juntas comerciais, o Detran e para a produção de efeitos jurídicos perante a administração pública e entre os particulares.

Art. 313. Fica autorizada a realização de ato notarial híbrido, com uma das partes assinando fisicamente o ato notarial e a outra, a distância, nos termos deste Código de Normas.

Art. 314. É permitido o arquivamento exclusivamente digital de documentos e papéis apresentados aos notários, seguindo as mesmas regras de organização dos documentos físicos.

Art. 315. A comunicação adotada para atendimento a distância deve incluir os números dos telefones da serventia, endereços eletrônicos de e-mail, o uso de plataformas eletrônicas de comunicação e de mensagens instantâneas como WhatsApp, Skype e outras disponíveis para atendimento ao público, devendo ser dada ampla divulgação.

Art. 316. Os dados das partes poderão ser compartilhados somente entre notários e, exclusivamente, para a prática de atos notariais, em estrito cumprimento à Lei nº 13.709/2018 (LGPD).

Art. 317. Os códigos-fontes do Sistema e-Notariado e respectiva documentação técnica serão mantidos e são de titularidade e propriedade do Colégio Notarial do Brasil – Conselho Federal.

Parágrafo único. Ocorrendo a extinção do Colégio Notarial do Brasil – Conselho Federal, ou a paralisação da prestação dos serviços objeto desta Seção do Código de Normas, sem substituição por associação ou entidade de classe que o assuma em idênticas condições mediante autorização da Corregedoria Nacional de Justiça – CNJ, o sistema e-Notariado e as suas funcionalidades, em sua totalidade, serão transmitidos ao Conselho Nacional de Justiça (CNJ) ou à entidade por ele indicada, com o código-fonte e as informações técnicas necessárias para o acesso e a utilização, bem como para a continuação de seu funcionamento na forma prevista neste Código de Normas, sem ônus, custos ou despesas para o Poder Público, sem qualquer remuneração por direitos autorais e de propriedade intelectual, a fim de que os atos notariais eletrônicos permaneçam em integral funcionamento.

Art. 318. É vedada a prática de atos notariais eletrônicos ou remotos com recepção de assinaturas eletrônicas a distância sem a utilização do e-Notariado.

Art. 319. Nos tribunais de Justiça em que são exigidos selos de fiscalização, o ato notarial eletrônico deverá ser lavrado com a indicação do selo eletrônico ou físico exigido pelas normas estaduais ou distrital.

Parágrafo único. São considerados nulos os atos eletrônicos lavrados em desconformidade com o disposto no *caput* deste artigo.

Comentários de Alise Andreia Formenti

Dos artigos 296 a 298 – O Provimento nº 100/2020 foi um marco disruptivo na prática dos atos notariais e na aplicação da Lei nº 8.935/94.

A tecnologia permite que todo serviço oferecido através das plataformas digitais seja prestado ininterruptamente, ressalvadas as manutenções programadas do sistema. O acesso ao sistema e aos serviços eletrônicos por parte dos usuários ocorrem de forma ininterrupta, podendo acessar a plataforma, analisar os documentos cadastrados para sua assinatura, e inclusive assiná-los a qualquer momento.

A prestação do serviço notarial e registral é regulada pelo artigo 4.º da Lei nº 8.935/94, exigindo eficiência e adequação, além de seguir os dias e horários estabelecidos pelo juízo competente. É certo que o atendimento presencial nas serventias extrajudiciais ocorre apenas durante o expediente, em horários determinados por esse mesmo juízo. No entanto, com a introdução dos atos eletrônicos, essa limitação não se aplica ao usuário. Uma vez cadastrado um ato notarial para sua assinatura, o usuário possui a facilidade de acessar o sistema a qualquer momento para realizar o procedimento. Além disso, ele tem a opção de escolher entre duas formas de acesso: utilizando o certificado digital notarizado ou qualquer outro certificado digital emitido no âmbito do ICP-Brasil, desde que seja adequado à finalidade.

Vejamos algumas diferenças na utilização de cada certificado.

O Certificado digital notarizado é emitido após o cadastramento do cliente no Cadastro Único de Clientes do Notariado pelo Notário, podendo ser realizado tanto presencialmente quanto de forma remota. Com o certificado digital notarizado habilitado no celular do cliente, ele poderá acessar a plataforma e assinar os documentos das seguintes formas:

a) Através do aplicativo e-notariado, selecionando a opção "meus documentos" ou outra opção, se aplicável (como e-not assina, Autorização de Viagem), sendo direcionado ao login, o usuário é apresentado aos documentos pendentes de assinatura, podendo visualizá-los e assiná-los. Abaixo de cada documento, há a opção "assinar documento"; basta clicar e inserir a senha de desbloqueio da tela do dispositivo para concluir a assinatura.

b) O cliente também pode acessar a plataforma por meio de desktops (computadores e notebooks). Para isso, é necessário acessar o e-notariado e habilitar a extensão "web PKI" no desktop. Após a habilitação da extensão, o usuário deve selecionar a opção "celular" e adicioná-lo, o que exibirá um QR code. Em seguida, o cliente deve abrir o aplicativo e-notariado em seu celular, selecionar a opção "ler QR code" e escanear a tela do desktop. Dessa forma, ele poderá fazer login e assinar diretamente pelo desktop. É importante ressaltar que, por questões de segurança, essa opção só deve ser realizada em desktops pertencentes ao próprio cliente, pois o certificado ficará pareado no dispositivo.

c) Além disso, o cliente pode acessar os documentos pendentes de assinatura por meio do e-mail recebido. Se o e-mail for acessado no celular onde o certificado notarizado está habilitado, o cliente será direcionado diretamente ao documento, onde poderá realizar a leitura e assinatura de forma intuitiva. No entanto, se o e-mail for acessado de outro dispositivo ou desktop, um QR code será exibido junto ao documento. Nesse caso, o cliente pode abrir o aplicativo e-notariado, selecionar "ler QR code" e escanear a tela. Automaticamente, a assinatura do documento será realizada.

A utilização de outro certificado digital emitido no âmbito do ICP-Brasil apenas permite a assinatura de documentos no desktop em que o certificado está conectado. Nesse caso, o cliente deve acessar o e-mail recebido no desktop, abrir o documento para leitura e assiná-lo clicando no local indicado.

O acesso ao sistema é realizado pelo cliente por meio do certificado digital, seja o notarizado ou outro do ICP-Brasil. Como discutido anteriormente, o certificado digital notarizado oferece várias formas de acesso aos documentos. Por estar instalado no celular, basta ter conexão com a internet para realizar a assinatura. Além disso, essa opção é considerada mais segura para o notário, uma vez que presume-se que houve um cadastro prévio no CCN (Cadastro Único de Clientes do Notariado) e a verificação da identidade do cliente foi realizada por outro notário.

É importante notar que um cliente pode acessar o documento com o certificado emitido pelo ICB-Brasil sem ter um cadastro no CCN. Nesse caso, o Notário deve exercer cautela adicional ao identificar o usuário, conforme estipulado no artigo 301 do Provimento nº 149/2023. Isso pode incluir solicitar o envio do cartão de firma do cliente por outro titular de serventia ou exigir que o cliente compareça pessoalmente perante qualquer notário para realizar seu cadastro no CCN, a fim de garantir sua identificação de forma segura

Caso haja suspeitas ou se os elementos disponíveis não forem suficientes para a identificação do cliente, o Notário tem o direito, fundamentado, de negar o ato. É de responsabilidade do Notário verificar a identidade e a capacidade das partes envolvidas no ato notarial, tanto presencialmente quanto remotamente.

Artigos 299 a 309 – Os atos notariais eletrônicos reputam-se autênticos e detentores de fé pública, possuem elementos de verificação de sua validade e permitem a livre circulação de forma eletrônica.

As partes comparecentes ao ato notarial eletrônico aceitam a utilização da videoconferência notarial, das assinaturas eletrônicas notariais, da assinatura do tabelião de notas e, se aplicável, biometria recíprocas.

O ato eletrônico para ser concluído depende da conclusão de duas etapas: a) a assinatura do documento de forma digital pelo cliente, conforme descrito no tópico anterior; b) a realização da videoconferência pelo Notário a fim de verificar a identidade, capacidade e a aceitação expressa do signatário ao conteúdo do documento. A ordem das etapas será feita conforme cada Notário entender mais adequado, não há uma vinculação pelo Provimento de uma ordem a ser seguida, mesmo porque, uma vez cadastrado no sistema, o cliente poderá acessar o documento a qualquer momento.

O artigo 301 trata da identificação dos comparecentes nos atos eletrônicos. Para a assinatura digital, não basta apenas possuir o certificado, é necessário que o notário consiga identificar o comparecente, aferir sua capacidade e sua aceitação ao ato. O

Provimento possibilita algumas ferramentas de auxílio ao Notário: a solicitação de cartão de firma do cliente em outra Serventia, acesso a base de dados governamentais, validação do CCN com o Denatran, documentos digitalizados, acesso ao cadastro do cliente no CCN, verificação de biometria e foto. O notário tem liberdade de identificar o cliente como entender mais seguro, pois a responsabilidade pelo ato é do notário, e caso não haja elementos suficientes, poderá inclusive solicitar que o cliente compareça em qualquer serventia para realizar seu cadastro no CCN e incluir sua foto e biometria, ou negar o ato de forma fundamentada. A identificação do cliente e a aferição de sua capacidade é de suma importância para a realização do ato digital.

Um dos pontos mais polêmicos trazidos pelo Provimento nº 100/2020 são as regras de competência para os atos eletrônicos, hoje disciplinado nos artigos 302 e 303 do Prov. 149/2023.

A Lei nº 8.935/94 no seu artigo 8º diz que as partes são livres para escolha do tabelião de notas e o art. 9.º estabelece que o notário somente poderá praticar atos dentro dos limites do Município para o qual recebeu a sua delegação.

O referido provimento introduziu restrições territoriais aos atos eletrônicos, com o objetivo de evitar a concorrência predatória dos serviços prestados remotamente, os quais ofendem a fé pública notarial.

A primeira regra trazida refere-se às escrituras em geral, tendo como critério para fixação da competência do Tabelião de Notas: a circunscrição do imóvel ou o domicílio do adquirente.

Quando houver imóveis em diferentes circunscrições no mesmo ato notarial, será competente o tabelião de quaisquer uma delas, ou ainda o tabelião do domicílio do adquirente.

Estando o imóvel localizado no mesmo estado da federação do domicílio do adquirente, qualquer tabelião da unidade federativa poderá lavrar o ato eletrônico.

Algumas situações não foram esclarecidas no provimento, abrindo margem para diversas interpretações, como é o caso do ato híbrido, ou seja, aquele ato em que uma das partes compareçam de forma física assinando a escritura e as demais de forma digital.

Alguns tabeliães interpretam que, sendo o ato híbrido, a competência será do tabelião em que a escritura foi lavrada e assinada presencialmente e de próprio punho por uma das partes, aplicando-se nas escrituras híbridas a regra geral do art. 8º da Lei 8.935/94, independentemente da localização do imóvel ou do domicílio do adquirente.

Todavia, essa interpretação não é pacífica, em consulta formulada junto ao Colégio Notarial do Brasil – Conselho Federal, o mesmo concluiu que se aplica aos atos híbridos as regras de competência trazidas pelo Provimento nº 100/2020, devendo ser observado a competência territorial ou da localização do imóvel ou do domicílio do adquirente.

Outra situação que gera desconforto é quando no ato notarial existem imóveis e/ou adquirentes em diversos estados federativos, alguns interpretam que qualquer tabelião dos estados envolvidos poderia praticar o ato, outros entendem que apenas aqueles que de fato estão vinculados a circunscrição da localização de algum dos imóveis, ou domicílio de um dos adquirentes, não aplicando-se a ampliação para todos os tabelionatos do estado federativo envolvido. Pela interpretação literal dada pelo Colégio Notarial – CF aos atos híbridos, entendo mais seguro a segunda interpretação, observando a literalidade da norma.

A lavratura de atas notariais eletrônicas também está sujeita ao critério da competência do tabelião da circunscrição onde ocorre o fato a ser documentado, visto que requer a diligência do tabelião no local, que somente poderá praticar atos dentro dos limites do município para o qual recebeu a sua delegação, e se o caso não envolver a constatação de fatos externos, a atribuição será do tabelião do domicílio do requerente, devendo a ata ser submetida a assinatura digital das partes e a realização da videoconferência.

Para as procurações eletrônicas também se adota o critério da competência do tabelião do domicílio do outorgante ou do local do imóvel.

No caso das procurações eletrônicas, frequentemente o destinatário é um tabelião de outra circunscrição encarregado de lavrar uma escritura pública. Para agilizar o processo documental, é recomendável solicitar a emissão de um traslado digital da procuração, que será enviado diretamente para o endereço eletrônico do destinatário e receberá instantaneamente o traslado.

O artigo 304 aborda a forma de comprovação do domicílio do adquirente para a verificação da competência no ato eletrônico. Em casos envolvendo pessoas físicas, o provimento recomenda a verificação do título de eleitor ou outro documento que comprove o domicílio. Não se restringindo estritamente ao domicílio eleitoral, se houver prova de outro domicílio, este poderá ser aceito, a critério do tabelião, sempre pautado no princípio da boa-fé e segurança jurídica.

O artigo 305 aborda a desmaterialização ou autenticação digital de documentos por meio da CENAD – Central Notarial de Autenticação Digital.

A CENAD é o módulo da plataforma e-Notariado que permite a realização de autenticações digitais pelos cartórios autorizados.

O acesso é feito através do site e-notariado. O tabelião realiza o login no sistema e acessa a opção CENAD. Para autenticar um documento, o tabelião verificará sua validade de acordo com o artigo 305. Caso o documento seja físico, ele é digitalizado e convertido para PDF. Na plataforma, o tabelião seleciona a opção autenticar e utiliza seu certificado ICP-Brasil. Em seguida, ele adiciona o documento a ser autenticado clicando em '+' e selecionando o arquivo em PDF. Após isso, o tabelião clica em 'assinar', confirma a autenticação e faz o download do arquivo autenticado. Este arquivo pode ser entregue ao cliente em uma mídia física ou enviado para o e-mail indicado por ele.

É importante esclarecer que a CENAD não armazena os documentos autenticados. Se os arquivos não forem baixados no momento da autenticação, não será possível recuperá-los posteriormente, sendo necessária uma nova autenticação. Cada documento autenticado na CENAD é acompanhado por um código hash de verificação. Isso permite que qualquer destinatário do documento autenticado possa validar sua autenticidade no módulo CENAD, utilizando a opção de consulta. Para isso, basta fazer o upload do documento, que será validado ou não pela plataforma.

É importante destacar que o documento autenticado na CENAD pode ser validado por até cinco anos. Isso significa uma grande vantagem da autenticação digital, pois um arquivo autenticado pode ser utilizado várias vezes dentro desse período de tempo.

O provimento mais uma vez estabelece regras sobre a competência territorial do tabelião de notas, agora para o reconhecimento de firma nos documentos de veículo automotor, conforme o artigo 306. Segundo essa regulamentação, o tabelião competente é o do município de emplacamento do veículo ou do domicílio do adquirente. Essas medidas, embora visem aprimorar os atos eletrônicos, têm sido alvo de críticas por limitarem a livre escolha das partes.

O reconhecimento de firma por autenticidade em documento físico é realizado mediante a apresentação do documento físico ao tabelião. No entanto, essa prática pode ser um pouco complicada, já que o signatário deve assinar fisicamente o documento e enviá-lo ao tabelião. Este, por sua vez, cadastra o documento no e-notariado para realizar o termo de comparecimento e a videoconferência com o signatário, que é gravada no sistema. Após a conclusão do processo, o tabelião reconhece a firma por autenticidade no documento físico e o envia de volta ao cliente. Para realizar esse ato de reconhecimento de firma por autenticidade, o cliente deve estar cadastrado no CCN e possuir um certificado digital notarizado.

O artigo 307 reforça um dever que os notários já possuem ao lavrar substabelecimentos ou revogação de atos notariais feitos por outro notário. Esse dever consiste em informá-lo sobre o novo ato, para que seja feita a devida anotação à margem do ato principal.

Arts. 310 a 311 – Nesta subseção podemos categorizar os cadastros da seguinte forma: a) cadastro dos tabeliães de notas efetivos e interinos e seus prepostos para acesso ao sistema e prática dos atos eletrônicos; b) Cadastro Único de Clientes do Notariado (CCN), Cadastro Único de Beneficiários Finais (CBF) e o Índice Único de Atos Notariais, abordado no capítulo I, do título II deste código de normas.

O cadastro dos tabeliães, sejam titulares ou interinos, é realizado por meio da atualização dos dados da serventia no Sistema Justiça Aberta do CNJ. Cada Tribunal de Justiça adota um procedimento específico, geralmente por meio de uma portaria de nomeação do interino ou um termo de entrada em exercício do titular, que é enviado à Corregedoria-Geral de Justiça Estadual através da Corregedoria local. Em seguida, a Corregedoria informa o Conselho Nacional de Justiça para a devida atualização do Portal Justiça Aberta. Uma vez atualizados os dados, o tabelião pode solicitar junto ao Colégio Notarial – CF seu cadastramento para acesso ao sistema.

O prazo mencionado no § 3.º do artigo 310 refere-se ao período concedido às Corregedorias Gerais de Justiça Estaduais para informar à Corregedoria Nacional de Justiça sobre decisões de suspensão ou perda de delegação, nomeação de interinos, outorga ou renúncia de delegação. Essas informações são essenciais para manter o sistema Justiça Aberta atualizado e garantir o acesso contínuo das serventias ao sistema do e-notariado.

No que diz respeito aos prepostos, cabe ao tabelião a responsabilidade de cadastrá-los na plataforma, emitir o certificado digital notarizado para acesso ao sistema e determinar quais módulos cada preposto poderá acessar. Isso ocorre porque o tabelião é responsável pelos atos dos prepostos, inclusive pela suspensão do acesso ou pelo comunicado de desligamento dos mesmos.

O Cadastro Único de Clientes do Notariado é um módulo de acesso livre para todos os notários autorizados. Ele foi projetado para simplificar a identificação dos participantes do ato notarial e é um requisito fundamental para a emissão do certificado digital notarizado.

O cadastro é realizado pelos notários mediante o fornecimento dos dados conforme descrito no § 1.º do artigo 301. Esses dados podem ser inseridos manualmente ou através da integração do sistema da serventia com a plataforma do e-notariado, o que agiliza e torna o serviço mais eficiente.

Sempre que possível, é crucial realizar a coleta da fotografia e biometria do cliente. Essas informações ajudam a validar sua identidade com outras bases do governo, proporcionando maior segurança jurídica na execução dos atos eletrônicos. Isso é especialmente importante, uma vez que o notário, frequentemente, não tem contato pessoal com o cliente, necessitando de elementos que garantam sua correta identificação.

O Índice Único dos Atos Notariais é compilado com base nos dados enviados pelos notários a cada quinze dias, por meio da Central Notarial de Serviços Eletrônicos Compartilhados (Censec). Esse índice serve como uma fonte de pesquisa dos atos notariais realizados em todos os tabelionatos de notas do país, sendo livre para consulta por todos os notários. No entanto, não há previsão legal para que os notários realizem pesquisas a pedido de terceiros ou forneçam informações sobre o índice. Qualquer solicitação de informações relacionadas a este índice deve ser encaminhada ao Colégio Notarial responsável pela administração do banco de dados.

A exceção a essa regra é a consulta ao índice das escrituras de separação, divórcio e inventários lavradas no país, cujo acesso é livre e gratuito através do módulo Cesdi, disponível dentro da plataforma Censec. No estado de São Paulo, por enquanto, a consulta dos atos praticados é realizada provisoriamente na plataforma Canp – Central de Atos Notariais Paulista.

De acordo com os artigos 312 a 319, os atos notariais eletrônicos, cuja autenticidade seja verificada na plataforma e-notariado, são considerados documentos públicos dotados de fé pública. Esses documentos são eficazes para a produção de todos os efeitos esperados do ato notarial, sendo vedada sua recusa por qualquer pessoa ou órgão público.

Os atos eletrônicos podem ser híbridos, nos casos em que uma das partes comparece fisicamente ao cartório para assinar o livro de notas, enquanto a outra parte assina de forma digital, por meio de uma videoconferência realizada na plataforma do e-notariado. Alternativamente, o ato pode ser totalmente digital, no qual todos os signatários participam de forma telepresencial, assinando digitalmente. Embora tecnicamente a escritura não seja nativamente digital, pois será impressa no livro físico de notas, o termo "ato digital" é utilizado para distinguir essa forma de procedimento eletrônico.

Os notários devem zelar obrigatoriamente para que todo ato eletrônico seja praticado dentro da plataforma do e-notariado, através da coleta das assinaturas e a gravação da videoconferência.

Isso não impede, conforme aponta o artigo 315, que o notário utilize outras ferramentas digitais, como WhatsApp, Skype, Zoom, entre outras, para o atendimento preparatório do ato eletrônico. Essas ferramentas são úteis para alinhar as cláusulas, coletar informações, verificar previamente a identidade e capacidade das partes, solicitar documentos, entre outras comunicações necessárias na preparação do ato notarial. Isso ocorre porque, quando o ato é cadastrado na plataforma para o fluxo de assinaturas, presume-se que tudo está alinhado. As partes já manifestaram previamente sua intenção em realizar o ato, as cláusulas foram discutidas, e o tabelião já verificou a identidade e capacidade das partes. Agora, o processo segue para sua finalização, com a coleta das assinaturas e a realização da videoconferência.

Na lavratura de atos eletrônicos, é importante verificar a necessidade de inclusão do selo digital, seja físico ou eletrônico, exigido pelos Tribunais de Justiça para fiscalização do ato. Nos atos protocolares, além da inserção do número da Matrícula Notarial Eletrônica, também deve ser incluído o número do selo digital de fiscalização.

Nos atos extra protocolares, como autenticações digitais e reconhecimento de firmas, o sistema também gera relatórios. Por isso, o notário deve lançar diariamente a quantidade desses atos praticados em seu sistema interno, a fim de gerar os selos digitais de fiscalização e incluí-los no caixa da serventia, bem como nos relatórios de controle.

Os dados das partes, especialmente os cadastros no CCN, só podem ser compartilhados entre notários e exclusivamente para a realização de atos notariais, em estrita conformidade com a Lei nº 13.709/2018 (LGPD – Lei Geral de Proteção de Dados).

Os notários são responsáveis pelo cumprimento das regras na prática dos atos eletrônicos, especialmente no que diz respeito à verificação de sua competência. São eles que estão sujeitos às correições e punições pela violação deste provimento. A falta de observância das regras aqui previstas pode levar à nulidade do ato, resultando em responsabilidade administrativa, civil e criminal para o notário. Além disso, o notário pode ser condenado a indenizar os prejudicados pelo ato atingido de nulidade.

CAPÍTULO VII
DO REGISTRO DE IMÓVEIS
Seção I
Da Central Nacional de Indisponibilidade de Bens

Art. 320. A Central Nacional de Indisponibilidade de Bens (CNIB) observará o disposto no Provimento nº 39, de 25 de julho de 2014.

Comentários de Phellipe Spinardi Muller

A indisponibilidade de bens é medida excepcional de restrição de patrimônio, que restringe o direito de dispor, a fim de evitar dilapidação do patrimônio do devedor.

Nessa linha de raciocínio, diferente da penhora ou arresto, os quais, em regra, não impedem a alienação do bem gravado, a indisponibilidade de bem impossibilita a alienação do bem gravado pela indisponibilidade.

Atualmente, a Central Nacional de Bens (CNIB), portal mantido e operado pela Associação dos Registradores Imobiliários de São Paulo (ARISP), com auxílio do Instituto de Registro Imobiliário do Brasil (IRIB), possui como finalidade a recepção e divulgação das ordens de indisponibilidade que atinjam o patrimônio total do devedor.

Em regra, a indisponibilidade é medida atípica e, embora utilizada de maneira absoluta por determinados juízes, deve ser utilizada como último recurso, a fim de evitar a dilapidação do patrimônio do devedor e evitar fraudes à execução ou contra credores, ou, ainda, a insatisfação da execução.

Superado o conceito da indisponibilidade de bens, fato essencial para compreender a importância da atuação das serventias extrajudiciais, passar-se-á indicar as responsabilidades e atitudes das serventias diariamente.

O Código Nacional de Normas- Foro Extrajudicial da Corregedoria Nacional de Justiça, instituído pelo Provimento nº 149/2023 do CNJ conservou e determinou a observância ao Provimento nº 39/2014 sobre a matéria de indisponibilidade de bens.

A CNIB pode ser caracterizada, ainda que de maneira leiga, como banco de dados, alimentados pelos magistrados ou autoridade dotada com poder de decisão para determinar a indisponibilidade de bens do patrimônio total de pessoa física ou jurídica.

A decisão e comunicação da ordem de indisponibilidade de bens deve, obrigatoriamente, mencionar o nome completo e número do registro de CPF ou CNPJ da pessoa física ou jurídica, respectivamente, a fim de evitar a averbação de indisponibilidade em face de pessoa homônima.

Em caso de ordem de indisponibilidade de bem específico, o magistrado ou autoridade competente, deve determinar a expedição de ofício ao Oficial de Registro de Imóveis competente para realizar a averbação no bem determinado.

Os Oficiais de Registro de Imóveis devem, ao menos, na data de abertura e uma hora antes do encerramento do expediente, verificar se existe comunicação de indisponibilidade de bens, através de impressão ou importação de arquivo, formato .xml, visando o procedimento registral.

Após a verificação de existência, caso o Oficial de Registro de Imóveis conclua pela existência de ordem de indisponibilidade em pessoa física ou jurídica que seja proprietária de bem ou direito imóvel, deve, de imediato, realizar a averbação na respectiva matrícula e informar o fato na CNIB.

Independente da verificação de existência de pessoa física ou jurídica que sejam detentoras de direitos na serventia, os Oficiais de Registro de Imóveis deverão manter registros no Indicador Pessoal, livro n° 05, e/ou em fichas físicas ou dados informatizados os apontamentos de todas as ordens de indisponibilidade de bens.

Durante a verificação, o Oficial de Registro de Imóveis também deverá verificar ordem de cancelamento de indisponibilidade, para, caso seja necessário, realizar a imediata averbação de cancelamento de indisponibilidade.

Além da verificação diária supramencionada, os Oficiais de Registro de Imóveis e Tabeliães de Notas deverão, antes de prática de qualquer ato notarial ou registral, que possua como objeto bens ou direitos reais, deverão promover a prévia consulta de dados na CNIB, consignando no ato notarial o resultado da pesquisa, através do número de controle (HASH).

Caso, durante a lavratura do ato notarial, a pesquisa aponta a existência de ordem de indisponibilidade, esse fato não impede a lavratura da escritura pública, todavia, a indisponibilidade deverá constar na escritura pública para ciência das partes, bem como a consequência de impossibilidade de registro no Oficial de Registro de Imóveis competente.

Os Oficiais de Registro de Imóveis, por sua vez, devem realizar a consulta de indisponibilidade do transmitente do direito real, a fim de evitar transmissão de pessoa com patrimônio indisponível e possível falha durante a conferência diária obrigatória das ordens de indisponibilidades, bem como do adquirente do direito real, a fim de averbar, concomitante ao registro de aquisição, a averbação de indisponibilidade no bem ou direito imóvel adquirido.

Após todas as averbações de indisponibilidades e cancelamento de indisponibilidade, o Oficial de Registro de Imóveis deverá, de maneira imediata, comunicar a CNIB, através de cadastro informando o nome, documento de identificação de CPF ou CNPJ e bem imóvel.

Ressalta-se que a consulta de indisponibilidade pelos Oficiais Registradores e Tabeliães de Notas deve ser realizada de maneira atenciosa, principalmente para evitar a averbação de indisponibilidade de bens em patrimônio de pessoa homônima, bem como evitar a transferência de patrimônio por indivíduo ou pessoa jurídica portadores de ordem de indisponibilidade.

Notório a responsabilidade dos Oficiais de Registros de Imóveis de dos Tabeliães de Notas possuem, por se tratar de delegados do Poder Público, e, como consequência, responderão pela reparação de danos ocasionados a terceiros pelo descumprimento aos deveres inerentes a CNIB, como, mas não se limitando, a pesquisa diária, na abertura e uma hora antes do funcionamento, e antes de praticar qualquer ato notarial ou registral que envolvam direitos reais de bens imóveis, com exceção de testamento.

Por fim, ainda que tal decorra de raciocínio jurídico lógico, a indisponibilidade de bens não impede outras averbações ou registros de constrições judiciais, bem como não impedem o registro de alienação judicial do bem, desde que a alienação seja, direta ou indiretamente, oriunda do juízo que determinou a ordem de indisponibilidade de bens.

Nos casos de alienações judiciais que não mencionem a prevalência das demais ordens de indisponibilidades, os Oficiais Registradores deverão qualificar negativamente, através de nota de exigência, e comunicar o respectivo juízo emitente da alienação judicial para complementação.

O juízo emitente da ordem de alienação judicial gozará do prazo de 30 (trinta) dias, contados da comunicação, para complementar a ordem de alienação judicial, prazo este que prorrogará a prenotação do título.

Diante do exposto, conclui-se que a atuação dos Oficiais de Registro de Imóveis e Tabeliães de Notas são essenciais para o cumprimento e funcionamento da CNIB, bem como da atenção especial que deve ser concedida ao assunto, pois, em caso de erro, ainda que sem dolo, o delegado do Poder Público responderá pelos danos causados à terceiros.

Seção II
Da prestação dos serviços eletrônicos pelos Registros de Imóveis

Art. 321. O Sistema de Registro Eletrônico de Imóveis (SREI), previsto no art. 76 da Lei nº 13.465/2017, o Serviço de Atendimento Eletrônico Compartilhado (SAEC), o acesso da Administração Pública Federal às informações do Sistema de Registro Eletrônico de Imóveis (SREI), o estatuto do Operador Nacional do Sistema de Registro Eletrônico (ONR), a atuação da Corregedoria Nacional de Justiça como agente regulador do ONR, o custeio do SREI observará o disposto no Provimento nº 89, de 18 de dezembro de 2019, no Provimento nº 109, de 14 de outubro de 2020, e no Provimento nº 115, de 24 de março de 2021, sem prejuízo do disposto neste Código de Normas.

Art. 322. Poderão os oficiais de registro de imóveis, ou as centrais de serviços eletrônicos compartilhados, oferecer serviço de localização de números de matrículas, a partir de consulta do endereço do imóvel no Indicador Real – Livro 4 (redação dada pelo Provimento nº 136, de 30.9.2022).

Art. 323. Os oficiais de registro de imóveis, a seu prudente critério, e sob sua responsabilidade, poderão recepcionar documentos em forma eletrônica por outros meios que comprovem a autoria e integridade do arquivo (na forma do art. 10, § 2.º, da Medida Provisória 2.200-2/2001).

Art. 324. Todos os oficiais dos registros de imóveis deverão recepcionar os títulos nato-digitais e digitalizados com padrões técnicos, que forem encaminhados eletronicamente para a unidade a seu cargo, por meio das centrais de serviços eletrônicos compartilhados ou do Operador Nacional do Sistema de Registro Eletrônico de Imóveis (ONR), e processá-los para os fins do art. 182 e §§ da Lei nº 6.015, de 31 de dezembro de 1973.

§ 1.º Considera-se um título nativamente digital:

I – O documento público ou particular gerado eletronicamente em PDF/A e assinado com Certificado Digital ICP-Brasil por todos os signatários e testemunhas:

II – a certidão ou traslado notarial gerado eletronicamente em PDF/A ou XML e assinado por tabelião de notas, seu substituto ou preposto;

III – o resumo de instrumento particular com força de escritura pública, celebrado por agentes financeiros autorizados a funcionar no âmbito do SFH/SFI, pelo Banco Central do Brasil, referido no art. 61, "caput" e parágrafo 4.º da Lei nº 4.380, de 21 de agosto de 1.964, assinado pelo representante legal do agente financeiro

IV – as cédulas de crédito emitidas sob a forma escritural, na forma da lei;

V – o documento desmaterializado por qualquer notário ou registrador, gerado em PDF/A e assinado por ele, seus substitutos ou prepostos com Certificado Digital ICP-Brasil; e

VI – as cartas de sentença das decisões judiciais, entre as quais, os formais de partilha, as cartas de adjudicação e de arrematação, os mandados de registro, de averbação e de retificação, mediante acesso direto do oficial do Registro de Imóveis ao processo judicial eletrônico, mediante requerimento do interessado.

§ 2.º Consideram-se títulos digitalizados com padrões técnicos aqueles que forem digitalizados de conformidade com os critérios estabelecidos no art. 5.º do Decreto nº 10.278, de 18 de março de 2020.

Art. 325. Os Oficiais de Registro de Imóveis verificarão, obrigatoriamente, na abertura e no encerramento do expediente de plantão, bem como, pelo menos, a cada intervalo máximo de uma hora, se existe comunicação de remessa de título para prenotação e de pedidos de certidões.

Art. 326. Os títulos recepcionados serão prenotados observada a ordem rigorosa de remessa eletrônica, devendo ser estabelecido o controle de direitos contraditórios, para fins de emissão de certidões e de tramitação simultânea de títulos contraditórios, ou excludentes de direitos sobre o mesmo imóvel.

Art. 327. A certidão de inteiro teor digital solicitada durante o horário de expediente, com indicação do número da matrícula ou do registro no Livro 3, será emitida e disponibilizada dentro de no máximo 2 horas, salvo no caso de atos manuscritos, cuja emissão não poderá ser retardada por mais de cinco dias, e ficará disponível para *download* pelo requerente pelo prazo mínimo de 30 dias.

Art. 328. O oficial do registro de imóveis, se suspeitar da falsidade do título, poderá exigir a apresentação do original e, em caso de dúvida, poderá requerer ao juiz, na forma da lei, as providências que forem cabíveis para esclarecimento do fato.

Art. 329. O valor do serviço de protocolo eletrônico de títulos é definido pelo valor da prenotação constante da Tabela de Custas e Emolumentos de cada unidade da Federação, que será pago no ato da remessa do título.

§ 1.º Após a prenotação o oficial do Registro de Imóveis promoverá a qualificação da documentação e procederá da seguinte forma:

I – quando o título estiver apto para registro e/ou averbação os emolumentos serão calculados e informados ao apresentante, para fins de depósito prévio. Efetuado o depósito os procedimentos registrais serão finalizados, com realização dos registros/averbações solicitados e a remessa da respectiva certidão contendo os atos registrais efetivados;

II – quando o título não estiver apto para registro e/ou averbação será expedida a Nota de Devolução contendo as exigências formuladas pelo oficial do Registro de Imóveis, que será encaminhada ao apresentante, vedadas exigências que versem sobre assentamentos da serventia ou certidões que são expedidas gratuitamente pela Internet; e

III – cumpridas as exigências de forma satisfatória proceder-se-á de conformidade com o inciso anterior. Não se conformando o apresentante com as exigências ou não as podendo satisfazer, poderá encaminhar, na mesma plataforma, pedido de suscitação de dúvida, para os fins do art. 198 e dos seguintes da Lei de Registros Públicos.

§ 2.º Os atos registrais serão lavrados após a qualificação positiva e dependerão de depósito prévio, que será efetuado diretamente ao oficial do Registro de Imóveis a quem incumbe a prática do ato registral.

§ 3.º Fica autorizada a devolução do título sem a prática dos atos requeridos, caso o depósito prévio não seja efetuado durante a vigência da prenotação.

Comentários de Mara Angelita Nestor Ferreira

São irrefutáveis as profundas e complexas mudanças ocorridas a partir do século XXI, ocupando posição de destaque o avanço científico e o desenvolvimento de novas tecnologias, especialmente em relação ao uso da internet. Segundo a ITU, em 2023,[1] o uso da internet atingiu 77% da população mundial, cujo percentual foi impactado diretamente pelo distanciamento social provocado pela pandemia COVID-19, que reclamou a implementação do teletrabalho, ampliação do comércio eletrônico, substituição de aulas presenciais pelas remotas, entre outros, ou seja, uso massivo das TICs por meio de plataformas digitais.

Essa tendência não passou incólume em relação ao Registro de Imóveis. Apesar da Lei 13.465/2017 ter sido promulgada antes da pandemia COVID-19, por óbvio que a operacionalização das disposições previstas no art. 76 do referido diploma legal foi afetada,[2] haja vista que o Sistema Eletrônico dos Registros Públicos (SERP)[3] foi alterado por meio da Lei 14.382/2022, sem olvidar que o Provimento 89 do CNJ data de 18.12.2019, ou seja, três meses antes da declaração da pandemia pela OMS.

O Provimento 149 do CNJ instituiu o Código Nacional de Normas da Corregedoria Nacional de Justiça do Conselho Nacional de Justiça – Foro Extrajudicial (CNN/CN/CNJ-Extra), com o intuito de regulamentar os serviços notariais e de registro. O Capítulo VII do Código Nacional cuida do Registro de Imóveis e, especificamente nos

---

1. ITU – Committed to connecting the world. Population of global offline continues steady decline to 2.6 billion people in 2023. Disponível em: https://www.itu.int/en/mediacentre/Pages/PR-2023-09-12-universal-and-meaningful-connectivity-by-2030.aspx. Acesso em: 20 fev. 2024.

2. ANDRADE, A. R.; MARCON, G. A. Sistema Eletrônico dos Registros Públicos e a adequação ao compliance notarial e registral. In: João Rodrigo de Morais Stinghen; Samila Ariana Alves Machado. (Org.). *Cartórios, compliance e transformação digital*. São Paulo: Editora Foco, 2023.

3. SALOMÃO, L. F. *Sistema eletrônico do registro público e sua regulamentação*. São Paulo: Forense, 2024.

artigos 321 a 329 estão dispostos os procedimentos relacionados à prestação de serviços eletrônicos a serem efetivados junto aos Registros de Imóveis.

Iniciando a Seção II, o art. 321 do citado Código de Normas[4] estabelece o regramento básico a que estão submetidos o Sistema de Registro Eletrônico de Imóveis (SREI), o Serviço de Atendimento Eletrônico Compartilhado (SAEC), o Operador Nacional do Sistema de Registro Eletrônico (ONR), a Corregedoria Nacional de Justiça (enquanto agente regulador do ONR, além do custeio do próprio SREI, quais sejam os Provimentos 89, 109 e 115 do CNJ, além do próprio Código de Normas (Provimento 149 do CNJ). Infere-se que se trata de medida que visa à uniformização da prestação de serviços eletrônicos em todo território brasileiro, com vistas a cumprir o "arcabouço normativo e principiológico que rege a atividade notarial e registral".[5]

Trata-se de procedimento necessário, pois as serventias extrajudiciais, mesmo possuindo gestão privada, têm natureza pública, pois são titularizadas pelo Estado, atuando como *longa manus* da justiça e, portanto, torna-se indispensável que os procedimentos adotados sejam uniformes e controláveis; em outras palavras, garantir a integridade e conformidade legal ou *compliance* (Verde et al., 2021).

O art. 322 do Código de Normas estipulou aos Oficiais de Registro de Imóveis ou às centrais de serviços eletrônicos compartilhados a possibilidade de oferecer serviço de localização de números de matrículas por meio da consulta de endereço do imóvel no Indicador Real. No caput do referido artigo foi utilizada a terminologia "poderão", permitindo-se interpretá-la como faculdade. Entretanto, essa acepção é equivocada, pois se trata de obrigação, haja vista que o Provimento 89 do CNJ, instituidor do Sistema de Registro Eletrônico de Imóveis (SREI), disponibilizou diversos serviços online, com o objetivo de "facilitar o intercâmbio de informações entre os registros de imóveis, Poder Judiciário, a administração pública e o público em geral".[6]

Note-se que o SREI é integrado por todos os registros de imóveis, isto é, não se trata de faculdade do cartório de registro imobiliário integrar ou não o Sistema, mas de encargo decorrente da Lei 13.465/2017. O mesmo diploma legal criou o Operador Nacional do Sistema de Registro de Imóveis (ONR), conceituado como o organismo destinado a implementar o SREI, padronizar a operacionalização e centralizar o acesso a todas as unidades registrais do Brasil em uma única plataforma, gerenciada pelo próprio ONR. Trata-se de um momento único na história deste país em relação aos registros de imóveis, quando são disponibilizados serviços eletrônicos de maneira uni-

---

4. CNJ – Conselho Nacional e Justiça. Código Nacional e Normas. Disponível em: https://www.cnj.jus.br/wp-content/uploads/2023/09/codigo-nacional-de-normas-da-corregedoria-nacional-de-justica-v6b-31-08-2023-1.pdf. Acesso em: 20 fev. 2024.

5. ANDRADE, A. R.; MARCON, G. A. Sistema Eletrônico dos Registros Públicos e a adequação ao compliance notarial e registral. In: João Rodrigo de Morais Stinghen; Samila Ariana Alves Machado. (Org.). *Cartórios, compliance e transformação digital*. São Paulo: Editora Foco, 2023.

6. CNJ – Conselho Nacional e Justiça. Sistema de Registro Eletrônico de Imóveis (SREI). Disponível em: https://www.cnj.jus.br/sistemas/srei/. Acesso em: 20 fev. 2024.

forme, assinalados pela convergência, simetria e interoperabilidade entre as unidades de serviços (cartórios ou ofícios).

Desta forma, ainda que na redação do art. 322 tenha sido utilizado o termo "poderão", deve-se acolhê-lo como "deverão", tendo em vista as diretrizes traçadas pelo Operador Nacional, que reuniu em uma única plataforma digital os dados de todos os cartórios de registro de imóveis.

Apesar da diretiva estabelecida pelo Operador Nacional voltada à uniformização de procedimentos, o art. 323 do Código de Normas permite que os oficiais de registro de imóveis possam recepcionar documentos em forma eletrônica por outros meios além daqueles estabelecidos pelo Provimento 149 do CNJ. Contudo, estipulou a obrigatoriedade de que a forma adotada por qualquer ofício de registro de imóveis para recepcionar os documentos eletronicamente ocorram de maneira a comprovar a autoria e integridade do documento transmitido.

Tal imposição (autoria e integridade) deriva da Medida Provisória 2.200-2/2001, a qual instituiu a Infraestrutura de Chaves Públicas Brasileira – ICP-Brasil, disciplinando a emissão de certificados digitais no Brasil, com vistas a garantir a autenticidade, a integridade e a validade jurídica de documentos na forma eletrônica.

O certificado digital pode ser conceituado como o documento de identidade virtual, o qual é utilizado para realizar assinaturas digitais com segurança, pois garantem a autoria e integridade do documento.

Trata-se de um documento personalíssimo, que é gerado por entidade confiável,[7] denominada Autoridade Certificadora,[8] que por sua vez, integra a infraestrutura de Chaves Públicas. A autoridade certificadora exerce papel relevante na medida que é responsável pela emissão, distribuição, renovação e gerenciamento de certificados digitais.

Em 2020, a Lei 14.063 disciplinou o uso de assinaturas eletrônicas, momento em que foram estratificadas: assinatura eletrônica simples, avançada e qualificada.[9] A assinatura eletrônica simples é aquela que permite identificar o signatário, bem como anexar ou associar dados a outros dados em formato eletrônico do signatário (art. 4.º, I), sendo, em regra, realizada por *login* e senha; a assinatura eletrônica avançada utiliza certificados não emitidos pela ICP-Brasil ou outro meio de comprovação da autoria e da integridade de documentos em forma eletrônica, mas, nessa modalidade, as partes precisam se manifestar acerca da validade ou, ainda, deve ser aceita pela pessoa que for oposto o documento, possuindo as seguintes características: (i) estar associada ao signatário de maneira unívoca; (ii) utilizar dados para a criação de assinatura eletrônica cujo signatário pode, com elevado nível de confiança, operar sob o seu controle

---

7. ICP-Brasil é Autoridade Certificadora responsável pelas assinaturas digitais.
8. Autoridade Certificadora é uma entidade, pública ou privada, subordinada à hierarquia da ICP-Brasil, responsável por emitir, distribuir, renovar, revogar e gerenciar certificados digitais.
9. Art. 4.º da Lei 14.063/2020.

exclusivo; (iii) estar relacionada aos dados a ela associados de tal modo que qualquer modificação posterior seja detectável (art. 4.º II).

A assinatura eletrônica qualificada é aquela que utiliza certificado digital emitido no âmbito da Infraestrutura de Chaves Públicas Brasileira – ICP-Brasil.

Corolário, é possível inferir que a assinatura eletrônica qualificada possui maior nível de confiabilidade, o que é corroborado pelo disposto no próprio diploma legal, nos termos contidos no § 1.º da Lei 14.063/2020, não obstante os três tipos de assinaturas serem confiáveis em relação à identidade e à manifestação de vontade de seu titular. Contudo, a assinatura eletrônica qualificada goza dessa prerrogativa em decorrência da observância estrita de normas preestabelecidas, padrões e procedimentos específicos.

Desta forma, assinatura digital e certificado digital não são sinônimos: a assinatura digital, também denominada de assinatura eletrônica qualificada, é uma das formas de se assinar documentos no ambiente virtual com uma camada adicional de autenticação da identidade do assinante, pois reclama a emissão de certificado digital emitido pelo ICP-Brasil (Infraestrutura de Chaves Públicas Brasileira), composta por um sistema de chaves – uma chave privada que corresponde à chave pública. Explicitando a questão, tem-se que na chave privada, o autor do documento é identificado e somente ele tem a chave de acesso, impedindo que terceiros tentem se passar por ele; a pública, por seu turno, é acessível ao signatário do contrato, permitindo validar a assinatura do autor. Em outras palavras, uma chave codifica e a outra decodifica o conteúdo para que o remetente possa lê-lo.

Assim, dessume-se que a assinatura eletrônica qualificada é a indicada para realizar operações nos registros de imóveis, na forma eletrônica. Não obstante, o Código de Normas ter previsto no art. 323 a possibilidade de recepcionar documentos em forma eletrônica por outros meios que comprovem a autoria e integridade, verifica-se que a disposição normativa buscou tão somente concretizar a previsão contida no art. 10, § 2.º. da Medida Provisória 2.200-2/2001,[10] sob pena do preceito a ser estabelecido no Provimento 149 se constituir em ato *ultra legem*, o que não se admite no ordenamento jurídico pátrio.

Sem embargo, na *praxis*, essa permissão contida no referido artigo é inepta e não produz qualquer resultado efetivo, pois, como se trata de sistema compartilhado pelos ofícios de registro de imóveis, indispensável haver uniformidade nos mecanismos e métodos para recepção dos documentos de maneira digital, posto que será partilhado entre os ofícios, por meio do SREI.

---

10. Medida Provisória 2.200-2/2001: Art. 10. Consideram-se documentos públicos ou particulares, para todos os fins legais, os documentos eletrônicos de que trata esta Medida Provisória. § 2.º O disposto nesta Medida Provisória não obsta a utilização de outro meio de comprovação da autoria e integridade de documentos em forma eletrônica, inclusive os que utilizem certificados não emitidos pela ICP-Brasil, desde que admitido pelas partes como válido ou aceito pela pessoa a quem for oposto o documento.

Á título de sugestão, como oportunidade de melhoria, o SREI poderia adotar a metodologia do sistema PROJUDI/CNJ,[11] cujo procedimento permite anexar documentos e, somente após, é realizada a assinatura digital qualificada, através de certificado digital, em todos os documentos, através de um único procedimento.[12]

Corolário, nos ofícios de registro de imóveis, atualmente, somente é possível a aceitação de documentos na forma eletrônica com assinatura digital qualificada, ou seja, através de certificado digital, especialmente em decorrência da disciplina contida no artigo seguinte do Código de Normas.

O art. 324 do Código de Normas traz regramentos em relação à recepção de documentos nato-digitais ou digitalizados, na forma eletrônica, pelos ofícios de registros de imóveis, por meio das centrais de serviços eletrônicos compartilhados ou do Operador Nacional do SREI, sendo obrigatório que os documentos recebidos sejam processados em total observância ao estabelecido no art. 182 e §§ da Lei nº 6.015/73, ou seja, deverão receber o número de protocolo de maneira sequencial, seguindo a ordem de apresentação.

Os parágrafos deste artigo trazem alguns esclarecimentos acerca da natureza dos títulos apresentados, como se verá a seguir.

No § 1.º consta a categorização dos títulos nativamente digitais, ou seja, aqueles que desde a origem são digitais ou assim considerados por força normativa, os quais se encontram catalogados nos incisos I a VI. O inciso I reforça a afirmação de que são considerados nativamente digitais os documentos eletrônicos com extensão PDF/A[13] (*Portable Document Format*), com assinatura digital qualificada, isto é, por meio de certificado digital ICP-Brasil, por todos os signatários, inclusive testemunhas.

A extensão PDF consiste em formato de arquivo criado pela empresa Adobe Systems, permitindo que o documento seja visualizado independentemente do programa que tenha lhe dado origem. Segundo especialistas da área, o diferencial desse formato aplicado aos arquivos é a capacidade de manter a qualidade do original e a versatilidade, lembrando que consiste em um padrão aberto.

O inciso II considera como nativamente digital, a certidão ou traslado notarial gerado de maneira eletrônica, em extensão PDF/A ou XML[14] e assinado por tabelião

---

11. Trata-se de software de processo judicial eletrônico mantido pelo Conselho Nacional de Justiça e utilizado pelos Tribunais de Justiça Estaduais.
12. Essa sugestão deve ser creditada aos diálogos mantidos com a Dra. Aline Rodrigues de Andrade, expert no assunto, com quem tive a honra de discutir o tema, dada sua vasta experiência.
13. A sigla inglesa PDF significa *Portable Document Format*. Trata-se de formato de arquivo criado pela empresa Adobe Systems, permitindo que o documento seja visualizado independente do programa que tenha lhe dado origem. Segundo especialistas da área, o diferencial desse formato aplicado aos arquivos é a capacidade de manter a qualidade do original e a versatilidade, lembrando que consiste num padrão aberto.
14. A sigla XML designa *Extensible Markup Language*. Trata-se uma linguagem de marcação com regras para formatar documentos que facilitem a leitura tanto por humanos quanto por máquinas. No Brasil, ficou popularizado por ser o tipo de arquivo mais utilizado para emissão de notas fiscais digitais, por simplificar a automatização,

de notas, seu substituto ou preposto. O XML corresponde uma linguagem de marcação com regras para formatar documentos que facilitem a leitura tanto por humanos quanto por máquinas. No Brasil, ficou popularizado por ser o tipo de arquivo mais utilizado para emissão de notas fiscais digitais, por simplificar a automatização, a troca e validação de informações.

Já o inciso III contempla a situação jurídica em que é produzido resumo de instrumento particular com força de escritura pública, desde que celebrado por agentes financeiros autorizados a funcionar pelo Banco Central do Brasil, no âmbito do Sistema Financeiro de Habitação ou Sistema Financeiro, conforme previsão contida no art. 61, "caput" e § 4.º da Lei nº 4.380/1964,[15] assinado pelo representante legal do agente financeiro. Esse dispositivo legal mencionado pelo Provimento 149 do CNJ cuida das sínteses de instrumento particular, confeccionadas pelos agentes financeiros devidamente autorizados pelo Banco Central a operar no Sistema Financeiro de Habitação, especialmente para dar efetividade às diretrizes consignadas naquele diploma legal, ou seja, primar pela rapidez na tramitação dos processos e simplificação das escrituras para efeito do Registro de Imóveis (art. 60 da Lei nº 4.380/1964).[16]

Note-se que o § 7.º do art. 61 da Lei nº 4.380/1964[17] já estabelecia a obrigatoriedade de transcrição dos contratos realizados por instrumento público ou privado, nos Ofícios de Registro de Imóveis. Corolário, verifica-se que o inciso III restou por incorporar no Código de Normas, a disposição legal existente e em vigor desde a década de 1960.

O inciso IV traz a previsão de que são documentos nativamente digitais as cédulas de crédito emitidas sob a forma escritural, na forma da lei. Cédulas de créditos se constituem em títulos de créditos emitidos por pessoa física ou jurídica em favor de instituição financeira ou de entidade a esta equiparada e representam a promessa de pagamento em dinheiro, derivada de operação de crédito realizada em qualquer modalidade. Consiste num título executivo extrajudicial (art. 784 do CPC), representando uma dívida em dinheiro, certa, líquida e exigível, que pode ocorrer pelo valor indicado

---

a troca e validação de informações. Disponível em https://tecnoblog.net/responde/o-que-e-xml-guia-para-iniciantes/. Acesso em: 1.º mar. 2024.

15. Art. 61. Para plena consecução do disposto no artigo anterior, as escrituras deverão consignar exclusivamente as cláusulas, termos ou condições variáveis ou específicas.
§ 4.º Os Cartórios de Registro de Imóveis, obrigatoriamente, para os devidos efeitos legais e jurídicos, receberão, autenticadamente, das pessoas jurídicas mencionadas na presente Lei, o instrumento a que se refere o parágrafo anterior, tudo de modo a facilitar os competentes registros.

16. Art. 60. A aplicação da presente lei, pelo seu sentido social, far-se-á de modo a que sejam simplificados todos os processo e métodos pertinentes às respectivas transações, objetivando principalmente:
I – o maior rendimento dos serviços e a segurança e rapidez na tramitação dos processos e papéis;
II – economia de tempo e de emolumentos devidos aos Cartórios;
III – simplificação das escrituras e dos critérios para efeito do Registro de Imóveis.

17. § 7.º Todos os contratos, públicos ou particulares, serão obrigatoriamente transcritos no Cartório de Registro de Imóveis competente, dentro do prazo de 15 (quinze) dias, a contar da data de sua assinatura, devendo tal obrigação figurar como cláusula contratual.

na própria cédula ou por planilha de cálculo ou ainda por extrato da conta corrente, nos termos disciplinados pela Lei nº 10.931/2004.

O inciso V enquadra, normativamente, como nativamente digitais, os documentos eletrônicos desmaterializados por qualquer notário ou registrador, gerados na extensão PDF, contendo a assinatura com certificado digital ICP-Brasil. Esse inciso tem relevância peculiar, pois permite que documentos elaborados em papel possam ser transformados em digitais, utilizando-se dos meios técnicos necessários, os quais são assinados pelo notário ou registrador por meio de assinatura qualificada, ou seja, através de certificado digital emitido prela ICP-Brasil. Importante destacar que a desmaterialização de documentos, popularmente denominada de "digitalização", se mostra como alternativa eficiente disponibilizada aos Ofícios, pois permite o armazenamento digital de documentos em papel, que antes se avolumavam em arquivos físicos, otimizando o uso do espaço.

E, por derradeiro, o inciso VI tratou dos documentos produzidos na esfera judicial, abrangendo as cartas de sentença das decisões judiciais, como formal de partilha, as cartas de adjudicação e de arrematação, os mandados de registro, de averbação e de retificação, desde que seja dado acesso direto ao processo judicial eletrônico para o Oficial do Registro de Imóveis, mediante requerimento do interessado. Desta forma, haverá necessidade do interessado permitir/possibilitar o acesso do Oficial do Registro de Imóveis ao processo judicial eletrônico, condição indispensável para que o documento extraído diretamente do processo que tramita na forma eletrônica seja considerado nativamente digital. Nas hipóteses em que são apresentadas a versão em papel e/ou digitalizados dos documentos produzidos na esfera judicial, ainda que extraídos de processos eletrônicos, os mesmos não poderão ser considerados nativamente digitais, nos termos do estatuído art. 324, VI.

Já o § § 2.º preceitua que são considerados os documentos digitalizados com padrões técnicos satisfatórios aqueles que obedecerem ao estatuído no art. 5.º do Decreto Federal 10.278/2020,[18] cujo dispositivo estabelece os requisitos necessários à digitalização de documentos públicos ou privados, ou seja, as exigências para que tais documentos digitalizados produzam os mesmos efeitos legais dos originais, conforme a seguir transcrito:

> Art. 5.º O documento digitalizado destinado a se equiparar a documento físico para todos os efeitos legais e para a comprovação de qualquer ato perante pessoa jurídica de direito público interno deverá:

---

18. Art. 5.º O documento digitalizado destinado a se equiparar a documento físico para todos os efeitos legais e para a comprovação de qualquer ato perante pessoa jurídica de direito público interno deverá:
I – ser assinado digitalmente com certificação digital no padrão da Infraestrutura de Chaves Públicas Brasileira – ICP-Brasil, de modo a garantir a autoria da digitalização e a integridade do documento e de seus metadados;
II – seguir os padrões técnicos mínimos previstos no Anexo I; e
III – conter, no mínimo, os metadados especificados no Anexo II.

I – ser assinado digitalmente com certificação digital no padrão da Infraestrutura de Chaves Públicas Brasileira – ICP-Brasil, de modo a garantir a autoria da digitalização e a integridade do documento e de seus metadados;

II – seguir os padrões técnicos mínimos previstos no Anexo I; e

III – conter, no mínimo, os metadados especificados no Anexo II.

A partir do inciso I do art. 5.º do Decreto Federal 10.278/2020 dessume-se a assinatura digital a ser realizada por meio do certificado digital emitido pela ICP-Brasil, o que corrobora toda a fundamentação já exposta no art. 323. No tocante aos padrões técnicos mínimos, estes foram definidos no Anexo I do mencionado Decreto, o qual estabelece o tipo de documento, a resolução mínima, a cor e o tipo do original, lembrando que todos deverão estar no formato PDF/A. O inciso III do art. 5.º do referido Decreto impõe metadados mínimos exigidos nos documentos, conforme relacionado no Anexo II, dentre outros, assunto, autor, data e local da digitalização, responsável pela digitalização, título etc., lembrando, ainda que há diferentes imposições de metadados mínimos requeridos para documentos públicos e privados.

O preceito estabelecido no art. 325 do Código de Normas (Provimento 149 do CNJ) cuida da periodicidade mínima a ser observada pelos ofícios de Registro Imobiliário para averiguação de remessas de título para prenotação. A prenotação consiste em registro provisório realizado pelo Ofício, o qual garante a prioridade para o interessado registrar/averbar um título. Ilustrando, imagine-se uma fila de espera, onde a prenotação equivale a pegar uma senha que concede prioridade em relação ao posterior pelo prazo de validade da prenotação.

Segundo a redação dada, obriga-se aos oficiais seguirem rigorosamente os horários de abertura e encerramento do expediente, inclusive de plantão, bem como atentar ao intervalo máximo de uma hora para verificação de comunicação de remessa de título, isto é, além de cumprir o horário de expediente, também deverá examinar acerca da existência de remessa de títulos destinados à prenotação, o qual deverá obedecer ao intervalo máximo de uma hora. Essa demarcação busca efetivar o contido no *caput* do art. 324, ou seja, receber o número de protocolo de maneira sequencial de modo a seguir a ordem de apresentação.

A premissa contida no art. 325 é reafirmada no *caput* do art. 326 do mesmo diploma legal. Ainda que o objetivo da norma fosse obedecer a ordem sequencial de encaminhamento e recepção dos documentos eletrônicos, o dispositivo também buscou regular situações em que há solicitação de emissão de certidões e/ou de tramitação simultânea de títulos contraditórios em face da existência de direitos contraditórios sobre o mesmo imóvel. O art. 186 da Lei 6.015/73[19] já havia estabelecido a necessidade de obedecer a ordem sequencial do título, impondo-se a observância da ordem de preferência para registro, mesmo que apresentados mais de um título simultaneamente pela mesma

---

19. Art. 186. O número de ordem determinará a prioridade do título, e esta a preferência dos direitos reais, ainda que apresentados pela mesma pessoa mais de um título simultaneamente.

pessoa. Esse preceito normativo busca regular a prenotação de títulos, ou seja, a anotação prévia e provisória de título a ser efetivada pelo Oficial de Registro de Imóveis, que passa a gozar de prioridade no registro em relação àquele protocolado posteriormente.

Outro ponto relevante versa sobre a necessidade de os ofícios implementarem procedimentos de controle de direitos contraditórios, com o objetivo de identificar e gerenciar situações onde diferentes títulos possam conflitar em relação ao mesmo imóvel. Esse controle é fundamental para evitar conflitos e garantir a emissão de certidões precisas. Adverte-se que na hipótese de haver direitos contraditórios ou excludentes de direitos sobre o mesmo imóvel, a tramitação simultânea deve ser realizada de forma cautelosa, pois pode causar dissabores e/ou prejuízos aos envolvidos. Isso pode ocorrer, por exemplo, quando há duas escrituras públicas de compra e venda relativas ao mesmo imóvel. Daí decorre a importância do conteúdo material do art. 325 do Provimento 149/2023 do CNJ, compelindo que a prenotação de títulos será realizada na ordem rigorosa de remessa eletrônica, a qual visa precipuamente assegurar prioridade no registro do título em caso de sobrevir outro título opondo-se ao precedente. Tais condutas pretendem garantir a agilidade e a segurança do processo de registro de imóveis.

O preceito estabelecido no art. 327 do Código de Normas (Provimento 149 do CNJ) estabelece prazos e regras para emissão e disponibilização da certidão de inteiro teor. São dois prazos distintos: o primeiro de 2 (duas) horas se aplica àqueles pedidos realizados durante o expediente ordinário, onde o interessado indica o número da matrícula ou do registro no Livro 3; já o segundo prazo de 5 (cinco) dias se aplica para aqueles casos em que os atos são manuscritos, sendo que nessa hipótese, ficará disponível ao interessado para download por prazo mínimo de 30 (trinta) dias.

O art. 328 do Código de Normas cuida de situação delicada vivenciada pelos oficiais de registro de imóveis quando se deparam com títulos em que há suspeita de falsidade. Nessa situação, a norma foi cristalina ao estabelecer a possibilidade de o oficial exigir a apresentação do documento original. Caso seja suficiente a apresentação do documento original, o procedimento segue a tramitação regular. No entanto, se a dúvida persistir, o oficial poderá solicitar ao juiz, providências que entender necessárias à elucidação dos fatos, pois o Oficial do Registro de Imóveis não tem o poder para determinar a falsidade do título apresentado, mas sim de levantar suspeitas e buscar o esclarecimento dos fatos. O juiz, por seu turno, ao analisar o caso, poderá determinar a realização de perícia no título e/ou outras medidas necessárias para verificar sua autenticidade. Salienta-se que a recusa do oficial em registrar um título por suspeita de falsidade não impede que o interessado ajuíze ação judicial para compelir o registro.

Essas medidas fixadas pela norma visam evitar fraudes, como também, obstar o registro de títulos falsos, o que pode prejudicar os direitos dos legítimos proprietários dos imóveis. Trata-se, portanto, da atuação diligente do Oficial do Registro de Imóveis, contribuindo para a segurança jurídica das transações imobiliárias.

Por fim, o art. 329 do Provimento 149 do CNJ disciplina diversos temas correlatos à execução dos serviços nos Ofícios de Registro de Imóveis, como valores envolvidos, prazo para depósito, procedimentos a serem observados pelo apresentante e pelo Oficial do Registro de Imóveis, dentre outros. Destaque-se que o custo do serviço de protocolo eletrônico encontra-se definido pelo valor da prenotação constante na Tabela de Custas e Emolumentos de cada Estado, sendo que a respectiva quantia deverá ser quitada no ato da remessa do título ao Ofício. Após o pagamento das custas relativas ao protocolo eletrônico e à prenotação, o próprio dispositivo normativo esclarece os procedimentos a serem tomados, os quais se encontram arrolados nos incisos I a III do § 1.º.

O inciso I dispõe que depois da prenotação, o Oficial do Registro de Imóveis promoverá a qualificação da documentação, isto é, o Oficial verificará se a documentação está apta para registro e/ou averbação; em outras palavras, se está completa e em conformidade com a legislação. Em estando apto, cumpre-se o disposto no referido inciso I: o oficial calcula os emolumentos devidos em decorrência do serviço a ser prestado – registro ou averbação. Importante frisar que, de acordo com o disposto no art. 206-A, acrescido pela Lei 14.382/2022, quando o título for apresentado para prenotação, o apresentante/usuário poderá optar por realizar o depósito antecipado dos emolumentos e das custas ou recolher somente o valor da prenotação e efetivar o pagamento do remanescente no prazo máximo de 5 (cinco) dias, contados da data da análise acerca da aptidão para o registro.

Caso não tenha sido realizado o depósito prévio, esses emolumentos serão informados àquele que apresentou o documento para pagamento. Como já afirmado, o valor dos emolumentos varia de acordo com o valor do título e com o tipo de serviço a ser prestado, lembrando que cada Estado da federação possui sua Tabela. Somente após o depósito é que o registro ou averbação será consumado, procedendo-se à emissão da certidão, que consiste no documento probatório do registro realizado.

Importante destacar que o prazo da prenotação terá validade de 30 (trinta) dias; logo, caso não ocorra o depósito prévio indispensável à efetivação do registro/averbação, o título será devolvido ao apresentante e a prenotação perderá a validade, conforme definido pelo art. 188 da Lei 6.015/1973.[20]

Na hipótese do título restar inapto para registro ou averbação, o Oficial do Registro de Imóveis emite uma Nota de Devolução contendo a lista de exigências necessárias para que o título seja considerado apto, a qual é encaminhada ao apresentante/interessado do título para saneamento. O prazo para emissão da nota de devolução é de 10 (dez) dias contados da data da prenotação. Nesse caso, a validade da prenotação fica prorrogada em decorrência da necessidade de diligências ou de complementação de documentação, conforme as exigências fixadas na nota de devolução formalizada pelo Oficial do Registro de Imóveis.

Essa é a conduta estabelecida no inciso II do art. 329, § 1.º. Importante destacar que a própria norma proibiu que a nota de devolução carreasse exigências relacionadas

---

20. Protocolizado o título, proceder-se-á ao registro, dentro do prazo de 30 (trinta) dias, salvo nos casos previstos nos artigos seguintes.

a assentamentos da serventia ou certidões que podem ser obtidas gratuitamente pela internet. Constata-se que essa vedação expressa busca coibir burocracias desnecessárias, agilizando o processo de registro de imóveis.

O inciso III determina que uma vez cumpridas as exigências de forma satisfatória, o título será registrado ou averbado, seguindo o procedimento detalhado no inciso I desse mesmo dispositivo. Todavia, se o apresentante do título discordar das exigências contidas na nota de devolução ou ainda não puder satisfazê-las, poderá realizar procedimento denominado de suscitação de dúvida, de forma clara e devidamente fundamentada. Isso se deve ao fato de que o propósito da suscitação de dúvida é solucionar incertezas, imprecisões ou obscuridades sobre a regularidade do título. Corolário, a mera discordância das exigências estampadas na nota de devolução é insuficiente para lançar mão do procedimento, tendo em vista a necessidade de fundamentação.

Dito procedimento já estava previsto no art. 198 da Lei nº 6.015/1973 e detalhado no § 1.º do mesmo diploma legal. Por meio do Código de Normas (Provimento 149 do CNJ), houve, uma modernização em face do uso de tecnologias e, doravante, estabeleceu-se que o pedido será efetivado na mesma plataforma eletrônica em que foi apresentado o título. Na sequência, a suscitação de dúvida será encaminhada ao Juiz Corregedor para decisão: caso seja procedente, o Oficial resta obrigado a registrar/averbar o título sem as exigências contidas na nota de devolução; na hipótese de ser improcedente, o registro/averbação somente será efetivado após o cumprimento dos requisitos declinados na nota de devolução. Ressalte-se que o lapso temporal utilizado para a tramitação da suscitação de dúvida faz com que haja prorrogação do prazo de validade da prenotação.

Ato contínuo, de acordo com o §§ 2.º e 3.º do art. 329, após a qualificação positiva do título, ou seja, a conformidade do título à legislação, o mesmo estará apto para registro, cujo somente será levado a termo, após o indispensável depósito prévio, realizado diretamente ao Ofício do Registo de Imóveis responsável pelo ato. Nessa fase têm-se duas possibilidades dependentes diretamente do depósito prévio: a primeira, quando o depósito não é realizado e o título é devolvido sem o registro/averbação; a segunda, quando o depósito é integralizado e o registro/averbação é efetivada pelo Oficial do Registro de Imóveis. Portanto, o depósito prévio é condição *sine qua non* para a prática do ato registral nos Ofícios de Registro de Imóveis.

Portanto, caso o depósito prévio não se efetive no prazo de validade da prenotação, haverá seu cancelamento e a devolução dos documentos ao apresentante/interessado sem o registro/averbação, nos termos do § 3.º do art. 329 do Provimento 149 do CNJ a seguir transcrito:

§ 3.º Fica autorizada a devolução do título sem a prática dos atos requeridos, caso o depósito prévio não seja efetuado durante a vigência da prenotação.

O art. 206-A, acrescido pela Lei 14.382/2022, no § 6.º disciplinou que na hipótese de reapresentação de título que tenha sido devolvido por falta de pagamento dos emolumentos, condiciona-se ao pagamento integral do depósito prévio. Portanto, trata-se de inovação legislativa, detalhada no art. 329 do Código de Normas.

Pela digressão realizada aos artigos 321 a 329 do Código de Normas, verifica-se que o conjunto normativo trouxe inúmeras alterações, aperfeiçoando o procedimento, o que trouxe diversas vantagens como a celeridade, a economia de recursos e a redução da burocracia. Além disso, o uso da tecnologia permite uma maior eficiência na comunicação entre os diversos atores envolvidos nos atos notariais. Entretanto, é fundamental reforçar que o uso dos meios eletrônicos deve ser feito de forma segura e confiável, garantindo-se a autenticidade e a integridade das informações. Para cumprir esse mister, as medidas de segurança trazidas pelo Código de Normas (Provimento 149 do CNJ) são primordiais, podendo-se citar a utilização de certificação digital, a criação de sistemas de controle de acesso e a realização de backups periódicos, dentre outros. Dessa forma, trata-se de um dispositivo normativo que representa um avanço na busca pela modernização e eficiência.

Seção III
Do Código Nacional de Matrícula
Subseção I
Da Inserção Gráfica do Código Nacional de Matrícula

Art. 330. O Código Nacional de Matrícula (CNM), de que trata o art. 235-A da Lei nº 6.015/1973, corresponderá a uma numeração única para as matrículas do registro de imóveis, em âmbito nacional, e será constituído de 16 (dezesseis) dígitos, em quatro campos obrigatórios, observada a estrutura CCCCCC.L.NNNNNNN-DD, na forma seguinte:

I – o primeiro campo (CCCCCC) será constituído de seis dígitos e indicará o Código Nacional da Serventia (CNS), atribuído pelo Conselho Nacional de Justiça (CNJ), determinando o ofício de registro de imóveis onde o imóvel está matriculado;

II – o segundo campo (L), separado do primeiro por um ponto, será constituído de um dígito e indicará tratar-se de matrícula no Livro 2 – Registro Geral, mediante o algarismo 2, ou de matrícula no Livro nº 3 – Registro Auxiliar, mediante o algarismo 3;

III – o terceiro campo (NNNNNNN), separado do segundo por um ponto, será constituído de sete dígitos e determinará o número de ordem da matrícula no Livro nº 2 ou no Livro nº 3, na forma do item 1 do inciso II do § 1.º do art. 176 da Lei nº 6.015, de 31 de dezembro de 1973; e

IV – o quarto campo (DD), separado do terceiro por um hífen, será constituído de dois dígitos verificadores, gerados pela aplicação de algoritmo próprio.

§ 1.º Se o número de ordem da matrícula tratado no item 1 do inciso II do § 1.º do art. 176 da Lei nº 6.015, de 31 de dezembro de 1973,) estiver constituído por menos de sete dígitos, serão atribuídos zeros à esquerda até que se completem os algarismos necessários para o terceiro campo.

§ 2.º Para a constituição do quarto campo, será aplicado o algoritmo Módulo 97 Base 10, conforme Norma ISO 7064:2003, ou outro que vier a ser definido mediante portaria da Corregedoria Nacional de Justiça.

Subseção II
Da Reutilização do Código Nacional de Matrícula

Art. 331. O Código Nacional de Matrícula será inserido à direita, no alto da face do anverso e do verso de cada ficha solta, por meio de impressão, datilografia, aposição de etiqueta, inserção manuscrita ou outro método seguro, a critério do oficial de registro de imóveis.

Parágrafo único. Os oficiais de registro de imóveis, facultativamente, poderão averbar a renumeração das matrículas existentes, ato pelo qual não serão devidos emolumentos.

Subseção III
Da Reutilização do Código Nacional de Matrícula

Art. 332. Não poderá ser reutilizado Código Nacional de Matrícula referente à matrícula encerrada, cancelada, anulada ou inexistente, e essa circunstância constará nas informações do Programa Gerador e Validador, em campo próprio.

Subseção IV
Do Programa Gerador e Validador

Art. 333. O Operador Nacional do Registro Eletrônico de Imóveis (ONR) disponibilizará, aos oficiais de registro de imóveis, Programa Gerador e Validador do Código Nacional de Matrícula (PGV-CNM).

§ 1.º O Programa Gerador e Validador:

I – conterá mecanismos para que os oficiais de registro de imóveis possam gerar o Código Nacional de Matrícula;

II – será publicado na rede mundial de computadores no endereço https://cnm.onr.org.br;

III – informará se o Código Nacional de Matrícula é autêntico e válido, bem como se a relativa matrícula está ativa, encerrada, cancelada ou anulada, ou se não existe;

IV – fornecerá um código hash da consulta;

V – permitirá a emissão de relatório de validação; e

VI – gerará relatórios gerenciais sobre a sua utilização, os quais ficarão disponíveis no módulo de correição on-line.

§ 2.º A matrícula será dada como inexistente quando houver salto na numeração sequencial.

Subseção V
Do Acesso ao Programa Gerador e Validador pelos Oficiais de Registro de Imóveis

Art. 334. O acesso dos oficiais de registro de imóveis ao Programa Gerador e Validador será feito mediante certificado digital ICP-Brasil ou comunicação por Application Programming Interface (API).

Parágrafo único. Os oficiais de registro de imóveis terão acesso ao PGV-CNM diretamente ou por prepostos designados para esse fim.

Subseção VI
Da Consulta do Programa Gerador e Validador pelos Usuários

Art. 335. O Programa Gerador e Validador poderá ser consultado por qualquer pessoa, sem custos e independentemente de requisição ou cadastramento prévio, para verificação da:

I – validade e autenticidade dos Códigos Nacionais de Matrícula; e

II – situação atual da matrícula, nos termos do § 1.º do art. 333 deste Código.

§ 1.º O operador nacional do registro eletrônico de imóveis adotará todas as medidas necessárias à garantia do desempenho, disponibilidade, uso regular dos sistemas, controle, segurança e proteção de dados.

§ 2.º O Programa Gerador e Validador poderá ser configurado para evitar buscas massivas, baseadas em robôs, e para bloquear o acesso de usuários específicos.

Subseção VII
Da Escrituração da Matrícula em Fichas Soltas

Art. 336. Os oficiais de registro de imóveis transportarão todas as matrículas escrituradas de forma manuscrita em livros encadernados e todas as matrículas escrituradas mecanicamente em livros desdobrados (art. 6.º da Lei nº 6.015, de 31 de dezembro de 1973) para o sistema de fichas soltas (parágrafo único do art. 173 da Lei nº 6.015, de 31 de dezembro de 1973), as quais conterão os atos registrais lançados, por rigorosa ordem sequencial, conservando-se as mesmas numerações, com remissão na relativa matrícula originária e respeitados os prazos postos neste Código.

Subseção VIII
Da Unicidade da Matrícula

Art. 337. Cada imóvel deverá corresponder a uma única matrícula (o imóvel não pode ser matriculado mais de uma vez), e cada matrícula a um único imóvel (não é possível que a matrícula se refira a mais de um imóvel), na forma do inciso I do § 1.º do art. 176 da Lei nº 6.015, de 31 de dezembro de 1973.

§ 1.º Se o mesmo imóvel for objeto de mais de uma matrícula, o oficial de registro de imóveis representará ao juiz competente com proposta de bloqueio administrativo de todas (§ 3.º e § 4.º do art. 214 da Lei nº 6.015, de 31 de dezembro de 1973), e a abertura de nova matrícula dependerá de retificação.

§ 2.º Se o imóvel estiver descrito por partes, em matrículas ou transcrições diversas, nova descrição unificada deverá ser obtida, se necessário, por meio de retificação, ressalvadas as hipóteses em que há regulamentação de tais situações pelas corregedorias-gerais de Justiça.

§ 3.º Se houver mais de um imóvel na mesma matrícula, serão abertas matrículas próprias para cada um deles, ainda que a relativa descrição, de um ou de todos, não atenda por inteiro aos requisitos de especialidade objetiva ou subjetiva, caso em que o oficial de registro de imóveis também representará ao juízo competente com proposta de bloqueio administrativo daquelas que estiverem deficientes.

Subseção IX
Do Número de Ordem

Art. 338. Não poderão ser abertas matrículas, para imóveis distintos, com uso do mesmo número de ordem, ainda que seguido da aposição de letra ou número (por exemplo: matrícula 1, matrícula 1–A, matrícula 1–B; matrícula 1-1, matrícula 1-2, matrícula 1-3 etc.).

Parágrafo único. Se houver matrículas com o mesmo número de ordem, ainda que seguido da aposição de letra ou de número, as matrículas mais recentes deverão ser encerradas *ex officio*, e para cada imóvel será aberta uma nova, com a data atual, numeração corrente e com remissões recíprocas.

Subseção X
Da Rigorosa Sequência do Número de Ordem

Art. 339. Havendo salto na numeração sequencial das matrículas, será inserida ficha de matrícula com uma averbação, a qual consignará que deixou de ser aberta matrícula com esse número e que não existe imóvel matriculado.

§ 1.º Se o salto corresponder a vários números sequenciais, também será inserida única ficha de matrícula, caso em que a relativa averbação indicará todos os números omitidos.

§ 2.º Os saltos na numeração sequencial e ininterrupta das matrículas ficarão documentados no cartório, em arquivo físico ou eletrônico, que conterá o relatório do caso e a decisão do oficial de registro de imóveis.

Subseção XI
Do Número de Ordem e Anexação de Acervo de Cartório Extinto

Art. 340. Havendo extinção de cartório, com a anexação de acervo a um outro, as matrículas do ofício anexado serão renumeradas, seguindo a ordem sequencial de numeração do cartório receptor.

Parágrafo único. O oficial de registro de imóveis manterá controle de correlação entre o número anterior, no cartório extinto, e o número da nova matrícula, mediante remissões recíprocas, o que será lançado no Indicador Real e no Indicador Pessoal.

Subseção XII
Das Disposições sobre a Abertura de Nova Matrícula

Art. 341. Nos casos do art. 339 (transposição para o sistema de fichas soltas), do § 3.º do art. 340 (abertura de matrícula própria para distintos imóveis matriculados numa única) e do parágrafo único do art. 341 (salto de número de ordem), por ocasião da abertura de nova matrícula, o oficial de registro de imóveis:

I – poderá transportar todos os atos constantes da matrícula encerrada, ou somente aqueles que estejam válidos e eficazes na data da transposição, mantendo-se rigorosa ordem sequencial dos atos, com remissões recíprocas;

II – os ônus não serão transportados quando forem anteriores ao registro de arrematação ou adjudicação, bem como quando decorrer desse registro, de forma inequívoca, o cancelamento direto ou indireto; e

III – na nova matrícula, deverá ser consignado, como registro anterior, o seguinte: "Matrícula atualizada com base nos atos vigentes na matrícula nº ......, originariamente aberta em .... de .... de ...., que fica saneada nesta data."

Subseção XIII
Das Disposições Finais e Transitórias

Art. 342. Os oficiais de registro de imóveis, em relação ao disposto nesta Seção, deverão observar os prazos e os deveres estabelecidos no art. 13 ao art. 16 do Provimento CNJ nº 143, de 25 de abril de 2023.

Art. 343. Os casos omissos na aplicação desta Seção serão submetidos à Corregedoria-Geral de Justiça (CGJ) competente, que comunicará a respectiva decisão à Corregedoria Nacional de Justiça no prazo de 30 dias.

Comentários de Marcos Pascolat

A Lei 13.465 de 11.07.2017 que dispõe sobre a regularização fundiária rural e urbana, e outros assuntos, promoveu também importantes alterações na Lei dos Registros Públicos (Lei 6.015/73), dentre elas a inclusão do artigo 235-A, pelo qual instituiu o Código Nacional de Matrícula – CNM, que corresponde à numeração única das matrículas dos registros de imóveis em âmbito nacional.

Em 26.04.2023 o Conselho Nacional de Justiça regulamentou o artigo 235-A por meio do Provimento nº 143, basicamente nos mesmos moldes que o Provimento nº 3 de 07.11.2009, também no CNJ, ao explicitar como é formado o número da matrícula de inserção obrigatória nas certidões do Registro Civil das Pessoas Naturais.

Em 30.08.2023 o mesmo CNJ institui o Código Nacional de Normas da Corregedoria Nacional de Justiça (CNN/ CN/CNJ-Extra), regulamentando os serviços notariais e de registro, onde concentrou todos os provimentos, presentes e futuros, em um único ato, isto é, o Provimento nº 149, na intenção de evitar transtornos decorrentes da dispersão de atos normativos.

Com isso, o Provimento nº 143 foi parcialmente revogado, com parte dos seus artigos transcritos para o Provimento nº 149, mantendo unicamente em vigor naquele os artigos que tratam dos prazos.

Não obstante, no dia 04 de junho de 2024, foi publicado o Provimento nº 170 do CNJ, com a finalidade de alterar o prazo previsto no Provimento nº 143.

O artigo 330 do Código Nacional de Normas (CNN) dispõe sobre a forma como deverá ser o Código Nacional de Matrícula (CNM).

Conforme o caput, o CNM corresponderá a um número único em âmbito nacional para todas as matrículas dos registros de imóveis. A primeira questão que se faz é se este número substituirá o número da matrícula já existente atualmente.

A resposta é negativa. As matrículas hoje existentes continuarão com o número que possuem nos respectivos registros de imóveis. Assim, continuará a existir a matrícula nº 1 em cada um dos registros de imóveis brasileiro. Ou seja, somente pelo número da matrícula é impossível saber a qual registro de imóveis ela pertence.

A partir de agora será possível com maior clareza a identificação, não só do número da matrícula, mas também o registro de imóveis que detém a sua escrituração unicamente pela visualização do CNM.

Além disso, será o número de identificação inclusive dos registros lançados no registro auxiliar. Dessa forma, tanto as matrículas (Livro nº 2), quanto os registros auxiliares (Livro nº 3), terão, a partir de agora, o correspondente CNM.

O CNM conterá 16 dígitos divididos em quatro campos: Código Nacional da Serventia (CNS) atribuído pelo CNJ com 6 dígitos; número do Livro com 1 dígito; número de ordem da matrícula/registro auxiliar com 7 dígitos; e dígito verificador com 2 dígitos.

O CNM ficará, portanto, da seguinte forma: CCCCCC.L.NNNNNNN-DD.

Os 6 primeiros dígitos identificarão o ofício de registro de imóveis por meio do seu respectivo Código Nacional da Serventia. Para isso o interessado deverá buscar no sistema da Justiça Aberta da Corregedoria do CNJ qual é o serviço de registro de imóveis possuidor deste código, no endereço: https://www.cnj.jus.br/corregedoria/justica_aberta/?

O sétimo dígito indicará de qual livro é oriundo o registro, ou seja, se a certidão emitida é referente ao registro no Livro nº 2 (matrícula), ou se é referente a um registro no Livro nº 3 (registro auxiliar).

Os dígitos de 8 a 14 são os de identificação do número da matrícula, caso o sétimo dígito seja o de número 2, ou o número do registro auxiliar, se de número 3. Esses números deverão ser preenchidos com zero à esquerda até completar o número total de dígitos. Por exemplo, a matrícula de número 1.510 será explicitada no código como 0001510.

Os dois últimos dígitos, após o hífen, são os dígitos verificadores cujo valor será obtido a partir do cálculo do algoritmo Módulo 97 Base 10, conforme Norma ISO 7064:2003, ou outro que venha a ser definido pela Corregedoria Nacional de Justiça.

Com a criação, e agora a regulamentação e implementação do CNM pelo Conselho Nacional de Justiça, o sistema registral brasileiro está mais eficiente, uniforme e atualizado, trazendo ao cidadão maior transparência em vista da padronização das informações, refletindo inclusive no desenvolvimento do mercado imobiliário.

Art. 331. Na transposição do Provimento 143 ao Provimento 149 (CNN) houve um equívoco na denominação do título da Subseção II. Neste, repetiu-se o título da Subseção III: *Da Reutilização do Código Nacional de Matrícula*, quando o correto seria: *Da Inserção Gráfica do Código Nacional de Matrícula*.

Portanto, o artigo 331 e seu parágrafo único tratam da forma como deverá ser inserido o CNM na matrícula ou no registro auxiliar.

Percebe-se que o Conselho Nacional de Justiça deu certa margem de discricionariedade ao registrador sobre o método de como inserir o CNM nas fichas, desde que traga a devida segurança jurídica.

Sugere que seja feita a inserção por meio de impressão, ou por meio de máquinas de escrever, aposição de etiquetas, ou até mesmo manuscrita.

Entretanto, o código deverá ser aposto tanto no verso quanto no anverso das matrículas ou dos registros auxiliares, no alto e à direita da face da ficha solta.

Caso o registrador deseje, sem prejuízo da aposição do CNM conforme o caput do artigo 331, poderá também fazer uma averbação nas matrículas e registros auxiliares para constar nela qual o número do CNM destes, não podendo, por sua vez, fazer qualquer tipo de cobrança de emolumentos por este ato.

Sem muito esforço é fácil concluir que poucos serão os registradores que efetuarão esta averbação de informação nos seus registros. Uma porque não receberão qualquer tipo de remuneração pela prática destes atos em todas as matrículas e registros auxiliares. Mas mais que isso, pela ineficiência da averbação como forma de publicidade, em comparação à facilidade de visualização com aposição do CNM conforme disciplinado no caput.

Imaginem uma matrícula com oitenta atos já realizados. A averbação seria feita na Av.81 desta matrícula. Ou seja, para visualizar esta informação o interessado teria que percorrer todos os atos anteriores até chegar na averbação de inserção do CNM, quando pode facilmente obter a numeração no alto e à direita de qualquer uma das fichas da matrícula, ou do registro auxiliar.

O artigo 332 dispõe sobre a impossibilidade de reaproveitamento do CNM já utilizado em uma matrícula, ou registro auxiliar, encerrado, cancelado, anulado ou inexistente.

É um corolário do que diz o princípio da unicidade da matrícula, que ensina que cada imóvel deverá corresponder a uma única matrícula, e cada matrícula a um único imóvel.

Pelo artigo 332 se o imóvel de uma matrícula é subdividido em dois, dando origem a duas novas matrículas, encerra-se a primeira, mas o seu número continuará a pertencer a ela, e as duas novas matrículas dos imóveis subdivididos terão números novos, subsequentes ao número da última matrícula aberta no serviço registral. Consequentemente, o CNM também não poderá ser o mesmo da matrícula encerrada, visto que utiliza o número da nova matrícula para composição do código.

Art. 333. No endereço eletrônico cnm.onr.org.br o oficial de registro de imóveis, através de acesso à área restrita, poderá gerar manualmente o Código Nacional de Matrícula preenchendo os campos requeridos, ou seja, o Livro, se de matrícula ou de registro auxiliar, o número da matrícula e a situação, se ativa, anulada, encerrada, cancelada, inexistente ou bloqueada.

Também neste link será possível fazer a consulta de um CNM qualquer. Para tanto, na página inicial deverá preencher o número a ser consultado.

A consulta trará o número do CNS e a denominação do serviço de registro de imóveis responsável pelo CNM, sua localização, qual o livro, seu número de registro, a data e a hora de lançamento no sistema da ONR, a situação da matrícula e por fim o código Hash dessa consulta.

O artigo 334 dita que o acesso à área restrita, onde localiza-se o Programa Gerador e Validador do CNM somente será autorizado aos registradores imobiliários, bem como seus prepostos, mediante a utilização de certificado digital ICP-Brasil.

Também será possível o acesso ao PGV por meio de uma interface de processamento de aplicações (API) entre o servidor da ONR e os sistemas informatizados dos serviços de registro de imóveis.

A geração do CNM pela API será feita automaticamente pelo sistema utilizado nos serviços registrais, sem a necessidade de acesso, neste caso, à página do Programa Gerador e Validador.

Art. 335. Como visto acima, o Programa Gerador e Validador poderá ser acessado para validação de um Código Nacional de Matrícula.

O acesso a esta consulta poderá ser feito por qualquer pessoa, sem necessidade de demonstrar o interesse, e sem qualquer tipo de cobrança de emolumentos ou cadastro prévio de suas informações pessoais.

Por meio da consulta ao PGV poderá verificar a validade e autenticidade dos Códigos Nacionais de Matrículas, bem como a situação dela, ou seja, se está ativa, encerrada, bloqueada etc.

Embora o acesso ao PGV para validação do CNM possa ser feito por qualquer pessoa sem muita dificuldade, ele poderá ser configurado para evitar as buscas realizadas em quantidade excessiva, indicando para os robôs de busca que o site não permite que sejam acessados por estes mecanismos de pesquisa.

De igual modo o PGV poderá também ser programado para evitar o acesso indesejado de alguns usuários determinados.

Art. 336. O artigo 3.º da Lei 6.015/73 permite que a escrituração dos registros seja feita em livros encadernados, e o artigo 6.º deste mesmo diploma legal disciplinou a forma de numeração desses livros no registro de imóveis.

O parágrafo segundo do artigo 3.º e o parágrafo único do artigo 173 facultam ao oficial registrador a escrituração em folhas soltas, ou fichas, facilitando o serviço.

Porém, com a inclusão do artigo 7.º-A na Lei dos Registros Públicos através da edição da Lei 14.382/2022, a utilização de livros encadernados não mais é possível na escrituração por meio eletrônico, só se permitindo a utilização de folhas soltas.

Diante dessa obrigatoriedade, os registradores de imóveis que ainda possuírem em seu acervo matrículas e registros auxiliares encadernados, deverão transportar todas elas para o sistema de fichas, devendo, entretanto, respeitar a numeração já existente, e fazer remissões na matrícula encadernada a transposição para a matrícula aberta no sistema de fichas.

O prazo máximo para o oficial do registro de imóveis efetuar as transposições em todo o seu acervo seria de um ano, a partir da data da vigência do Provimento nº 143, ou seja, a partir do dia 26/05/2023, finalizando, portanto, em 26/05/2024, ou, obrigatoriamente quando do lançamento de qualquer ato de registro ou averbação.

Apesar disso, diante das reais dificuldades enfrentadas pelos Delegatários do Brasil inteiro, o próprio Operador Nacional do Sistema de Registro Eletrônico de Imóveis – ONR, solicitou ao CNJ que fosse prorrogado o prazo para cumprimento do supracitado dever. Como consequência, o CNJ publicou o Provimento nº 170, alterando o prazo para 25.05.2025.

O artigo 337 do CNN discorre sobre um dos princípios basilares do direito registral imobiliário, o da unicidade, ou unitariedade da matrícula.

No seu caput explica que cada imóvel deverá corresponder a uma única matrícula e cada matrícula a um único imóvel.

O fundamento legal desse artigo do CNN encontra-se previsto no Art. 176, § 1.º, I da Lei 6.015/73 que diz: "cada imóvel terá matrícula própria, que será aberta por ocasião do primeiro registro a ser feito na vigência desta Lei".

A criação da matrícula por meio da Lei 6.015/73, como elemento fundamental do sistema registral, substituindo o sistema da transcrição das transmissões, visou concentrar em uma única ficha, os atos relativos a um determinado imóvel, fazendo com que todos os eventuais ônus, restrições, condições e demais atos nela sejam apontados.

Vale lembrar que o sistema das matrículas não extinguiu o sistema das transcrições, pois estas ainda podem conter em seus livros imóveis ainda ativos, ou seja, que ainda não passaram ao sistema do fólio real implantado pela Lei 6.015/73.

Assim, determinou que cada imóvel tivesse seu respectivo número de matrícula para fins de identificação, organização e facilidade para localização no acervo do serviço de registro de imóveis.

Com efeito, a matrícula descreve o imóvel com todos os dados de sua identificação, características, limites e confrontações, área etc., de modo que o individualize e o torne inconfundível em relação a outro.

Walter Ceneviva sobre o princípio da unicidade matricial explica que "a matrícula é o núcleo do registro imobiliário. Seu controle rigoroso e a exatidão das indicações que nela se contiverem acabarão dando ao assentamento da propriedade imobiliária brasileira uma feição cadastral. Cada imóvel indica a individualidade rigorosa da unidade predial. Na sistemática da lei, *cada* é interpretado em sentido estrito, indicando prédio matriculado, estremando-o de dúvida dos vizinhos. Tratando-se de imóveis autônomos, mesmo negociados em um só título, cada um terá matrícula individual. Traço assinalador da matrícula é o de referir-se exclusivamente ao imóvel, exigindo perfeita caracterização deste, distinguindo-o dos demais. O aspecto individuador da matrícula se reforça com o adjetivo *próprio*. *Cada* e *própria* são palavras nucleares para o intérprete, compatíveis com a anotação sistemática dos arts. 195, 227 e 236".

Art. 338. Vimos acima que não é possível um imóvel possuir mais que uma matrícula e que uma mesma matrícula refira-se a mais de um imóvel. Neste artigo, a vedação é que um número de ordem de matrícula possua variantes, ou níveis.

Não é raro encontrar em algumas serventias, especialmente antes da informatização, onde o controle da numeração era manual, situações em que um mesmo número de matrícula tenha sido atribuído a mais de um imóvel. Nesses casos o oficial, no intuito de cumprir o que determina o princípio da unicidade, inseria um número, ou letra, para diferenciar ambas matrículas.

Por exemplo, supondo um mesmo número de matrícula, por um erro na atribuição do número de ordem, tenha sido atribuído a dois imóveis distintos. Assim, o lote 100 e o lote 101 foram abertos sob o número de matrícula nº 1.530. A solução encontrada pelos titulares das serventias, como forma de diferenciação, era a inserção de uma letra ou número ao final, passando a ter a matrícula 1530 e a matrícula 1530-1, ou 1530-A.

Ainda, algumas corregedorias tinham como norma a vedação de abertura de matrícula quando do registro de incorporação, sustentando a impossibilidade em sua inexistência físico-jurídica, além de eventuais problemas registrais com o fracasso do empreendimento. A abertura de matrícula somente era permitida quando do registro da instituição de condomínio.

Como alternativa permitiam ao registrador a abertura de uma ficha auxiliar, que levaria o número da matrícula, seguida de um sufixo indicando muitas vezes o tipo de unidade autônoma (A – apartamento; C – Conjunto; S – Sala; G – Garagem etc.) e o número da unidade.

Com a edição da Lei 14.382/2022, foi inserido o artigo 237-A, que, em seu parágrafo 4.º permite ao registrador a abertura de matrícula para cada fração ideal que corresponderá a determinada unidade autônoma.

No primeiro caso visto, efetivamente temos uma situação que deve ser combatida, que é a existência de dois imóveis distintos atribuídos a um mesmo número de matrícula, embora diferenciados por um sufixo.

Já no segundo caso, não há exatamente a atribuição de um mesmo número de matrícula para mais de um imóvel, uma vez que as fichas auxiliares não são tecnicamente uma matrícula, mas sim um complemento da matrícula onde registrada a incorporação.

Foi uma forma encontrada pelas corregedorias de não "poluir" as matrículas com demasiado número de atos em relação às futuras unidades autônomas, o que dificultaria muito a sua compreensão quando houvesse centenas de atos.

Com as fichas auxiliares, os atos referentes a cada futura unidade autônoma seriam lançados nas suas respectivas fichas, e não no corpo da matrícula mãe, facilitando sobremaneira a leitura quando se buscava informações sobre uma determinada unidade.

Entretanto, com a possibilidade de abertura de matrícula individualizada das futuras unidades quando do registro da incorporação, e da vedação de numeração de matrículas seguidas de sufixos, as corregedorias que adotaram essa técnica certamente deverão rever suas normas.

A solução sugerida pela Corregedoria do Conselho Nacional de Justiça é o encerramento das matrículas abertas mais recentemente, e que possuam na sua sequência a aposição de números ou letras.

Em seguida proceder à abertura de nova matrícula, com a numeração e data atual, lançando todos os atos vigentes, e fazer as devidas remissões recíprocas.

Art. 339. Caso não incomum é também a abertura de matrícula com número posterior ao que deveria ter sido utilizado.

Por exemplo, a última matrícula aberta era a de número 1200. A próxima seria a matrícula de número 1201, porém por um descuido o escrevente acabou abrindo como 1202, ou 1210, ou ainda para piorar como 1300.

Como forma de cumprir com o princípio da continuidade, o oficial não poderia abrir novas matrículas utilizando os números não utilizados. Assim permaneceriam aqueles números de ordem sem qualquer matrícula aberta no acervo do cartório.

A sábia solução do Provimento do CNJ foi a de abrir uma ficha com a numeração faltante apenas com uma averbação informando que deixou de ser aberta aquela matrícula.

Se ocorreu a hipótese de existirem mais de que uma matrícula faltante naquele intervalo, a solução é abrir somente uma ficha informando na averbação todos os números de matrícula omitidos.

Art. 340. A extinção de um cartório implica necessariamente que o seu acervo de livros e arquivos seja transferido a outra serventia de igual natureza.

No caso de extinção de um serviço de registro de imóveis, igual procedimento será adotado, entretanto, em relação às matrículas, e também aos registros auxiliares, embora o artigo não mencione, deverão ser, segundo o artigo 340, renumerados, seguindo a ordem sequencial de numeração do registro de imóveis que receberá o acervo.

Pela leitura do caput entende-se que bastaria fazer uma averbação nas matrículas, e registros auxiliares, do cartório extinto, alterando o número anterior, pelo próximo sequencial do cartório atual. Porém, pela leitura do parágrafo único conclui-se que o registrador do cartório receptor deverá abrir novas matrículas, e registros auxiliares, transportando todos os atos vigentes, na sequência em que foram abertas no cartório extinto.

Tudo isso deverá ser informado no indicador real e pessoal de ambos os cartórios, de forma recíproca, para facilitar as buscas.

O artigo 341 dá ao oficial registrador a faculdade de, ao abrir nova matrícula, seja para o caso de correção da sequência do número de ordem, seja para o caso de anexação do acervo de serviço registral extinto, optar por transportar todos os atos lançados na matrícula anterior, ou optar por sanear a matrícula, ou seja, lançar somente os atos vigentes.

No caso específico do ônus existentes nas matrículas anteriores, lançados anteriormente a um registro de arrematação ou adjudicação, ou que inequivocamente se constate que eles sejam decorrentes diretamente deste, o inciso II do artigo 341 determina que não sejam estes ônus transportados para a nova matrícula.

Art. 342. O Código de Normas Nacional preferiu não trazer ao seu conteúdo o disposto sobre prazos de implantação do Código Nacional de Matrícula e demais obrigações concernentes.

Dessa forma, o Provimento nº 143 permanece vigente no tocante aos prazos por ele estabelecidos, quais sejam (alterado pelo Provimento nº 170):

Art. 13. Os oficiais de registro de imóveis implantarão o Código Nacional de Matrícula – CNM:

I – imediatamente, para as matrículas que forem abertas a partir do funcionamento do Programa Gerador e Verificador;

II – sempre que for feito registro ou averbação em matrícula já existente, desde que já esteja em funcionamento o Programa Gerador e Verificador; e

III – em todas as matrículas, no prazo máximo de 1 (um) ano, contado do início do funcionamento do Programa Gerador e Verificador.

Art. 14. A transposição integral de todas as matrículas para fichas soltas será feita:

I – a qualquer tempo, facultativamente;

II – por ocasião de qualquer registro ou averbação, obrigatoriamente; e

III – em qualquer hipótese, até 25.05.2025.

Art. 15. Para fins de pesquisas para localização de bens, até 25/05/2025, os oficiais de registro de imóveis disponibilizarão os dados estruturados do Livro nº 4 – Indicador Real e do Livro nº 5 – Indicador Pessoal, para acesso remoto por intermédio do Serviço de Atendimento Eletrônico Compartilhado – SAEC (art. 8.º, § 3.º, inciso III, art. 9.º, parágrafo único, inciso II, e arts. 15 a 23 do Provimento nº 89, de 18 de dezembro de 2019, da Corregedoria Nacional de Justiça).

Parágrafo único. Os oficiais de registro de imóveis que já tenham os indicadores real e pessoal (Livros nºs 4 e 5) em formato digital com dados estruturados deverão disponibilizar acesso para consulta, nos moldes do caput deste artigo, no prazo de 15 (quinze) dias, contados da entrada em vigor deste Provimento.

Art. 16. Os arquivos dos dados estruturados, não estruturados e semiestruturados, obtidos por ocasião da digitação de texto de matrícula, serão mantidos na serventia para futuro aproveitamento na implantação da matrícula escriturada em forma digital.

Em resumo os prazos ficaram assim estabelecidos:

Para a implantação do Código Nacional de Matrícula, o oficial deve fazer sempre que abrir uma nova matrícula, ou quando realizar qualquer ato em matrícula já existente. No acervo já existente o oficial tem o prazo de um ano após a implantação do Programa Gerador e Validador pelo ONR para regularização.

De modo semelhante o Provimento 143 determinou que a transposição das matrículas para o sistema de fichas soltas deverá ser feita obrigatoriamente sempre que houver qualquer tipo de lançamento de registro ou averbação, ou até 25.05.2025 para as demais matrículas ainda vigentes no sistema de livros encadernados ou desdobrados.

No mesmo prazo acima, ou seja, um ano desde a vigência do Provimento, deverá o oficial registrador disponibilizar os indicadores reais e pessoais ao SAEC. Caso o registrador possua esses indicadores em formato digital já estruturado, deverá disponibilizar no prazo de 15 dias.

LIVRO V
DOS EMOLUMENTOS NOS SERVIÇOS NOTARIAIS E REGISTRAIS
TÍTULO I
DAS NORMAS GERAIS
CAPÍTULO I
DA COBRANÇA
Seção I
Das Disposições Gerais

Art. 344. É proibida a cobrança de qualquer valor do consumidor final relativamente aos serviços prestados pelas centrais registrais e notariais, de todo o território nacional, ainda que travestidas da denominação de contribuições ou taxas, sem a devida previsão legal, observado o disposto no Provimento nº 107, de 24 de junho de 2020.

Comentários de Pedro Rocha Passos Filho e Ricardo Santiago Teixeira

TAXAS, TECNOLOGIA E TRANSPARÊNCIA: DESVENDANDO O PARADIGMA DO CUSTEIO DO SISTEMA ELETRÔNICO DE REGISTROS PÚBLICOS

INTRODUÇÃO

A introdução do presente artigo sobre o ônus dos serviços prestados pelas centrais notariais e registrais, no contexto da proibição imposta pelo Conselho Nacional de Justiça (CNJ) conforme o art. 344 do Provimento 149/2023, convoca uma reflexão meticulosa sobre a intersecção entre a acessibilidade jurídica e a equidade econômica no âmbito dos serviços públicos notariais e de registro.

Este artigo visa desvendar o labirinto regulatório e as implicações práticas dessa normativa, trazendo à luz os princípios de justiça e eficiência que orientam a prestação desses serviços essenciais. Ao analisarmos o art. 344, adentramos numa discussão sobre a natureza dos custos associados aos atos notariais e registrais, ponderando entre a necessidade de sustentabilidade financeira das instituições responsáveis e o direito fundamental do acesso à justiça sem ônus proibitivo para o cidadão.

Um equilíbrio delicado reflete a busca contínua por um sistema de registros, mais inclusivo e democrático, que honre tanto a integridade legal quanto a acessibilidade econômica, fundamentos essenciais ao Estado Democrático de Direito, como o princípio da legalidade e o respeito aos fundamentos constitucionais de regra tributária e criação de despesa, conjugado com o art. 28 da Lei nº 8.935/94, quando este determina o direito à integralidade dos emolumentos ao delegatário.

ART. 344.

CONTEXTUALIZAÇÃO DO PROVIMENTO Nº 149/2023

O Provimento nº 149/2023, emanado pelo Conselho Nacional de Justiça (CNJ), marca um ponto de inflexão na trajetória dos serviços notariais e de registro no Brasil, estabelecendo diretrizes claras contra a prática de cobranças indevidas ao usuário final por serviços prestados pelas centrais notariais e registrais, com a seguinte redação: "Art. 344. É proibida a cobrança de qualquer valor do consumidor final relativamente aos serviços prestados pelas centrais registrais e notariais, de todo o território nacional, ainda que travestidas da denominação de contribuições ou taxas, sem a devida previsão legal, observado o disposto no Provimento nº 107, de 24 de junho de 2020".

O instrumento normativo não apenas reflete a preocupação do CNJ com a transparência e a equidade na prestação de serviços públicos essenciais, mas também reafirma o compromisso do órgão com a proteção dos direitos dos cidadãos à acessibilidade jurídica e administrativa.

A contextualização do Provimento nº 149/2023 exige um mergulho nos princípios que regem as atividades notariais e registrais, destacando a importância de um sistema que se pauta pela eficiência, pela segurança jurídica e, sobretudo, pela justiça social.

O provimento, ao vedar cobranças sem amparo legal expresso (seguindo orientações de Lei de Emolumentos nº 10.169/2000), através do art. 344 do Código Nacional de Normas, reforça a ideia de que a justiça não deve ser um ônus, mas um direito acessível a todos.

Assim, ao examinar as disposições do Provimento nº 149/2023, não apenas compreendemos melhor as salvaguardas instituídas para proteger o cidadão de práticas abusivas, também vislumbramos o esforço contínuo do CNJ em promover um ambiente de maior justiça e equidade no acesso aos serviços notariais e de registro, essenciais para o exercício da cidadania no país, sem descuidar dos impactos que referida norma produz no equilíbrio financeiro dos cartórios.

IMPORTÂNCIA DO ARTIGO 344 NO CÓDIGO NACIONAL DE NORMAS

O artigo 344, inserido no Código Nacional de Normas pelo Provimento nº 149/2023 do Conselho Nacional de Justiça (CNJ), é oriundo do Provimento 107 de 2020, replicando o seu artigo 1.º, reforçando a regulação da cobrança dos serviços prestados pelas centrais notariais e registrais, com a imposição da forma de cobrança do serviço ao usuário final.

Este artigo não apenas demarca os limites da legalidade das cobranças realizadas por essas entidades, mas também traduz o compromisso do ordenamento jurídico brasileiro com a proteção dos direitos fundamentais dos cidadãos, em especial o acesso à justiça e aos serviços públicos de forma justa e equitativa.

A relevância do artigo 344 transcende a mera proibição de taxas extras não previstas em lei, refletindo uma concepção de justiça que vê nos serviços notariais e de registro um pilar para a realização dos direitos civis, comerciais e de propriedade. Ao vedar práticas que possam constituir barreiras econômicas ao exercício pleno da cidadania, o artigo em questão reafirma o papel do Estado como garantidor de um sistema registral e notarial eficiente, seguro e, acima de tudo, acessível a todos os segmentos da sociedade.

Assim, a importância do artigo 344 reside não apenas em seu caráter normativo específico, mas também em seu valor simbólico como expressão dos princípios de igualdade, eficiência e justiça social que devem orientar a prestação de serviços públicos essenciais no Brasil.

OBJETIVOS DO ARTIGO 344 DO CNN

O artigo 344 do Código Nacional de Normas, embutido no Provimento nº 149/2023 do Conselho Nacional de Justiça (CNJ), almeja a instituição de um marco regulatório robusto, que assegure a transparência e a equidade nas relações entre os cidadãos e as centrais notariais e registrais.

O dispositivo legal, ao proibir a cobrança de valores adicionais sem previsão legal expressa, visa não apenas proteger o usuário de práticas tarifárias abusivas, mas também reforçar os pilares de acesso à justiça e aos serviços públicos essenciais. Os objetivos subjacentes a essa disposição normativa refletem uma preocupação profunda com a democratização do acesso aos serviços notariais e registrais, considerados fundamentais para a segurança jurídica e a ordem social.

Por meio dessa proibição, busca-se garantir que a utilização desses serviços não se converta em um privilégio acessível apenas àqueles capazes de suportar o ônus financeiro, mas sim em um direito universalmente garantido.

O artigo 344 do CNN emerge como uma expressão concreta do compromisso do CNJ com a justiça, a igualdade e a eficiência administrativa, estabelecendo diretrizes claras para a atuação das centrais notariais e registrais de modo a alinhar suas práticas às expectativas de uma sociedade que valoriza a transparência, a responsabilidade e a justiça social no provimento de serviços públicos.

O SISTEMA DE REGISTROS PÚBLICOS NO BRASIL

O sistema de registros públicos no Brasil, pilar fundamental para a consolidação da segurança jurídica e o desenvolvimento socioeconômico, opera como uma rede complexa e multifacetada de atos notariais e de registro.

Essencial para a formalização de relações jurídicas, esse sistema abrange desde o registro de nascimento, passando pelo casamento e óbito, até registros de propriedades, documentos e empresas, garantindo a publicidade, autenticidade, segurança e eficácia dos atos jurídicos. A evolução desse sistema reflete a trajetória histórica e as transformações sociais do país, adaptando-se continuamente às demandas por maior acessibilidade e eficiência.

A introdução do art. 344 pelo Provimento nº 149/2023 do CNJ marca um momento de inflexão nessa evolução, ao reafirmar o compromisso com a garantia de que o acesso aos serviços essenciais de registro e notariais não deve ser impedido ou dificultado por ônus financeiros relativos ao sistema.

Este dispositivo legal insere-se no contexto de modernização e democratização do acesso aos serviços públicos, visando a eliminar barreiras econômicas que possam comprometer o pleno exercício da cidadania e a efetivação de direitos.

Ao analisar o sistema de registros públicos sob a ótica do art. 344, reconhecemos a sua capacidade de promover não apenas a segurança jurídica, mas também a inclusão social e econômica, refletindo a essência de um Estado Democrático de Direito que zela pela igualdade de acesso aos seus serviços, consolidando assim uma sociedade mais justa e equânime.

EVOLUÇÃO HISTÓRICA DAS CENTRAIS ELETRÔNICAS

A evolução histórica do sistema de registros públicos no Brasil é uma narrativa rica e multifacetada, que espelha as transformações sociais, políticas e econômicas vivenciadas pelo país ao longo de seus séculos de história.

Desde os primeiros registros paroquiais na época colonial, passando pela instituição dos primeiros cartórios no período imperial, até a modernização e digitalização iniciadas no final do século XX e intensificadas no século XXI, cada etapa reflete um avanço na forma como a sociedade brasileira compreende e valoriza a importância dos registros públicos.

A modernização das formalidades registrais foi inevitável e a Lei nº 14.382/22 representou um importante passe nesse sentido conforme leciona Kümpell (2023, p. 507), com a necessidade de integrar os serviços de registros de todo o Brasil, foi autorizado pelo CNJ a criação das Centrais com o objetivo de intermediar o acesso às informações, enviando e recebendo dados para análise e emissão de certidões, em que os dois lados do serviço recebiam e a Central cobrava pelo uso dessa facilidade.

Esse formato fez com que os custos fossem diminuídos para o usuário, pois um morador de São Paulo não precisava mais ir à sua cidade de registro para conseguir uma certidão de nascimento, ou mesmo fazer uma busca no cartório de imóveis de uma matrícula de qualquer lugar do Brasil, muito menos gastar com envio de documentos pelos Correios para registar no Cartório de Títulos e Documentos e Pessoas Jurídicas, já que pagaria o serviço pela Central Nacional.

Diante de algumas cobranças indevidas e reclamação na Corregedoria foi criado o Provimento nº 107 de 2020, onde se vedava a cobrança de taxas não definidas pela Lei de emolumentos estadual.

Para melhor organizar as Centrais Nacionais foi definida, na Lei nº 14.382/22, a criação da SERP, Serviço Eletrônico de Registros Públicos, com o objetivo de viabilizar os atos de registros públicos por meio eletrônico. Como uma associação máxima do setor, passou a englobar as Centrais de Registro Civil das Pessoas Naturais (CRC), das Pessoas Jurídicas (Central RTDPJ Brasil) e de Imóveis (Registradores ONR), todas anteriormente autorizadas por Provimentos do CNJ.

Com a necessidade de regulamentação o CNJ emanou o Provimento nº 139 de 2023, organizando o Operador Nacional do Sistema Eletrônico de Registros Públicos (ONSERP), bem como a sua forma de manutenção por meio do Fundo para a Implementação e Custeio do Sistema Eletrônico de Registros Públicos (FIC-ONSERP).

Em seu art. 8.º o referido provimento estabeleceu as rendas do ON-RCPN e do ON-RTDPJ que, segundo Loureiro[1] não se constitui em termo adequado pois renda corresponde a aumento patrimonial e, nesse caso, não poderia ser incluído na base de cálculo as indenizações recebidas dos fundos legais.

E, depois desta evolução, no Provimento nº 149, reforçou o já determinado no provimento 107, de vedação de cobrança de taxas, pelo uso da Central Nacional, sem autorização legislativa de emolumentos no estado de prestação do serviço.

Ocorre que a modalidade de cobrança de custeio, FIC-ONSERP, não cobra mais do usuário pelo uso e sim pelo faturamento global da serventia, na totalidade de serviço prestado, mesmo que não tenha usado o serviço da Central (SERP), criando uma despesa, uma ordem administrativa de pagamento, sem base legislativa de criação estadual de emolumento repassado, mas tendo a sua base de cálculo feita por Provimento do CNJ, justamente o que é vedado pelo citado art. 344 do Provimento nº 149, atual Código Nacional de Normas.

Ao proibir a cobrança de valores adicionais sem previsão legal, este artigo representa um passo significativo na direção de um sistema de registros mais acessível e justo, alinhado aos princípios de igualdade e dignidade humana que são pilares do ordenamento jurídico brasileiro e da própria sociedade.

É de suma importância no assunto tratado que as centrais eletrônicas não estão restritas ao campo registral. O notariado conta, nos Tabelionatos de Notas, com e-Notariado e a matrícula notarial eletrônica e nos tabelionatos de protesto com o CENPROT, ambos representativos do avanço tecnológico sobre a atividade. Trata-se em ambos os casos de um significativo avanço na desburocratização e na racionalização do trabalho segundo.[2].

ANÁLISE CRÍTICA DO ARTIGO 344 DO PROVIMENTO Nº 149/2023

A análise do artigo 344 do Provimento nº 149/2023, emitido pelo Conselho Nacional de Justiça (CNJ), requer uma abordagem que considere tanto o contexto jurídico no

---

1. LOUREIRO, Luiz Guilherme. Registros Públicos: Teoria e Prática. 12. ed. rev., atual. e ampl. São Paulo. JusPodivm, 2023, p. 163.

2. RODRIGUES, Marcelo. Tratado de Registros Públicos e Direito Notarial. 3. ed. rev. ampl. e atual. Salvador: JusPodivm, 2021, p. 877.

qual se insere quanto às implicações práticas decorrentes de sua aplicação. Este artigo estabelece uma diretriz clara contra a cobrança de valores adicionais ao usuário final por serviços prestados pelas centrais notariais e registrais sem previsão legal específica, coadunando com os princípios constitucionais e legislativos.

Em artigo publicado no CONPEDI,[3] os autores demonstram a origem do Provimento nº 107 do CNJ, suas críticas, aplicabilidade e consequências, trazendo o detalhamento do limite normativo do CNJ e seu poder regulatório administrativo.

O estudo demonstra a possibilidade de atos normativos de regulação da norma, ou seja, a legalidade de sua expedição e de determinar a vedação de cobrança sem lei.

O detalhe é que a autorização para emitir normas para as serventias extrajudiciais se encontra tão somente no Regimento Interno do CNJ, sem base normativa federal ou Constitucional, mas em nada afeta o art. 344, por se tratar de uma norma de repetição de Lei Federal de Emolumentos, nº 10.169/2000.

A análise normativa também seu deu no artigo publicado na revista Pensar,[4] quando os autores analisam de forma indutiva a regulação, por meio de provimento do CNJ, as relações privadas, aqui como o direito ao acesso ao uso do serviço das serventias, pela modalidade eletrônica, ou seja, a distância.

Em ambos os artigos, é possível verificar o poder regulatório, do CNJ, por meio de provimentos, desde que não afetem a norma federal existente.

O Provimento nº 149/2023 insere-se em um contexto de crescente digitalização dos serviços notariais e registrais ao incorporar o Provimento nº 139/23 do CNJ, visando a facilitação do acesso a estes serviços pela população e a agilização de procedimentos. A norma surge como resposta à necessidade de regulamentar a cobrança de taxas por serviços digitais por meio de atos normativos estaduais, como forma de repasse autorizado aos emolumentos, assegurando que a implementação tecnológica não se converta em um ônus para o cidadão. O referido movimento reflete o compromisso do CNJ com a promoção da eficiência administrativa e o acesso democrático aos serviços públicos essenciais, alinhando-se com o objetivo de modernização e desburocratização do sistema de justiça.

Diante da cobrança de uso pela central vedado, salvo permissivo legal estadual, algumas leis surgiram, na ocasião do Provimento nº 107 do CNJ, origem replicada do atual art. 344, do CNN, como no Estado do Pará, com a Lei nº 9.132/2020, a qual expõe o uso facultativo da central eletrônica, com seu custo pelo uso repassado ao usuário do serviço.

---

3. TEIXEIRA. Ricardo. DIAS, Jean. *A (In)Validade do Provimento 107 Do CNJ segundo Joseph Raz*. Filosofia do direito e Cátedra Luís Alberto Warat [Recurso eletrônico on-line] organização CONPEDI, 2020, p. 6-25.

4. POMJÉ, Caroline. FLEISCHMANN, Simone T. Cardoso. Critérios de legalidade constitucional para a função normativa do Conselho Nacional de Justiça: exemplo do direito de família. *Pensar Revista de Ciências Jurídicas*, Fortaleza, v. 25, n. 2, p. 1-14, abr./jun. 2020.

A Lei nº 8.935/94, em seu art. 42-A, afirma o seguinte:

> Art. 42-A. As centrais de serviços eletrônicos, geridas por entidade representativa da atividade notarial e de registro para acessibilidade digital a serviços e maior publicidade, sistematização e tratamento digital de dados e informações inerentes às atribuições delegadas, poderão fixar preços e gratuidades pelos serviços de natureza complementar que prestam e disponibilizam aos seus usuários de forma facultativa. (Incluído pela Lei nº 14.206, de 2021)

Trata-se de um artigo criado e incluído pela Lei nº 14.206/2021, pensado para manter as centrais eletrônicas, em contraponto ao Provimento nº 107, do CNJ, justamente para poder fixar valores e cobrar dos usuários pelo serviço, além dos emolumentos pagos aos Cartórios.

O artigo 344 do Provimento nº 149/2023 simboliza um avanço significativo na regulamentação administrativa dos serviços notariais e registrais no Brasil, alinhando-se aos princípios de legalidade, justiça, equidade e transparência, fazendo com que fossem normatizados, pelo Congresso Nacional e Assembleias Legislativas Estaduais as normas corretas autorizativas de criação de cobranças e repasses dos valores aos usuários da Central, o verdadeiro consumidor do serviço público delegado. A sua análise revela não apenas sua relevância jurídica, mas também seu potencial para impactar positivamente a sociedade, ao garantir que a modernização dos serviços notariais e registrais ocorra de maneira inclusiva e acessível a todos os cidadãos, reafirmando o compromisso do CNJ com a promoção de um sistema de justiça eficiente, transparente e justo.

DISPOSIÇÕES LEGAIS E REGULAMENTARES

A inserção do artigo 344 no Provimento nº 149/2023 pelo Conselho Nacional de Justiça (CNJ) não ocorre em um vácuo, mas sim dentro de um quadro amplo de disposições legais e regulamentares que moldam o sistema de registros públicos e notariais no Brasil. A normativa é uma resposta direta às exigências contemporâneas por uma maior democratização do acesso aos serviços jurídicos e à justiça, bem como à necessidade de transparência nas cobranças realizadas por serviços públicos essenciais.

O sistema de registros públicos e notariais no Brasil é regido por um conjunto de leis que estabelecem as bases para o funcionamento dos cartórios e a prestação de serviços notariais e de registro. A Lei de Registros Públicos (Lei nº 6.015/1973) estabelece as diretrizes gerais para os registros civis das pessoas naturais, de imóveis, e demais atos registráveis. A lei é complementada por uma série de normativas e provimentos do CNJ, que visam atualizar e adaptar o sistema registral às novas realidades e tecnologias.

A introdução do Operador Nacional Sistema Eletrônico de Registro Público (ON-SERP) e seus sistemas integrantes (ON-RCPN, ON-RTDPJ, ONR) são exemplos de como as disposições regulamentares buscam integrar as inovações tecnológicas ao sistema de registros, visando aumentar a eficiência e acessibilidade dos serviços.

O citado Provimento nº 149/23, onde consta o art. 344, do CNN, é baseado no regimento interno do CNJ, conforme demonstrado no artigo de Teixeira e Dias[5] ao citar a origem do Conselho Nacional de Justiça, na CRFB-88, e seu objetivo, cabendo regular o Poder Judiciário, de forma administrativa, tendo sido incluído, no Regimento Interno, desde mesmo órgão superior, a possibilidade de regulamentar e normatizar as serventias extrajudiciais.

Diante da norma federal citada (art. 42-A, 8.935/94), bem como de algumas estaduais, como a existente no Estado do Pará, acima citada, vê-se como uma norma administrativa que força a melhor organização de emolumentos e cobrança de serviços, porém um pouco esvaziada, neste momento regulatório, com as normas existentes e autorizadoras do repasse pelo uso das Centrais Eletrônicas.

OS PRINCÍPIOS DA GRATUIDADE E TRANSPARÊNCIA

Os Princípios da Gratuidade e Transparência ocupam uma posição central na concepção do acesso à justiça e aos serviços públicos, especialmente no que tange aos serviços prestados pelas centrais notariais e registrais. Estes princípios, fundamentalmente arraigados no ordenamento jurídico brasileiro, são uma manifestação do compromisso do Estado com a garantia de que os direitos civis sejam exercidos sem barreiras econômicas que possam impedir ou limitar o acesso dos cidadãos a serviços essenciais. A introdução do art. 344 pelo Provimento nº 149/2023 do CNJ é emblemática dessa visão, ao estabelecer um marco regulatório que veda a cobrança de taxas adicionais sem previsão legal, reforçando assim os pilares da gratuidade e da transparência como elementos indissociáveis da justiça e da equidade.

A transparência, por sua vez, não se limita à clareza nas cobranças, mas se estende à necessidade de que todos os procedimentos, custos e serviços oferecidos sejam comunicados de forma compreensível e acessível, permitindo aos cidadãos uma plena compreensão de seus direitos e obrigações. Essa exigência de clareza e abertura fortalece a confiança pública nas instituições, promovendo uma maior participação cívica e um efetivo controle social sobre as atividades notariais e de registro.

Nesse contexto, o princípio da gratuidade não implica a ausência total de custos para a prestação de serviços públicos, mas sim a proibição de tarifas que não sejam estritamente necessárias e proporcionais, asseguradas por lei, como já definido no art. 42-A, da Lei nº 8.935/94, para a manutenção dos serviços prestados. Dessa forma, a gratuidade e a transparência emergem não apenas como diretrizes éticas, mas como verdadeiros instrumentos de democratização do acesso à justiça e aos serviços notariais e registrais, garantindo que tais serviços cumpram sua função social sem onerar indevidamente o cidadão.

---

5. TEIXEIRA. Ricardo. DIAS, Jean. *A (In)Validade do Provimento 107 Do CNJ segundo Joseph Raz*. Filosofia do direito e Cátedra Luís Alberto Warat [Recurso eletrônico on-line] organização CONPEDI, 2020, p. 6-25.

Portanto, o art. 344 do Provimento nº 149/2023 do CNJ, ao promover o princípio da gratuidade e transparência, reflete um esforço normativo de assegurar que a modernização e expansão dos serviços notariais e registrais sejam conduzidas de maneira a respeitar e promover os direitos fundamentais dos cidadãos, consolidando um sistema de registros mais justo, acessível e alinhado com os ideais de equidade e justiça social que fundamentam o ordenamento jurídico brasileiro.

IMPLICAÇÕES PARA OS SERVIÇOS NOTARIAIS E REGISTRAIS

A Lei de Emolumentos, reguladora da norma constitucional autorizadora da cobrança pelos serviços delegados, nº 10.169/2000, bem como o tratamento dado, por meio de decisão do Pleno do Supremo Tribunal Federal em ADI 1.378/95,[6] em que uma norma dos Estados da Federação deve criar os emolumentos, conforme uma sistemática, os quais são tratadas como lei tributária, da espécie taxa. E, por assim serem, possuem tratamento baseado no Código Tributário Nacional.

Assim, quando o art. 344, do CNN, originado pelo Provimento nº 107, do CNJ, surgiu, foi para reforçar a forma de cobrança, sempre por lei, para impossibilitar qualquer tipo de cobrança, pelos cartórios, que não estivessem em alguma tabela legal, autorizada por lei.

Desta feita, as implicações para os serviços notariais e registrais são multifacetadas, abrangendo desde a reestruturação de suas tabelas, caso não estivessem no formato autorizado por lei, com necessidade de revisão, bem como de procedimentos internos para assegurar a conformidade com os princípios de justiça e transparência, ditados pelo ordenamento jurídico brasileiro.

Este novo paradigma instaura não apenas uma mudança operacional, mas também uma transformação na cultura organizacional das centrais notariais e registrais, que são chamadas a reforçar seu compromisso com o serviço público. A necessidade de adaptação a essas diretrizes, iniciado pelo art. 42-A, da Lei nº 8.935/94, coloca em relevo a importância de uma gestão focada na eficiência e na clareza, promovendo uma

---

6. BRASIL. Supremo Tribunal Federal. Ementário nº 1871-02 DJ 30.05.1997. Tribunal Pleno. Relato: Min. Celso de Mello. Ementa: Ação direta de inconstitucionalidade – custas judiciais e emolumentos extrajudiciais – natureza tributária (taxa) – destinação parcial dos recursos oriundos da arrecadação desses valores a instituições privadas – inadmissibilidade vinculação desses mesmos recursos ao custeio de atividades diversas daquelas cujo exercício justificou a instituição das espécies tributárias em referência – descaracterização da função constitucional da taxa – relevância jurídica do pedido – medida liminar deferida. Natureza jurídica das custas judiciais e dos emolumentos extrajudiciais. A jurisprudência do Supremo Tribunal Federal firmou orientação no sentido de que as custas judiciais e os emolumentos concernentes aos serviços notariais e registrais possuem natureza tributária, qualificando-se como taxas remuneratórias de serviços públicos, sujeitando-se, em consequência, quer no que concerne à sua instituição e majoração, quer no que se refere a sua exigibilidade, ao regime jurídico-constitucional pertinente a essa especial modalidade de tributo vinculado, notadamente aos princípios fundamentais que proclamam, dentre outras, as garantias essenciais (a) da reserva de competência impositiva, (b) da legalidade, (c) da isonomia e (d) da anterioridade. Precedentes. Doutrina.

maior acessibilidade dos serviços à população. Ademais, a implementação do artigo 344, iniciado por meio do Provimento nº 107, do CNJ, desencadeia um processo de maior *accountability* e de fortalecimento da confiança pública nessas entidades, ao garantir que os serviços notariais e de registro sejam prestados de forma justa, sem imposição de ônus financeiros indevidos ao cidadão.

Além disso, o tratamento estabelecido pelo CNJ estimulou ainda a melhor organização das centrais notariais e registrais, com a criação do Operador Nacional do Sistema Eletrônico de Registros Públicos (ON-SERP) a investirem em inovação e tecnologia como meios de otimizar seus serviços, facilitando o acesso pelo usuário.

Portanto, o artigo 344 do Provimento nº 149/2023 reflete uma visão progressista do CNJ sobre a função social das centrais notariais e registrais, reconhecendo-as como pilares essenciais para a segurança jurídica e o exercício da cidadania no Brasil. Através desta normativa, desdobra-se uma nova era para os serviços notariais e de registro, marcada por uma gestão transparente, equitativa e focada no bem-estar social, estabelecendo um modelo de atuação que deverá ser um referencial de boas práticas para todo o sistema de justiça.

IMPACTOS DO ARTIGO 344 NAS CENTRAIS NOTARIAIS E REGISTRAIS

O art. 344, do CNN, já nasceu superado, mas serve de base para as normas futuras e ainda como um contrassenso ao Provimento nº 159 do CNJ, o qual trata da instituição do Fundo de Implementação e Custeio do Sistema Eletrônico dos Registros Públicos – FIC-ONSERP.

Neste contexto, o CNJ determina que só poderá cobrar algum valor do usuário se for autorizado por lei e, ao mesmo tempo, determina aos delegatários o pagamento de um valor, impositivo, sem qualquer facultatividade, baseando esse pagamento no percentual de 1,5% (um vírgula cinco porcento) do faturamento total serventia, considerando os serviços da mesma especialidade da Central, abatido as despesas tributárias legais direta, mesmo que não use a Central Eletrônica, incluindo os ressarcimentos de gratuidade na soma do todo.

O impacto do art. 344, do CNN, pode e deve ser aplicado também à forma de cobrança do FIC-ONSERP, já que os emolumentos são taxas, as quais devem ser respeitadas a sua legalidade de instituição e cobrança do delegatário, seguindo os princípios constitucionais tributários de legalidade, taxatividade, além de obedecer ao art. 28, da Lei nº 8.935/94, o qual afirma que o delegatário tem direito a receber a integralidade de seus emolumentos, e a decisão do STF, acima citada, a qual determina que as despesas pagas pelos delegatários deve ser definida por lei, por se tratar de uma taxa de um serviço público delegado.

No mesmo sentido, de haver necessidade de lei determinando o pagamento de taxas para outras entidades, que não seja o Poder Judiciário, mas a ele ligada diretamente ou ao serviço, como no caso da Central Eletrônica Nacional, escreveu Belluzzo e Silveira,[7] quando citam decisão do STF em que decide ser constitucional o repasse de parte dos emolumentos ao órgão do Poder Judiciário ou auxiliar da Justiça, que no caso é o órgão do Ministério Público do Estado do Rio Grande do Norte, confirmando a legalidade da norma de cobrança de taxa, por considerar que se trata de efeito fiscalizatório o seu pagamento, mesmo que seja para fins de reaparelhamento do órgão.[8]

O mesmo impacto criado pelo art. 344, do CNN, aplicável ao usuário dos serviços cartorários também deveria ser sentido pelos delegatários, titulares, interinos ou interventores da serventia, pois o sentido da legalidade da taxa é aplicável tanto ao titular quanto ao usuário do serviço público delegado ao particular.

Além disso, a implementação do artigo 344 deve ser visto, também pelo titular da serventia, como uma maneira de fomentar um ambiente de maior legalidade na cobrança de taxas pelo uso das centrais notariais e registrais, bem como pelos seus usuários dos serviços, construindo uma base sólida para o fortalecimento das relações civis e comerciais no país. Esse novo paradigma, centrado na equidade e na transparência, desafia as centrais a repensarem não apenas suas políticas de cobrança, mas também seu papel como pilares da segurança jurídica e da promoção dos direitos civis.

Portanto, o artigo 344, do Provimento nº 149/2023, deve ser lido em conjunto com o Provimento nº 159/2023, do CNJ, para representar uma evolução significativa no direito notarial e registral, marcando um passo importante em direção a um sistema mais justo, acessível e transparente. Este desenvolvimento não apenas alinha o Brasil com as melhores práticas internacionais em termos de gestão de serviços notariais e

---

7. BELLUZZO, Moema Locatelli; SILVEIRA, Ricardo Geraldo Rezende. Os emolumentos extrajudiciais e a inconstitucionalidade dos repasses a entidades alheias ao poder judiciário. *IRIB – Instituto de Registro Imobiliário do Brasil*. Disponível em: https://www.irib.org.br/app/webroot/files/downloads/files/ARTIGO%20INCOST%20REPASSES%20EMOL.pdf. Acesso em: 16 fev. 2024.

8. BRASIL. Supremo Tribunal Federal. Ementa: Ação Direta de Inconstitucionalidade. Inciso V do art. 28 da Lei Complementar 166/99 do Estado do Rio Grande do Norte. Taxa instituída sobre as atividades notariais e de registro. Produto da arrecadação destinado ao fundo de reaparelhamento do ministério público. 1. O Supremo Tribunal Federal vem admitindo a incidência de taxa sobre as atividades notariais e de registro, tendo por base de cálculo os emolumentos que são cobrados pelos titulares das serventias como pagamento do trabalho que eles prestam aos tomadores dos serviços cartorários. Tributo gerado em razão do exercício do poder de polícia que assiste aos Estados-membros, notadamente no plano da vigilância, orientação e correção da atividade em causa, nos termos do § 1.º do art. 236 da Constituição Federal. 2. O inciso V do art. 28 da Lei Complementar 166/99 do Estado do Rio Grande do Norte criou a taxa em razão do poder de polícia. Pelo que não incide a vedação do inciso IV do art. 167 da Carta Magna, que recai apenas sobre os impostos. 3. O produto da arrecadação de taxa de polícia sobre as atividades notariais e de registro não está restrito ao reaparelhamento do Poder Judiciário, mas ao aperfeiçoamento da jurisdição. E o Ministério Público é aparelho genuinamente estatal ou de existência necessária, unidade de serviço que se inscreve no rol daquelas que desempenham função essencial à jurisdição (art. 127, caput, da CF/88). Logo, bem aparelhar o Ministério Público é servir ao desígnio constitucional de aperfeiçoar a própria jurisdição como atividade básica do Estado e função específica do Poder Judiciário. 4. Ação direta que se julga improcedente (ADI 3028, Relator(a): Marco Aurélio, Relator(a) p/ Acórdão: Ayres Britto, Tribunal Pleno, julgado em 26.05.2010, DJe-120 divulg 30.06.2010 public 1º.07.2010 ement vol-02408-01 pp-00173 LEXSTF v. 32, n. 380, 2010, p. 42-75).

registrais, mas também reafirma o compromisso do país com os princípios democráticos de igualdade e acesso à justiça para todos os cidadãos.

ACESSO E CUSTO DOS SERVIÇOS

No âmago da promulgação do artigo 344 pelo Provimento nº 149/2023 do Conselho Nacional de Justiça (CNJ) jaz a intenção inequívoca de democratizar o acesso aos serviços notariais e registrais, removendo barreiras econômicas que possam obstar o pleno exercício dos direitos civis pelos cidadãos. O art. 42-A, da Lei nº 8.935/94, reforça exatamente isso, ao determinar na lei que "(...) poderão fixar preços e gratuidades pelos serviços de natureza complementar que prestam e disponibilizam aos seus usuários de forma facultativa (...)", ou seja, é acessível aos usuários interessados no serviço, de forma facultativa, em serviços complementares, pois o usuário pode ir direto ao cartório de origem para executar o mesmo serviço ou, se assim desejar, aproveitar a facilidade do serviço eletrônico, pela comodidade digital de acesso pela rede mundial de computadores, e pagar pelo mesmo serviço, de forma eletrônica, pagando pelo seu uso individual, os valores direto ao cartório e o valor para a Central Eletrônica Nacional.

Esse custo de acesso facultativo não pode impedir a realização do serviço, de forma digital, devendo ter seu valor módico, justamente por ser um facilitador operacional, mas também deve conseguir manter seu custo operacional, tendo em vista que se trata de uma associação sem finalidades lucrativas, conforme dispõe o art. 2.º, do Provimento 139/23, revogado e incluído no Provimento nº 149/23, no art. 212.

Então, a leitura deve ser feita por dois lados, pelo usuário do serviço, bem como prestador do serviço, que neste caso envolve o cartório de origem, a central de serviços, e o cartório de destino, materializador do serviço a ser entregue ao usuário, como no caso de uma certidão de nascimento, em segunda via, pedido pela Central Nacional, CRC, agora ON-RCPN, em que se expede na capital de São Paulo o documento, de origem de uma cidade no Norte do Brasil, sem ter que gastar com correspondência pelos Correios ou passagem de avião para ir pegar o documento na fonte.

Este artigo normativo é emblemático de um esforço maior para assegurar que o custo dos serviços notariais e registrais, essenciais para a vida civil e comercial, não se torne um impedimento à realização de atos jurídicos fundamentais, tais como o registro de nascimento, casamento, óbitos, propriedades, entre outros. A previsão legal estipulada no artigo 344 sublinha uma política de acessibilidade e transparência, garantindo que os custos associados a tais serviços sejam justos, proporcionais e, sobretudo, claros para todos os usuários.

O novo paradigma representa uma mudança significativa na forma como os serviços notariais e registrais são percebidos e acessados pela população, instaurando um cenário em que o acesso à justiça e aos serviços públicos se fazem de forma facilitada, por meio eletrônico, com pagamento de uma taxa autorizada por lei.

A relevância do acesso e do custo dos serviços para os usuários, no contexto do artigo 344, transcende a mera questão econômica, tocando no cerne do direito fundamental de acesso à justiça. Este artigo normativo serve como um lembrete da obrigação do Estado e das instituições de serviço público em facilitar, e não obstruir, o caminho dos cidadãos na busca por seus direitos e na realização de seus deveres legais. Assim, o artigo 344 não apenas redefine o custo financeiro associado aos serviços notariais e registrais, mas também reafirma o valor intrínseco da justiça e da equidade como pilares de uma sociedade democrática, assegurando que tais serviços sirvam ao propósito maior de fortalecer a cidadania e a ordem social.

PROTEÇÃO CONTRA COBRANÇAS INDEVIDAS

No contexto jurídico brasileiro, os serviços notariais e de registro são essenciais para a garantia da segurança jurídica e do tráfego jurídico, envolvendo atos como registros de imóveis, certidões de nascimento, casamento, óbito, entre outros. Contudo, a questão do custo desses serviços tem sido motivo de preocupação, uma vez que taxas abusivas ou não previstas legalmente podem constituir uma barreira ao acesso a direitos. Nesse sentido, o artigo 344 emerge como uma ferramenta de proteção ao usuário, impedindo a imposição de custos adicionais que não sejam estritamente necessários e legalmente fundamentados.

O problema se encontra quando o usuário procura o serviço por meio de despachantes eletrônicos, digitais, em site, os quais irão realizar o serviço diretamente no cartório ou mesmo na Central Eletrônica Nacional, respectiva, cobrando o seu preço de despacho, intermediação, pois a esse o art. 344, do CNN, não se aplica, por não ser o real prestador do serviço público delegado, mas sim um terceiro intermediador do serviço.

Quando se busca o serviço direto na serventia extrajudicial, tem-se o usuário a realizar seu pedido de forma direta, o qual poderá usar a Central Nacional, por meio do cartório, ou diretamente de sua residência, cabendo a este a aplicação do art. 344, do CNN.

Essa diferença é até normativa, pois muda até a forma de chamar o cliente, pois na serventia se chama usuário, por estar usando do serviço público, já no despachante é o consumidor, pois ele teve a opção de escolher alguém para ir em busca do serviço por ele, tanto que nesse segundo caso se aplica a Lei de Defesa do Consumidor.

A proteção contra cobranças indevidas, garantida pelo artigo 344, têm implicações diretas na relação entre os prestadores de serviços notariais e registrais e os cidadãos. Esta disposição assegura que os usuários estejam protegidos contra a prática de cobranças ocultas ou surpresas financeiras no momento da solicitação de serviços essenciais, tanto que a tabela é obrigatoriamente exposta na serventia e no site. Além disso, promove uma maior transparência nas relações comerciais, exigindo que quaisquer taxas sejam claramente especificadas e justificadas à luz da legislação vigente.

Em suma, o artigo 344 do Código Nacional de Normas do Conselho Nacional de Justiça é uma expressão concreta do compromisso com a proteção dos usuários contra cobranças indevidas, reforçando a importância da legalidade, transparência e justiça na prestação de serviços notariais e registrais, mas não em caso de intermediação do serviço por um particular contratado para executar o serviço no cartório ou na Central Eletrônica. A normativa não somente protege os cidadãos de encargos financeiros não autorizados, mas também contribui para a construção de um ambiente de maior confiança e segurança jurídica, elementos fundamentais para o desenvolvimento social e econômico do país.

PARA OS CARTÓRIOS

O artigo 344, do Provimento nº 149/2023 do Conselho Nacional de Justiça (CNJ), veda a cobrança de valores adicionais ao usuário final por serviços prestados, sem previsão legal.

Diante da norma federal, do art. 42-A, da Lei nº 8.935/94, autorizando a cobrança e repasse de seu valor ao usuário final, deve-se fazer uma releitura do artigo 344, do CNN, como efeito prático da normativa, nos custos operacionais, pelo uso da Central Eletrônica, da seguinte maneira: se a Central é de uso facultativo pelo usuário, mas obrigatório o cadastramento pelo delegatário; se a Central pode criar seus valores e cobrar dos usuários finais; se o valor deve ser por lei, dentro do emolumento; se a ON-SERP foi criada por lei, mas seu valor foi criado por provimento, autorizado por lei, então, a cobrança do FIC-ONSERP, feita pelo CNJ, Provimento 159, é válida ou não?

A regulamentação introduzida pelo CNJ serve como um lembrete da missão fundamental dos cartórios enquanto instituições de serviço público, cuja operação deve estar em harmonia com o interesse público e os direitos fundamentais dos cidadãos, bem como pautada também na associação gestora do Operador Nacional do Sistema Eletrônico de Registros Públicos (ONSERP).

Em um plano mais amplo, o artigo 344 pode ser visto como um catalisador para inovação e modernização no setor notarial e de registro, não só na serventia delegada, mas também na Central Nacional de uso facultativo pelo usuário. Encorajados pela nova regulamentação, os cartórios estão diante da oportunidade de revisar processos, adotar novas tecnologias e buscar eficiências que não somente atendam às exigências legais, mas que também melhorem a qualidade e a agilidade dos serviços prestados à população. Essa transformação, embora desafiadora, é também uma via para fortalecer a imagem e a confiança pública nos cartórios, destacando seu papel essencial na garantia da segurança jurídica e no suporte ao exercício da cidadania.

A implementação do artigo 344, neste momento, passa a ser visto com dois lados distintos, o do usuário final do serviço e o do prestador do serviço, logo representa, portanto, um convite à reflexão e ao crescimento para os cartórios e da Central Eletrônica. Ao navegarem por este novo contexto regulatório, estes são chamados a reafirmar seu valor e relevância social, não como meros executores de serviços tarifados, mas como pilares essenciais de justiça, equidade e acesso no tecido social brasileiro. A adaptação a estas normativas, longe de ser um ônus, emerge como uma oportunidade para os cartórios reforçarem seu compromisso com a sociedade, evidenciando que o verdadeiro valor dos serviços notariais e de registro reside na sua capacidade de servir ao público com integridade, transparência e eficácia.

DESAFIOS OPERACIONAIS

O Operador Nacional do Sistema Eletrônico de Registros Públicos – ON-SERP não funciona só, nem tem autonomia para operar sem base de dados, os quais são todos fornecidos pelas serventias afiliadas ao sistema, o qual é de interligação obrigatória, nos termos do art. 211, do CNN, logo, deverá haver uma reestruturação interna, acompanhada de uma mudança cultural que alinhe suas operações aos princípios de equidade e acessibilidade.

Um dos principais desafios enfrentados diz respeito à readequação das estruturas de custo, em decorrência da necessidade de digitalização documental e digitação de dados no sistema da serventia para ser remetido para a Central Nacional, controlada por cada operador (ONR, ONRCPN, ONRTDPJ). Os cartórios devem agora assegurar que todas as taxas cobradas estejam claramente fundamentadas na legislação, o que pode implicar a necessidade de revisar e justificar minuciosamente cada item cobrado. Esta tarefa não é trivial, considerando a complexidade dos serviços oferecidos e a diversidade de atos notariais e de registro praticados. Neste item se inclui as taxas cobradas da ONSERP diretamente da serventia, como o FIC-ONSERP de 1,5% (um vírgula cinco por cento) do faturamento total, mesmo que a Central não tenha sido usado no mês, sem esse valor pago mensalmente, iniciando com janeiro de 2024.

Outro desafio operacional relevante é a incorporação de tecnologias e processos que permitam uma gestão mais eficiente e uma melhor experiência ao usuário. A digitalização dos serviços, por exemplo, apresenta-se como uma oportunidade para os cartórios expandirem o acesso aos seus serviços, reduzindo custos operacionais e aumentando a satisfação dos usuários. Contudo, a implementação de soluções tecnológicas demanda investimentos significativos, além de capacitação e adaptação por parte dos profissionais envolvidos. Tudo isso somado a despesa obrigatória de pagamento do FIC-ONSERP, o qual possui também vedação de repasse ao usuário final, até porque ele não se aplica ao serviço em si, mas sobre o todo, conforme afirma o art. 5.º, da Lei 14.382/22.

A necessidade de alinhamento e capacitação constante da equipe é outro aspecto crítico. Os funcionários dos cartórios precisam estar plenamente informados sobre as novas regulamentações e capacitados para aplicá-las no dia a dia, garantindo assim a conformidade com as normas e a satisfação dos usuários. Este processo de capacitação contínua é fundamental para que os cartórios possam navegar com sucesso neste novo ambiente regulatório, mantendo-se fiéis ao seu papel de garantidores da segurança jurídica e da transparência.

Em resumo, a adaptação às normativas que proíbem cobranças adicionais não previstas em lei representa um desafio multidimensional para os cartórios, envolvendo desde a revisão de estruturas tarifárias até a incorporação de inovações tecnológicas e a capacitação de pessoal. Superar esses desafios operacionais não apenas assegurará a conformidade com a legislação, mas também contribuirá para fortalecer a imagem dos cartórios como instituições modernas, eficientes e, sobretudo, comprometidas com os princípios de justiça e serviço público.

Essas adaptações refletem um esforço coletivo dos cartórios brasileiros para se alinharem às expectativas contemporâneas de justiça, acessibilidade e transparência, garantindo que o direito de acesso aos serviços notariais e registrais seja efetivamente promovido e protegido, conforme as diretrizes do Conselho Nacional de Justiça.

UMA PERSPECTIVA CRÍTICA SOBRE A IMPLEMENTAÇÃO DO ART. 344 PARA O SISTEMA JURÍDICO

Inicialmente, é necessário questionar a abordagem restritiva adotada pelo CNJ com o artigo 344 do CNN. Embora a intenção de proteger o usuário seja louvável, a proibição absoluta de cobranças adicionais nos serviços notariais e de registro pode ser interpretada como excessivamente intrusiva e prejudicial ao funcionamento adequado desses estabelecimentos. Ao invés de promover transparência, essa rigidez pode resultar em um impacto negativo na qualidade e na acessibilidade dos serviços, minando o próprio objetivo de proteção ao usuário.

A imposição de uma norma tão rígida inevitavelmente coloca desafios operacionais significativos para os cartórios. Essas instituições, muitas vezes, operam com recursos limitados e precisam ajustar suas tarifas de acordo com as demandas do mercado e os custos associados à prestação de serviços, centralizados por meio da Corregedoria Estadual do Tribunal de Justiça do Estado. A proibição de cobranças adicionais ao serviço, pelo uso da Central Eletrônica Nacional pode comprometer a capacidade dos cartórios de se adaptarem a essas condições variáveis, prejudicando sua sustentabilidade financeira e, consequentemente, a qualidade dos serviços oferecidos.

Além disso, a imposição de regras tão restritivas pelo CNJ pode ser vista como uma interferência na autonomia do Poder Judiciário Estadual, o qual regulamenta os serviços e valores, com o envio de proposta para a Assembleia Legislativa Estadual para apreciação, votação e sanção do Poder Executivo Estadual, sobre as entidades notariais e de registro, posto haver Estados que repassam o custo das taxas ao usuário e em outro não, apenas o ISS. Essas instituições devem ter liberdade para estabelecer suas próprias políticas de cobrança, levando em consideração suas necessidades operacionais locais e as expectativas de seus clientes, tudo em conforme com a Corregedoria Estadual e a Lei de emolumentos estadual.

Diante dessas considerações, seria prudente que o CNJ revisse sua abordagem e considerasse alternativas que equilibrem a proteção do usuário em conformidade com a qualidade do serviço prestado e custeado pelos emolumentos, protegendo também o serviço público delegado, com a necessidade de garantir a viabilidade e a eficiência dos serviços notariais e de registro. Em vez de uma proibição absoluta, poderiam ser implementados mecanismos de controle mais flexíveis, que permitam o repasse da taxa do FIC-ONSERP de forma transparente e justificada, desde que devidamente regulamentadas e fiscalizadas. Isso garantiria a proteção do usuário sem comprometer a capacidade dos cartórios de atenderem às necessidades de seus clientes de forma eficaz. Até porque a maioria das serventias do Brasil, considerando principalmente as especialidades de RCPN, não possuem condições de se manterem sozinhas, sem ajuda de repasse do fundo estadual para ajudar na manutenção e renda mínima.

APERFEIÇOAMENTO DA SEGURANÇA JURÍDICA

As serventias extrajudiciais não possuem liberdade de criação de serviços, nem de especificação de preços, devendo sempre obediência à legalidade do sistema, com repasse de parte do faturamento aos órgãos fiscalizadores e agora para os fundos do sistema de registros eletrônicos, com claro descumprimento do já citado art. 28, da Lei 8.934/95, deixando de ficar com a integralidade dos emolumentos.

Ao adotar uma abordagem de legalidade categórica de controle de emolumentos, bem como da diferença de parâmetro em relação ao FIC, o CNJ estabelece um padrão inflexível que não leva em conta a diversidade de situações regionais, como determina a lei de emolumentos, nº 10.169/2000, e necessidades enfrentadas pelos cartórios em todo o país. Essa rigidez normativa pode levar a problemas estruturais e conflitos de aplicação da lei, criando obstáculos adicionais para a garantia da segurança jurídica.

Além disso, a imposição de custeio do ONSERP pelo delegatário (art. 5.º, da Lei nº 14.382/23), sem poder repassar a taxa para o usuário final, faz com que o usuário que não usou a Central Eletrônica, tenha parte do seu pagamento repassado para a Central Nacional, mesmo que em nada tenha ajudado no serviço da serventia individual.

Em vez de adotar uma abordagem de proibição do art. 344, do CNN, deveria adequar a forma de custeio e redimensionar o FIC-ONSERP, pois se vale para o usuário o controle de legalidade, também deve valer ao delegatário, promovendo um diálogo construtivo entre o CNJ e os cartórios, visando o estabelecimento de diretrizes mais flexíveis e adaptáveis às necessidades específicas de cada contexto local, podendo repassar o percentual do FIC em cada serviço na serventia, respeitando o art. 28, da Lei nº 8.935/94, para poder reverter esse valor ao ONSERP, ou mesmo diluir esse valor em cada serviço utilizado pela Central. Isso poderia ser alcançado por meio da elaboração de regulamentações mais detalhadas, por Lei, e da implementação de mecanismos de supervisão e prestação de contas mais eficazes, que promovam a transparência e a responsabilidade no setor, sem comprometer a autonomia e a eficiência das entidades notariais e de registro.

Em última análise, a busca por segurança jurídica deve ser acompanhada por uma reflexão cuidadosa sobre os impactos práticos e as consequências indesejadas

das medidas adotadas. Uma abordagem mais equilibrada e colaborativa entre o CNJ e os cartórios pode contribuir significativamente para o aperfeiçoamento da segurança jurídica no contexto da prestação de serviços notariais e de registro no Brasil.

PROMOÇÃO DA EFICIÊNCIA NO REGISTRO PÚBLICO

A promoção da eficiência no registro público é uma preocupação central para garantir o acesso rápido e eficaz aos serviços notariais e de registro. É imprescindível verificar o custeio do serviço, em que não há qualquer tipo de subvenção por verbas públicas, sendo custeado totalmente de forma privada e, ainda, com repasse de parte do faturamento aos órgãos fiscalizadores e agora ao fundo da Central Nacional.

A imposição de restrições rígidas somadas à elevação do ônus financeiro, sem contrapartida de faturamento, pode dificultar a modernização e a otimização dos processos de registro, tornando-os mais morosos e burocráticos. A falta de flexibilidade nas práticas regulatórias pode impedir a adoção de soluções inovadoras e tecnológicas que poderiam agilizar e simplificar os procedimentos, prejudicando assim a eficiência do sistema como um todo.

Para promover efetivamente a eficiência no registro público, é essencial fomentar a inovação e a modernização dos serviços oferecidos pelos cartórios. Isso inclui a adoção de tecnologias digitais, como a blockchain, existente na plataforma do Colégio Notarial do Brasil (E-notariado) e a assinatura eletrônica do ICP-Brasil utilizada de forma qualificada no certificado notarizado do CNB, que podem automatizar e agilizar muitos dos processos de registro, reduzindo significativamente o tempo e os recursos necessários para a conclusão das transações.

Além disso, é fundamental promover uma cultura de colaboração e cooperação entre o CNJ, os cartórios e outros 'stakeholders'[9] relevantes. A criação de parcerias estratégicas e o compartilhamento de melhores práticas podem contribuir para o desenvolvimento de soluções mais eficientes e eficazes, que atendam às necessidades e expectativas dos usuários do sistema de registro público.

Em suma, a promoção da eficiência nos registros públicos requer uma abordagem equilibrada e orientada para o futuro, que combine a busca pela segurança jurídica com a promoção da inovação e da modernização e, claro, tudo tem um custo que deve ser incorporado ao serviço melhorado. Ao enfrentar os desafios de forma proativa e colaborativa, se torna possível construir um sistema de registros públicos mais eficiente, acessível e responsivo às necessidades da sociedade.

---

9. Stakeholders são todas as pessoas, empresas ou instituições que têm algum tipo de interesse na gestão e nos resultados de um projeto ou organização, influenciando ou sendo influenciadas – direta ou indiretamente – por ela.

DESAFIOS E PERSPECTIVAS FUTURAS

Embora o conjunto de aplicação e utilização do Sistema de Registros Eletrônico, com a forma de custeio e repasse limitado ao usuário do serviço, com a leitura em conjunto do artigo 344 do CNN e o Provimento 159, ambos do CNJ, tenha imposto desafios significativos ao sistema de registro público, é importante reconhecer que esses desafios podem ser vistos como oportunidades de crescimento e aprimoramento. Em vez de enxergar as restrições como obstáculos intransponíveis, podemos encará-las como estímulos para buscar soluções inovadoras e eficientes que promovam uma gestão mais transparente e responsável dos serviços notariais e registrais.

Para superar os desafios impostos pelo artigo 344, do CNN, o Congresso Nacional já expediu a norma referente ao art. 42-A, da Lei nº 8.935/94, possibilitando a criação de preço, repasse ao usuário do serviço e a sua versão gratuita de acesso, diante de um diálogo entre as fontes, partes interessadas como o CNJ, cartórios, e os usuários dos serviços de registro. A colaboração e a troca de experiências sempre podem contribuir para a identificação de soluções compartilhadas que atendam às necessidades e expectativas de todas as partes envolvidas.

Os desafios foram mais intensos na ocasião da criação e instalação da Central Nacional de Registro Civil (CRC), da Central Registradores (imóvel), IRTDPJBrasil e Centrop (protesto), com a disponibilidade dos serviços e operação entre as serventias. Com o funcionamento todos os serviços podem ser acessados por meio das serventias ou diretamente nos domínios eletrônicos próprios, com repasse dos custos do serviço ao usuário final.

O controle criado pela Lei nº 14.382/22, ao criar o Operador Nacional e o Fundo de Instalação da Central se trata de uma nova fase do sistema eletrônico, com maior expansão, daquilo que já deu certo e foi ajustado até os moldes atuais. Ocorre que agora o controle será exercido pelo Poder Público, regulamentado pelo Conselho Nacional de Justiça, coordenado pelo Operador Nacional, tendo sido já determinado o pagamento obrigatório de manutenção por todos os cartórios do Brasil, sobre o seu faturamento total, abatido as taxas obrigatórias, no percentual de 1,5% (uma vírgula cinco por cento).

As perspectivas de melhorias do serviço existem, mas deve-se acompanhar as mudanças e avanços no setor, com o novo formato de gestão, sendo importante investir na capacitação e qualificação dos profissionais que atuam nos cartórios. O desenvolvimento de programas de treinamento e educação continuada pode ajudar a preparar os profissionais para lidar com os desafios e demandas do ambiente jurídico em constante evolução, garantindo assim a excelência na prestação dos serviços.

Apesar dos desafios enfrentados, há motivos para ser otimista em relação ao futuro do sistema de registro público. Com um compromisso renovado com a colaboração, inovação e capacitação, pode-se construir um sistema mais eficiente, acessível e transparente, que atenda às necessidades e expectativas da sociedade brasileira. A leitura sistemática do artigo 344, do CNN, pode ser vista não apenas como uma restrição, mas como uma oportunidade de promover mudanças positivas e duradouras no setor de registro público.

CUSTEIO DO SERVIÇO PELO USO DA CENTRAL – ONSERP

A implementação do artigo 344, do CNN, pelo CNJ tem sido obedecida e aplicada, desde a sua origem no Provimento nº 107, do CNJ. Neste momento de aprendizado coletivo, solucionado por Leis estaduais, como no Estado do Pará, acima citada, e o ordenamento federal (Lei nº 8.935/94, art. 42-A), foi um passo dado rumo à conformidade com a normativa ajustada e aprimorada com os processos existentes.

Os desafios encontrados durante a implementação do artigo 344 retornam com a implementação do FIC-ONSERP e seu custeio mantido pelos delegatários. Esse desafio faz repensar o princípio da legalidade, taxatividade, hierarquia das normas, conformidade normativa federal, serviço delegado, tudo junto instigando a repensar práticas ultrapassadas, aprimorando a transparência e elevar a eficiência dos serviços notariais e registrais, além de fortalecer a segurança jurídica para todos os envolvidos.

A colaboração entre os diversos atores do sistema jurídico é fundamental nesse processo. Ao invés de encararmos a implementação do artigo 344 como uma imposição burocrática, podemos encará-la como uma oportunidade para fortalecer laços, promover a troca de experiências e construir soluções conjuntas que beneficiem a todos.

É importante reconhecer e valorizar as conquistas alcançadas ao longo do processo de implementação do artigo 344. Cada avanço, por menor que seja, representa um passo na direção certa, rumo a um sistema de registro público mais transparente, eficiente e acessível para todos os cidadãos.

Olhando para o futuro, podemos vislumbrar um sistema jurídico brasileiro mais sólido e resiliente, capaz de enfrentar os desafios do século XXI com confiança e determinação. A implementação do uso das Centrais Eletrônicas, com controle de cobranças pelo seu uso é apenas o começo de uma jornada contínua de transformação e aprimoramento, e as perspectivas para o futuro são, sem dúvida, positivas.

O custeio das Centrais deve ser para melhorar o serviço, acesso a todos, maior efetividade de entrega e promoção de futuros novos serviços, porém há necessidade de olhar para o mantenedor financeiro e de dados e serviços, o delegatário, o responsável pelos livros e dados integrados na Central. Não há uma boa perspectiva futura se não houver retorno positivo ao delegatário, pois a grande maioria das serventias se enquadram nas de baixo faturamento, sem condições de se manterem sozinhas, precisando de apoio financeiro para ter uma renda mínima. Sem contar que ainda deverão digitalizar as imagens e digitar os dados no sistema para fazer o carregamento no sistema da Central, tendo um custo operacional para isso, contratando pessoas e máquinas para efetuar o procedimento.

Os cartórios responsáveis pela execução desses serviços, precisam realizar adaptações em seus procedimentos internos para garantir o cumprimento da necessidade de inclusão de dados, sem poder cobrar por isso, nem mesmo repassar seu custo com a Central, no máximo, repassar o uso individual ao usuário, considerando o art. 42-A, da Lei nº 8.935/94. Isso exige investimentos em infraestrutura tecnológica, capacitação de pessoal e revisão de processos operacionais. Além disso, há o desafio de conscientização e treinamento dos profissionais envolvidos, a fim de assegurar o entendimento correto das novas regras e evitar possíveis infrações.

Outro ponto relevante a ser considerado é o impacto financeiro dessa implementação ao repassar parte do faturamento para o FIC-ONSERP. Os cartórios, como prestadores de serviços públicos, precisam equilibrar a oferta de serviços de qualidade com a necessidade de manutenção de suas atividades. A proibição de cobranças indevidas pode afetar a receita dessas instituições, exigindo uma revisão de suas estratégias de gestão financeira e uma possível readequação de seus modelos de negócio.

Essa medida pode estimular a modernização dos cartórios, incentivando a adoção de práticas mais eficientes e transparentes. Além disso, ao fortalecer a confiança dos cidadãos nos serviços notariais e registrais, essa regulamentação contribui para o fortalecimento do Estado Democrático de Direito e para a consolidação de uma sociedade mais justa e igualitária.

Portanto, é fundamental que o custeio das Centrais seja conduzido de maneira cuidadosa e gradual, considerando os diferentes impactos e necessidades envolvidos. Por meio de uma abordagem colaborativa entre os órgãos reguladores, a Central e os cartórios, é possível alcançar um equilíbrio que promova a eficiência, a transparência e o acesso à justiça para todos os cidadãos.

EXPECTATIVAS DE MODERNIZAÇÃO DOS SERVIÇOS REGISTRAIS E NOTARIAIS

As expectativas de modernização dos serviços registrais e notariais ganham uma nova perspectiva com o uso das Centrais Eletrônicas, agora chamadas de ONSERP, controle de repasses não autorizados por Lei, art. 344, CNN. Essa regulamentação representa um marco importante na busca por uma maior eficiência, transparência e acessibilidade no sistema de registro público, e suas implicações abrangem diversos aspectos da prestação desses serviços.

Em sua monumental obra sobre registros públicos Gentil[10] aduz acerca da disruptividade entre o uso exclusivo do papel e as exigências contemporâneas de interoperabilidade e integração que levam inegavelmente ao uso de novas tecnologias.

Em primeiro lugar, a modernização tecnológica é um aspecto essencial a ser considerado. A norma exige que os cartórios adotem sistemas eletrônicos e plataformas digitais para facilitar o acesso dos cidadãos aos serviços registrais e notariais. Isso inclui a informatização dos processos de registro civil, como nascimentos, casamentos e óbitos,

---

10. GENTIL, Alberto et al. *Registros Públicos*. 4. ed. rev., atual. e ampl. Rio de Janeiro: Método, 2023, p. 153.

bem como a disponibilização de informações e documentos de forma remota, por meio da internet. Espera-se, portanto, uma migração gradual dos registros em papel para o formato digital, proporcionando maior agilidade e segurança aos usuários.

Além da modernização tecnológica, espera-se também uma atualização nos procedimentos administrativos e operacionais dos cartórios, criando novos serviços com a interoperabilidade de dados. Nesse sentido, os cartórios precisam revisar suas políticas de precificação (junto às Corregedorias Estaduais) e transparência, garantindo que os valores cobrados estejam de acordo com as normas estabelecidas pelo CNJ, seguindo as orientações da Lei Nacional de Emolumentos, nº 10.169/2000. Isso implica em uma maior ênfase na prestação de contas e na divulgação das taxas praticadas, contribuindo para uma relação mais transparente e confiável com os usuários.

Outro aspecto relevante é a capacitação dos profissionais que atuam nos cartórios, por ser fundamental que os funcionários estejam devidamente preparados para lidar com as novas exigências e responsabilidades decorrentes dessa regulamentação. Isso inclui o treinamento em questões técnicas, jurídicas e éticas relacionadas aos serviços registrais e notariais, bem como a atualização constante sobre as mudanças legislativas e regulatórias que impactam o setor. A qualificação dos colaboradores é essencial para garantir a qualidade e a confiabilidade dos serviços prestados, fortalecendo a credibilidade do sistema como um todo.

Em suma, as expectativas de modernização dos serviços registrais e notariais são bastante promissoras, em decorrência da ONSERP e suas centrais integrantes. Essa regulamentação representa um avanço significativo na busca por uma maior eficiência, transparência e acessibilidade no sistema de registro público, e sua implementação deve trazer benefícios tangíveis para os usuários, os cartórios e a sociedade em geral. No entanto, é importante ressaltar que a efetivação dessas expectativas depende de um esforço conjunto entre os órgãos reguladores, os cartórios e demais atores envolvidos, visando sempre o interesse público e o aprimoramento do sistema jurídico como um todo.

POSSÍVEIS DESENVOLVIMENTOS LEGISLATIVOS E REGULATÓRIOS

Diante da implementação do dispositivo em questão, é fundamental antever os desdobramentos legislativos e regulatórios que podem surgir no âmbito dos serviços registrais e notariais. A introdução das Centrais Eletrônicas em novo formato e coordenada pelo Operador Nacional suscita debates e necessidades de ajustes no ordenamento jurídico existente, bem como o de cobrança de valores para a sua existência, manutenção e criação de novas facilidades operacionais.

Em primeiro lugar, é possível prever a necessidade de esclarecimentos adicionais sobre a aplicação e alcance do referido dispositivo. Questões específicas relacionadas aos direitos e deveres dos cartórios, bem como aos direitos dos usuários, podem demandar uma regulamentação mais detalhada. Isso pode incluir orientações sobre a forma como os serviços devem ser prestados, os limites das cobranças permitidas e os mecanismos de fiscalização e controle.

Além disso, a implementação do Provimento 159, combinado com o art. 344, do CNN, bem como do art. 42-A, da Lei nº 8.935/94, pode motivar ajustes na legislação existente para garantir sua efetivação e adequação às necessidades da sociedade contemporânea. Isso pode envolver a revisão de Leis e decretos que regem os serviços registrais e notariais, com o objetivo de eliminar lacunas, superar inconsistências e promover uma maior harmonização normativa, visando a condição necessária para incluir os cartórios deficitários no sistema registral eletrônico e sua futura viabilidade.

Em última análise, espera-se que esses desenvolvimentos legislativos e regulatórios contribuam para fortalecer a segurança jurídica e a eficiência na prestação dos serviços registrais e notariais. Ao promover uma maior clareza nas regras aplicáveis e ao incentivar a modernização dos processos, essas medidas têm o potencial de beneficiar tanto os usuários quanto os próprios cartórios, criando um ambiente mais transparente e confiável para as atividades relacionadas ao registro público eletrônico e, claro, físico, no famoso livro ou ficha.

EPÍLOGO

Em um cenário onde a justiça deveria ser acessível a todos, a implementação do artigo 344 do Provimento nº 149/2023 do CNJ revela-se possuir dois lados bem claros, devendo ser analisado em conjunto com a sua origem e finalidade, em efetivação ao uso das Central Eletrônicas Nacionais, criada pela Lei nº 14.382/22, com sua cobrança de manutenção por meio do FIC-ONSERP, do Provimento nº 159/23. Por um lado, busca-se frear abusos e proteger os usuários finais dos serviços registrais e notariais de cobranças indevidas. Por outro, a rigidez imposta aos delegatários pode sufocar a própria eficiência e modernização desses serviços, minando a segurança jurídica e perpetuando uma burocracia obsoleta.

Ao invés de ser uma solução efetiva para os problemas enfrentados pelos usuários, essa proibição excessiva pode se tornar um obstáculo para a evolução do sistema registral brasileiro. A falta de flexibilidade e o enrijecimento das regras podem gerar uma paralisia nos cartórios, impedindo a implementação de melhorias e a adoção de práticas mais eficientes.

Diante desse panorama, é necessário um olhar crítico e uma reflexão profunda sobre os impactos reais de uma regulação sobre despesas e cobranças sem seguir os padrões regionais definidos pela lei nacional de emolumentos. Não se trata apenas de proteger os usuários, mas também de promover uma verdadeira modernização dos serviços registrais e notariais, garantindo que estejam alinhados com as necessidades e demandas da sociedade contemporânea.

Caso contrário, corremos o risco de presenciar um cenário cada vez mais desolador, onde a burocracia e a ineficiência se tornam a norma, minando a confiança no sistema jurídico e comprometendo a própria essência da justiça.

ART. 344. COMENTÁRIOS AO CÓDIGO NACIONAL DE NORMAS – FORO EXTRAJUDICIAL

Diante da complexa teia jurídica que envolve o sistema registral e notarial, a implementação da regulação estudada acima suscita uma série de reflexões pertinentes sobre os rumos que a legislação brasileira tem tomado. Embora a intenção inicial possa ser louvável – proteger os cidadãos de possíveis abusos por parte das centrais registrais e notariais –, é crucial analisar os desdobramentos práticos e as implicações mais profundas dessa proibição.

Ao estabelecer uma forma de cobrança nacional, precisando de Lei e com limitação de repasse ao usuário final pelos serviços prestados ou disponível, o mencionado artigo pode, paradoxalmente, prejudicar o próprio funcionamento desses serviços. Afinal, a gratuidade absoluta pode desestimular investimentos em modernização, capacitação profissional e tecnológica, além de impactar diretamente na qualidade dos serviços oferecidos. Em um contexto em que a eficiência e a celeridade são essenciais para a promoção da justiça e a garantia dos direitos dos cidadãos, tal rigidez normativa pode representar um retrocesso.

Além disso, é válido destacar que a proibição indiscriminada de cobranças pode gerar distorções no mercado, afetando negativamente os próprios cartórios e registradores, que dependem dessas receitas para manterem suas estruturas operacionais. Tal cenário pode desencadear um desestímulo ao ingresso de novos profissionais na área, bem como à busca por inovações e melhorias nos processos cartorários.

Diante desse contexto, urge uma reflexão mais aprofundada sobre o modelo adotado e suas consequências práticas. Afinal, a proteção dos usuários não pode se sobrepor à necessidade de garantir a funcionalidade e eficiência do sistema registral e notarial como um todo. É preciso buscar um equilíbrio entre a defesa dos direitos individuais e o interesse público, visando sempre aprimorar a prestação dos serviços e promover uma verdadeira modernização do sistema, de modo a assegurar o acesso à justiça de forma célere, eficaz e justa para todos os cidadãos.

Seção II
Das Diretrizes para contratos de exploração de energia eólica

Art. 345. Estabelecer diretrizes gerais para a cobrança de emolumentos sobre os contratos de exploração de energia eólica enquanto não editadas normas específicas relativas à fixação de emolumentos no âmbito dos estados e do Distrito Federal, observados os procedimentos previstos na Lei nº 10.169. de 29 de dezembro de 2000.

Art. 346. Os emolumentos sobre os contratos celebrados para a exploração de energia eólica terão como parâmetro o valor total bruto descrito no contrato.

Art. 347. O valor total bruto corresponde à remuneração percebida pelos contratantes durante a vigência do contrato.

§ 1.º Nos contratos com previsão de remuneração para a etapa de estudo e para a fase operacional, o parâmetro de cobrança dos emolumentos deverá ser o valor total bruto presente no contrato, somadas as duas etapas.

§ 2.º Nos contratos com previsão de remuneração apenas para a etapa de estudo, o parâmetro de cobrança dos emolumentos deverá ser o valor total bruto da referida etapa.

§ 3.º Nos contratos com previsão de remuneração apenas para a etapa operacional, o parâmetro de cobrança deverá ser o valor total bruto da referida etapa.

Art. 348. Incidindo a remuneração em percentual da receita operacional, deverá a parte estimar o valor bruto para a cobrança dos emolumentos.

Art. 349. Nos contratos que não tenham valor expresso, deverão os emolumentos incidir sobre o valor estimado pelas partes, observado o estabelecido nas tabelas de emolumentos das respectivas unidades da Federação.

Art. 350. Inexistindo prazo de vigência do contrato, mas subsistindo remuneração correspondente a determinado período, entender-se-á que a vigência corresponde a esse período.

§ 1.º Se o período contratual ultrapassar o disposto no caput deste artigo, deverá ser averbado o aditivo do contrato a fim de que sejam resguardados os direitos dos contratantes.

§ 2.º Se não constarem do contrato o prazo de vigência e o prazo de remuneração, entender-se-á que a vigência é anual.

Art. 351. Havendo a prorrogação do contrato ou futura fixação de remuneração para a fase operacional, deverá ser averbado o respectivo termo aditivo no registro de imóvel, incidindo os respectivos emolumentos sobre o valor total bruto do contrato averbado.

Art. 352. O valor declarado em contrato como parâmetro de cobrança de emolumentos é de inteira responsabilidade das partes contratantes, estando sujeitas às consequências advindas de eventual má-fé.

Comentários de Hervison Barbosa Soares

Art. 345. Considerando que o mercado de energias renováveis, especialmente de energia eólica e fotovoltaica, representa a nova fronteira de exploração em relação à matriz energética mundial, o CNJ decidiu, por meio deste dispositivo, estabelecer diretrizes gerais cujo objetivo é, na ausência de normas específicas nas leis estaduais que fixam as custas e os emolumentos, uniformizar e, ao mesmo tempo, trazer segurança jurídica e previsibilidade à cobrança dos emolumentos e das custas extrajudiciais que incidem sobre a prática dos atos de registro e de averbação praticados pelas Serventias Extrajudiciais do país.

Tal medida se reveste de extrema importância, considerando que o mercado de exploração de energias renováveis envolve e lida diariamente com contratos e relações jurídicas de altíssimos e vultosos valores, muitas das vezes beirando os bilhões de reais.

Por tal motivo, sentiu o CNJ a necessidade de conferir ao mercado uma certa previsibilidade, uniformidade e segurança jurídica em relação à cobrança das custas e dos emolumentos extrajudiciais, de forma que a ausência de norma/regra nas Tabelas de Emolumentos fixadas em leis estaduais não se mostrasse terreno fértil para criar obstáculos traduzidos em custos proibitivos às empresas que exploram essa nova modalidade contratual quando procurassem as Serventias Extrajudiciais para a prática dos atos típicos de registro ou de averbação das relações jurídicas contidas nos mais diversos instrumentos contratuais utilizados pelo mercado.

Art. 346. Na esteira do estabelecimento de normas e diretrizes gerais, este art. 346 define/estabelece que o valor total bruto descrito no contrato será o parâmetro para a cobrança das custas e emolumentos extrajudiciais que devam incidir sobre as relações e negócios jurídicos que envolvam a exploração de energia eólica.

Essa medida é de extrema importância porque define e delimita, em quantidade contável e por meio de expressões matemático-numéricas, qual o parâmetro que deve ser considerado pelo Oficial Registrador de Títulos e Documentos e/ou do Registro de Imóveis para a cobrança das custas e emolumentos extrajudiciais que envolvam os contratos de exploração de energia eólica.

Art. 347. Como o artigo anterior prescreve e define que o parâmetro será o valor total bruto descrito no contrato, sem, no entanto, disciplinar o que se entende por valor total bruto, este artigo 347 tem por finalidade conceituar e delimitar o âmbito de aplicação normativa do que se entende por valor total bruto.

Dessa forma, o valor total bruto corresponderá sempre à remuneração percebida pelos contratantes durante a vigência do contrato.

Considerando que esses contratos são complexos e, geralmente, envolvem mais de uma fase/etapa, conforme será explicitado nos comentários aos parágrafos deste artigo, e, ainda, se estendem por longos períodos – geralmente, de 30 (trinta) a 40 (quarenta) anos – houve por bem o CNJ definir que o valor total bruto utilizado como parâmetro para definir a forma de cobrança das custas e emolumentos extrajudiciais representasse, em termos matemático-financeiros a soma de toda a remuneração percebida pelos contratantes durante o período de vigência do instrumento contratual utilizado por eles.

§ 1.º Conforme já mencionado no comentário do caput deste artigo, os contratos que visam à exploração de energia eólica são muito complexos e envolvem, geralmente, mais de uma fase/etapa.

E isso é assim porque, em um primeiro momento, a empresa interessada na exploração de energia eólica precisa realizar levantamentos e estudos para confirmar a viabilidade das condições técnicas necessárias à geração de energia elétrica.

Assim, temos como primeira fase/etapa desses contratos a chamada fase de estudo e/ou de teste, que geralmente costuma durar um período entre 3 (três) a 5 (cinco) anos, e que é utilizada para realizar os estudos e os levantamentos de dados técnicos para saber se há ou não condições de viabilidade para a instalação e operação dos aerogeradores. Nesta fase de estudo, geralmente são instalados instrumentos de medição e quantificação da velocidade e constância dos ventos, de forma a criar um banco de dados estatísticos que atestem/confirmem a viabilidade para a instalação e operação dos aerogeradores utilizados para gerar a energia eólica que será convertida em energia elétrica.

Após a fase de estudos e testes, inicia-se a fase operacional, que geralmente dura de 30 (trinta) a 40 (quarenta) anos e é marcada, como dissemos, pela instalação e operação dos aerogeradores, momento em que a energia eólica será convertida em energia elétrica.

E justamente por conta desses contratos mencionarem e definirem que a relação jurídica contratual pode envolver vários anos distribuídos entre as fases/etapas de estudo e operacional, é que o CNJ resolveu definir e delimitar que o valor bruto utilizado como parâmetro para definir a forma de cobrança das custas e emolumentos extrajudiciais representasse, em termos matemático-financeiros, a soma de toda a remuneração prevista no contrato, incluídas cada uma dessas fases, ou seja, somando-se o valor de remuneração da fase de estudos e da fase operacional, que, se fossemos utilizar uma equação matemática, seria: $VB = VE + VO$, em que VB significaria o valor bruto total previsto no contrato, VE seria o valor bruto previsto para a fase de estudos e/ou de testes e VO seria o valor bruto previsto para a fase operacional.

§ 2.º Já nesse parágrafo, o CNJ estabelece que, se o contrato previr apenas a fase de estudo e/ou de testes, o valor bruto a ser considerado será apenas o desta etapa, ou seja, o valor bruto fixado como parâmetro para definir a forma de cobrança das custas e emolumentos extrajudiciais, em termos matemático-financeiros, será aquele que envolve apenas a remuneração estipulada/determinada em contrato para a fase de estudos e/ou de testes, de forma que, se fossemos utilizar uma equação matemática, teríamos que $VB = VE$, em que VB significa o valor bruto total previsto no contrato e VE seria o valor bruto previsto para a fase de estudos e/ou de testes. Note-se que, neste caso, o valor bruto do contrato coincidirá, matematicamente, com o valor bruto estipulado/determinado pelas partes em contrato para a fase de estudo e/ou de testes.

§ 3.º Da mesma forma que no comentário ao parágrafo anterior, o CNJ estabelece que, se o contrato previr apenas a fase operacional, o valor bruto a ser considerado será apenas o desta etapa/fase, de forma que, se fossemos utilizar uma equação matemática, teríamos que VB = VO, em que VB significa o valor bruto total previsto no contrato e VO seria o valor bruto previsto para a fase operacional. Note-se que, neste caso, o valor bruto do contrato coincidirá, matematicamente, com o valor bruto estipulado/determinado pelas partes em contrato para a fase operacional.

Art. 348. Como a dinâmica das relações comerciais e mercadológicas é multifacetada e variada, as empresas que atuam nesse mercado de exploração de energias renováveis costumam utilizar instrumentos contratuais muito complexos e variados, justamente para atender aos interesses comerciais e mercadológicos, razão pela qual podem utilizar contratos com valores fixos, precisos e/ou definidos, mas, também, utilizam contratos em que o valor da remuneração pode ser variável, a depender, geralmente, do resultado operacional, ou seja, da quantidade de energia produzida/gerada por cada aerogerador.

Pensando nesses casos em que a remuneração será variável e dependendo de percentual da receita operacional, ou seja, da receita que advém da energia produzida/gerada por cada aerogerador, é que este artigo 348 estabelecesse que caberá às partes estimar/estipular o valor bruto para a cobrança dos emolumentos, sempre considerando todo o tempo de vigência do contrato, conforme prescreve o art. 347.

A métrica utilizada pelo mercado costuma variar entre 0,5% (meio por cento) a 1,5% (um e meio por cento), quando é utilizado o percentual da receita operacional para definir a remuneração do contrato.

A finalidade e o objetivo deste artigo 348, ao determinar que cabe às partes estimar/estipular, o valor bruto para a cobrança dos emolumentos é justamente permitir a quantificação matemático-financeira do valor bruto que será utilizado como parâmetro para a cobrança de custas e de emolumentos extrajudiciais, transferindo às partes a responsabilidade de estimar/estipular tal valor bruto porque são elas que detêm o controle financeiro e dados e estimativas econômico-financeiras que envolvem o processo de geração/produção de energia por cada aerogerador. Por óbvio, é impossível que o Oficial Registrador de Títulos e Documentos e/ou do Registro de Imóveis conheça e tenha os dados e as informações necessárias para realizar esse processo de quantificação, razão pela qual o CNJ decidiu, por meio deste art. 348, que a tarefa de estimar/estipular o valor bruto em caso de percentual variável caberá sempre a quem detêm tais dados e informações, ou seja, às partes do contrato que se quer averbar ou registrar.

É também óbvio que para estimar/estipular tal valor bruto, não podem as partes utilizar valores irrisórios e que não correspondam à realidade do mercado, de forma a subvalorizar e diminuir a cobrança dos emolumentos. Conforme se verá nos comentários ao art. 352, se a parte agir com má-fé ao estimar/estipular tal valor estará sujeita às penalidades legais.

Na prática quotidiana, o Oficial Registrador de Títulos e Documentos e/ou do Registro de Imóveis costuma exigir que as partes estimem/estipulem esse valor no requerimento ou em documento apartado, que pode ser, inclusive, a planilha de custo de geração/produção de energia por cada aerogerador.

Art. 349. A finalidade deste art. 349 é definir que, para os casos em que não se tenha valor expresso no contrato, o parâmetro utilizado será o valor estimado pelas partes, considerando as fases envolvidas no contrato – fase de estudo e/ou operacional, mas observando sempre o que é definido e estabelecido nas tabelas de emolumentos das respectivas unidades da Federação.

Isso quer dizer que, se a tabela de emolumento de determinado Estado da Federação definir que a prática dos atos de registro e de averbação seja considerado um ato com conteúdo econômico-financeiro, o valor bruto utilizado como parâmetro para a cobrança das custas e dos emolumentos extrajudiciais será aquele estimado pelas partes caso o contrato não tenha norma que define expressamente o valor da remuneração das partes. É importante salientar, neste caso, que essa estimativa tem que obedecer ao determinado nos artigos 347 e 348, ou seja, que representem sempre o valor bruto para cada fase do contrato.

Art. 350. A finalidade do caput deste dispositivo é determinar que, caso o contrato não traga ou não preveja cláusula determinando o prazo de vigência de sua duração, mas, de alguma forma, estabeleça remuneração para determinado período, que tanto pode ser a fase de estudo e/ou de testes, quanto a fase operacional, ou mesmo ambas, o prazo de vigência do contrato coincidirá com a vigência do período em que está definida a remuneração para determinado período.

§ 1.º Caso ocorra a circunstância comentada no comentário do caput deste artigo, ou seja, caso o contrato não traga ou não preveja cláusula determinando o prazo de vigência de sua duração, mas, de alguma forma, estabeleça remuneração para determinado período, e, com o fim desse período continuar o contrato produzindo efeitos, será necessária a averbação de aditivo do contrato para que sejam resguardados os direitos dos contratantes. E isso é assim porque, se sobrevier essa circunstância, estaremos diante de uma prorrogação tácita do prazo de vigência contratual, que deve, por meio da averbação do respectivo aditivo, se converter e se materializar em termos expressos até por exigência das entidades e órgãos públicos reguladores do mercado de energia, tais como EPE – Empresa de Pesquisa Energética, ANEL – Agência Reguladora de Energia Elétrica e Ministério de Minas e Energias.

§ 2.º Este dispositivo tem o objetivo de definir e quantificar temporalmente o prazo de vigência para os casos em que os contratos sejam omissos em relação aos prazos de vigência e de remuneração. Dessa forma, caso os contratos não estabeleçam prazo de vigência ou de remuneração, este parágrafo determina que, para todos os efeitos normativos, a vigência contratual será anual, ou seja, correspondente ao período de um ano.

Art. 351. Este dispositivo surge da necessidade de definir o parâmetro para a cobrança do valor bruto do contrato no caso de, inicialmente, não constar no contrato o valor bruto da fase operacional, ou seja, o contrato celebrado entre as partes definia, inicialmente, apenas o prazo de vigência e o valor bruto para a fase de estudos e/ou de testes, ou seja, nada dizia ou mencionava sobre a fase operacional, ou, ainda que mencionasse o prazo de vigência da fase operacional, não estipulava ou determinava qual seria o valor bruto da remuneração para esta fase operacional.

Neste caso, este art. 351 exige a averbação do respectivo termo aditivo se houver prorrogação ou futura fixação de remuneração para a fase operacional, determinando, ainda, que os emolumentos devem incidir sobre o valor total bruto do contrato averbado, ou seja, sobre a somatória dos valores brutos de cada uma das fases, de forma que, conforme já comentado no § 1.º do art. 347, se fossemos utilizar uma equação matemática, seria: VB = VE + VO, em que VB significaria o valor bruto total previsto no contrato, VE seria o valor bruto previsto para a fase de estudos e/ou de testes e VO seria o valor bruto previsto para a fase operacional.

Art. 352. Por fim, este art. 352 tem a finalidade e objetivo de determinar que a responsabilidade pela declaração do valor a ser utilizado como parâmetro de cobrança de emolumentos é de inteira responsabilidade das partes contratantes, que estarão sujeitas às consequências advindas de eventual má-fé.

Assim, as partes ou a parte que age no sentido de impedir a correta cobrança de emolumentos, tentando mascarar a realidade por meio de estimação/estipulação de valores falsos com o intuito de pagar valor mais baixo a título de custas e emolumentos extrajudiciais, poderá responder administrativa, civil e, inclusive, penalmente pela sua conduta, conforme a tipicidade prevista nas várias normas de cada um desses ramos da Ciência Jurídica.

TÍTULO II
DAS NORMAS ESPECÍFICAS
CAPÍTULO I
DO REGISTRO CIVIL DAS PESSOAS NATURAIS
Seção I
Da Renda Mínima

Art. 353. A renda mínima para os registradores civis das pessoas naturais observará o Provimento nº 81, de 6 de dezembro de 2018.

Comentários de Frank Wendel Chossani

DAS NORMAS ESPECÍFICAS

O artigo objeto do presente comentário está inserido no Livro V do CNN/CN/CNJ-Extra, que trata "Dos Emolumentos nos Serviços Notariais e Registrais".

O título I traz normas gerais, e inicia o seu capítulo inaugural ("Da Cobrança") com disposições gerais (Seção I – art. 334) e na Seção II (art. 345 – art. 352) apresenta diretrizes para contratos de exploração de energia eólica.

O Título II é, como visto, direcionado às normas específicas, cujo Capítulo I diz respeito ao Registro Civil das Pessoas Naturais.

DO REGISTRO CIVIL DAS PESSOAS NATURAIS E DA RENDA MÍNIMA.

Nos termos da Constituição Federal "Os serviços notariais e de registro são exercidos em caráter privado, por delegação do Poder Público" (art. 236).

Do exposto é possível compreender que notários e registradores, ou seja, os delegatários que são titulares das Serventias Extrajudiciais não são funcionários públicos, mas atuam de forma a colaborar com o Estado.

No que diz respeito especificamente ao Registro Civil das Pessoas Naturais, o profissional em colaboração com o Estado é o registrador civil, delegatário do serviço, e que está incumbido de inúmeros atos, como o registro de nascimento, casamento, casamento religioso para efeitos civis, conversão de união estável em casamento, registro do óbito e natimorto, registro de união estável, entre outros.

Se reforça: trata-se de um particular em colaboração com o Estado.

Por mais de uma ocasião o STF – Supremo Tribunal Federal já se manifestou neste sentido, a exemplo do voto do Ministro Luiz Fux no Recurso Extraordinário

842.846 – Santa Catarina, ao sustentar que a atividade "[...] trata-se de serviço público exercido/administrado em caráter privado, em razão de delegação constitucionalmente prescrita (art. 236 da Constituição da República)" (STF – ADI 842.846 – SC – julgada em 27.02.2019).

Tabeliães e registradores não percebem salário, tendo em vista que não possuem uma relação empregatícia. São, no entanto, remunerados mediante emolumentos, suportados pelos usuários do serviço, de modo que o parágrafo 2.º do artigo 236 da Constituição Federal prevê que "Lei federal estabelecerá normas gerais para fixação de emolumentos relativos aos atos praticados pelos serviços notariais e de registro".

A Lei Federal que trata sobre emolumentos é a Lei nº 10.169, de 29 de dezembro de 2000, que regula o § 2.º do art. 236 da Constituição Federal, mediante o estabelecimento de normas gerais para a fixação de emolumentos relativos aos atos praticados pelos serviços notariais e de registro. O diploma legal, embora trate do tema, não traz um conceito acerca de emolumentos.

Para a doutrina "os emolumentos são os dispêndios ou despesas referentes aos atos realizados pelo notário e pelo registrador no desempenho de suas atividades profissionais, devidamente previstos em lei".[1]

A Lei Federal de Emolumentos, no artigo 1.º, aduz que "Os Estados e o Distrito Federal fixarão o valor dos emolumentos relativos aos atos praticados pelos respectivos serviços notariais e de registro, observadas as normas desta Lei" (Brasil, 2000).

Portanto o diploma estabelece normas gerais, e cada Estado da federação pode tratar de forma mais específica do tema, através de leis próprias (leis estaduais).

No Estado de São Paulo, por exemplo, é a Lei 11.331/2002 que trata sobre o tema. No entanto, assim como na Lei 10.169/2000, o diploma bandeirante também não traz um conceito de "emolumentos".[2]

Redação interessante consta na Lei nº 3.350/1999 do Estado do Rio de Janeiro, segundo a qual "emolumentos são a remuneração devida pelos serviços notariais e de registros destinados a garantir a publicidade, autenticidade, segurança e eficácia aos atos jurídicos, sob chancela da fé pública" (artigo 34).[3]

---

1. LOUREIRO, Luiz Guilherme. *Registros Públicos*: teoria e prática. 5. ed. rev., atual e ampl. Rio de Janeiro: Forense: São Paulo: Método, 2014, p. 30.

2. SÃO PAULO. Lei nº 11.331, de 26 de dezembro de 2002. Dispõe sobre os emolumentos relativos aos atos praticados pelos serviços notariais e de registro, em face das disposições da Lei federal nº 10.169, de 29 de dezembro de 2000. Disponível em: https://www.al.sp.gov.br/repositorio/legislacao/lei/2002/lei-11331-26.12.2002.html. Acesso em: 27 nov. 2023.

3. RIO DE JANEIRO. Lei nº 3350, de 29 de dezembro de 1999. Dispõe sobre as custas judiciais e emolumentos dos serviços notariais e de registros no estado do Rio de Janeiro e dá outras providências. Disponível em: http://alerjln1.alerj.rj.gov.br/contlei.nsf/e9589b9aabd9cac8032564fe0065abb4/702e8c7a26beacfc0325685700681542?OpenDocument. Acesso em: 27 nov. 2023.

A Lei 8.935 de 18 de novembro de 1994, prega que "os notários e oficiais de registro gozam de independência no exercício de suas atribuições, têm direito à percepção dos emolumentos integrais pelos atos praticados na serventia e só perderão a delegação nas hipóteses previstas em lei" (artigo 28).

Problemática paira sobre o entendimento acerca do que corresponde aos "emolumentos integrais". Isto ocorre porque a acentuada parcela daquilo que os notários e registradores recebem na Serventia, é obrigatoriamente remetida a outros entes, configurando assim repasses obrigatórios – de modo que, sob certo sentido, não há recebimento integral.

Pesquisas apontam que entre 60% a 80% do faturamento bruto de uma Serventia Extrajudicial, considerando os diferentes estados da Federação, configura repasses obrigatórios, destinados a diversos entes.[4]

Neste cenário o Registrador Civil das Pessoas Naturais acaba sendo, de certa forma, o que suporta maiores dificuldades, tendo em vista que além da promoção dos repasses obrigatórios, ainda presta uma série de serviços não remunerados pela sociedade, a exemplo da lavratura dos assentos de nascimento e óbito.

É cediço que existem compensações para os ditos atos, mas que, na prática, acabam por não representar a contraprestação adequada, considerando todo o trabalho direcionado para a confecção dos atos.

Ciente da realidade que recai sobre vários registradores civis das pessoas naturais, a Corregedoria Nacional de Justiça do CNJ – Conselho Nacional de Justiça editou o Provimento nº 81 de 06 de dezembro de 2018 a fim dispor sobre a Renda Mínima do Registrador Civil de Pessoas Naturais.

O ato normativo, menciona:

> Art. 2.º Os Tribunais de Justiça devem estabelecer uma renda mínima para os registradores de pessoas naturais com a finalidade de garantir a presença do respectivo serviço registral em toda sede de municipal e nas sedes distritais dos municípios de significativa extensão territorial assim considerado pelo poder delegante.
>
> Parágrafo Único. A renda mínima é garantida através do pagamento, ao delegatário ou ao interino que exerce a titularidade da serventia de Registro de Pessoas Naturais, do valor necessário para que a receita do serviço registral de pessoas naturais atinja o valor mínimo da receita estipulado por ato próprio do tribunal.

Através do provimento referido a Corregedoria Nacional de Justiça do CNJ visa que os valores depositados pelos interinos aos Tribunais de Justiça, que representam o excedente a 90,25% dos subsídios dos Ministros do STF – Supremo Tribunal Federal, figure, entre outras, como fonte de recursos para amparar a implementação da renda mínima, determinando assim a utilização das "[...] receitas originadas do recolhimen-

---

4. LUIZARI. Larissa. Repasses e despesas: Para onde vai o dinheiro pago aos Cartórios brasileiros? *Rev. Cartórios com você.* v. 8. ano 2. maio/jul. 2017, p. 17.

to, efetuado pelos interinos de qualquer serventia extrajudicial, aos tribunais ou aos respectivos fundos financeiros, relativamente aos valores excedentes a 90,25% do teto constitucional" (artigo 3.º).

De tal modo, fica vinculado o dever dos Tribunais de Justiça de implementarem uma renda mínima destinada ao Registradores Civis de Pessoas Naturais.

Em relação ao somatório dos valores excedente ao teto, no primeiro semestre de 2023, considerando as 4.424 serventias vagas em todo o território nacional – conforme o relatório do CNJ (Justiça Aberta) – foi apontada a soma de R$ 364.789.454,70 (trezentos e sessenta e quatro milhões, setecentos e oitenta e nove mil, quatrocentos e cinquenta e quatro reais e setenta centavos) – que, em tese, foram depositados aos Tribunais de Justiça, e logo deveriam servir para a implementação da renda mínima.

Embora o STF tenha decidido que os interinos estão sujeitos ao teto salarial, recentemente o assunto voltou à tona, em decorrência da Ação Direta de Inconstitucionalidade ADI 1.183.[5]

Em 2021 o ministro Nunes Marques, em seu voto, já havia entendido que não se aplica a limitação do teto constitucional aos interinos que sejam titulares de outra serventia. Assim os titulares (aprovados em concurso público e que estão à frente de uma serventia própria), que em decorrência de vacância, cumulam outra serventia na condição de interino, deveriam, segundo o voto, receber todo o faturamento líquido da serventia, ou seja, não deviam respeito ao teto constitucional, recebendo por consequência o todo.

A ação teve os embargos julgados em 19 de outubro de 2023.

Em linhas gerais o entendimento manifesto na ADI 1.183 acaba, de certo modo, por minorar a aptidão do intuito do artigo 3.º do Provimento 81 do CNJ.

Ademais é necessário que os Tribunais de Justiça coloquem, efetivamente, em prática o designado no provimento, haja vista que o cumprimento do disposto ainda é singelo, fator que prejudica os registradores civis das serventias consideradas deficitárias.

Por certo os serviços realizados pelos delegados extrajudiciais, amparam o cidadão em vários direitos, e o registrador civil das pessoas naturais é o primeiro elo de tal corrente, merecendo, quando necessário, ser amparado pela renda mínima – que seja adequada e suficiente para a manutenção e prestação eficiente e adequada do serviço, garantindo assim possibilidades econômicas reais para o exercício da atividade.

---

5. Supremo Tribunal Federal. Ação direta de Inconstitucionalidade – ADI 1183. Origem: DF – Distrito Federal. Relator: Min. Nunes marques. Relator do último incidente: Min. Nunes marques (ADI-ED). Disponível em: https://portal.stf.jus.br/processos/detalhe.asp?incidente=1605752. Acesso em: 28 nov. 2023.

PROVIMENTO Nº 85, DE 19 DE AGOSTO DE 2019

Dispõe sobre a adoção dos Objetivos de Desenvolvimento Sustentável, da Agenda 2030, pelas Corregedorias do Poder Judiciário e pelo Serviço Extrajudicial.

O Corregedor Nacional de Justiça, usando de suas atribuições constitucionais, legais e regimentais e

Considerando o poder de fiscalização e de normatização do Poder Judiciário dos atos praticados por seus órgãos (art. 103-B, § 4.º, I, II e III, da Constituição Federal de 1988);

Considerando a competência do Poder Judiciário de fiscalizar os serviços notariais e de registro (arts. 103-B, § 4.º, I e III, e 236, § 1.º, da Constituição Federal);

Considerando que cabe ao Poder Judiciário implementar mecanismos que concretizem o princípio constitucional do amplo acesso à Justiça (art. 5.º, inc. XXXV, da Constituição Federal), a igualdade de gênero, a prevenção de conflitos, o combate às desigualdades, a proteção das liberdades fundamentais, o respeito ao direito de todos e a paz social;

Considerando que a Agenda 2030 das Nações Unidas, que sucede a Agenda 2015, é um plano de ação com metas e indicadores globais, adotado por 193 Países, inclusive o Estado brasileiro, que tem por escopo a efetivação dos direitos humanos e a promoção do desenvolvimento sustentável em suas dimensões social, econômica, ambiental e institucional;

Considerando que a Agenda 2030 está alinhada aos princípios constitucionais e ao Plano Plurianual por meio do PPA Cidadão (https://ppacidadao.planejamento.gov.br/sitioPPA/paginas/agendas-transversais/agendas-ods-modulo.xhtml);

Considerando que os 17 Objetivos de Desenvolvimento Sustentável (ODS), desdobrados em 169 metas e 231 indicadores estabelecidos pelas Nações Unidas na Agenda 2030 estão em conformidade com a Estratégia Nacional do Poder Judiciário, os macrodesafios e as metas e indicadores judiciários, porque diretamente relacionados aos temas de produtividade, celeridade na prestação jurisdicional, aumento dos casos solucionados por conciliação, priorização no julgamento das causas relacionadas à improbidade administrativa e aos crimes contra a Administração Pública, ao impulso aos processos na fase de cumprimento de sentença e execução não fiscal e de execução fiscal, as ações coletivas, ao julgamento de processos dos maiores litigantes e dos recursos repetitivos, ao fortalecimento da rede de enfrentamento à violência doméstica e familiar contra as mulheres, dentre outros.

Considerando o teor da Portaria 133/2018 da Presidência que instituiu o Comitê Interinstitucional destinado a proceder estudos e apresentar proposta de integração das metas do Poder Judiciário com as metas e indicadores dos Objetivos de Desenvolvimento Sustentável (ODS), Agenda 2030 e a importância de aproximação das metas e indicadores de gestão judiciária com as metas e indicadores da Agenda 2030.

Considerando que as metas e indicadores do Poder Judiciário ainda não foram formalmente recepcionadas pela Agenda 2030 ao tratar de políticas públicas e estudos comparativos entre os Países e Municípios, o que evidencia a necessidade de exteriorizar com maior ênfase o impacto da gestão judiciária em favor da sociedade brasileira.

Considerando que o alinhamento da atuação do Poder Judiciário à Agenda 2030, da ONU, pode representar um avanço no campo na concretização dos direitos fundamentais dos cidadãos, pois o Judiciário poderá fornecer informações relevantes e necessárias – cuja base de dados é produzida e mantida pelo próprio Poder Judiciário – para o cumprimento das metas dos Objetivos de Desenvolvimento Sustentável.

Considerando a competência do Corregedor Nacional de Justiça de expedir provimentos e outros atos normativos destinados ao aperfeiçoamento das atividades dos órgãos do Poder Judiciário e de seus serviços auxiliares e dos serviços notariais e de registro, bem como dos demais órgãos correicionais, sobre matéria relacionada com a competência da Corregedoria Nacional de Justiça (art. 8.º, X, do Regimento Interno do Conselho Nacional de Justiça);

Considerando, ainda, que o Objetivo de Desenvolvimento Sustentável ODS 16, que trata de Paz, Justiça e Instituições Eficazes está indissociavelmente relacionado aos assuntos tratados pelo Poder Judiciário Brasileiro.

Resolve

Art. 1.º Internalizar, na forma deste Provimento, os Objetivos de Desenvolvimento Sustentável (ODS), da Agenda 2030, das Nações Unidas, à atuação da Corregedoria Nacional de Justiça.

Art. 2.º Determinar que conste dos novos atos normativos, a serem editados pela Corregedoria Nacional de Justiça e pelas Corregedorias do Poder Judiciário, a referência ao número do respectivo Objetivo de Desenvolvimento Sustentável, da Agenda 2030, com o qual se adéqua.

1.º A Corregedoria Nacional de Justiça deverá, no prazo de 30 dias, publicar a indexação de seus atos aos ODS, conforme estudo já realizado pela equipe do CNJ.

2.º Determinar que conste dos relatórios estatísticos das Corregedorias do Poder Judiciário a correlação entre os assuntos das Tabelas Processuais Unificadas e os ODS da Agenda 2030, conforme indexação já produzida Comitê Interinstitucional, destinado a proceder estudos e apresentar proposta de integração das metas do Poder Judiciário com as metas e indicadores dos Objetivos de Desenvolvimento Sustentável (ODS), (Portaria 133 de 28/09/2018), considerando que esta medida facilita a interação com a gestão judiciária.

Art. 3.º As Corregedorias e as Serventias Extrajudiciais deverão inserir em seus portais ou sites, expressamente, a informação de que internalizaram a Agenda 2030, bem como a correspondência dos respectivos assuntos e atos normativos à cada um dos ODS.

1.º Determinar que as Corregedorias e o Serviço Extrajudicial deem visibilidade à integração de seus atos normativos aos Objetivos de Desenvolvimento Sustentável, da Agenda 2030.

2.º As serventias deverão deixar a referida informação visível para o público nos seus estabelecimentos, na forma como consta do Anexo I – passo a passo para implementar a Agenda 2030 das Nações Unidas.

Art. 4.º Incentivar os Tribunais que criem e instalem Laboratórios de Inovação, Inteligência e Objetivos de Desenvolvimento Sustentável (LIODS), com a metodologia que vem sendo adotada no Conselho Nacional de Justiça – CNJ, como um movimento que une o conhecimento institucional, a inovação e a cooperação com o objetivo de se alcançar a paz, a justiça e eficiência institucional, que será o espaço de interação sobre a Agenda 2030.

Art. 5.º Este Provimento entra em vigor na data de sua publicação.

Comentários de Aline Rodrigues de Andrade e Gabriela Almeida Marcon Nora

Ao traçar metas tridimensionais para o desenvolvimento sustentável, as quais vão além da dimensão econômica, a Agenda 2030 da Organização das Nações Unidas (ONU) trouxe 17 objetivos desdobrados em 169 metas de aplicação global, que podem ser adaptadas para países, órgãos ou organizações. O compromisso foi firmado por 193 países no ano de 2015, dentre eles o Brasil.

Os 17 objetivos são uma atualização e evolução dos oito objetivos do milênio, que integraram a agenda da ONU do ano 2000. Em 2015, adotou-se uma abordagem mais abrangente e holística para acabar com a pobreza, proteger o planeta e garantir a prosperidade para todos. Um dos objetivos de realce na Agenda 2030 é o de nº 16, que remete à paz, justiça e instituições fortes.[1] A paz é essencial para a segurança, o acesso à justiça e um ambiente de produção fortalecido. Na ausência de paz, dificilmente é possível alcançar os demais objetivos.

---

1. WESLEY, Hannah; TITTLE, Victoria; SEITA, Akihiro. No health without peace: why sdg 16 is essential for health. *The Lancet*, [S.L.], v. 388, n. 10058, p. 2352-2353, nov. 2016. Elsevier BV. DOI: http://dx.doi.org/10.1016/s0140-6736(16)32133-x.

O Poder Judiciário brasileiro, visando à concretização dos direitos humanos e ao aperfeiçoamento de suas atividades, foi pioneiro no mundo ao institucionalizar a Agenda 2030 e indexá-la à sua base de dados de processos judiciais como parte da Meta Nacional nº 9, a qual possui o escopo de: "Realizar ações de prevenção ou desjudicialização de litígios voltadas aos objetivos de desenvolvimento sustentável (ODS), da Agenda 2030." A Agenda passou a integrar a programação do Poder Judiciário com a publicação da Portaria CNJ nº 133, de 28 de setembro de 2018.

Como serviços auxiliares da justiça, com similar intuito de promover a pacificação social, as serventias extrajudiciais de notas e registros não poderiam deixar de fazer parte deste plano de ação. Assim, a Corregedoria Nacional de Justiça, atenta a esta conjuntura, editou o Provimento CNJ nº 85/2019, o qual dispõe sobre a adoção dos ODS da Agenda 2030 tanto pelas Corregedorias do Poder Judiciário quanto pelos Serviços Extrajudiciais.

O Provimento CNJ nº 85/2019 não foi expressamente consolidado no Provimento CNJ nº 149/2023, que aprova o Código Nacional de Normas da Corregedoria Nacional de Justiça – Foro Extrajudicial (CNN/CN/CNJ-Extra) e concentra as disposições em um único ato, para evitar os transtornos decorrentes da dispersão normativa. Seu alcance e aplicabilidade, porém, permeia todo o regramento dos serviços extrajudiciais, pois a Agenda 2030, desdobrada em seus objetivos e metas, evidencia a necessidade de exteriorização dos impactos da gestão judicial e de seus serviços auxiliares em prol da sociedade brasileira, isto é, ao exercer a sua função precípua, cada serviço público ou de relevância pública deverá contribuir para o desenvolvimento sustentável. Logo, ao buscar conformidade com o Código de Nacional de Normas, as serventias deverão relacionar sua atuação às metas e objetivos da Agenda 2030 internalizados pelo Provimento CNJ nº 85/2019.

A consolidação normativa realizada no Provimento CNJ nº 149/2023 diz respeito apenas aos Provimentos do CNJ propriamente ditos, ou seja, atos normativos editados pelo Corregedor Nacional de Justiça. O conteúdo das Resoluções do CNJ, que são de competência do Plenário, não foi compilado neste primeiro momento, de todo modo, dada a vocação do Código Nacional de Normas de ser o repositório das regulamentações acerca da prática extrajudicial, alguns dispositivos remetem às Resoluções atinentes à atividade.

A análise ora proposta está adstrita aos registros de imóveis, cumpre reconhecer, porém, que o CNN/CN/CNJ-Extra, tratando de todas as especialidades extrajudiciais, promovendo a sistematização das normas envolvendo os serviços notariais e registrais, consolida uma ferramental extenso de acesso a direitos e garantias fundamentais sem necessidade de litígio, o que, por si só, evidencia o caminhar para o amplo fomento dos objetivos previstos no plano de ação em apreço.

O serviço registral imobiliário contribui ativamente para a garantia de direitos fundamentais aos cidadãos, provendo bases para o desenvolvimento socioeconômico local e nacional. O acesso ao crédito para produção e moradia é um grande exemplo desta significativa participação. Quando se trata dos registros públicos, deve-se ter em conta seu caráter de serviços de organização técnica e administrativa destinados a garantir a publicidade, autenticidade, segurança e eficácia dos atos jurídicos. A estabilidade das relações é essencial para a ausência de conflitos e a criação de um ambiente de negócios dinâmico, pujante e confiável.

O desafio atual da jurisdição é distinto de décadas atrás. A necessidade de democratização do acesso fez com que se priorizasse a jurisdição pública, de caráter contencioso. Este modelo, proporcionou um grande incremento de processos e, consequentemente, uma dificuldade de responder com celeridade às demandas propostas.[2]

Neste passo, o intuito deste artigo é demonstrar o papel do serviço de registro de imóveis na promoção da desjudicialização e, consequentemente, dos objetivos do desenvolvimento sustentável previstos na Agenda 2030 da ONU, à luz da legislação de regência e das normas de serviço aplicáveis. Pretende-se traçar um panorama sobre o sistema registral imobiliário brasileiro, suas características principais, realizando o cotejo analítico de suas atribuições para com o atingimento dos objetivos e metas de desenvolvimento da Agenda 2030, sobretudo, da desjudicialização.

O estudo está estruturado em cinco capítulos, além desta breve introdução, quais sejam: uma breve exposição sobre jurisdição contenciosa; a ordem jurídica justa e o desenvolvimento sustentável; a desjudicialização por intermédio da atividade registral; a usucapião extrajudicial no Provimento CNJ nº 149/2023, como exemplo de aplicação, e, por último, algumas considerações finais.

JURISDIÇÃO CONTENCIOSA

Na jurisdição contenciosa, existe conflito entre as partes, razão pela qual submetem a demanda à apreciação de um terceiro, equidistante de ambas, que poderá decidir com isenção, o Estado-Juiz. É a entrega da solução dos conflitos ao Estado, sem que haja, a priori, o concurso da vontade das partes para esta definição.[3]-[4] Pode ser definida como o exercício da atividade pela qual o Estado, com eficácia vinculativa plena, elimina a lide, declarando ou realizando o direito em concreto.[5]

---

2. SILVA, Rogério Luiz Nery da; NASCIMENTO, Artur Gustavo Azevedo do; PINHEIRO, Rodolfo Ferreira. Agenda 2030-ODS 16: Serviços Extrajudiciais e Políticas Públicas de Desjudicialização. *Revista Cidadania e Acesso à Justiça*, v. 7, n. 2, [s.L], 2021.e-ISSN: 2526-026X.

3. WATANABE, Kazuo. Cultura da sentença e cultura da pacificação. In: Org. YARSHELL, Flávio Luiz e MORAIS, Maurício Zanoide de (Org.). *Estudos em homenagem à professora Ada Pellegrini Grinover*. São Paulo: Dpj, 2005.

4. LOPES, Pamela Duarte. FARIAS, Paulo José Leite. Desjudicialização e Sustentabilidade: A Agenda 2030 da ONU e a Busca pela Ordem Jurídica Justa na Pós-Modernidade. *Revista de Direito: Trabalho, Sociedade e Cidadania*. v. 8 n. 8, [s.L], 2020. Disponível em: https://revista.iesb.br/revista/index.php/ojsiesb/article/view/96. Acesso em: 15 nov. 2023.

5. LACERDA, Galeano Vellinho. *Comentários ao Código de Processo Civil*. 8. ed. Rio de Janeiro: Forense, 2007. v. VIII.

Ainda que a Constituição Federal de 1988 tenha consagrado que nenhuma lesão ou ameaça à direito será excluída da apreciação do Poder Judiciário, isto não permite afirmar que a jurisdição contenciosa é inafastável para a solução de lides entre particulares.[6]-[7] Afinal, a inafastabilidade da jurisdição é apenas uma das vias disponibilizadas pelo Poder Estatal com o fito de que o cidadão tenha garantido o seu direito de acesso à Justiça.

A complexidade das relações na pós-modernidade requer a ampliação do conhecimento sobre as formas, meios, técnicas e procedimentos que possam solucionar os conflitos de maneira eficiente e adequada. Assim, acesso à Justiça implica na oferta de métodos e procedimentos adequados ao tratamento das demandas sociais apresentadas, seja pelo Poder Judiciário ou pelas outras vias ofertadas pelo Estado.[8]

Atualmente, o ordenamento jurídico brasileiro dispõe de diversos mecanismos de tratamento extrajudicial de controvérsias. O fenômeno da desjudicialização é utilizado como instrumento de racionalização da prestação jurisdicional, para o fim de dar concretude à garantia de acesso a uma ordem jurídica justa, ao princípio da efetividade e da adequação.[9]

A atividade registral abarca inúmeros exemplos do fenômeno da desjudicialização, tais como a execução extrajudicial da propriedade fiduciária; a retificação Administrativa Registral; e a usucapião extrajudicial, que será melhor analisada neste artigo.

ORDEM JURÍDICA JUSTA E DESENVOLVIMENTO SUSTENTÁVEL

A ordem jurídica justa envolve uma nova lógica de acesso à Justiça, a qual requer a oferta de outras vias para o tratamento de conflitos. Vias que permitam maior participação e autonomia às partes envolvidas, que não dependam exclusivamente do Estado-Juiz, que sejam mais céleres e efetivas.

Nas palavras de Rocha e Alves "não há dúvidas de que o acesso à justiça é um direito fundamental presente em diversos textos supralegais, mas também a própria garantia do Estado Democrático de Direito".[10] Ocorre que a Justiça pode ser alcançada

---

6. MANCUSO, Rodolfo de Camargo. *A resolução dos conflitos e a função judicial no contemporâneo Estado de Direito*. São Paulo: Ed. RT, 2009.

7. SILVA, Rogério Luiz Nery da; NASCIMENTO, Artur Gustavo Azevedo do; PINHEIRO, Rodolfo Ferreira. Agenda 2030-ODS 16: Serviços Extrajudiciais e Políticas Públicas de Desjudicialização. *Revista Cidadania e Acesso à Justiça*, v. 7, n. 2, [s.L], 2021.e-ISSN: 2526-026X.

8. BACELLAR, Roberto Portugal. *Mediação e Arbitragem*. São Paulo: Saraiva, 2012.

9. PINHO, Humberto Dalla Bernardina de. A releitura do princípio do acesso à justiça e o necessário redimensionamento da intervenção judicial na resolução dos conflitos na contemporaneidade. *Revista da EMERJ*. v. 21. n. 3. Rio de Janeiro: setembro/dezembro, 2019.

10. ROCHA, José Cláudio; ALVES, Cristiano Cruz. O acesso à justiça: ao Poder Judiciário ou à ordem jurídica justa? *Meritum, Revista de Direito da Universidade FUMEC*, [S.L.], 2011, p. 133-161. https://doi.org/10.46560/meritum.v6i1.1068.

por outros meios, que não exclusivamente a intermediação do Poder Judiciário. Para Madeu,[11] por exemplo, o acesso à Justiça é a redução das distâncias entre igualdade jurídico-formal e desigualdades sociais. Logo, acessar a Justiça é promover direitos de forma igualitária, não apenas proclamá-los sem concretude.[12] A dignidade da pessoa humana exige que cada um possa, não apenas usufruir, mas agir em defesa dos seus direitos (Madeu, 2011).

Nesta senda, Zavascki[13] ensina que a ordem jurídica justa envolve o "direito de provocar a atuação do Estado, detentor do monopólio da função jurisdicional, no sentido de obter, em prazo adequado, não apenas uma decisão justa, mas uma decisão com potencial de atuar eficazmente no plano dos fatos". Tem-se, portanto, que o acesso formal pode ser diverso do acesso à ordem jurídica justa, pautada pela efetividade, adequação e tempestividade.[14]

Constata-se que esta noção de ordem jurídica justa está diretamente atrelada ao desenvolvimento sustentável, uma vez que permite a concretização de direitos que contribuirão, por exemplo, para o enfrentamento de questões socioambientais, a redução das desigualdades sociais, a promoção do consumo e produção mais limpos e universais – auxiliando na edificação de uma sociedade mais justa como um todo.[15] O processo não pode ser um fim em si mesmo, sob pena de se perder sua legitimidade. O sistema deve ser lido a partir da Constituição e os trâmites devem operar no plano da instrumentalidade técnica.[16]

Rui Barbosa já dizia que a justiça tardia nada mais é do que injustiça institucionalizada, que certamente tem efeitos deletérios no desenvolvimento da sociedade. Desde a Emenda Constitucional nº 45/2004, a razoável duração do processo é um direito fundamental dos cidadãos no país, expresso no catálogo do artigo 5.º, inciso LXXVIII. O tempo médio de baixa dos processos judiciais é longo, sobretudo, na fase de execução. As organizações corporativas tendem a suportar o ônus dos processos judiciais com

---

11. MADEU, Diógenes. *A dignidade da pessoa humana como pressuposto para a efetivação da Justiça*. Lumen, p. 95-104, jul./nov. 2011.
12. CAPPELLETTI, Mauro; GARTH, Bryant. *Acesso à justiça*. Porto Alegre: Sergio Antonio Fabris, 1988.
13. ZAVASCKI, Teori Albino. Medidas cautelares e medidas antecipatórias: Técnicas diferentes, função constitucional semelhante. *Inovações do Código de Processo Civil*. Porto Alegre: Livraria do Advogado, 1997, p. 32.
14. SALES, Juliana Porto; BENEVIDES, Marinina Gruska. Acesso à justiça: do acesso formal ao acesso à ordem jurídica justa. *Passagens: Revista Internacional de História Política e Cultura Jurídica*, [S.L.], v. 14, n. 2, p. 173-203, 29 jun. 2022. Passagens. http://dx.doi.org/10.15175/1984-2503-202214202.
15. LOPES, Pamela Duarte. FARIAS, Paulo José Leite. Desjudicialização e Sustentabilidade: A Agenda 2030 da ONU e a Busca pela Ordem Jurídica Justa na Pós-Modernidade. *Revista de Direito: Trabalho, Sociedade e Cidadania*. v. 8 n. 8, [s.L], 2020. Disponível em: https://revista.iesb.br/revista/index.php/ojsiesb/article/view/96. Acesso em: 15 nov. 2023.
16. GOMES, Renata Nascimento. Pacificação Social e Princípio do Contraditório: uma análise a partir da atuação qualitativa da jurisdição. *Revista Libertas*. Ouro Preto-MG, n. 2, v. 2, p. 31-45, jul./dez. 2016.

maior facilidade do que os demandantes individuais, de modo que a morosidade seria mais um fator de desigualdade entre os litigantes.[17-18]

Em uma análise simples do relatório Justiça em Números publicado pelo Conselho Nacional de Justiça no ano de 2023, tem-se que em 2022, o tempo médio dos processos físicos baixados na justiça estadual brasileira é de 7 (sete) anos e 8 (oito) meses e o tempo médio dos processos eletrônicos baixados de 2 (dois) anos. Mesmo em órgãos com maior índice de solução, ainda a discrepância é grande entre a tramitação dos processos físicos e eletrônicos.[19]

Promover sociedades pacíficas e inclusivas, com o acesso à Justiça para todos e instituições eficazes em todos os níveis, conforme prevê o objetivo do desenvolvimento sustentável nº 16 da Agenda 2030, é um grande desafio dentro deste contexto de alta judicialização, morosidade, alto custo e, por vezes, baixa efetividade da prestação jurisdicional.

A desjudicialização permite ao Estado ampliar sua capacidade de resolver conflitos e, consequentemente, entregar direitos no plano dos fatos de forma célere e com menor custo. São ferramentas de desjudicialização e, logo, componentes desta ordem jurídica justa, a mediação, a conciliação, a arbitragem e a extrajudicialização.

A DESJUDICIALIZAÇÃO POR INTERMÉDIO DA ATIVIDADE REGISTRAL

A Agenda 2030 da ONU, consoante já mencionado, é um plano de ação global, mas que pode ser adaptado para cada país e cada organização. As metas são desdobradas em ações, as quais podem ser implementadas por todos os segmentos da sociedade, inclusive pelos registros públicos.

A meta nacional nº 09 do Poder Judiciário brasileiro, estabelecida pelo Conselho Nacional de Justiça, diz respeito à busca pela desjudicialização e redução de litígios. O propósito da desjudicialização é qualitativo, no sentido da redução da judicialização excessiva que cria entraves à entrega da prestação jurisdicional. A efetividade da justiça depende de material para sua realização.[20] A utilização de estruturas extrajudiciais é uma via vantajosa ao cidadão.

---

17. LAZARI, João Batista; SAVARIS, José Antônio; e PORENA, Daniele. O acesso à justiça nos juizados especiais: uma análise crítico-propositiva ao modelo dos Juizados Especiais Federais para obtenção de um Processo Justo. *Revista Novos Estudos Jurídicos – Eletrônica*, v. 19, n. 4, p. 1291. Edição Especial, [S.L], 2014.

18. LACERDA, Naurican Ludovico; FARIA, Bianca Castellar de. A extrajudicialização como ferramenta de efetividade da justiça. *Revista de Processo, Jurisdição e Efetividade da Justiça*, [S.L.], v. 7, n. 2, p. 54-70, 2022.

19. CONSELHO NACIONAL DE JUSTIÇA – CNJ. Justiça em Números 2023. Brasília: CNJ, 2023. 326p. Disponível em: https://www.cnj.jus.br/wp-content/uploads/2023/08/justica-em-numeros-2023.pdf. Acesso em: 02 jan. 2024, p. 191.

20. LACERDA, Naurican Ludovico; FARIA, Bianca Castellar de. A extrajudicialização como ferramenta de efetividade da justiça. *Revista de Processo, Jurisdição e Efetividade da Justiça*, [S.L.], v. 7, n. 2, p. 54-70, 2022.

A proteção do tráfego imobiliário fundamenta-se na preocupação de assegurar estabilidade às relações jurídicas, pacificação social e um ambiente de tranquilidade para o desenvolvimento dos atos e negócios. Terceiros adquirentes de boa-fé precisam conhecer as circunstâncias que afetam a disponibilidade do bem. Além disso, devem existir mecanismos para enfrentamento de eventuais conflitos entre o proprietário tabular e o adquirente de boa-fé.[21]

A origem dos registros de imóveis no Brasil coincide com a própria posse de terras, num primeiro momento ainda sem falar em formalização registral, nesse sentido, escreve Caroline Ferri:

> A gênese da atividade notarial e de registro brasileira remonta aos padrões vigentes em Portugal, por oportunidade do descobrimento e colonização, daí advir, historicamente a adoção do tipo latino de notariado local e a prestação em caráter privado para todas as atribuições.[22]

O Sistema Registral Brasileiro, de caráter privado, exercido por delegação do Poder Público mediante concurso de provas e títulos, tem estatura constitucional, previsto expressamente no artigo 236 da Constituição Federal de 1988, a saber:

> Art. 236. Os serviços notariais e de registro são exercidos em caráter privado, por delegação do Poder Público.
>
> § 1.º Lei regulará as atividades, disciplinará a responsabilidade civil e criminal dos notários, dos oficiais de registro e de seus prepostos, e definirá a fiscalização de seus atos pelo Poder Judiciário.
>
> § 2.º Lei federal estabelecerá normas gerais para fixação de emolumentos relativos aos atos praticados pelos serviços notariais e de registro.
>
> § 3.º O ingresso na atividade notarial e de registro depende de concurso público de provas e títulos, não se permitindo que qualquer serventia fique vaga, sem abertura de concurso de provimento ou de remoção, por mais de seis meses.[23]

A Lei nº 8.935, de 18 de novembro de 1994,[24] regulamenta o art. 236 da Constituição Federal, dispondo sobre serviços notariais e de registro, destacando a prestação em caráter privado, de modo adequado e eficiente, zelando pelo fácil acesso à população e segurança para o arquivamento de livros e documentos. O registrador é, nos termos da Lei, profissional do direito, dotado de fé pública, a quem é delegado o exercício da atividade de registro.

Os registros de imóveis são serviços capilarizados nacionalmente, acessíveis à população das capitais e do interior. A incorporação de novas tecnologias e a implanta-

---

21. KÜMPEL, Victor Frederico. *Tratado notarial e registral*. São Paulo: YK Editora, 2020. v. 5.

22. FERRI, Caroline Feliz Sarraf. *Os Serviços Notariais e de Registro no Brasil*: Breves estudos. São Paulo: IRIB – Instituto de Registro Imobiliário do Brasil, 2023.

23. BRASIL. Presidência da República. Constituição Federal de 1988. Disponível em: https://www.planalto.gov.br/ccivil_03/constituicao/constituicao.htm. Acesso em: 10 nov. 2023.

24. BRASIL. Presidência da República. Lei nº 8.935, de 18 de novembro de 1994. Disponível em: https://www.planalto.gov.br/ccivil_03/leis/l8935.htm. Acesso em: 10 nov. 2023.

ção do Sistema de Registro Eletrônico de Imóveis (SREI), instituído pela Corregedoria Nacional de Justiça, por meio do Provimento nº 47/2015, fazem dos serviços registrais ainda mais próximos no quotidiano dos cidadãos.

Ao registrador imobiliário, por vocação, recai a atribuição de regularizar a propriedade imobiliária. Atualmente, diversas são as modalidades de situações jurídicas por intermédio das quais o legislador permite a solução de conflitos extrajudicialmente, permitindo celeridade, eficácia e segurança jurídica. São exemplos destas modalidades concernentes ao registro predial a execução extrajudicial da propriedade fiduciária, a usucapião extrajudicial e a retificação administrativa registral.

A seguir, exemplificando o alcance e a aplicabilidade da desjudicialização por intermédio dos serviços registrais, discorre-se sobre como a usucapião extrajudicial, em um primeiro momento prevista no Provimento CNJ nº 65/2017, atualmente com regulamentação expressa no Provimento CNJ nº 149/2023, pode traduzir-se numa prestação que contribui, efetivamente, para o alcance dos objetivos do desenvolvimento sustentável, tais como a redução das desigualdades, ampliação do acesso aos direitos sociais, pacificação social e segurança jurídica.

USUCAPIÃO EXTRAJUDICIAL NO PROVIMENTO CNJ Nº 149/2023

Conflitos entre particulares, bem como a ausência ou deficiência de algumas políticas públicas podem desaguar no Poder Judiciário. A demora no acesso à prestação jurisdicional definitiva não contribui para a pacificação social e pode importar violação de direitos humanos, sobretudo, quando em litígio o direito fundamental de propriedade.

O direito à propriedade, outrora coletivo, na modernidade é reconhecido como individual e inerente à produção e moradia dignos, sendo o iluminismo e a Revolução Francesa movimentos importantes para esta evolução.[25-26]

A usucapião é forma originária de aquisição da propriedade imobiliária, por intermédio da posse mansa e pacífica, sem oposição de terceiro, pelo período correspondente à prescrição aquisitiva conforme a natureza da posse.[27] Sobre o conceito de usucapião, destaca-se a lição de Arnaldo Rizzardo:

> [...] cuida-se de um modo originário de aquisição, pelo qual a pessoa que exerce a posse em um imóvel, por certo prazo previsto em lei, adquire-lhe o domínio, desde que sua posse tenha

---

25. VENOSA, Sílvio de S. *Direito Civil*: Direitos Reais. Editora Forense: Grupo GEN, 2022. v. 4.
26. PEREIRA, Caio Mário da Silva. *Instituições de Direito Civil*: Direitos Reais. Editora Forense: Grupo GEN, 2022. v. IV.
27. FARIAS, Cristiano Chaves de; ROSENVALD, Nelson. *Curso de direito civil*: Direitos Reais. 13. ed. Salvador: JusPodivm, 2017.

satisfeito certos requisitos, ou seja, revela que sempre foi pacífica, mansa e ininterrupta, sem oposição alguma do titular do domínio e com o *animus domini*.[28]

A Lei nº 6.015/73, em seu artigo 216-A – acrescido pelo Código de Processo Civil de 2015 –, dispôs que, observada a devida instrução do procedimento e sem prejuízo da via jurisdicional, é admitido o pedido de reconhecimento extrajudicial de usucapião, que será processado diretamente perante o cartório do registro de imóveis da comarca em que estiver situado o imóvel usucapiendo, a requerimento do interessado, representado por advogado.

A usucapião extrajudicial é "capaz de reduzir o tempo de solução do pedido para algumas semanas possibilitando assim a realização prática do direito de propriedade, com importantes repercussões jurídicas, humanas e econômicas".[29]

O procedimento pode abranger a propriedade ou qualquer outro direito real passível de usucapião (*res habilis*), tal como o usufruto. A princípio, a lei civil admite apenas a usucapião de direitos reais sobre bens corpóreos.

A partir, portanto, da alteração legislativa, a usucapião passou a ser possível de processamento direto perante o ofício registrador de imóveis. O procedimento de usucapião extrajudicial foi inicialmente regulamentado pelo Provimento CNJ nº 65/2017 e está previsto atualmente nos artigos 398 a 423 do Provimento CNJ nº 149/2023.

Cumpre destacar que a via extrajudicial não prejudica o acesso ao judiciário, conforme resta claro no artigo 399 do Provimento CNJ nº 149/2023. O regulamento confere liberdade às partes para, a qualquer tempo, solicitar a suspensão do procedimento pelo prazo de 30 dias ou a desistência da via judicial para promoção da via extrajudicial. Caso tenha sido proposta ação judicial anterior e ocorrido desistência do feito em prol do ingresso no foro extrajudicial, as provas eventualmente produzidas em juízo poderão ser utilizadas para instrução do procedimento perante o registro de imóveis.

O ofício competente para processar e decidir o procedimento é o da situação do bem, ante o princípio da territorialidade. O usuário dos serviços deve atentar-se ao fato de que circunscrição imobiliária não se confunde com comarca. Apenas na comarca de Cascavel, por exemplo, há três diferentes circunscrições imobiliárias. A condução do procedimento caberá ao Registrador Imobiliário competente, dispensada a intervenção do Ministério Público.

O requerimento de reconhecimento extrajudicial da usucapião deverá atender, no que couber, os mesmos requisitos da petição inicial prevista no Código de Processo Civil. Além disto, deverá ser firmado por advogado ou por defensor público, consoante dispõem os artigos 400 e 401 do regulamento.

---

28. RIZZARDO, Arnaldo. *Direito das Coisas*. Editora Forense: Grupo GEN, 2021, p. 272.
29. NOBRE, Francisco José Barbosa. *Manual da usucapião extrajudicial*: de acordo com a Lei nº 13.465/2017 incluindo comentários ao Provimento nº 65/2017 do CNJ. Ananindeua: Itacaiúnas, 2018, p. 73-74.

O provimento regulamentador simplifica alguns aspectos, a fim de viabilizar a celeridade dos trâmites, sem prejuízo da segurança jurídica que a medida requer. Um exemplo é o reconhecimento extrajudicial da usucapião de unidade autônoma integrante de condomínio edilício regularmente constituído e com construção averbada, em que bastará a anuência do síndico para fins do prosseguimento.

Os prazos previstos em lei para a tramitação das diligências são céleres. Estima-se o prazo de até 120 dias para a conclusão do procedimento no âmbito extrajudicial, caso não haja desídia do apresentante e nem impugnação que venha a descaracterizar a consensualidade que é característica desta via. Vale dizer que impugnações injustificadas, meramente protelatórias, sem concretude ou documentação, não impedirão o prosseguimento do feito na via extrajudicial.

Alguns exemplos do que caracteriza a impugnação injustificada podem ser mencionados, a saber: mera alegação de que o pedido avança sobre a propriedade do impugnante, mas desprovido de evidências; a alegação genérica de que o impugnante não concorda com os termos do pedido, sem deduzir e comprovar suas razões; suscita matérias estranhas ao procedimento; alegação do ente público de que o imóvel não possui registro anterior e este fato, por si só, o caracterizaria como terra devoluta não passível de usucapião. Sobre o último exemplo, especificamente, há diversos julgados do Superior Tribunal de Justiça no sentido de que o simples fato de não existir registro anterior não faz presumir a natureza pública do bem imóvel.

Além disto, a I Jornada de Direito Notarial e Registral do Conselho da Justiça Federal, ocorrida no ano de 2022 na sede do Tribunal Regional Federal da 5ª Região, que encerrou com 82 (oitenta e dois) enunciados aprovados no total, recebeu 197 propostas sobre a área dos Registros de Imóveis, das quais 24 estão entre as aprovadas. O enunciado 32 (trinta e dois), trata do tema em apreço e assim dispõe: "A impugnação em usucapião extrajudicial fundada unicamente na presunção de que o imóvel constitui terra devoluta, ante a inexistência de registro da sua propriedade, deve ser considerada injustificada, nos termos do art. 216-A, §10, da Lei nº 6.015/1973".[30]

De todo modo, mesmo que constatada a carência de fundamentos da impugnação e sendo esta rejeitada pelo oficial registrador, poderá ocorrer suscitação de dúvida pelo interessado, consoante artigo 198 da Lei nº 6.015/73, a acarretar a apreciação pelo Juízo da Vara de Registros Públicos. Há, ainda, a possibilidade de o oficial buscar a conciliação entre as partes antes ou depois da impugnação apresentada.

O registrador imobiliário, uma vez que recebe o pedido, deverá tomar as cautelas exigidas em lei – semelhantes às que observa o Juízo quando da usucapião judicial, tais como: caso não conste a anuência expressa e/ou assinatura na planta de algum dos

---

30. CONSELHO DA JUSTIÇA FEDERAL – CJF. I Jornada de Direito Notarial e Registral: Anais do Evento e Enunciados Aprovados. Brasília: CJF, 2022. 83p. Disponível em: https://www.cjf.jus.br/cjf/corregedoria-da--justica-federal/centro-de-estudos-judiciarios-1/Direito%20Notarial%20e%20Registral. Acesso em: 03 jan. 2024.

titulares dos direitos registrados ou averbados na matrícula do imóvel usucapiendo ou na matrícula dos imóveis confinantes ou ocupantes a qualquer título, promover sua notificação para manifestação no prazo de 15 (quinze) dias sob pena de concordância (artigo 407 do regulamento). Acaso infrutíferas as notificações, o oficial de registro de imóveis certificará o ocorrido e promoverá a notificação por edital publicado, por duas vezes, em jornal local de grande circulação, pelo prazo de 15 dias cada um, interpretando o silêncio do notificando como concordância (artigo 408).

Ainda, com o requerimento devidamente instruído, o oficial de registro de imóveis dará ciência à União, ao Estado, ao Distrito Federal ou ao Município pessoalmente, por intermédio do oficial de registro de títulos e documentos ou pelo correio com aviso de recebimento, para manifestação sobre o pedido no prazo de 15 dias. É certo que os bens públicos não são *res habilis* – não podem ser objeto da usucapião – e o Poder Público poderá se manifestar em qualquer fase do procedimento, mas a sua inércia não impedirá o prosseguimento do feito na via extrajudicial e nem o reconhecimento do direito, caso presentes os requisitos.

É requisito inafastável para fins de instrução da usucapião extrajudicial a lavratura de ata notarial com a qualificação, o endereço eletrônico, o domicílio e a residência do requerente e o respectivo cônjuge ou companheiro, se houver, e do titular do imóvel lançado na matrícula objeto da usucapião que ateste a caracterização do imóvel e as condições para o reconhecimento da aquisição do direito pleiteado. Nesse sentido, dispõem os artigos 401 e 402 do regulamento. Importante ressaltar que esta ata e o requerimento devem observar o princípio da congruência objetiva, isto é, a modalidade de usucapião pretendida deve ser especificada tanto no requerimento ao oficial de imóveis quanto na ata notarial apresentada, sendo compatível o teor de ambos.

Por se tratar de aquisição originária, não há falar em recolhimento de imposto de transmissão (ITBI), por outro lado, incidirão normalmente as custas e emolumentos conforme tabela estadual vigente.

Sendo a qualificação final positiva, entendendo o oficial pelo deferimento do pedido, será registrado na matrícula originária, cancelados os ônus eventualmente existentes, averbado o encerramento/transferência e aberta nova matrícula. O reconhecimento extrajudicial da usucapião pleiteado por mais de um requerente pode ser admitido quando comprovado o exercício comum da posse.

O procedimento de usucapião, com caráter de aquisição originária, não pode ser utilizado como burla às vias ordinárias de regularização e escrituração das transações. Neste tema, contudo, a jurisprudência do Superior Tribunal de Justiça possui inúmeros precedentes no sentido de que a mera existência de um compromisso particular de compra e venda não afasta o reconhecimento da prescrição aquisitiva, sendo possível considerá-lo como justo título para fins da modalidade ordinária (v.g.: AgInt nos EDcl no AREsp nº 2.261.113/RJ, relator Ministro Moura Ribeiro, Terceira Turma, julgado em 21.08.2023, DJe de 23.08.2023).

Salienta-se que, em alguns casos, a via extrajudicial não será uma opção. A pessoa jurídica em processo de falência, por exemplo, não poderá ter bem de sua propriedade usucapido na via extrajudicial, eis que aplicável o princípio da indivisibilidade do juízo falimentar.

CONSIDERAÇÕES FINAIS

O sistema constitucional brasileiro prevê expressamente, entre os direitos processuais fundamentais, o direito de acesso à Justiça enquanto direito civil e político, equiparando-o à categoria de direito humano que dignifica a existência do indivíduo na Sociedade para conquista dos bens jurídicos pleiteados. O acesso à Justiça é preceito indispensável que compõe o mínimo existencial do indivíduo.

O acesso à Justiça representa um dos pilares do Estado Democrático de Direitos, ou seja, todos os cidadãos podem reivindicar seus direitos e o Poder Estatal tem o dever de tratar adequadamente a questão. Nessa perspectiva o acesso à Justiça assume papel protagonista na garantia da pacificação social.

Em decorrência da forma disposta na CF/88, o direito de acesso à Justiça é frequentemente relacionado ao princípio da inafastabilidade da jurisdição ou da proteção judiciária. No entanto, percebeu-se que o acesso à Justiça não poderia mais delimitar-se somente ao direito de pleitear a solução de conflitos perante o Poder Judiciário. Coube ao Poder Público disponibilizar outras vias de acesso à Justiça.

Nesse cenário, o presente estudo abordou o papel dos registros de imóveis enquanto agentes da desjudicialização e promoção do desenvolvimento sustentável à luz do Provimento nº 149/2023.

Constatou-se que os serviços extrajudiciais de registro de imóveis, enquanto auxiliares da justiça, cresceram em importância ao longo dos anos; diante de sua capilaridade no país, da sua especialização, condução por operadores do Direito e, por tudo isso, da possibilidade de atuarem de forma técnica e equidistante das partes que os procuram, oferecendo soluções efetivas e céleres para litígios, com menor custo e maior agilidade.

A pacificação social é alcançada quando se incentiva a conscientização dos próprios direitos e o respeito aos direitos alheios. As outras vias de tratamento de conflitos trazem as próprias partes para o centro da solução, permitindo maior autonomia, legitimidade e sentimento de justiça. O procedimento extrajudicial atua dentro da instrumentalidade técnica, isto é, um meio de alcance do direito material que visa a servir.

PROVIMENTO Nº 164, DE 27 DE MARÇO DE 2024

Altera o Código Nacional de Normas da Corregedoria Nacional de Justiça do Conselho Nacional de Justiça – Foro Extrajudicial (CNN/CN/CNJ-Extra), instituído pelo Provimento nº 149, de 30 de agosto de 2023, para dispor sobre a Autorização Eletrônica de Doação de Órgãos, Tecidos e Partes do Corpo Humano – AEDO.

O Corregedor Nacional de Justiça, usando de suas atribuições constitucionais, legais e regimentais e,

Considerando o disposto na Lei nº 9.434, de 4 de fevereiro de 1997, que regulamenta a retirada de tecidos, órgãos e partes do corpo humano para fins de transplante ou outra finalidade terapêutica de pessoas falecidas, o que depende da autorização do cônjuge ou parente, maior de idade, obedecida a linha sucessória, reta ou colateral, até o segundo grau, inclusive;

Considerando a necessidade de simplificar e tornar mais eficiente o processo de autorização para doação de órgãos, tecidos e partes do corpo humano;

Considerando o objetivo de facilitar a declaração de vontade da doação de órgãos e tecidos, aumentando consideravelmente as doações e fomentando a discussão na sociedade sobre a importância desse ato solidário;

Considerando a existência das centrais de notificação, captação e distribuição de órgãos, previstas no art. 13 da Lei nº 9.434, de 4 de fevereiro de 1997, que são notificadas pelos estabelecimentos de saúde no caso de diagnóstico de morte encefálica feito em paciente por eles atendidos;

Considerando o interesse público, especificamente em prol do sistema nacional de saúde pública, e a importância de que todos os cidadãos tenham acesso gratuito a um mecanismo seguro que fomente e agregue o maior número de doadores de órgãos e tecidos e o objetivo de que seja respeitada a declaração de vontade do doador,

Resolve:

Art. 1.º O Título Único do Livro IV da Parte Especial do Código Nacional de Normas da Corregedoria Nacional de Justiça do Conselho Nacional de Justiça Foro Extrajudicial (CNN/CN/CNJ-Extra), instituído pelo Provimento nº 149, de 30 de agosto de 2023, passa a vigorar acrescido do seguinte Capítulo IV:

"Capítulo IV

Da Autorização Eletrônica de Doação de Órgãos, Tecidos e Partes do Corpo Humano

Seção I

Das Disposições Gerais

Art. 444-A. Fica instituída a Autorização Eletrônica de Doação de Órgãos, Tecidos e Partes do Corpo Humano – AEDO, a qual tem validade e efeito perante toda sociedade como declaração de vontade da parte.

§ 1.º A emissão da AEDO, ou a revogação de uma já existente, é feita perante tabelião de notas por meio de módulo específico do e-Notariado, no qual as AEDOs deverão ser armazenadas de forma segura.

§ 2.º O serviço de emissão da AEDO e de sua revogação é gratuito por força de interesse público específico da colaboração dos notários com o sistema de saúde, gratuidade essa que, salvo disposição em contrário, não se estende a outros modos de formalização da vontade de doar órgãos, tecidos e partes do corpo humano.

§ 3.º O serviço de emissão da AEDO consiste na conferência, pelo tabelião de notas, da autenticidade das assinaturas dos cidadãos brasileiros maiores de 18 (dezoito) anos, nas declarações de vontade de doar órgãos, tecidos e partes do corpo humano para fins de transplante ou outra finalidade terapêutica post mortem.

§ 4.º A AEDO é facultativa, permanecendo válidas as autorizações de doação de órgãos, tecidos e partes do corpo humano emitidas em meio físico.

§ 5.º A existência da AEDO não dispensa o cumprimento do disposto no art. 4.º da Lei nº 9.434, de 4 de fevereiro de 1997.

Art. 444-B. A Autorização Eletrônica de Doação de Órgãos, Tecidos e Partes do Corpo Humano obedecerá a todas as formalidades exigidas para a prática do ato eletrônico, conforme estabelecido neste Código de Normas, e na legislação vigente.

Parágrafo único. A autorização eletrônica emitida com a inobservância dos requisitos estabelecidos nos atos normativos previstos no caput deste artigo é nula de pleno direito, independentemente de declaração judicial.

Art. 444-C. Em caso de falecimento por morte encefálica prevista no art. 13 da Lei nº 9.434/1997, a Coordenação Geral do Sistema Nacional de Transplantes ou as Centrais Estaduais de Transplantes poderão consultar as AEDOs para identificar a existência de declaração de vontade de doação.

§ 1.º Em caso de falecimento por qualquer outra causa, a Coordenação Geral do Sistema Nacional de Transplantes ou as Centrais Estaduais de Transplantes ou os serviços por ela autorizados poderão consultar as AEDOs para identificar a existência de declaração de vontade de doação.

§ 2.º O Colégio Notarial do Brasil – Conselho Federal promoverá o cadastramento de órgãos públicos e privados ou profissionais que atuem ou tenham por objeto o atendimento médico, devidamente filiados ao Conselho Nacional ou Regional de Medicina, para a consulta das AEDOs.

§ 3.º Anualmente, o Colégio Notarial do Brasil – Conselho Federal providenciará a atualização do cadastro a que se refere o parágrafo anterior, mediante solicitação, ao Ministério da Saúde, dos dados dos estabelecimentos e profissionais autorizados a consultarem as AEDOs.

Seção II

Do Procedimento

Art. 444-D. O interessado declarará a sua vontade de doar órgãos, tecidos e partes do corpo humano por meio da AEDO, ou de revogar uma AEDO anterior, por instrumento particular eletrônico e submeterá esse instrumento ao tabelião de notas.

§ 1.º É competente para a emissão da AEDO, ou a sua revogação, o tabelião de notas do domicílio do declarante.

§ 2.º O instrumento particular eletrônico seguirá o modelo dos Anexos II e III deste Código de Normas, os quais deverão estar disponíveis na plataforma eletrônica do e-Notariado de modo a permitir ao interessado fácil e gratuito acesso para download.

§ 3.º O instrumento particular eletrônico deverá ser assinado eletronicamente apenas por meio de:

I – certificado digital notarizado, de emissão gratuita (arts. 285, II, e 292, § 4.º, deste Código);

II – certificado digital no âmbito da Infraestrutura de Chaves Públicas Brasileira – ICP-Brasil.

§ 4.º O tabelião de notas emitirá a AEDO, ou revogará a já existente, após a prática dos seguintes atos:

I – reconhecimento da assinatura eletrônica aposta no instrumento particular eletrônico por meio do módulo AEDO-TCP do e-Notariado (art. 306, III, deste Código); e

II – realização de videoconferência notarial para confirmação da identidade e da autoria daquele que assina.

Art. 444-E. A AEDO conterá, em destaque, a chave de acesso e QR Code para consulta e verificação da autenticidade na internet.

§ 1.º O QR Code constante da AEDO poderá ser validado sem a necessidade de conexão com a internet.

§ 2.º A versão impressa da AEDO poderá ser apresentada pelo interessado, desde que observados os requisitos do *caput*.

§ 3.º A Autorização Eletrônica de Doação de Órgãos, Tecidos e Partes do Corpo Humano poderá ser apresentada em aplicativo desenvolvido pelo CNB/CF.

Art. 444-F. A AEDO poderá ser expedida pelo prazo ou evento a ser indicado pelo declarante e, em caso de omissão, a autorização é válida por prazo indeterminado."

Art. 2.º O atual Anexo do Código Nacional de Normas da Corregedoria Nacional de Justiça do Conselho Nacional de Justiça – Foro Extrajudicial (CNN/CN/CNJExtra), instituído pelo Provimento nº 149, de 30 de agosto de 2023, passa a ser renomeado como "Anexo I".

Art. 3.º O Código Nacional de Normas da Corregedoria Nacional de Justiça do Conselho Nacional de Justiça – Foro Extrajudicial (CNN/CN/CNJ-Extra), instituído pelo Provimento nº 149, de 30 de agosto de 2023, passa a vigorar acrescido de dois novos anexos, a serem respectivamente nomeados como "Anexo II" e "Anexo III" e cujo teor corresponde aos anexos do presente Provimento.

Art. 4.º O Colégio Notarial Brasil – Conselho Federal desenvolverá, em 60 (sessenta) dias, módulo do e-Notariado para a emissão da Autorização Eletrônica de Doação de Órgãos, Tecidos e Partes do Corpo Humano – AEDO.

Art. 5.º Este Provimento entra em vigor na data de sua publicação.

ANEXO I
DECLARAÇÃO DE DOAÇÃO DE ÓRGÃOS, TECIDOS E PARTES DO CORPO HUMANO PARA DEPOIS DA MORTE

Eu, _____(nome preenchido automaticamente pelo e-Notariado), CPF nº _____-_____ (número preenchido automaticamente pelo e-Notariado), DECLARO que sou DOADOR de órgãos, tecidos e partes do corpo humano para fins de transplante ou finalidade terapêutica post mortem, ou seja, depois de minha morte. SOLICITO ainda, enquanto necessário for por imposição legal, que meu cônjuge e meus parentes, maiores de idade, obedecida a linha sucessória, reta ou colateral, até o segundo grau inclusive, após a minha morte, AUTORIZEM a retirada_____(órgãos, tecidos e partes do corpo humano) para transplantes ou outra finalidade terapêutica. Esta é a minha vontade e solicito que seja cumprida. Autorizo a consulta da presente declaração pelos órgãos e profissionais que atuem na área médica ou estejam autorizados por previsão legal ou normativa.

___/___/___ (data preenchida automaticamente) _____(local preenchido automaticamente)

Assinatura Eletrônica e-Notariado

ANEXO II
REVOGAÇÃO DE DECLARAÇÃO DE DOAÇÃO DE ÓRGÃOS, TECIDOS E PARTES DO CORPO HUMANO PARA DEPOIS DA MORTE

Eu,_____ (nome preenchido automaticamente pelo e-Notariado), CPF nº _____-_____ (número preenchido automaticamente pelo e-Notariado), REVOGO a anterior DECLARAÇÃO DE DOAÇÃO DE ÓRGÃOS, TECIDOS E PARTES DO CORPO HUMANO PARA DEPOIS DA MORTE assinada em ___/___/___ (data preenchida automaticamente). ___/___/___ (data preenchida automaticamente) _____ (local preenchido automaticamente)

Assinatura Eletrônica e-Notariado

Comentários de Maria Gabriela Souto Caetano

Este estudo visa facilitar a doação de órgãos, em nosso país, através da função administrativa dos notários e registradores, bem como delimitar a natureza jurídica, da declaração pública de doação de órgãos. Assim, serão apresentados os conceitos basilares que abarcam a função desempenhada para tanto. Além de que serão explanadas a legislação sobre a doação de órgãos no Brasil, e seu retrocesso quando delimita a autonomia da vontade, e atrela a doação de órgãos apenas à vontade de um familiar. Por fim, serão apresentadas as finalidades da atividade notarial e registral, como ponto focal de manifestação da vontade de doação de órgãos. Pois tem por objetivo facilitar a doação de órgãos no país, impossibilitando que pacientes morram na fila enquanto aguardam transplante pela pouca oferta de órgãos. Como meio facilitador veio o Provimento nº 164, do Conselho Nacional de Justiça (CNJ), onde irá integrar os serviços extrajudiciais, juntamente com a Central Nacional de Transplantes, possibilitando que seja cumprida a autonomia da vontade, e garantido com segurança a vontade generosa de possibilitar uma nova vida.

INTRODUÇÃO

O avanço incessante da medicina contemporânea tem proporcionado inovações notáveis, entre as quais se destaca a prática do transplante de órgãos, representando uma verdadeira revolução no panorama da saúde.

Este trabalho empreende uma análise aprofundada sobre o impacto de um novo banco de dados de doadores dos órgãos, focalizando especificamente no Provimento nº 164, do Conselho Nacional de Justiça.

Dessa forma, este trabalho busca contribuir para a compreensão aprofundada do impacto do novo provimento instituído pelo Conselho Nacional de Justiça, regulamentando a Autorização Eletrônica de Doação de Órgãos, tecidos e Partes do Corpo Humano, como um catalisador significativo na consecução de uma sociedade mais justa e comprometida com o bem-estar de seus cidadãos.

TRANSPLANTE

Em um cenário global marcado por avanços científicos e tecnológicos, o campo do transplante de órgãos destaca-se como uma área de constante transformação, imbricada na intrincada tapeçaria da evolução histórica da medicina. Nesse contexto, a investigação propõe-se a elucidar não apenas os marcos históricos que moldaram a prática do transplante, mas também a compreender a sua dinâmica contemporânea, caracterizada por desafios éticos, avanços clínicos e implicações sociais.

O transplante de órgãos, destinado à substituição de órgãos com função comprometida, teve sua origem após 1880, marcando uma distinção essencial dos transplantes realizados na cirurgia plástica séculos antes. Inicialmente, os transplantes renais se tornaram mais comuns a partir da segunda metade do século XX, enquanto nas fases iniciais, predominavam os transplantes de órgãos de secreção interna.[1]

No final do século XIX e início do século XX, influenciados pelas teorias de Brown-Séquard, experimentos com pequenas fatias de órgãos como pâncreas, tireoide e testículos foram conduzidos na esperança de prevenir doenças terminais. Contudo, tentativas semelhantes com pequenas fatias de rim revelaram-se inadequadas, resultando na reabsorção completa dos transplantes. Por exemplo, em 1905, Princeteau inseriu fatias de rim de coelho na nefrostomia de uma criança com insuficiência renal, obtendo resultados iniciais positivos que, no entanto, culminaram em óbito por congestão pulmonar no 16.º dia.

A fase moderna dos transplantes teve início na segunda metade do século XX, mas dois períodos anteriores de interesse experimental e clínico se destacaram: nas duas primeiras décadas do século XX, impulsionado pelo desenvolvimento de técnicas de sutura vascular, e no início dos anos 1950, devido ao conhecimento emergente dos mecanismos do sistema imunológico. Esses avanços sinalizaram uma transformação significativa na compreensão e prática dos transplantes de órgãos, delineando o caminho para o desenvolvimento contemporâneo dessa terapêutica vital.[2]

No contexto brasileiro, a primeira legislação referente a transplantes de órgãos foi estabelecida pela Lei 4.280/1963, a qual regulamentava a utilização de órgãos e tecidos provenientes de pessoas falecidas para transplantes. Essa lei exigia que o doador expressasse por escrito seu interesse em doar, permitindo a escolha do receptor e não proibindo a venda de órgãos e tecidos.[3]

Posteriormente, a Lei 5.479/1968 revogou a legislação anterior, autorizando a doação de tecidos e órgãos por menores e incapazes, assim como consentindo a retirada de órgãos e tecidos de corpos vivos, estabelecendo ainda a gratuidade da doação. Contudo, esta lei não foi devidamente regulamentada, resultando na criação de uma série de instrumentos legais para abordar a crescente demanda por transplantes e a ausência de dispositivos legais eficazes.

A Constituição Federal de 1988 dedicou o artigo 199, § 4.º, exclusivamente ao tema dos transplantes, buscando fixar um preceito legal efetivo. Subsequentemente, a

---

1. GARCIA, Valter Duro; VITOLA, Santo Pascual; PEREIRA, Japão Dröse. História dos transplantes, p. 4. In: GARCIA, Clotilde Druck (Org.). *Transplante de órgãos, tecidos etc.* São Paulo: Segmento Farma, 2015.
2. GARCIA, Valter Duro; VITOLA, Santo Pascual; PEREIRA, Japão Dröse. História dos transplantes. In: GARCIA, Clotilde Druck (Org.). *Transplante de órgãos, tecidos etc.* São Paulo: Segmento Farma, 2015, p. 4.
3. MOURA, Maria Luciana de Mello Turiani Hourneaux de. Análise crítica dos 10 anos de regulamentação da Lei de Transplantes nº 9434. Disponível em: http://www.cbcd.org.br/publicacoes/ged/edicao_02/artigo_01.pdf. Acesso em: 17 jun. 2023.

Lei 8.489/1992 foi aprovada pelo Congresso Nacional, seguida pela regulamentação do Decreto nº 879 em 1993, que, embora tenha introduzido alterações, não foi extensiva.[4]

A modificação da expressão "cadáver" para "corpo humano" e a adoção do critério de morte encefálica foram algumas das alterações promovidas. No que diz respeito à intenção do doador, enfatizou-se que, em caso de omissão por parte do doador, a família teria autoridade para tomar decisões. Tais mudanças foram implementadas com o propósito de aumentar o número de doadores.

Diante da urgente situação enfrentada por aqueles que aguardavam por um doador, a Lei 9.434/97 foi promulgada pelo legislador como medida para buscar aumentar o número de doadores de órgãos, tecidos e partes do corpo humano. Em resposta a críticas e interpretações divergentes, a Lei 10.211/2001 foi posteriormente editada, introduzindo alterações significativas na Lei dos Transplantes (Lei nº 9.434/97).

TRANSPLANTE DE ÓRGÃOS E A LEGISLAÇÃO

A constitucionalização do direito civil e os direitos fundamentais no contexto brasileiro são temas destacados, ressaltando sua importância na resolução de questões jurídicas. A análise é realizada sob a perspectiva constitucional, considerando a supremacia da Constituição Federal sobre as demais normas jurídicas.[5] Os direitos fundamentais são diferenciados dos direitos universais, e sua relação com os direitos humanos é enfatizada, assim como a necessidade de formalização interna para reconhecimento internacional.[6] Tais direitos são essenciais para garantir valores como solidariedade, igualdade, liberdade e dignidade da pessoa humana.

Os direitos fundamentais, os direitos humanos e os direitos naturais compartilham o objetivo de proteger a dignidade da pessoa humana e restringir a intervenção do Estado.[7] Os direitos naturais, conforme a perspectiva jusnaturalista, derivam da natureza humana e são considerados inalienáveis, transcendendo tratados ou constituições.

Além disso, a pesquisa discute a disposição do próprio corpo e a dignidade da pessoa humana, explorando concepções históricas sobre o nascimento e a morte. Examina-se a dicotomia entre a autonomia individual e a vontade divina, especialmente no contexto da discussão sobre a morte digna e a disponibilidade da vida. Questões éticas e religiosas são consideradas, incluindo o posicionamento da Igreja Católica em relação à antecipação da morte.

---

4. PEREIRA, Rodrigo Pessoa. Doação de órgãos: uma análise dos aspectos legais e sociais. In: SÁ, Maria de Fátima Freire. *Biodireito*. Belo Horizonte: Del Rey, 2002. p. 409.
5. DIAS, Maria Berenice. *Manual de Direito das Sucessões*. 7. ed. rev. atual. e ampl. São Paulo: Ed. RT, 2010. p. 144.
6. FARIAS, Cristiano Chaves de. *Direito civil*: teoria geral. 6. ed. Rio de Janeiro: Lumen Júris, 2007.
7. VENOSA, Sílvio de Salvo. *Direito Civil*: parte geral. 14. ed. São Paulo: Atlas, 2014.

Por fim, os direitos da personalidade no contexto democrático brasileiro pós-1988 são abordados, destacando sua consagração na Constituição e sua proteção pela jurisprudência. Esses direitos são considerados inalienáveis e fora do âmbito comercial, demandando proteção legal para garantir a dignidade e a autonomia da pessoa humana.

Os direitos da personalidade são essenciais para preservar a integridade física e moral de cada indivíduo, abrangendo aspectos físicos, morais, intelectuais e psíquicos. Sua realização está intimamente ligada à busca pelo respeito à condição humana, considerando sentimentos, aspectos emocionais, psicológicos e integridade física.

A dignidade, consagrada como valor constitucional, está estreitamente relacionada aos direitos da personalidade. A Constituição Federal de 1988 garante a inviolabilidade da intimidade, da vida privada, da honra e da imagem, além de declarar a dignidade da pessoa humana como um direito fundamental, embora nem sempre plenamente alcançado por todos.

A personalidade, inerente a todos os seres humanos, é um pressuposto formal de igualdade jurídica, exigindo respeito pela personalidade jurídica dos outros. Os direitos da personalidade são subjetivos e absolutos, regulando os aspectos mais importantes da personalidade humana, sendo inalienáveis, intransmissíveis, irrenunciáveis e imprescritíveis.

No Brasil, são positivados pelos artigos 11 a 21 do Código Civil de 2002 e pela Constituição de 1988, além de serem respaldados internacionalmente por diversas Convenções, como a Declaração Universal dos Direitos Humanos da ONU.

O princípio da dignidade da pessoa humana, enunciado no artigo 1.º da Constituição Federal de 1988, é considerado o cerne axiológico do sistema constitucional contemporâneo. Sua análise requer compreensão de suas bases teóricas, origens, evolução e natureza jurídica.[8] Na antiguidade clássica, a dignidade estava vinculada à posição social, enquanto o cristianismo fortaleceu a ideia de que o ser humano tem um valor intrínseco que transcende sua objetificação.

No contexto medieval, Tomás de Aquino, influenciado por sua profunda inspiração cristã, associou a dignidade à criação do homem à imagem de Deus, além de vinculá-la à capacidade de autodeterminação, característica inerente à natureza humana. A secularização desse conceito ocorreu apenas com Immanuel Kant, cuja visão fundamentava-se na autonomia da vontade como essência da dignidade humana.

A valorização da dignidade da pessoa humana começou a surgir timidamente nos documentos jurídicos oficiais a partir do século XX, como nas Constituições de Weimar (1919), Portugal (1933) e Irlanda (1937). No entanto, foi após a Segunda Guerra Mundial

---

8. FARIAS, Cristiano Chaves de. *Direito civil*: teoria geral. 6. ed. Rio de Janeiro: Lumen Júris, 2007. p. 101.

que houve um rápido reconhecimento desse princípio nas constituições, refletindo a repulsa mundial às atrocidades cometidas durante o conflito.[9]

No Brasil, a consagração explícita da dignidade da pessoa humana ocorreu com a promulgação da Constituição Federal de 1988,[10] marco histórico no processo de redemocratização do país após o regime ditatorial militar (1964-1985). Conceitualmente, a dignidade visa garantir condições básicas essenciais para uma existência digna a todas as pessoas, apenas pelo fato de serem humanas, e é suficiente para assegurar o respeito a um conjunto mínimo de direitos considerados essenciais.

No âmbito dos direitos fundamentais, o direito à vida destaca-se como o mais fundamental, reconhecido pelo direito positivo como inerente ao ser humano desde o momento de seu nascimento. Embora a definição exata da vida seja complexa e variável, esse direito é universalmente reconhecido como o primeiro direito natural, não criado, mas reconhecido pelo Estado.

No contexto brasileiro, o Sistema Único de Saúde (SUS) foi estabelecido pela Constituição de 1988 com o objetivo de garantir a saúde de todos os cidadãos, especialmente daqueles sem recursos financeiros para cobrir despesas médicas. O direito à saúde no Brasil é respaldado por diversos dispositivos legais, uma vez que abrange não apenas a prestação de cuidados médicos, mas também políticas sociais e econômicas para redução de riscos de doenças.

No que se refere à consideração jurídica do corpo humano, sua vinculação ao âmbito comercial é restrita, proibindo sua utilização como objeto de transações comerciais. No entanto, é possível a doação de partes do corpo, em vida ou após o óbito, para fins terapêuticos ou de pesquisa, desde que observadas as diretrizes legais. O Código Civil estabelece que a disposição do próprio corpo não pode ocorrer quando implicar em diminuição permanente da integridade física, exceto em casos de doação para transplante, conforme regulamentação específica.

O direito ao corpo, incluindo tecidos, órgãos e partes destacáveis, deriva do princípio da dignidade da pessoa humana e do direito à integridade física. Legislativamente, as questões relacionadas à doação de órgãos estão contempladas na Lei nº 9.434/1997, que permite a disposição gratuita de partes do corpo humano para transplantes e tratamentos médicos, mediante cumprimento de requisitos legais.

O Congresso Nacional tem implementado diversas estratégias para incrementar os índices de transplantes no país, com o objetivo de fortalecer e otimizar o sistema brasileiro de transplantes. Essas iniciativas refletem um compromisso ativo em aprimorar políticas públicas, regulamentações e práticas relacionadas à doação e transplante de órgãos.

---

9. DINIZ, M. H. *Especialistas da ONU pedem fim da criminalização do aborto em todo o mundo*. Disponível em: https://nacoesunidas.org/especialistas-da-onu-pedem-fim-da-criminalizacao-do-aborto-em-todo-o-mundo/. Acesso em: 09 jun. 2023.

10. FARIAS, Cristiano Chaves de. *Direito civil*: teoria geral. 6. ed. Rio de Janeiro: Lumen Júris, 2007.

Apesar dos esforços notáveis de diversos participantes, incluindo membros do corpo político e profissionais de saúde, os resultados no aumento das doações de órgãos no Brasil têm sido limitados devido à resistência cultural observada na sociedade. Muitas pessoas associam erroneamente a obrigatoriedade de doação com a possibilidade de serem compelidas, por força de lei, a doar um órgão involuntariamente ao procurarem atendimento médico em hospitais.

Diante desse desafio cultural, torna-se necessário reavaliar a abordagem adotada. Uma proposição destacada neste trabalho é a implementação do consentimento informado em vida para transplantes, formalizado mediante registro em cartório. Essa prática ética e legal envolve informar completamente o paciente sobre os procedimentos, riscos e benefícios associados, permitindo-lhe tomar uma decisão voluntária e informada, com a capacidade de revogação a qualquer momento. A formalização por meio de documento assinado garante o registro adequado da decisão, respeitando os desejos manifestados pelo doador em vida e preservando sua autonomia.

Em linha com esse artigo, está em discussão o projeto de Lei 3.643/19,[11] que propõe alterar a Lei dos Transplantes para explicitar que o consentimento familiar só é necessário para a doação de órgãos após a morte quando o potencial doador não tenha expressado sua vontade em vida.

Além disso, a Lei 14.722/2023, conhecida como "Lei Tatiane", que entrou em vigor em fevereiro de 2024, instituiu a Política Nacional de Conscientização e Incentivo à Doação e Transplante de Órgãos e Tecidos. Essa legislação tem como objetivo informar e conscientizar a população sobre a importância da doação de órgãos e tecidos, além de disseminar conhecimentos científicos sobre o assunto.

Em 2019, mais de 5 mil famílias[12] no Brasil recusaram-se a doar órgãos de seus entes queridos, evidenciando a necessidade de intensificar os esforços de conscientização. A "Lei Tatiane" representa um marco legislativo para promover a conscientização da sociedade, reduzir as recusas à doação e estimular essa prática, em consonância com os princípios da política nacional de transplantes.

A nova legislação inclui a implementação de campanhas de divulgação e conscientização promovidas pelos estados, municípios e Distrito Federal. Essas campanhas terão como foco atividades educativas nas instituições de ensino, bem como o desenvolvimento de programas de capacitação destinados a gestores, profissionais da saúde e da educação. Essas medidas visam aumentar o conhecimento da população

---

11. "Altera o caput do art. 4.º da Lei nº 9.434, de 4 de fevereiro de 1997, a fim de tornar explícito que o consentimento familiar, no caso de doação de órgãos, tecidos e partes do corpo humano para depois da morte, só se faz necessário quando o potencial doador não tenha, em vida, se manifestado expressa e validamente a respeito". BRASIL. Lei nº 9.434, de 04 de fevereiro de 1997 (Lei de Transplantes). Brasília, DF: 1997. Disponível em: http://www.planalto.gov.br/ccivil_03/leis/l9434.htm. Acesso em: 22 jun. 2023.

12. Disponível em: https://www12.senado.leg.br/noticias/materias/2023/10/17/senado-aprova-politica-nacional-de incentivoadoacaodeorgaos#:~:text=%E2%80%94%20No%20ano%20de%202019%2C%20mais,%-C3%A9%20a%20falta%20de%20conhecimento. Acesso em: 17 dez. 2024.

sobre a importância da doação de órgãos e tecidos, além de melhorar a infraestrutura e as competências dos profissionais envolvidos no processo de doação e transplante.

É relevante ressaltar que o senador Humberto Costa enfatizou que os pacientes têm acesso a assistência integral e gratuita por meio do Sistema Único de Saúde (SUS). Esse aspecto reforça o comprometimento da legislação em proporcionar condições adequadas para a conscientização da população e para o aprimoramento da infraestrutura e competências dos profissionais envolvidos no processo de doação e transplante de órgãos e tecidos.

CONFLITO ENTRE O ART. 14 DO CÓDIGO CIVIL E O ART. 4.º DA LEI FEDERAL Nº 9.434/97

Conforme expresso no título, o presente capítulo estabelece uma correlação entre duas legislações distintas, a saber, o Código Civil e a Lei de Transplantes. Inicialmente, procederemos à análise do teor de cada um dos artigos pertinentes, iniciando pelo artigo 14 do Código Civil:

Art. 14. É válida, com objetivo científico, ou altruístico, a disposição gratuita do próprio corpo, no todo ou em parte, para depois da morte.

Parágrafo único. O ato de disposição pode ser livremente revogado a qualquer tempo.[13]

Quanto ao artigo 4.º da Lei Federal 9.434/97 está disposto que:

Art. 4.º A retirada de tecidos, órgãos e partes do corpo de pessoas falecidas para transplantes ou outra finalidade terapêutica, dependerá da autorização do cônjuge ou parente, maior de idade, obedecida a linha sucessória, reta ou colateral, até o segundo grau inclusive, firmada em documento subscrito por duas testemunhas presentes à verificação da morte.[14]

A presença desses dois dispositivos proporciona a regulamentação dos transplantes e da doação de órgãos e tecidos no Brasil, considerando as particularidades e possibilidades dos casos específicos, bem como as necessidades tanto dos doadores quanto dos receptores.

Contudo, é inegável perceber o conflito existente entre o texto dos dois dispositivos apresentados. Isso se evidencia porque, enquanto o artigo 4.º da Lei especial estipula a necessidade de autorização de parentes para a retirada e subsequente doação de órgãos e tecidos, o artigo 14 do Código Civil não especifica essa necessidade, abordando a temática de forma mais abrangente, mesmo tendo sido incorporado ao ordenamento jurídico brasileiro anos após a vigência da lei especial.

---

13. BRASIL. Lei nº 10.406, de 10 de janeiro de 2002. (Código Civil). Disponível em: http://www.planalto.gov.br/ccivil_03/leis/2002/l10406.htm. Acesso em: 20 jun. 2023.

14. BRASIL. Lei n º 9.434, de 04 de fevereiro de 1997. (Lei de Transplantes). Brasília, DF: 1997. Disponível em: http://www.planalto.gov.br/ccivil_03/leis/l9434.htm. Acesso em: 22 jun. 2023.

Esse impasse foi parcialmente resolvido com a publicação do Enunciado nº 277 da IV Jornada de Direito. Em resumo, o enunciado dispõe que o artigo 14 do Código Civil regulamenta a vontade do indivíduo durante a vida, ou seja, este deve deixar por escrito seu desejo de ser doador de órgãos ou tecidos. Na ausência dessa declaração expressa de vontade, aplica-se o artigo 4.º da Lei Especial, transferindo o poder de decisão para os familiares.

Apesar dessa análise aparentemente simplificadora, a realidade é complexa. O Brasil, enquanto país cultural, em certas ocasiões, vê a cultura prevalecer, mesmo diante de diversas leis. A problemática deste capítulo reside no fato de que, se o indivíduo expressa por escrito seu desejo de ser doador e a família não autoriza a retirada dos órgãos e tecidos, a autorização torna-se ineficaz, sendo os médicos muitas vezes impedidos de salvar outras vidas.

Considerando a hierarquia normativa, é imperativo destacar que o critério da especialidade concede prevalência à norma específica sobre o assunto quando comparada à norma geral, mesmo que esta tenha sido promulgada posteriormente àquela. Nesse contexto, a Lei dos Transplantes prevalece sobre o Código Civil, conferindo plenos poderes de decisão aos familiares, que podem ou não respeitar a vontade do falecido.

Assim, a vontade do falecido torna-se secundária diante da vontade da família. O artigo 4.º da Lei 9.434/97 está em desacordo com a Constituição Federal, pois permite à família do falecido desrespeitar um desejo manifestado em vida, o qual deveria ser respeitado, infringindo princípios constitucionais garantidos a todos os indivíduos.

A título de comparação, pode-se recorrer ao testamento, documento pelo qual o falecido, em vida, determina a destinação de seu patrimônio, respeitando as exigências legais. Nesse contexto, o indivíduo expressa por escrito sua vontade, e a família não tem poder de influência, desde que esteja em conformidade com as normativas legais.

Desse modo, seria pertinente que o mesmo princípio se aplicasse à declaração de vontade de ser um doador de órgãos ou tecidos. O doador expressaria por escrito, e a família não teria poder de decisão.

Dessa maneira, torna-se evidente que o artigo 4.º da Lei dos Transplantes apresenta uma lacuna legislativa que compromete o direito da pessoa humana de escolha, desrespeitando a autonomia da vontade do falecido, manifestada e devidamente documentada em vida. Torna-se necessária, portanto, uma revisão do texto do dispositivo ou uma alteração em sua interpretação para que a vontade daquele que já não está entre nós seja respeitada.

TIPOS DE CONSENTIMENTO PARA A DOAÇÃO DE ÓRGÃOS E TECIDOS

Em cada país, de acordo com a sua respectiva legislação sobre transplante de órgãos, adotam um tipo de consentimento, na oportunidade trago os tipos de consentimento mais adotados, consentimento presumido e consentimento informado.

O consentimento presumido, pode ser devido em consentimento presumido puro e consentimento presumido fraco, já o consentimento informado, subdividimos em consentimento informado em vida e consentimento informado pela família.

O tipo de consentimento adotado reflete diretamente na doação de órgãos e quaisquer mudanças implicam em uma linha tênue e podem gerar retrocesso, visto que deve-se ponderar muito quanto a cultura da doação estabelecida em cada país e principalmente sobre a educação dessa cultura.

CONSENTIMENTO PRESUMIDO

O "consentimento presumido" é um conceito ético e legal que se refere à presunção automática de que uma pessoa concorda com determinadas ações, a menos que ela tenha expressado explicitamente o contrário. Essa abordagem é frequentemente aplicada em diferentes contextos, com destaque para a área da saúde, em particular na questão da doação de órgãos e tecidos.

No cenário da doação de órgãos, o consentimento presumido implica que, por padrão, presume-se que uma pessoa seja doadora, a menos que tenha registrado uma recusa explícita ou que seus familiares indiquem que ela era contrária à doação. Essa prática visa aumentar o número de doações e facilitar o processo, presumindo que a maioria das pessoas está disposta a contribuir para salvar vidas.

Contudo, o consentimento presumido também suscita debates éticos e legais. Algumas críticas argumentam que essa abordagem pode não respeitar adequadamente a autonomia e as verdadeiras intenções do indivíduo, uma vez que a presunção é aplicada de maneira generalizada.

Muitas jurisdições optam por abordagens intermediárias, como o "consentimento presumido fraco", que mantém a presunção, mas permite maior ênfase na possibilidade de expressar a recusa. Essa abordagem procura equilibrar a promoção da doação de órgãos com o respeito aos direitos individuais e a proteção da autonomia.

O consentimento presumido pode estender-se a outras áreas, como a participação em pesquisas médicas, desde que sejam respeitados os princípios éticos e legais subjacentes. Em qualquer contexto, é fundamental que haja transparência na informação fornecida aos indivíduos, garantindo que eles compreendam claramente as implicações de suas decisões e tenham a oportunidade de expressar suas escolhas de maneira consciente.

Em síntese, o consentimento presumido é uma abordagem que pressupõe automaticamente o consentimento para certas ações, a menos que haja uma recusa explícita. Sua aplicação requer considerações cuidadosas para equilibrar os objetivos sociais, como a promoção da doação de órgãos, com o respeito à autonomia e aos direitos individuais.

CONSENTIMENTO PRESUMIDO PURO

O "consentimento presumido puro" é um conceito que se refere a uma abordagem em que se presume automaticamente que uma pessoa consente com determinadas ações, a menos que tenha expressado explicitamente o contrário. Essa ideia é muitas vezes aplicada em contextos legais e éticos, particularmente em questões relacionadas à doação de órgãos e tecidos.

No contexto da doação de órgãos, o consentimento presumido puro implica que, por padrão, presume-se que uma pessoa concordaria em ser doadora de órgãos após a sua morte, a menos que tenha feito uma recusa explícita enquanto ainda estava viva. Essa abordagem busca simplificar o processo de doação e incentivar a generosidade, assumindo que a maioria das pessoas concordaria em contribuir para salvar vidas.

Na Áustria e na Bélgica, são países que adotam o consentimento presumido puro, anteriormente, na década de 1980, adotavam o consentimento presumido fraco, porém foram feitos altos investimentos em campanhas educacionais pró-doação para não terem manifestação de não doadores.[15]

No entanto, o consentimento presumido puro também gera debates éticos significativos, pois levanta questões sobre a verdadeira autonomia e as intenções do indivíduo. A crítica mais comum é que essa abordagem pode não respeitar adequadamente a autonomia individual, uma vez que a presunção de consentimento é aplicada de maneira bastante ampla e automática.

Muitos sistemas jurídicos e éticos optam por abordagens intermediárias, como o "consentimento presumido fraco", que permite a presunção de consentimento, mas também dá maior ênfase à possibilidade de expressar a recusa. Essa abordagem busca equilibrar a promoção da doação de órgãos com o respeito aos direitos individuais e a proteção da autonomia.

Portanto, o consentimento presumido puro é uma abordagem em que se presume automaticamente o consentimento para determinadas ações, a menos que haja uma recusa explícita. Embora essa prática possa simplificar certos processos, ela também levanta questões éticas sobre a verdadeira autonomia individual e destaca a importância de encontrar um equilíbrio justo entre a promoção de objetivos sociais e o respeito aos direitos individuais.

CONSENTIMENTO PRESUMIDO FRACO

O conceito de "consentimento presumido fraco" geralmente refere-se a situações em que se assume que uma pessoa teria consentido para determinadas ações, mas essa presunção é mais tênue ou sujeita a interpretações mais restritas. Esse termo é frequen-

---

15. Oz MC, Kherani AR, Rowe A et al. *How to improve organ donation*: results of the ISHLT/FACT poll. J Heart Lung Transplant, 2003;22:389-410.

temente aplicado em contextos jurídicos e éticos, especialmente no campo da doação de órgãos e tecidos.

No contexto da doação de órgãos, o consentimento presumido fraco implica que, por padrão, presume-se que uma pessoa concordaria em ser doadora de órgãos após a sua morte, a menos que tenha expressado explicitamente o contrário em vida. Essa abordagem difere do "consentimento presumido forte", no qual a presunção de consentimento é mais robusta e a doação é autorizada automaticamente, a menos que haja uma recusa expressa anterior do indivíduo.

O consentimento presumido fraco busca um equilíbrio entre a promoção da doação de órgãos, para atender às necessidades de transplantes, e o respeito à autonomia individual. No entanto, essa abordagem pode gerar ambiguidades e desafios éticos, uma vez que a presunção é mais sujeita a interpretações e pode não refletir com precisão as verdadeiras intenções do doador potencial.

Essas questões levantam debates éticos sobre a adequação da presunção do consentimento e destacam a importância de sistemas legais e éticos claros para lidar com essas situações. Em muitas jurisdições, as leis e políticas de doação de órgãos são estruturadas de maneira a garantir a máxima transparência, respeito à autonomia individual e proteção dos direitos dos potenciais doadores e suas famílias.

Destarte, o consentimento presumido fraco é uma abordagem que presume o consentimento para ações específicas, como a doação de órgãos, a menos que haja uma expressão clara em contrário. Essa prática visa equilibrar a necessidade de doações com o respeito à autonomia individual, mas levanta questões éticas e destaca a importância de abordagens claras e transparentes nos contextos legais e de saúde.

A Espanha adota o consentimento presumido fraco, vez que a família, valida a doação de órgãos.[16]

CONSENTIMENTO INFORMADO

O consentimento informado é um princípio ético e jurídico fundamental que permeia diversas áreas, sobretudo no âmbito da saúde, estabelecendo que uma pessoa tem o direito de ser informada de maneira clara e compreensível sobre qualquer procedimento médico ou intervenção antes de concordar com sua realização. Esse consentimento é essencial para garantir que as decisões relacionadas à saúde sejam tomadas de maneira voluntária e consciente, respeitando a autonomia e a dignidade do indivíduo.

No contexto médico, o processo de obtenção do consentimento informado envolve a explicação detalhada por parte do profissional de saúde sobre o diagnóstico,

---

16. Abadie A, Gay S. The impact of presumed consent legislation on cadaveric organ donation: a cross-country study. J Health Econ, 2006;25:599-620.

os objetivos do tratamento, as opções disponíveis, os riscos potenciais, os benefícios esperados e quaisquer alternativas existentes. O paciente, por sua vez, deve expressar sua compreensão dessas informações e concordar voluntariamente com o tratamento proposto.

Além da área da saúde, o consentimento informado é aplicado em diversos contextos, como pesquisas científicas, participação em estudos clínicos, coleta de dados pessoais, procedimentos estéticos, entre outros. Em todos esses cenários, a transparência na comunicação das informações relevantes é crucial para assegurar que o indivíduo esteja plenamente ciente das implicações de suas decisões.

Do ponto de vista jurídico, o consentimento informado serve como um elemento de defesa para os profissionais e instituições de saúde em caso de litígios. A documentação clara e precisa do processo de obtenção do consentimento reforça a validade ética e legal das decisões tomadas, protegendo os interesses de ambas as partes envolvidas.

O consentimento informado representa um compromisso ético com a autonomia e a autodeterminação do indivíduo. Sua aplicação diligente não apenas atende a requisitos legais, mas também contribui para a construção de uma relação de confiança entre profissionais de saúde e pacientes, fundamentada no respeito mútuo e na promoção do bem-estar individual.

CONSENTIMENTO INFORMADO EM VIDA

O consentimento informado em vida é um conceito essencial no campo médico e jurídico, referindo-se à prática de obter a autorização de uma pessoa consciente e competente antes de realizar procedimentos médicos, tratamentos ou intervenções. Este princípio é fundamentado no respeito à autonomia e na ética médica, visando garantir que as decisões relacionadas à saúde sejam tomadas de maneira informada e voluntária pelo próprio indivíduo.

A obtenção do consentimento informado em vida implica na comunicação clara e compreensível por parte dos profissionais de saúde, apresentando informações relevantes sobre os procedimentos propostos, seus objetivos, benefícios esperados, possíveis riscos, alternativas disponíveis e, se aplicável, as consequências de se recusar a intervenção. O objetivo é capacitar o paciente a tomar decisões conscientes e alinhadas com seus valores e preferências.

Este tipo de consentimento é particularmente crucial em situações que envolvem procedimentos médicos invasivos, cirurgias, tratamentos prolongados ou qualquer intervenção que possa impactar significativamente a saúde do indivíduo. Além disso, o consentimento informado em vida não se limita apenas ao contexto médico, estendendo-se a outras áreas, como a participação em pesquisas clínicas, coleta e uso de dados pessoais, entre outros.

Juridicamente, a obtenção do consentimento informado em vida não apenas respeita a autonomia do paciente, mas também serve como uma defesa legal para os profissionais de saúde em caso de eventuais litígios. O registro claro e documentado do processo de obtenção do consentimento é crucial para estabelecer que a decisão foi feita de maneira ética e legal.

Em resumo, o consentimento informado em vida é um princípio ético e legal vital que preserva a autonomia do indivíduo, promovendo uma abordagem centrada no paciente. Sua aplicação eficaz não apenas fortalece a relação médico-paciente, mas também contribui para uma prática médica ética, transparente e alinhada com os princípios fundamentais do respeito à dignidade e autonomia humanas.

CONSENTIMENTO INFORMADO PELA FAMÍLIA

No contexto jurídico, a discussão sobre o consentimento informado estende-se à esfera da família, onde a tomada de decisões envolvendo membros familiares adquire contornos específicos. O consentimento informado pela família surge em situações que demandam decisões relevantes para a vida de um membro, geralmente em contextos médicos ou de cuidados prolongados.

Quando um indivíduo se encontra em uma condição que compromete sua capacidade de tomar decisões autonomamente, como em casos de incapacidade mental, os familiares muitas vezes são chamados a exercer o papel de representantes legais. Nesse contexto, o consentimento informado pela família assume uma importância crucial, pois implica que os familiares estejam devidamente informados sobre os procedimentos médicos, tratamentos ou intervenções propostas e, consequentemente, autorizem ou recusem tais ações em nome do membro da família incapaz.

A validade desse consentimento informado pela família está intrinsecamente ligada à clareza e à completude das informações fornecidas pelos profissionais de saúde. É fundamental que os familiares compreendam plenamente as opções disponíveis, os riscos e benefícios associados, bem como as possíveis consequências das escolhas a serem feitas em nome do membro incapacitado.

Além disso, em muitas jurisdições, há requisitos legais que regem o consentimento informado, inclusive quando realizado pela família. Estes requisitos buscam garantir que as decisões tomadas em nome do indivíduo incapaz sejam éticas, transparentes e estejam alinhadas com os princípios legais que protegem os direitos do paciente.

Contudo, o consentimento informado pela família pode gerar dilemas éticos, especialmente quando há divergências entre os membros familiares quanto às decisões a serem tomadas. Nestes casos, os tribunais podem ser acionados para resolver disputas, buscando um equilíbrio entre a autonomia do paciente (mesmo que representada pela família) e o interesse no bem-estar do indivíduo incapaz.

Em síntese, o consentimento informado pela família representa uma extensão do debate sobre autonomia e decisões médicas, destacando a importância de proporcionar informação detalhada aos familiares e garantir a conformidade com os princípios éticos e legais que regem as decisões em contextos delicados que envolvem a saúde e o cuidado de membros familiares vulneráveis.

O Brasil adota na sua Lei de transplante, o consentimento familiar. Devido a essa prática, a taxa de recusa chegou a 70% nas regiões menos desenvolvidas do país.[17] Nosso sistema, como de alguns outros países, é altruístico e voluntário, no qual os pacientes ou suas famílias podem escolher entre doar ou não os órgãos após a morte.

O grande dilema desse modo de consentimento é que, a maioria das pessoas não toma essa decisão em vida e mesmo aquelas que o fazem não a informam às suas famílias, pois não faz parte de nossa cultura falarmos sobre este tipo de assunto. Estudos mostram que aproximadamente 65% das pessoas são favoráveis à doação, um percentual discordante das atuais taxas de conversão.[18-19]

A INICIATIVA RIO-GRANDENSE, BASE PARA AEDO

No Brasil, há um grande empenho do governo em realizar campanhas de conscientização da população sobre a doação de órgãos. O tema tem estado cada dia mais presente na mídia, principalmente após o apresentador Fausto Silva realizar um transplante de coração. Iniciativas como o programa "Doar é Legal", coordenado nacionalmente pelo Conselho Nacional de Justiça (CNJ) e executado pelo Tribunal de Justiça do Rio Grande do Sul, têm por objetivo conscientizar mais pessoas a se tornarem doadoras de órgãos e frisam sempre que é preciso apoiar a vontade de doar à família.

Por meio deste programa, é possível emitir uma certidão que atesta a vontade de doar, que poderá inclusive ser compartilhada nas redes sociais, como o Facebook, com o intuito de informar aos familiares e amigos a decisão de ser doador. No entanto, essa certidão não tem validade jurídica, pois não existe no Brasil nenhum documento válido para expressar a vontade de ser doador após a morte, até a criação das escrituras de doação que preconizam essa dissertação.

Em evolução ao projeto "Doar é Legal", a implementação da escritura com declaração de doação de órgãos e tecidos no Rio Grande do Sul não apenas destaca a vanguarda jurídica do estado, mas também reflete um avanço mais amplo no aprimoramento do sistema de doação no contexto brasileiro. Essa inovação legal representa um marco significativo no aperfeiçoamento das práticas relacionadas a doações, contribuindo para a eficiência, transparência e acessibilidade do sistema como um todo.

Ao adotar medidas que simplificam e agilizam a formalização de declarações antecipadas da vontade, o estado gaúcho demonstra um comprometimento em aprimorar

---

17. Medina-Pestana JO, Vaz ML, Park SI et al. *Organ transplantation in Brazil in the year 2002.* Transplant Proc, 2004;36:799-801.

18. Conesa C, Rios A, Ramirez P et al. *Psychosocial profile in favor of organ donation.* Transplant Proc, 2003;35:1276-1281.

19. Watson MB. *Presumed consent for organ transplantation*: a better system. Curr Surg, 2003;60:156-157.

não apenas a segurança jurídica, mas também a praticidade e a celeridade dos processos de doação. Essa abordagem inovadora pode servir como referência e inspiração para outras jurisdições brasileiras interessadas em modernizar e tornar mais eficientes suas práticas legais relacionadas a doações. A valorização da tecnologia, evidenciada pela aceitação de assinaturas digitais com certificado digital, destaca-se como uma medida contemporânea que alinha o sistema legal à era digital, conferindo mais agilidade e segurança aos procedimentos. Assim, o aprimoramento do sistema de doação no Rio Grande do Sul não apenas beneficia os cidadãos locais, mas também oferece um exemplo construtivo para o desenvolvimento de práticas mais eficazes em nível nacional.

O acordo de cooperação nº 219/2022 -DEC, celebrado entre diversas entidades no Rio Grande do Sul, estabelece diretrizes importantes para a promoção e incentivo à doação de órgãos no estado. Com a participação do Poder Judiciário, Colégio Notarial, Secretaria Estadual de Saúde, Associação dos Notários e Registradores, Conselho Regional de Medicina, Santa Casa de Misericórdia de Porto Alegre e Hospital de Clínicas de Porto Alegre, o acordo busca proporcionar um amplo e gratuito atendimento à população nos Tabelionatos de Notas, incentivando a realização de doações de órgãos e tecidos por meio da lavratura de escrituras públicas e outros atos de disposição sobre o próprio corpo para depois da morte.

O acordo, firmado em 5 de outubro de 2022, estabelece obrigações claras para cada uma das partes envolvidas. O Poder Judiciário do Rio Grande do Sul tem o papel de promover a orientação e fiscalização legal e administrativa dos serviços notariais e registrais para a consecução dos objetivos do acordo, além de autorizar a dispensa de recolhimento de emolumentos.

Por sua vez, o Colégio Notarial e a Anoreg devem fornecer atendimento específico nos Tabelionatos de Notas do estado para pessoas interessadas em realizar escrituras públicas de doação de órgãos e tecidos, garantindo a prevalência da vontade do doador. Eles também são responsáveis pela comunicação instantânea das declarações de doação de órgãos à Central de Transplantes do Rio Grande do Sul, bem como pela implementação de um sistema que permita a consulta das escrituras por meio do CPF e demais dados, mantendo essas informações de forma sigilosa e acessíveis após o falecimento do potencial doador.

Essas obrigações delineiam uma estrutura sólida para promover a doação de órgãos no estado, demonstrando um compromisso conjunto das entidades envolvidas em facilitar e incentivar esse ato de solidariedade.

O acordo de cooperação estabelecido no Rio Grande do Sul atribui responsabilidades específicas à Central Estadual de Transplantes, aos hospitais vinculados e ao CREMERS. Eles são encarregados de receber as informações dos Tabelionatos de Notas sobre os atos notariais que contenham a escritura de doação do potencial doador, realizar a consulta dentro do sistema após a constatação da morte encefálica e divulgar a ferramenta e o acesso à comunidade médica.

É importante destacar que o acordo tem uma vigência de 60 meses a partir da data de sua assinatura e não envolve ônus ou transferência de recursos entre os participantes, mantendo assim sua natureza altruística.

Além disso, a escritura pública de doação de órgãos realizada no Rio Grande do Sul segue as disposições dos artigos 17 e 19 do Decreto nº 9175/2018. Essa escritura não exclui o consentimento familiar, uma vez que o declarante nomeia dois familiares que validam sua vontade no documento.

AUTORIZAÇÃO ELETRÔNICA DE DOAÇÃO DE ÓRGÃOS E TECIDOS

O Provimento 164, de 27 de março de 2024, publicado no dia 02 de abril do mesmo ano vem para alterar o Código Nacional de Normas da Corregedoria Nacional de Justiça do Conselho Nacional de Justiça – Foro Extrajudicial (CNN/CN/CNJ-Extra), instituído pelo Provimento nº 149, de 30 de agosto de 2023, para dispor sobre a Autorização Eletrônica de Doação de Órgãos, tecidos e Partes do Corpo Humano – AEDO.

Nas suas disposições iniciais podemos apontar o que está previsto no disposto na Lei nº 9.434, de 4 de fevereiro de 1997, que regulamenta a retirada de tecidos, órgãos e partes do corpo humano para fins de transplante ou outra finalidade terapêutica de pessoas falecidas, o que depende da autorização do cônjuge ou parente, maior de idade, obedecida a linha sucessória, reta ou colateral, até o segundo grau, inclusive.

Isso denota que, o artigo quarto da legislação de transplante não pode ser afastado com realização da autorização, prevalece ainda o consentimento familiar.

Ainda as disposições iniciais apontam a seguinte consideração: "a necessidade de simplificar e tornar mais eficiente o processo de autorização para doação de órgãos, tecidos e partes do corpo humano", a autorização irá ajudar nas objeções familiares, onde cerca de 42% (quarenta e dois pontos percentuais) das famílias recusaram a doação de órgãos, alegando que o possível doador nunca havia conversado sobre o assunto, segundo o Registro Brasileiro de Transplantes.[20]

Com objetivo de facilitar a declaração de vontade da doação de órgãos e tecidos, aumentando consideravelmente as doações e fomentando a discussão na sociedade sobre a importância desse ato solidário, visto que o nosso País não possui quaisquer investimentos quanto a educação quanto a doação de órgãos e tecidos, o que é pouquíssimo discutido em nossa sociedade.

A lei dos transplantes torna obrigatória a existência das centrais de notificação, captação e distribuição de órgãos, previstas no art. 13, que são notificadas pelos estabelecimentos de saúde no caso de diagnóstico de morte encefálica feito em paciente por eles atendidos, sendo que a quantidade de morte encefálica em cada serviço hospitalar

---

20. Disponível em: https://site.abto.org.br/wp-content/uploads/2024/04/rbt2023-restrito.pdf.

denota, como será a formação e atuação dos profissionais da saúde que cuidam da captação de transplante.

É certo o interesse público, especificamente em prol do sistema nacional de saúde pública, e a importância de que todos os cidadãos tenham acesso gratuito a um mecanismo seguro que fomente e agregue o maior número de doadores de órgãos e tecidos e o objetivo de que seja respeitada a declaração de vontade do doador, como um único banco de doadores em nosso país.

É certo que a AEDO, possibilitará a manifestação inequívoca e segura da vontade e resguardando o princípio da autonomia da vontade, que deverá superar qualquer disposição em contrário.

A doação de órgãos no Brasil, além de ser tema de ordem fundamental e ser regulamentada pela Lei nº 9.434/97 (com alterações feitas pela Lei nº 10.211/01), também ganhou espaço no Código Civil de 2002 que, de acordo com a brilhante Maria Helena Diniz, consagra em seu Art. 14 e parágrafo único o "Princípio do Consenso Afirmativo".[21]

O constituinte ao garantir a liberdade de dispor do próprio corpo após a morte como um direito da personalidade, claramente preferiu por privilegiar o próprio indivíduo, inclusive afiançando a probabilidade de mudança de posicionamento ao longo de sua vida, quando no parágrafo único do artigo 14 constitui que o ato de disposição pode ser livremente revogado a qualquer tempo. Diante dessa antinomia jurídica, o Conselho de Justiça Federal (CJF), na IV Jornada de Direito Civil, aprovou o Enunciado nº 277.[22]

A AEDO surgiu como um instrumento que possibilitará a manifestação da vontade, porém não sua autonomia, visto que a natureza jurídica da declaração realizada na plataforma da AEDO é de instrumento particular, com reconhecimento de firma por autenticidade. Assim, como ocorre com as autorizações de viagens, que são emitidas pela plataforma.

Diferentemente do Rio Grande do Sul, onde naquele estado, o instrumento utilizado era Escritura Pública com publicidade mitigada, similar aos testamentos públicos.

Em seu artigo primeiro o provimento aduz, a instituição da AEDO, como manifestação de vontade, da parte que utilizar do instrumento, prevê que deve ser realizada por Tabelião de Notas, da mesma forma que sua revogação.

A declaração será armazenada de forma segura, por meio de módulo específico do e-Notariado, é totalmente gratuita por força de interesse público específico da colaboração dos notários com o sistema de saúde, a gratuidade desse instrumento não se estende

---

21. DINIZ, Maria Helena. *Enunciados Aprovados IV Jornada de Direito*. Disponível em: http://investidura.com.br/biblioteca-juridica/doutrina/direitocivil-geral/1794-enunciados aprovados -iv-jornada-de-direito-civil. Acesso em: 07 dez. 2023.

22. O artigo 14 do Código Civil, ao afirmar a validade da disposição gratuita do próprio corpo, com objetivo científico ou altruístico, para depois da morte, determinou que a manifestação expressa do doador de órgãos em vida prevalece sobre a vontade dos familiares, portanto, a aplicação do artigo 4.º da Lei nº 9.434/97 ficou restrita à hipótese de silêncio do potencial doador (CJF, 2006).

a demais meios de doação, como pode ocorrer nas Diretivas Antecipadas de Vontade, ou até por meio de Escrituras Públicas, exceto o que ocorre no Rio Grande do Sul.

O artigo terceiro do provimento, estabelece que: "o serviço de emissão da AEDO consiste na conferência, pelo tabelião de notas, da autenticidade das assinaturas dos cidadãos brasileiros maiores de 18 (dezoito) anos, nas declarações de vontade de doar órgãos, tecidos e partes do corpo humano para fins de transplante ou outra finalidade terapêutica post mortem."

De tal sorte, a autorização apenas é destinada, a quem está em plena capacidade civil, deve-se atentar aos deficientes, sendo que o consentimento informado da pessoa com deficiência demanda uma abordagem sensível, personalizada e respeitosa, reconhecendo a importância de adaptar as práticas para garantir que todos os indivíduos, independentemente de suas habilidades, possam exercer plenamente o direito fundamental de participar nas decisões relacionadas à sua própria vida e saúde.

A AEDO é facultativa, permanecendo válidas as autorizações de doação de órgãos, tecidos e partes do corpo humano emitidas em meio físico, assim, não afasta outros documentos que possibilita a manifestação da vontade.

A existência da AEDO não dispensa o cumprimento do disposto no art. 4.º da Lei nº 9.434, de 4 de fevereiro de 1997, que é a autorização familiar, porém sua existência possibilita que os profissionais da saúde possam utilizá-la na entrevista familiar para a doação.

O procedimento da Autorização Eletrônica de Doação de Órgãos, Tecidos e Partes do Corpo Humano obedecerá a todas as formalidades exigidas para a prática do ato eletrônico, sendo que a autorização eletrônica emitida com a inobservância dos requisitos estabelecidos nos atos normativos previstos no referido provimento é nula de pleno direito, independentemente de declaração judicial.

O procedimento médico de consulta à AEDO, ocorre após a confirmação de morte encefálica, assim, a Coordenação Geral do Sistema Nacional de Transplantes ou as Centrais Estaduais de Transplantes poderão consultar as AEDOs para identificar a existência de declaração de vontade de doação.

O cadastramento do acesso médico ao sistema cabe ao Colégio Notarial do Brasil – Conselho Federal que promoverá o cadastramento de órgãos públicos e privados ou profissionais que atuem ou tenham por objeto o atendimento médico, devidamente filiados ao Conselho Nacional ou Regional de Medicina, para a consulta das AEDOs.

Anualmente, cabe ao Ministério da Saúde, informar os dados dos estabelecimentos e profissionais autorizados a consultarem as AEDOs.

Quanto ao procedimento, o interessado declarará a sua vontade de doar órgãos, tecidos e partes do corpo humano por meio da AEDO, ou de revogar uma AEDO anterior, por instrumento particular eletrônico e submeterá esse instrumento ao tabelião de notas, sendo competente para a emissão o tabelião do domicílio do declarante.

A declaração trata-se de instrumento particular uniforme, em todo o território nacional, e deverá ser assinada por dois meios: certificado digital notarizado, de emissão gratuita (arts. 285, II, e 292, § 4.º, deste Código) ou certificado digital no âmbito da Infraestrutura de Chaves Públicas Brasileira – ICP-Brasil.

O tabelião de notas emitirá a AEDO, ou revogará a já existente, após a prática dos seguintes atos: reconhecimento da assinatura eletrônica aposta no instrumento particular eletrônico por meio do módulo AEDO-TCP do e-Notariado (art. 306, III, deste Código) e realização de videoconferência notarial para confirmação da identidade e da autoria daquele que assina.

Vale salientar que, durante o procedimento, aparece ao usuário, quais órgãos o mesmo quer doar, opção de todos, ou ainda pode selecionar, alguns, como um órgão apenas se assim o quiser.

Quanto à competência do tabelionato, é possível que o usuário escolha o cartório de notas dentre a competência do domicílio.

Por fim, a AEDO conterá, em destaque, a chave de acesso e QR Code para consulta e verificação da autenticidade na internet, não sendo necessário o acesso à mesma para a validação do QR Code. A AEDO poderá ser expedida pelo prazo ou evento a ser indicado pelo declarante e, em caso de omissão, a autorização é válida por prazo indeterminado.

8. DISPOSIÇÕES FINAIS

O presente artigo buscou explorar e analisar os consideráveis avanços na legislação de doações, com foco especial no protagonismo do estado do Rio Grande do Sul ao adotar a prática inovadora da escritura com declaração antecipada da vontade. O objetivo foi resumir os aspectos legais e tecnológicos associados à implementação da Autorização Eletrônica de Doação de Órgãos, Tecidos e Partes do Corpo Humano – AEDO.

Ao longo do desenvolvimento deste estudo, foi destacada a singularidade e relevância desse modelo jurídico, posicionando o estado em destaque no âmbito legal e contribuindo substancialmente para o aprimoramento do sistema de doações no Brasil.

Inicialmente, enfatizou-se a celeridade e eficiência da formalização das declarações antecipadas da vontade no território gaúcho, ressaltando a ausência de ônus financeiros e a flexibilidade do procedimento, que pode ser conduzido tanto de forma presencial quanto digital. Esta flexibilidade reflete não apenas a capacidade de adaptação às exigências contemporâneas, mas também uma postura proativa na promoção de práticas legais mais acessíveis e ágeis.

A introdução de assinaturas digitais, ratificadas por certificados digitais dos declarantes, representa um avanço tecnológico notável, conferindo robustez jurídica ao processo. Esta medida simplifica a formalização e evidencia o comprometimento do estado com a modernização e a harmonização com os padrões da era digital.

Além disso, foi destacada a inclusão minuciosa de informações no sistema da AEDO, seguindo um protocolo rigoroso em colaboração com os órgãos públicos competentes. Esta diligência documental assegura a transparência nas transações e promove uma comunicação eficaz entre as partes envolvidas e as autoridades responsáveis, consolidando a confiabilidade do sistema.

A iniciativa do Rio Grande do Sul transcende suas fronteiras geográficas, tornando-se um paradigma inspirador para outras jurisdições brasileiras interessadas em aprimorar suas práticas legais no domínio das doações. O estado não apenas lidera na formulação de políticas progressistas, mas também contribui para a construção de uma base sólida e eficaz para a legislação nacional de doações. Logo, o surgimento da AEDO, é uma simplificação do modelo riograndense.

É fundamental reconhecer que os avanços no sistema de doações não apenas beneficiam os indivíduos diretamente envolvidos, mas também têm impactos benéficos na sociedade em geral. A simplificação dos procedimentos legais relativos a doações fomenta uma cultura de solidariedade e responsabilidade social, estimulando a participação cívica e fortalecendo os laços comunitários.

A criação da AEDO representa a concretização do Enunciado 277 do CFJ ao ser regulamentada por meio de provimento do CNJ, estabelecendo-se, a princípio, como único documento reconhecido em todo o território nacional capaz de expressar a vontade do doador de órgãos em vida.

Por ser realizada pelos delegatários de notas, dá segurança jurídica ao documento particular, porém o melhor modelo é o de escritura pública de declaração de doação de órgãos possui toda a robustez de um ato jurídico perfeito, conforme é realizado no Sul do país. Isso significa que não há dúvidas quanto à sua validade e eficácia para cumprir o desejo em vida do doador.

POSFÁCIO

Apraza-me muito o convite para contribuir com a conclusão da obra "Comentários ao Código Nacional de Normas – Foro Extrajudicial", sob a competente coordenação dos estimados Aline Rodrigues de Andrade, João Rodrigo Stinghen e Samila Ariana Alves Machado. A obra é o resultado do estudo e dedicação de um grupo seleto dos coautores e o empenho dos coordenadores.

Ao adentrar na leitura deste trabalho, destaco a sua organicidade não apenas em termos teóricos, mas também na abordagem dos assuntos e temas em foco. Além das considerações teóricas, os comentários apresentados são de grande relevância, enriquecendo significativamente a compreensão dos artigos tratados.

Cumpre ressaltar que o tema abordado é de uma complexidade inexaurível, pois diariamente novos conflitos e questionamentos surgem perante o Poder Judiciário, especialmente nessa nova perspectiva do Foro Extrajudicial.

Por fim, é importante salientar que, assim como uma tese acadêmica em constante evolução, este livro tem o potencial de ser continuamente aprimorado com a inclusão de novos tópicos e casos jurisprudenciais. Dessa forma, aguardamos com grande expectativa o próximo volume.

Maringá, novembro de 2023.

Ciciane Maria Figueiredo Costa Zanoni

Bacharel em Direito pela FAP/FADAP – Faculdade de Direito da Alta Paulista em Tupã/SP, possui experiência como escrevente no Registro de Imóveis, Títulos e Documentos e Civil de Pessoa Jurídica da Comarca de Tupã, além do Primeiro Ofício de Registro de Imóveis de Maringá-PR, onde também integrou o Comitê de Qualidade. Posteriormente, desempenhou as funções de escrevente no 4º Ofício de Registro de Imóveis de Maringá-PR, onde assumiu o papel de trainee da coordenação. Nessa posição, auxiliou na análise e preenchimento dos relatórios gerenciais, deu suporte à equipe e conduziu o treinamento dos colaboradores. Atualmente, está atuando como escrevente no Registro de Imóveis de Colorado/PR.

ANOTAÇÕES